Peter Williams
Johann Sebastian Bachs Orgelwerke
1

Peter Williams

Johann Sebastian Bachs
Orgelwerke
1

Präludien, Toccaten, Fantasien, Fugen,
Sonaten, Concerti und Einzelwerke

Aus dem Englischen
von Gudrun Budde

Mainz · London · Madrid · New York · Paris · Tokyo · Toronto

For Lucy and Daniel

Die englische Originalausgabe erschien 1980 unter dem Titel
The Organ Music of J.S. Bach
bei Press Syndicate of the University of Cambridge

ED 7672
© 1980 Cambridge University Press, Cambridge
© 1996 Schott Musik International, Mainz
ISBN 3-7957-1853-8
Printed in Germany · BSS 46709

Inhalt

Vorwort	7
Anmerkungen zu den Kommentaren	9
Abkürzungsverzeichnis	13
BWV 131a	14
Sechs Sonaten BWV 525–530	17
BWV 531–552	74
„Acht kleine Präludien und Fugen" BWV 553–560	239
BWV 561–591	250
Konzerte BWV 592–596	353
BWV 597	394
BWV 598 und 790	395
Vier Duette BWV 802–805	397
BWV 1027a, 1029,III, 1039,I,II, 1079,V, Anh. 46 und Fantasie c-Moll	405
Glossar	414
Zeittafel	424
Personenregister	426
Werkregister	437

Vorwort

Selbst wenn die *Neue Bach-Ausgabe* vollständig wäre, könnte weder dieses noch irgendein anderes Buch über Johann Sebastian Bachs Orgelmusik Anspruch auf Endgültigkeit erheben. Jede Generation muß dieses unvergleichliche Musik-Korpus von neuem betrachten, es erneut im Licht des jeweils gegenwärtigen Kenntnisstandes untersuchen, es in einer für die eigene Haltung zur Musik und zur Aufgabe des Musikgelehrten relevanten Weise sehen. Da nun mehr als vierzig Jahre vergangen sind, seit diese Werke zum letzten Mal eine vollständige Kommentierung erfahren haben, ist das Bedürfnis nach einer neuen kritischen Untersuchung gestiegen, zumal auch die weitreichenderen Methoden der gegenwärtigen Musikforschung dies ermöglicht haben.

Ein geläufiger Ansatz besteht im Analysieren der Schaffensweise des Komponisten im allgemeinen (zum Beispiel, welchen „Stil" er übernimmt) und im Hinblick auf die Musiktheorie seiner Zeit (zum Beispiel, ob sein Augenmerk auf die Figurenlehre gerichtet war). Ein anderer Ansatz sieht jedes Stück vor dem Hintergrund seines eigenen Quellenmaterials, nicht nur, um die Echtheit zu bestätigen (oder anzuzweifeln), sondern auch, um den heutigen Interpreten mit Zeugnissen für das Stück, so wie es dasteht, zu versehen. Ziel dieses Buches ist es, diesen zwei gängigen Ansätzen Genüge zu leisten, die beide den Notentext in den Mittelpunkt stellen – einmal so, wie er komponiert, zum anderen, wie er in den Quellen erhalten ist. Häufig wird auf andere Ansätze oder Annäherungen verwiesen, insbesondere auf die der frühen Bewunderer des Komponisten kurz nach seinem Tod (Marpurg, Kirnberger usw.) sowie die der fachkundigen Gelehrten ein Jahrhundert später (Rust, Spitta usw.) und der jüngeren Kommentatoren (Schweitzer, Keller usw.). Doch sie alle, einschließlich der frühesten, schrieben in einem musikalischen und kirchlichen Umfeld, das von dem des Komponisten zu seiner Weimarer und Leipziger Zeit weit entfernt, ja, ihm in manchen Fällen sogar ganz fremd war. All diese Annäherungen beruhen daher sowohl auf Fakten als auch auf Vermutungen. Bestenfalls dienen sie dazu, sichtbar zu machen, welche „Fakten" und welche „Vermutungen" eine bestimmte Zeit hinzunehmen bereit ist. Einige der großen Streitfragen, besonders solche der Datierung der Orgelwerke, lassen nur Raum für Vermutungen, so sorgfältig begründet diese auch sein mögen. In einer Untersuchung der vorliegenden Art, die sich mit jedem Stück einzeln nacheinander befaßt, bleibt für eine so ausführliche Behandlung, wie sie etwa für ein Etikett „ca. 1710–12" nötig wäre, kein Raum. Deshalb sind einige Fragen ohne bündige Schlußfolgerung geblieben, viele Stücke sind nur aus ein oder zwei Perspektiven behandelt worden, und nur bei eingehender Lektüre des Buches wird der Leser eine Vorstellung gewinnen von der Vielzahl der möglichen analytischen Ansätze gegenüber der Musik Bachs als desjenigen Orgelkomponisten, der von allen am gründlichsten und logischsten gedacht hat.

Dieser erste Band befaßt sich mit allen nicht choralgebundenen Werken, einschließlich Präludium und Fuge Es-Dur und der Vier Duette aus der *Clavierübung* III sowie der Transkriptionen, die Bach von Musik anderer Komponisten angefertigt hat, wie auch einschließlich derjenigen Bearbeitungen, die seine Stücke durch andere Komponisten erfahren haben.

Besonders danken möchte ich für ihren Rat und ihre Hilfe Dr. Roger Bullivant (Sheffield), Mr. Stephen Daw (Birmingham), Dr. Alfred Dürr (Göttingen), Dr. Dietrich Kilian † (Göttingen), Professor Dr. Hans Klotz † (Köln), Dr. Peter le Huray † (Cambridge) und Pfarrer Theo Hermann † (Freiberg). Mr. Eric Van Tassel von der Cambridge University Press hat den Text der englischen Originalfassung gründlich durchgesehen und stilistisch geglättet, und für die ebenso sorgfältige Durchsicht der deutschen Übersetzung zeichnen Herr Lothar Friedrich † und Herr Thomas Frenzel vom Musikverlag Schott verantwortlich. Was schließlich die Hilfe von Herrn Professor Dr. Hans Joachim Schulze angeht, so hätte ich das Buch ohne ihn nicht schreiben können, obwohl er für hier geäußerte Überzeugungen oder möglicherweise falsche Behauptungen keinerlei Verantwortung trägt.

Russell Collection of Harpsichords	Peter Williams
University of Edinburgh, Scotland	Januar 1977

Anläßlich der deutschen Übersetzung habe ich die Gelegenheit ergriffen, Berichtigungen und vor allem Nachträge einzufügen. Die meisten dieser Nachträge betreffen stilkritische Fragen, d. h. sie stammen aus der weiteren Betrachtung der Musik selber, ihrer Bezüge zu anderen Kompositionen, ihrer „Realisierung" oder „Manifestierung" in der Aufführung und besonders ihrer stilistischen Entwicklung von den „Neumeister-Chorälen" bis hin zur *Kunst der Fuge*. Der Zusammenhang zwischen Stil, Ausführung, Instrument, Kontext und der Musikkenntnis des Komponisten zeichnet sich immer deutlicher ab, und unser Verständnis dieses Zusammenhangs ist seinerseits das Ergebnis jener Entwicklungen in der Musikwissenschaft, die die Grundsubstanz der Aufführungspraxis ausmachen.

Center for Performance Practice Studies	Peter Williams
Duke University, North Carolina	1988

Anmerkungen zu den Kommentaren

Die Kommentare zu den einzelnen Werken sind folgendermaßen angeordnet:

TITEL: In diesem Band wird der jeweilige Werktitel so beibehalten, wie er in den meisten der verschiedenen Ausgaben etwa der letzten hundert Jahre erscheint und allgemein akzeptiert ist. Die Auflistung der Titel bestimmter Stücke aus ausgewählten Quellen zeigt jedoch, daß eine heute übliche Bezeichnung wie „Fantasia" unter Umständen gar nicht die ist, unter der das Werk ursprünglich bekannt war (siehe den Abschnitt ÜBERSCHRIFTEN weiter unten). Viele Stücke hatten möglicherweise im Autograph oder in den ersten Kopisten-Handschriften, nach denen weitere angefertigt wurden, überhaupt keinen Titel; viele hatten vielleicht eine in der damaligen Zeit geläufigere Bezeichnung als „Toccata und Fuge" oder „Präludium und Fuge" wie z. B. nur „Präludium". Manche Titel, besonders etwa „Aria in F", haben einen ungewissen oder gar nicht nachweisbaren Ursprung und sind deshalb in Anführungszeichen gesetzt worden.

Alle volkstümlichen Namen einschließlich derer, die einem halben Dutzend Organistengenerationen vertraut waren, wurden weggelassen, weil sie entweder unhaltbar (z. B. „Dorische Toccata") oder angesichts der BWV-Zählung unnötig waren. Dasselbe gilt für Namen, die durch die Quellen nicht gerechtfertigt sind (z. B. „Triosonaten").

QUELLEN: Zuerst sind alle bekannten Autographen, vermutlichen Autographen oder gedruckten Ausgaben (z. B. „veröffentlicht 1739") verzeichnet. Sodann wird auf wichtige „Kopien" verwiesen, worunter ganz allgemein jedes handschriftliche Exemplar zu verstehen ist, nicht nur eine Abschrift des Autographs. Die Reihenfolge gibt nur annähernd die Chronologie und/oder Bedeutung der Quellen wieder. Es wird weder der Versuch unternommen, einen vollständigen Kritischen Bericht oder vollständige Anmerkungen zum Notentext zu liefern, noch das Numerierungssystem für die Quellen zu entlehnen, das im Kritischen Bericht zu *NBA*, Serie IV/5–6, aufgestellt worden ist. Es sind diejenigen Exemplare verzeichnet, die für die Genealogie des Stückes von Bedeutung sind. Dazu gehören alle Autographen, Erstdrucke, frühen Abschriften (vielleicht von einer früheren Fassung oder einem früheren Entwurf als dem noch vorhandenen Autograph) einschließlich der verschollenen oder vernichteten Handschriften. Der Name des früheren Besitzers oder des Kopisten steht in runden Klammern hinter dem Handschriften-Sigel. Die Bezeichnung „späte Quellen" ist nicht unbedingt gleichbedeutend mit schlechten, unautorisierten oder unwichtigen Quellen, da manche in direkterer Linie von einer guten frühen Quelle abstammen können als ältere Abschriften. Wo die primäre Quelle als gut bewertet werden kann, werden andere Quellen oft als zu Kopistengruppen wie dem „Kirnberger-Kreis" oder den „Kittel-Schülern" zugehörig zusammengefaßt. Die Abkürzungen im Kommentar sind in folgender Weise zu verstehen:

Autograph P 271: Autograph erhalten, verzeichnet als P 271
P 1109 (Penzel): Abschrift von, oder einst im Besitz von Christian Friedrich Penzel

Kurze biographische Einzelheiten der Kopisten usw. enthält das Personenregister.

Anmerkungen zu den Kommentaren

ÜBERSCHRIFTEN: Alle ergänzenden Beschreibungen oder Anweisungen (z. B. *a 2 clav. e ped.*) stammen aus einer der genannten Quellen. Es sind jedoch nicht immer dieselben wie die in der *BG* und in nachfolgenden Ausgaben verzeichneten. (Zu den verschiedenen Titeln vgl. die Anmerkung oben.) Einige gute Quellen wie etwa das *Andreas-Bach-Buch* benutzen Überschriften, um mit oder ohne Erlaubnis des Komponisten auf einen bestimmten stilistischen Anklang oder Anspruch des betreffenden Werkes hinzudeuten.

Daß die meisten Stücke auf nur zwei Systemen notiert waren, verstärkt die gelegentlich aufkommenden Zweifel darüber, wo, wenn überhaupt, Pedal verwendet werden soll, was der Komponist in diesem Fall ursprünglich beabsichtigte, oder ob er oder ein anderer Schreiber dem Werk später durch Pedalangaben eine andere Gestalt gab. Die Geschichte der Orgelnotation auf drei Systemen im Unterschied zur offenen Schreibweise ist ein Thema für sich und verdient eine ausführliche Behandlung in einer allgemeinen Untersuchung (siehe Band III).

KOMMENTAR: Auf frühere Arbeiten wird nur in Auswahl verwiesen, und zwar gewöhnlich dann, wenn sie in jüngerer oder älterer Zeit zu Recht oder zu Unrecht einen großen Einfluß auf die Aufführungspraxis und Literatur gehabt haben. Es wurde nicht versucht, zu einem Stück die veröffentlichten Meinungen aller Kommentatoren aufzulisten. Vielmehr sind Bemerkungen anderer Autoren dann aufgenommen worden, wenn sie für eine bestimmte Zeit typisch (z. B. Harvey Grace) oder wenn sie besonders nützlich sind (z. B. Walter Emery); dabei werden gelegentlich sogar Beispiele für Ansichten oder Informationen gegeben, die heute nicht mehr gültig sind.

In diesem Kommentar wird die Erörterung der Chronologie und Funktion, der Art der Orgel, der Registrierung, des Manualwechsels oder der Aufführungspraxis sowie anderer spielpraktischer Einzelheiten auf solche Fragen begrenzt, die sich aus dem stilistischen Charakter des betreffenden Stücks ergeben (vgl. z. B. die Erörterung der „Rhetorik" in BWV 538 oder der Zeitproportionen in BWV 572 oder BWV 802–805) oder aus der Verläßlichkeit oder Bedeutung des Quellenmaterials (vgl. Concerto d-Moll, BWV 596). Themen dieser Art werden in Band III dieses Werkes ausführlicher behandelt. Hier ist vielmehr auf zwei besondere Aspekte der Musik Nachdruck gelegt worden: Form und Figuration.

a) Form, d. h., der formale Gesamtplan, der der Takt für Takt verlaufenden Komposition zugrundeliegt[1]. Die Formenvielfalt in den Präludien oder Fugen zu erkennen, ist nicht nur in sich eine Sache des Verständnisses und der Bewunderung, sondern ist auch lehrreich für das Gesamtbild eines Komponisten, der, obwohl im speziellen Bereich der Orgelmusik unerreicht, doch auch auf vielen anderen Gebieten gearbeitet hat, die wohl kaum als isoliert oder unwichtig anzusehen sind. Organisten sind sich wohl nicht immer der großen Bedeutung von Bachs Orgelmusik für die Entwicklung der musikalischen Form und Sprache bewußt. Umgekehrt bemerken Musiker, die zum Beispiel die Sonatensatzform zu verstehen suchen, selten, daß schon in manchen

---

[1] Im allgemeinen läßt die Taktzählung in diesem Band alle Wiederholungszeichen außer acht. In den meisten Satz-Paaren von Präludium und Fuge, in Sonaten usw. werden die einzelnen Sätze jeweils mit T. 1 neu anfangen; in den folgenden mehrteiligen Werken läuft die Taktzählung jedoch durch: BWV 551, 553–560, 561, 563, 565, 566, 571, 572, 582, 588, 591.

Anmerkungen zu den Kommentaren

Orgelwerken von Bach Durchführungsteile auftreten. Darüber hinaus steht die Form eines Satzes in Beziehung zu vielerlei Aspekten der Ausführung – dabei geht es nicht so sehr um verschiedene Möglichkeiten der Registrierung, sondern um die Art der Artikulation und Phrasierung, der Anlage ganzer Abschnitte, der „Vermittlung des Geistes" eines Werkes, was gewöhnlich eine Frage bestimmter musikalischer Einzelheiten ist. Alle diese Aspekte könnten von einem Ausführenden ganz falsch vermittelt werden, wenn er etwa die formale Anlage der Fugen mit mehreren Themen mißverstünde oder ihm zum Beispiel die Tatsache entginge, daß der Schlußabschnitt der d-Moll-Fuge BWV 538 nicht mit dem letzten Pedaleinsatz, sondern einen Takt früher mit der Engführung auf dem Manual beginnt.

Um die Kommentare in diesem Band – besonders die zu kleineren Stücken – in Grenzen zu halten, liegt das Gewicht häufig ausschließlich auf der Form des betreffenden Stückes. Ein Beispiel bilden die *Vier Duette* BWV 802–805, wo die sorgfältig durchdachten Unterschiede zwischen den vier Stücken – fast ein bewußt angelegtes Repertoire formaler, figurativer (motivischer) und anderer Einzelheiten – durch einen kurzen Bericht über ihre unterschiedliche Gestalt und Fugenform gezeigt werden.

b) Figuration oder der Gebrauch der *figurae* oder musikalisch-rhetorischen Figuren (siehe Glossar). Im Kommentar zu den „Sechs Sonaten" BWV 525–530 z. B. hat die Konzentration auf die Motive und die Art, wie der Komponist Melodielinien aufgebaut hat, zu einem Werkbericht geführt, der sich sehr von anderen Arten der Kommentierung unterscheidet, zu denen so makellose Stücke auch führen könnten. Indessen hat eine taktweise Untersuchung der Einzelheiten – abgesehen davon, daß diese Art der Annäherung an Bachs Schaffensprozeß sehr lehrreich ist – auch Folgen für die Ausführenden. Allgemein läßt sich sagen, daß die Aufführungspraxis Bachscher Musik, zumindest im Hinblick auf die Cembalo- und Orgelmusik, noch in den Kinderschuhen steckt, weil bisher erst ein Teil der Ausführenden in der Lage ist, dem Hörer den motivischen Erfindungsreichtum dieser Musik zu vermitteln. Die Relation zwischen einem bestimmten Motiv und seiner Ausführungsweise ist komplex, und ihre Erörterung überschreitet den Rahmen dieses Buches. Man kann hier z. B. nicht zeigen, daß eine *messanza* oder selbst eine *figura corta* immer in einer bestimmten Weise gespielt werden sollte. Aber ebenso muß der Ausführende wissen, daß eine Gruppe von sechzehn Sechzehnteln nicht nur gewissermaßen zufällig die gleiche absolute Zeitspanne einnimmt wie eine ganze Note; sie enthält bestimmte Gestalten und Motivtypen, von denen manche in theoretischen Werken aus der Zeit Bachs aufgelistet und beschrieben sind, und sie verdienen genausoviel gedankliche Beweglichkeit seitens des Interpreten, wie zunächst schöpferische Erfindungskraft des Komponisten nötig war. Ich meine, daß die Wahrnehmung der kompositorischen Einzelheiten dem wachsamen Ausführenden seine Rolle als Interpret ins Bewußtsein bringt – ein Wort, das viel mißbraucht wird, aber eigentlich andeutet, daß der Ausführende sein eigenes Verständnis, seine „Interpretation", zu vermitteln hat, aber nur dann, wenn er verstanden hat, wie der Komponist zu dem endgültigen Werk gekommen ist. Die Präludien aus dem ersten Band des *Wohltemperierten Claviers* z. B. nutzen einen großen Fundus von Motiven, die ein Spieler nur sinnvoll darzustellen hoffen kann, wenn er die Details dieses Bereichs begriffen hat: z. B. den beabsichtigten Unterschied zwischen den Motiven aus jeweils acht Sechzehnteln im C-Dur-Präludium und c-Moll-Präludium oder die völlig verschiedenen Absichten, denen die Triolen-Figuren im d-Moll- und G-Dur-Präludium dienen usw. In subtilerer Weise sind die Figuren und Motive, aus denen die Melodielinien der „Sechs Sonaten" für Orgel gebaut sind, nicht nur ein Mittel für den Komponisten, sondern auch eine Vermittlungshilfe für den Ausführenden. Selbst umsichtige Spieler widmen manchmal dieser Tatsache nicht genug Aufmerksamkeit – eine meiner Überzeugungen, die die Akzentsetzung und die Vorgehensweise in diesem Buch bestimmt haben.

Abkürzungsverzeichnis

AfMw	Archiv für Musikwissenschaft
AMl	Acta Musicologica
Bach-Dokumente	Bach-Dokumente, hg. vom Bach-Archiv Leipzig. Supplement zu: Johann Sebastian Bach. Neue Ausgabe sämtlicher Werke. Band I: Schriftstücke von der Hand Johann Sebastian Bachs. Vorgelegt von Werner Neumann und Hans-Joachim Schulze, Leipzig, Kassel 1963 Band II: Fremdschriftliche und gedruckte Dokumente zur Lebensgeschichte Johann Sebastian Bachs 1685–1750. Vorgelegt und erläutert von Werner Neumann und Hans-Joachim Schulze, Leipzig, Kassel 1969 Band III: Dokumente zum Nachwirken Johann Sebastian Bachs 1750–1800. Vorgelegt und erläutert von Hans-Joachim Schulze, Leipzig, Kassel 1972
BG	Bach-Gesamtausgabe. Johann Sebastian Bachs Werke, hg. von der Bach-Gesellschaft zu Leipzig. 46 Jahrgänge, Leipzig 1851–1899
BJ	Bach-Jahrbuch
DDT	Denkmäler Deutscher Tonkunst
DTB	Denkmäler der Tonkunst in Bayern
DTÖ	Denkmäler der Tonkunst in Österreich
Jb Peters	Jahrbuch der Musikbibliothek Peters
Mf	Die Musikforschung
MGG	Die Musik in Geschichte und Gegenwart. Allgemeine Enzyklopädie der Musik, hg. von Friedrich Blume
MQ	The Musical Quarterly
MT	The Musical Times
MuK	Musik und Kirche
NBA	Neue Bach-Ausgabe. Johann Sebastian Bach. Neue Ausgabe sämtlicher Werke, hg. vom Johann-Sebastian-Bach-Institut Göttingen und vom Bach-Archiv Leipzig; Leipzig, Kassel 1954ff.
NZfM	Neue Zeitschrift für Musik
SIMG	Sammelbände der Internationalen Musikgesellschaft
VfMw	Vierteljahresschrift für Musikwissenschaft

BWV 131a

Fuge g-Moll

Kein Autograph; Abschriften in P 320 (Johann Christian Kittel?) und Quellen aus dem frühen 19. Jahrhundert (P 313, P 319, P 557, Lpz. MB. III.8.22, Lpz. Go. S. 318a), vielleicht direkt oder indirekt von Kittel (z. B. über eine Handschrift von Dröbs[1]).

Übliche Überschrift: *Fuga*.

Die 45 Takte sind eine Clavier-Fassung der Schlußfuge aus der Kantate BWV 131, *Aus der Tiefen rufe ich, Herr, zu dir* (1707). Es ist ungewiß, ob die Clavier- oder Chorfassung zuerst entstanden ist, von wem die Bearbeitung stammt, falls die Clavier-Fassung später zu datieren ist, oder ob sie für Orgel bestimmt ist. Man hat gefragt, ob der Kantaten-Satz von der Orgelfuge abgeleitet sein kann[2], obwohl allgemein das Gegenteil angenommen wird. Keller vermutet, daß Bach selbst der Bearbeiter war[3], obwohl er gewöhnlich nicht dafür gehalten wird[4], und es wird angenommen, daß es sich um eine Orgelfuge handelt, obwohl die Quellen Fugen für unterschiedliche Clavier-Instrumente enthalten[5]. Die Partitur der Kantate ist als Autograph erhalten; sowohl BWV 131 als auch BWV 131a scheinen späteren Kopisten bekannt gewesen zu sein[6]. Als Fugentyp weicht der Satz von den meisten Fugen gesicherter Herkunft ab und wirft wichtige Stil- und Formfragen auf.

Die Fuge ist eine Permutationsfuge, in der die drei Themen

vertauschbar sind und systematisch in verschiedener Reihenfolge vertauscht werden. Die in ihrem archetypischen oder prototypischen Charakter deutlich voneinander unterschiedenen Themen können auch an anderen Stellen als in der Eröffnung zuein-

---

[1] Max Seiffert, *Brief an den Herausgeber*, BJ 4/1907, S. 180
[2] a.a.O.
[3] Hermann Keller, *Unechte Orgelwerke Bachs*, BJ 34/1937, S. 59–82
[4] Philipp Spitta, *Johann Sebastian Bach*, 2 Bde. Leipzig 1873/79, Bd. I, S. 451; Friedrich Blume, *MGG*, Art. Bach, J. S., Sp. 1014
[5] Zum Beispiel enthält Lpz. MB. III.8.22 vier Fugen (BWV 549, 579, 131a, 546). Nur über der letzten steht […] *con Pedale obligato*.
[6] vgl. zum Beispiel Anton Werners Abschriften der Kantate in P 442 und der Orgelfuge in P 313

andertreten. Daher ist dieser Satz, obwohl er keine Zwischenspiele hat[7], komplexer als andere seiner Art. Ein besonders charakteristischer Prototyp eines Themas ist das chromatische Tetrachord (b), in diesem Fall ungewöhnlich, weil es aufsteigt[8]. Es scheint üblich gewesen zu sein, daß in der Permutationsfuge eins der Themen chromatisch war[9].

Zwischen der Chor- und der Orgelfuge gibt es folgende Korrespondenzen:

BWV 131	BWV 131a
SATB, Oboe, Violine, 2 Violen und Continuo	Clavier-Notation auf zwei Systemen
T. 313–325	T. 1–13: Anfangsakkord hinzugefügt; Continuo-Baßstimme ausgelassen in T. 1–2, 5–7, 9 usw.; Thema in den Mittelstimmen vertauscht T. 4–5 (T. 4: Tenor, T. 5: Alt); Baß für Pedal vereinfacht in T. 11–12
T. 326–340	T. 14–28: Thema c) der Oboe ausgelassen in T. 14–15, 18–19; Achtel- und Sechzehntel-Linien der Oboe und Violine ausgelassen in T. 23–28; Continuo-Baßstimme ausgelassen in T. 24, 27
T. 341–353	T. 29–41: Thema c) im Baß vereinfacht in T. 29–30; Sopran ausgelassen ebda.; Continuo-Baß ausgelassen; Achtel- und Sechzehntel-Linien in Oboe und Violine ausgelassen T. 31–41; Baß vereinfacht und für das Pedal verändert in T. 34–37; auch vereinfacht in T. 36–37
T. 254–258	T. 42–45: die letzten fünf Takte des Originals (die mit einer echoartigen Wiederholung der vorhergehenden Phrase anfingen) ausgelassen, ersetzt durch die vier Takte, die der Fuge in BWV 131 (dort neunstimmig) vorausgingen

Andere thematische und nicht-thematische Details von BWV 131 fehlen in BWV 131a. Aus dem Fehlen oder dem Weglassen von thematischem Material läßt sich schließen, daß BWV 131a von BWV 131 abstammt. Denn selbst wenn ein geschickter Komponist die anpassungsfähige Motivgestalt c) einem bereits existierenden Satz hätte einfügen können – was so gesehen heißt, daß BWV 131 eine kompliziertere Neubearbeitung von BWV 131a sein könnte –, so bestünde doch die Besonderheit der Permutationsfuge gerade in den Permutationen, für die c) immer erforderlich wäre. Die Auslassung von Melodielinien, die im Clavier-Satz nicht spielbar sind, legt nahe, daß BWV 131a für die Ausführung auf dem Cembalo oder Clavichord geschrieben war, obwohl die vereinfachte Baßlinie speziell an die Orgel denken läßt.

---

[7] abweichend von Permutationsfugen wie der Passacaglia BWV 582
[8] Ein weiteres Beispiel ist das Thema des Ricercars in c-Moll von Pachelbel.
[9] siehe Buxtehudes d-Moll-Präludium BuxWV 140. Matthesons Behandlung des dreistimmigen, vertauschbaren Kontrapunkts (*Der vollkommene Capellmeister*, Hamburg 1739, S. 442) enthält ein Beispiel aus der d-Moll-Fuge von Johann Krieger. Eine Stimme davon ist ebenfalls ein absteigendes Tetrachord oder ein *passus duriusculus*.

Wenn auch der einfachere und knappere Schluß von BWV 131a nicht beweist, daß es sich um eine Bearbeitung des als Höhepunkt angelegten vokalen Schlusses von BWV 131 handelt – weil der Schluß von BWV 131a ebenfalls ursprünglich vokal ist –, legt doch das allmähliche Anwachsen von zwei auf fünf Stimmen in seiner zunehmenden Komplexität nahe, daß die Kantatenfassung die originale war. Ein interessantes und ungewöhnliches Merkmal der Kantate ist, daß das Einleitungsstück und der Schlußsatz als Präludium und Fuge geformt sind.

BWV 525–530

Sechs Sonaten

Autograph P 271; keine Titelseite von Bachs Hand; jede Sonate überschrieben *Sonata à 2 Clav: et Pedal*. Titelseite von Georg Poelchau (1773–1836), der die Handschrift erwarb, nachdem 1790 der Nachlaß Carl Philipp Emanuel Bachs verkauft worden war[1]: *Sechs Orgel-Trios für zwei Manuale mit dem obligaten Pedal.*

Fragen zur Quellenlage (Datierung, Zweck) und zur Eigenart der „Sechs Sonaten" (musikalische Herkunft, Stil und Form, Einfluß) lassen sich folgendermaßen zusammenfassen:

1. Quellen. Obwohl es sich bei P 271 um ein einheitliches und in sich geschlossenes Manuskript handelt, ist es als erste vollständige Quelle der „Sechs Sonaten"[2] doch *a compilation based partly on earlier material*[3]. Datiert wird die Handschrift auf ca. 1730[4]; lange Zeit hat man geglaubt, daß das Wasserzeichen nicht auf eine Datierung vor 1727 weist[5]. Zu weiteren Stücken dieser Handschrift siehe BWV 651–668, 769.

P 272 ist eine Abschrift von Wilhelm Friedemann Bach (S. 1–36, vermutlich direkt nach P 271) und Anna Magdalena Bach (S. 37–86, mit Sicherheit direkt nach P 271). Der letztere Teil, vielleicht sogar beide Teile, könnten zwischen 1730 und 1733 entstanden sein[6]. Es ist gut möglich, daß der von Wilhelm Friedemann Bach geschriebene Anteil räumlich großzügiger beschriebene Seiten von Anna Magdalena ersetzt hat[7]. P 271 kann fertig gewesen sein, als Wilhelm Friedemann Bach an der Universität Leipzig zum Jura-Studium zugelassen wurde (5. März 1729), und P 272 zu dem Zeitpunkt, als er als Organist an die Sophienkirche nach Dresden ging, wo er seinen Dienst am 1. August 1733 antrat. Doch leider sind das nur Spekulationen. Außer Abschriften einzelner Sätze, Abschriften von Sätzen in Fassungen für andere Instrumente und von früheren Fassungen der in P 271 eingegangenen Sätze gibt es mindestens vier Hauptquellen, in denen die „Sechs Sonaten" vollständig abgeschrieben wurden: Am. B. 51 (indirekt von P 271 abgeschrieben für die Prinzessin Anna Amalia von Preußen, von demselben Kopisten wie die Choräle in Am. B. 46) und Am. B. 51a (nach Am. B. 51 abgeschrieben von einem anonymen Kopisten, den man ehemals für Johann Friedrich Agricola, 1720–1774, gehalten hat); Wien Cod. 15528 (Johann Christoph Oley, 1738–1789, vermutlich nicht nach P 271); P 840 (C. A. Klein, spätes 18. Jahrhundert, vielleicht direkt oder indirekt nach P 272). Von weiteren Ab-

---

[1] *Bach-Dokumente*, Bd. III, S. 496
[2] Dietrich Kilian, *Über einige neue Aspekte zur Quellenüberlieferung von Klavier- und Orgelwerken Johann Sebastian Bachs*, BJ 64/1978, S. 65
[3] Walter Emery, *Notes on Bach's Organ Works*, Vol. IV–V: *Six Sonatas for Two Manuals and Pedal*, London 1957, S. 80
[4] Georg von Dadelsen, *Beiträge zur Chronologie der Werke Johann Sebastian Bachs* (Tübinger Bach-Studien, Bd. 4/5), Trossingen 1958, S. 104
[5] Philipp Spitta, *Johann Sebastian Bach*, Bd. II, Leipzig 1879, S. 692, 797
[6] Georg von Dadelsen, *Bemerkungen zur Handschrift Johann Sebastian Bachs, seiner Familie und seines Kreises* (Tübinger Bach-Studien, Bd. 1), Trossingen 1957, S. 18
[7] Emery, a.a.O.

schriften gehören einige in das frühe 19. Jahrhundert (P 273, P 278, P 302, vielleicht alle direkt oder indirekt nach P 272), in einen Zeitraum also, zu dem die Sonaten bereits veröffentlicht worden waren oder ihre Veröffentlichung unmittelbar bevorstand[8]. Spätere Abschriften von einzelnen Sonaten oder Sätzen, die jetzt in Leipzig, Berlin, Brüssel, Darmstadt, Göttweig, Göttingen und Bethlehem (Pennsylvania) aufbewahrt werden, werden in *NBA*, Serie IV/7, Kritischer Bericht, ausgewertet.

Die Ungewißheiten hinsichtlich P 271 und P 272 betreffen ihre Verwandtschaft (stammen beide Teile von P 272 von P 271 ab, jeder mit geringfügigen Überarbeitungen?), ihren Zweck (für Aufführungen, Orgelunterricht, Kontrapunktunterricht, archivarische Zwecke?) und Einzelheiten der Notation (insbesondere Authentizität und Bedeutung der Bindebögen in P 272). Jede neue Ausgabe, auch *NBA*, wird diese Fragen untersuchen müssen.

2. Entstehung und Zweck. Während das Datum, bis zu dem P 271 kompiliert worden sein soll, als letzter Zeitpunkt für die Vollendung der Sonaten in ihrer jetzigen Form gilt, haben die einzelnen Sätze einen unterschiedlichen Werdegang. P 271 selbst weist darauf hin, daß die Sätze verschiedenen Ursprungs sind, insofern als die aus anderen Arten von Quellen (direkten? nach Zwischenentwürfen?) übernommenen Sätze mehr Korrekturen bzw. Veränderungen aufweisen. Die folgende Darstellung gibt einen allgemeinen Überblick über die Entstehungsgeschichte der Sätze[9]:

BWV	für die Sammlung komponiert	früher komponiert als Orgelwerk	früher komponiert als Transkription	unsicher	später adaptiert
525		II	I?	III?	
526	I	III			II
527			II?	I III?	II?
528		II III	I		
529	I	III?	II		III?
530	I II III				

Nach dieser Tabelle wurde nur die letzte Sonate durchgehend als Orgeltrio oder Orgelsonate komponiert. Die Wahl der Tonarten und ihre Anordnung hat bisher noch keinen Sinn ergeben[10], obwohl es möglich ist, daß die ursprüngliche oder beabsichtigte Reihenfolge c-Moll, d-Moll, e-Moll, C-Dur, Es-Dur, G-Dur war[11]. Als Sammlung von sechs Sonaten scheinen sie innerhalb von fünf Jahren auf die sechs Sonaten für Violine und Cembalo obbligato BWV 1014–1019 gefolgt zu sein.

---

[8] Wesley & Horn, London 1809–10; Nägeli, Zürich 1827

[9] Hans Eppstein, *Grundzüge in J. S. Bachs Sonatenschaffen*, BJ 55/1969, S. 5–30; Emery, a.a.O., S. 128, 194 a.a.O., S. 128, 194

[10] Hans Eppstein, *Chronologieprobleme in Johann Sebastian Bachs Suiten für Soloinstrument*, BJ 61/1976, S. 38

[11] Kilian, a.a.O., S. 66

Zweck und Zeitpunkt der Sammlung waren für Forkel klar[12]:

Sechs Sonaten oder Trio[s] für zwey Claviere mit dem obligaten Pedal. Bach hat sie für seinen ältesten Sohn, Wilh. Friedemann, aufgesetzt, welcher sich damit zu dem großen Orgelspieler vorbereiten mußte, der er nachher geworden ist. Man kann von ihrer Schönheit nicht genug sagen. Sie sind in dem reifsten Alter des Verfassers gemacht, und können als das Hauptwerk desselben in dieser Art angesehen werden.

Wie immer man über den Ausdruck *zwey Claviere* (Orgel? Cembalo? Clavichord?) zu Recht oder auch nicht spekulieren mag: es muß doch bemerkt werden, daß Forkels Zitat in dem Kapitel über die *Orgelsachen* steht. Er sagt nicht „komponiert" sondern „aufgesetzt" für Wilhelm Friedemann Bach[13]. Die Bezeichnungen „Trio" und „für Orgel" waren beide üblich bei Erwähnungen der „Sechs Sonaten". Der Nekrolog von 1754 hatte auf die *Sechs Trio für die Orgel mit dem obligaten Pedale* verwiesen[14]. In einem Handschriften-Katalog von 1783 werden sie – wie auch in anderen Verweisen aus der Zeit – *6 Sonaten für die Orgel, mit 2 Clav. & Pedal* genannt[15]. Wie Kinsky gezeigt hat[16], gibt es keinen sicheren Anhaltspunkt dafür, daß *2 Clav. & Pedal* Cembalo oder Clavichord mit Pedal bedeutet, obwohl dies immer noch behauptet wird. Schon der Umfang (weder Cis noch d''' usw.) ist, zumindest um ca. 1729, charakteristischer für Orgel- als für Cembalomusik. Da außerdem keine Hand unter das Tenor-c reicht, können die Stücke auch *auf Orgeln mit nur einem Manual und Pedal* mit 4'-Registrierung und der linken Hand eine Oktave tiefer geübt werden[17].

Mehrere frühe Erwähnungen der Sonaten sind voller Bewunderung:

[...] *Trios, sind 6. dergleichen für die Orgel von ihm übrig, für 2 Manuale und das Pedal, die so schön, so neu, erfindungsreich sind, daß sie nie veralten sondern alle Moderevolutionen in der Musik überleben werden.*[18]

Allerdings ähneln diese Lobesworte denen aus dem *Vergleich zwischen Händel und Bach* von 1788[19] so sehr, daß wohl eher an ein Plagiat als an eine intime Kenntnis der Musik zu denken ist. Zutreffender war August Friedrich Christoph Kollmanns Bemerkung von 1799: *pieces of this kind, when properly performed, exceed every thing else in the art of Organ-playing*[20], nicht zuletzt deshalb, weil dieses Lob zu verstehen

---

[12] Johann Nikolaus Forkel, *Ueber Johann Sebastian Bachs Leben, Kunst und Kunstwerke*, Leipzig 1802, Kap. IX., S. 60
[13] Forkels gebräuchliche Wörter für „komponiert" waren *componirt, gemacht, ausgearbeitet* usw.; *gesetzt* kommt auch im Zusammenhang mit anderen Instrumentalwerken (Violin-Solosonaten usw.) vor, die so komponiert waren, daß die *Spieler dadurch auf ihren Instrumenten weiter kommen konnten*. Allerdings hatte Forkel schon in einer Rezension von 1799 geschrieben: *sechs Trios, welche der große Mann für seinen ältesten Sohn, Wilhelm Friedemann einst gemacht hat* (Bach-Dokumente, Bd. III, S. 585).
[14] *Bach-Dokumente*, Bd. III, S. 86
[15] a.a.O., S. 272
[16] Georg Kinsky, *Pedalklavier oder Orgel bei Bach? AMl* 8/1936, S. 158–161
[17] Hans Klotz, *Über die Orgelkunst der Gotik, der Renaissance und des Barock*, Kassel ²1975, S. 377
[18] ca. 1777, *Bach-Dokumente*, Bd. III, S. 313
[19] a.a.O., S. 441
[20] a.a.O., S. 582

gibt, daß die Sonaten mehr der „Kunst des Orgelspiels" als dem eigentlichen Gottesdienst-Repertoire des Kirchenorganisten zuzurechnen sind. Zweifellos war eine ganze Anzahl von Bach-Schülern als Spieler und Komponisten von Trios tätig. Als Beispiel sind zu nennen Wilhelm Friedemann Bach mit einem verlorenen Trio über *Allein Gott in der Höh' sei Ehr'*[21] und Heinrich Nicolaus Gerber, dessen auf 1727 datiertes handschriftliches Orgelbuch schon eine *Inventio 4 in E a 2 Clav. & Ped* enthält[22]. Wilhelm Friedemann Bach und Gerber waren beide zu der Zeit, als die „Sechs Sonaten" zusammengestellt wurden, Schüler Bachs. Wenn auch die Entstehungszeit der *Inventio* von Gerber nicht bekannt ist, schrieb dieser – wie Ernst Ludwig Gerber in seinem *Lexicon* vermerkt[23] – noch weitere Sammlungen, eine 1734 oder früher (sechs *Concert-trios für Zwey Claviere und Pedal*) und eine weitere 1737 (*VI Inventiones für die Orgel mit 2 Clavier und Pedal*). Jene Werke, die am offensichtlichsten auf BWV 525–530 basieren oder sogar von ihnen abgeleitet sind, sind die Sonaten oder Sonatensätze von Johann Ludwig Krebs, obwohl es seltsam ist, daß er die dreisätzige Anlage nicht systematisch kopierte. Kannte er Bachs Sonaten vor oder in einer unvollständigeren Form als bei ihrer Zusammenstellung in P 271? In beiden Fällen ist leicht vorstellbar, daß sie allesamt (außer der C-Dur-Fuge, die Gerhard Weinberger als eins der Trios in seine Ausgabe von 1985, Edition Breitkopf Nr. 8413, aufgenommen hat) als spezifische Antworten auf die „Sechs Sonaten" entstanden sind, vielleicht sogar als an den Schüler gestellte Aufgaben in der Art der „Sechs Sonaten". Ebenso ist es möglich, daß manche Sätze eine „indirekte" Nachahmung, d. h. über Johann Ludwigs Vater Tobias Krebs, sind, der zweifellos seinen Sohn lehrte, was er selbst von seinem Lehrer gelernt hatte. Trotz der Beliebtheit der Telemannschen Kammertrios (siehe Beispiel S. 28 oben) ist es sehr wohl möglich, daß Vater und Sohn Krebs Bach mehr verdanken als Telemann, entweder wegen ihres musikalischen Urteils oder weil sie für Orgel schrieben.

Vier kurze anonyme *Inventionen* in der Handschrift LM 4941 (die auch ein *Trio a 2 Clav & Pedal* von Jacob Adlung enthält) sind überschrieben *a 2 Clav. et Pedal*. Sie sind mehr in der Manier Telemanns komponiert, d. h. in einem teilweise imitierenden Dialog über einem Continuo-Baß. Außerdem sind Bearbeitungen der „Sechs Sonaten" im späteren 18. Jahrhundert nicht unüblich – von Mozart für Streichtrio (siehe BWV 526, 527), von einem unbekannten Bearbeiter für zwei Cembali (alle sechs Sonaten in der Handschrift St 401), von Samuel Wesley für Klavier zu drei Händen (veröffentlicht 1809–10). Daß die linke Hand nicht unter c geht, mag die Bearbeiter dieser späteren Zeiten dazu veranlaßt haben, sie eine Oktave tiefer zu legen und beide Stimmen auf einem Manual spielen zu lassen.

Die „Sechs Sonaten" wurden einerseits als Übungsstücke, andererseits als Musik zum bewundernden Hören begriffen. In diesen beiden Traditionen fanden Entstehung und Zweck der Sonaten, wo immer sie erwähnt wurden (d. h. in allen Verweisen in den Dokumenten, die bekannt waren), so lange eine ausreichende Rechtfertigung, bis die Herausgeber und Kommentatoren des 19. Jahrhunderts anfingen, „Clavier" mit Clavichord gleichzusetzen und über die Funktion der Sonaten sowie der

---

[21] Martin Falck, *Wilhelm Friedemann Bach*, Leipzig 1913, Nr. 38, 2
[22] aufbewahrt in der Princeton University Library
[23] Ernst Ludwig Gerber, *Historisch-biographisches Lexicon der Tonkünstler*, Bd. I, Leipzig 1790, Bd. II, Leipzig 1792

Passacaglia in der Hausmusik Vermutungen anzustellen[24]. Obwohl es einige Belege dafür gibt, daß Triosonaten für verschiedene Instrumente in norddeutschen Kirchen während des Abendmahls oder zu besonderen Anlässen, bei denen Komponisten wie Buxtehude oder Reincken zugegen waren, gespielt wurden[25], gibt es diese Belege für Orgelsonaten in einem ähnlichen Zusammenhang nicht. Auch über die Orgeltrios, die Händel nach Forkel (1803) komponiert haben soll, als er noch in Halle war[26], sind keinerlei Einzelheiten bekannt. Sonaten dieser Art hatte Matheson wohl kaum im Sinn, als er erwähnte, daß Vorspiele zu *Kirchen-Stücken oder Chorälen* im Unterschied zu Fugen oder Variationen die Form von *kleinen Sonaten oder Sonatinen* annehmen könnten[27]. Die Anwendung der Trio-Technik auf Choralmelodien war natürlich bekannt, und in den achtziger Jahren des 18. Jahrhunderts bezeichnete Daniel Gottlob Türk sie mit dem Ausdruck *Orgeltrio*, womit dreistimmige Orgelchoräle gemeint waren, die sonst damals Vorspiele genannt wurden[28]. Es ist nicht bekannt, wer Forkel berichtet hat, daß die „Sechs Sonaten" für Wilhelm Friedemann Bach zusammengestellt worden waren – vielleicht war es Carl Philipp Emanuel Bach, der mit Forkel korrespondierte und der die Handschrift P 271 besessen zu haben scheint[29]. Man weiß auch nicht mit Sicherheit, ob die Zusammenstellung in P 271 zum ersten Mal erfolgte.

Jüngste Untersuchungen haben zu mehreren ähnlichen Schlußfolgerungen oder Vermutungen über den Ursprung der Sonaten BWV 525–530 in der in P 271 vorliegenden autographen Fassung[30] geführt:

1. BWV 525 ist den anderen Sonaten möglicherweise erst in einem späteren Stadium der Kompilationsgeschichte hinzugefügt worden. Vielleicht war diese Sonate ursprünglich als Nr. 5 vorgesehen (dann wäre die Tonartenfolge c-Moll, d-Moll, e-Moll, danach C-Dur, Es-Dur, G-Dur). Sie wurde auf einem gesonderten Doppelbogen niedergeschrieben.

2. Zuweilen deutet P 271 darauf hin, daß der Komponist Einzelnes noch neu- oder umkomponierte (z. B. den neuen Abschnitt T. 38–70 von BWV 526, I) oder daß er Einzelheiten noch änderte, während er nach einer anderen Niederschrift oder Fassung kopierte oder transkribierte (BWV 527, 529 passim).

3. Einige bisher für Transkriptionen gehaltene Sätze (z. B. BWV 526, I) sind nach dem, was man im einzelnen in P 271 an „Umkomponiertem" gefunden hat, vielleicht gar keine Transkriptionen.

4. Die Papierlage, auf der BWV 530 geschrieben ist, war vermutlich ursprünglich eine Lage für sich, die dann in das Lagenbündel bzw. in den Sonaten-Zyklus hineingenommen wurde.

---

[24] z. B. Friedrich Conrad Griepenkerl, Vorwort zur Peters-Ausgabe, Bd. I, 1844
[25] Friedrich Wilhelm Riedel, *Quellenkundliche Beiträge zur Geschichte der Musik für Tasteninstrumente in der zweiten Hälfte des 17. Jahrhunderts*, Kassel 1960, S. 180
[26] Kinsky, a.a.O., S. 160
[27] Johann Mattheson, *Der vollkommene Capellmeister*, Hamburg 1739, S. 472. Mattheson spricht von Präludien, *worunter aber eigentlich weder Fugen, noch variirte Sachen, obwol keine Sonaten oder Sonatinen gehören*; aber statt *keine* ist vermutlich *kleine* zu lesen.
[28] *Bach-Dokumente*, Bd. III, S. 432
[29] a.a.O., S. 496
[30] John Butt, *Bach's Organ Sonatas BWV 525–530: Compilation and Recomposition*, The Organ Yearbook 19/1988, S. XX–XXX, stützt sich teilweise auf Dietrich Kilian in *NBA*, Serie IV/7, Kritischer Bericht.

5. Die Sonaten wurden nicht eher numeriert (d. h. der Zyklus stand nicht fest), als bis mindestens fünf von ihnen in P 271 abgeschrieben waren – möglicherweise sogar erst, als sie in P 272 kopiert wurden.
6. Die Überschriften und italienischen Bezeichnungen in P 271 sind autograph, wodurch die Artikulationszeichen der Handschrift ihrerseits möglicherweise mehr Autorität gewinnen (besonders in BWV 530).

3. Trio-Typen in der Orgelmusik. Wenn es auch weiterhin immer noch zutrifft, daß *no direct models for these Sonatas [...] have been discovered*[31], so waren dem Komponisten zu dem Zeitpunkt, als er Köthen verließ, die verschiedenen Form- und Satzelemente doch vertraut, wobei die Satzelemente die älteren waren.

Dreistimmige Choralbearbeitungen sind in ihrer Art satztechnisch besser zu handhaben als dreistimmige Orgelfugen und finden sich im frühen 18. Jahrhundert bereits in vielen verschiedenen Formen. Parallel zu diesen deutschen Orgelchorälen existierten *trios, trios en dialogue* und *trios à trois claviers* von verschiedenen *alten guten französischen [...] Organisten*, die Bach offensichtlich bewundert hatte[32]. Die meisten Beispiele von Lebègue, de Grigny, Raison, Boyvin und Clérambault – d. h. von 1670 bis 1710 – teilen den Satz in zwei Manualstimmen und Pedal auf. Manchmal sind die Oberstimmen imitierend oder fugierend gesetzt, aber vielfach verlaufen sie auch in Terzenparallelen usw. Gelegentlich haben alle drei Stimmen ähnliche, wenn auch einfache imitierende Linien, wobei meist kurze Sätze, aber keine zweiteiligen Formen oder Ritornell-Formen entstehen. Wie aus den Registrieranweisungen der französischen Komponisten deutlich wird, läuft die Wahl unter den möglichen Registerfarben auf eine klare, aber konventionelle Aufteilung der Farben auf die drei Kontrapunktstimmen hinaus: 1. Manual mit Oberton-Farbe (z. B. *cornet*), 2. Manual mit 8'- (z. B. *cromorne*) oder 8' + 4'-Registern, 3. Pedal mit *flûte* im 8'.

Daß Bach traditionelle dreistimmige *cantus-firmus*-Sätze schon lange gekannt hatte, wird an der Kantate BWV 4 deutlich. Daß er in Weimar auch einen Choral-*cantus-firmus*, eine Choral-Paraphrase und eine unabhängige Pedalstimme in einen fast hundert Takte langen Satz von höchst eigener Sprache einarbeitete, läßt sich aus der mutmaßlichen Entstehungsgeschichte des *Trio super Allein Gott in der Höh' sei Ehr'* BWV 664a ableiten. Aber den schöpferischen Sprung von der Kantate BWV 4, IV zu BWV 664a wiegt kein uns bekanntes Stück eines anderen Komponisten auf. Datiert man das Trio *Allein Gott in der Höh' sei Ehr'* BWV 664a auf die mittleren oder späteren Weimarer Jahre und den langsamen Satz der 4. Orgelsonate auf ca. 1708, läßt sich Allgemeineres über die Entwicklung der Trio-Technik sagen. In der 4. Sonate (BWV 528, II) hat das Pedal eine Continuo-Baßlinie (wie die Trios von de Grigny usw.), und darüber wechseln zwei Themen einander ab und erscheinen in vielerlei Gestalten. Dabei liegt die Betonung auf ungemein reizvollen, aber ziemlich willkürlich aneinandergereihten zweitaktigen Phrasen. BWV 664a enthält dagegen Elemente, die aus dem ausgereiften Sonaten-*Allegro* bekannt sind: einen thematischen Baß, Themen, aus denen sich eine ausgewachsene Ritornell-Form ergibt, Zwischenspiele mit gebrochenen Akkordfiguren. Dennoch sollte man den Unterschied zwischen den beiden Trio-Techniken nicht überbewerten, denn einen bestimmten

---

[31] Emery, a.a.O., S. 204
[32] *Bach-Dokumente*, Bd. III, S. 288

Satztypus für Orgel-Triosonaten gibt es nicht. So gesehen ist die Oktav-Imitation in BWV 528, II für sich allein genommen genauso wenig ein Indiz für eine „frühe" Entstehungszeit wie der relativ homophone Stil am Anfang von BWV 526; im Gegenteil, die nicht fugierten Anfänge der Sonaten in c-Moll, C-Dur und G-Dur lassen auf ein späteres Entstehungsdatum als die fugierten Anfänge der übrigen Sonaten schließen.

Obwohl es ganz allgemein gesehen stimmt, daß die Orgelsonaten in der dreisätzigen Anlage den transkribierten Orgelkonzerten und im dreistimmigen Satz den bis dato in ganz Europa bekannten Triosonaten für verschiedene Instrumente gleichen, eignet sich die Musik als solche – wiederum ganz allgemein gesehen – sehr gut für Manuale und Pedal. Auch abgesehen vom Umfang würde wohl niemand die Oberstimmen für Violin- oder Flötenstimmen halten. Außerdem sind, wie Emery bemerkt[33], ähnliche Passagen in den Konzerten und Sonaten (z. B. T. 93 ff. aus dem Konzert BWV 594, I und T. 37 ff. aus der Sonate BWV 530, I) für beide Gattungen untypisch. Wenn die Orgelkonzerte überhaupt einen Einfluß auf die Konzerte gehabt haben, dann betrifft er wohl mehr die Form und so vereinzelte Erscheinungen wie sequenzierende Zwischenspiele als den ganzen Satz. Der Spieler spürt auch des öfteren, daß sich die beiden Hände nicht nur imitierend oder kontrapunktisch zueinander verhalten, sondern tatsächlich auf einen einzelnen Spieler hin angelegt sind. In BWV 529, I tanzen z. B. die Synkopen so zwischen den Händen hin und her, wie man es selbst zwischen den zwei Violinen einer Triosonate nicht häufig kennt. Diese Synkopierungen sind speziell für zwei unabhängige und gleichwertige Hände im Mit- und Gegeneinander erdacht. Ebensowenig ist die offensichtliche Vertauschbarkeit der beiden Melodielinien – z. B. in den letzten elf Takten der e-Moll-Sonate – für die Instrumentalsonate charakteristisch, trotz deren kontrapunktischer Mittel wie Engführung, Kanon oder Fuge. Allein das Maß, mit dem die Mittel eingesetzt werden, ist ausschlaggebend. Die Oberstimmen sind nicht nur in den „Sechs Sonaten", sondern auch in anderen Stücken miteinander austauschbar, aber selten so offenkundig wie in den Schlußtakten der e-Moll-Sonate.

4. Trio-Typen in Instrumentalsonaten. Abgesehen von diesen Einzelheiten ist aber die engste Parallele zu den „Sechs Sonaten" ganz deutlich in den Werken für Soloinstrument (Violine oder Flöte oder Gambe) und Cembalo obbligato festzustellen. Diese Ähnlichkeit besteht in der Tonsprache und im linearen Stil. Doch wenn auch alle Sonaten mindestens einen fugierten *Allegro*-Satz enthalten, unterscheiden sich die Instrumentalsonaten von den sechs Orgelsonaten dennoch in wichtigen einzelnen Merkmalen. So ist etwa der Manualumfang der letzteren – rechte Hand fis–c''' (meistens c'–c''') und linke Hand c–c''' (meistens c–g'') – offensichtlich bequem für zwei Hände eingerichtet und weicht von dem Umfang der Kammersonaten ab. Die merkwürdige Umschrift der Es-Dur-Sonate BWV 525 in eine C-Dur-Sonate für Violine, Violoncello und Continuo (St 345) von einem anonymen Bearbeiter aus dem späteren 18. Jahrhundert zeigt, daß die Orgelstimmen tatsächlich nicht leicht adaptierbar sind. Anders als in den Kammersonaten, in denen die rechte Hand auf dem Cembalo manchmal in der Art eines ausgesetzten Basso continuo begleitet[34], stehen

---

[33] Emery, a.a.O., S. 207
[34] Es ist nicht immer klar, wer diesen Baßlinien Figuren oder Harmonien hinzufügte; aber das „ausgesetzte Continuo" im langsamen Satz der Flötensonate h-Moll BWV 1030 (Autograph) ist bestimmt authentisch.

die beiden Oberstimmen der sechs Orgelsonaten in ständigem Dialog miteinander. Die Pedal-Linien gleichen zeitweilig einer Continuo-Stimme (d. h. der linken Hand des Cembalo obbligato in den Kammersonaten), aber nur insofern, als ein Continuo-Baß eher einer Pedalstimme ähneln kann als umgekehrt. Wer immer die Bearbeitung BWV 1027a für Orgel angefertigt hat, hat die Baßstimme der Gambensonate BWV 1027 nicht nur vereinfacht. Beide Fassungen der Baßstimme haben unabhängige Qualitäten. Gemeinsam ist ihnen jedoch, daß sie weder in der Orgel- noch in der Instrumentalsonate einen Satz mit dem Thema beginnen, obwohl in beiden Werkgruppen manchmal ein Satz mit dem Baß anfängt (z. B. BWV 529, I und E-Dur-Violinsonate BWV 1016, IV).

Wenn auch immer wieder die verschiedensten verallgemeinernden Aussagen über die „Sechs Sonaten" gemacht werden – z. B. daß die ersten Sätze in der Form viel konzertmäßiger sind als die ersten Sätze der Violinsonaten[35] – so läßt die Verschiedenartigkeit der Stücke unbekümmerte Pauschalierungen doch nicht zu. Allerdings haben die Schlußsätze sowohl der Orgel- als auch der Instrumentalsonaten meist deutlich erkennbare Merkmale gemeinsam. Form, Satz und Melodiebildung des letzten Satzes der E-Dur-Violinsonate sind ähnlich wie im ersten Satz der C-Dur-Orgelsonate. Die Violinsonate hat jedoch eine bewegtere Baßlinie, deren rhythmische Schwierigkeiten man in einer Orgelsonate nicht erwarten würde. Zusammengenommen bieten die sechs Orgelsonaten und die elf authentischen Instrumentalsonaten ein ganzes Repertoire an Trio-Techniken:

Form: langsame erste Sätze (nicht in den Orgelsonaten)

    Form- und Tempowechsel innerhalb eines Satzes (BWV 528, 1030)

    Ritornell-Sätze mit verschiedenen Längen und Abschnitten, langsam oder schnell

    A-B-A-Ritornell-Sätze, schnell oder langsam, mit oder ohne Thema mit Fugenbeantwortung, mit offener oder versteckter Rückkehr zu A_2

    zweiteilige langsame Sätze ⎫ ⎧ mit oder ohne vollständige Reprise
    zweiteilige schnelle Sätze ⎭ ⎩ des ersten Themas

Satz: in Ritornell-Sätzen homophone oder (auf Oktave oder Quinte) imitierende Themen, mit oder ohne Thema im Baß

    Sätze mit vier (oder mehr) Stimmen, Klaviersatz homophon oder kontrapunktisch (nicht in den Orgelsonaten)

    Anordnung der drei Stimmen in verschiedenen Lagen des möglichen Umfangs (Orgelsonaten: konsistent und dicht beieinander)

    Baßlinie imitierend oder als Gegenthema zu fugierten Stimmen oder ostinat oder spärlich (die letzten zwei Möglichkeiten nicht in den Orgelsonaten)

Besonders charakteristisch für die schnellen Sätze der Orgelsonaten ist die dreiteilige Anlage (Ecksätze von BWV 527, 529, 530), in der der Mittelteil häufig sequenzierend moduliert und einen „unbeständigen" Gegensatz zu den einrahmenden Abschnitten

---

[35] Eppstein, *Grundzüge* [...], a.a.O.

bildet. Daß der Komponist in einigen Fällen lediglich *da capo* schreibt, mag theoretisch auf eine Parallele zur Arienform hindeuten[36], aber nur unter dem Aspekt der Gesamtanlage. Die Parallele sollte nicht überbetont werden, genauso wenig wie der dreisätzige Aufbau beanspruchen kann, *die endgültige Form der* [späteren] *klassischen Sonate zu enthüllen*[37]. Die wichtigste Parallele zwischen den „Sechs Sonaten" und der klassischen Sonatenform besteht zweifellos in dem durchführungsartigen Charakter des Mittelteils mancher Ecksätze oder in der Art, wie das Thema des ersten Satzes der c-Moll-Sonate behandelt wird (siehe BWV 526, weiter unten).

Obwohl die meisten der oben aufgezählten Merkmale auch sonst in den um ca. 1720 üblichen verschiedenen Typen der instrumentalen Triosonate zu finden sind, scheint doch die Vielfalt der Merkmale und ihre umfassende Anwendung innerhalb der achtzehn oder neunzehn Sätze der Orgel-Triosonaten im allgemeinen bewußt geplant zu sein. Es ist nicht das einzige Mal, daß Bach eine Gruppe von Stücken so anlegt, als ob er zeigen wollte, welche Möglichkeiten ihm in einem bestimmten, begrenzten Medium zur Verfügung standen: Ähnliches gilt für die Sonaten/Partiten für Solovioline und die Cembalo-Partiten. Einige enge Parallelen lassen sich auch zwischen den Orgelsonaten und den Sonaten für mehrere Instrumente ziehen. So gleichen sich z. B. die Schlußsätze der Es-Dur-Orgelsonate und der c-Moll-Violinsonate in einzelnen Merkmalen der zweiteiligen Form (fugierte Imitation, Umkehrung in der zweiten Hälfte, Art des Zwischenspiel-Materials usw.). All diesen Sonaten sind Elemente gemeinsam, die sich in den Konzerten normalerweise nicht finden. Die einfache zweiteilige Form z. B. ist in den Konzerten unbekannt[38]. Dagegen weist die dreisätzige Anlage gemeinsame Elemente auf: das Element des Tutti/Solo-Wechsels in den ersten Sätzen der Orgelsonaten in C-Dur, c-Moll und G-Dur mit ihrem Gegengewicht in den Fugen der letzten Sätze führt zu einer ziemlich ähnlichen Gesamtanlage, die sich auch in mehreren Cembalokonzerten und anderen Konzerten Bachs findet. Wie in manchen Konzerten ist außerdem die Abgrenzung zwischen wiederkehrenden „Tutti"-Themen und „Solo"-Abschnitten nicht immer klar, ganz abgesehen davon, daß der Organist die Tutti-/Solo-Abschnitte nicht durch Registerwechsel unterscheidet. Der erste Satz des *4. Brandenburgischen Konzerts* bietet ein gutes Beispiel dafür, daß die Solisten in den *ripieno*-Abschnitten eigene Melodielinien haben, woraus sich Parallelen zu den ersten Sätzen der Orgelsonaten in C-Dur, G-Dur und d-Moll ergeben, hier allerdings auf kleinerem und gedrängterem Raum.

In den Orgel- und Instrumentalsonaten insgesamt sind die Orgelsätze gewöhnlich knapper und klarer in der Form. Sie haben einfache Proportionen wie 1:1 in BWV 525, III oder 3:4:3 in BWV 527, I. Wegen der Beschränkungen im Pedal sind sie satztechnisch nicht so kompliziert. Daher ist das umgekehrte Thema im Schlußsatz der Es-Dur-Orgelsonate (zweite Hälfte) klarer als die entsprechende Stelle der c-Moll-

---

[36] Winfried Schrammek, *Die musikgeschichtliche Stellung der Orgeltriosonaten von Joh. Seb. Bach*, BJ 41/1954, S. 20
[37] Norbert Dufourcq, *J. S. Bach, Le Maître de l'Orgue*, Paris 1948, S. 286 (*de dévoiler la forme définitive de la sonate classique*)
[38] Der zweiteilige langsame Satz im Tripelkonzert a-Moll BWV 1044 ist aus einer Orgelsonate (BWV 527) genommen, wogegen der entsprechende Satz aus dem Tripelkonzert d-Moll BWV 1063 vollständig ausgeschrieben ist mit geänderter Stimmverteilung.

Violinsonate. Aber daß der dreifache Kontrapunkt in den schnellen Sätzen der Orgelsonaten weniger genutzt wird als in den schnellen Sätzen der Violinsonaten, überrascht um so mehr, als die imitierenden Themen der Orgelsonaten manchmal so geschrieben sind, daß sie bequem auf dem Pedal gespielt werden können (z. B. Ecksätze der Es-Dur-Sonate). Und wenn auch in beiden Schlußsätzen der erwähnten Sonaten für Orgel bzw. Violine jeweils dreifacher Kontrapunkt vorkommt, wird er in der Violinsonate doch länger aufrechterhalten als in der Orgelsonate. Im allgemeinen wird in den ersten Sätzen der Orgelsonaten das Pedal eher als motivische denn als thematische Stütze benutzt, während in den dritten Sätzen das Pedal das vollständige (Fugen-) Thema erhält.

Ob die „Sechs Sonaten" tatsächlich knapper als die Sonaten für mehrere Instrumente sind, ist schwer zu sagen, weil das Gewebe der Violin-, Flöten- und Gambensonaten so viel diffuser ist. Es verhält sich eher so, daß diese Sonaten in bestimmten Sätzen ein besonders charakteristisches Merkmal der Orgelsonaten entlehnen oder vorwegnehmen, nämlich die Gleichheit der beiden Oberstimmen. Das würde übereinstimmen mit der Theorie, daß Bach in den Instrumentalsonaten schrittweise von den traditionellen Trio- und Solosonaten mit Continuo zu den Solosonaten mit Cembalo obbligato überging[39]. Von der Idee und sogar von der zeitlichen Abfolge her könnten die Orgelsonaten also das letzte Stadium dieser Entwicklung darstellen. In diesem Fall wäre das *unisono* zu Beginn der G-Dur-Orgelsonate kein Zeichen von Unreife, sondern das Gegenteil: ein konzertartiges Tutti, von einem Komponisten neu eingeführt, der über Jahre hinweg bereits ein großes Repertoire an Wirkungen im Trio-Bereich geschaffen und nun mit dem *unisono*-Anfang des Ritornell-Teils einen weiteren Effekt gefunden hatte.

5. Zeitgenössische und spätere Trios. Stellen die Orgelsonaten ein Spätstadium in Bachs Entwicklung der Trio-Technik dar, so sind ihre Wurzeln eher in der traditionellen Triosonate für zwei Violinen und Continuo zu sehen als in der früheren dreistimmigen Orgelmusik, sei diese nun deutsch oder französisch[40]. Indessen ist die französische Tradition in einer bestimmten Beziehung wichtig: es standen verschiedene Instrumente zur Auswahl, die in einem *concert* oder einer *sonate* verwendet werden konnten. Telemanns *Six Concerts et Six Suites* (ca. 1715–1720?) konnten auf dem Cembalo und der Flöte (mit oder ohne Violoncello) oder auf Violine, Cembalo und Flöte (mit oder ohne Violoncello) gespielt werden. Telemann bot damit die Möglichkeit, die drei Stimmen als Duos oder Trios zu spielen. Die drei Stimmen imitieren in den *Concerts* stärker als in den *Suites*, sind aber noch selten ganz fugiert, vollständig mit motivischer Engführung usw. Die Figurierung ist nicht orgelmäßig. Dessen ungeachtet zeigt der zweite Satz des 4. *Concert*, daß der Stil dem von BWV 525–530 her vertrauten zeitweilig nahekommt:

---

[39] Hans Eppstein, *Studien über J.S.Bachs Sonaten für ein Melodieinstrument und obligates Cembalo*, Uppsala 1966, S. 159f.
[40] Obwohl es über den Rahmen dieses Buches hinausführt, ist es auch möglich, die französischen Orgeltriosätze mit einer speziellen Pariser Tradition des Bläsertrios (zwei Blockflöten oder Flöten und Fagott) seit Lully in Verbindung zu bringen, das seinen Ort im Theater und in der Kirche hatte. Viele Einzelheiten der Musiksprache – Umfang, Metrum (wiegender 3/4-, einfacher 2/2-Takt), Satz (zwei Oberstimmen in Terzen) usw. – sind gemeinsame Merkmale der Trio-Abschnitte in einer Motette von Lalande und einer Orgelmesse von Clérambault.

Georg Philipp Telemann, *Six Concerts ...*, 4, II

Damit geht einher, daß das Thema, so wie es hier erscheint, eine Umkehrungsform des Hauptthemas ist und den darauffolgenden von zwei in sich wiederum zweigeteilten Abschnitten eröffnet. Es ist also festzustellen, daß sowohl die Satztechnik als auch die Form bestimmter Orgelsonaten-Sätze zu dieser Zeit auch anderweitig bekannt waren. Das trifft aber ganz allgemein auf den größten Teil der Kammermusik zu, wie z. B. auf die veröffentlichten Trios von Telemann für zwei Violinen und Continuo. Die Bedeutung der *Concerts* liegt in ihrer wechselnden Instrumentierung und der damit zusammenhängenden Anpassungsfähigkeit der musikalischen Eigensprache. Wenn der Baß zur Cellostimme wird, vereinfacht Telemann ihn mitunter etwas, aber nicht so durchgängig, wie es der Bearbeiter von BWV 1027a mit der Baßlinie der Gambensonate BWV 1027 für Orgelpedal getan hat.

Leider ist nicht bekannt, ob Telemanns Sonate in E-Dur[41] die ursprüngliche Fassung einer Sonata in D-Dur *au 2 Clavier con Pedal* (Lpz. MB. Ms. 3) ist oder umge-

---

[41] in: *Essercizii musici overo dodeci Soli e dodeci Trii a diversi stromenti*, Hamburg 1739/40

kehrt. Falls die Orgelfassung zuerst existierte, ist sie möglicherweise älter als alle vollständigen Sonaten BWV 525–530. Die vier Sätze verwenden die zwei Oberstimmen häufig imitierend (fugiert oder motivisch), obwohl nicht so konsequent wie BWV 525–530. Natürlich ist auch das Material keineswegs vergleichbar. Die Baßlinie bewegt sich mehr in der Art eines instrumentalen Basso continuo als in Bachs Orgelsonaten üblich, und ihr allgemeiner Charakter legt den Gedanken nahe, daß die handschriftliche Cembalo-Fassung eine direkte Transkription ist. Die melodische Eigensprache ist ausgeprägt und läßt an ein Zwischenglied zu den Orgelsonaten von Johann Ludwig Krebs denken.

Georg Philipp Telemann, Sonata D-Dur

Der Orgeltrio-Satz war tatsächlich für die galante Musiksprache, die bei bestimmten Bach-Schülern beliebt war, nicht ungeeignet. So konnten etwa die wiederholten Töne der Baßlinie im folgenden Beispiel ganz natürlich zu den charakteristischen Klopfbässen einer späteren Zeit werden.

BWV 527, III

Johann Ludwig Krebs, Trio B-Dur

Daß in manchen Sätzen von Bach (z. B. im I. Satz von BWV 525) die Oberstimmen mit Vorliebe nur über einem Continuo-Baß duettierten, machte gleichermaßen eine neue Musiksprache möglich, wie diese Neigung selbst der Widerschein, eine späte Blüte einer älteren Musiksprache war. Auch Zwischenspiele mit gebrochenen Akkorden ließen sich vereinfachen.

Johann Ludwig Krebs, Trio Es-Dur

Heinrich Nicolaus Gerber, Inventio in C

Im späteren 18. Jahrhundert tauchte das Wort „galant" tatsächlich im Zusammenhang mit Bachs Orgelsonaten auf[42]:

> [...] *außer andern Trios für die Orgel sind besonders 6 [...], welche so galant gesetzt sind, daß sie jetzt noch sehr gut klingen* [...]

Was auch der anonyme Autor (Carl Philipp Emanuel Bach?) unter „galant" verstanden haben mag, es gibt in der melodischen Phrasenbildung der „Sechs Sonaten" – besonders in den ersten Sätzen – bestimmte Charakteristika, die in keiner Weise zur Sprache der Orgelchoräle oder Fugen gehören. Wenn sich auch der Stil in den Anfängen z. B. der c-Moll- und C-Dur-Sonaten mit seinen kurzen Phrasen und Antworten von dem späteren empfindsamen Stil Carl Philipp Emanuel Bachs noch unterscheidet, so ist doch seine kammermusikalische, sogar konzertmäßige Eigenart unverkennbar. Daß sich auch Telemann in seinem Kammermusikstil gelegentlich zu einer ähnlichen Sprache aufschwingen kann, wird an BWV 586 deutlich. Dort verrät sich der Ursprung allerdings mehr durch die Verarbeitung und die Sequenzen als durch die anfängliche Kontrapunktlinie an sich. Mozart hat in seinen Bearbeitungen Bachscher Fugen den langsamen Satz aus der d-Moll-Orgelsonate einem dreistimmigen Kontrapunkt aus der *Kunst der Fuge* als Präludium vorangestellt, obwohl der galante Stil des Satzes diesen eben dafür ungeeignet erscheinen lassen mußte[43]. Doch zweifellos war es gerade und vor allem anderen dieser galante Charakter des Stücks, der Mozart angezogen hatte: ein liebenswürdiges Präludium zu einer gelehrten Fuge.

Als „Sonaten" haben die Werke BWV 525–530 eine melodische Ausdehnung, die nur als kammermusikalisch zu bezeichnen ist. Zwar sehen die Linien zuweilen nicht nach Flöten- oder Violinstimmen aus, aber noch weniger ähneln sie der meisten anderen Orgelmusik. Selten, wenn überhaupt, paßt diese Melodik einmal zu einem Choralvorspiel oder einem der üblichen Fugentypen. Nur gelegentlich, z. B. im letzten Satz der G-Dur-Sonate BWV 530, ähneln die Melodielinien einer Choral-Paraphrase, wie wir sie aus den Trios BWV 664 oder 676 kennen. Vielmehr regt die kammermusikalische bzw. cembaloartige Eigenart der Melodik zu sprühenden, geistreichen oder wehmütig melodiösen Linien an, was beides voller Zauber und seltsam abstrakt, d. h. assoziationsfrei ist. Der langsame Satz der Es-Dur-Sonate gibt zum Beispiel eine Vorstellung von jener Art der Melodik, die von den jüngeren Komponisten bewundert (siehe folgendes Beispiel) und in den klaren Linien eines Trios für Tasteninstrumente in bewundernswerter Weise vermittelt wurde. Indessen schien für Bach diese „wehmütige" Melodiebildung langsamen Sätzen besonders angemessen zu sein, und tatsächlich ersetzte sie das ausdrucksvolle *Adagio* einer gesanglichen Oberstimme mit Begleitung, das wir aus den Violinsonaten und anderen Kompositionen kennen.

---

[42] *Bach-Dokumente*, Bd. III, S. 441
[43] Alfred Einstein, *Mozart's Four String Trio Preludes to Fugues of Bach*, MT 77/1936, S. 209–216

Johann Tobias Krebs, BWV Anh. 46

Ein letztes Wort betrifft die Terminologie: *sonata*, *allegro*, *vivace* usw. verweisen auf einen italienischen Stil und waren Ausdrücke, die italienische Musik der einen oder anderen Art anzeigten, ohne Zweifel in idealisierter Form. Ein *Vivace*-Satz wird z. B. ein eckigeres, ungestümeres Thema haben als ein *Allegro*. Galante Wendungen waren ursprünglich ebenfalls italienisch, und folglich bezieht sich unser Ausdruck „italienisch" genauso auf die Musik, die Haydn inspiriert hat, wie auf die Musik, von der Schütz, Händel oder Johann Sebastian Bach beeinflußt wurden. Eine Bemerkung zur besonderen Art des Italienischen im 2/4-Takt findet sich weiter unten bei BWV 527, I.

BWV 525

Sonate Nr. 1 Es-Dur

Autograph P 271; P 272 (Wilhelm Friedemann Bach), ein ehemals in der Sammlung Gorke befindliches Manuskript mit unbekanntem Aufbewahrungsort (Wilhelm Friedemann Bach), Am. B. 51 und Am. B. 51a (Kirnberger-Kreis), Wien Cod. 15528 (Johann Christoph Oley), P 840 (spätes 18. Jahrhundert), LM 4842a (Johann Christian Heinrich Rinck? 1770–1846) und weitere späte Abschriften; veröffentlicht von August Friedrich Christoph Kollmann in: *An Essay in Practical Musical Composition*, London 1799, Pl. 58–67; nur der erste Satz in P 1115 (Ambrosius Kühnel, ca. 1770–1813) und im Grönland Ms. Kopenhagen, das am Ende auf *1795* datiert ist[44]; St 345, eine Bearbeitung des ersten und dritten Satzes in C-Dur für Violine, Violoncello und Basso continuo (unbekannter Schreiber aus dem 18. Jahrhundert; der langsame Satz stammt aus der Flötensonate A-Dur, BWV 1032).

Überschrift in P 271 *J.J. Sonata 1. à 2 Clav: et Pedal*; zweiter Satz *Adagio*, dritter Satz *Allegro*. Zu *J.J.* (*Jesu Juva*, „Jesus, hilf") siehe auch den ersten Orgelchoral in P 271 (BWV 651).

Da die Entstehungsgeschichte der drei Sätze unbekannt ist, ist es auch möglich, daß die C-Dur-Fassung für Streicher deswegen einen anderen Mittelsatz hat, weil ihre direkte oder indirekte Quelle so früh anzusetzen ist, daß der jetzige langsame Satz noch nicht enthalten war[45]; indessen ist der Titel *Concerto* in St 345 nicht so aufzu-

---

[44] Emery, a.a.O., S. 31
[45] Eppstein, *Grundzüge* [...], a.a.O., S. 23

fassen, als ob die Ecksätze lediglich Orgel-Bearbeitungen von Instrumentalwerken wären, denn sie haben die gleichen Baßlinien wie in P 271. Offenbar wurden sie für Orgelpedal entworfen. Die Form von BWV 525, II – zweiteilig, mit einer Art Reprise in der zweiten Hälfte – hat vermuten lassen, daß der Satz erst relativ spät entstanden ist[46]. Einzelne Form- und Figurierungselemente der Außensätze kontrastieren so offensichtlich miteinander – wogegen die Anfangsharmonik und -melodik beider Sätze eng verwandt ist –, daß anzunehmen ist, der Komponist habe die beiden Sätze in irgendeiner didaktischen Absicht mit Bedacht zusammengespannt. Auf die eine oder andere Art sind alle drei Sätze als Formen gesehen worden, die sich in zwei Hälften unterteilen lassen[47].

I. Satz

Die Form läßt sich folgendermaßen beschreiben:

    A   T. 1–11   Es-Dur, linke Hand beginnt
    B   T. 11–22   nach B-Dur, rechte Hand beginnt
    A   T. 22–36   nach f-Moll, rechte Hand beginnt; Stimmen von A_1 vertauscht, Erweiterung auf 15 Takte (einschließlich Pedaleinsatz T. 29)
    B   T. 36–51   nach Es-Dur, linke Hand beginnt
    A   T. 51–58   Pedal beginnt; T. 53 (Mitte)–T. 58 (Anfang) entsprechen T. 6–11

Der Satz wirkt wie ein Ritornell-Satz, wobei in T. 22 ganz deutlich die zweite Hälfte beginnt und der letzte A-Teil wie der erste endet. Es gibt in dem Satz allerdings keinen klaren Solo/Tutti-Gegensatz, weil das Motiv a (I im folgenden Beispiel) durch alle Teile läuft und sich mit Skalenfiguren (II) und gebrochenen Dreiklangsfiguren (III) verbindet.

Die letzte Figur übernimmt die Funktion eines zweiten Themas (in Teil B). Das Motiv a ist wahrscheinlich auch die Quelle für die Nebengedanken im Manual oder Pedal.

Das Pedal hat in T. 29f. und 51f. seine eigene Fassung des Themas. Die Veränderung im zweiten Takt hat ihre Ursache eher im dreistimmigen Kontrapunkt als in der Adaption für Pedal. Das gebrochene Dreiklangsmotiv a erscheint auch umgekehrt und erweitert (I unten) und in der Verkleinerung normal und umgekehrt (II).

---

[46] a.a.O., S. 22
[47] Schrammek, a.a.O.

Dieses Motiv in seinen verschiedenen Gestalten durchdringt den Satz in einem Maße, das selbst für die von Motivik beherrschten Präludien des *Orgelbüchleins* ungewöhnlich ist. So spielt der *B*-Teil mit drei Versionen des Motivs (unten I), während für den *A*-Teil zumindest in einer Stimme (II) die Skalenfiguren typischer sind.

Dieses Gewicht auf der motivischen Arbeit ist sonst für die zweistimmigen Inventionen typischer als für die dreistimmigen. Das Grundschema *ABABA* zeigt z. B. die dreistimmige Invention A-Dur BWV 798, in der das Hauptmotiv des *B*-Teils ebenfalls Gegenthema einer aus dem Hauptthema des *A*-Teils abgeleiteten Linie ist (BWV 798, T. 9 und 21). Außerdem gleichen manche Linien von BWV 798 in der Art ihres dreifachen Kontrapunkts Stellen aus BWV 525, I (*a* Baßlinie, *b* abgeleitetes Motiv, *c* Gegenthema).

Invention BWV 798   BWV 525, I

Obwohl Sätze wie BWV 525, I Ähnlichkeit mit den Inventionen haben, gibt es doch auch wichtige Unterschiede. Der dreifache Kontrapunkt kann in den Inventionen voller sein (die Pedaltechnik hat keinen Einfluß auf die Baßstimme). Die Formen der Sonatensätze sind gewöhnlich klarer (wegen der wechselnden Satztechniken), und wie so oft neigt der Komponist dazu, eine Gattung als solche zu charakterisieren, indem er ihr eine unverwechselbare Eigenmelodik gibt. So sind Orgelpunkte, Pausen oder Unterbrechungen vor der Schlußkadenz in den „Sechs Sonaten" (das frühe *Andante* von BWV 528 ausgenommen) unbekannt. Kadenzen sind hier sehr kurz, selbst dann, wenn sie, was selten vorkommt, „homophon" sind (BWV 525, III).

Daß im letzten Takt im Pedal das Anfangsmotiv noch einmal zitiert wird, bedeutet nicht, daß der Komponist von seinen Motiven einen unnützen oder überflüssigen Gebrauch macht. Die Pedalfigur von T. 1 kehrt z. B. erst im A_2-Teil wieder, und selbst das Hauptmotiv kommt nur in wechselnder Gestalt mehrmals nacheinander vor. Oft wird es so erweitert wie in den von Bach bereits in ihrer Art vervollkommneten Konzertsätzen. So ähnelt die Entwicklung der Pedal-Linie aus einem einfachen Motiv

der Art und Weise, wie in den *Brandenburgischen Konzerten* Melodielinien aus ähnlich einfachen Motiven abgeleitet werden.

3. *Brandenburgisches Konzert* BWV 1048, I

Obwohl in den *Brandenburgischen Konzerten* Satzlänge und Instrumentenzahl eine ausführlichere Behandlung der Motive erlauben, ist deren Verarbeitung in den „Sechs Sonaten" doch in zweierlei Hinsicht vergleichbar: 1. Die Linie wird fortgesponnen, bis sie kadenziert. 2. Das Motiv in seiner ursprünglichen Gestalt dient einem weiteren Thema als Kontrapunkt.

BWV 1048, I

Natürlich macht der einfache Satz der „Sechs Sonaten" die kompositorischen Verfahrensweisen durchsichtiger. So zeigt z. B. BWV 525, I ein Thema, das sowohl *rectus* als auch *inversus* gegen zwei andere Themen gesetzt ist (T. 11 und 17). Das geschieht in mindestens einer dreistimmigen Invention ebenso (Sinfonia 7 e-Moll BWV 793, T. 14 und 25). Deshalb liefern sowohl die Konzerte als auch die Inventionen Parallelen zur Form und Kontrapunkt-Technik von BWV 525, I.

II. Satz

Formbeschreibung:

> zweiteilig, wiederholte Hälften (12 und 16 Takte lang); fugiertes erstes Thema *A*, ein zweites „Thema" entwickelt Motive aus dem ersten und moduliert in die Dominanttonart; der zweite Teil beginnt mit der Umkehrung des Themas, kehrt in T. 22 zur Tonika zurück[48] (quasi reprisenartig) und schließt wie die erste Hälfte, allerdings mit vertauschten Stimmen und auf der Tonika

Obwohl es sich um eine klassische zweiteilige Form – d. h. mit Teilreprise – handelt, bewirkt die Behandlung der Figuren eine Kontinuität, die ganz im Gegensatz zur sonstigen Verwendung solcher Formen steht. Während das Thema *a* den Satz einrahmt, verarbeiten die mittleren Abschnitte entweder *a* in der Grundform (Pedal ab T. 6) und der Umkehrung (alle drei Stimmen ab T. 13) oder erweitern eins der kleinen Motive von *a*.

Indem Ausschnitte des Themas die Grundlage für lange Melodien und Baßlinien bilden, ist der Satz im wesentlichen monothematisch. Wie auch in anderen Kompositionen erscheint ein Motiv in zwei verschiedenen Längen bzw. Gestalten (I im folgenden Beispiel). Tatsächlich eignet sich der ganze Takt 2 zu endlosen Erweiterungen und einfallsreicher Behandlung: Das Motiv *c* ist Teil einer Sequenz und hat einen hörbaren Bezug zu späteren Figuren (II) im Satz.

Ebenso eignet sich der Themenkopf des sehr lyrischen Fugenthemas (*a* im vorletzten Beispiel) zur Weiterverarbeitung im Pedal. Man geht möglicherweise fehl, wenn man annimmt, daß das Zitat des Themenkopfs in T. 6 im Pedal ein Themeneinsatz sei. Vielmehr ist das der Punkt, an dem eine Baßsequenz beginnt, die das Hauptthema auf ihre Weise genauso verarbeitet wie die langen Manual-Linien.

---

[48] Bei den Taktzahlen wurden die Wiederholungen nicht berücksichtigt.

6

[musical notation] etc

Eine ähnliche Folge (unvollständiger) Baßeinsätze findet sich in einem anderen langsamen Trio-Satz, dem *Adagio ma non troppo* des 6. *Brandenburgischen Konzerts.*
Im Verlauf der Sequenz gewinnt die Baßstimme von BWV 525, II eine durch und durch sinnvolle und logische melodische Eigenständigkeit. Selbst für einen Komponisten wie Bach und eine so kunstvolle Gattung ist die Baßstimme den ganzen Satz hindurch ungewöhnlich gut gefügt, fast als ob der ganze Satz ein Rankenwerk über einer vorweg komponierten Baßstimme wäre. Mit ihren Themen trägt auch sie zu der Knappheit der zweiteiligen Form bei. In den Takten 6–9, 13f., 15f., 17–20 (Sequenz) und 25f. handelt es sich nicht nur um thematische Anspielungen, sondern das Thema im Baß wird Bestandteil des wiederkehrenden dreistimmigen Kontrapunkts. So werden die Takte 6–10 als T. 17–21 und die Takte 4–7, 10–12 als T. 23–26, 26–28 wiederverarbeitet. Dabei erscheinen ähnliche Passagen in anderer Umgebung. Der Anfang der zweiten Hälfte mit der ruhigen und vollständigen Umkehrung des Themas ist der am wenigsten dichte Augenblick des Satzes, insbesondere weil der Abschnitt ohne Pedal beginnt, was nur ein einziges Mal in den „Sechs Sonaten" vorkommt.

Die thematische Kontinuität des langsamen Satzes verschleiert leicht den Umstand, daß an entscheidenden Wendepunkten auch andere Phrasen als die tatsächlich komponierten folgen könnten. Die „Reprise" in T. 22 ist nicht so sehr eine Rückkehr nach c-Moll wie eine Beantwortung des f-Moll-Themeneinsatzes aus dem vorangehenden Takt in der Oberquinte, und in T. 23 ist sie nach dem ursprünglichen Takt 4 gebildet, nicht nach T. 2, wie man meinen sollte. Die Passage fließt zwar dahin, aber nicht so unabänderlich, wie es zunächst scheint. Die ständige Entwicklung der Motive geht so vor sich, daß jede trochäische oder jambische Figur von *a* abgeleitet zu sein scheint, so wie jede Sechzehntelgruppe im Manual den Eindruck macht, als ob sie von *b* abstamme. Dennoch gibt es, vermutlich wegen des langsamen Tempos, wenige sequenzierende oder zwischenspielartige Passagen, die bei weiterlaufender Bewegung die verwickelten thematischen Bezüge so auszuloten wie in anderen zweiteiligen Sätzen, z. B. dem Schlußsatz der Violinsonate c-Moll BWV 1017. Ebenso bedeutet Kontinuität, daß der Unterschied zwischen der ersten und zweiten Themengruppe nicht so deutlich wird wie sonst in zweiteiligen Sätzen, etwa dem ersten *Allegro* der Gambensonate d-Moll BWV 1028. Ausgereifte zweiteilige Sätze sind im Grunde häufig monothematisch, z. B. die Gavotte aus der e-Moll-Partita BWV 830. All diese Sätze haben Formmerkmale mit BWV 525, II gemeinsam, besonders aber die Idee der Zweiteiligkeit mit Teilreprise und mit gleichem Schluß beider Hälften. Der Einfall, die zweite Hälfte mit dem Thema in Umkehrung beginnen zu lassen, findet sich auch bei anderen Kompositionen, z. B. in der Gigue der e-Moll-Partita BWV 830 und in der Air der *Französischen Suite* Es-Dur BWV 815. Aber die Verbindung dieser Elemente im langsamen Satz der Es-Dur-Orgelsonate ist besonders gut organisiert. Außerdem bleibt die wehmütige Eigenart der Melodik immer erhalten, unabhängig davon, welche Motive gerade in den drei Stimmen erklingen. Auffällig wenige Stellen im Satz stehen in Dur – am meisten hervortretend die ersten dreieinhalb Takte der zweiten Hälfte –, und lediglich in dieser Hinsicht kontrastiert der Satz mit dem Schlußsatz.

III. Satz

Formbeschreibung:

> zweiteilig, wiederholte Hälften (jeweils 32 Takte); fugiertes erstes Thema A, ein „zweites" Thema entwickelt Motive aus dem ersten und moduliert in die Dominanttonart; die zweite Hälfte beginnt mit der Umkehrung des Themas und schließt wie die erste Hälfte, aber mit vertauschten Stimmen und auf der Tonika

Obwohl dieser Satz Ähnlichkeit mit dem zweiten hat, fehlt die Reprise vor dem letzten Themeneinsatz im Pedal (T. 57), der lediglich eine Wiederholung von T. 25 in der Grundtonart ist. Beide Hälften nähern sich nur allmählich der Tonart, in der sie schließen. Sie sind sich tatsächlich sehr ähnlich, denn jede präsentiert das Material so, daß es mindestens stellenweise so aussieht, als ob die zweite Hälfte die Stimmen der ersten *umkehrt und vertauscht*[49]. So wird die Umkehrung des Themas in der zweiten Hälfte auch von der tongetreuen Umkehrung des Kontrasubjekts begleitet. Diese ideale Kombination gelingt in den zweiteiligen Sätzen nicht oft (vgl. die Gigue der e-Moll-Partita BWV 830).

Obwohl zwischen dem Hauptthema des Satzes und dem Thema der Choralbearbeitung *Jesus Christus, unser Heiland* BWV 688 nur eine oberflächliche Verwandtschaft besteht, gibt es doch eine gewisse Ähnlichkeit in dem Ausmaß der Veränderung, der das Sonatenthema unterworfen ist.

Die Themenverarbeitung[50] geht also ganz ähnlich wie im ersten Satz vor sich: das Anfangsmotiv führt zu verschiedenen anderen Gedanken, die sich alle voneinander unterscheiden, aber doch einen gemeinsamen Ursprung haben. Die Sechzehntelgruppe des folgenden Beispiels ist ebenfalls für viele Sechzehntel im Satz verantwortlich,

---

[49] Schrammek, a.a.O., S. 15
[50] Das Baßmotiv in T. 41 ist keine Variante, sondern eine durch den im Pedal fehlenden Ton es' bedingte Veränderung. Die Stelle hätte nicht, wie Emery (a.a.O., S. 135) vorgeschlagen hat, eine Oktave tiefer gelegt werden können, weil dann Lage und Melodik unbefriedigend gewesen wären.

während das Kontrasubjekt (I unten) mit der späteren sequenzartigen Gruppe (II unten) verwandt, wenn nicht gar deren Ursprung ist.

Diese „Ableitung" unterscheidet sich in ihrer Art völlig von den Motivspielereien in den ersten beiden Sätzen. Der „Ton" der Sonate hat sich verändert und ist unverkennbar fröhlicher geworden.

Trotz all seines *brio* ist der Satz in der Form subtil. Die zweite Hälfte spiegelt die erste auf verschiedene Weise: in der Ausdehnung (gleiche Taktzahl), kontrapunktisch (T. 49–64 = T. 17–32 mit vertauschten Oberstimmen) und thematisch (T. 33–49 = T. 1–17 mit Thema, Kontrasubjekt und Zwischenspiel in der Umkehrung). Das Zwischenspiel ist nicht vollständig umgekehrt: T. 44 entspricht T. 12, aber die entgegengesetzten Skalen zwei Takte später führen in der zweiten Hälfte des Satzes geschickt in den subdominantischen Bereich und von dort zurück zur Grundtonart. Die Pedalfassung des Themas ist auch vollständiger, als sie zunächst zu sein scheint, weil das Manual die Sechzehntel übernimmt.

BWV 525, III gehört zweifellos zu den durchkonstruiertesten zweiteiligen Sätzen Bachs. Der Hörer läßt sich von den einfachen Harmonien bezaubern, aber für den Komponisten waren sie das Mittel, um komplizierte wechselseitige Bezüge herzustellen.

BWV 526

Sonate Nr. 2 c-Moll

Autograph P 271; P 272 (Wilhelm Friedemann Bach), Am. B. 51 und Am. B. 51a (Kirnberger-Kreis), Wien Cod. 15528 (Johann Christoph Oley), P 840 (spätes 18. Jahrhundert) und weitere späte Abschriften; P 228, P 298 Abschriften aus dem frühen 19. Jahrhundert von Bearbeitungen des zweiten und dritten Satzes für Streichtrio (die von Mozart stammen sollen[51]), P 228 nach dem Titel *abgeschrieben aus der Partitur im Archiv des Österreichischen Musikvereins* (d. h. Ms. IX/1061; siehe die jetzt in der Stiftsbibliothek Göttweig befindliche Abschrift).

---

[51] Einstein, a.a.O.

Überschrift in P 271 *Sonata 2. à 2 Clav: & Pedal*; erster Satz *Vivace*, zweiter Satz *Largo*, dritter Satz *Allegro* (Mozart: *Moderato*).

Obwohl kein Satz der zweiten Sonate in frühen Fassungen erhalten ist, lassen Form und Satztechnik des *Largo* vermuten, daß nur dieser Satz eine Bearbeitung oder gekürzte Transkription ist und in dieser Form zwischen zwei originale Sonatensätze eingeschoben wurde[52]. Das würde mit der Theorie übereinstimmen, daß die ersten und letzten Sätze der Sonaten in c-Moll, C-Dur und G-Dur zwei Gruppen ähnlich konzipierter Sätze bilden:

BWV 526, I; 529, I; 530, I	BWV 526, III; 529, III; 530, III
Konzert-*Allegro*, beginnend im Tutti-Charakter (nicht imitierend), dann „Solo"-Zwischenspiele; Pedal nur Continuo; Satz schließt mit der Wiederholung des Anfangsabschnittes	Tutti-Fuge, mit „Solo"-Abschnitten, fugierter Mittelteil und Schlußritornell; Pedal mit Fugenthematik; ein dem fugierten *Allegro* der Violinsonaten verwandter Satztypus

Die Anlage dieser dreisätzigen Sonaten mit einem ersten Tutti/Solo-Satz und einem fugierten Schlußsatz erinnert eher an die Konzerte als an die vielfältigen Typen der Kammersonate, wie wir sie aus den Violin-, Flöten- und Gambensonaten kennen.

I. Satz

Der Satz hat folgenden Formplan:

```
A   T.  1– 8   c-Moll
B   T.  8–16   c-Moll
A   T. 17–22   Es-Dur
B   T. 22–31   nach g-Moll
A   T. 31–38   g-Moll
B   T. 38–71   nach c-Moll; Durchführungsteil
A   T. 71–78   die ersten acht Takte
```

Daß solche Ritornell-Sätze die Kontinuität aufrechterhalten, ist nicht zu leugnen, aber der Komponist schafft Elemente, die einander in der unterschiedlichsten Anordnung folgen können. So kommt nach dem ersten Erscheinen der Passage mit den Trillerfolgen eine Präsentation von *B* (T. 22), beim zweiten Mal folgt eine Präsentation von *A* (T. 70–71). Das wirkt beide Male ganz natürlich: *B* schlüpft „unbemerkt" herein, begleitet von einem Kontrasubjekt (in der rechten Hand), das sich seinerseits geschmeidig in den kontinuierlichen Fluß einfügt; *A* kommt dramatischer daher und lenkt mit einer Pedal-Einleitung die Aufmerksamkeit auf die Wiederaufnahme der ersten acht Takte. So hat der Komponist in beiden Fällen zwischen den Trillersequenzen und dem Nachfolgenden eine Verbindung geschaffen, die der Art des folgenden Materials entspricht.

Kontinuität und Gegensätzlichkeit sind auch durch die Art der beiden Hauptthemen oder Hauptthemengruppen des Satzes gegeben. *A* ist homophon, *B* imitierend/fugierend; *A* beginnt auf der Taktzeit mit einem auffälligen Pedalbaß, wogegen

---

[52] a.a.O., S. 23

in *B* und beim Zwischenspielmaterial ganz allgemein mehr Gewicht auf den Figuren liegt, die nicht auf dem Schlag anfangen und allesamt zu strenger oder freier Imitation einladen.

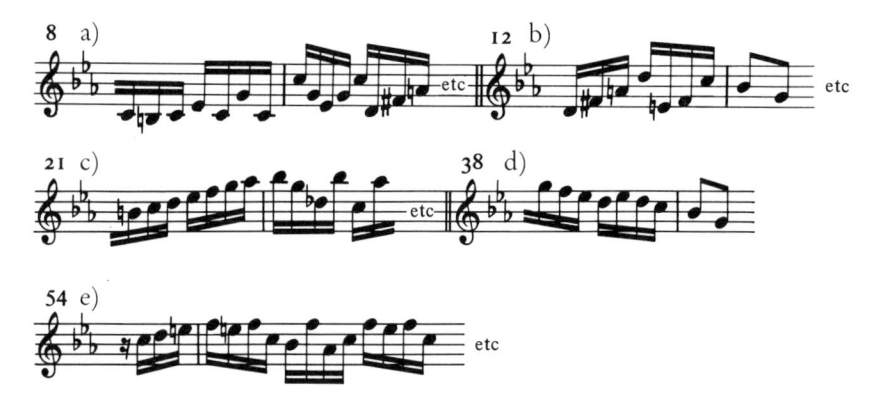

Vielleicht ist es die gewisse Gleichförmigkeit mancher Figuren, die zu der Annahme verleiten kann, daß *d* von *a* abgeleitet sei[53].

Man kann zwar aufzeigen, daß dieser Satz in groben Umrissen eine gewisse Übereinstimmung mit entsprechenden Sätzen anderer Sonaten aufweist – z. B. mit dem ersten Satz der Flötensonate h-Moll BWV 1030[54] –, aber sowohl in der Gesamtkonzeption als auch im Detail sind die Sätze zu verschieden, als daß echte Ähnlichkeiten zu finden wären. In der h-Moll-Flötensonate ist die Ritornell-Form durch den längeren und thematisch viel komplexeren Schlußabschnitt nicht so prägnant und deutlich. In der Orgelsonate ist der vorletzte Abschnitt, eine lange, sehr originell ausgedachte Durchführung, höchst bemerkenswert:

T. 38–46   g-Moll-Orgelpunkt,
    1. mit konzertartiger Wiederholung gebrochener Akkorde,
    2. mit Anspielung auf *A* (grundsätzlich immer noch in Terzen, die untere Stimme mit Sechzehnteln koloriert),
    3. mit einer Achtel-Linie, in der Halbtonpaare vorherrschen[55] (vgl. die Orgelpunkte in den Konzertsätzen BWV 1064, III ab T. 169 und BWV 1063, II ab T. 15)

T. 46–54   ebenso, c-Moll, Oberstimmen vertauscht
T. 55–60   neue Imitation in den Oberstimmen über einer Pedal-Linie, die ein Motiv aus *A* verarbeitet (Beispiel unten)
T. 61–62   aus *A* (T. 3–4)
T. 62–65   verarbeitet das Anfangsmotiv von *B*, dazu den Rhythmus des Kontrasubjekts im Pedal (T. 4)
T. 66–70   verarbeitet die Triller und das Kontrasubjekt von T. 20

---

[53] Schrammek, a.a.O.
[54] Hermann Keller, *Die Orgelwerke Bachs*, Leipzig 1948, S. 102f.
[55] Die Phrasierungsbögen in den Takten 52–53 sind in P 271 nicht so eindeutig, wie es in den modernen Ausgaben aussieht: Der Komponist hatte wohl die paarweise Zusammenfassung zumindest einiger melodischer Halbtonschritte impliziert.

Die „Durchführung" des Hauptthemas in T. 42 unterscheidet sich in der Art von den sonst in den Orgelwerken Bachs üblichen „Motivausweitungen", wo ein Motiv in verschiedenen harmonischen Zusammenhängen vorkommt, die ihrerseits wiederum von dem Motiv miterzeugt werden. Statt dessen tut die c-Moll-Sonate einen neuen Schritt in Richtung auf den Durchführungsteil der späteren klassischen Sonatenhauptsatzform. Das in Umrissen hörbare Thema wird vollständig gebracht und ist leicht zu erkennen; allerdings sind seine Intervalle dem Orgelpunkt angepaßt, und im Zuge dieses Umwandlungsprozesses ändert sich das Thema. Es klingt jetzt nicht mehr so offen und geradlinig wie am Anfang in T. 1. Die Art, wie eins der Hauptmotive im Pedal T. 55–60 verwendet wird, unterscheidet sich auch stark von dem extensiven und intensiven Spiel mit Motiven in reifen Choralbearbeitungen wie BWV 678: In der Sonate hat das Motiv die Funktion, eine Sequenz weiterzuspinnen, die zu ihrer Fortführung neues Material braucht.

Der tonale Grundriß des Satzes, Tonika–Dominante–Tonika, ist klar. Die Erwartung der Grundtonart spätestens ab T. 60 wird durch die chromatischen Triller noch einmal aufgehoben, aber gleichzeitig bereiten sie sie gründlicher vor als die neue Tonart an der entsprechenden Stelle bei T. 22. Der bei T. 38 beginnende Abschnitt, der gleichzeitig als Zwischenspiel, Durchführungsteil und eine Art Kadenz dient, hat gleich zu Anfang einen Orgelpunkt. Dieser bildet auch einen deutlichen Gegensatz zu den ständig wechselnden Harmonien und der Baßmelodie von Teil *B*, nicht zuletzt deshalb, weil das Pedalmotiv selbst eine statischere Anspielung auf das Pedalmotiv am Anfang des Satzes ist:

Vermutlich gibt es noch mehr Anspielungen auf das Thema. Aufsteigende Sechzehntel etwa scheinen sich auf Stellen in *A* zu beziehen (z. B. T. 4). Die Melodielinien sind durchweg ganz eindeutig für Tasteninstrumente konzipiert, sowohl die gebrochenen Akkorde als auch so weitschwingende Linien wie in T. 44–46 (linke Hand). Wahrscheinlich liegt es an den flüssigen Sechzehnteln, wenn plötzlich in T. 61 eine Passage aus *A* und in T. 62 eine Passage aus *B* auftaucht.

Obwohl die Sechzehntel zur gleichen Ritornell-Familie wie im ersten Satz der Es-Dur-Sonate BWV 525 gehören, bringen sie ganz andere Melodielinien hervor. Zusammen stellen die beiden Sätze – in den Paralleltonarten – ein Repertoire an Sechzehntelfiguren bereit, das charakteristisch ist für den konzertanten *Allegro*-Satz im 4/4-Takt, der sonst in den „Sechs Sonaten" nicht vorkommt.

II. Satz

Dieser Satz ist einzigartig:

   T. 1– 8   Thema (rechte Hand), Kontrasubjekt (linke Hand) mit Quasi-Schlußgruppe; Baß = Basso continuo
   T. 9–16   ebenso, in der Dominanttonart, Oberstimmen vertauscht
   T. 16–19 Zwischenspiel über das Thema der Schlußgruppe in T. 8 (= Sequenz 1)
   T. 20–23 Zwischenspiel oder neues Thema (= Sequenz 2)
   T. 24–26 Zwischenspiel oder neues Thema, Pedalmelodie eine vereinfachte Version des Anfangsthemas, jetzt in c-Moll (= Sequenz 3)
   T. 27–29 Sequenz 4
   T. 29–35 Thema in g-Moll, während der ersten drei Takte läuft im Pedal die Sequenz 4 weiter, neues Kontrasubjekt in der rechten Hand
   T. 35–38 Sequenz 2 in g-Moll
   T. 39–45 Thema (mit Kontrasubjekt von T. 29–35) in c-Moll als subdominantische Antwort auf T. 29–35
   T. 45–48 kadenzierender Halbschluß im Hinblick auf den Schlußsatz

Schon der Tonartenplan (Es-Dur mit Schluß auf c-Moll in T. 45, dann Halbschluß auf G) ist ungewöhnlich. Ein traditionell gebauter Satz – wie etwa der langsame Satz der c-Moll-Violinsonate BWV 1017 – würde vor dem Halbschluß auf G in Es-Dur schließen; oder der Satz würde vor dem Halbschluß in c-Moll anfangen und enden (z. B. BWV 537, I). Indessen ist der ungewöhnliche Tonartenplan kaum ein Beweis dafür, daß der Satz entweder eine Transkription oder eine verkürzte Fassung eines anderen Satzes ist, wie vermutet wurde[56]. Man kann auch nicht mit Überzeugung behaupten, daß ein kurzer, aber höchst verwickelter Satz dieser Art den *Eindruck von*

---

[56] Eppstein, *Grundzüge* […], a.a.O., S. 21

Improvisation hinterläßt[57]. Die thematische Großform des Satzes läßt sich folgendermaßen ausdrücken:

A	T. 1–16
B	T. 16–29
A	T. 29–35
B	T. 35–39
A	T. 39–45
Coda	T. 45–48

Im einzelnen zeigt der Satz wiederum eine höchst erfindungsreiche Behandlung mehrerer Sechzehntel- und Achtelmotive, die sich um die verschiedenen Präsentationen des Hauptthemas (in langen Notenwerten) ranken. Das folgende Notenbeispiel zeigt die Schlüsselmotive:

Wie auch anderweitig in den „Sechs Sonaten" scheint die Reihenfolge ihres Auftretens mehr durch Augenblicksentscheidungen als durch „formale Notwendigkeit" festgelegt worden zu sein. Kontinuität äußert sich darin, daß die Überleitungstakte 19, 27–28 und 38 der Umgebung angeglichen worden sind, und darin, daß die Satzform tatsächlich schwer zu verfolgen ist. An zwei Stellen (T. 32–33, 42–43) gelingt es, eine neben der Taktzeit beginnende Engführung zwischen Thema und (neuem) Kontrasubjekt herzustellen (I im folgenden Beispiel), und es ist für den Erfindungsreichtum dieser Stücke typisch, daß der Komponist das letzte Motiv daraus für die Coda aufgreift (II).

[57] Schrammek, a.a.O.

BWV 526

Der Anfang des Satzes ist von offensichtlicher Einfachheit, die aber im übrigen Satz nicht beibehalten wird. Man könnte denken, daß der Satz wie ein Trio von Telemann anfängt. Dann entwickelt er aber bereits ab T. 5 Linien mit komplizierten Sechzehntelfiguren – von denen viele auch in der Umkehrung erscheinen –, so daß das Folgende viel eindeutiger für die „Sechs Sonaten" charakteristisch ist (z. B. T. 5–7, 32–34).

III. Satz

Ein allgemeiner Vergleich zwischen den letzten Sätzen der c-Moll-Sonate und anderer Sonaten findet sich weiter oben. Die Form ist wie folgt:

A	T. 1– 58	Exposition, zwei Zwischenspiele, zwei weitere Einsätze
B	T. 58– 82	neues Thema, dann Zwischenspiel (T. 75); viertaktige Überleitung zu
A	T. 86–102	Engführung im Einklang, beantwortet in der Unterquinte; nach f-Moll
B	T. 102–126	wie T. 58–82, eine Quinte tiefer, Stimmen vertauscht; ebenso viertaktige Überleitung
A	T. 130–172	Engführung in Quintabstand, beantwortet eine weitere Quinte tiefer; T. 137–72 = T. 23–58, Oberstimmen vertauscht

Die Form ist klar und im Detail kunstvoll, hauptsächlich deshalb, weil das Hauptthema der Fuge Möglichkeiten zur Engführung bietet, die erlauben, es in den Teilen A_2 und A_3 in verschiedenen Facetten darzustellen, bevor diese überlappend in die Wiederholung von A_1 führen. Außerdem wird das Themen-Ende

als sequenzierendes Zwischenspiel (ab T. 18), als Kontrasubjekt (ab T. 30), als Coda (ab T. 51) und als Überleitung nach dem B-Teil (T. 82, 126) verarbeitet. Diese anspruchslose Achtelphrase findet sich tatsächlich in verschiedenster Gestalt auch an anderer Stelle[58]. Außerdem sind in den Überleitungstakten die aufsteigenden Pedalquinten in ganzen Noten nützlich, weil sie die jeweils nachfolgenden Engführungen in den Manualen voraushören lassen. Besonders interessant ist die Überleitung von B_2 nach A_3, denn damit wird die Großform gewissermaßen nicht nur zu einer *da-capo*-Fuge, sondern die Engführung verwendet auch f-Moll-Elemente, die in der ursprünglichen Passage in T. 23 nicht enthalten waren, aber für den Schluß von B_2 in As-Dur sehr wichtig sind.

Angesichts dieses Erfindungsreichtums wird deutlich, daß der Komponist zwischen den beiden Fugenthemen, soweit das die (durch das Pedal zustandekom-

---

[58] siehe Bemerkungen zur c-Moll-Fuge BWV 546, II

mende) Kontinuität erlaubte, stilistisch und in der Anwendung sorgsam unterschieden hat. Das zweite Thema ist kurzatmig und trägt ganz deutlich den Charakter des *stile moderno* (Rhythmus, Wiederholung). Dazu treten ein Continuo-Baß (keine dritte thematische Stimme) und ein lebhaftes Kontrasubjekt, das mit dem Thema wetteifert. Es folgt ein Zwischenspiel, das zu galanter Schlichtheit neigt. Das erste Thema ist dagegen weitschweifig, hat *alla-breve*-Charakter (mit konventionellem Themenkopf, daktylischem Rhythmus usw.), wird im Pedal beantwortet und hat „korrekte" Zwischenspiele und Mittelstimmeneinsätze und ein klassisches Kontrasubjekt mit Vorhalten und einfacher Melodik. Obwohl das erste Thema vergleichsweise lang ist, moduliert es viel weniger als das zweite, und anders als die Zwischenspiele beim zweiten Thema bleiben die des ersten Themas in der Grundtonart. Außerdem setzt das zweite Thema jedesmal ganz auffällig ein, während sich das erste mittels einer Engführung gewissermaßen einschleicht: eine mehr versteckte Reprise. Es gibt also einen ganzen Katalog von Unterschieden zwischen den beiden Fugenthemen, die allesamt Anzeichen einer systematischen Planung tragen.

Ungeachtet der in hohem Maße durchorganisierten Form sind in den beiden ersten Sätzen der c-Moll-Sonate die Beschaffenheit und erfinderische Behandlung der Motive verantwortlich für den Stil und für den Eindruck, daß die Sätze Takt für Takt komponiert sind. Dagegen ist der Schlußsatz motivisch wenig komplex, sondern arbeitet vielmehr mit verschiedenen Fugentechniken, die in ihnen angemessener Weise ineinandergreifen. Diese Konzeption und Kunstfertigkeit sind einzigartig bei Bach. Auf diese Weise repräsentieren die drei Sätze auch drei musikalische Sprachstile: ein konzertmäßiges *Vivace* mit lebhaften Rhythmus-Formeln, ein durchweg lyrisches *Largo* (wobei häufig der Aufstieg der melodischen Linie ihren Abfall bedingt) und ein fugiertes *Allegro* sowohl mit traditionellen *alla-breve*-Elementen als auch mit typischen kammermusikalischen Melodiebildungen. Heinrich Nicolaus Gerber, Johann Ludwig Krebs, Wilhelm Friedemann Bach und andere Bach-Schüler haben vielleicht aus Passagen wie den folgenden den neueren Stil herausgehört, zu dem sie selbst später gelangen sollten.

BWV 527

Sonate Nr. 3 d-Moll

Autograph P271; P272 (Wilhelm Friedemann Bach), Am. B. 51 und Am. B. 51a (Kirnberger-Kreis), Wien Cod. 15528 (Johann Christoph Oley), P840 (spätes 18. Jahrhundert) und weitere späte Abschriften; „Frühfassung" der Sonate in P1096 (H. A. Steffani, spätes 18. Jahrhundert?), Lpz. MB. Ms. 1, 5 (Johann Anton Gottfried Wechmar, 1727–1799), Titel in beiden Handschriften *Sonata I* [...]; „Frühfassung" des ersten Satzes in P 1098 (Johann Caspar Vogler, ca. 1730) und Lpz. MB. Ms. 7, 16 (ehemals im Besitz von Johann Nikolaus Mempell, Abschrift vor 1747); Fragment des ersten Satzes in einer jetzt in der Lehigh University in den USA befindlichen Handschrift (Johann Caspar Vogler); P 228, P 298, Abschriften aus dem frühen 19. Jahrhundert von einer Bearbeitung des Mittelsatzes für Streichtrio (die von Mozart stammen soll, siehe auch BWV 526) als Präludium zum Contrapunctus VIII aus der *Kunst der Fuge* (BWV 1080, VIII); St 134 (Johann Gottfried Müthel?), Stimmen für die Instrumentalfassung des Mittelsatzes im Konzert a-Moll für Flöte, Violine und Cembalo BWV 1044.

Überschrift in P271 *Sonata 3 à 2 Clav. et Pedal*; erster Satz *Andante* in P271 (nicht in P272, P1098, P1096), zweiter Satz *Adagio e dolce* (*Adagio* in P1096), dritter Satz *Vivace*.

Es ist anzunehmen, daß P 1098 und P 1096 von einem verlorenen Autograph abstammen, das vor 1730 geschrieben wurde und eine der Quellen war, nach denen P 271 kompiliert wurde[59]. Indessen unterscheiden sich die Fassungen nur in Einzelheiten, obwohl der Titel *Sonata I* [...] andeuten könnte, daß das „verlorene Autograph" diesen Titel hatte oder daß die Zusammenstellung der „Sechs Sonaten" in anderer Reihenfolge begann. Spitta datiert den ersten Satz auf ca. 1722[60], vermutlich weil er annahm, daß die frühen Fassungen der Sätze aus dem *Wohltemperierten Clavier*, die in P 1098 enthalten sind, zum *Wohltemperierten Clavier* I und nicht (was der Fall ist) zu II gehören. Darin sind ihm einige spätere Autoren gefolgt[61]. Wenn die *Sonate als Ganzes* [...] *ganz oder teilweise durch Kompilation und/oder Transkription entstanden ist*[62], was ihr *allgemeiner Charakter* und *Einzelheiten in der Führung des Basses*[63] vermuten lassen, dann kann sie auch früher sein als die meisten anderen und ein Vorbild z. B. für zweiteilige langsame Sätze abgeben. Die Sonaten-Ecksätze zeigen einen weniger gewohnten Aufbau, obwohl Bach im einzelnen nirgends Elemente eingeführt hat, die sich außerhalb der sonst bei ihm in den „Sechs Sonaten" üblichen Vielfalt bewegen.

---

[59] *It can be assumed that P 1098 and P 1096 are derived from a lost autograph that was written before 1730, and was one of the sources from which P 271 was compiled.* Emery, a.a.O., S. 90
[60] Spitta, a.a.O., S. 691
[61] z. B. Keller, a.a.O., S. 101
[62] Eppstein, *Grundzüge* [...], a.a.O., S. 24
[63] a.a.O., S. 23

I. Satz

Das *Andante* für einen Satz im 2/4-Takt (bei weitem nicht so gebräuchlich wie der 4/4-Takt) ist ganz eindeutig eine Warnung vor seinem normalen (?) *moderato* oder *ordinario* wie umgekehrt das *Allegro* für den Schlußsatz z. B. des d-Moll-Konzerts für drei Cembali BWV 1063, einen Satz, der mit diesem *Andante* eine nicht nur oberflächliche Ähnlichkeit hat. Schon allein der 2/4-Takt scheint bei Bach eine italienische Anspielung gewesen zu sein, ganz gleich ob der jeweilige Satz nun als *Andante*, *Allegro* (auch in der C-Dur-Orgelsonate BWV 529, III), *Vivace* (G-Dur-Sonate BWV 530, I) oder gar nicht näher bezeichnet war (G-Dur-Konzert BWV 592, I, *Italienisches Konzert* in F-Dur BWV 971, I).

Formbeschreibung:

A	T.	1– 24	Fugenexposition des Themas in den Oberstimmen über einem Continuo-Baß, nachfolgende Coda
	T.	24– 32	untergeordnetes Material, Sequenzen
	T.	33– 48	wie T. 9–24, jetzt in der Grundtonart, Oberstimmen vertauscht
B	T.	48– 56	neues Thema in aufsteigender sequenzierender Imitation; weist jedoch auf vorhergehendes Material zurück (T. 51 und 55, siehe T. 21)
	T.	56– 60	zweite Sequenz, verwendet früheres Motiv (und Baß) aus T. 1
	T.	61– 64	dritte Sequenz, vgl. T. 29
	T.	65– 68	vierte Sequenz, vgl. T. 21
	T.	68– 72	fünfte Sequenz; aus T. 69, vgl. T. 24
	T.	73– 76	sechste Sequenz, vgl. T. 16
	T.	76– 88	Anfangsteil von *B* eine Quarte höher, Oberstimmen vertauscht
	T.	89– 92	Orgelpunkt, linke Hand Anspielung auf ein Motiv aus T. 4
	T.	92– 96	siebte Sequenz, wie T. 4/36, aber strenger imitiert
	T.	97–104	achte Sequenz, entspricht T. 17–24 und damit zugleich T. 41–48
	T.	104–108	neunte Sequenz; aus T. 24 entwickelt, vgl. fünfte Sequenz
	T.	109–112	phrygische Kadenz mit früheren Motiven ausgeziert, führt zu
A	T.	113–160	Wiederholung von T. 1–48

Das Interessanteste an dem *A-B-A*-Plan ist der mittlere Durchführungsteil, der zwar mit neuem Material beginnt, sich dann aber bald ausschließlich früheren Gedanken zuwendet und in anscheinend willkürlicher Weise von einem zum anderen wechselt, wobei er nahegelegene Tonarten durchläuft (F-Dur, g-Moll), die in den einrahmenden Abschnitten nicht vollständig repräsentiert sind. Die Proportionen der *A-B-A*-Form (48 : 64 : 48 Takte) sind schon außergewöhnlich und lassen bei manchen Kritikern den Gedanken an eine gewisse Unterlegenheit gegenüber anderen Sonaten aufkommen[64]. Trotzdem nehmen die Einzelheiten des Durchführungsteils offensichtlich manches aus der (späteren?) c-Moll-Sonate BWV 526 vorweg. In der d-Moll-Sonate besteht die „Durchführung" im tongetreuen Zitieren und der Abwechslung der Themen. Die Motive werden nicht so sehr „durchgeführt" als in verschiedenen Kontexten vorgeführt. Diese Technik ist – vielleicht als einzige – für den

---
[64] Keller, a.a.O., S. 105

Orgel-Triosatz besonders geeignet, weil eines seiner Ziele darin besteht, in beiden Händen, was die Melodik und die kontrapunktische Bedeutung angeht, ein Gleichgewicht herzustellen. Das ist nicht einmal in Bachs anderen Instrumentalsonaten die Norm.

Wenn auch der Satz insgesamt wirklich fast überhaupt nicht an Tutti/Solo-Kontraste denken läßt[65], so legen doch manche Feinheiten der taktweisen Komposition die Vermutung nahe, daß er kein frühes Werk ist, obwohl er oft als leicht zu spielen beschrieben wird. Daß beide Themen auf der jeweiligen Terz beginnen (T. 1 und 48), ist ungewöhnlich; wichtiger ist aber die ständig wechselnde Länge der Phrasen, angefangen von der langen Anfangsmelodie bis hinunter zur halbtaktigen Sequenz ab T. 29. Die Engführung innerhalb des ersten Themas

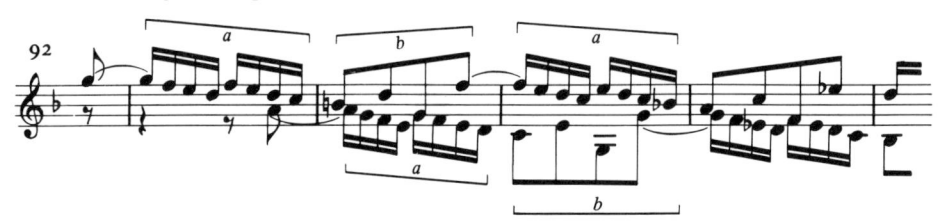

ist nicht so sehr eine konventionelle Fugenimitation wie ein motivisches Mittel, durch das *a* gegen *b* gesetzt wird und umgekehrt. Auch das Motiv aus T. 1

kommt in den verschiedensten Zusammenhängen vor (Pedal T. 21, 22, 51, 52, 109 usw.). Was für Möglichkeiten zur Erweiterung, Imitation, Sequenzbildung usw. das folgende Motiv

in sich birgt, ist bereits aus den frühen Präludien und Fugen bekannt. Der Baß scheint das Motiv in T. 16 ff. zu augmentieren, und tatsächlich zeigt er auch durchweg ein hohes Maß an thematischer Organisation, die sich nur auf einige wenige Gedanken stützt: die einzelnen Achtel (T. 1 ff.), die kurze skalenartige Linie (T. 8 ff.), die Sequenz in italienischer Manier (T. 24 ff.) usw. Das interessanteste weiterverarbeitete Motiv kommt in T. 2 vor (I im folgenden Beispiel),

---

[65] Eppstein, *Grundzüge* […], a.a.O., S. 17. Ein solcher Kontrast ist ohnehin eine Angelegenheit der Form, und es ist nicht Sache des Organisten, ihn mittels Registerwechseln zu verdeutlichen. Daß sich die klarere Tutti/Solo-Struktur des ersten Satzes der c-Moll-Sonate durch Registerwechsel des Organisten kaum noch unterstreichen läßt, hat hoffentlich einen Einfluß auf die Argumente für oder gegen den Manual- oder Registerwechsel in anderen deutlich gegliederten Werken, insbesondere den Präludien und Fugen in Ritornell-Form.

denn von ihm stammen die Schlußgruppe des Themas (T. 8), Elemente des Kontrasubjekts (T. 12) und eine gedrängte Gestalt (II im letzten Beispiel), die in allen Teilen der ganzen A-B-A-Form wiedererscheint. A selbst ist wiederum dreiteilig gebaut:

T. 1–24
T. 24–32
T. 33–48

Dadurch erhält der Satz eine in sich abgerundete Form, zu der das ständige Rückverweisen paßt.

II. Satz

Formbeschreibung:

> zweiteilig, wiederholte Hälften (8 und 24 Takte); gegensätzliche Themen (das eine in Terzen, das andere mehr imitierend); die zweite Hälfte beginnt mit dem ersten Thema in der Dominanttonart, dann „neue" Themen; Reprise ab T. 21, darauf bei T. 23 zwei schon dagewesene Takte (T. 11–12, eine Quinte tiefer, Stimmen vertauscht), dann Rückkehr zur Reprise des ersten Teils

Die zweiteilige Form enthält also Elemente der dreiteiligen, eine Verfahrensweise, die gewöhnlich in Bachs Werken nicht so deutlich zutage tritt (siehe BWV 525, II), obwohl die Es-Dur-Sonate ebenso wie die G-Dur-Sonate langsame Sätze mit ähnlicher Anlage hat[66]. Die „Reprise" verläuft nicht geradlinig: zwei der Themen erscheinen in der Grundtonart mit vertauschten Stimmen (T. 21 = T. 1, T. 29 = T. 5), aber dazwischen taucht Material aus anderen Stellen im Satz auf – in Übereinstimmung mit der in den „Sechs Sonaten" üblichen Technik, Themen in wechselnder Folge gegenüberzustellen. T. 26 ist keine einfache direkte Wiederholung von T. 6, weil die Melodie in der rechten Hand die Antwort auf das Thema in der linken Hand ist; und die Übereinstimmung der Tonhöhe fällt dabei weniger ins Gewicht als die chromatische Komplexität der Takte 25–28.

Ungewöhnlich ist an dem Satz, daß seine Kontinuität von der Aufeinanderfolge zweitaktiger Phrasen abhängt. Je zwei Takte erfordern notwendigerweise ein neues Thema oder einen neuen Gedanken, und deshalb kommt der wiederkehrenden Anfangsmelodie um so größere Bedeutung bei der Aufdeckung des dreiteiligen Gesamtplans zu. Diese Art des Phrasenbaus hat wahrscheinlich Einfluß auf die Beschaffenheit der „neuen" Themen in der zweiten Hälfte. Zweitaktiger Aufbau heißt, daß in den Takten 9, 11, 13, 15, 17 und 19 verschiedene Gedanken auftreten: Von diesen waren T. 9, 13 und 19 bereits vorher zu hören, vermutlich auch – in abgewandelter Form – die Takte 11, 15 und 17. Findet sich nicht z. B. die absteigende Linie aus T. 3 verziert (koloriert) in T. 15 und 17 wieder?

Den Gegensatz zwischen homophonem und imitierendem Thema (T. 1, 3) gab es schon im ersten Satz: man vergleiche T. 1 des *Adagio* mit T. 21 oder 51 des ersten Satzes. Der Hauch von Galanterie in den Anfangstakten erweist sich im weiteren Verlauf des Stückes als Täuschung, aber die Überschrift *e dolce* scheint geradezu nach Flötenregistern zu verlangen. Immerhin müssen dem Kopisten von BWV 587 – wer

---

[66] Schrammek, a.a.O., S. 24

immer er war – die Terzen und Vorhalte so galant erschienen sein, daß er daraus schloß, beide Sätze seien das Werk desselben Komponisten. Wie von Eppstein dargelegt worden ist[67], läßt die Pedal-Linie in T. 4 vermuten, daß der Satz ursprünglich von einer anderen Komposition abstammt, weil die Melodie durch Oktaven gebrochen ist und sich den Takten 3 und 27 weniger angleicht, als zu erwarten wäre. Aber ob der Satz wegen dieser Pedalstelle für andere Instrumente komponiert oder ein Orgelsatz in einer anderen Tonart war, bleibt ein Rätsel. In der Fassung dieses Satzes im Tripelkonzert C-Dur BWV 1044 hat die Baßlinie an dieser und an anderen Stellen mehr Continuo-Charakter.

BWV 1044, II

Doch kann man *zu Recht annehmen, daß die Konzertfassung die spätere von beiden ist*, nicht nur weil *sie komplizierter gebaut ist*[68], ohne Wiederholungen, sondern weil die zusätzliche vierte Stimme in der Konzertfassung aus einfachen gebrochenen Akkorden besteht, was ganz so aussieht, als ob sie einem selbständigen Triosatz hinzugefügt wurde. Es läßt sich nicht mit absoluter Sicherheit beweisen, ob BWV 527, II oder BWV 1044, II die „Originalfassung" des Satzes ist, obwohl die Form (zweiteilig–dreiteilig) eher für die „Sechs Sonaten" als einer Gruppe von kompilierten Werken spricht.

III. Satz

Wie die letzten Sätze der Sonaten in c-Moll, C-Dur und G-Dur weist BWV 527, III Elemente der *da-capo*-Fuge auf, obwohl hier eher mit Basso continuo als mit thematischem Pedal:

A	T.	1– 16	fugierte Themenexposition in den Oberstimmen über einem Continuo-Baß
	T.	17– 25	untergeordnetes Material, Sequenzen
	T.	25– 36	wie T. 9–15, jetzt in der Grundtonart, Oberstimmen vertauscht; kurze Coda
B	T.	37– 60	eine Folge von sechs viertaktigen Phrasen, in denen umkehrbare Kontrapunkte, Imitationen und Sequenzen verwendet werden
	T.	61– 72	Hauptthema wie in T. 25–36 (noch in der Grundtonart), Oberstimmen vertauscht
	T.	73– 96	eine Folge von vier sechstaktigen Phrasen, die ähnliche Motive wie das vorige Zwischenspiel verwenden, aber auch auf das Hauptthema (T. 73 und 77) und das Gegenthema (T. 81) zurückgreifen

---

[67] Eppstein, *Grundzüge* [...], a.a.O., S. 24
[68] *It is reasonable to suppose that the concerto version is the later of the two [...] it is more highly organized.* Emery, a.a.O., S. 122

T. 97–108   Hauptthema (verziert) wie in T. 61–72, jetzt aber in der Dominanttonart, Oberstimmen vertauscht

T. 108–144   eine Folge von neun Phrasen, meist viertaktig, sehr fließend und ohne Unterbrechung, Spiel mit aus früheren Zwischenspielen bekannten Motiven und wiederum auch direkte Zitate aus dem ersten Zwischenspiel: T. 117–128 = T. 45–56, jetzt in der Grundtonart, Oberstimmen vertauscht; T. 133–140 das gleiche Thema wie T. 37–44, aber neue Sequenz; T. 141–144 = T. 57–60 in der Grundtonart, Oberstimmen vertauscht

A   T. 145–180   Wiederholung von T. 1–36

Die Parallele zum ersten Satz ist auffallend. Dort herrscht jedoch eine Gedrängtheit, die im Schlußsatz nicht nötig ist. Hier ist mehr Raum für Abwechslung in den Triolenfiguren. Vom ersten Zwischenspiel an (T. 17) folgt Figur auf Figur, deutlich verwandt, aber sehr variiert und vielseitig. Es folgen einige Beispiele:

Abgesehen von der kurzen Verarbeitung des Themas in den Takten 73 und 77 fehlen die Triolen, wo immer das Hauptthema exponiert wird oder einsetzt. Instruktiv für das taktweise Vorgehen beim Komponieren sind die zwei Mittelstimmen-Einsätze bei T. 61 und 97, wo die Triolen des vorausgehenden Zwischenspiels gewissermaßen überschwappen und noch einen Augenblick lang das Thema kolorieren. Umgekehrt sind die Zwischenspiele fast ausschließlich von Triolen beherrscht[69]. Eine Eigenart dieses Satzes ist, daß die „Gegenthemen" zu den Triolenfiguren gewöhnlich aus springenden Achteln oder übergehaltenen Noten (oder manchmal beidem) bestehen, wogegen das Pedal insbesondere mit seinen Tonwiederholungen, die nicht nur das Thema begleiten, in ungewohnter Weise für Zusammenhalt sorgt. Choralbearbeitungen wie BWV 624 und 635 aus dem *Orgelbüchlein* zeigen, daß der Komponist eine lange Erfahrung in der Behandlung von Triolen und wiederholten Baßtönen hatte, obwohl die Verwendung in beiden Fällen von dem zugrundeliegenden Choral abhängt (in BWV 624 harmonisch, in BWV 635 thematisch). Der Schlußsatz der d-Moll-Sonate kann natürlich viel freieren Gebrauch von diesen beiden wichtigen Elementen machen, und der Formplan des Ganzen gestattet dem Komponisten, an jedem Punkt beliebige Figuren einzuführen. So erscheint das im letzten Notenbei-

---

[69] Angesichts der Bedeutung der Triolen für die Form und die Konzeption des Satzes ist es ein Fehler anzunehmen, daß jeder nicht triolische Rhythmus (z. B. T. 73, 77) angeglichen werden sollte. Dies gilt trotz des *common sense*, der für diese Angleichung spricht (Walter Emery, *Is your Bach playing authentic?*, MT 112/1971, S. 697–98).

spiel mit b) bezeichnete Motiv inmitten der Passage, die das Fugenthema verarbeitet (T. 82), obwohl andere Motive ebenso gut geeignet gewesen wären. Da die Figuren verwandt sind, kann jede Triole gegen eine andere ausgetauscht werden, wenn Umfang, Lage oder Harmonik dies erfordern, während Zellen wie das Motiv f) im letzten Notenbeispiel dazu dienen, die Triolenbewegung bei Tönen im Terzabstand aufrechtzuerhalten. Zwangsläufig erinnern die Triolenfiguren häufig an italienische Sonaten oder Konzerte für Streicher, besonders bei strenger Imitation (z. B. T. 45 und 108). Aber der Satz als Ganzes zeigt, wie der Komponist auf höchst individuelle Art mit einer Gruppe kleiner Motive arbeitet, die, wenn auch in Choralbearbeitungen nicht ganz unbekannt, ihr Potential erst in dreiteiligen „Kammerformen" wie dem Satz einer Orgel-Triosonate voll entfalten.

BWV 528

Sonate Nr. 4 e-Moll

Autograph P 271; P 272 (Wilhelm Friedemann Bach nur die ersten fünfzehn Takte, dann Anna Magdalena Bach), Am. B. 51 und Am. B. 51a (Kirnberger-Kreis), Wien Cod. 15528 (Johann Christoph Oley), P 840 (spätes 18. Jahrhundert), Lpz. MB. Ms. 4, 17 und andere späte Quellen; „frühe Fassung" des ersten Satzes in der Kantate BWV 76 (siehe unten); „frühe Fassungen" des zweiten Satzes in P 1115 (Ambrosius Kühnel? ca. 1770–1813), Lpz. Go. S. 311/2 (ca. 1750?), Kopenhagen Grönland Ms. und Peters, Band I, Appendix[70]; die ersten dreizehn Takte des dritten Satzes in P 288 und P 319 (späteres 18. und frühes 19. Jahrhundert) als Anhang zu Präludium und Fuge G-Dur (siehe BWV 541).

Überschrift in P 271 *Sonata 4 a 2 Clav: et Pedal*; erster Satz *Adagio*, und *Vivace* in P 271 (nicht in P 272) und P 67 (Kantate BWV 76), zweiter Satz *Andante*, dritter Satz *Un poco allegro*.

Die Sonate ist *allem Anschein nach durch Zusammenstellung einer Instrumentalsinfonia, eines umgearbeiteten frühen und eines voraussichtlich Weimarer Orgelstückes entstanden*[71]. Es läßt sich jedoch weder beweisen, daß der letzte Satz speziell für die Weimarer Orgel komponiert oder angefangen wurde – Beweise, die sich z. B. auf den Umfang stützen, sind nicht schlüssig –, noch, daß es zu irgendeinem Zeitpunkt in der Absicht des Komponisten gelegen hat, den Satz als Zwischen- oder Nachspiel zu Präludium und Fuge BWV 541 zu benutzen.

Der Mittelsatz existiert in zwei frühen Fassungen, beide in d-Moll[72]. Innere Beweisgründe scheinen dafür zu sprechen, daß die Fassung in der Peters-Ausgabe, Band I, die früheste (ca. 1708?) ist[73]. Die zweite Fassung ist als Anhang zu Band V der Novello-Ausgabe gedruckt worden. Man sehe dazu auch *NBA*, Serie IV/7, S. 145 ff., wo

---

[70] Emery, *Notes* [...], a.a.O., S. 95 ff.
[71] Eppstein, *Grundzüge* [...], a.a.O., S. 24
[72] Emery, *Notes* [...], a.a.O.
[73] a.a.O., S. 101

die Bindebögen der Novello-Ausgabe folgen. Als vermeintlich früher Trio-Satz ist das *Andante* ein einzigartiger Hinweis auf die Vorstellung des Komponisten von diesem Genre. Die kurzen Phrasen scheinen so geplant zu sein, daß sie die erforderliche Vertauschbarkeit der Stimmen erzeugen (anders als die Trio-Abschnitte in einer Choralbearbeitung wie z.B. *Wie schön leucht' uns der Morgenstern* BWV 739), und sogar solche Details wie die Trillerketten in T. 36–37 nehmen die späteren Trios von Bach vorweg – nicht nur in den Orgelsonaten (BWV 526, I, 527, I), sondern z. B. ebenso im *Musikalischen Opfer*. Es hängt von der Datierung und Geschichte dieses Satzes ab, wie man die Techniken des Triosatzes bei Bach und ihre Entwicklung versteht.

Der erste Satz behält Tonart und Stimmenzahl der Sinfonia zur Kantate BWV 76 bei (P 67, Partitur in der Handschrift des Komponisten, datiert 1723), wo diese *nach der Predigt* gespielt wird, d. h. als Einleitung zu Teil II. Die Partitur schreibt Oboe d'amore, Viola da gamba und Continuo vor. Einige Figuren sind anders, aber im allgemeinen ist das Pedal in BWV 528, I in der Art eines Basso continuo geschrieben, wie in den „Sechs Sonaten" üblich. Aufgrund der Melodielinien und der Satztechnik wird gewöhnlich angenommen, daß die Kantaten-Fassung die frühere ist, wobei der Komponist später bei der Bearbeitung für Orgel auf den für Trio angezeigten Umfang – linke Hand nicht unter c – und die bequeme Lage für das Pedal Rücksicht genommen hat[74]. Da das *Vivace* mit der linken Hand im unteren Teil ihres Umfangs beginnt, was in keinem anderen Satz der „Sechs Sonaten" vorkommt, liegt das Gewicht ganz eindeutig auf anderen Aspekten der Satztechnik als üblich. Auch sind die langsame Einleitung und die Kürze des *Vivace* für die „Sechs Sonaten" außergewöhnlich.

I. Satz

Die Form ist einmalig:

Adagio 4 Takte, dreistimmige Fugenexposition (mit abgewandeltem Baß in T. 3); T. 3, Kontrasubjekt in der linken Hand (nicht in BWV 76); offensichtliche (aber zufällige) Ähnlichkeit des Themas mit dem Thema des Mittelsatzes

Vivace imitierend behandeltes Material in knapper Ritornellform:
T. 5–13, 16–24, 31–39 Thema mit Beantwortung auf der Oktave
T. 16–24 = T. 5–13 in der Dominante, Stimmtausch
T. 31–39 = T. 5–13 in der Subdominante
T. 14–15, 25–30 abgeleitete Zwischenspiele
T. 40–75 abgeleitetes Zwischenspiel bzw. Coda

Weder in P 271 noch in P 272 gibt es zwischen dem *Adagio* und dem *Vivace* einen Doppelstrich. Das Wort *vivace* scheint über dem zweiten Achtel von T. 5 zu stehen.

Die ungewöhnliche Form des *Vivace* ist ebenso auffallend wie seine *Adagio*-Einleitung. Fugenbeantwortungen in der Oktave sind durchaus in den Kammersonaten üblich, aber normalerweise nur in den langsamen Sätzen (in den Sonaten A-Dur und G-Dur für Violine und Cembalo und in der D-Dur-Sonate für Viola da gamba und

---

[74] Ulrich Siegele, *Kompositionsweise und Bearbeitungstechnik in der Instrumentalmusik Johann Sebastian Bachs*, Stuttgart 1975, S. 78 ff.

Cembalo) wie auch in dieser Sonate hier (siehe II. Satz unten). Wenn eine Fugenbeantwortung in der Oktave außerdem erst einmal im Satz aufgetreten ist, besteht die Tendenz, daß sie immer wieder vorkommt (z. B. in der Violinsonate G-Dur). Aber während diese Sätze in den Kammersonaten auf einem Halbschluß vor dem schnellen Satze enden – d. h. sie sind unregelmäßig und unvollständig zugleich – ist dies bei dem *Vivace* aus der e-Moll-Orgelsonate nicht der Fall[75]. Dennoch wäre ab T. 61 auch ein Halbschluß möglich. In Wirklichkeit ist die Schlußkadenz eine einfache Formel in italienischer Manier einschließlich der Hemiole, die in einem Satz wie diesem ziemlich fehl am Platz ist. Der italienische Einfluß in der Kadenz und der *Adagio*-Einleitung hat die Kantate BWV 76 vermutlich eher über die von Buxtehude seinen Kantaten vorangestellten Sonaten als auf direktem Wege über Trios von Corelli erreicht.

Die drei Stimmen des *Vivace* – Thema, Gegenthema, Baß – sind von einer Lebhaftigkeit der Melodik und Linienführung, die in den „Sechs Sonaten" nur selten übertroffen wird. Im folgenden Beispiel ist zu sehen, daß die charakteristischen Figuren des Themas und Kontrasubjekts auf die besondere Eigenart der Viola da gamba zurückzuführen sind. Die zweite Hälfte des Beispiels enthält implizit das *crescendo*, das für so viele Stellen der D-Dur-Sonate für Viola da gamba BWV 1028 selbstverständlich ist.

Alle drei Linien können potentiell auch viele Motive hervorbringen. So greift das Zwischenspiel T. 13–15 den ersten Takt des Kontrasubjekts *b* auf und T. 25–29 dasselbe Motiv und zusätzlich den ersten Takt des Themas *a*. Dieser erste Takt wird in T. 31 zu einem vollständigen Themeneinsatz.

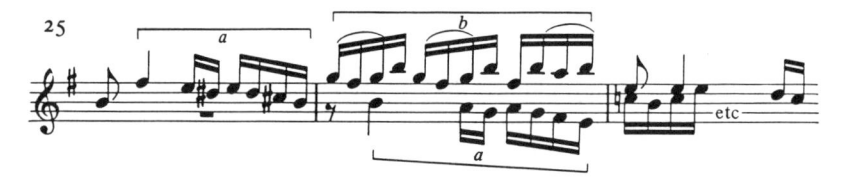

Genau dieselben Motive beherrschen den langen „Zwischenspiel-Coda"-Abschnitt ab T. 40 einschließlich der in T. 50 und 53 auftauchenden verkürzten Themeneinsätze. Gleichzeitig führt das Pedal zwei Hauptgedanken aus, einen in Achteln und einen in Vierteln. In der Kantaten-Fassung stützt sich T. 5 auf Viertel mit dem Ergebnis, daß der Unterschied zwischen der Viertel- und der Achtelfigur um so stärker hervortritt.

---

[75] Es ist zweifelhaft, ob das *Vivace* so kurz ist, weil es der Kantate BWV 76 dient. Es gibt in den früheren Zyklen der Leipziger Kantaten zu wenig Instrumentalsätze, um Verallgemeinerungen machen zu können. Aber in jedem Fall dürfte es schwierig sein, die Bezeichnung des Satzes als *Französische Ouvertüre* zu rechtfertigen (Werner Neumann, *Handbuch der Kantaten Johann Sebastian Bachs*, Leipzig ³1967, S. 96).

BWV 76, VIII

Daß die Orgelpedal-Stimme mehr Töne als der Basso continuo der Kantate BWV 76 enthält, legt die Vermutung nahe, der Komponist habe einen Ausgleich für den „ausdruckslosen" Orgelton schaffen wollen, mit dem die natürliche Spannung der auf der Gambe gespielten Phrase nicht herzustellen ist.

BWV 76, VIII   BWV 528, I

Im Verlauf dieser Veränderung gewinnt die Pedalstimme mindestens ein wichtiges Motiv (T. 5), von dem der Komponist merkwürdig wenig Gebrauch macht. Nach einem der Herausgeber[76] ist das Motiv an der entsprechenden Stelle in T. 29 im Autograph P 271 abgeändert worden. Nichtsdestoweniger ergeben Baßmelodie und Thema einen zweistimmigen Kontrapunkt, der zwar für Johann Sebastian Bach, aber sonst fast niemanden typisch ist, einen Kontrapunkt, der reich ist an betonten Durchgangsnoten und Vorhalten, so daß die letzten Töne in vielen Takten momentane Dissonanzen ergeben (z. B. in T. 31/2 durchweg). Angesichts dieser Einzelheiten der Harmonik und Melodik fällt die konventionelle Schlußkadenz um so stärker auf, was auch in den fugierten Sätzen der Kammersonaten von Händel häufig der Fall ist.

II. Satz

Formbeschreibung:

A_1 T. 1–11   Thema *a*, Beantwortung im Einklang, dazu ein Kontrasubjekt *b*; zweitaktiges Zwischenspiel, auf *b* basierend; Thema *a* und Beantwortung in der Oktave, beides in der Dominanttonart

B_1 T. 11–23 imitierende und sequenzierende Verarbeitung von vermutlich aus *b* abgeleiteten Motiven; Kadenz in A-Dur, dann zwei Überleitungstakte zu

---

[76] Emery, *Notes* […], a.a.O., S. 41

A_2	T. 24–28	wie T. 7–11, in e-Moll
B_2	T. 28–38	wie T. 11–21, in e-Moll beginnend, Wechsel nach G-Dur (T. 31), Fortsetzung wie vorher, eine Quarte höher
Coda	T. 38–45	Modulation zurück nach h-Moll (neues Material), dann *a* mit enggeführter Beantwortung vor dem letzten Einsatz mit Kontrasubjekt; Kadenz vor dem Schluß unterbrochen

Die „Familienähnlichkeit" der *b*-Motive ergibt sich allein aus den Anfangstönen:

Ebenso auffallend und originell ist *a* selber. Es bleibt sogar in der Imitation bzw. der Engführung unverändert, und den ganzen Satz hindurch werden die zweitaktigen Phrasen, die *a* gleich zu Beginn einführt, außergewöhnlich hervorgehoben. Ein Ergebnis dieser zweitaktigen Phrasenbildung ist, daß harmonische Mittel wie der neapolitanische Sextakkord ziemlich vorhersehbar sind. Eine Anmerkung zu diesen „frühen" neapolitanischen Sextakkorden findet sich bei BWV 564, II (Toccata, *Adagio* und Fuge) und BWV 582 (Passacaglia) unten.

Die Kadenzen in den Takten 14, 21, 31 und 44 gewinnen unter anderem auch deshalb an Bedeutung, weil sie die Zweitaktigkeit aufbrechen; die *ziemlich große Zahl von Ganzschlüssen* ist also wohl weniger ein Merkmal, *das an die Legrenzi-Fuge [BWV 574] und bestimmte andere [frühe] Werke erinnert*[77], als ein geschickt eingeführtes, auffälliges Element zur Unterstreichung der Phrasenbildung.

Mit der Beschreibung formaler Details läßt sich der einzigartige Charme dieses Satzes nicht ausdrücken, obschon der Vergleich mit den sogenannten frühen Fassungen wesentlich zu seiner Bestimmung beiträgt. Die Figurierung in den Anhängen von

---

[77] *rather large number of perfect cadences […] reminiscent of the Legrenzi-Fugue and certain other early works*, a.a.O., S. 101

Band I der Peters-Ausgabe und Band V der Novello-Ausgabe ist einfacher, und obwohl weder die Chronologie noch auch nur die Authentizität dieser Fassungen mit Sicherheit festgestellt werden konnte, ist es verführerisch, in ihnen den heranreifenden Sinn des Komponisten für die Melodik zu sehen.

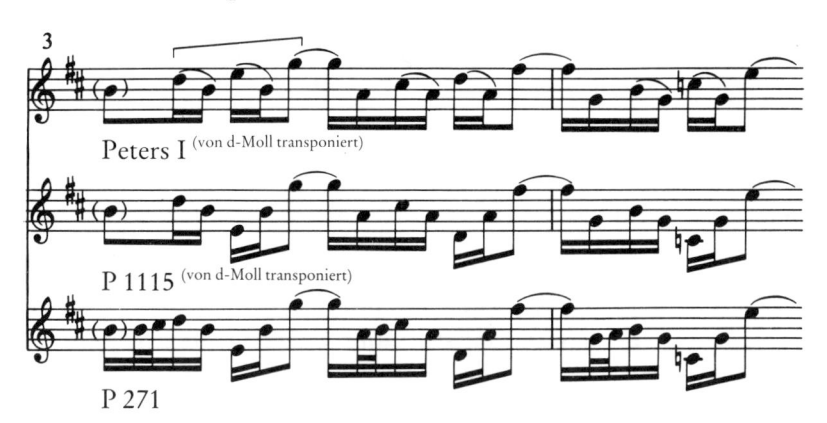

Peters I (von d-Moll transponiert)

P 1115 (von d-Moll transponiert)

P 271

Gewiß hat die letzte Fassung eine nicht näher definierbare *gefällige Eckigkeit*[78]; aber diese ist für Orgelmusik keineswegs typisch, und es ist auch nicht so ohne weiteres festzustellen, daß die *letzte Fassung* die *steife Ungeschliffenheit der Peters-Fassung*[79] transformiert, da die Peters-Fassung geglätteter wirkt. Die „Ungeschliffenheit" der früheren Fassungen hängt eher mit den Kadenzen und den Phrasenbildungen zusammen, die in der endgültigen Fassung der Sonate durch einige geschickte Einfügungen weniger abrupt oder unbeständig wirken:

frühe Fassung   T. 5 wird zu T. 5 + 6   der Sonatenfassung
                  T. 21 wird zu T. 22 + 23
                  T. 28 wird zu T. 30 + 31 (erste Hälfte)

Damit betont die „Endfassung" den oben bereits angesprochenen zweitaktweisen Aufbau.

Die zusätzlichen Durchgangsnoten in der „Endfassung" sind zugleich für die engere oder entferntere Beziehung der Motive zueinander verantwortlich. So scheint das Material von *b*, wenn die Linien – wie in der Quelle P 1115 – einfacher sind, nicht so eng untereinander verwandt zu sein,

P 1115   (vgl. T. 3 im vorigen Beispiel)

wogegen die Triller in der Coda T. 38 (oder die Sechzehntel des Gegenthemas) in den früheren Fassungen einen viel deutlicheren Zusammenhang mit dem Vorhergehenden haben.

---

[78] *pleasing angularity*, ebda.
[79] *the stiff crudity of the Peters-version*, ebda.

BWV 528

[Notenbeispiel, T. 35ff.]
P 1115 (von d-Moll transponiert)

[Notenbeispiel, T. 38ff.]
P 271

Folglich wirken sie in der „Endfassung" (BWV 528, II, T. 38) viel auffallender. Aber diese Fassung hat auch etwas von ihrer Wandlungsfähigkeit eingebüßt. Von T. 31 bis zur Engführung in der Coda stehen die Stimmen im selben Verhältnis zueinander wie ab T. 15, wogegen in P 1115 im späteren Abschnitt die Oberstimme zuerst einsetzt, weshalb der Kontrapunkt in der Umkehrung steht. In BWV 528, II stehen die Stimmen so da wie bei den entsprechenden früheren Stellen im Satz, aber in der „frühen Fassung" war B_2 nicht eine so genaue Wiederholung von B_1. Auch die rechte Hand ging nicht so tief wie in T. 40 von BWV 528, II. Das bedeutet allerdings, daß die linke Hand in P 1115 ungewöhnlich hoch liegt, besonders in der (nicht authentischen?) Tonart d-Moll, die sich auch in Lpz. Go. S. 311/2 findet. In jedem Fall liegen die beiden Hände den ganzen Satz hindurch dichter beieinander als sonst oft in den „Sechs Sonaten" – z. B. im ersten Satz derselben Sonate. Sogar Stimmkreuzung findet in der Schlußkadenz statt.

III. Satz

Formbeschreibung:

I   T. 1–28   vollständige Fugenexposition (Thema *A*) einschließlich Thema im Pedal

II
- T. 28–36   Zwischenspiel, verarbeitet weitere Triolenfiguren
- T. 36–51   Themeneinsatz und Beantwortung in der parallelen Durtonart; Kontrapunkt ähnlich wie bei *A*
- T. 51–60   Zwischenspiel, verarbeitet Triolenfiguren einschließlich einer von *A* (T. 16)

I   T. 60–87   vollständige Fugenexposition mit Thema im Pedal wie in T. 21 (Oberstimmen vertauscht);
T. 60–75 subdominantische Version von T. 1–16

Coda   T. 87–97   Coda, zwei fünftaktige Abschnitte (auf dem Zwischenspiel T. 28 ff. basierend) mit vertauschbarem Kontrapunkt

Wie die linke Spalte zeigt, kann die Satzform als dreiteilig aufgefaßt werden, wobei den äußeren Abschnitten eine ähnliche Funktion wie den Tutti-Ritornellen zukommt[80]. Das verstümmelte Zitat dieses Satzes, das Präludium und Fuge g-Moll BWV 541 in einigen Quellen beigegeben ist, läuft nicht auf eine andere Fassung hinaus (siehe BWV 541). Der Satz könnte aber auch als Beispiel für ein Fugen-Rondo

---

[80] Eppstein, *Grundzüge* [...], a.a.O., S. 19

gelten, in dem das Thema in regelmäßigen Abständen wiederkehrt, klar, vollständig, ohne weitere Themen, sondern nach regulären Zwischenspielen. Soll die Rondoform klar hervortreten, muß die Form folgendermaßen beschrieben werden:

  A T. 1–16   Thema A, fugenmäßig beantwortet
  B T. 16–20   sequenzierendes Zwischenspiel
  A T. 21–28   Thema A, Pedal
  C T. 28–35   sequenzierendes Zwischenspiel
  A T. 36–51   Thema A, fugenmäßig beantwortet
  B T. 51–60   sequenzierendes Zwischenspiel
  A T. 60–75   Thema A, fugenmäßig beantwortet
  B T. 75–80   sequenzierendes Zwischenspiel
  A T. 80–87   Thema A, Pedal
  C T. 87–97   Coda

Die verschiedenartigen Triolenfiguren zeigen die Vielseitigkeit und den Bewegungsspielraum, den wir bereits aus dem Schlußsatz der d-Moll-Sonate BWV 527 kennen, aber hier sind sie durchweg viel reicher gestaltet und kennzeichnen auch die Themeneinsätze[81]. Die Vielseitigkeit der Triolenfiguren zeigt sich, wenn man zwei Themeneinsätze vergleicht:

Die Triolenstimme des unteren Beispiels nimmt nach und nach ganz zwanglos und unauffällig die Gestalt des oberen Beispiels an. Tatsächlich begleiten die Triolen das Thema sogar als vertauschbarer Kontrapunkt und werden in einem Maße zum „Kontrasubjekt" (z. B. T. 36–51), wie das z. B. in den Fugen des *Wohltemperierten Claviers* I nicht üblich ist. Dadurch nimmt jedoch die kontrapunktische Vielfalt nicht ab.

---

[81] Einige der gleichen melodischen Elemente sind in dem *organo-obbligato*-Part der Schlußarie *Ich wünsche mir* aus der Kantate BWV 35 (1726) zu beobachten, obwohl hier der 3/8-Takt vermutlich langsamer sein dürfte als in BWV 528, III. Oder vielleicht ist das auch nicht so, und das *un poco allegro* der Sonate ist in der modernen Aufführungspraxis nur mißverstanden worden.

Mit der Verteilung der Triolen auf die rechte Hand und das Pedal bietet der Themeneinsatz in T. 60 ein ganz neues und unerwartetes Erscheinungsbild.

Anders als die meisten Triolenfiguren des Schlußsatzes der d-Moll-Sonate eignen sich viele Triolen des vorliegenden Satzes gut für Pedal, insbesondere für das Spiel mit wechselnden Füßen[82]. Die Rolle des Pedals ist tatsächlich vielseitig. Im ersten Zwischenspiel fehlt es ganz, im zweiten hat es dagegen volle Triolen, im dritten eigene treibende Achtel, im vierten *staccato*-Markierungen usw. Außerdem bringt der größere Bewegungsspielraum eine viel fortschrittlichere Verarbeitung als im Schlußsatz der d-Moll-Sonate mit sich. Wie in den Schlußsätzen einiger Kammersonaten (z. B. der g-Moll-Gambensonate BWV 1029) wird die Wirkung einer kontinuierlichen, unaufhaltsamen Bewegung erzielt.

BWV 529

Sonate Nr. 5 C-Dur

Autograph P271; P272 (Anna Magdalena Bach), Am. B. 51 und Am. B. 51a (Kirnberger-Kreis), Wien Cod. 15528 (Johann Christoph Oley), P840 (spätes 18. Jahrhundert), Lpz. MB. Ms. 1, 4 (Johann Anton Gottfried Wechmar? spätes 18. Jahrhundert) mit dem Titel *Sonate 4* [...] und späte Quellen; „frühe Fassung" nur des zweiten Satzes in P 286 (Johann Peter Kellner), P 282 (19. Jahrhundert), LM 4718 (Johann Gottfried Walther? vor 1717?), Lpz. Go. S. 306 (Johann Tobias Krebs), P 1115 (Ambrosius Kühnel?) und Kopenhagen Grönland Ms.[83]. In P 286, P 282 und LM 4718 in Verbindung mit Präludium und Fuge C-Dur BWV 545. BWV 529, II wurde BWV 545 vermutlich in Bachs Weimarer Zeit beigefügt[84].

Überschrift in P271 *Sonate 5. a 2 Clav: et Pedal*; erster Satz *Allegro*, zweiter Satz *Largo*, dritter Satz *Allegro*.

---

[82] Das Thema selbst hat jedoch wieder keine Triolen, außer in T. 3. Darin deutet sich möglicherweise an, daß in den Takten 7, 15, 42, 50, 66 und 74 die Sechzehntel-Duolen erhalten bleiben, während scheinbar vergleichbare Stellen (T. 27, 86) dem Triolenrhythmus angeglichen werden sollten.
[83] Emery, *Notes* [...], a.a.O., S. 31
[84] *NBA*, Serie IV/5–6, Kritischer Bericht, S. 302, 307

Allgemeine Bemerkungen zu den Ecksätzen finden sich bereits bei BWV 526 (siehe oben). Auch bei der C-Dur-Sonate ist es möglich, daß die Außensätze erst komponiert wurden, als die Folge von sechs Sonaten zusammengestellt wurde[85], während der Mittelsatz ein früheres Werk der Weimarer Zeit sein kann. Da bisher allerdings weder das Datum noch der Schreiber der Handschrift LM 4718 feststeht, müssen diese Vermutungen noch durch äußere Beweise bestätigt werden. Alle sechs Kopien der „frühen Fassung" des Mittelsatzes – und vielleicht sogar auch P 271 – scheinen letztlich eine gemeinsame Quelle gehabt zu haben, vermutlich das „Moscheles-Autograph", das in *BG*, Band XV beschrieben wird und von Bachs Hand sein könnte und dem der Sonatensatz BWV 545 hinzugefügt ist. Das „Moscheles-Autograph" und P 271 unterscheiden sich nur in Kleinigkeiten (Legatobögen, einige Töne). Wenn die Argumentationskette eine analoge Richtung wie bei BWV 528, II einschlägt, kann das dazu führen, daß die Moscheles-Handschrift auf ca. 1715 oder etwas früher datiert wird[86].

I. Satz

Formbeschreibung:

A	T. 1–17	Tutti mit Frage-Antwort-Phrasen; Tonleitersequenzen
	T. 17–32	Tutti, jetzt in der Dominanttonart, Stimmen vertauscht; Tonleitersequenzen verändert, um in die Grundtonart zurückzukehren zur
	T. 32–46	„Durchführung" mehrerer Motive aus dem Tutti-Hauptteil, einschließlich zweier Orgelpunkte (auf Subdominante und Tonika) mit vertauschten Oberstimmen
	T. 46–51	Coda, verwendet Skalenfiguren aus den Takten 12–17, jetzt in der Grundtonart mit vertauschten Oberstimmen
B	T. 51–68	Mittelteil, beginnt mit eigenem Fugenthema (drei Einsätze, die jeweils eine Quarte, Terz und Oktave tiefer beantwortet werden), und weiteres Skalenmaterial
	T. 68–72	abwechselnde Motive aus beiden Hauptthemen
	T. 72–84	ebenso, ausführlichere Darstellung des ersten Themas in F-Dur, dann a-Moll
	T. 84–105	wie T. 51–72, jetzt in a-Moll, Oberstimmen vertauscht; Themenbeantwortung (T. 87) verändert, um nach d-Moll zu gelangen und weiter nach C-Dur (im Unterschied zu G-Dur in T. 55 und weiter nach F-Dur in T. 72)
A	T. 105–155	Wiederholung von T. 1–51

Besonders Teil *B* läuft kontinuierlich durch, und die oben angegebenen Taktzahlen zeigen keine deutlich abgegrenzten oder sogar markierten Abschnitte an. *B* beginnt fugiert, wird dann aber zum ausgewachsenen Durchführungsteil wie im ersten Satz der c-Moll-Sonate BWV 526. Neue Abschnitte im Verlauf des Satzes werden am deutlichsten durch das Auftreten des Hauptthemas abgehoben (T. 17, 32, 72, 80,

---

[85] Eppstein, *Grundzüge* […], a.a.O., S. 24
[86] Emery, *Notes* […], a.a.O., S. 113

105). Bei den Proportionen ist das Gewicht anders verteilt als im ersten Satz der c-Moll-Sonate. BWV 529, I enthält z. B. schon in den Außenabschnitten solche „Durchführungsstellen", die in der c-Moll-Sonate dem Mittelteil vorbehalten sind – insbesondere die Orgelpunkte auf der Dominante (T. 9), der Subdominantparallele (T. 25), der Subdominante (T. 35) und der Tonika (T. 42), über denen Bruchstücke des Hauptthemas zu hören sind. Außerdem gibt es wichtige Symmetrien. Trotz der A-B-A-Form kehrt das Hauptthema fast den halben Satz hindurch (T. 72–75) in auffallender Weise wieder, während A selbst von der thematischen Materie, wenn auch nicht von den Taktzahlen her, höchst symmetrisch ist.

  T. 1 Themenexposition   T. 17 Themendarstellung   T. 33 Themendarstellung
  T. 9 Orgelpunkt   T. 25 Orgelpunkt   T. 35, 42 Orgelpunkt
  T. 12 Tonleitersequenz   T. 28 Tonleitersequenz   T. 39, 46 Tonleitersequenz

Daß B symmetrisch, d. h. eine A-B-A-Form in sich ist, wird aus dem oben Gesagten deutlich.

Von den schnellen Sätzen der „Sechs Sonaten" scheint der erste Satz der C-Dur-Sonate in seiner Melodik und Rhythmik am besten auf die kammermusikalische Sprache der Instrumentalsonaten abgestimmt zu sein. Wenn der Umfang nicht wäre, würde man vom Stil her auf eine Sonate für zwei Flöten und Continuo schließen. Doch die räumliche Aufteilung der Stimmen ist ganz typisch für die „Sechs Sonaten", und ein solches Maß an motivischer Verwicklung ist schwerlich außerhalb der Orgelwerke zu finden. Es gehört durchaus zu den beachtenswerteren Merkmalen des Satzes, daß die motivische Arbeit trotz der anmutigen Melodik und der Formsymmetrien höchst kompliziert und planvoll ist. Am anregendsten ist das im folgenden Beispiel mit a bezeichnete Motiv aus einfachen Achteln, denn es führt nicht nur zu direkten Ableitungen (II), sondern die Gestik der Achtel ist auch in anderen Figuren (III) zu hören.

Ganz deutlich sind die Achtel ebenso für das Pedal geeignet, das zwar wie eine Continuo-Stimme aussieht, aber dennoch eigene Motive hat und in der Tat sowohl in den Figuren als auch in der Bewegungsrichtung eine höchst abwechslungsreiche Sprache spricht.

Zwei deutlich verschiedene und miteinander kontrastierende Sechzehntelgruppen arbeiten den vielfältigen Achtelfiguren entgegen:

Das Thema des Mittelteils schwebt gewissermaßen dazwischen. Es ist von keiner der beiden Gruppen abgeleitet und doch mit beiden verwandt. Die Art, in der auf die Motive Bezug genommen wird, ist keineswegs steif oder trocken. Die Motive *a* und *b* werden z. B. beide über dem Orgelpunkt in T. 35 und 42 angeführt, aber in so lokkerer Art, daß man eher an die klassische Durchführungstechnik als an die barocke Figurenlehre denkt. Die motivische Arbeit wird nicht überstrapaziert. So hätten die abwechselnden Motive *c* und *d* in T. 68 ff. leicht durch das Motiv *b* in dem einen oder anderen Pedaltakt ergänzt werden können.

Selbst den Skalensequenzen (T. 12, 28, 54) ist nur der allgemeine Charakter gemeinsam. Vergleicht man aber zwei Takte mit der gleichen Baßlinie (z. B. T. 14 und T. 28), sind die Motive in den Händen eines einfallsreichen Komponisten wandlungsfähig genug. Die Zusammenziehung der drei tongetreu zitierten Motive *a*, *b* und *c* in T. 32 ist für Bach wirklich ungewöhnlich und geschah wohl eher in der Absicht, gute Melodielinien für die Orgel zu schreiben als kunstvolle Motivkomplexe zu schaffen. Diese Kombination eignet sich ebenso gut für die Orgel wie ähnliche Stellen im letzten Satz der Es-Dur-Sonate BWV 525.

II. Satz

Formbeschreibung:

- A T. 1–13 Thema *a*, Beantwortung auf der Quinte, dagegen ein chromatisches Kontrasubjekt *b* (aus T. 4 des Themas); dann fünf Takte sequenzierende und kadenzierende Figuren, die zum Teil auf *a* und *b* basieren; Kadenz auf der Tonika, dann
- B T. 13–21 zweite Themengruppe, beginnt in der Grundtonart; T. 13/14 einfacher, vertauschbarer Kontrapunkt (vgl. erstes Thema des ersten Satzes); T. 17/18 sequenzierende Figuren aus T. 10
- A T. 21–33 Thema *a*, Beantwortung auf der Quinte, Oberstimmen vertauscht; jetzt in der parallelen Durtonart (vermeidet chromatisches Kontrasubjekt); T. 24, 28 vgl. T. 4; T. 29–32 Sequenz aus Material der zweiten Themengruppe (T. 15–18), Oberstimmen vertauscht

B	T. 33–41	beginnt mit einer veränderten Form des zweiten Themas (jetzt in der Dominante von d-Moll), geht aber bald (mit vertauschten Oberstimmen) zur d-Moll-Version der schon bekannten Kadenz über (T. 35–38 = T. 9–12); zwei modulierende Takte zur
A	T. 41–52	Wiederholung von T. 1–12 (aber neu hinzugefügt das Kontrasubjekt zum ersten Themeneinsatz 41–44)
	T. 53–54	Anschluß über phrygische Kadenz mit übermäßiger Sexte

Da die drei mittleren Abschnitte ihre Komponenten ziemlich frei aufeinanderfolgen lassen, ist es möglich, den Satz als *da-capo*-Form zu betrachten:

A   T. 1–13
B   T. 13–41
A   T. 41–52

So gesehen, beginnt der Mittelteil unabhängig, geht aber schon bald auf früheres Themenmaterial ein, obwohl die „Durchführungsmerkmale" nicht so deutlich wie im ersten Satz der c-Moll-Sonate BWV 526 sind. Man kann tatsächlich sagen, daß ein Satz wie das *Largo* der C-Dur-Sonate Elemente der Fuge (erstes Thema), der Ritornell-Form und der *da-capo*-Form enthält, die von den beiden Oberstimmen dialogisierend über einem Basso continuo ausgeführt werden.

In den „Sechs Sonaten" und anderen Kompositionen Bachs folgt einem später wiederkehrenden Thema häufig ganz anderes Material als beim ersten Mal. Es ist, als ob Themen in beliebiger Reihenfolge auftreten können und das Gewebe der Komposition immer die gleiche Konsistenz aufweist, ganz unabhängig vom jeweiligen Thema. BWV 529, II gibt ein einfaches Beispiel dafür. Schon in T. 8[87] wird ein Takt eingeschoben, als ob T. 7 und T. 9 getrennt werden sollten:

T. 1–3 Thema	T. 5–7 Beantwortung
	T. 8
T. 4 Weiterspinnung des Themas	T. 9 Weiterspinnung des Themas

Während des letzten Taktes (T. 9) erscheint das Anfangsmotiv ebenso wie ein Motiv aus dem Weiterspinnungstakt (I), das an verschiedenen Stellen im Satz verarbeitet wird.

Dieses Motiv ist eng mit anderen Motiven (II) verwandt, die sich nicht nur in nahezu der Hälfte aller Takte dieses Satzes finden, sondern die auch von Johann Gottfried Walther und anderen Theoretikern als typisch verzeichnet und in manchem Orgelchoral verarbeitet werden (z. B. BWV 680). Ganz ähnlich wie die Triolenfiguren

---

[87] Die charakteristische Sequenz in den Takten 8 und 47 (melodischer Umfang eine verminderte Quinte) ist auch in gleichzeitigen Werken wie dem ersten Satz der a-Moll-Partita für Cembalo (BWV 827, I, linke Hand T. 66–70) zu hören.

im letzten Satz der e-Moll-Sonate BWV 528 erzeugen diese Motive durch Erweiterung, Fortspinnung und Abwandlung ganze Melodielinien.

Dieses „Komponieren aus den Motiven heraus" – d. h. Komponieren einer Zeile, aus der eine Linie wächst – findet zumindest in allen langsamen Sätzen der „Sechs Sonaten" statt, eine Tatsache, die sich aus den Detailanalysen ganz klar ergibt. Darüber hinaus benutzen verschiedene Sätze unterschiedliche Arten der Motiv-Komposition. Während das *Largo* der C-Dur-Sonate als Beispiel für die „Erzeugerzellen" anzusehen ist, demonstriert der erste Satz der Es-Dur-Sonate BWV 525, wie ein Motiv sein Grundgerüst beibehält, sich aber verschiedenen Umgebungen anpaßt. In beiden Sätzen ist die motivische Komplexität der Musik stark ausgeprägt und geht weit über eine bloße „thematische Anspielung" oder selbst eine „thematische Durchführung" hinaus. Beide Techniken bedeuten für die „Sechs Sonaten" das gleiche wie die Motiv-Komplexe für die Choralbearbeitungen des *Orgelbüchleins*.

Wichtig bei diesem *Largo* ist, daß das Hauptthema selbst nicht an diesem Prozeß teilnimmt, ganz gleich, ob die anderen Melodielinien aus solchen Motivzellen hervorgehen oder nicht. Die lyrische Melodie des Hauptthemas wird nicht zergliedert oder weiterverarbeitet. Sie kehrt jedesmal als schlichte Aussage wieder. Die ähnlich wehmütige Melodie im langsamen Satz der Es-Dur-Sonate wird wenigstens für Sequenzen im Pedal benutzt, während die galanten Terzen von BWV 527, II zu einer für spätere zweiteilige Sätze typischen Art der Verarbeitung führen. Auch die langsamen Sätze der Sonaten in d-Moll, C-Dur und G-Dur weisen trotz einer gewissen „Familienähnlichkeit" zwei wichtige Unterschiede auf: die Linien selbst sind deutlich voneinander zu unterscheiden, und ihre Figuren kommen nicht aus der gleichen Art des „Komponierens aus den Motiven heraus". Obwohl sich oberflächliche Ähnlichkeiten zwischen Takten ergeben können – z. B. T. 20 von BWV 529, II und T. 30 von BWV 528, II –, sind sie lediglich zufällig.

III. Satz

Wie die letzten Sätze der Sonaten in c-Moll, e-Moll und G-Dur hat auch BWV 529, III ein fugiert behandeltes Thema, bei dem das Pedal ebenfalls eine Rolle spielt. Wie im letzten Satz der e-Moll-Sonate eignen sich nur die Anfangstöne des Themas für Pedal. Wie das Thema der c-Moll-Sonate hat auch dieses Fugenthema einen sehr konventionellen Charakter (vgl. Thema und Verarbeitung der As-Dur-Fuge aus dem *Wohltemperierten Clavier* II) und bildet einen Gegensatz zu dem „modernen" Anfang des ersten Satzes.

BWV 529

Formbeschreibung:

    A   T.   1– 29   fugiert behandeltes Thema (ab T. 9 in der Dominanttonart) mit Kontrasubjekt über einem Continuo-Baß, der die Anfangstöne des Themas (*caput* oder Themenkopf) benutzt (T. 21 f., 23 f., 25 f.,); T. 13 Zwischenspiel; T. 21 Sequenz im Baß über den Themenkopf

    B   T. 29– 59   neues Thema in der Grundtonart mit Oktavbeantwortung (einschließlich Einsatz in T. 39), darauf erstes Thema in a-Moll (T. 43–47), vollständig mit Kontrasubjekt; Coda (T. 51), die aus der Kombination beider Themen (oder ihrer Köpfe) abgeleitet ist

    A   T. 59– 73   Coda in der Dominanttonart; Engführung des ersten Themas, dann Zwischenspiel von T. 13

    A   T. 73–119   Durchführungsteil, der mehrere Molltonarten durchläuft:
T. 73–89 fugierte Behandlung des ersten Themas, das jetzt nach den ersten zwei Takten verändert ist (T. 73, 83),
T. 89–97 strenges erstes Thema und Oktavbeantwortung in d-Moll,
T. 97–111 Zwischenspielsequenzen,
T. 111–118 fugiertes erstes Thema und Beantwortung in der Subdominanttonart

    B   T. 119–149   wie T. 29–59 eine Quarte höher, Oberstimmen vertauscht

    A   T. 149–163   Coda wie T. 59–73 (Kadenz verändert), jetzt in der Grundtonart, Oberstimmen vertauscht

Diese kunstvolle Form dient als noch ein weiteres Beispiel eines modifizierten zweiteiligen Aufbaus:

T. 1– 73   *A B* Coda (Dominanttonart)
T. 73–163 A_2 B_2 $Coda_2$ (Grundtonart)

A_2 ist die Durchführung und B_2 und $Coda_2$ sind Wiederholungen auf dem Weg zur (und in der) Grundtonart. Daher läßt sich der Satz, obwohl er mit den Schlußsätzen der Sonaten in c-Moll (BWV 526) und G-Dur (BWV 530) charakteristische Merkmale der Fuge teilt, trotz gegenteiliger Behauptungen[88] nicht in dieselbe Formkategorie einordnen. Vielmehr verhalten sich die C-Dur- und die c-Moll-Sonate in allen drei Sätzen komplementär zueinander, vor allem in den *da-capo*-Sätzen (c-Moll letzter Satz, C-Dur erster Satz) und den Sätzen, die ein erstes Thema durchführen (c-Moll erster Satz, C-Dur letzter Satz).

Trotz seiner Konventionalität wird das Fugenthema – wie auch die Motive – im Satz in einer für die „Sechs Sonaten" ganz typischen Weise verarbeitet. Insbesondere die Pedal-Linie bietet gute Beispiele dafür. Der sequenzierende Gebrauch des Themenkopfes in den Takten 21–26 und 51–59 ist die Vorwegnahme einer vergleichbaren Stelle aus der G-Dur-Sonate (BWV 530, III, T. 8–13), während die Übernahme des Themenkopfes in einer fortlaufenden Melodielinie besonders mühelos erscheint.

---

[88] Eppstein, *Grundzüge* […], a.a.O., S. 18

Die Sechzehntelfiguren in den Manualen sind erfindungsreich und nicht immer wieder von Hauptmotiven abgeleitet, sondern eher ständig wechselnd. Das zweite Thema wird nur sparsam verwendet (T. 52, 54, 56, 58 und die entsprechenden Takte in B_2). Sowohl bei den Achteln des ersten als auch bei dem Hauptmotiv des zweiten Themas wird von den Anfangstönen (Themenköpfen) besonders Gebrauch gemacht. Das freie „Komponieren aus den Motiven heraus" wie im langsamen Satz kommt hier fast gar nicht vor. Der natürliche vier- bzw. zweitaktige Charakter der Themen wird hin und wieder durch die Art ihrer Behandlung noch hervorgehoben.

Manchmal wird er allerdings auch untergraben, etwa in der dreistimmigen Engführung (T. 59–61) und in den sechs Takte lang kadenzierenden Phrasen (T. 67–73). Die lebendige Kontinuität des Satzes wird durchweg noch von den übergebundenen Tönen und Vorhalten, die das erste (aber nicht das zweite) Thema in allen drei Stimmen charakterisieren, unterstützt.

BWV 530

Sonate Nr. 6 G-Dur

Autograph P 271; P 272 (Anna Magdalena Bach), Am. B. 51 und Am. B. 51a (Kirnberger-Kreis), Wien Cod. 15528 (Johann Christoph Oley), P 840 (spätes 18. Jahrhundert) und andere späte Quellen.

Überschrift *Sonata 6. à 2 Clav: e ped*; erster Satz *Vivace* in P 272 (Glaubwürdigkeit dahingestellt; nicht in P 271), zweiter Satz *Lente* in P 271, dritter Satz *Allegro* in P 271; am Ende des zweiten Satzes in P 271 (unten auf der Seite) *Volti*, am Ende des letzten Satzes *Il Fine dei Sonate*.

Allgemeine Bemerkungen zu den Ecksätzen finden sich auch bei BWV 526. Wie Anzahl, Typus und Datum der Quellen selber vermuten lassen, kann es gut sein, daß alle drei Sätze der G-Dur-Sonate erst komponiert wurden, als die Sammlung von sechs Sonaten zusammengestellt wurde, auch der Mittelsatz, der in seiner zweiteiligen Anlage anderen als neu geltenden Mittelsätzen entspricht (d-Moll-Sonate BWV 527 und Es-Dur-Sonate BWV 525). Daher nimmt diese Komposition eine einzigartige Stellung unter den „Sechs Sonaten" ein, was sich vielleicht auch darin widerspiegelt, daß sie an letzter Stelle steht und dies deshalb, weil sie speziell für diese Sammlung komponiert sein könnte. Ähnlich verhält es sich vielleicht mit der autographen Quelle der sechs Violin-Solosonaten[89]. Die ungewöhnlich hohe Anzahl von Verbesserungen in P 271 würde auch darauf hindeuten, daß der Komponist noch an der Sonate arbeitete, als sie in P 271 abgeschrieben wurde (oder nachdem sie abgeschrieben worden war).

I. Satz

Die Aufteilung eines Satzes in konzertmäßige „Tutti"- und „Solo"-Passagen tritt im ersten Satz der G-Dur-Sonate am deutlichsten hervor; im Aufbau – nicht jedoch in der Registrierung oder den Manualwechseln – gleicht er dem ersten Satz des *Italienischen Konzerts* für Cembalo (veröffentlicht 1735).

A	T.	1– 20	„Tutti"; Thema mit Beantwortung in der Dominanttonart (d. h. die ersten acht Takte verhalten sich wie Fugenthema und -beantwortung)
B	T.	20– 57	„Solo"; ein weiteres Thema mit Beantwortung in der Dominante; Zwischenspiel aus gebrochenen Dreiklangsfiguren; „Tutti"-Thema verziert T. 53
A	T.	57– 72	„Tutti"-Thema verziert; abrupter Wechsel in die Dominanttonart zu einem Zwischenspiel aus A_1 (T. 60)
	T.	73– 85	„Tutti"-Thema in Sequenzen verarbeitet
B	T.	85–101	„Solo"-Zwischenspiel = T. 37–53 eine Quarte tiefer (Motive in Umkehrung, Oberstimmen vertauscht)
A	T.	101–136	„Tutti"-Thema weiter verziert, zweimal nacheinander (T. 101– 109 = T. 53–61 eine Quarte tiefer, Oberstimmen vertauscht); Zwischenspiel aus T. 8ff. als Sequenz verarbeitet (T. 109– 114 = T. 117–122); engeführte Verarbeitung des „Tutti"-Themas auf der Quinte und im *unisono*
B	T.	136–160	„Solo"-Zwischenspiel aus T. 37/85, Motive in Grundgestalt und Umkehrung kombiniert; Verarbeitung des ersten „Solo"-Themas (von T. 21) in Moll über einem Orgelpunkt auf der Dominante
A	T.	161–180	Wiederholung von T. 1–20 (die vorletzte Figur der linken Hand wegen des Schlußakkords verändert[90])

Freilich ist die sogenannte Tutti/Solo-Anlage nur ein Rahmen oder Bauplan, auf den hin und wieder angespielt wird. Der Satz ist kein Konzert mit deutlich markierten Abschnitten. Deshalb ist eine Passage wie T. 53–60 nicht so eindeutig wie im Konzert üblich, obwohl auch in den Solo-Passagen eines Konzerts das Hauptthema durchaus vorweggenommen oder angedeutet werden darf. Wenn die „Tutti"-Pas-

---

[89] a.a.O., S. 25
[90] Der Komponist hat sich augenscheinlich verschiedene Gedanken über den Schlußakkord des Satzes gemacht; siehe Emery, *Notes* [...], a.a.O., S. 183

sage nicht in T. 53, sondern erst in T. 57 anfängt, liegt das mehr an der Tonart (Grundtonart in T. 57) als am Thema. Angesichts des vertauschbaren Kontrapunkts in der ganzen Passage ist es eigentlich natürlicher, T. 57 als sequenzartige Antwort auf T. 53 anzusehen. Diese formalen „Mehrdeutigkeiten" sind ein charakteristisches Merkmal der sogenannten Analogie-Formen, d. h. Formen, die von einer Gattung (Konzert) auf eine andere (Orgelsonate) übertragen werden.

Noch weitere kompositorische Einzelheiten scheinen auf konzertante Elemente hinzudeuten. Das Anfangsthema im Einklang ist innerhalb der „Sechs Sonaten" einmalig und das sicher aus dieser konzertanten Absicht. Darüber hinaus erscheint die erste „Solo"-Passage über einem Orgelpunkt (T. 20–27), was in ersten Sätzen von Bachschen Konzerten keineswegs ungewöhnlich ist (siehe d-Moll-Cembalokonzert BWV 1052 und 4. *Brandenburgisches Konzert*). Schon die Ritornell-Form spricht für sich, obwohl der Komponist auch hier Ideen hineinbringt, die ganz typisch sind für die „Sechs Sonaten", z. B. den Orgelpunkt in T. 135, über dem ein Teil des ersten Themas ziemlich ähnlich wie in den Sonaten in c-Moll und C-Dur behandelt wird. Ebenfalls charakteristisch ist die Moll-Chromatik, die einen kraftvollen Einsatz in der Grundtonart vorbereitet (T. 153–161), und das Hauptthema verliert tatsächlich seine Ritornellwirkung, wenn es nicht so vorbereitet wird (siehe das mehrdeutige G-Dur in T. 125).

Diese Moll-Chromatik mit ihrer – wenn auch von Derr[91] nicht so beschriebenen – vorbereitenden Funktion im Hinblick auf einen starken Tonika-Einsatz ist eine von vielen Einzelheiten, die sich auch in dem als BWV 973 bearbeiteten Konzert von Vivaldi wiederfinden und darauf hindeuten, daß Bach mit BWV 530 *ein neues Stück komponierte, das er aus in Vivaldis Werken vorgefundenem Material entwickelte*[92].

Die Themen heben sich durch unterschiedliche Arten von Figuren ab. Die Pedal-Linie ist besonders abwechslungsreich, wobei ihre Figuren nicht so schwer zu spielen sind wie die Sechzehntel im Schlußsatz der C-Dur-Sonate BWV 529. Im Durchführungsteil verleihen die Pedalfiguren den Engführungen Bewegung und Spannung. In den Zwischenspielen und den kadenzierenden Phrasen gibt es insgesamt weniger Stimmkreuzungen als in den Passagen, in denen das thematische Material verarbeitet wird. Ein bestimmtes Motiv (I) dient den ganzen Satz hindurch als Bindeglied zwischen Phrasen und Themen.

In verschiedener Gestalt ist es in den Takten 4, 8, 28, 56, 60, 72, 84, 104, 108, 160 usw. am Werk und in anderen Ableitungen auch noch an anderen Stellen. In T. 56 geht es in ein Kontrasubjekt ein, das erstmals drei Takte früher auftritt (II im letzten Beispiel). In dieser Gestalt erscheint es auch in T. 104. Anders als der nur leicht veränderte Themenkopf des Fugenthemas im Schlußsatz der C-Dur-Sonate (BWV 529,

---

[91] Elwood Derr, *Bach's Sonata in G BWV 530/I and its Vivaldi Data-Base*, The Diapason, September 1987, S. 14–16
[92] a.a.O. (*composing a new piece generated from stuffs found in the work of Vivaldi*)

III, z. B. T. 111) tendiert die verzierte Fassung des „Tutti"-Themas zu verschleierten Einsätzen (z. B. T. 101).

II. Satz

Wie die langsamen Sätze der Sonaten in d-Moll und Es-Dur hat BWV 530, II eine zweiteilige Form, deren zweite Hälfte eine klare Rückkehr zum Anfangsthema des Satzes enthält. Seine Form ist folgendermaßen angelegt:

> zweiteilig, wiederholte Hälften (16 bzw. 24 Takte); ein Hauptthema, woraus der erste Teil Motive verarbeitet; zweite Hälfte zu Anfang mit neuem Thema; T. 24 Reprise, T. 25–40 = T. 1–16, eine Quinte tiefer, Oberstimmen vertauscht

Weitere für die langsamen Sätze der „Sechs Sonaten" typische Einzelheiten sind: der Baß unter den sequenzierenden Zwischenspielen

(siehe auch BWV 527, II, T. 17 und BWV 529, II, T. 15), die Skalen in Gegenbewegung vor der Reprise (siehe auch BWV 529, II, T. 40) und die vielen Anspielungen im Pedal auf das Hauptthema.

Das Pedal nimmt an der Verarbeitung des thematischen Materials teil, wovon ein typischer Takt mehrere Beispiele gibt.

In diesem Takt ist *a* der Themenkopf und *b* ein Motiv aus dem Thema (T. 2); *c* und *d* sind vom Kontrasubjekt abgeleitet (T. 5, 6). Diese Unterscheidungen mögen ziemlich künstlich erscheinen, da das Material immer weiterläuft und sich offensichtlich ganz natürlich entwickelt. Aber nur höchste Kunstfertigkeit zeitigt dieses Ergebnis. Daher kann auch das Motiv e am jeweiligen Ende einer Hälfte im Pedal sequenzierend aufgegriffen werden, wogegen das „neue" Thema in der zweiten Hälfte selbst auf ziemlich ähnliche Weise abgeleitet zu sein scheint.

Nach vier Takten führt dieses Thema noch zu einer weiteren sequenzierenden Figur über einem abgeleiteten Baß, durch die vor der Reprise eine Reihe von harmoniefremden Tönen eingeführt wird. Wenn es darum geht, wie harmonische Spannungen über einem aus dem Hauptthema genommenen Baßmotiv so behandelt werden, daß sich der Themeneinsatz hinauszögern läßt, obwohl die Tonart längst erreicht ist (a-Moll T. 20 f., 25), dann gehören die Takte 21–24 in der Tat zu den kunstvollsten in den „Sechs Sonaten" überhaupt.

Trotz der zweiteiligen Form entspricht der melodische Stil eher einer Aria mit *obbligato*-Stimme (Violine?) als einem Satz der Kammersonaten, wo die Melodielinie normalerweise nicht so zerstückelt und variiert ist. Obwohl Elemente des *Siciliano* erkennbar sind (die Anfangsphrase, der punktierte 6/8-Rhythmus), ist der Satz mit *Lente* bezeichnet und stimmt mit den Anweisungen von Quantz zum *Siciliano*[93] wohl kaum überein:

> *Ein alla Siciliano [...] muß sehr simpel und fast ohne Triller, auch nicht gar zu langsam gespielet werden.*

Er stimmt sogar noch weniger damit überein als andere verzierte langsame Sätze, die entfernt mit dem *Siciliano* verwandt sind (Orgelsonate BWV 525, Violinsonate BWV 1017, Gambensonate BWV 1028, Cembalo-Konzert BWV 1063). Wie in den „Sechs Sonaten" üblich, ist das Kontrasubjekt rhythmisch und melodisch sehr unabhängig, was wegen des notwendigen Stimmtausches in den Oberstimmen auch wünschenswert ist. Ungewöhnlich – selbst für die „Sechs Sonaten" – ist allerdings der Grad der Unabhängigkeit im ganzen Satz. Die Stimmen fügen sich bei keiner Phrase so zusammen wie in allen anderen langsamen Sätzen der Sammlung. Nur in den Kadenzen vereinigen sie sich.

III. Satz

Wie die Schlußsätze der Sonaten in c-Moll, e-Moll und C-Dur hat auch BWV 530, III ein fugiert behandeltes Thema, wobei das Pedal ebenfalls eine Rolle spielt. Wie in der C-Dur-Sonate beginnt der Satz mit einer für die dreistimmigen Inventionen typischen Melodik und Kontrapunktik, dasselbe gilt für das zweite Thema (T. 19). Beide Themen gehen jedoch bald in einfachere, mehr akkordische Passagen über, wobei die Takte 19–20 fast galant sind.

---

[93] Johann Joachim Quantz, *Versuch einer Anweisung die Flöte traversiere zu spielen*, Faksimile-Nachdruck der 3. Auflage, Breslau 1789, hg. von Hans-Peter Schmitz, Kassel 1953, S. 143

Formbeschreibung:

- A T. 1–18   Thema mit Beantwortung in der Dominante, dann Zwischenspiel mit gebrochenen Akkorden; Pedaleinsatz in T. 8 wird zur Basis der folgenden Sequenz; Coda mit dem Thema in Engführung
- B T. 18–31   zweites Thema in der Moll-Parallele, in deren Dominanttonart es (nach vier Takten) beantwortet wird; sequenzierendes Zwischenspiel über einem aus T. 22 abgeleiteten Baß
- A T. 31–41   Verarbeitung des ersten Themas in Engführung, dann abgeleitetes Zwischenspiel
- B T. 42–51   zweites Thema mit Beantwortung in der Subdominante (nach vier Takten); B_2 in Umrissen wie B_1, aber jetzt ausgefüllt (Pedalharmonien auf Hände und Füße verteilt)
- A T. 52–77   erweiterte Wiederholung von A_1, beginnt in der Subdominanttonart, zusätzliche zweite Beantwortung (T. 59 auf der Dominante); T. 67–77 genauso wie T. 8–18

In einzelnen Details erinnert der Satz an verschiedene andere. Wie im ersten Satz der Sonate folgt auf das Anfangsthema und seine Beantwortung ein Zwischenspiel mit gebrochenen Akkorden. Wie im Schlußsatz der C-Dur-Sonate BWV 529, III wird die vereinfachte Fassung des Themas im Pedal (T. 8) gleich als Sequenz aufgegriffen. Allerdings ist die „vereinfachte Pedalfassung" in beiden Sätzen nur mit Vorsicht als Pedaleinsatz bzw. -beantwortung des Themas zu sehen, da sie stilistisch und von der Umgebung her eher den Charakter eines Zwischenspiels hat (es gibt z. B. kein selbständiges Kontrasubjekt). Das Pedal kann nicht wie im Schlußsatz der C-Dur-Sonate für sich in Anspruch nehmen, eine völlig gleichberechtigte Rolle zu spielen (siehe auch die Anmerkungen zu BWV 525, II).

Obwohl der Kontrapunkt zum Thema und seinem Baß konventionell fugenmäßig ist, ist doch in diesem Satz ein „modernes" Verhältnis zwischen den Themen und ihrer jeweiligen Harmonisierung zu spüren. Die kanonische Imitation in den Takten 14–18 bringt einen etwas umständlichen harmonischen Satz mit sich, wogegen die Tendenz, das zweite Thema mit Sexten zu harmonisieren, ganz klar auf einen neuen stilistischen Ansatz hindeutet. „Fast galant" läßt in diesem Zusammenhang an den Stil der Trios von Telemann denken. Die gebrochenen Akkorde oder einfachen Figurierungen der Takte 4, 50, 60 sind stärker ausgeprägt als sonst in den fugierten Sätzen der „Sechs Sonaten", und die Pedal-Linie ist entsprechend angelegt. Die Zwischenspiele gleichen somit denen aus dem ersten Satz derselben Sonate. Die Takte 48–52 haben einen absteigenden Baß im *détaché*, wie er aus manchen Schlußsätzen von Konzerten bekannt ist und der vielfältigen Ausführungsmöglichkeiten offensteht. Ein Beispiel findet sich im Schlußsatz des c-Moll-Konzerts für zwei Cembali BWV 1060. Die Takte 35–41 liefern ein schönes Beispiel für die imitierende Schreibweise über einem Continuo-Baß, aber die dabei entstehenden Sequenzen sind viel komplexer als jede beliebige Stelle im ersten Satz. Der Einsatz des zweiten Themas ist in eine sequenzierende Figur eingebettet, die abfällt und zu einem leider nicht weiterverfolgten Kontrasubjekt wird.

Mehrere Themeneinsätze sind noch versteckter: obwohl die Engführung in T. 31/32 durch die Rückkehr nach G-Dur deutlicher wird, verschleiern die Sechzehntel des Zwischenspiels diesen Einsatz und noch stärker die Wiederkehr des verzierten Themas in T. 52. Die Pedal-Linie sieht oft etwas ungeschickt aus, was auch durch die Figurenvielfalt nicht immer besser wird. Dies zusammen mit dem Wunsch nach einer reicheren Ausgestaltung des Satzes mag der Grund dafür sein, daß die Pedal-Linie von T. 21 ff. in T. 44 ff. auf Pedal und Manual verteilt wird[94]. Diese „Verteilung" steigert indessen auch die Spannung des Mittelteils, weil sie ein paar Takte später in einer sequenzierenden Modulation aufgegriffen wird. Der ganze Mittelteil bildet sowohl mit seinem Thema als auch mit seinen Sequenzen einen deutlichen Gegensatz zu den Außenteilen, indem er öfter und weiter weg moduliert. Das darf als Standardmerkmal der *A-B-A*-Form betrachtet werden, wie aus dem ersten Satz der Orgelsonate C-Dur, dem Schlußsatz der Violinsonate E-Dur BWV 1016 und anderen Sätzen ersichtlich ist.

---

[94] Das c" in T. 44 ist weniger problematisch als einige Herausgeber behaupten, da die Parallelstelle dazu nicht T. 25 sondern T. 21 ist; eine Funktion dieses c" besteht darin, auf die nachfolgende Beantwortung in der Subdominante (linke Hand) hinzudeuten.

BWV 531

Präludium und Fuge C-Dur

Kein Autograph; die einst für ein Autograph gehaltene Handschrift (Präludium, Washington Library of Congress ML 96. B 186) ist eine Abschrift von Carl Gotthilf Gerlach, ca. 1720; Abschriften in der Möllerschen Handschrift (BB 40644), P 274 (kürzere oder unvollständige Fuge; Wolfgang Nicolaus Mey?), P 286 (18. Jahrhundert, nach P 274?), Württembergische Landesbibliothek Cod. mus. II. 288 (nur Präludium; ca. 1740, einst im Besitz von Wilhelm Hieronymus Pachelbel, 1686–1764), zwei Scholz-Handschriften, P 913 (Friedrich August Grasnick) und eine nicht numerierte Handschrift in der Bodleian Library, Oxford (einst im Besitz von Felix Mendelssohn Bartholdy); *BG*, Band XV, benutzte eine Handschrift aus dem Besitz von Julius Schubring (Schubring-Handschrift) und die Peters-Ausgabe, Band IV (herausgegeben von Friedrich Conrad Griepenkerl nach zwei weiteren Handschriften).

Zwei Systeme; Titel in der Möllerschen Handschrift *Praeludium pedaliter*; im Cod. mus. II. 288 steht bei dem Stück *Seque l'Fuga un piu Largo*.

Daß die Handschrift P 274, die ehemals für ein Autograph gehalten wurde, voller *Flüchtigkeiten*[1] und gleichsam *versuchsweise*[2] geschrieben ist, hat einige Kommentatoren vermuten lassen, daß es sich um einen ersten Entwurf handelt. Da die Takte 26–54 in der Fuge fehlen (die Passage mit dem einzigen vollen Themeneinsatz im Pedal), haben andere angenommen, daß der thematische Pedaleinsatz ein *späterer Zusatz*[3] sei, der im Gegensatz zum *primitiveren* Gebrauch des Pedals im Präludium steht. Weil aber in P 274 auch der *ganze Schluß* der Fuge fehlt[4], können keine sicheren Schlußfolgerungen über Ursprung und Geschichte des Werks aus dieser Handschrift gezogen werden. In der Möllerschen Handschrift, auf der P 274 basiert, war BWV 531 bereits vollständig. Trotzdem gibt es in der Fuge, so wie sie jetzt existiert, Anzeichen dafür, daß es sich gewissermaßen um „Flickwerk" handelt, und es ist keineswegs sicher, daß die fragliche Baßlinie wirklich für Pedal geschrieben ist. Bei dem Einsatz in T. 23 ist das sicher, bei dem in T. 36 nicht.

Es ist üblich geworden, Parallelen zwischen BWV 531 und den Präludien von Georg Böhm zu ziehen, was sogar so weit geht, daß angenommen wird, das Werk stamme aus den „Böhmschen" Jahren, bevor Bach nach Lübeck reiste, um Buxtehude zu hören[5]. Eigenschaften wie *die virtuosenhafte Brillianz der Schlüsse, die Freiheit der Stimmigkeit*[6] deuten ebenfalls auf eine frühe Entstehungszeit des Werkes hin. Keineswegs schlüssig begründet ist der Gedanke, daß BWV 531 und BWV 549a

---

[1] *BG*, Bd. XV, S. XIX
[2] Philipp Spitta, *Johann Sebastian Bach*, Bd. I, S. 400
[3] Hermann Keller, *Die Orgelwerke Bachs*, S. 50
[4] *BG*, Bd. XV, S. XIX
[5] Friedrich Schöneich, *Untersuchungen zur Form der Orgelpräludien und Fugen des jungen Bach*, ungedruckte Dissertation, Göttingen 1947/48, S. 99
[6] Spitta, a.a.O., S. 401

die frühesten erhaltenen freien Kompositionen für Orgel von Bach sind[7]. Ähnlichkeiten mit Böhms C-Dur-Präludium sind unverkennbar[8], während sich in Vincent Lübecks C-Dur-Präludium und in verschiedenen Werken von Buxtehude weitere Ähnlichkeiten mit BWV 531 und Einflüsse auf dieses Werk andeuten. All diese Ähnlichkeiten betreffen erstens die Gesamtform Präludium – Fuge – Postludium und zweitens bestimmte Einzelheiten der Figurierung (gebrochene Akkorde, Skalen usw.), der Textur, der Harmonik und der Behandlung des Instruments. An sich lassen die Grundähnlichkeiten eher auf die gemeinsame Gattung als auf spezifische Einflüsse oder Nachahmungen schließen, und es ist denkwürdig, daß die Möllersche Handschrift nicht etwa das C-Dur-Präludium von Böhm, sondern sein d-Moll-Präludium und unbedeutendere Werke enthält, kein Stück von Vincent Lübeck, sondern einen beachtlichen Anteil französischer Musik und von Buxtehude nur das nicht so ausladende A-Dur-Präludium BuxWV 151 und die G-Dur-Toccata BuxWV 165. Viele brauchbare Parallelen ergeben sich zu Bachs Präludium und Fuge in d-Moll BWV 549a. Sie sind auch in der Möllerschen Handschrift enthalten, und es ist fast zu vermuten, daß beide Präludien und Fugen komplementär zueinander entworfen wurden (siehe Bemerkungen zu BWV 549).

Präludium

Beginnende Pedal-Soli, die auf dem gleichen Prinzip des Fußwechsels beruhen und daher miteinander verwandt sind, haben auch eine Tendenz zu rhetorischen Pausen, *tmeses* (BWV 549, 564, Böhm im C-Dur-Präludium, Buxtehude im c-Moll-Präludium), obwohl das nicht immer die Regel ist (BWV 598, Lübeck, C-Dur-Präludium, Böhm, d-Moll-Präludium). Diese Soli schließen gelegentlich mit einer Verzierung im Pedal (z. B. Lübeck, G-Dur-Präludium), und häufig setzt das Manual in der Oktav-Imitation des Pedals ein oder umgekehrt (z. B. Buxtehude e-Moll, Bruhns g-Moll), alles wie in BWV 531. Daß die ersten achtzehn Takte fast ausschließlich um den Orgelpunkt auf der Tonika kreisen, paßt dazu, obwohl der Orgelpunkt länger beibehalten wird als üblich. Andererseits ist das harmonische Gesamtschema des Präludiums – Tonika, Subdominante, Dominante, Subdominante, Dominante, Tonika[9] – klarer und systematischer als in den freien Fantasien früherer Komponisten. Weitere gemeinsame Merkmale finden sich in anderen Präludien, so etwa die parallelen Sexten von T. 22 usw. (siehe das Präludium BWV 568 oder Lübecks Präludium in C-Dur). Ebenso ist das Material von T. 20 ganz konventionell. Doch das Unaufhaltsame der aufeinanderfolgenden Orgelpunkte gibt dem Satz eine Art Hektik, die in abschnittsweise gegliederten Toccaten wie BuxWV 165 aus der Möllerschen Handschrift ganz unbekannt ist. Die harmonischen Wiederholungen von T. 23–27 oder 30–32 deuten eine neue Version der konventionellen ständigen Wiederholung einfacher Harmonien an, wie sie z. B. in Buxtehudes Präludium in C-Dur BuxWV 138

---

[7] *earliest surviving free organ compositions*, George B. Stauffer, *The Organ Preludes of Johann Sebastian Bach*, Ann Arbor, Michigan 1980, S. 129
[8] Keller, a.a.O., S. 50
[9] Schon allein aufgrund dieses Punktes ist es ganz unwahrscheinlich, daß der fehlende Ton in T. 36 im Pedal (falls es ihn gibt) d ist, wie in *NBA* (Serie IV/5, S. 5) behauptet wird; der Ton G ist impliziert oder wird erneut vorgetragen.

(T. 10–14) vorkommt, wo sie allerdings einfacher ist und einen gewinnend zwingenden Charme erlangt. Es besteht auch ein Ungleichgewicht z. B. zwischen T. 31 und 32 – ein Zeichen von Unreife –, während der Höhepunkt in den Schlußtakten im Verhältnis zum übrigen Präludium, selbst an Buxtehude und Bruhns gemessen, unproportioniert erscheint.

Von den satztechnischen Problemstellen des Präludiums sind zwei besonders untersuchenswert. In den Takten 13–14 scheint etwas nicht zu stimmen: die Baßlinie ist nicht ganz pedalmäßig, und die Oberstimme ist wenig gestaltet (besser in *BG*). T. 10 läßt tatsächlich vermuten, daß die Takte 13–14 für das Manual geschrieben sind. Zum zweiten scheint der Schlußakkord zu dick und zu lang zu sein: lief die linke Hand ursprünglich abwärts zu einem einzelnen kurzen Tenor-c? Solche Fragen bleiben offen, weil das Präludium entschiedene Züge von Originalität aufweist. Z. B. ist der Oktavlauf in T. 17 im Pedal ein neuer Zug in einem lebhaften Satz (Buxtehudes Oktavläufe im Pedal sind eher für gemäßigte Choralvorspiele charakteristisch), und er gibt in gewissem Sinne das Stichwort für die virtuosen Oktav-„Rufe" am Anfang des D-Dur-Präludiums BWV 532.

Im Präludium vermischt sich Konventionelles mit Unkonventionellem. Sein Hauptbeitrag zum Gesamtwerk besteht in der Aufreihung verschiedener Einzelmerkmale des Präludiums und deren Ausweitung zu einem völlig selbständigen Stück von 40 Takten. Ähnliches ließe sich über das Präludium BWV 568 sagen, wo die Phrasenbildung regelmäßiger ist und die melodischen Elemente zahlreicher sind.

Fuge

Das Fugenthema erinnert an ein *perpetuum mobile* und ist daher entweder für die kleinere Cembalo-Kanzonette oder für die fugierten Teile der längeren Präludien norddeutscher Komponisten charakteristisch, jedoch nicht für eine selbständige Orgelfuge, die auf ein Präludium im Toccatenstil folgt und seit Scheidemann im Stil „ruhiger" zu sein pflegt. Die Exposition von BWV 531 hat ebenfalls interessante Züge:

> vier Einsätze, auf drei Stimmen verteilt, ergeben eine fallende Wirkung (g″ T. 1, c″ T. 3, g′ T. 6, c′ T. 9); Beantwortung weitgehend subdominantisch, so daß alle Töne des Themas auf der Quinte auf dem Grundton beantwortet werden können (vgl. Fugenthema von BWV 565), und die Beantwortung in der Grundtonart endet (T. 4–5)

Die „fallende Wirkung" soll ein frühes Merkmal sein[10]. Die weitere Verarbeitung des Themas verleiht der Fuge eine individuelle Gestalt:

T. 1   Exposition
T. 11   erstes Zwischenspiel, neues Material (in Pachelbelscher und italienischer Manier)
T. 14   enggeführter Themenkopf
T. 17   Mitteleinsatz auf der Dominante, es folgt weiteres „Pachelbel"-Material

---

[10] *falling effect*, Roger Bullivant, *The Fugal Technique of J. S. Bach*, ungedruckte Dissertation, Oxford 1959/60, S. 344

T. 24   Mitteleinsatz auf der Tonika, dem eine vereinfachte Pedalfassung des Themenkopfs *alla stretta* vorausgeht; Beantwortung in der Tonika, danach Zwischenspiel mit neuen *figurae* in der Mollparallele

T. 36   Einsatz auf der Tonika (der Einsatz hat in keiner Quelle einen Hinweis auf Pedal), danach ein abgeleitetes, sequenzierendes Zwischenspiel

T. 41   vierstimmige Harmonisierung eines weiteren Themeneinsatzes in der Tonika, danach ein von verschiedenen Themenbruchstücken abgeleitetes Zwischenspiel

T. 49   Mitteleinsatz auf der Dominante, danach Zwischenspiel und

T. 53   Einsatz auf der Tonika

T. 55   Aufgehen in der Schlußcoda, ohne daß das Thema noch einmal vollständig zu hören ist

Obwohl die Schlußtakte über konventionellen, floskelhaften Figuren gebaut sind – Skalen, Triller, Orgelpunkt, plötzliche Molltonika (vgl. Böhm, Ende des Präludium-Teils im Präludium C-Dur) – und dadurch die Aufmerksamkeit auf den getrennten und unabhängigen Schluß lenken, läßt sich die Fugenform besser so beschreiben:

A   T. 1–27   Anfang und Ende in C-Dur; kein vollständiger Themeneinsatz im Pedal
B   T. 28–55   endet in C-Dur; in der Mitte ein Pedaleinsatz
C   T. 55–74   Coda; Pedal für Orgelpunkt[11]

Der freie Schluß ist also nur Teil einer längeren Coda. Außerdem ist Teil B durch eine in P 274 nicht vorhandene Stelle bedingt (siehe oben), die einige unerwartete Richtungswechsel einschließt (T. 30–31, 34, 52–53). Diese Stelle enthält auch konventionelle *figurae* aus A, die jetzt aber fortschrittlicher benutzt werden (vgl. T. 19–21 mit T. 30–32). Ebenso sind konventionelle Figuren zu hören in den Teilen A (das Themenmotiv

wird z. B. in Lübecks C-Dur-Präludium verwendet) und C (z. B. die Sequenzen in T. 58 und 63), aber die Harmonik der Takte 41–42 im *B*-Teil ist zugleich seltsam originell und erstaunlich unentwickelt. Die „Originalgestalt" von BWV 531 ist indessen nicht mit Sicherheit auszumachen. Es kann auch sein, daß der *B*-Teil der Fuge in P 274 zugunsten einer „Verbesserung" größtenteils weggelassen anstatt von (oder für) Kopisten solcher Abschriften wie der Möllerschen Handschrift einer sonst zu kurzen Fuge hinzugefügt wurde. Daß T. 25 in der rechten Hand mit denselben Tönen aufhört, mit denen T. 55 anfängt, ist schwerlich als Beweis für die vermeintlich authentische oder tatsächliche Gestalt der Fuge zu verwenden. Denn damit ließe sich sowohl beweisen, daß der bereits komponierte Abschnitt T. 26–54 in P 274 ausgelassen

---

[11] Das G im Pedal in T. 70 der *BG*, Bd. XV, sollte sowohl nach den Quellen (*NBA*, Serie IV/5, S. 9) als auch nach den Konventionen des 17. Jahrhunderts Fis sein. Damals war die dramatische Verwendung eines dominantischen $^6_3$-Klanges verbreitet (z. B. Buxtehudes D-Dur-Präludium BuxWV 139, T. 89–94). Der nachfolgende Triller auf c″-h′ ist ebenfalls für das Präludium des 17. Jahrhunderts typisch.

wurde (und eine wenig überzeugende Nahtstelle hinterließ), als auch, daß der Abschnitt T. 26–54 in der Möllerschen Handschrift das Ergebnis einer Einfügung ist (eben zur Vermeidung dieser unbefriedigenden Nahtstelle und zur Weiterentwicklung des Materials). Gleichermaßen erinnert der Pedaleinsatz in T. 36, auch wenn er angesichts des vorhergehenden vereinfachten Pedalthemas in T. 23 aus dem Rahmen zu fallen scheint, in der Art, wie er mit dem Kontrasubjekt in der linken Hand gekoppelt ist, an T. 45 der zeitgleichen (?) a-Moll-Fuge BWV 551, II.

In jedem Fall gibt es im Notentext von BWV 531, II noch viele andere Probleme. Welche Töne zwischen T. 36 und 40 sind für Pedal gedacht? Ist T. 70–71 ein durchgehender Triller? Ist das Fis in T. 70 im Pedal authentisch? Sollte der Schlußakkord kurz sein, mit e' als oberstem Ton? Trotz solcher offener Fragen hat das Präludium insgesamt einen sehr deutlichen Eigencharakter; es ist das Gegenstück zu dem Präludium von BWV 549a.

Die scheinbare *ad-hoc*-Gestalt der Fuge BWV 531, II greift der späteren C-Dur-Orgelfuge (BWV 547) voraus, deren Harmonik und Kontrapunkt allerdings reicher sind, weil die Form genauer durchdacht ist. Sowohl das Präludium als auch die Fuge BWV 531 (jedoch nicht BWV 547) stützen sich weitgehend auf nicht im Thema angelegte clavieristische Figuren. Aber wie die letzten sechs Takte zeigen, erzeugen diese Figuren, so unterschiedlich die Textur auch sein mag, eine Triebkraft, die Spitta an einen *Frühlingssturm in der Märznacht*[12] denken läßt und Frotscher an die *dunkle Harmonik* von Moll-Akkorden bei Buxtehude und Bruhns[13].

BWV 532

Präludium und Fuge D-Dur

Kein Autograph; Abschriften in der Württembergischen Landesbibliothek Cod. mus. II. 288, datiert „1740" (einst im Besitz von Wilhelm Hieronymus Pachelbel), P 204 (Christian Friedrich Gottlieb Schwencke 1781?) und P 291 (zweite Hälfte 18. Jahrhundert); nur das Präludium in P 287 (zweite Hälfte 18. Jahrhundert) und Lpz. MB. Ms. 7, 11 (Johann Nikolaus Mempell); nur die Fuge in P 1095 (Johann Nikolaus Mempell), P 567 (Johann Friedrich Doles? 1715–1797; in C-Dur), P 595 (Johannes Ringk, 1717–1778), Brüssel Fétis 2960 (spätes 18. Jahrhundert), P 834 (ca. 1800, in F-Dur), P 924 (Friedrich August Grasnick), Lpz. MB. III. 8. 20 (Johann Andreas Dröbs?) und III. 8. 22 (frühes 19. Jahrhundert), eine Schubring-Handschrift (*BG*, Band XV) und späte Abschriften („Oxford-Handschrift", Scholz-Handschrift).

Zwei Systeme; Titel in Lpz. MB. Ms. 7, 11 *Präludium*, in P 287 *Preludio […] Claviecembalo* [sic] und in P 204 und 291 *Pièce d'Orgue*; in einer *merkwürdigen Handschrift* im Besitz von Friedrich Conrad Griepenkerl[1] mit *concertato* überschrieben; *Präludium Concertato* in Cod. mus. II. 288.

---

[12] Spitta, a.a.O., S. 401
[13] Gotthold Frotscher, *Geschichte des Orgelspiels und der Orgelkomposition*, 2 Bde., Berlin 1934/35, S. 866

[1] siehe Peters-Ausgabe, Bd. IV, S. IV

Der Gelegenheitstitel *Pièce d'Orgue* scheint die Ansicht zu rechtfertigen, daß das Präludium BWV 532, I Gemeinsamkeiten mit dem *Offertoire* der Pariser Organisten hat[2], Gemeinsamkeiten, die sich unter den Stichworten „festlicher Charakter" und „abschnittweise gegliederter Aufbau" zusammenfassen lassen. Doch weder die musikalische Sprache noch die Form an sich ist im einzelnen pariserisch, denn keins der typisch französischen harmonischen und satztechnischen Merkmale ist vorhanden, und Fugenexpositionen wie in den frühen *Offertoires* gibt es auch nicht. Vielmehr scheint der Komponist sowohl im Präludium als auch in der Fuge viele konventionelle Elemente zu einer wuchtigen Komposition zu verarbeiten, in der eben diese vielfältigen Elemente voller ausgeschöpft werden als je zuvor, also nicht so kapriziös wie bei Buxtehude und Bruhns. Griepenkerls Gedanke, daß der Zusatz *Concertato* einen *nicht kirchlichen Gebrauch* des Werkes andeutet[3], läßt sich nicht untermauern, nicht zuletzt deshalb, weil *concerto* auch ein gebräuchlicher Ausdruck für die Kirchenkantate selbst war (z. B. Kantate BWV 65, Autograph P 147). Andere Versuche, dieses Präludium einzuordnen oder zu beschreiben – z. B. dahingehend, daß jeder der drei Teile wiederum in drei Unterteile gegliedert sei[4] –, erweisen sich als bloße Vorschläge. Außerdem wäre es, obwohl das Fugenthema ganz eindeutig eine Sequenz mit den *alla-breve*-Passagen des zweiten Teils des Präludiums gemeinsam hat[5], doch wohl übertrieben zu behaupten, die Fuge sei von der *alla-breve*-Passage tatsächlich abgeleitet. Die Verwandtschaft ist nicht so eng wie z. B. bei einem Buxtehude-Präludium, wo im vierten Abschnitt ein Thema aus dem zweiten Abschnitt verwendet wird. Hätte der Komponist außerdem den *ähnlichen Charakter* zwischen dem *Schlußteil der Fuge und dem Anfang des Präludiums*[6] unterstreichen wollen, so wäre dies bei der gegebenen Einfachheit des Materials viel deutlicher zu erreichen gewesen.

Daß das Thema mindestens mit einem Thema von Pachelbel Gemeinsamkeiten aufweist, gibt vielleicht einen Hinweis auf die Abstammung. Aber die Sequenzen im *alla-breve*-Teil waren auch in Italien und Süddeutschland Allgemeingut, wogegen die Gesamtanlage von den norddeutschen Präludien herkommend zu sehen ist, ebenso die Strukturen und Figuren der Fuge. Spittas Vermutung, daß Bach das Werk *für eine bestimmte Gelegenheit, etwa für eine seiner Kunstreisen*[7] geschrieben habe, findet in den Dokumenten keinen Rückhalt, und auch die Annahme, daß der Komponist das Werk (mit seinen vielen italienischen Stileigentümlichkeiten) 1716 zur Einweihung der neuen Orgel der Liebfrauenkirche in Halle benutzt haben könnte[8], erhält keinerlei Unterstützung. Aber es war richtig von den Herausgebern aufzuzeigen, auf welche Weise die Quellen dagegen sprechen, daß Präludium und Fuge zusammen entstanden sind[9].

---

[2] Hans Klotz, *J. S. Bach und die Orgel*, MuK 32/1962, S. 49–55
[3] Peters-Ausgabe, Bd. IV, 1845
[4] Friedrich Schöneich, *Untersuchungen zur Form der Orgelpräludien und Fugen des jungen Bach*, S. 66 ff.
[5] Fritz Dietrich, *Analogieformen in Bachs Tokkaten und Präludien für die Orgel*, BJ 28/1931, S. 60
[6] Hermann Keller, *Die Orgelwerke Bachs*, S. 63
[7] Philipp Spitta, *Johann Sebastian Bach*, Bd. I, S. 404
[8] Werner David, *Johann Sebastian Bachs Orgeln*, Berlin 1951, S. 38
[9] Peters-Ausgabe, Bd. IV; NBA, Serie IV/5–6, Kritischer Bericht, S. 343

Präludium

Erster Abschnitt

Die anfänglichen Tonleitern und die Akkordbrechungen – alles über einem Orgelpunkt auf der Tonika – zeigen eine stilistische Nähe zu Nikolaus Bruhns, obwohl in keinem seiner vorhandenen Werke eindeutige Parallelen zu finden sind. Viele gleiche Elemente sind am Anfang der D-Dur-Toccata BWV 912 zu beobachten, wobei zwei ältere Quellen (die Möllersche Handschrift und P 804) die Töne der gebrochenen Akkorde binden und dadurch eine orgelmäßige Wirkung erzeugen. Der folgende Orgelpunkt auf der Dominante und die Manualfiguren in einfacher Engführung entsprechen sowohl der süddeutschen (Pachelbel, Fischer) als auch der norddeutschen Toccatentradition.

Zweiter Abschnitt

Die dramatische Pause, nach der ein Orgelpunkt auf der Mediante folgt, steht letztlich in der Tradition von Bruhns, obgleich überraschende Klänge gewöhnlich in der ersten Umkehrung und nicht in der Grundform auftreten – ganz in der Manier des Rezitativs. Tremoloklänge und schnelle Skalen finden sich auch in der Toccata BWV 912, wobei die Tremoloklänge in den Terzentrillern bei Buxtehude, Lübeck und Bruhns ihre Entsprechung haben. Tatsächlich geben die ersten sechzehn Takte insgesamt eine Vorstellung davon, wie sich ein Komponist des 18. Jahrhunderts auf die Capricen des norddeutschen Präludiums einläßt, in dem zwar Ouvertüren-Elemente (punktierte Rhythmen) gewöhnlich fehlen, die es aber doch verdienen, zum Repertoire der Toccaten-Effekte hinzugerechnet zu werden. Die Rhetorik dieser sechzehn Takte ist neu, besonders die der stürmischen h-Moll-Stelle, die ohne Vorwarnung über den Hörer hereinbricht. Der ganze Abschnitt aber steht dem zweiten Abschnitt der D-Dur-Sonate BWV 963 sehr nahe – viel zu nahe für einen Zufall –, tatsächlich scheint jenes Kuhnau ähnliche Werk für Cembalo oder Clavichord speziell für diesen Abschnitt Pedal zu erfordern. Das Fis als Akkord-Grundton, die Rhythmen, die Rhetorik: all das ist faktisch identisch. (Siehe auch weiter unten, *Vierter Abschnitt*. Mit D-Dur verband Bach zweifellos bestimmte Assoziationen, denn genau der gleiche Abschnitt in der frühen Sonate BWV 963 nimmt die reife D-Dur-Fuge, *Wohltemperiertes Clavier* II, vorweg.)

Dritter Abschnitt

Ein schlichtes, sequenzierendes Hauptthema, das hin und wieder von entsprechenden Zwischenspielen durchsetzt ist, findet sich von der Idee her auch im *Allegro* der Toccata BWV 912. Das hier zu besprechende *Alla breve* wird nicht in allen Quellen so bezeichnet; es findet sich in den Quellen von Pachelbel und Schwencke, aber nicht bei Mempell oder in P 287. Was (vom Kopisten) gemeint ist, ist klar: die Viertel sind jetzt doppelt so schnell wie in den Anfangsabschnitten, was darauf hindeutet, daß z. B. die anfänglichen Skalen nicht zu unbedachter Virtuosität verleiten sollen. Tatsächlich bedeutet das *alla-breve*-Zeichen, daß alle drei Abschnitte nicht schnell sind, so wie das *Adagio* des letzten Teils (das in denselben Quellen dasteht oder fehlt wie das *Alla breve*) nicht einfach eine Rückkehr zum Tempo vor dem *Alla breve* impliziert, sondern ein etwas langsameres Taktmaß. Vermutlich war dieses Variieren des

Tempos für an *praeludia* gewöhnte Organisten selbstverständlich und die italienischen Bezeichnungen daher nicht unbedingt notwendig.

Das Hauptthema dieses Abschnitts kreist um eine Folge von konventionellen Vorhalten, die je nach Umkehrung als 7–6 (T. 21), 5–6 oder 5–4 (T. 32), 2–3 (T. 65) oder 9–8 (T. 34) beschrieben werden können. Im dreistimmigen Satz würde es sich um eine ganz herkömmliche $\substack{7-6\\3-3}$-Folge handeln. Aber im vierstimmigen Satz ist die Quinte des Akkords notwendig. Aus diesen harmonischen Grundmustern entsteht ein Satz, der fast wie ein gut improvisierter Generalbaßsatz erscheint: eine Folge von verschiedenen Lösungen für den Generalbaß-Spieler. In dieser Hinsicht – wenn auch an Komplexität nicht vergleichbar – bieten bestimmte Präludien von Buxtehude Parallelen, z.B. die Präludien in g-Moll BuxWV 149 und in fis-Moll BuxWV 146.

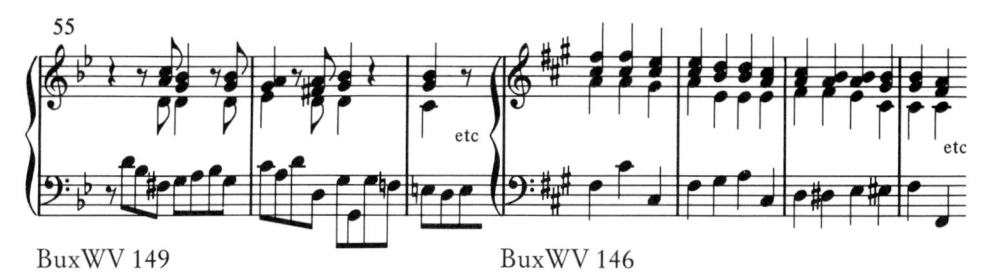

BuxWV 149   BuxWV 146

Die Zwischenspiele setzen sich trotz der Gesamtkontinuität dieses Abschnittes von den *alla-breve*-Vorhalten ab. So führt das Zwischenspiel T. 37–47 Dreiklangsharmonik, Phrasenwiederholungen, Tonwiederholungen, Parallelklänge ohne Vorhalte ein – alles Elemente, die mit dem Hauptmaterial kontrastieren sollen, in dem keins von ihnen enthalten ist. Die Sequenzen und einfachen Rhythmen mögen den Hörer zeitweilig an den Stil der Kantate BWV 4 (1708) erinnern, und ganz zu Recht werden Ähnlichkeiten des Hauptthemas in T. 20 ff. mit Passagen bei Corelli und Händel gesehen[10]. Doch mehr als das: Der Satz ist aus Generalbaß-Formeln entstanden, die z.B. in dem späteren Lehrwerk *Gründlicher Unterricht des General-Basses* (1738) genannt waren, das Bach zugeschrieben wird[11].

Die klare Gliederung des Satzes in Haupt- und Zwischenspiel-Abschnitte wird gewöhnlich als Hinweis darauf genommen, daß die Manuale gewechselt werden können oder sogar sollen. Der unterschiedliche Gehalt des Hauptthemas und der Zwischenspielteile legt für die letzteren ein zweites Manual nahe wie in der g-Moll-Fantasie BWV 542[12]. Aber es ist nicht ganz klar, wo die „Zwischenspiele mit anderem Gehalt" anfangen: nicht eher T. 37 als T. 31, 62, 71 usw.? Vielleicht handelt es sich vielmehr darum, die quasi echoartigen Takte auf ein Manual zu verlegen, das mit dem *plein jeu* des Anfangsthemas kontrastiert, wie z.B. in T. 41 (Ende); doch das ist in T. 39 (Ende) kaum möglich. Vielleicht bildet auch bereits ein Tutti mit und ohne Pedal einen ausreichenden Gegensatz zu solchen Stellen. Aber mit Sicherheit deutet die

---

[10] Keller, a.a. O., S. 63
[11] siehe *Bach-Dokumente*, Bd. II, S. 333f. und Hans-Joachim Schulze, *Johann Sebastian Bachs Konzertbearbeitungen nach Vivaldi und anderen – Studien- oder Auftragswerke?*, Deutsches Jahrbuch der Musikwissenschaft für 1973–1977, 18/1978, S. 39
[12] Jacobus Kloppers, *Die Interpretation und Wiedergabe der Orgelwerke Bachs*, Frankfurt 1966, S. 77

Notationsweise der Takte 62–63 in den erhaltenen Quellen auf einen Manualwechsel hin. Vielleicht wird tatsächlich nur die linke Hand (die beide Mittelstimmen spielt?) in solchen Takten wie T. 37, 39, 41, 52 usw. auf ein Manual versetzt, dessen *petit grand jeu* mit dem *plein jeu* des übrigen kontrastiert[13]. Allerdings wäre das ein außergewöhnliches Vorgehen, das theoretisch zwar zu dem französischen Dialogstil passen würde, aber sonst bei Bach nirgends eine Entsprechung fände. Wie in der Fuge erlaubt die Schreibweise für Tasteninstrumente dem Spieler, das Manual ohne besondere Schwierigkeiten zu wechseln (z. B. über den Takten 71–96), aber dieses Faktum ist kein schlüssiger Beweis dafür, daß der Spieler das Manual wechseln muß.

Vierter Abschnitt

Nicht zum einzigen Mal in Bachs abschnittsweise komponierten Werken entsteht eine unterbrochene Kadenz eigener Art dadurch, daß sich die Dominante in einen verminderten Septakkord auflöst (vgl. das Ende des *Gravement* in BWV 572). Obwohl die Harmonien des *Adagio* sicherlich der Art bei Buxtehude entsprechen[14], läßt sich doch auch ein aufschlußreicher Vergleich mit dem *Grave* der C-Dur-Toccata BWV 564 anstellen, sowohl hinsichtlich der Position (kurzes Zwischenspiel, das auf der Tonika der nachfolgenden Fuge endet) als auch der Musiksprache (Tonleiter, verminderte Septimen, übermäßige Dreiklänge, Nonen, „eckige" Pedal-Passagen). Die Notation der Stimmen ist in BWV 532 strenger, das Pedal scheint *doppio* zu sein (was in keiner der bekannten Quellen näher spezifiziert oder erklärt wird), und die Vorhaltsklänge werden durch schnelle Skalen unterbrochen, von denen zwei den neapolitanischen Sextakkord betreffen (T. 98, 104). Obwohl also beide Stücke sich vom Genre her ähnlich sind – man vergleiche jeweils die letzten beiden Takte – stellen sie dieses Genre doch in sehr unterschiedlicher Weise dar. Selbst trotz des außergewöhnlichen $^6_7$-Akkords wäre es falsch, diese übergebundene/chromatische Schreibweise als französisch anzusehen. Bach verwendet den verminderten Septakkord und den „Neapolitaner" systematischer als jeder französische Komponist und entspricht damit vielleicht sogar einer mehr deutschen Tradition – nach den neapolitanischen Sexten über Pausen in einem *Adagio* von Bruhns zu urteilen (Präludium g-Moll, T. 30, ebenfalls von Johannes Ringk abgeschrieben). Insgesamt sieht der vierte Abschnitt wie der weiterentwickelte zweite Abschnitt der D-Dur-Sonate BWV 963 (in P 804) aus.

Fuge

Das auffallende Fugenthema, und mehr noch das eigentümliche Kontrasubjekt haben die Kommentatoren veranlaßt, auch in anderen Kompositionen nach Parallelen zu suchen.

---

[13] Hans Klotz, *Über die Orgelkunst der Gotik, der Renaissance und des Barock*, Kassel ²1975, S. 390
[14] Spitta, a.a.O., S. 404

BWV 532

Thema:

[Musiknotation]

Johann Pachelbel, Fuge in D

[Musiknotation]

BuxWV 172 (LM 4983)

Kontrasubjekt:

[Musiknotation]

BuxWV 145

[Musiknotation]

Jan Adams Reincken, Fuge g-Moll

Entwicklung:

[Musiknotation]

BWV 71 (1708)

Der Stil dieser Spielthemen ist sogar noch weiter verbreitet: man vergleiche z. B. T. 3–4 des Themas mit Pedal-Linie am Ende der G-Dur-Fuge BWV 550. Diese Ähnlichkeiten bestätigen lediglich, daß der Komponist in BWV 532 mit noch einem weiteren andersartigen Fugenthemen-Typ für Tasteninstrumente arbeitete und am Ende der Fuge kein abschließendes toccatenartiges Nachspiel schuf, sondern eine virtuose Coda, die aus einer langen Schlußtonika kommt, in dieser aber nicht zur Gänze aufgeht. Der Schluß ist in vieler Hinsicht außergewöhnlich, am meisten dadurch, daß es tatsächlich keine Schlußkadenz gibt, weder eine authentische noch eine plagale. Das kann kein Zufall sein, da die kürzere Fassung (BWV 532a) in den Takten 92–93 eine authentische Kadenz hat. Hat sich der Komponist diese spezielle Aufgabe mit Absicht gesetzt?

BWV 532

Formbeschreibung:

- A T. 1– 26 Exposition, vierstimmig, zwei reale Beantwortungen
- T. 26– 29 abgeleitetes, später freies Zwischenspiel
- T. 30– 53 Mittelstimmeneinsatz oder zweite Exposition (Tonika–Dominante–Tonika) mit einem viertaktigen Zwischenspiel (T. 42–45); nach der Durchführung zwei weitere Zwischenspieltakte hin zum
- B T. 53– 64 Mitteleinsatz in der parallelen Molltonart (erster Takt des Themas wiederholt), führt zu einem abgeleiteten, später freien Zwischenspiel[15]
- T. 64– 76 Beantwortung in der Dominante der Mollparallele, zuerst auf dem Manual, dann partiell (ohne Themenkopf) im Pedal
- T. 76– 84 Themenkopf im Pedal, geht über in eine weitere, unterbrochene und verkürzte Beantwortung in der Doppeldominante der Mollparallele
- T. 84– 96 Zwischenspiel (ähnlich wie die beiden ersten), führt zu einem unvollständigen Einsatz in der Doppeldominante der Grundtonart, die zurückführt zu den
- C T. 96–124 letzten Einsätzen auf der Dominante (wonach ein langatmiges abgeleitetes Zwischenspiel folgt) und auf der Tonika (der letzte vollständige Einsatz)
- T. 124–137 Coda, greift zweite Hälfte des Themas auf, geht in Material aus der ersten Fortspinnung des Themas (T. 12) über und benutzt in den letzten sechs Takten die Anfangsmotive sowohl des Themas als auch des Kontrasubjekts

Besonders die Struktur der Zwischenspiele ließe sich auch anders beschreiben, aber dieses Schema lenkt die Aufmerksamkeit auf das Wesentliche, nämlich den dreiteiligen Bauplan des Ganzen. Nicht so sehr die Gesamtform, sondern die unterbrochenen Melodielinien geben die Möglichkeit zu Manualwechseln. Aber selbst dann bleibt der Gedanke, daß die Fuge für nicht weniger als *die vier Manuale der großen Hamburger Orgeln* geplant war[16], nichts als eine interessante Vermutung.

Die ausladende Üppigkeit der Fuge sollte weder ihre taktisch noch ihre strategisch geschickte Konstruktion überdecken. So ist nach dem ersten Abschnitt nie klar, ob die Anfangsphrase des Themas einen einfachen Themeneinsatz ankündigt (T. 96ff.), als Zwischenspiel benutzt wird (T. 77, 103ff.), von einer anderen Stimme übernommen (T. 90–91) oder durch sie nur aufgehalten wird (T. 53–54). In dieser längeren Fassung der Fuge (siehe auch BWV 532a) ist die befestigende Wirkung der langen dominantischen Vorbereitung des Schlußeinsatzes höchst wünschenswert, wird aber dennoch in einer Weise herbeigeführt, die sich von der Technik der strengen Fuge völlig unterscheidet. Am Ende hörte Spitta Ähnlichkeiten mit dem Ende des fis-Moll-Präludiums von Buxtehude (Tonwiederholungen usw.), während andere Kommentatoren dort eine Anspielung auf den Anfang des Präludiums BWV 532, I gehört

---

[15] Die scheinbare Abruptheit, mit der die Engführung von T. 58–9 in T. 60 abbricht, wird in BWV 532a durch das kürzere Zwischenspiel an dieser Stelle vermieden.

[16] Klotz, a.a.O., S. 391

haben. Doch dessen Zeiteinteilung und Ausdehnung sind einmalig, nach welcher Logik auch immer die Schlußtakte der Fuge als Folge der Anfangstakte des Präludiums erscheinen mögen. Zugleich endet trotz des langen Schlußabschnitts keine andere Fuge der Musikliteratur so kurz und bündig, mit einem solchen Ausruf. In Cod. mus. II. 288 findet sich übrigens die Anmerkung: *Bey dieser Fuge muß man die Füße recht strampfeln laßen.*

BWV 532a

Fuge D-Dur

Kein Autograph; Peters-Ausgabe, Band IV, nach einer *sehr guten Handschrift*.

Zwei Systeme; Überschrift *Fuga*.

Diese vereinfachte, gekürzte Fassung von BWV 532, II unterscheidet sich von jener wie folgt:

BWV 532a		BWV 532, II	
T. 1–27	*A*	T. 1–27	gleich
T. 28–29		T. 28–29	anderer Gehalt
T. 30–52		T. 30–52	gleich
T. 52–58	*B*	T. 52–58	Pedaleinsatz in BWV 532a auf Hände und Füße verteilt
T. 59–61		T. 59–64	anderes Zwischenspiel
T. 62–71		T. 65–76	gleich, aber Themeneinsatz in BWV 532a gekürzt
T. 71–73		–	Zwischenspiel in BWV 532a
–		T. 76–96	in BWV 532 ein weiteres Zwischenspiel und (verkürzte) Einsätze in cis-Moll/E-Dur
T. 74–98	*C*	T. 96–137	dieselben Einsätze, aber längeres Zwischenspielmaterial in BWV 532

Die kürzere Fassung wird gewöhnlich für die frühere, einfachere Fassung gehalten[17], *Pachelbel ähnlich in der Form*[18]. Zusammen mit BWV 532 zeigt sie, wie ein Komponist eine Fuge erweiterte, wenn aus irgendeinem Grund das Bedürfnis dazu entstand. Ähnliches wird oft über die zwei Albinoni-Fugen BWV 951/951a und über die erweiterte Reincken-Fuge BWV 954 gesagt, obwohl nicht klar ist, mit welcher Rechtfertigung, solange die Quellen der Fuge noch nicht ausgewertet sind.

Wie der Vergleich oben zeigt, mag BWV 532a zwar kürzer sein, ist aber in technischer Hinsicht kaum eine vereinfachte Fassung von BWV 532, denn die Manual- und Pedalstimmen sind gleich schwierig. Auch ist es nicht leicht zu sehen, daß *die glänzendsten Partien* in BWV 532a fehlen[19], es sei denn, das gälte für die entfernteren Tonarten. Plausibler ist Spittas Vermutung, daß BWV 532a eine spätere Fassung dar-

---

[17] Gotthold Frotscher, *Geschichte des Orgelspiels und der Orgelkomposition*, S. 868
[18] Schöneich, a.a.O., S. 66 ff.
[19] Keller, a.a.O., S. 63

stellt, die der Komponist selber angefertigt, und mit der er *das Ganze concentrirter* gemacht hat[20]. Warum er das getan haben sollte, läßt sich nur vermuten. Es bleibt noch die Möglichkeit, daß ein Kopist sie verkürzte – obwohl die Kadenz in T. 92–93 einen guten Komponisten verlangte –, aber dabei bleibt dann auch die Frage offen, warum er eine andere Version der Takte 27–28 genommen hat. Vielleicht lag ihm nichts an den satztechnisch schlichten Sequenzen in den Takten 27–28 und 86–89 der Fassung BWV 532, und folglich änderte er die erste und strich die zweite. So wie die Fugen jetzt niedergeschrieben sind, ist die letzte Passage beide Male gleich überzeugend.

	BWV 532a	BWV 532, II
dominantische Vorbereitung	T. 80–86	T. 103–116 + 2 Takte
Tonika-Einsatz (letzter Einsatz)	T. 87–93	T. 119–124
Coda	T. 93–98	T. 124–137

Aber man kann sich leichter vorstellen, daß das frenetische Element von BWV 532 herausgeschnitten wurde, um die Fuge zu kürzen, als daß es einer zu kurzen Fuge eingefügt wurde, um sie zu verlängern. *Zu bedauern ist nur, daß man nicht mit Sicherheit angeben kann, ob die Abweichungen* [zwischen BWV 532 und 532a] *von J. S. Bach selbst herrühren oder nicht*[21]. Diese Bemerkung von Griepenkerl aus dem Jahr 1845 hat immer noch Gültigkeit, selbst dann, wenn wir der Ansicht, daß Spittas Bewunderung für die kürzere Fassung unverständlich ist[22], beipflichten würden.

BWV 533

Präludium und Fuge e-Moll

Kein Autograph; die ehemals für ein Autograph gehaltene Handschrift (Lpz. Bach-Archiv Mus. ms. 2, nur die Fuge) ist von Johann Caspar Vogler abgeschrieben[1]; Abschriften aus dem späteren 18. Jahrhundert: P 287 (Michel), P 289, P 320 (Kittel), P 425 (Johannes Ringk), LM 4838; und aus dem frühen 19. Jahrhundert (oft von Handschriften aus dem Kittel-Kreis abhängig): P 282, P 923, P 319 (Johann Christian Westphal), P 557 (Grasnick), P 671 (Grasnick), Lpz. Go. S. 26, unnumerierte Handschrift Oxford, Bodleian Library, BB 30289; *BG*, Band XV, benutzte eine Schubring-Handschrift; Abschriften aus dem 18. Jahrhundert entweder nur vom Präludium (P 301) oder nur von der Fuge (P 804) von unbekannten Kopisten; BB Mendelssohn-Autograph 2 (Präludium), Scholz-Handschrift (Fuge).

Zwei Systeme; Überschrift in P 287 *Praeludium et Fuga ped.*

BWV 533a ist eine Fassung ohne Pedal (siehe dort). Daß das Werk weitverbreitet war, lassen die erhaltenen Quellen vermuten. Nach einer von ihnen hat vielleicht Men-

---

[20] Spitta, a.a.O., S. 405
[21] Peters-Ausgabe, Bd. IV, Vorwort
[22] Heinz Lohmann, in: Ausgabe Edition Breitkopf Nr. 6581, S. XI

[1] Dietrich Kilian, *Studie über J. S. Bachs Fantasie und Fuge c-moll,* in: *Hans Albrecht in Memoriam,* Kassel 1962, S. 127–35; vgl. auch BWV 545

delssohn 1822 seine Abschrift des Präludiums angefertigt (BB Mendelssohn-Autograph 2). Spitta war voller Bewunderung für das Werk. Er hörte in Präludium und Fuge nicht nur viele ausdrucksvolle Eigenschaften (*düsterer Stolz [...] Schwermuth [...] Zauber [...] milde Festigkeit*), sondern sah, daß *der innere Zusammenhang beider Stücke viel enger ist, als er sonst meistens bei Bach zwischen Präludium und Fuge zu sein pflegt*[2]. Es handelt sich mehr um einen *inneren Zusammenhang* als um deutliche wechselseitige Anspielungen, ein Punkt, der oft und auch noch in jüngerer Zeit wiederholt wurde[3]. Es wird zwar immer noch manchmal behauptet, daß Präludium und Fuge *motivisch verwandt* seien[4], obwohl P 804 (Kellner-Kreis) und die Vogler-Abschrift gut beweisen, daß Präludium und Fuge zumindest eine Zeitlang als voneinander getrennte und unabhängige Werke zirkulierten[5]. Widersprüche tauchen indessen auf zwischen solchen Kommentatoren, die in dem Werk charakteristische Merkmale der *letzten, reifsten Schaffensperiode* hören[6], und denen, die das Werk für so früh halten, daß es vielleicht das erste erhaltene Beispiel für ein separates Präludium und eine unabhängige Fuge ist[7], d. h. ohne Zwischenspiele, ein Toccaten-Nachspiel usw. Es ist gewiß auffallend, daß, obwohl das Präludium drei traditionelle Toccaten-Elemente enthält – eine Sololinie (T. 1), eine freie Passage (T. 6) und eine normale Vorhaltspassage (T. 12 ff.) –, in der Fuge nicht eines dieser Elemente vorkommt, sogar die Vorhalte sind noch spärlicher. Diese Faktoren weisen darauf hin, daß die beiden Stücke sorgfältig geplante Ergänzungen zueinander darstellen, was für das Stilbewußtsein des Komponisten charakteristisch ist.

Präludium[8]

Die Solo-Linie am Anfang hat einiges mit dem Präludium der Lautensuite BWV 996 (Abschrift von Johann Gottfried Walther in P 801) gemeinsam, z. B. die improvisatorischen Figuren, die sich um einen zugrundeliegenden e-Moll-Klang bewegen und schließlich nach vier oder fünf Takten auf dem tiefen E zur Ruhe kommen. Das läßt vermuten, daß derartige Anfänge Tradition hatten. Allerdings steht BWV 996 dem durchschnittlichen Präludium von Buxtehude mit seinem einleitenden solistischen Laufwerk näher als BWV 533, dessen Frage-Antwort-Form regelmäßiger und daher der anfänglichen Lautenlinie fremd ist.

[2] Philipp Spitta, *Johann Sebastian Bach*, Bd. I, S. 401
[3] Friedrich Schöneich, *Untersuchungen zur Form der Orgelpräludien und Fugen des jungen Bach*, S. 156 ff.
[4] George B. Stauffer, *The Organ Preludes of Johann Sebastian Bach*, Ann Arbor, Michigan, 1980, S. 129
[5] *NBA*, Serie IV/5–6, Kritischer Bericht, S. 194
[6] Charles-Marie Widor, Vorwort zur Schirmer-Ausgabe der Orgelwerke Bachs, zitiert nach: Hermann Keller, *Die Orgelwerke Bachs*, S. 60
[7] Schöneich, a.a.O.
[8] Taktzahlen wie in *NBA*, Serie IV/5 (T. 18 ist in einigen Handschriften des 18. Jahrhunderts und in *BG*, Bd. XV, ausgelassen)

Es ist deshalb eine Übertreibung und möglicherweise auch ein Anachronismus, wenn von dem Präludium BWV 533, I behauptet wird: *Seinen Typ verdankt es dem Präludium der e-moll-Lautensuite*[9]. In jedem Fall ist zu beachten, daß das Orgelpräludium viel offensichtlicher in seiner Grundtonart beginnt als viele Anfänge von Buxtehude.

Da BWV 533, I in T. 6 in eine freiere Passage übergeht, die drei ziemlich energievolle Gedanken einführt, die von Buxtehude, Lübeck und anderen her bekannt sind,

ist es möglich, daß das „düstere Gewicht", das aus Ausführungen diese Präludiums vertraut ist, ebenfalls anachronistisch ist. Alle drei Gedanken erscheinen in einem anderen Werk in e-Moll, der Toccata BWV 914 (*Adagio*), die wohl kaum Anzeichen von *Schwermuth* [...] usw. trägt. (Die Figurierung in T. 10 scheint falsch geschrieben zu sein, mit einem b' zuviel. Vielleicht sollte die Figurierung derjenigen von T. 23 des a-Moll-Präludiums BWV 543 oder von verschiedenen Cembalo-Toccaten gleichen.) Ebenso ist es im dritten Abschnitt, der festen rhythmisierten Harmonien gewidmet ist, weniger relevant, daß man „Stimmungen" hört, als daß man bemerkt, daß diese Satzstrukturen von musikalischen Gedanken herrühren, die z. B. aus Choralfantasien wie der folgenden bekannt sind.

Nikolaus Bruhns, *Nun komm, der Heiden Heiland* (P 802)

Außerdem erinnern trotz orgelmäßiger Textur und Musiksprache Einzelheiten wie die wiederholte Schlußkadenz an die Echo-Kadenz oder Bestätigung der Tonika in

---

[9] Gotthold Frotscher, *Geschichte des Orgelspiels und der Orgelkomposition*, S. 872

Vokalwerken, namentlich in den frühen Kantaten BWV 131, BWV 106 (1707?), BWV 4 und BWV 71 (1708?).

Das ganze Präludium hindurch – ob im Anfangssolo, in der folgenden freien Passage, dem sequenzierenden Mittelteil oder den letzten Pedalphrasen – ist die Phrasenbildung mit Phrasen von einem Takt oder dem Bruchteil eines Taktes höchst diskontinuierlich. Das ist ungewöhnlich, und deshalb hat der originellste Teil des Präludiums, d.h. die Klänge ab T. 18, eine erhöhte Bedeutung. Denn hier entsteht die eintaktige Phrasenbildung ihrerseits aus der *pesante*-Verarbeitung einer halbtaktigen Figur aus dem vorhergehenden Abschnitt. – Wie in anderen frühen Werken Bachs rührt die harmonische Kraft des Abschnitts von den einfachen verminderten Septimen her, obgleich sie in diesem Fall die Funktion von kleinen Nonen im Dominantseptnonakkord haben.

Fuge

Fünf Themeneinsätze (Thema oder Beantwortung) nehmen die erste Hälfte der Fuge ein, d.h. ein Einsatz mehr, als Stimmen vorhanden sind, wie das auch in anderen frühen Fugen der Fall ist (BWV 531, 549 usw.):

- T. 1–15 Thema, tonale Beantwortung, Weiterspinnung, Thema, tonale Beantwortung, reale Beantwortung (im Pedal, vgl. die Fuge BWV 550)
- T. 15–18 Zwischenspiel, von der Weiterspinnung abgeleitet
- T. 19–23 Einsatz in der Grundtonart, von freiem Pedal begleitet
- T. 24–29 Beantwortung und weiterer Einsatz in der Grundtonart
- T. 29–30 Zwischenspiel (von der daktylischen Figur des Gegenthemas abgeleitet)
- T. 33–36 Schlußeinsatz im Pedal, keine Coda

Dies ist eine der klassischen Fugenformen – kurz wie das Präludium, aber wie dieses viele Kennzeichen der Gattung in sich vereinigend. Das Thema führt zu einer Textur, die derjenigen des Mittelteils des Präludiums nicht unähnlich ist (man vergleiche T. 18 und 24 der Fuge mit T. 15 des Präludiums), obgleich eine melodische Ähnlichkeit wie zwischen T. 18 (Alt) in der Fuge und T. 29 (Pedal) im Präludium vermutlich nur Zufall ist. Der Einsatz in T. 24–25 ergibt ein Satzgefüge, das sich sonst in Choralfantasien findet (siehe das zuletzt vorausgegangene Notenbeispiel), während die durch den Tenor-Einsatz entstehenden Harmonien (T. 19–24) besonders geschickt sind und gut zu einer Fuge passen, in der Form, Textur und Figurierung offensichtlich einmal in ganz anderem Gewand vorgestellt werden sollen als in Werken wie BWV 531 und 532. Obwohl eine Stelle wie T. 32–33 nichts Auffallendes an sich hat, zeigt sie ein natürliches Empfinden für kontrapunktische Melodik zusammen mit einer Fähigkeit zur Fortspinnung der Linien – der Pedaleinsatz von T. 33 hätte auch 1 $\frac{1}{2}$ Takte früher erscheinen können –, während die eigentlichen Zwischenspiele (z.B. T. 15–18) nicht so „neutral" sind oder geradezu vorbereitenden Charakter haben wie z.B. in der c-Moll-Fuge BWV 549. Auch die scheinbar schlichten und undramatischen Schlußtakte klingen harmonisch so voll, wie das sonst für das knappe fünfstimmige Zwischenspiel von Buxtehude-Kantaten oder eine frühe Streicher-Sinfonia Bachs (Kantate BWV 4, I) typisch ist.

BWV 533a

Präludium und Fuge e-Moll

Kein Autograph; Abschrift in Lpz. MB. Ms. 7, 19 (Johann Gottlieb Preller).
Zwei Systeme; Überschrift *Praeludium und Fuga.*

BWV 533a unterscheidet sich von BWV 533 hauptsächlich in zweierlei Hinsicht: Pedal ist weder ausgewiesen noch aufgrund der Lage erforderlich; das Präludium enthält zwei zusätzliche Takte, so daß die Takte 6–13 in BWV 533a den Takten 6–11 in BWV 533 entsprechen. Obwohl BWV 533a unter den *frühen Fassungen* Bachscher Orgelwerke erwähnt wird[10], ist das Werk nicht nachweislich früher oder später als BWV 533. Die letzten fünf Takte des jeweiligen Präludiums lassen vermuten, daß die Cembalo-Version eine Vereinfachung des Orgelsatzes ist. Dafür spricht gleichermaßen, daß tatsächlich die Stelle im Orgelpräludium, die in der Cembalo-Fassung zwei Takte länger ist, ein wiederkehrendes und Zusammenhang schaffendes Motiv enthält (die Tremolo-Klänge), das in der Cembalo-Fassung fehlt, obwohl in früheren Cembalo-Fassungen vorkommende Extratakte in anderen Fällen zu der Annahme führen können, daß das Orgelstück die verkürzte Fassung der Cembalo-Version ist. Vielleicht fing der Bearbeiter von BWV 533a – ob nun der Komponist oder ein umschreibender Kopist – damit an, Cembalofiguren hinzuzufügen, ließ dann das „Zusammenhang schaffende" Motiv aus, dehnte dafür das Motiv in der zweiten Hälfte von T. 6 in Buxtehudescher Manier weiter aus und fuhr in dieser Art aber nur bis T. 13 fort. Warum er die Harmonien der langen Sequenz ab T. 20 geändert hat, ist noch weniger einsichtig. Nachlässigkeit (wie bei den anders gearteten Harmonien zwei Takte vor Ende der Fuge) kann es kaum gewesen sein, was fast darauf hinweist, daß die Orgelfassung wirklich eine spätere „Verbesserung" ist. Doch vielleicht ist Ms. 7 das Werk eines Kopisten; die Ornamente in der Fuge erinnern an *eine Vorlage aus Walthers Besitz*[11], und die Kadenz mit dem Dominantseptnonakkord im Präludium BWV 533a könnte durchaus ein Fehler sein, so schön die Wirkung auch ist.

So wie die Fuge in der Orgelfassung vorliegt, ist sie auch nur manualiter spielbar, obwohl das bedeuten würde, daß die reale Beantwortung in T. 12 dann nicht so auffallen würde. Darin ist allerdings kein „Fehler" zu sehen, sondern lediglich ein charakteristisches Merkmal einer Cembalofuge. Nichtsdestoweniger wirft die Entbehrlichkeit des Pedals[12] (es wird in den Quellen nicht erwähnt) Fragen zum Orgelgebrauch in Bachs frühen Werken auf.

---

[10] *NBA*, Serie IV/6, S. VI und Kritischer Bericht, S. 382f., 581
[11] *NBA*, Serie IV/5–6, Kritischer Bericht, S. 194
[12] a.a.O., S. 388

BWV 534

Präludium und Fuge f-Moll

Kein Autograph; einzige Quelle: Lpz. MB. III. 8. 21 (Johann Andreas Dröbs, frühes 19. Jahrhundert), auch in der Peters-Ausgabe, Band II verwendet[1]; eine Abschrift, die von Johann Christian Kittel stammen soll, ist nach 1840 verschollen[2].

Zwei Systeme; Überschrift *Praeludium et Fuga ex F moll pedaliter*.

Ob die Werke BWV 534, 537, 540 und 546 – mit allen Implikationen der mutmaßlichen Chronologie – neue Bahnen eröffnen oder nicht: Spitta dachte offensichtlich zu Recht, daß diese Gruppe von Stücken *in ihrem Äußern und Innern so viel Verwandtes haben, daß sie nach dem Bachschen Grundsatze, gewisse einmal producirte Formeigenthümlichkeiten hinter einander in mehrern Werken zu erschöpfen, gleichzeitig entstanden sein werden*[3]. Zu den „gewissen Formeigentümlichkeiten" gehört eine straffere, integriertere Form des Präludiums, dessen Material in jedem Fall mehr melodisch als nur motivisch ist, und ein feiner gearbeiteter und weitgespannterer Kontrapunkt in den Fugen, deren Themen ein *gegen früher ganz verschiedenes Gepräge* aufweisen[4]. Wegen des spärlichen Quellenmaterials zu BWV 534 muß der Ursprung von satztechnischen Fehlern wie der Leittonverdoppelung in T. 128 der Fuge zweifelhaft bleiben. Auch Ähnlichkeiten der Textur in Präludium und Fuge – *offenbar ein zusammengedachtes Ganzes*[5]; eng verwandt sind die Schlüsse der Fuge und des Präludiums[6] – werden durch keine autorisierte Quelle bestätigt, so plausibel sie auch sein mögen. Dasselbe trifft auf die Tonart, f-Moll, zu. Die Schlußfolgerung, nach der das Des im Pedal beweist, daß das Werk aus der Weimarer Zeit stammt[7], muß ebenfalls mit Zurückhaltung aufgenommen werden.

In einem kürzlich erschienenen Aufsatz[8] ist darauf hingewiesen worden, daß unglückliche harmonische, kontrapunktische und formale Wendungen sowohl im Präludium als auch in der Fuge es unwahrscheinlich machen, daß BWV 534 das Werk Bachs ist. Vielmehr war der Komponist vielleicht Johann Christian Kittel, der unter dem Einfluß z. B. des e-Moll-Präludiums BWV 548 arbeitete. Die stilkritischen Details, von denen einige weiter unten behandelt werden, sind jedoch nicht schlüssig. Aber die Tonart bleibt sicherlich auch weiterhin problematisch: g-Moll ist insgesamt wahrscheinlicher.

---

[1] *BG*, Bd. XV, S. XXII
[2] *NBA*, Serie IV/5–6, Kritischer Bericht, S. 127
[3] Philipp Spitta, *Johann Sebastian Bach*, Bd. I, S. 581
[4] a.a.O., S. 582
[5] a.a.O., S. 581
[6] Hermann Keller, *Die Orgelwerke Bachs*, S. 80
[7] Hans Klotz, Bachs Orgeln und seine Orgelmusik, Mf 3/1950, S. 198
[8] David Humphreys, *Did J. S. Bach compose the F minor Prelude and Fugue BWV 534?*, in: *Bach, Handel, Scarlatti: Tercentenary Essays*, hg. von Peter Williams, Cambridge 1985, S. 173–184

BWV 534

Präludium

Formbeschreibung:

- A T. 1–11   Orgelpunkt auf der Tonika; drei Stimmen, zwei davon kanonisch imitierend
-    T. 11–32   eine Folge von Sequenzen (einschließlich solcher im Pedal) arbeitet auf einen hemiolischen Schluß in c-Moll hin; vier Stimmen
- B T. 32–43   Orgelpunkt auf der Dominante (Material wie T. 1–11); drei Stimmen, zwei davon in kanonischer Imitation
-    T. 43–67   eine Folge von verschiedenen Sequenzen (einschließlich solcher im Pedal) arbeitet auf die Schlußkadenz hin; jeweils vier Stimmen rahmen einen dreistimmigen Abschnitt ein
-    T. 67–76   Schlußkadenz, beginnt mit Orgelpunkt auf der Dominante, wird nach einem verminderten Septakkord[9] unterbrochen, aus dem eine Kadenz[10] hervorgeht

Das Stück ist also in eine ungewöhnliche zweiteilige Form gekleidet, zwischen deren „zweiten Themen" nur eine motivische „Familienähnlichkeit" geltend gemacht werden kann. Zwischenspiel-Material in größerem Umfang wird nicht wieder aufgegriffen, und auch das erste Thema kehrt nicht wie im Ritornell ständig wieder. Die „Sequenzfolgen" werden besonders durch das Pedal deutlich, das sowohl an einigen der wichtigsten Sequenzen (T. 11, 17, 43, 67) als auch an ein paar kürzeren (T. 15, 21, 28) beteiligt ist. Die Übergänge zwischen den Sequenzen bringen eine Figur, die im Stück öfter wiederkehrt (T. 21, 26, 50) und schließlich selbst Teil einer Sequenz wird (T. 64–66). Obwohl man denken könnte, daß diese Pedalphrasen verraten, wie sorgfältig durchdacht oder geplant die wechselseitigen Zitate sind, entspricht es der Natur des Satzes wohl mehr, lediglich zu behaupten, daß der Komponist (noch) mit kleinen motivischen Mustern arbeitete, zwischen denen häufig Zusammenhänge hörbar werden.

[9] Das dürftige Quellenmaterial gibt wiederum keine Gewißheit darüber, ob der Komponist diesen Akkord zehnstimmig gesetzt hat oder nicht; man vergleiche die unterbrochenen Kadenzen nach dem verminderten Septakkord in BWV 532, T. 96 (vier Stimmen) und in BWV 572, T. 185 (sechs Stimmen).

[10] zur „Cadenza" vgl. die Violinsonate BWV 1003, II

Diese Motive fügen sich noch nicht zu eigenen oder freien Melodielinien zusammen. Fast alle beginnen nicht auf dem Taktschlag, ein Grund für die metrische Mehrdeutigkeit, wenn es zum ersten Mal doch geschieht (T. 17).

Der etwas schwer faßbare Charakter der Komposition hat die Kommentatoren veranlaßt, sich in den Büchern aus der Zeit, die die musikalische Affektenlehre umreißen, umzutun. (Mattheson beschreibt z. B. f-Moll als eine Tonart, die gebraucht wird, um *eine tieffe und schwere, mit etwas Verzweiflung vergesellschaftete, tödliche Herzens-Angst* darzustellen[11].) Aber war nicht g-Moll die ursprüngliche Tonart von BWV 534? Wenn ja, hätte nicht nur die Pedal-Linie des Präludiums von T. 20–21 weiter abwärts laufen können (Umbruch dann in T. 22?), sondern auch die letzte Anspielung auf das Thema (siehe Beispiel unten) im Pedal hätte nicht um eine Oktave nach oben versetzt werden müssen: sie hätte G-A-B-Cis-D-G sein können. Die Transposition wäre wohl erfolgt, um das wichtige d''' zu vermeiden, obwohl das dadurch notwendig werdende Cis sicherlich Probleme verursacht hätte.

Die Kommentatoren zogen auch andere denkbare Einflüsse wie etwa den der Tanzsuite aus der Zeit in Betracht (z. B. ist BWV 534, I eine *weitläufige Sarabande*[12]). Weder die melodische Phrasenbildung noch die zweiteilige Form weisen zwangsläufig auf italienische Vorbilder oder Einflüsse hin, wie manchmal angedeutet wird. Denn die Phrasenbildung beruht auf Motiven, die den deutschen Komponisten von Toccaten vertraut waren und z. B. ebenfalls in folgendem Kontext vorkamen:

Toccata e-Moll BWV 914

Auch die zweiteilige Form gleicht nicht den zweiteiligen italienischen Sonatensätzen. Vielmehr erinnert sie an die deutsche Toccata vom Typ Pachelbels, d. h. eine Anlage mit langen Orgelpunkten auf Tonika und Dominante, zwischen und nach denen anderes Material auftritt. Diese Anlage findet sich ebenso in der Toccata F-Dur BWV 540 und in dem ritornellartigen Präludium c-Moll BWV 546, wenn auch in weiterentwickelter Weise. Bachs Erfindungsgabe scheint sich oft so umzusetzen, daß er einer grundsätzlich einzeln dastehenden Formkonzeption schöpferisch vielfältige Behandlungsweisen angedeihen läßt. Das sieht man, wenn man die Toccata BWV 540 im einzelnen mit dem vorliegenden Präludium vergleicht. Die Unterschiede in Takt, Tonart, Form, Satzgefüge und „Stil" verschleiern ihren gemeinsamen Ursprung als Präludium, das sich um zwei Orgelpunkte auf der Tonika und Dominante bildet, mit kanonisch imitierenden Manualstimmen für das Hauptthema und auf Tutti-Sequenzen beruhenden Zwischenspielen.

---

[11] Johann Mattheson, *Das neu-eröffnete Orchestre*, Hamburg 1713, S. 248f.
[12] Hans Klotz, *J. S. Bach und die Orgel*, MuK 32/1962, S. 51

Es sind nicht nur die letzten 2 ½ Takte, die Präludium und Fuge zu teilen scheinen. Die letzten acht Takte des Präludiums zeichnen in einer freieren, dem Präludium gemäßeren Weise Aspekte der Melodielinie aus den letzten sechs Fugentakten nach. Ein wichtiger Unterschied besteht allerdings darin, daß während der „Kadenz" des Präludiums die Harmonie wechselt, in der Fugen-„Kadenz" hingegen nicht. Im Gegenteil, der Schluß der Fuge stammt weitgehend aus deren eigenem Thema, und allzu leicht erkennbare Querbezüge zwischen beiden Stücken waren wahrscheinlich nicht beabsichtigt. Die Takt für Takt aufgebaute Struktur des Präludiums ist homogener, und die Sequenzen unterliegen musikalisch einer solchen Kontrolle, daß sich der wesentliche Reiz einer jeden von ihnen aus ihrem jeweiligen Unterschied zur nächsten ergibt – z. B. aus der Phrasenlänge (zweitaktige Sequenz T. 10–11, dreitaktig T. 11–13, viertaktig T. 17–20 usw.). Da die Textur füllig und weitgespannt ist, sich zur Kadenz auf der Hälfte (T. 30–32) verdichtet und dann bis zum endgültigen Schluß (T. 71–76) wieder weitet, ergibt sich ein konzentriertes Stück von ungewöhnlichem Charakter, einmal fast kühl und kahl, wenn die Stimmen weit auseinanderliegen, dann wieder warm zusammengedrängt (T. 64). Die Pedalstimme ist „kraftvoller" als die lediglich flink beweglichen Linien der in den üblichen Toccaten typischen schwierigen Pedalsoli.

Verschiedene Fragen stellen sich zu den letzten sieben Takten, so wie wir sie vor uns haben: Sollte T. 70 nicht vier oder fünf statt elf Stimmen haben? Sollte das f″ in der Oberstimme nicht übergebunden werden? Sollten die Zweiunddreißigstel zwischen den Händen aufgeteilt werden? Sollte das H im Pedal nicht eher auf die zweite Taktzeit kommen – NB die fehlende Pause im Pedal? Zum letzten Punkt sollte der Spieler beachten, daß es dagegen in der Fuge alle erdenklichen Gründe für die Pause vor der Kadenz gibt.

Fuge

Formbeschreibung:

- T. 1– 27 fünfstimmige Exposition; kein ständiges Kontrasubjekt, aber ein Kontrapunkt aus den Vierteln des Themas (T. 3); dem fünften Einsatz folgt ein für Ricercar-Themen typisches *verlängertes Zwischenspiel*[13]
- T. 27– 46 Einsätze von zwischenspielartigem Charakter, in der Tonika und Dominante, drei-, vier- und zweistimmig
- T. 47– 55 Einsatz in der parallelen Durtonart; Zwischenspiel zu
- T. 56– 72 Einsätzen in Tonika und Dominante, jeder mit nachfolgendem Zwischenspiel
- T. 73– 80 Einsatz in der Durparallele; Zwischenspiel zu
- T. 81– 96 Einsätzen in Tonika und Dominante, jeder mit nachfolgendem kürzerem Zwischenspiel mit Pedal
- T. 96–119 Einsätze auf Tonika, Dominante, Tonika, nach jedem ein kürzeres Zwischenspiel ohne Pedal

---

[13] *prolongation episode*, Roger Bullivant, *The Fugal Technique of J. S. Bach*, ungedruckte Dissertation, Oxford 1959/60, S. 516

T. 120–138   letzte Einsätze in der Dominante (T. 120, 123); Zwischenspiel; impliziter, letzter Einsatz in der Grundtonart und Kadenz

Die Häufigkeit der Tonika- und Dominanteinsätze ist höchst originell und führt zu einer ungewöhnlichen Fuge, in der das Thema ständig von neuen Kontrapunkten begleitet wird. Spittas Urteil, daß den Kontrapunkten immer bald die Lebenskraft ausgehe und daß sich das Thema deshalb *immer nach Hülfe umsehen* müsse[14], ist nur dann zu akzeptieren, wenn man dem Komponisten nicht einräumt, daß er einen speziellen Fugentyp schafft, bei dem Thema und Beantwortung (real, weil sonst eine vollständige subdominantische Beantwortung notwendig wäre) dadurch die Schwungkraft aufrechterhalten, daß sie immer auf denselben drei Tönen, aber nacheinander oder abwechselnd, in verschiedenen Stimmen, mit anderen Kontrapunkten, in verschiedenen Satzgefügen und unterschiedlichen Zeitabständen erscheinen. Daß die Themeneinsätze nacheinander oder abwechselnd, in verschiedenen Stimmen und Satzgefügen erscheinen, ist auf den ersten Blick klar; nicht so klar dürfte hingegen der Erfindungsreichtum sein, mit dem im Verlauf der Fuge viele der Einsätze in unterschiedlichen Zeitabständen angeordnet sind: T. 1, 4, 8, 12, 17, 27, 31, 37, 38, 42, 47, 56, 64 usw. Gleichermaßen haben die Kontrapunkte eine nicht sogleich sichtbare Subtilität, denn sie wechseln nicht nur die rhythmischen Werte von Halben (I) zu Vierteln (II) zu Achteln (III), sondern auch die Anzahl der Stimmen.

So besteht das „Kontrasubjekt" zum Einsatz in T. 27 ganz richtig aus zwei Stimmen, nicht aus einer.

[14] Spitta, a.a.O., S. 583

Im Bereich von Rhythmus und Stimmenzahl wird eine ungeheure Vielfalt erreicht. Die Zahl der Stimmen, die das Thema kontrapunktieren, schwankt zwischen einer (T. 3) und vier (T. 123). Das entspricht nicht der üblichen Fugentextur, sondern stellt den bewußten Versuch dar, ein Thema – das in so wenigen Tonarten auftritt, wie es mit der Länge von 150 Takten noch vereinbar ist – in unterschiedlichem Gewand zu präsentieren. Es ist aufschlußreich, zwei Harmonisierungen des Themas (T. 17 und 81) zu vergleichen. Beide Male ist der Satz fünfstimmig, mit dem Thema in der Oberstimme, und bewegt sich in der Grundtonart. Aber nur ein Akkord ist gemeinsam. Ebenso bestehen zwischen den Achtel-Kontrapunkten in T. 38 und 90 und den Viertel-Kontrapunkten in T. 17 und 96 jeweils wesentliche Unterschiede, als ob verschiedene Möglichkeiten demonstriert werden sollten. Beide Viertel-Kontrapunkte stehen in der Grundtonart, beide Achtel-Kontrapunkte in der Dominante, der erste von beiden erscheint jeweils auf der vollen Taktzeit, der zweite dazwischen.

Die Fuge zeigt auch, wie Zwischenspiele abgeleitet und entwickelt werden. In der ersten Weiterspinnung (T. 7) werden die Stimmen des vorhergehenden Taktes (rechte Hand 3. Takt des Themas) vertauscht. Die kurzen Zwischenspiele von T. 11 und 15–16 weiten Viertel-Linien aus, ebenso das Zwischenspiel T. 20–26, aber jetzt in fünfstimmigem Kontrapunkt, der zu einfachen Vorhalten und reichen Harmoniefortschreitungen führt. In wichtigen Zwischenspielen werden Sequenzen bevorzugt, sowohl freie (T. 50–55) als auch aus dem unmittelbar Vorhergehenden abgeleitete (T. 61–63). Den freieren Zwischenspielen von T. 69 und 93 wird der für Bachs *alla-breve*-Stil so charakteristische dicht gearbeitete vierstimmige Kontrapunkt gegenübergestellt (T. 105–109). Der gestutzten Sequenz des einen Zwischenspiels (z. B. T. 69) steht die sich ständig wiederholende Sequenz eines anderen (T. 113) gegenüber.

Zwei weitere Dinge lassen sich zu dieser Fuge sagen. Erstens scheinen streng kanonische Einsätze vermieden worden zu sein; gewiß hätten die Takte 119–20 eine nicht ergriffene Gelegenheit zur Engführung gegeben (man vergleiche die letzten Einsätze in der d-Moll-Fuge BWV 538), und auch die zwei letzten Einsätze in der Dominante in T. 120 und T. 123 sind nicht zur Engführung verdichtet. Zweitens sind in der Exposition die Stimmen (Alt – Sopran II – Baß – Tenor – Sopran I) paarweise genau so logisch angeordnet wie im ersten Kyrie der h-Moll-Messe (Tenor – Alt – Sopran I – Sopran II – Baß) und logischer als in der c-Moll-Fuge BWV 562 (Alt – Sopran II – Sopran I – Tenor – Baß); war dies ein weiteres Element, bei dem Bach bewußt einen Wandel einläutete?

Abschließend sei noch erwähnt, daß die schöne, orgelmäßige Schreibweise der letzten zwölf Takte das vielleicht phantasievollste Element der ganzen Fuge nicht verbergen sollte, nämlich den paraphrasierten letzten Einsatz (oder die Einsätze) in den Schlußtakten. Vielleicht sind noch weitere Anspielungen zu finden, als das folgende Gerüst aufweist:

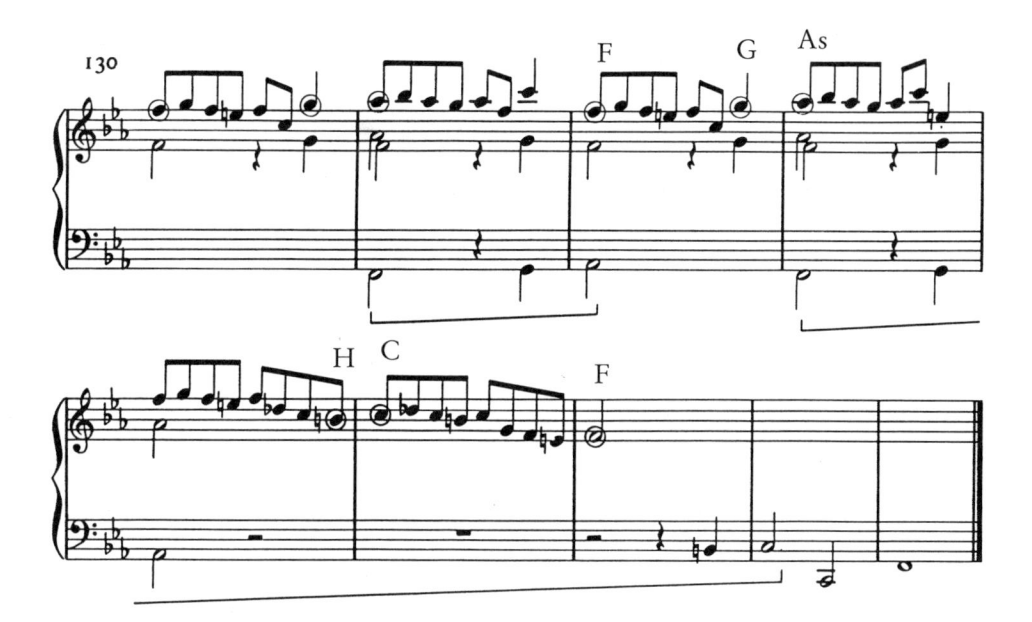

Und vielleicht macht um dieser Coda willen die bereits in T. 119 erreichte Tonika für die letzten vollständigen Themeneinsätze in T. 120 und 123 plötzlich noch einmal der Dominante Platz.

BWV 535

Präludium und Fuge g-Moll

Kein Autograph (siehe BWV 535a); Abschriften in P 1097 (Johann Christoph Oley?), P 1098 (Johann Gottlieb Preller), Lpz. MB. III. 8. 7 (ca. 1740–50, derselbe Kopist wie bei BWV 768; aber mit zwei Takten, die von Johann Sebastian Bach selbst kopiert sein sollen), P 288 (zweite Hälfte 18. Jahrhundert), P 320 (Kittel?), P 804 (Johann Peter Kellner?, nur das Präludium), spätere Quellen im Kittel-Kreis (P 557, Lpz. Poel. 19, Lpz. Go. S. 26, nur die Fuge), Am. B. 606 (zweite Hälfte 18. Jahrhundert, nur die Fuge); *BG*, Band XV, benutzte eine Schubring-Handschrift; Göttingen, Johann-Sebastian-Bach-Institut, Kopie gezeichnet von *J. C. Bach* (anonymer Schreiber, erste Hälfte des 18. Jahrhunderts?, J. C. ist Johann Christian).

Zwei Systeme; Titel in Lpz. MB. III. 8. 7 (geschrieben in Bachs Umkreis[1]) *Preludio con Fuga per il Organo*, in P 288 *Praeludium con Fuga pedaliter*, bei Schubring (und in P 320, 557, 1097) *Preludio con Fuga pro Organo pleno*, in P 804 *Praeludium*. Die Fuge ist in fast allen Abschriften mit *allegro* gekennzeichnet.

---

[1] Peter Krause, *Handschriften der Werke Johann Sebastian Bachs in der Musikbibliothek der Stadt Leipzig*, Leipzig 1964, S. 16

Zu einem anderen Präludium siehe BWV 535a; das Präludium in P 804 hat 39 Takte, vier weniger als in P 1097 usw. In den zwei Leipziger Quellen wie in P 288, P 1097 und P 1098 wurde BWV 535 als einzeln stehendes Werk abgeschrieben; nur in P 320 und P 557 ist es Teil einer Sammlung. Sowohl die Quellen als auch musikalische Einzelheiten lassen vermuten, daß BWV 535 die „spätere Fassung" des Werkes ist, und das toccatenhafte Nachspiel am Ende paßt in seiner traditionellen Art besser zu der relativen Zurückhaltung der „früheren" Fugenfassung BWV 535a als zu BWV 535. Da die Quellen über den Zeitpunkt der „Revision" keinen Aufschluß geben, erhebt sich die Frage nach der Pedal-Linie in den Takten 55–56 der Fuge und deren auffallender Ähnlichkeit mit Passagen in den reifen Präludien in Es-Dur und h-Moll (z. B. BWV 552, I, T. 145 ff.): Sind alle drei Stücke zeitgleich?

Präludium

Das violoncellomäßige Passagenwerk über einem impliziten Orgelpunkt in den Anfangstakten ist ein Gegenstück z. B. zu BWV 536 und entspricht formal den *passaggio*-Anfangslinien der Präludien in e-Moll für Orgel (BWV 533) und für *Lautenwerk* (BWV 996); der Ausdruck *passaggio* erscheint in der „frühen Fassung" (siehe BWV 535a). Er impliziert häufig einen Wechsel zwischen den beiden Händen, der z. B. in P 1097 genau angegeben ist[2]. Doch im Gegensatz zu BWV 535a nimmt das vorliegende Präludium in T. 3 einen Gedanken auf und verwendet ihn für den ganzen Tonika-Abschnitt, bevor es zu dem erwarteten Orgelpunkt auf der Dominante fortschreitet. Obwohl einfach, ist die Wirkung doch auffallend (wie die akkordische Passage in BWV 533, I, T. 14) und führt zu konventionellen 9–8-Fortschreitungen (T. 8–9), konventionellen wiederholten Akkorden in der Art Buxtehudes (T. 10) und – ziemlich rätselhaft – zu einer scheinbaren Anspielung auf den Kopf des nachfolgenden Fugenthemas im Pedal. Sofern man T. 10–11 als Takte ansieht, in denen sich Akkorde in Buxtehudescher Manier über einem fortschreitenden Baß wiederholen und in denen der Orgelpunkt von der Tonika zur Dominante wechselt (wie in den Orgelpunkt-Toccaten der ganzen Zeit zwischen Frescobaldi und Pachelbel), ist es kaum sehr wahrscheinlich, daß der Komponist in diesen Takten absichtlich auf das Fugenthema anspielte, zumal diese Anspielung unvollständig ist. Dieses „Baßthema" stimmt (sogar in der Tonart) mit einer melodischen Phrase überein, die von Mattheson als ideale Folge von engen und weiten Intervallschritten zitiert wird[3]:

Der folgende Abschnitt (T. 14–34)[4] erscheint wie eine Art Nachgedanke zu der Fassung BWV 535a. Es ist jedoch bezeichnend, daß die Anfangs- und Endtakte dieses Teils auf einem Orgelpunkt auf der Dominante basieren. Das bedeutet: die Folgen

---

[2] *NBA*, Serie IV/5–6, Kritischer Bericht, S. 449
[3] Johann Mattheson, *Der vollkommene Capellmeister*, Hamburg 1739, S. 154
[4] Taktzahlen wie in *NBA*, Serie IV/5, wo jede Figur von T. 31 der Fassung in *BG*, Bd. XV, zweimal gespielt wird und daher T. 31–32 ergibt. Die Fassung in *BG*, Bd. XV, stammt aus der Peters-Ausgabe, Bd. III, die ihrerseits auf einer verschollenen Quelle von Kittel fußt.

von Skalenfiguren und verminderten Septakkorden kehren, obgleich sie sogar die zwölf Halbtöne der Oktave überschreiten, zu ihrem Ausgangspunkt zurück, und die Harmonien setzen dort wieder ein, wo sie ausgesetzt haben. Diese Zielstrebigkeit, mit der hier ein Motiv oder eine Harmonie verfolgt wird und die in keinem anderen Orgelpräludium eine Parallele hat (daher ihr Auftreten hier? – sie hat einen Platz in einer Liste der „Präludien-Effekte" verdient), darf doch nicht vom Gesamtplan ablenken. Das trifft auch auf diejenigen abweichenden Fortschreitungen zu, die in Quellen auftauchen, deren Schreiber entweder die enharmonischen Sequenzen aus verminderten Septakkorden nicht verstanden (die in den Handschriften des Komponisten selber abgekürzt waren) oder sonst einer anderen und vielleicht authentischen Fassung folgten[5]. Der wiedererreichte Orgelpunkt auf der Dominante geht seinerseits in eine figurierte Fassung der Schlußtakte von BWV 535a über. Anders als in der einfachen Sequenz aus verminderten Septakkorden in der Gigue der B-Dur-Partita BWV 825 (die auch wieder zu ihrem harmonischen Ausgangspunkt zurückkehrt) geht es in der absteigenden chromatischen Sequenz von BWV 535, I um die Leichtigkeit, mit der aus dem $^7_5$-Akkord ein $^6_5$-Klang wird (so daß jede Septime ein Vorhalt aus dem vorangehenden Takt ist), während die einfachen Septimen den letzten zwei Takten vorbehalten bleiben. Noch eine weitere Sequenz von gebrochenen verminderten Septakkorden findet sich in der früheren der sogenannten „Kadenzen" im ersten Satz des 5. *Brandenburgischen Konzerts*.

Fuge

Das Fugenthema beginnt in Vierteln, geht dann in Achtel und schließlich in Sechzehntel über. Obwohl der erste Takt wie ein konventioneller Themenkopf aussieht und die nächsten beiden Takte eine gebrochene Phrase wie die aufgegliederten Themen von BWV 549, 575 usw. haben, verläuft das Thema dennoch anders, denn die Beantwortung setzt ein, bevor es zu Ende ist. Solche „unvollendeten" Themen sind bei Bach selten, und jedesmal, wenn das Thema einsetzt und seinen Lauf nimmt, führt die „Unvollendetheit" zu anderen Konsequenzen, wodurch eine subtile Vielfältigkeit der Fugierung entsteht. Der Aufbau der Fuge ist so klar wie z. B. bei BWV 578:

T. 1–25 vierstimmige Exposition, dreistimmig ausgeführt; „unvollendetes" Thema geht ohne Unterbrechung in das Zwischenspiel (T. 21) über

T. 25–46 eine Folge von Themeneinsätzen auf Tonika, Dominante, Tonika in den drei Manualstimmen, jeweils mit nachfolgendem Zwischenspiel

T. 46–55 Einsatz (ohne Beantwortung) in der Durparallele, mit Pedal, danach Zwischenspiel

T. 55–70 Einsätze auf Dominante und Tonika, danach jeweils ein Zwischenspiel

T. 70–77 Coda, mit Pedal-Solo, Skalen, neapolitanischem Sextakkord, Orgelpunkt auf der Tonika und den höchsten und tiefsten Tönen der Fuge (c'''/C)

Das Capriccio B-Dur BWV 992 bietet hinsichtlich Fugentextur und Figurierung einige nützliche Vergleichsmöglichkeiten. Weitere Feinheiten der Figurierung werden unter BWV 535a behandelt. Die vorliegende Fuge stellt mit ihrem Thema (T. 4),

---

[5] siehe die Musikbeispiele in *NBA*, Serie IV/5–6, Kritischer Bericht, S. 437 ff.

dem ersten Kontrasubjekt (T. 6), den Zwischenspielen (T. 21–22, 37ff., 52ff., 60ff.) und späteren Kontrapunkten (T. 33ff., 40ff., 55ff., 64ff.) eine lange Liste konventioneller Figuren bereit. Die Figur in T. 62 sieht aus wie die Figur im Schlußabschnitt des Präludiums, die von T. 69–70 wie die Orgelpunkt-Figur in T. 6 des e-Moll-Präludiums BWV 533. Interessanterweise unterscheiden sich die Skalenfiguren der Coda von denen des Präludiums, und möglicherweise hat der Komponist die B-A-C-H-Figur im Pedal-Solo (T. 71 Ende) absichtlich hineingebracht. Der neapolitanische Sextakkord in T. 72 ist nicht so voll integriert wie z. B. in BWV 534, I, T. 30; es folgt ihm auch keine dramatische Pause wie z. B. in BWV 582, I, T. 285.

Trotz all dieser Einzelheiten beruht die hauptsächliche Bedeutung der Fuge auf dem Sinn für Steigerungen und Höhepunkte, die nicht nur durch den wohl durchdachten Kontrapunkt (besonders in der vierstimmigen Passage T. 46–57), sondern auch durch das *mit jedem neuen Thema-Eintritt frische und größere Leben in den Contrapuncten*[6] erreicht werden. Das feste Kontrasubjekt der Exposition wird alsbald fallengelassen, und die Kontrapunkte nehmen an Lebhaftigkeit zu: bei T. 55 läuft eine kanonische Figur in Gegenbewegung, in T. 64 treten dem Thema weitgespannte Arpeggien gegenüber. In gewisser Weise ist das toccatenhafte Nachspiel von BWV 535, II „unnötig", denn die Fuge hatte bereits Höhepunkte. Ob die dramatischen und schnell modulierenden zehn Schlußtakte zu BWV 535a (jetzt unvollständig) gehören, läßt sich nicht mit Sicherheit sagen, aber wie in BWV 531 sorgen sie auch hier für den Höhepunkt, der dem Stück sonst fehlen würde.

Ein Vergleich mit anderen frühen Bach-Fugen enthüllt die verschiedensten Ähnlichkeiten. In der tonalen Gesamtanlage haben z. B. BWV 535/535a, die Capriccio-Fuge BWV 992, VI und die Albinoni-Fuge BWV 951a etwas mit Albinonis ursprünglicher Fuge gemeinsam, aus der BWV 951a entwickelt wurde: sie legen das Gewicht auf die Tonika. Ein weiteres gemeinsames Merkmal von BWV 535 und 992 ist, daß das Schreiben in Stimmen oft zu mißlichen Situationen führt, in denen eine Stimme die andere aufhebt (Beispiele in BWV 535 T. 13, 14, 18, 19). Ist das das Ergebnis des „Komponierens am Schreibtisch"? Unerfahrenheit? Wie auch immer: es kommt sowohl in BWV 535a als auch in BWV 535 vor. Vielleicht ergab es sich ursprünglich daraus, daß Bach in Tabulatur oder partiturmäßig notierte, in welchen Fällen beidemal diese „Aufhebung von Tönen" nicht so sichtbar war und in der Theorie satztechnisch eher richtig erschien.

[6] Philipp Spitta, *Johann Sebastian Bach*, Bd. I, S. 405

BWV 535a

Präludium und Fuge g-Moll

Einzige Quelle: das Autograph in der Möllerschen Handschrift. (Kannte Johann Peter Kellner die Möllersche Handschrift?[7])

Zwei Systeme; Titel und Überschriften *Praeludium cum Fuga ex G$^\flat$ pedaliter*, Präludium *Passagio*, Fuge *Allegro*. (Zumindest bei den letzten beiden Überschriften ist fraglich, ob sie von Bachs Hand stammen.)

BWV 535a unterscheidet sich von BWV 535 folgendermaßen:

Präludium: ab T. 3 eine Sololinie über einem impliziten Orgelpunkt; die letzten 6 $^1/_2$ Takte ähnlich wie die letzten 7 $^1/_2$ Takte von BWV 535, aber einfachere Figurierung; alles, was dazwischen liegt, verwendet anderes Material (Gesamtlänge des Präludiums 21 Takte)

Fuge: unvollständig in der Möllerschen Handschrift (wo der Notentext am unteren Ende der Seite abbricht), die letzten 12 $^1/_2$ Takte der Fassung BWV 535 fehlen, und nach dem ersten Akkord von T. 65 Pausen in den Oberstimmen; vielleicht wurde die Fuge auf einem jetzt verlorenen Blatt Papier zu Ende geschrieben[8], nicht unbedingt in der Art von BWV 535, II. Wenn man Takt für Takt vergleicht, sind die Fassungen ähnlich (Exposition, Themeneinsätze, Zwischenspiele), aber BWV 535 hat eine lebhaftere und einfallsreichere Figurierung (Manual, Pedal) mit kontinuierlicheren Melodielinien. Die rechte Hand liegt in BWV 535 im allgemeinen auch tiefer.

Da bei der Möllerschen Handschrift noch keine Klarheit über Herkunft und Datierung besteht, läßt sich der autographe Auszug nur vorläufig auf *vor 1707/8?* festsetzen[9], obwohl die Tatsache, daß es sich um eine Reinschrift handelt, vermuten läßt, daß das Werk auch sehr gut vor 1707 entstanden sein kann[10], vielleicht vor dem Besuch in Lübeck (Ende 1705). Musikalische Einzelheiten – wie z. B. daß das Pedal in der Fuge nur mit dem Thema einsetzt, anders (wie es scheint) als in BWV 533 – verweisen darauf, daß das Werk trotz des schlichten Präludiums nicht unter die frühen Kompositionen zu rechnen ist.

Präludium

Die letzten 6 $^1/_2$ Takte sind schon im Präludium die am vollsten auskomponierten Takte. Daß sie in BWV 535 in verzierter Form erscheinen – wobei dort die fünf Stimmen kontinuierlicher in Bewegung sind und sogar Zweiunddreißigstel enthalten –

---

[7] vgl. Peters-Ausgabe, Bd. III
[8] Dietrich Kilian in *NBA*, Serie IV/5–6, Kritischer Bericht, S. 583. Vielleicht war das Blatt an den unteren Rand der letzten Manuskriptseite geheftet.
[9] Georg von Dadelsen, *Beiträge zur Chronologie der Werke Johann Sebastian Bachs* (*Tübinger Bach-Studien*, Bd. 4/5) Trossingen 1958, S. 75
[10] Walter Emery, *Some Speculations on the Development of Bach's Organ Style*, MT 107/1966, S. 596–603 Jg. 107/1966, S. 596–603

kann andeuten, daß ein erfinderischer Komponist sie immer als Gerüst auffassen und mit improvisierten Figuren versehen konnte. Sicher laden die *durezza*-Formeln dieser 6 $^1/_2$ Takte den Spieler zum Auszieren ein, und die Figuren in BWV 535 sind von der konventionellen Art, die Theoretikern wie Printz und Walther geläufig war.

Ähnliches läßt sich über die vorausgehenden sechs Takte von BWV 535a sagen: die Bögen zeigen vielleicht nur an, daß die Akkorde *sostenuto* gespielt werden sollen (wie es oft in italienischen oder französischen Quellen der Fall ist), aber sie können auch andeuten, daß verschiedene Figurationen angebracht werden konnten, wie auch der Ausdruck *passaggio*, der über dem ersten Takt des Präludiums dazugesetzt ist, darauf hinweisen mag. Wie bei der Suite e-Moll BWV 996 (siehe BWV 533, I) ist der erste Satz in P 801 von Johann Gottfried Walther mit *Passagio* bezeichnet, was in Walthers eigener Definition bedeutet[11]:

> *Variatio. Sonsten auch Passagio genannt ist, wenn an statt einer grossen und langen Note, allerhand geschwinde Läufflein gemacht werden.*

Walthers Beispiele solcher Figuren haben Ähnlichkeit mit Figuren in den Anfangstakten von BWV 535a, 996 oder 533. Deshalb bleibt es also fraglich, ob der Ausdruck in BWV 535a anzeigt, daß das Passagenwerk bereits hinzugefügt ist oder ob es dem Spieler überlassen bleibt, die einfacheren Takte damit auszuschmücken, vielleicht auch beides. Außerdem ist die Sequenz aus den verminderten Septakkorden offensichtlich auch „Passagenwerk", denn sie liefert zwischen den beiden Orgelpunkten auf der Dominante eine viel längere Passage als irgendeine Stelle zwischen den Tonika-Orgelpunkten von BWV 535a. Indessen scheint „Passagenwerk" in diesem allgemeineren Sinne mit *passaggio* nicht gemeint gewesen zu sein, denn wie die Dinge liegen, hat BWV 535a vier Abschnitte, von denen nur der erste die lebhafte Figurierung aufweist, die aus Präludien für Tasteninstrumente oder Laute vertraut ist. Jeder Abschnitt basiert auf einer Art „deutschem Standardmaterial für Präludien", das sich um 1700 auch in den Werken vieler anderer Komponisten fand.

Für den Spieler ergibt sich in den Anfangstakten ein weiterer wichtiger Punkt. Die Verteilung auf die Hände ist in T. 5–6 klar: sie muß es sein, da es keine leicht zu spielende Alternative gibt. Aber sollten die Takte 1–5 auch zwischen beiden Händen aufgeteilt werden (vgl. BWV 535)? Es ist durchaus üblich, daß eine obligatorische Spielweise genau angegeben wird, die Spielweise jedoch offen bleibt, wenn es mehrere Möglichkeiten gibt (vgl. die Legrenzi-Fuge BWV 574/574b, T. 105 und 112).

Fuge

Die Unterschiede in den Melodielinien, die ein Vergleich von BWV 535 und 535a Takt für Takt zutage fördert, können widerspiegeln: a) einen Sinneswandel des Komponisten, b) Veränderungen, die auf einen Kopisten zurückgehen, c) Änderungen durch Ausführende, die sich verfestigt haben oder d) eine Kombination dieser Faktoren. Am leichtesten fällt die Annahme, daß das stärkere Empfinden eines Höhepunktes in T. 23–24 oder die geschmeidigere Kontinuität der Takte 35–38 in der „späteren Fassung" auf den Komponisten selbst zurückgehen. Somit bietet sich die

---

[11] Johann Gottfried Walther, *Praecepta der musicalischen Composition* [1708], hg. von Peter Benary, Leipzig 1955, S. 153

Möglichkeit, in diesen Veränderungen der Reifung des Komponisten nachzuspüren. Aber die dekorative Figurierung bleibt strenggenommen an der Oberfläche, und Unterschiede wie zwischen den beiden Fassungen der Takte 17–19 deuten an, daß der Komponist möglicherweise noch immer dieselben Figuren im Sinn hatte, die er jetzt aber aus Gründen der Kontinuität und der Imitation umgruppierte (folgendes Beispiel). Diesen Merkmalen hätte er allerdings ebensogut um 1705 wie später nachgehen können.

Ob daher bestimmte Änderungen auf die oben angeführten Gründe b), c) oder d) zurückzuführen sind, muß offenbleiben. Besonders bedeutsame Unterschiede treten zwischen den Fassungen der Passage T. 46–65 auf, und es scheint tatsächlich so zu sein, daß BWV 535a an zwei Stellen (T. 50, 54) und vielleicht auch noch an einer dritten (T. 65), wo der unvollständige Takt in der Möllerschen Handschrift in allen Stimmen über dem nicht ausgesetzten Thema im Pedal Pausen hat, erstaunlich schlicht war. Die Themeneinsätze in BWV 535a werden ebensowenig als Höhepunkte behandelt wie in den fugierten Abschnitten von Präludien Buxtehudes, wo der echte Höhepunkt für das toccatenartige Nachspiel aufgehoben wurde, wie es vermutlich auch in BWV 535a der Fall war. Deshalb scheint die allgemeine Beobachtung, daß die „spätere Fassung" eine Zunahme oder Steigerung der Intensität erreicht und damit der berühmten Regel folgt, wonach *eine Fuge im ersten Teil gut, im zweiten besser, im dritten aber vortrefflich sein müsse*[12], für BWV 535a nicht zuzutreffen und ist anachronistisch.

BWV 535a und z. B. die beiden Fugen im B-Dur-Capriccio BWV 992 haben viel Ähnliches gemeinsam: im Thema (Tonwiederholungen), im Modulieren (begrenzt), in der Stimmen-Notation (wenig sinnvolle Stimmkreuzung) und in kontrapunktischen Details (vierstimmigen Harmonien, „eckige" Phrasen, Achtelbewegung). Andere Werke der Zeit von 1704–08, einschließlich der Kantaten BWV 4, 106 und 131, haben ähnliche Merkmale, was nahelegt, daß die Zeit von 1708–14 eine Phase intensiver Entwicklung war[13].

---

[12] Hermann Keller, *Die Orgelwerke Bachs*, S. 62
[13] Siehe auch Elke Krüger, *Stilistische Untersuchungen zu ausgewählten frühen Klavierfugen Johann Sebastian Bachs*, Hamburg 1970

BWV 536

Präludium und Fuge A-Dur

Kein Autograph (siehe BWV 536a); Abschriften in P 804 (Präludium kopiert von Johann Peter Kellner, Fuge von einem unbekannten Schreiber), P 837 (frühes 19. Jahrhundert); *BG*, Band XV, benutzte eine Handschrift aus der Sammlung von Friedrich Wilhelm Rust, die Peters-Ausgabe, Band II, Abschriften von Johann Nepomuk Schelble, Franz Hauser (P 837?) und Johann Peter Kellner (P 804?).

Zwei Systeme; Titel in P 804 *Praeludium [...] cum Pedale*. Fehler in P 804 legen die Vermutung nahe, daß die Quelle dieser Handschrift in Tabulatur geschrieben war[1]. Titel in der Handschrift aus der Rustschen Sammlung *Praelud: con Fuga ped:*.

Eine Variante oder „frühe Fassung" existiert in BWV 536a (siehe dort). Zu den üblichen Annahmen gehört, daß die Quelle von BWV 536a ein Autograph war (wie in der Peters-Ausgabe, Band II, behauptet wird), und daß BWV 536a in den Arnstädter Jahren komponiert und später in den Weimarer Jahren, als im Pedal das e′ verfügbar war, umgearbeitet wurde[2]. Dies alles ist nicht beweisbar. Die Tatsache, daß die Motive in der „späteren Fassung" des Präludiums klarer entwickelt sind, hat Spitta nicht so aufgefaßt, als ob dies bedeute, daß BWV 536a eine Variante oder vereinfachte Fassung sei, sondern daß BWV 536 *belebter im Organismus gestaltet wurde*[3]. Vermutlich wegen der Fuge ist das Werk auch erst mit 1715–17 datiert worden[4]. Damit würde es zur Kantate BWV 152 (1714) passen, von deren Fugenthema des einleitenden *Concerto*-Satzes oft gesagt wird, daß es dem Thema von BWV 536, II ähnlich sei[5].

BWV 152, I

In beiden Fugen tritt das Thema als deutlich abgesetzte Melodie in eine dichte und homogene Textur ein, und natürlich treten dem Thema jeweils einige ähnliche Figurierungen entgegen. Aber die Ähnlichkeiten sind nicht so auffällig, daß man annehmen müßte, *daß beide Compositionen kurz, vielleicht unmittelbar hinter einander entstanden sind*[6]. Vielmehr muß der Rhythmus dieser Themen als Anspielung auf dreizeitige Tänze wie die Forlana gesehen werden[7].

---

[1] *NBA*, Serie IV/5–6, Kritischer Bericht, S. 474f.
[2] Hermann Keller, *Die Orgelwerke Bachs*, S. 81
[3] Philipp Spitta, *Johann Sebastian Bach*, Bd. I, S. 581
[4] Heinrich Besseler, *J. S. Bach als Wegbereiter*, AfMw 12/1955, S. 1–39
[5] Spitta, a.a.O., S. 580
[6] a.a.O.
[7] Johannes Krey, *Bachs Orgelmusik in der Weimarer Zeit*, ungedruckte Dissertation, Jena 1956, S. 191

Präludium

Offene Akkordbrechungen sind vielleicht für improvisierte Vorspiele in Dur-Tonarten typisch gewesen, wenn man nach Buxtehudes D-Dur-Präludium BuxWV 139 und den Anfangstakten des G-Dur-Präludiums BWV 541 urteilt. Tatsächlich zeigen die Anfangstakte von BWV 536 die konventionellen Harmonien über einem weit ausgedehnten Orgelpunkt – $\begin{smallmatrix}5&6&7&5\\3&4&4&3\\&&2&\end{smallmatrix}$ usw.; gemäß den Konventionen in Dur-Tonarten ist der erste chromatische Ton in diesem milden Klangspektrum der Leitton zur Dominante (T. 11). Das Ergebnis ist ein Präludium, in dem Orgelpunkte auf Tonika, Dominante, Tonika das Gerüst des Satzes bilden (wie in BWV 534, 535 usw.), zwischen dessen Pfeilern ein oder mehrere Motive verarbeitet werden. Im vorliegenden Präludium erstreckt sich diese Verarbeitung über den ganzen Abschnitt T. 15–27.

Obwohl das Pedalmotiv in T. 20 aufgrund seiner Entwicklung in Manual und Pedal klar ist, darf man nicht übersehen, daß die Keimzelle des Satzes das anfängliche Arpeggio ist. Es gibt dem Stück von Anfang bis Ende Leben.

Die Ähnlichkeit ist charakteristischerweise am Ende des Satzes, wo sie offensichtlich thematische Bezüge hat (wie z.B. in BWV 541), am deutlichsten. Viele Präludien aus der Zeit sind darauf ausgerichtet, das ganze Stück aus solch einem Motiv abzuleiten, wie z.B. auch die Nr. 5 in C-Dur in Johann Caspar Ferdinand Fischers *Blumen-Strauss* (veröffentlicht 1732, früher komponiert?):

Diese Figuren erscheinen auch noch weiterhin in reifen Choralbearbeitungen, z.B. BWV 651 und 651a. BWV 536 nimmt die Beschränkungen einer Arpeggio-Figur in Kauf und verändert sie vorsichtig, wenn sich die Gelegenheit dazu ergibt. In der Fassung für Manual in T. 20–21 (siehe BWV 536a) wird die Gruppierung ganz deutlich beibehalten, während dieselbe Phrase auf Manual und Pedal verteilt (BWV 536) weniger deutlich zutage tritt. Der daraus resultierende „Ton" des Präludiums ist strahlender als in Buxtehudes Präludium BuxWV 139. Das kommt nicht nur von der weiten Lage, sondern auch davon, daß die harmonischen Fortschreitungen der Takte 15–27 bekannte Vorhalte bringen, die normalerweise in Sequenzen „ernsterer", nicht arpeggierter Art ausgedrückt werden und daher in dieser Umgebung etwas Tänzerisches haben. Ebenso strahlend und spielerisch wirken die Harmonien über dem Orgelpunkt auf der Tonika T. 5–10, wo sich die Melodielinie in tanzenden Figuren auf- und abbewegt.

Wenn das Werk ursprünglich in Tabulatur existiert hat, würde dies erklären, warum die Pedal-Linien des Präludiums in beiden Fassungen einige Unklarheiten lassen im Hinblick darauf, a) wann das Pedal spielt, b) in welcher Oktave es spielen soll. Vielleicht ist dem Spieler in beiden Fällen ein wenig Freiheit zu gestatten.

Fuge

Formbeschreibung:

T. 1– 41	vierstimmige Exposition, die erste Quintbeantwortung tonal, die zweite real; Kontrasubjekt nahezu gleichbleibend
T. 41– 65	Einsätze in „Schein-Engführung" ab T. 45, die die tonale Beantwortung in T. 49 vorwegnehmen, die ihrerseits *en taille* [hier im Alt, d. Übers.] beantwortet wird; „schaukelndes" Kontrasubjekt
T. 65– 85	Einsätze in „Schein-Engführung", die die tonale Beantwortung von T. 69 vorwegnehmen, die ihrerseits in T. 77 im Baß beantwortet wird
T. 85–110	Einsätze in fis-Moll und h-Moll, denen jeweils aus dem vorhergehenden Themeneinsatz abgeleitete Zwischenspiele vorausgehen; fis-Moll-Einsatz mit „schaukelndem" Kontrasubjekt
T. 110–136	Einsatz und Beantwortung in D-Dur, vor ersterem und nach letzterer jeweils ein Zwischenspiel
T. 136–153	dichter aufeinanderfolgende Einsätze in Engführung, T. 145 vollständiger Themeneinsatz in der Grundtonart
T. 153–182	Zwischenspiel, letzter Themeneinsatz (Pedal), nach dem Skalenschema gebaute Coda

Zwar sind die Unterteilungen in diesem Formschema leicht zu erkennen, aber in Wirklichkeit wird z. B. der Einsatz in T. 69 durch den Kontext verschleiert. Nur im weiteren Verlauf wird klar, daß es sich um einen Themeneinsatz und nicht um eine zwischenspielartige Engführung handelt. Die Großform sieht so aus:

A T. 1– 45
B T. 45–153
C T. 153–182

Teil *B* wird formal durch Pseudo-Engführungen charakterisiert, deren letztes Beispiel (ab T. 136) eine Engführung im Abstand von nur einem, nicht von zwei Takten ist, weshalb das Thema beide Male mehr oder weniger verändert werden muß. Das ursprüngliche Kontrasubjekt tritt mehrere Male, mitunter auch nur in Anspielungen auf, bevor es über dem letzten Themeneinsatz deutlich wiederkehrt, und es fällt auf, daß sich das „schaukelnde" Kontrasubjekt sehr gut als Quasi-Zwischenspiel eignet (ab T. 115).

Besonders bemerkenswert ist der durchgehaltene drei- und vierstimmige Kontrapunkt der Fuge (ab T. 153 mit einer *wunderbaren Intensität*[8]), in dem die Themen-

---

[8] Spitta, a.a.O., S. 581

einsätze auch noch gesanglicher sind als die von BWV 535 oder 578. In der ganzen Fuge wirkt der Kontrapunkt glatt und mühelos, das Thema wird fast wie ein Ostinato behandelt. Diese Wirkung oder der Eindruck wird durch den Rhythmus des Themas und seine Achttaktigkeit verstärkt, beide typische Merkmale des Ostinato. Eine ungewöhnliche Gesamtwirkung ergibt sich auch aus den ständigen Terz- und Sextfolgen, die durch die Engführungen und das „schaukelnde" Kontrasubjekt entstehen. Hübsche tanzartige Kadenzen wirken in die gleiche Richtung (T. 76, 88, 114, 122, 181), obwohl die Kadenzen zugunsten der erforderlichen Kontinuität einer 182 Takte langen Fuge nicht so stark hervortreten wie in der Fuge der Kantate BWV 152. Bei einigen Phrasenschlüssen werden Kadenzen vermieden (z. B. am Ende der Exposition, T. 41). So liebliche Stellen wie T. 60–70 sind in Orgelfugen ungewöhnlich und eher (in langsamerem Tempo?) für die Passagen zwischen den *cantus-firmus*-Zeilen eines Orgelchorals charakteristisch. Insgesamt scheint die Fuge, je weiter sie fortschreitet, immer mehr in eine ununterbrochene Achtelbewegung überzugehen. In diesem Kontext wirken die relativ einfachen Skalenmodelle der Coda – nun über einem Orgelpunkt und deshalb fünfstimmig – um so flüssiger. Die thematische Anspielung am Ende von BWV 536a klingt an die Musette an, wogegen der kurze Schlußakkord von BWV 536 ein starkes *rallentando* vor dem Ende nahelegt.

Insgesamt ist die A-Dur-Fuge weitaus origineller, als ihr anspruchsloser lyrischer Charakter zunächst vermuten läßt. Der Gegensatz zu der „straffen" permutierenden Kontrapunktik der Kantaten-Fuge (BWV 152) ist sehr auffallend, und sowohl der Kanon in T. 136 als auch die Terzen in den Mittelstimmen in T. 146 ff. wären im *Orgelbüchlein* nicht fehl am Platz. Den Spieler muß die Frage des Manualwechsels beschäftigen, der hier besonders praktisch ist: In den Zwischenspielen geschieht er mühelos, und in einem von ihnen liegt sogar ein drittes Manual nahe (T. 123).

BWV 536a

Präludium und Fuge A-Dur

Eine Handschrift, die ein Autograph sein soll, einst im Besitz von Karl Wilhelm Ferdinand Guhr[9]; fünf Abschriften in den Scholz-Handschriften (vier nur von der Fuge, mehr oder weniger verkürzt, eine in G-Dur); auch eine nicht numerierte Handschrift in Oxford, Bodleian Library (Fuge).

Von Wilhelm Rust als *Variante* bezeichnet[10] und als die frühere Fassung angesehen[11], unterscheidet sich BWV 536a von BWV 536 folgendermaßen:

Präludium

T. 5–9, 12–13: in der Mittelstimme nur eine Achtel-Linie
T. 10, 15, 16, 20, 25–27: tiefste Stimme von der linken Hand, nicht dem Pedal, gespielt

---

[9] Friedrich Conrad Griepenkerl in der Peters-Ausgabe, Bd. II
[10] Peters-Ausgabe, Bd. II, S. XXIII
[11] Peters-Ausgabe, Bd. II; *NBA*, Serie IV/6

BWV 536a

Fuge

im 3/8-Takt geschrieben
T. 33–41, 159, 160: Pedal eine Oktave tiefer
T. 42–43, 89, 90: tiefste Stimme von der linken Hand, nicht dem Pedal, gespielt
T. 182–184: drei Takte mehr als BWV 536, darin Anspielungen auf den Themenkopf

Wenn die *NBA*, Serie IV/6, die Takte 177–178 dieser Fuge zu Recht dem Pedal zuweist, ist dort ein e' erforderlich. Daraus erhellt, daß diejenigen vorausgehenden Einsätze, die in BWV 536 eine Oktave höher notiert sind, nicht deshalb so notiert wurden, weil der verfügbare Umfang hier größer war als für die Kopisten von BWV 536a. Tatsächlich müßte das Thema in T. 33 eine Oktave höher stehen, damit zwischen zwei aufeinanderfolgenden Stimmen keine Kluft entstünde (Themeneinsätze auf e', a', e'', h). Dennoch unterscheiden sich die Takte 20–21 und 25–27 der beiden Fassungen des Präludiums so, daß anzunehmen ist, BWV 536a sei eine absichtlich vereinfachte Fassung: Der Baß im Pedal von BWV 536 hat eine viel deutlicher artikulierte Motivlinie als die sogenannte frühe Fassung. Die unterschiedliche Notationsweise der Mittelstimmen von T. 5 des Präludiums kann darauf zurückzuführen sein, daß BWV 536 klarer ausdrückt, was in BWV 536a nur implizit gemeint ist[12].

Doch nur wenn Guhrs verschollene Handschrift ein Autograph war oder letztlich von einem Autograph abstammte, kann BWV 536a einen höheren Rang als den einer einfachen Variante einnehmen. Das Verhältnis zwischen Manual- und Pedalstimmen in T. 42–45 der Fuge – d. h. das Pedal setzt aus, wenn im Manual Beweglichkeit gefordert wird, setzt jedoch vor dem Fugenthema wieder ein – legt die Vermutung nahe, daß es sich bei BWV 536a um eine schlechtere Variante handelt. Vielleicht war sie aber eine Bearbeitung von Scholz[13] und Guhrs Abschrift war gar kein Autograph[14]. Sowohl im Präludium als auch in der Fuge werden bestimmte Linien in nicht überzeugender Weise dem Pedal zugeordnet: z. B. T. 22–24 im Präludium (eine Oktave höher) und T. 91–97 in der Fuge (für die linke Hand?). Das Argument, daß BWV 536 gegenüber BWV 536a Linien explizit aushält, kann übrigens nicht dadurch gestützt werden, daß man einen Vergleich mit Bachs Abschrift eines Rondeaus von Couperin anstellt (siehe Anm. 12): Man weiß nicht, ob Bach es aus Couperins Ausgabe abgeschrieben hat, ja nicht einmal, ob das Stück überhaupt von Couperin komponiert worden ist.

---

[12] Man vergleiche die Fassung eines Satzes nach François Couperins Rondeau in B-Dur aus dem *Notenbüchlein für Anna Magdalena Bach*, BWV Anh. 183, die Couperins ausgehaltene Noten nicht zeigt.
[13] *NBA*, Serie IV/5–6, Kritischer Bericht, S. 474
[14] a.a.O., S. 587

BWV 537

Fantasie und Fuge c-Moll

Kein Autograph; Quelle ist P 803 (Fantasie und 89 Takte der Fuge, abgeschrieben von Johann Tobias Krebs, die übrigen Takte von Johann Ludwig Krebs); nicht numerierte Handschrift in der Bodleian Library, Oxford („1841" angefertigte Abschrift von P 803); für die Peters-Ausgabe, Band III, ist vielleicht eine indirekte Kittel-Quelle benutzt worden[1].

Zwei Systeme; Überschrift *Fantasia con Fuga*, am Ende (Johann Ludwig Krebs) *Soli deo gloria d* [en] *10 Januar 1751*.

Die Abschrift von Johann Tobias und Johann Ludwig Krebs, die offensichtlich unmittelbar vor dem Jahresbeginn 1751 entstanden ist[2], erhält eine zusätzliche Faszination dadurch, daß Griepenkerl über sie berichtet hat, sie wäre beinahe als Makulatur verwendet worden[3]. Viele Kommentatoren haben eine enge Verwandtschaft zwischen Fantasie und Fuge gehört, nicht zuletzt deshalb, weil die beiden Themen der Fantasie und die beiden Themen der Fuge zusammen zu einer Großform *A B A B C D C* führen[4], d. h. zu einer dem ausgereiften Ritornell-Satz ähnlichen Form. Gewiß ist der Halbschluß am Ende des Präludiums in den Orgelwerken einmalig, und genau die Einzelheiten dieses Halbschlusses – der hemiolisch absteigende Baß, die wandernden Sechzehntel-Linien – erinnern an Halbschlüsse wie den aus dem langsamen mittleren Satz der E-Dur-Violinsonate BWV 1016. Daß die Fantasie in hohem Maße durchkonstruiert und durchweg in vier Stimmen ausgeführt ist, mag vielleicht der Grund dafür sein, daß sie in *BG*, Band XV, in *Präludium* umbenannt wurde. In der Spieldauer vertragen sich Fantasie und Fuge miteinander (besser als dies in anderen Werken der Fall ist), und ihre Anlage als komplementäre Stücke ist auffallend: Beide sind vierstimmig (obwohl die Fantasie eine größere Konsistenz und Dichte aufweist); zweiteilige Fantasie und dreiteilige Fuge; (in der Fantasie) kurze Themen, die imitierend und engeführt behandelt werden, (in der Fuge) lange Themen, die fugiert auftreten. Trotz einiger möglicher Vorläufer kommt weder der Fantasie noch der Fuge ein Werk eines anderen Komponisten gleich, denn schon allein das Fugenthema scheint immer noch die *fortreißende Kraft* zu haben, *die nur Bach zu eigen hatte*[5].

Fantasie

Wie das f-Moll-Präludium BWV 534 im Dreiertakt nimmt auch die Fantasie eine zweiteilige Form an, die in einem Halbschluß oder einer phrygischen Kadenz endet (in BWV 534 ein toccatenartiger Schluß):

---

[1] *NBA*, Serie IV/5–6, Kritischer Bericht, S. 330f.
[2] Hermann Zietz, *Quellenkritische Untersuchungen an den Bach-Handschriften P 801, P 802 und P 803*, Hamburg 1969, S. 68, 98
[3] Peters-Ausgabe, Bd. III
[4] Jacobus Kloppers, *Die Interpretation und Wiedergabe der Orgelwerke Bachs*, Frankfurt 1966, S. 22
[5] Philipp Spitta, *Johann Sebastian Bach*, Bd. I, S. 583

A	T. 1–11	Orgelpunkt auf der Tonika, imitierende Oberstimmen; Thema von *B* im letzten Takt von *A* vorweggenommen
B	T. 12–21	imitierende Oberstimmen; schließt mit hemiolischem Takt (T. 20)
A	T. 21–31	Orgelpunkt auf der Dominante, imitierende Oberstimmen; faktisch eine Wiederholung der ersten zehn Takte mit vertauschten Kontrapunkten (die Oberstimme vermeidet in T. 25 das d''')
B	T. 31–47	dichtere Verarbeitung des *B*-Themas, einschließlich dessen Umkehrung (T. 32, 35, 36) und Pedaleinsätzen; T. 41–46 = verzierte Teilwiederholung der Takte 15–20 mit vertauschten Kontrapunkten
	T. 47–48	phrygische Schlußkadenz, die am Ende von A_1 (T. 9–10) und A_2 (T. 29–30) bereits vorweggenommen wird

Die formalen und stilistischen Details zeigen freilich eine Fantasie, die sich von allen zweiteiligen italienischen Sätzen, wodurch sie letztlich beeinflußt sein mag, stark unterscheidet. Tatsächlich ist die Abstammung ebenso komplex wie die Originalität offensichtlich. Die Anfangstakte mit dem ruhenden Orgelpunkt und den ausdrucksvoll wandernden Stimmen der Takte 5–7 gehören vielleicht sui generis in eine Kategorie mit den ersten Sätzen aus den Kantaten BWV 8 oder 27, denn die Manualstimmen sehen ziemlich wie obligate Bläser-Kontrapunkte aus. Zugleich ähneln die ersten sieben Takte in ihrer Textur solchen französischen *en-taille*-Sätzen sehr, in denen ein mögliches Tenor-Solo zunächst in den Oberstimmen vorweggenommen wird, häufig im 6/4-Takt über einem partiellen oder durchgehenden Orgelpunkt[6].

Ebenso waren fugierende/imitierende Linien über einem Orgelpunkt (der selbst später auf der Dominante wiederkehrt) in der deutschen Orgelmusik bekannt, wo sie sich z. B. in Buxtehudes F-Dur-Toccata BuxWV 156 und seinem g-Moll-Präludium BuxWV 150[7] gleichermaßen finden wie im f-Moll-Präludium BWV 534. Andere Ähnlichkeiten mit dem letzten Präludium im Detail sind auch zu finden, wie etwa der Hemiolentakt, der zum A_2-Teil überleitet (T. 20 von BWV 537, I, T. 30–31 von BWV 534, I). Wenn der anfängliche Orgelpunkt auf der Tonika schließlich auf der Hälfte des Stücks in einen Orgelpunkt auf der Dominante übergeht, gibt es ebenfalls in BWV 534 eine Parallele und somit in vielen südlichen Toccaten, deren Form oder Figurierung ihr Formgerüst deutlicher hervortreten läßt als in BWV 537, I.

Der Einfluß der ersten Sätze der Kantaten auf die c-Moll-Fantasie ist unter allen Einflüssen der aufschlußreichste. Das gesamte Hauptmaterial bis hin zu den gegen Ende sich häufenden Sechzehntel-Linien trägt melodisch durchaus den Charakter von obligaten Holzbläsern. Stauffer legt dar[8], daß *A* (T. 1 ff.) durch die Figur der *exclamatio* charakterisiert ist[9] und *B* durch die Figur der *suspiratio* (das gebundene Motiv von T. 12 usw.).

---

[6] vgl. *Récit de tierce en taille* aus de Grignys *Livre d' Orgue*, 1699
[7] Hans-Jacob Pauly, *Die Fuge in den Orgelwerken Dietrich Buxtehudes*, Regensburg 1964, S. 119
[8] George B. Stauffer, *The Organ Preludes of Johann Sebastian Bach*, Ann Arbor, Michigan 1980, S. 83f.
[9] Zur *exclamatio* vgl. Johann Gottfried Walther, *Musicalisches Lexicon*, Leipzig 1732, S. 233. Dort ist eine *exclamatio*, wenn man etwas beweglich ausrufet; welches in der Musik gar füglich durch die aufwerts springende Sextam minorem geschehen kann.

Trotz des Orgelpunkts weist das Pedal auch charakteristische Merkmale einer guten Basso-continuo-Linie auf (z. B. T. 12–21). Daß insbesondere die Textur von T. 35–36 augenscheinlich orgelmäßig ist, schmälert die instrumentalen Eigenschaften der Themen selbst in keiner Weise. Thema *B* (T. 12) ist fast ein Analogie-Thema, d. h. ein Thema, das sich von Natur aus mit bestimmten Texten oder Schriftstellen assoziiert – ohne daß unbedingt die Absicht dahinter steht, in Worten oder auf andere Weise etwas Bildhaftes zu vermitteln – und das der Komponist benutzt, um auf andere Arten der Musik zu verweisen.

Ebenso bemerkenswert wie der gemischte Ursprung der Fantasie und ihre straffe Form, aus der *alles unorganische Passagenwerk* ausgeschieden worden ist[10] und in der an einem gut ausgearbeiteten Satz festgehalten wird, ist für den Spieler *die edle, elegische Stimmung*[11] der Fantasie. In gewissem Maße kann sie beanspruchen, diese mit dem c-Moll-Präludium BWV 546 zu teilen. Wenn auch keiner der Klänge über dem anfänglichen Orgelpunkt sonderlich originell ist, ist doch die Phrasenbildung meisterlich: ab T. 6 oder 7 verlangen die Orgelpunkt-Harmonien (wegen der mit ihnen verbundenen Assoziationen) nach der Hinwendung zur Dominante in T. 10. Diese wird bewerkstelligt, indem das Anfangsmotiv selbst in die „erforderliche" Baßfortschreitung übernommen wird. Daraus ergibt sich von T. 1–11 ein außergewöhnlich gut konstruierter Abschnitt, der, obwohl es schwierig ist, im vierstimmigen Kontrapunkt dermaßen überzeugende Harmonien zu schreiben, ganz natürlich

---

[10] Spitta, a.a.O., S. 582
[11] a.a.O.

und ungezwungen wirkt. Es hat den Anschein, als ob die Technik ganz im Dienst des Ausdrucks steht. Daher wird die Umkehrung des Nebenthemas in T. 32 mit Sicherheit deshalb eingeführt, damit eine große Schönheit der Melodik und Harmonik erreicht wird, und nicht im Interesse der Erfindungskraft oder Mannigfaltigkeit. Gleichermaßen besteht in den Takten 31–41 (B_2), obwohl hier in jedem Takt das Thema auftritt, dazu genauso wenig eine Notwendigkeit wie in Teil B_1. Noch ein auffallendes Merkmal des Satzes, das zu den von Spitta gehörten Eigenschaften beiträgt, besteht darin, daß Passagen oder auch nur Kadenzen in Dur fast völlig fehlen. Natürlich muß B_2 der Abschnitt mit den meisten Modulationen sein, aber selbst die Verweildauer in As-Dur (T. 41–42) ist genau wie an der entsprechenden Stelle in T. 15–16 nur sehr kurz.

Obwohl Spitta die Fantasie als *Zwillingsschwester* des c-Moll-Präludiums BWV 546 angesehen hat, findet sie in der anderen c-Moll-Fantasie BWV 562 eine viel auffallendere Ergänzung. Schon die Anfänge beider Stücke haben soviel gemeinsam, daß ein Vergleich naheliegt und damit auch die Feststellung markanter Unterschiede:

BWV 537, I	BWV 562, I
vier Stimmen, 6/4-Takt	fünf Stimmen, 4/4-Takt
zwei Themen, zweiteilige Form	ein Thema, monothematische Durchführung
Orgelpunkte auf Tonika und Dominante	Orgelpunkte auf Tonika, Dominante, Subdominante und Tonikaparallele

Der entscheidende Unterschied liegt in der Form und der Art, wie Themen verwendet werden; beide Fantasien weisen auf französische Elemente hin, und beide stammen im Prinzip von der Orgelpunkt-Toccata ab, aber jede von beiden löst die Probleme der Ausdehnung und Organisation auf eigene Weise.

Fuge

Die Fugenthemen in den Violin- und Orgelwerken Bachs, die Mattheson 1739 anführt (siehe BWV 539, II), scheinen anzudeuten, daß auch hinter dem Thema von BWV 537 ein erkennbarer Typus von Fugenthemen stand; zumindest läßt sich das vermuten, wenn man dieses Thema mit einem bei Mattheson zitierten Thema[12] vergleicht, bei dem die Aufmerksamkeit auf den auffallenden Halbtonschritt gelenkt wird:

bei Mattheson in g-Moll

Damit soll nichts gegen die *dämonisch fortreißende Kraft* des Bachschen Fugenthemas oder Spittas Bewunderung dafür gesagt sein, sondern lediglich angedeutet werden, daß es reguläre, geradezu schulmäßige Merkmale enthält, die für Fugenthemen typisch sind: die wiederholte Dominante, den gebrochenen Dreiklang (ver-

---

[12] Johann Mattheson, *Der vollkommene Capellmeister*, Hamburg 1739, S. 210

minderter Septakkord) und am Ende den Abfall zur Tonika. Jeder Ausführende wird auf seine Weise versuchen, die heitere Wirkung darzustellen, die von Stellen wie der aus dem Thema abgeleiteten Sequenz (T. 18 ff.) ausgeht, doch sollte er auch wissen, daß das Thema die klassischen, von Mattheson und anderen Fugen-Theoretikern erläuterten Intervalle enthält.

Der Aufbau der Fuge mit ihrer Tendenz zur *da-capo*-Form, die in der e-Moll-Fuge BWV 548 zur Vollendung gelangte, läßt sich folgendermaßen beschreiben:

A	T. 1– 28	Exposition, anschließend sequenzierendes Tutti-Zwischenspiel mit einem weiteren Mittelstimmeneinsatz, in dessen Verlauf das Pedal aussetzt
–	T. 28– 57	Manual-Zwischenspiel, nimmt Einsätze auf der Dominante und zweimal auf der Tonika herein (zum Themenanfang in T. 37 und 45 siehe Matthesons Beispiel oben); nach dem Themeneinsatz im Pedal in der Grundtonart plötzlicher Halbschluß
B	T. 57–104	unregelmäßige Exposition zweier neuer Themen
A	T. 104–128	Wiederholung von T. 4–28, insofern nicht ganz getreu, als der letzte Mittelstimmeneinsatz anders harmonisiert ist, um den Orgelpunkt auf der Dominante zu ermöglichen
–	T. 128–130	Coda

Ganz allgemein erinnert der Kontrapunkt der Fuge stilistisch an den Orgelchoral *Nun komm, der Heiden Heiland* BWV 661, obwohl die Melodielinien der Fuge nicht so „eckig" sind, weil sie keinen *cantus firmus* hat. Wie in Bachs Orgelfugen üblich, beschränkt sich das Pedal nicht ausschließlich auf Passagen mit Mittelstimmen-Einsätzen. Das Ende der Exposition ist nicht markiert, weil sie in eine Sequenz übergeht, und der zusätzliche Themeneinsatz überschneidet sich mit dem Ende der Pedalphrase. „Verzierte Vorhalte" im ersten Manual-Zwischenspiel (T. 29–37) sind die typischen Stilmerkmale eines Kontrapunkts, von dem Bach einen unerschöpflichen Vorrat gehabt zu haben scheint.

Abgesehen von dem Thema und seiner Schwungkraft sind die auffallendsten Merkmale der Fuge der analytisch nicht ganz zu rechtfertigende Gesamteindruck einer *A-B-A*-Form und der kontrastierende Mittelteil. Obwohl sich die beiden Themen des Mittelteils, wie oft dargelegt wurde, nicht mit dem ersten Thema verbinden – wie analog zu BWV 540 und anderen Fugen zu erwarten wäre – gibt es für die beiden Themen Vorläufer. Das aufsteigende chromatische Thema ist als eines der beiden Themen der typischen Doppelfuge geläufig; es ist ebenso traditionell wie die auf-/absteigende Tonleiter in einer weiteren Doppelfuge im Mittelteil einer Bach-Komposition, nämlich des Präludiums in c-Moll BWV 546, I. Im Alt des letzten Taktes des Präludiums zu dieser Fuge ist eine aufsteigende chromatische Quarte zu hören. Das Gegenthema in Achteln hat einen näher zu spezifizierenden Ursprung. Es ist nicht nur *schon 7 Takte vorher meisterlich eingeführt*[13], d.h. ehe Teil *B* anfängt, sondern ist nach und nach aus den ersten 57 Takten emporgetaucht. In Wirklichkeit ist sein Hauptmotiv ein Kontrapunkt zum ursprünglichen Hauptthema.

---

[13] Hermann Keller, *Die Orgelwerke Bachs*, S. 83

BWV 537

Wenn auch der Komponist seine drei Themen nicht gleichzeitig miteinander verbindet, so ist doch eines der Themen aus Motiven gebaut, die zu den anderen beiden Themen treten können. Auf diese Weise entsteht eine Fuge mit mehreren Themen, die ein ungewöhnliches Element enthält, wodurch das Korpus komplexer Fugen in den Orgelwerken (BWV 540, 546, 552, 574, 596 usw.), Suiten (BWV 808, 830) und andernorts eine neue Variante erhält. Die vielfältigen Verwendungsmöglichkeiten des betreffenden Motivs zeigen sich darin, daß es ebenso in bereits erwähnten Werken (Fuge BWV 546, II und den Chorälen BWV 661 und 677) wie z. B. auch im *Italienischen Konzert* für Cembalo BWV 971 (veröffentlicht 1735) erscheint:

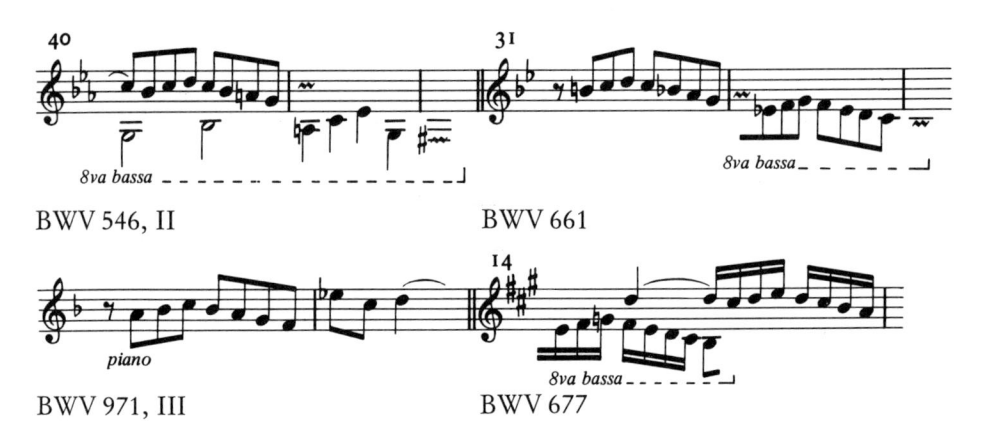

BWV 546, II   BWV 661

BWV 971, III   BWV 677

Es hat auch eine „Familienähnlichkeit" mit weiteren Motiven, die in Musik ganz anderer Art abgehandelt werden, z. B.:

Violinsonate BWV 1016, II

Die *A-B-A*-Form hat sich in BWV 537, II noch nicht ganz herauskristallisiert, und auch der Übergang zur Wiederholung des ersten Teils oder diese selber geschieht noch nicht mühelos. Die Baßlinie und/oder die harmonischen Fortschreitungen, die zum Themeneinsatz im Baß in T. 110 und zum Orgelpunkt von T. 124 führen, erscheinen „gezwungener" als die entsprechenden Takte des ersten Teils. In der e-Moll-Fuge BWV 548 sind beide Probleme geschickt gelöst, a) indem das Pedal nach dem Anfang von A_2 bis zu seinem eigenen Themeneinsatz pausiert und b) indem schon A_1 einen Orgelpunkt auf der Dominante enthält, so daß er sich in A_2 automatisch ergibt. Was nun den Mittelteil B angeht, so verschleiern die durchgehenden Achtel-Läufe die unregelmäßigen Einsätze des chromatischen Themas, das mehr imitierend als fugiert behandelt wird. Teil B wirkt mit seinen beiden Themen wie eine Folge von Sequenzen, da der zweite Takt eine aufsteigende Sequenz des ersten ist usw. Der Phrasenbau von A und B ist daher ganz verschieden. Des weiteren schließt Teil B nicht nur mit Manual-Trillern, die an eine Stelle in einem anderen c-Moll-Werk (T. 269–70 in der Passacaglia BWV 582) erinnern, sondern der nachfolgende Halbschluß in T. 103–04 ähnelt auch stark dem Halbschluß, der dem Teil B unmittelbar voraufgeht.

BWV 538

Toccata und Fuge d-Moll

Kein Autograph; Abschriften in P 803 (Johann Gottfried Walther), P 1099 (Johann Gottlieb Preller), Quellen aus dem späteren 18. Jahrhundert (P 275, P 277, P 286, P 290, P 319 Johann Christian Westphal, P 416, P 596) und 19. Jahrhundert (P 282, P 837, eine nicht numerierte Handschrift in der Bodleian Library, Oxford); auch Quellen aus dem Kittel-Kreis (LM 4842h Leonhard Scholz, nur die Fuge, LM 4839e Michael Gotthard Fischer, Lpz. MB. III. 8. 16 Dröbs); nur die Toccata in der Schubring-Handschrift (*BG*, Band XV); nur die Fuge in (späten) Quellen: Salzburg Archiv des Domchores MN 104, Wien Gesellschaft der Musikfreunde VII 14399a/B und BB 30377 (gekürzt). In der Peters-Ausgabe, Band III, wurde eine Quelle von Kellner benutzt, von der manche der letztgenannten Quellen abstammen.

Zwei Systeme; Titel in P 803 (von wem?) *Toccata con Fuga*; in P 286 (Kopist Anonymus 300) *Toccata per l'organo a due Clav. è Pedale col la Fuga*; in P 275 (Johann Gottfried Wilhelm Palschau ca. 1742– ca. 1780?) und einem Katalog von 1785[1] *Preludio in Organo Pleno con Fuga*; und in Forkels Verzeichnis (1802) *Prel.*

Vielerlei Zusätze in den Quellen: so in P 275 *f/p*-Registrieranweisungen, ein Titel *pro Organo pleno* und der erste Satz mit der Überschrift *Allegro*; Manual-Hinweise in P 803 *O*, *Positiv* und (ab T. 31) *R*; in anderen Quellen *Pos.* usw., aber niemals *Rp* oder *Rückpositiv*.

Die „Dorische" Toccata und Fuge hat wenig Recht auf diesen Namen, den ihr schon Spitta gegeben hat[2], denn die Quellen überliefern auch die andere d-Moll-Toccata (BWV 565) ohne ♭-Vorzeichnung. Eine genauere Kennzeichnung gebührt dem Werk nicht nur wegen seiner Meisterschaft auf vielen Gebieten, sondern auch, weil es – abgesehen von BWV 552, I und den Konzert-Sätzen – das einzige Werk ist, in dem sich die „authentischen" Registrierungen und Manualwechsel auf die Struktur

---
[1] *Bach-Dokumente*, Bd. III, S. 237
[2] Philipp Spitta, *Johann Sebastian Bach*, Bd. I, S. 688

beziehen. Die sogenannte Dialogtechnik[3] der Toccata bringt einen außergewöhnlichen Satz zustande, der von der Konzeption her innerhalb oder außerhalb der Orgelmusik nicht seinesgleichen hat, obwohl es von der Technik her theoretisch eine Verbindung zu den *dialogues* der klassischen französischen Orgelmesse gibt.

Des weiteren verdient der Satz hervorgehoben zu werden wegen des, wie es scheint, einmaligen Hinweises auf seine frühe Verwendung, ja sogar Entstehung. Nach einer Bemerkung von Kittels Schüler Michael Gotthard Fischer in der Abschrift LM 4839e – *bey der Probe der großen Orgel in Cassel von S. Bach gespielt* – scheint die Toccata auf der umgebauten Orgel der Martinikirche in Kassel im September 1732 gespielt worden zu sein[4]. Allein genommen, ergibt sich daraus kein Gegenbeweis zu der Ansicht, daß das Werk in der Weimarer Zeit entstanden und in Leipzig überarbeitet worden ist[5], wofür es freilich in den Dokumenten ebenfalls keinen Beweis gibt, ungeachtet der Möglichkeit, daß Walther seine Abschrift in Weimar verfertigte. Nützlich als Maßstab für die Vielseitigkeit Bachs auf dem Gebiet der Präludien-Form ist, daß die Toccata im wesentlichen monothematisch ist, wie die c-Moll-Fantasie BWV 562 auch – wobei es sich hier allerdings nicht wie in BWV 562 um eine fünfstimmige Fantasie handelt, die eng um einen Orgelpunkt und verschiedene französische Motive gearbeitet ist, sondern um die scheinbar freie Entfaltung eines Grundmotivs, das selbst mehr „norddeutsch" im Stil ist, in konzertartigem Rahmen. Der scheinbaren Freiheit, die aus dieser Art der Behandlung resultiert, begegnet die Fuge mit einem außergewöhnlich gut durchdachten Kontrapunkt. Dabei gesellen sich zu mindestens zwei fast unabhängigen Kontrasubjekten ungewöhnliche Harmonien, die aus Engführungen entstehen. Präludium und Fuge bilden deshalb wie auch in anderen Werken gegenseitige Ergänzungen. Die ähnliche Länge macht aus ihnen ein offensichtlicheres Paar als z. B. aus BWV 540, I und 540, II, und aufgrund ihres ähnlichen Stils bilden sie wiederum offensichtlicher ein Paar als z. B. BWV 542, I und 540, II.

Toccata

Auf Ähnlichkeiten zwischen dem zugrundeliegenden Material dieses Stückes und den Werken anderer Komponisten ist von Pirro, Grace und Keller hingewiesen worden:

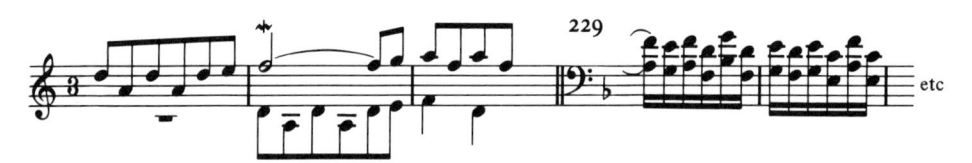

André Raison, *Messe du Premier Ton* (1688),   BWV 540, I
zweites *Agnus*

---

[3] Strenggenommen ein „Duolog", d. h. mehr ein „dramatisches Stück für zwei Spieler" als ein „Dialog" oder ganz allgemein eine Konversation, d. h. mit mehr als zwei Teilnehmern.
[4] *Bach-Dokumente*, Bd. II, S. 226f. Von dieser Orgel ist weder das Verzeichnis der Register noch die Disposition der Manuale bekannt.
[5] *MGG*, hg. von Friedrich Blume, Bd. I, Kassel 1949, Sp. 1013

Johann Pachelbel, Präludium d-Moll

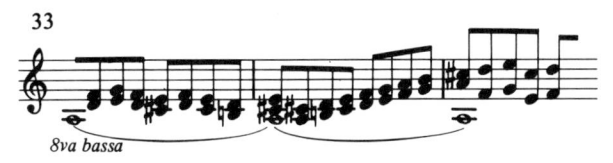

Johann Pachelbel, Toccata d-Moll

Johann Caspar Ferdinand Fischer, *Blumen-Strauss*, Präludium I

Weitere Beispiele ließen sich leicht finden, und der ganze Satz scheint ein Gewebe aus thematischen Anspielungen auf historische Orgelmusik zu sein. Allein schon durch die Tonart d-Moll erinnert der Satz an den ersten Vers in Buxtehudes *Magnificat primi toni* BuxWV 203, und man kann sich nur schwerlich vorstellen, daß der Orgelpunkt von T. 78–79 komponiert wurde, bevor der Komponist seine Transkription eines anderen Werkes in d-Moll angefertigt hatte, des Vivaldi-Konzerts BWV 596.

Aber sowohl in der Form als auch in der Melodik eignet dem Stück eine nicht zu bestreitende Individualität. Das „Eckige" der Motive

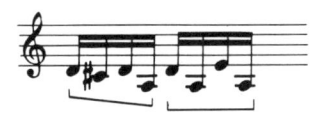

scheint der norddeutschen Orgelsprache zu huldigen, den vielerlei Figuren für Tasteninstrumente, die Lübeck, Bruhns und andere in ihre Präludien aufgenommen, aber nie so gründlich erforscht haben. Gleichzeitig läßt sich zeigen, daß alle dialogisierenden Sätze, ob in einem italienischen Konzert, einem französischen Orgel-Dialog, einem englischen *double voluntary* (einer fugierten Fantasie für zwei Manuale) oder einem spanischen Satz im *medio registro* (einer fugierten Fantasie mit Solo-Registerteilung zwischen Diskant und Baß), typische Merkmale gemeinsam haben: zwei Manuale werden abwechselnd für dieselbe Melodie, abwechselnd im Baß und Diskant, abwechselnd zur gegenseitigen Begleitung benutzt, und die Musik auf beiden Manualen ist oft so angelegt, daß beide Hände den Satz auf demselben Manual beschließen. Einzelne Parallelen hinsichtlich beliebiger Merkmale lassen sich zwischen BWV 538, I und dem einen oder anderen soeben aufgeführten ausländischen Satztypus ziehen. So sorgt der antiphonale Gebrauch der zwei Manuale in den Sequenzen T. 43–45 oder 73–77 für eine ausgefeiltere Bearbeitung eines ähnlichen Gedankens in T. 3 der Konzert-Transkription BWV 595, I. Diese Art des Manualgebrauchs – d. h. ein mehr oder weniger einfacher Wechsel – ist tatsächlich der Hauptzweck der Dialog-Technik des Satzes. Da es keine *récit*- oder *en-taille*-Linien gibt, d. h. lange Melodielinien im Sopran oder Tenor, gibt es auch keine deutliche Parallele zum französischen Orgel-Dialog, und da es keine fugierte Durchführung gibt, auch keine zum englischen *double voluntary*. Es würde auch nicht stimmen, wenn man, durch den ersten Manualwechsel in T. 13 verleitet, behaupten würde, daß die zwei Manuale nur benutzt würden, um die Abschnitte oder die strukturelle Gliederung des Stücks hervorzuheben. Vielmehr werden beide Manuale ohne Unterschied in den Haupt- und Nebenabschnitten benutzt – der thematischen Gleichheit entspricht die klangliche Integration.

Kloppers hat die These aufgestellt, daß BWV 538, I ein „Duolog"-Satz sei, der den rhetorischen Prinzipien folgt, die in den theoretischen Schriften von Mattheson, Scheibe und anderen niedergelegt sind[6]. In diesem Fall sieht die Form so aus[7]:

Ow T. 1–13   *Exordium* des ersten Sprechers A, Einsatz des Hauptthemas, woraus die *Narratio* oder der Bericht wird, der zeigt, wie sich das Thema entwickelt; dann ab T. 5 die *Propositio*: weitere Wiederholung, Hervorhebung und Entwicklung, schließt jedoch auf der Tonika[8]

Rp T. 13–20   *Confutatio* oder Gegenrede: der dialektische Partner B greift das Thema auf und entwickelt es seinerseits, Schluß ebenfalls in der Tonika

Ow T. 20–25   *Confirmatio*: bestätigt das Hauptthema durch mehrere Wiederholungen (d. h. sequenzierende Imitation)

Rp T. 25–29   *Confutatio*, nimmt T. 1–5 in der Dominanttonart auf, Oberstimmen vertauscht

Ow T. 29–37   *Confirmatio*: Sprecher A antwortet und entwickelt, wobei Sprecher B mit Antithesen unterbricht (T. 31–32)

Rp T. 37–43   *Confutatio*: B greift eine Variante des Themas aus dem vorigen Abschnitt auf (T. 34 im Tenor), wobei A mit Antithesen widerspricht

Ow T. 43–67   *Confirmatio*: A bringt eine neue Variante des ursprünglichen Themas vor, B beantwortet sie sofort; A erläutert das Thema des weiteren ausführlich und führt bei T. 47 Material erneut so ein, wie es ursprünglich in T. 1–5 erörtert worden war

---

[6] Jacobus Kloppers, *Die Interpretation und Wiedergabe der Orgelwerke Bachs*, Frankfurt 1966, S. 80–93
[7] *Ow* = Oberwerk, *Rp* = Rückpositiv
[8] Zur Schlußkadenz vergleiche *Contrapunctus III* aus der *Kunst der Fuge* in der Fassung der Stichplatten

Rp	T. 67–81	*Confutatio*: B unterbricht, wenn A auf sein Material aus T. 37 anspielt (T. 66–67); nachdem B den Abschnitt in T. 73 (auf der Tonika) beschließt, führt A wieder früheres Material aus T. 43 ein, worauf B zweimal antwortet und schließlich (ab T. 78) gleichzeitig redet; Motivwiederholungen und Motivhäufungen (*congeries*) bezwecken eine dialektische Steigerung (*gradatio*)
Ow	T. 81–94	*Confirmatio*: A übernimmt, bevor B seine Zeile beendet hat und spielt auf den Hauptabschnitt ab T. 53 an, bestätigt dabei den Orgelpunkt auf der Dominante (T. 88) und bringt seinen eigenen Höhepunkt (T. 90–94, dieses Mal in umgekehrter Bewegung) nach D-Dur
	T. 94–99	*Peroratio*, Ausgang, Beschluß, Coda

In keinem anderen Werk Bachs gibt es *eine derartig vollendete Angleichung an die Rede*, was unter anderem darauf verweist, daß das Werk *aus der reiferen Leipziger Periode* stammt[9]. Doch die Analogie zu den Regeln der Rhetorik und Dialektik wird rein musikalisch hergestellt, ohne außermusikalische „Bedeutungen". Wörter wie oben „Gegenrede", „redet" oder „antwortet" sind nicht im wörtlichen Sinn, sondern als Analogien zu verstehen. Auch der Versuch, BWV 538 auf dieser Basis zu datieren, wird durch keinerlei andere Beweise unterstützt. Wenn Bach von Johann Abraham Birnbaum gegen einen Angriff von Scheibe verteidigt wird, ist damit nur ganz allgemein gesagt, daß Bach in den Regeln und Begriffen der Rhetorik bewandert war[10]:

Die Theile und Vortheile, welche die Ausarbeitung eines musikalischen Stücks mit der Rednerkunst gemein hat, kennet er so vollkommen, daß man ihn nicht nur mit einem ersättigenden Vergnügen höret, wenn er seine gründlichen Unterredungen auf die Aehnlichkeit und Uebereinstimmung beyder lenket; sondern man bewundert auch die geschickte Anwendung derselben, in seinen Arbeiten.

Der Zusammenhang, in dem Birnbaum eine Bemerkung machte – hauptsächlich die „gründlichen Unterredungen" des Komponisten betreffend, von denen nur seine Vertrauten wußten –, ist zu unsicher, als daß sich daraus eine Theorie über Entstehung und Datierung von BWV 538 ableiten ließe.

Die musikalische Technik der Toccata ist ebenso bemerkenswert wie die rhetorische. Von der Großform her ist die Toccata ein Ritornell-Satz:

T. 1   A
T. 13 Zwischenspiel
T. 20 A
T. 37 Zwischenspiel
T. 47 A
T. 53 Zwischenspiel
T. 58 A
T. 66 Zwischenspiel
T. 81 A (aber wie T. 53)
T. 94 Coda

[9] Kloppers, a.a.O., S. 90
[10] *Bach-Dokumente*, Bd. III, S. 352

Homogenität wird dadurch erreicht, daß die Zwischenspiele Material aus dem Hauptthema nehmen, so daß die Ritornelle selten deutlich oder auffällig werden. Der Formplan weiter oben ist nur eine von verschiedenen möglichen Lesarten. Manche Motive scheinen mit dem Hauptthema verwandt, andere nur ähnlich zu sein. Zu behaupten, daß *das einzelne halbtaktige Motiv den melodischen Kern bildet, der als Grundlage für das gesamte Ritornell- und Zwischenspielmaterial dient*[11], ist eine verzeihliche Übertreibung.

Vermutlich ist das (einschließlich der Coda) durchweg verwendete Begleitmotiv *x* verwandt mit einem im ersten *Rp*-Abschnitt aufgegriffenen Gedanken:

Daß der Satz jedoch keine gewöhnliche Ritornell-Form hat, wird aus der engen Verwandtschaft der Abschnitte deutlich, wie immer wir diese benennen mögen. Man vergleiche z. B. die Stellen in T. 7 (Pedal), T. 15 (rechte Hand), T. 30 (linke Hand), T. 53 und 81. Ebenso kann das Hauptmotiv dazu verwendet werden, einen Orgelpunkt herbeizuführen (T. 86), oder es kann imitierend über einen Orgelpunkt gesetzt werden (T. 30). In der F-Dur-Toccata BWV 540, die zumindest teilweise eine Ritornell-Form hat, läßt sich ein ähnlicher Gebrauch von gleichförmigem Material beobachten, doch ist in BWV 538, I das Zwischenspielmaterial enger verwandt.

Die komplexe Einheitlichkeit des Satzes sollte nicht die Tatsache verdecken, daß die Rhythmen ungemein schematisch sind. Die Phrasenlängen gehen in gewissem Maß dagegen an (z. B. die sechstaktige Phrase T. 37–42). Aber es ergeben sich durchweg bemerkenswert wenige übergebundene Noten. Der daraus resultierende, höchst ungewöhnliche Satz ist vom ersten bis zum letzten Takt durch Gruppen von vier Sechzehnteln charakterisiert. Das damit verbundene harmonische Spektrum ist gesänftigt, fügt sich z. B. den in lebhafter Orgelmusik üblichen 7–6-Fortschreitungen

---

[11] *the single half-measure-long motive provides the melodic kernel that serves as the basis for all the ritornello and episodic material.* George B. Stauffer, *The Organ Preludes of Johann Sebastian Bach*, Ann Arbor, Michigan, 1980, S. 57

(vgl. T. 8–9 mit Harmonisierungen des Fugenthemas der D-Dur-Fuge BWV 532), bringt aber im übrigen „interessante" Akkorde nur in sorgfältig bemessenen Zeitabständen (T. 12, 35, 52, 65, 72, 93). Dreimal stehen diese Akkorde in ähnlicher Umgebung und wirken daher ritornellartig (T. 51–52, 64–65, 93–94). Nach einer harmonisch reicheren Stelle wird in den nachfolgenden Takten mittels einer einfachen Figur oder Sequenz „die Luft gereinigt" (z. B. T. 35–37, 52–53). Man kann sich nur schwer vorstellen, wie die vielerlei Formeln oder Gedanken, die den Satz tragen, noch einmal auf eine andere Komposition hätten angewendet werden können. Die Toccata mußte ein Unikum bleiben.

Fuge

Die Fuge ist ein ungewöhnlich kompliziertes Stück über ein Thema mit *alla-breve*-Elementen (2/2-Takt, Vorhalte, daktylisches Gegenthema), das merkwürdig symmetrisch ist (eine Oktave auf- und absteigend, Schlußsynkopen als Gegengewicht zu den halben Noten am Anfang). Das Thema ist eher äolisch als dorisch und in einigen Quellen (P 177, P 290) verziert. Aus formaler Sicht ist am ungewöhnlichsten, daß den Zwischenspielen hauptsächlich eine kanonische Setzweise zugrundeliegt (die in den Fugen des *Wohltemperierten Claviers* mehr für die Themeneinsätze als für die Zwischenspiele typisch ist), und daß das Thema zwei Kontrasubjekte hat. Dadurch entsteht weniger eine Permutationsfuge als ein ideal zusammenpassender, vertauschbarer Kontrapunkt, der sich häufig überlappt und so den Hörer verwirrt. Obwohl das Pedal drei auffällige Themeneinsätze in der Grundtonart hat, markieren sie nicht den als kanzonenartig bezeichneten dreiteiligen Aufbau der Fuge[12]: Teil I in der Grundtonart T. 1, Teil II in der Durparallele T. 101, Teil III in der Grundtonart T. 167. Diese Einsätze in der Tonika dienen fast als massives *ostinato*-Element, nicht unähnlich den Tonika-Einsätzen im Pedal in der Es-Dur-Fuge BWV 552.

Formbeschreibung:

I T. 1–36 Exposition; zwei feste Kontrasubjekte (das erste mit einem Motiv, das eine Umkehrung des Toccatenmotivs im ersten folgenden Notenbeispiel zu sein scheint); die Weiterspinnungen (T. 15–17, 25–28) enthalten eine imitierende Sequenz x (siehe das zweite nachfolgende Notenbeispiel), die später weiterverarbeitet wird

(vgl. Beispiel S. 120 oben)

T. 36–42 Zwischenspiel, in den Außenstimmen kurzer Kanon im Quintabstand

T. 43–50 Themeneinsatz auf der Dominante

T. 50–56 Zwischenspiel, drei Stimmen verarbeiten x imitierend bzw. kanonisch

---

[12] Roger Bullivant, *The Fugal Technique of J. S. Bach*, ungedruckte Dissertation, Oxford 1959/60, S. 705

	T. 57– 63	Themeneinsatz auf der Tonika, Anfang verziert
	T. 64–100	weitere Einsätze auf der Dominante (T. 71 wie T. 18 ff.) und der Tonika (T. 81), denen auf Sequenz *x* basierende Zwischenspiele vorausgehen und nachfolgen
II	T. 101–161	eine Reihe von Themeneinsätzen in F-Dur (kanonisch, T. 101–102), C-Dur (T. 115), g-Moll (kanonisch, T. 130), B-Dur (T. 146), durchsetzt mit Zwischenspielen über *x*
III	T. 167–174	kanonischer Themeneinsatz auf der Tonika
	T. 174–202	Zwischenspiele weitgehend über *x*, die einen Themeneinsatz auf der Dominante einrahmen
	T. 203–211	kanonischer Themeneinsatz auf der Tonika (Sopraneinsatz verziert)
	T. 211–222	Coda über vierstimmige Version von *x*; homophone Schlußklänge

Mit ihrer stattlichen Anzahl von Vorhalten von der Exposition bis zur Coda (z. B. T. 43–56) bildet die Fuge harmonisch einen starken Gegensatz zur Toccata (siehe oben). Schon 1777 zitierte Kirnberger Auszüge daraus, um Bachs Gebrauch der Septen und Nonen zu demonstrieren[13]. Es ist bemerkenswert, daß keines der zuerst in T. 18 zusammen auftretenden Kontrasubjekte Vorhalte oder übergebundene Noten enthält. Vielmehr kommt die Hauptantriebskraft aus dem kanonischen bzw. imitierenden Potential der Takte 2–3 des Themas selbst, insbesondere jedoch aus der anscheinend abgeleiteten Weiterspinnung (T. 15–16), die „*x*" liefert, was zur Grundlage einer außergewöhnlichen Reihe imitierender Zwischenspiele wird, die die ganze Fuge hindurch wiederkehren.

Aus der kanonischen Keimzelle wachsen sequenzierende Imitationen in allen Tonabständen mit Ausnahme der Oberterz und Oberseptime. Die Imitationen setzen auf dem vollen oder halben Takt ein und sind natürlich alle vertauschbar. Dennoch wird trotz des immer gleichen Motivs Mannigfaltigkeit sowohl in der Toccata als auch in der Fuge dadurch erreicht, daß einfache Wiederholungen vermieden werden und sich die Zwischenspiele durch den Abstand der kanonischen Stimmen, die Anzahl der am Kanon beteiligten Stimmen (vier in der Coda) und die wechselnde Zahl der freien Stimmen unterscheiden. Die freien Stimmen selbst verändern sich – werden z. B. ab T. 156 chromatisch –, während andere Stellen mit noch freieren Achtel-Linien aus dem Stimmfluß erwachsen und die kanonischen Themeneinsätze oder imitierenden Zwischenspiele um so plastischer hervortreten lassen (T. 64–67, 195–202). Die freien

---

[13] *Bach-Dokumente*, Bd. III, S. 226 f.

Linien nehmen den Kontrapunkt anderer Stücke in d-Moll vorweg, besonders die Sechzehntel-Passagen in der Fuge *in Stylo Francese* aus der *Kunst der Fuge* und die Achtel-Linien in der dreistimmigen Fuge desselben Zyklus. Der Kanon, den das Thema als solches zuläßt, bringt parallele Rhythmen hervor (wie nach den ersten beiden Takten der a-Moll-Fuge aus dem *Wohltemperierten Clavier* I). Die größte Vielfalt bietet eindeutig das Zwischenspielmaterial.

Diese Vielfalt läßt sich belegen, indem man die Behandlung derselben Phrase im Sopran und Baß vergleicht:

Umgekehrt wäre der unterschiedliche Satz über derselben Baßlinie (etwa T. 36–42 und 211–17) zu vergleichen. Aus einem derartigen Gebrauch des Zwischenspielmaterials wird eine *tour de force*, so daß Bullivant von einer entscheidenden Stelle (ab T. 125) gesagt hat, sie widersetze sich der harmonischen Analyse[14], unter den gegebenen Verhältnissen eine weitere Übertreibung, die verzeihlich ist.

Obwohl BWV 538, II (neben BWV 547, II) die kontrapunktisch durchgearbeitetste Fuge von Bach ist, zeigt sie dennoch eine Neigung zu reichen Klangwirkungen, die aus den schriftlichen Berichten über die Fuge keineswegs deutlich hervorgehen. Die Sexten von T. 109 oder T. 212 sind ein einfaches Beispiel für eine der Stellen mit der am gründlichsten überlegten vierstimmigen Harmonik im gesamten Orgelrepertoire überhaupt. Vergleicht man jeweils weitere zwei ähnliche Stellen, können zwei der vier Stimmen durchaus identisch sein, aber die anderen beiden haben – ohne gesucht oder kompliziert zu wirken – einen völlig anderen Klangcharakter (z. B. T. 43–50 und T. 115–122). Obwohl ständig veränderte Harmonien für Bachs Themeneinsätze typisch sind, bietet BWV 538 eine Reihe ungewöhnlich fruchtbarer Harmonisierungen. Wegen der Vollständigkeit der Terz- und Sext-Imitation wird an einer Stelle der Fuge (T. 164, gleich nach der Passage mit der aufgelockertsten Textur) eine zusätzliche Manualstimme eingeführt. Aus den Schlußakkorden der Fuge ist dagegen jede kontrapunktische Schulmeisterlichkeit vertrieben. Tatsächlich sind die vier letzten Takte die erstaunlichsten der Fuge. Sie deuten eine Rückkehr zum Dialog-Stil der Toccata an und schwingen sich zu deren Geist auf. Aber auch die kontrapunktische Komplexität ist im ganzen Stück sorgfältig ausgewogen. So kommt unmittelbar vor den Einsätzen in der Tonikaparallele im Mittelteil das dichteste Zwischenspiel überhaupt und erzeugt eine prächtige Mittelstimme in halben Noten, die möglicherweise auf den Themenkopf anspielt, sich aber sogar in dieser dichten Textur gut heraushebt (Alt T. 93, Tenor T. 95 ff.) Ein weiteres wirkungsvolles Detail ist, daß jedem mittleren Einsatz ein starker Ganzschluß vorausgeht (z. B. T. 114, 129), obwohl die Tonart in allen Fällen schon lange vorher vorbereitet ist. Aber die Natürlichkeit, mit der das Thema jeweils neu harmonisiert wird und sich die Zwischenspiele in der Art der Imitation ändern, zeichnet die Fuge immer aus. Zum Beispiel tritt das Motiv des Gegenthemas,

wann immer es erscheint, ganz natürlich auf und trägt so zur Homogenität bei. Doch in den meisten Fällen wird es anders eingeführt, wobei der ursprünglich vorausgehende Rest der Phrase (d. h. das ursprüngliche Kontrasubjekt) gewöhnlich fehlt. Was an der Coda mit am meisten überrascht, ist, daß die Achtel nach und nach ausbleiben und der Eindruck eines ungeheuren harmonischen Reichtums zurückbleibt.

---

[14] Bullivant, a.a.O., S. 539

BWV 539

Präludium und Fuge d-Moll

Kein Autograph; vollständige Abschrift in P 517 (frühes 19. Jahrhundert) und Erstausgabe (Leipzig 1833, Marx); nur die Fuge in Am. B. 606 (zweite Hälfte des 18. Jahrhunderts), P 213, P 282 (Johann Christoph Westphal d. Ä.?) und spätere Quellen (z. B. P 304, ca. 1800, Wien Gesellschaft der Musikfreunde SBQ 11500), vermutlich alle nach einer gemeinsamen Quelle[1]. Die Fuge ist die Transkription des Satzes einer Violinsonate (siehe weiter unten).

Zwei Systeme (kein Hinweis auf Pedal im Präludium); in P 213 und P 304 eine der *VI Fughe per il Clavicembalo* (d. h. mit BWV 944, Anhang 177, 886, 951a, 951), aber mit Hinweisen auf Pedal.

Üblicherweise wird angenommen, daß die Unterschiede zwischen der Violinfuge (BWV 1001, II) und der Orgel-„Transkription" auf Bachs eigene Korrekturen zurückgehen, die er vorgenommen hat, während er das Violin-Original transkribierte[2], und diese Unterschiede werden oft für aussagekräftig im Blick auf die Methoden und Geschicklichkeit des Komponisten gehalten[3]. Aber tatsächlich ist gar nicht sicher, durch wen und wann die Orgelfassung entstanden ist. Es ist auch nicht bekannt, wer das Präludium geschrieben hat, ob es für Orgel komponiert wurde, und wer die zwei Sätze so zusammenstellte, wie sie in P 571 enthalten sind und von Forkel in seinem thematischen Katalog von 1802 zusammen verzeichnet wurden. Es führt daher zu nichts, wenn darüber spekuliert wird, *warum Bach nicht auch das großartige und tief leidenschaftliche Präludium der Violinsonate übertragen hat, sondern an dessen Stelle ein kleines, unbedeutendes Präambulum manualiter gesetzt hat*[4], dessen Authentizität indessen *kaum zu bezweifeln* ist, obwohl es keine Pedalstimme hat[5]. Vermutlich erfolgte die Transposition von g-Moll abwärts nach d-Moll, um den für den Umfang erforderlichen Ton f''' auf c''' herabzusetzen. Sie bietet aber auch die Möglichkeit, den Violinsatz zu erweitern, indem in der Orgelfassung außer den neuen Themeneinsätzen in Tenor und Baß auch ein Einsatz um eine Oktave nach oben verlegt wird (T. 4). Das Pedal steigt nicht über a, überkreuzt sich mit der (notierten) linken Hand bei drei ihrer vier Themeneinsätze und ist weitgehend für eine Baßstimme reserviert – drei Merkmale, die für Bachs Orgelfugen ganz untypisch sind.

---

[1] *NBA*, Serie IV/5–6, Kritischer Bericht, S. 360
[2] Philipp Spitta, *Johann Sebastian Bach*, Bd. I, S. 688f. Spittas Behauptung, daß Johann Peter Kellner bereits 1725 eine Abschrift der Orgeltranskription gemacht hatte (a.a.O., S. 825), scheint auf dem Mißverständnis einer Bemerkung in *BG*, Bd. XV, S. XXV zu beruhen, wo Rust von der Abschrift der Violinsonaten spricht. BWV 539, II zeigt bestimmte Lesarten der Violin-Fuge in der Fassung einer Abschrift der Sonaten, die Anna Magdalena Bach gemacht hat (P 268) und die zwischen 1725 und 1733/4 datiert wird (siehe Dietrich Kilian, *J. S. Bach, Praeludium und Fuge d-moll, BWV 539*, Mf 14/1961, S. 327).
[3] Karl Geiringer, *Johann Sebastian Bach: The Culmination of an Era*, London 1966, S. 237f.
[4] Hermann Keller, *Die Orgelwerke Bachs*, S. 99
[5] Kilian, a.a.O.

Die Fuge (ohne Präludium) wurde auch in französische Lautentabulatur übertragen, vermutlich vor ca. 1730[6] und vielleicht unter Anleitung des Lautenisten Johann Christian Weyrauch[7]. Sowohl die Lauten- als auch die Orgelfassung scheinen also spätere Bearbeitungen des Violin-Originals zu sein und haben als solche nichts miteinander zu tun[8]. Alle drei Fugen oder Fugenthemen aus den Violinsonaten (g-Moll, C-Dur, a-Moll) scheinen für manche Zeitgenossen gewissermaßen archetypische Eigenschaften besessen zu haben – die a-Moll-Fuge (BWV 1003) ein kurzes Thema mit großen Möglichkeiten, die C-Dur-Fuge (BWV 1005) Modellcharakter für chromatischen Kontrapunkt usw. Darauf deutet hin, daß Mattheson 1737 und 1739 zwei dieser Fugen zitierte[9]. BWV 539, II ist eine vollständige Transkription der dritten Fuge, eines Stücks mit einem beispielhaften Kanzonen-Thema. Damit sind die Fugen der Violinsonaten als Grundtypen der Fuge festgelegt: jede von ihnen stellt das Beispiel eines Fugen-Grundtypus dar, der sich jeweils aus einem Themen-Grundtypus ergibt. Die Albinoni-Fuge h-Moll für Cembalo, BWV 951, die sich in einigen derselben Quellen findet (Am. B. 606, P 213, P 304), würde noch einen weiteren Typus einer Violinfuge bieten: eine ausgedehnte Fuge über ein melodisches Thema, das sich in dieser Art in früherer Violinmusik wie der von Frescobaldi findet.

Präludium

Obwohl es vielleicht übertrieben ist, diesen Satz lediglich als *durezza*-Typus mit traditionellen Vorhalten und langsamen Harmoniebewegungen anzusehen[10], sollte er vielleicht durchaus auf die jüngsten Erscheinungsformen dieser Tradition, namentlich in den Stücken für *plein jeu* oder *petit plein jeu* der klassischen französischen Orgelmessen anspielen. Vorhaltsklänge wie $^9_7$ in T. 20 und Melodielinien wie die Achtelfiguren (T. 1, 2 usw.) sind auch andernorts zu finden:

---

[6] Hans-Joachim Schulze, *Wer intavolierte Johann Sebastian Bachs Lautenkompositionen?*, Mf 19/1966, S. 32–39
[7] André Burguéte, *Die Lautenkompositionen Johann Sebastian Bachs. Ein Beitrag zur kritischen Wertung aus spielpraktischer Sicht*, BJ 63/1977, S. 45
[8] Kilian, a.a.O.
[9] *Bach-Dokumente*, Bd. II, S. 294f. Es ist nicht bekannt, ob Mattheson sie aus dem Gedächtnis zitierte oder in einer schriftlichen Quelle verifizierte.
[10] Fritz Dietrich, *Analogieformen in Bachs Tokkaten und Präludien für die Orgel*, BJ 28/1931, S. 51–71

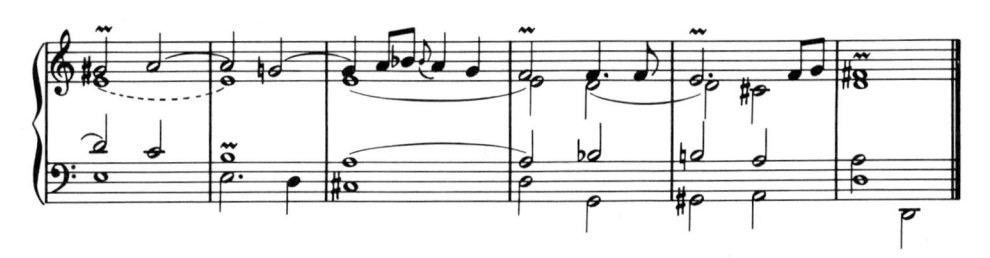

Nicolas de Grigny, *Plein jeu* (*Fin de la Messe*) aus dem *Livre d'Orgue* (1699)

Es ist allerdings fraglich, ob ein deutscher Organist die Skalenfiguren von T. 4, 10, 41 usw. als *notes inégales* interpretiert haben würde. Wenn auch die möglichen französischen Vorbilder viel unregelmäßigere Phrasenlängen und Sequenztypen haben als BWV 539, I, ist letzteres doch gewiß ein ungewöhnliches Stück im deutschen Orgel-Repertoire der Mitte des 18. Jahrhunderts. Das wird auch aus der Notationsweise ersichtlich, die an vielen Stellen (T. 3, 9, 19, 34 usw.) einer französierten Cembalo-Schreibweise nähersteht. Von allen im *Bach-Werke-Verzeichnis* aufgeführten Orgelwerken ist daher BWV 539, I dasjenige Stück, bei dem eine Ausführung in *notes inégales* am plausibelsten erscheint, ungeachtet dessen, was ein deutscher Organist um 1750 damit gemacht hätte.

Ein BWV 539, I in der Mehrteiligkeit und Textur ähnliches Stück für Cembalo ist die a-Moll-Fantasie BWV 904, I. Sowohl BWV 904, I als auch BWV 539, II kommen in der Handschrift Lpz. Go. S. 318a aus dem frühen 19. Jahrhundert vor, doch nicht zusammen[11]. Der Kopist von P 517 schrieb auch andere Transkriptionen von Instrumentalwerken nieder, einschließlich der drei Konzerte für drei und vier Cembali[12]; es ist daher vorstellbar, daß er ganz allgemein ein Interesse an Cembalo-Transkriptionen hatte.

Mit seinen 43 Takten stellt das Präludium im Ansatz den Versuch einer geschlossenen Form dar:

T. 1–6
T. 7–12 = 1–6   auf der Dominante, Außenstimmen in vertauschtem Kontrapunkt

[11] *Katalog der Sammlung Manfred Gorke*, hg. von Hans-Joachim Schulze, Leipzig 1977, S. 79
[12] *NBA*, Serie IV/5–6, Kritischer Bericht, S. 357

BWV 539

T. 13–24	Sequenzen bis zum Halbschluß
T. 24–33	Sequenzen bis zur Rückkehr der Tonika
T. 34–39 = 1–6	in der Tonika
T. 40–43	Coda (T. 41–43 = T. 22–24 in der Tonika)

In der wechselnden, für Bach untypischen Textur werden einige bekannte Figuren in einfacher, französisierter Weise gebraucht (z. B. die dreiteilige Sequenz ab T. 24), wobei eine Figur einfallsreich und integrativ verwendet wird (die Skalenlinie in T. 4, 5, 10, 13, 21, 22, 37, 38, 41). Die Vorhalte führen zu überraschenden Harmonien und geben in über der Hälfte der Takte der ersten Taktzeit ihre Farbe. Im Gegensatz dazu sind die Kadenzen nicht synkopiert und ohne Vorhalte, was für die französischen *durezza*-Stilarten nicht sonderlich typisch ist. Das Ergebnis ist ein reizvolles und interessantes Präludium in gemischten Stil.

Fuge

Wie die anderen Fugen der Violinsonaten hat BWV 539, II eine klare Rondoform, in der sowohl die Themeneinsätze als auch die Zwischenspiele ein eigentümliches Gewicht und eine musikalische Ursprünglichkeit haben, die man nach den theoretischen Merkmalen beider Formteile nicht vermuten würde. Daß das Thema die Tonwiederholungen und sein Kontrasubjekt die impliziten Vorhalte unzähliger Kanzonen hat, erklärt lediglich die klare traditionelle Austauschbarkeit des dreistimmigen Kontrapunkts (T. 3) oder die Leichtigkeit, mit der ein überzähliger Themeneinsatz eingeführt wird (T. 5). Aber der kanzonenartige Charakter (der durch die unregelmäßige, fast an Palestrina gemahnende Exposition noch verstärkt wird) erklärt kaum das feine Gespür für Fortschreitung und Spannung, das von den ersten sechs oder sieben Takten ausgeht und in der Orgelfassung noch auffallender ist als in der Originalfassung für Violine:

BWV 1001, II

BWV 539, II

Mit der Verdichtung der Orgelfassung geht auch einher, daß nicht nur in T. 5 und 29 zusätzliche Einsätze auftreten, sondern daß ein weiterer Einsatz in T. 6 die in der Violinfassung (T. 5) nur implizit enthaltenen Harmonien realisiert – ein wirklich geniales Detail. So gesehen ist die Oberstimme in T. 6 der Orgelfassung ebenso bemerkenswert wie die Pedalstimme in T. 5 und T. 29. Genauso wäre es ein Fehler, in der den Zwischenspielen beigefügten Begleitung (T. 8, 44, 66, 89) nur elementare Akkordblöcke zu sehen, mit denen die Orgelfassung zwangsläufig aufgefüllt werden muß. Eine intensive, nicht gebundene Spielweise, die daraufhin „angelegt" ist, daß sie genau das Gegenteil von der in der Violinfassung angestrebten Geläufigkeit oder Flüssigkeit erreicht, unterstützt die Gesamtwirkung von Spannung und dichter Harmonik, die diese Klänge vermitteln. Unter allen Orgelfugen Bachs vermag BWV 539, II die größte Intensität zu erreichen, wenn sie mit einer Art zögernder Exaktheit gespielt wird. Nur dann, wenn sich der Vergleich zwischen dem Kontrapunkt der Orgelfassung und dem subtilen, zurückgenommenen Stil der Violinfassung auf einer rein theoretischen Ebene bewegt, kann es zu der Meinung kommen, daß die Bearbeitung nirgends *über das Schulmäßige* hinausgeht[13].

Formbeschreibung:

- T. 1–7 unregelmäßige Exposition, mit zwei enggeführten Stimmpaaren im Oktavabstand (Thema–Antwort–Antwort–Thema–Thema) und einer auf der Terz einsetzenden sechsten Stimme
- T. 7–15 Zwischenspiel mit Anspielung auf das Thema
- T. 15–30 Themeneinsätze, Anfang wie eine konventionelle Exposition in der Grundtonart, aber unter Einschluß von Engführungen oder Imitation in Terz- und Quartabstand; dann „enggeführtes" Zwischenspiel bei T. 25 ff.

---

[13] Ulrich Siegele, zitiert nach: Kilian, a.a.O., S. 323–28

BWV 539

T. 30–57   Zwischenspiel, zunächst auf einer melodischen Erweiterung des Themas basierend
T. 57–60   Engführung wie bei T. 25, jetzt in der Subdominante, in die Durparallele übergehend
T. 60–76   Zwischenspiel, zunächst auf einer melodischen Erweiterung des Themas basierend
T. 76–81   Teileinsätze, die das Thema verarbeiten; es folgen
T. 82–92   Zwischenspiele und Coda

Die Einsätze werden also immer weniger markiert, obwohl die von Zwischenspiel (Sechzehntel, offener Satz) zu Themeneinsatz (Achtel, strengerer Satz) wechselnde Textur sie dem Hörer deutlich genug macht. In dieser Hinsicht ist die Violinfassung sogar eindeutiger, denn den Akkorden der Themeneinsätze stehen in den Zwischenspielen meist Sechzehntel-Linien gegenüber.

In der ganzen Fuge wird die Kürze des Themas durch die Engführungen wettgemacht. Aus dieser Technik ergibt sich merkwürdigerweise, daß das Thema in den gegebenen Harmonien viel häufiger auftreten könnte, als dies tatsächlich der Fall ist (z. B. in T. 11–12, 55). Aber vermutlich sind die „gegebenen" Harmonien nicht bloß ein Hintergrund, vor dem Themeneinsätze „auftreten" können. Der Tendenz der Fuge zur Fünfstimmigkeit, besonders wenn es sich um enggeführte Themeneinsätze handelt oder wenn die Harmonik in der Schwebe bleibt und darin an bestimmte Konzerte für Streicher erinnert (T. 37–39, 85; vergleiche das Vivaldi-Konzert BWV 593, I, T. 9), entspricht die Tendenz der Violinfassung zum Gebrauch der vier Saiten, wo dies ausführbar ist. Aber die jeweiligen Passagen ergeben sich nicht unbedingt an den gleichen Stellen. Vielleicht hat die sich durch die vier Violinsaiten ergebende musikalische Spannung den Bearbeiter dazu veranlaßt, den Höhepunkt auf andere Weise zu bewirken (I im folgenden Beispiel), während an anderen Stellen tiefere oder höhere Themeneinsätze reicher werden (II):

I

BWV 1001, II

BWV 539, II

II

80

BWV 1001, II

BWV 539, II

[16']

Mehr noch als bei den Bearbeitungen von Vivaldi und anderen Orgelbearbeitungen sind viele Feinheiten dieser „Transkription" nur zu bemerken, wenn man Violin- und Orgelfassung Takt für Takt vergleicht. Die Klarheit der Form und der Gehalt sind in der Orgelfassung auf eine Weise verändert – ja, sogar bereichert –, die Geiringer bereits folgendermaßen umrissen hat: *Hierbei verdichtete sie* [die Orgelbearbeitung] *das harmonische und polyphone Gewebe, fügte neue Themeneinsätze und eine Baßstimme ein und ersetzte schließlich die Scheinimitation im Violinstück durch richtige Imitation*[14]. Und einige Solo-Linien in den Zwischenspielen sind so erweitert, daß sie als zwei Stimmen erscheinen, was allerdings ziemlich provisorisch ausgeführt ist, obgleich nicht *unklavieristisch*, wie Kilian behauptet hat[15].

Es scheint ein zufälliges Zusammentreffen zu sein, daß sowohl die Orgel- als auch die Lautenbearbeitung zwei Takte länger als die Fassung für Violine ist, denn die Hinzufügungen treten an unterschiedlichen Stellen auf (Orgel in T. 5 und 28 der Violinfassung, Laute in T. 2 und 5). Aber beide verändern die Fuge in ihrer Eigenart, besonders die Exposition. Wie im folgenden zu sehen ist, hat die Lautenfassung eine ziemlich regelmäßige Exposition mit dem Thema in der Tonika und Quintbeantwortungen, die Violinfassung eine etwas weniger regelmäßige, die Orgel (wegen der Hinzufügungen) eine noch unregelmäßigere (T = Tonika, S = Subdominante, D = Dominante, M = Mediante oder Terz):

Violine: BWV 1001 T. 1–5   D T T D
Laute: BWV 1000 T. 1–7   D T D T S D T
Orgel: BWV 539 T. 1–6 $^{1}/_{2}$ D T T D D M

Wer auch der oder die Bearbeiter von BWV 1000 und 539 war(en), die Themeneinsätze wurden in verschiedener Absicht hinzugefügt und machten die eine Exposition regelmäßiger, die andere unregelmäßiger als die der Violin-Fuge.

---

[14] Karl Geiringer, *Johann Sebastian Bach*, München 1971, S. 236
[15] Kilian, a.a.O., S. 327

BWV 539

Darüber hinaus ist BWV 539, II als eigenständige Fuge interessant. Offensichtlich weichen Gestalt und Verlauf wegen der von der Violine kommenden Rondoform stark von den reifen Orgelfugen ab, aber eine solche Form deshalb als schlechter oder im Hinblick auf die Eigensprachlichkeit der Orgelmusik aus dem Rahmen fallend anzusehen, wäre nicht gerechtfertigt. Die Zwischenspiele bringen neue Setzweisen für Orgel hervor und fallen ins Gewicht, selbst wenn sie zuerst scheinbar unbedeutend sind (z. B. T. 66). Das plötzliche Entstehen lebhafter Zwischenspiele aus statischen Themeneinsätzen ist (sowohl in der Violin- als auch in der Orgelfassung) stark dem italienischen Stil verhaftet, den bereits Corelli zur Vollkommenheit gebracht hatte:

Arcangelo Corelli, Violinsonate op. 5/1, II. Satz

Umgekehrt ist die Schlußkadenz der Violine in BWV 1001, II (wenn auch in geringerem Umfang) den Gesetzmäßigkeiten alter Orgelpräludien angeglichen und direkt für Orgel transkribiert: die in T. 95 benutzte Figur erinnert an manche Konzertkadenzen (z. B. d-Moll-Konzert für drei Cembali, BWV 1063, II). Die Harmonik von Stellen wie T. 82–85 ist in BWV 539 im einzelnen so oft reicher, daß die Straffheit des Themas sattsam aufgewogen wird: d. h. die vorwärtstreibende Flüssigkeit der anderen reifen Orgelfugen wird in BWV 539 durch die ständig wiederaufgegriffenen Harmonien ersetzt, die selten originell sind, jedoch in jedem Takt in ihrer Plazierung erneut überdacht. Trotz der italienischen Formeln für Thema und Kontrasubjekt ist jeder Einsatz und jeder Takt neu ersonnen, in der rechten Hand oftmals mit einer melodischen Inspiration, die in der Violinfassung fehlt (T. 32–37, 77–79) und die sich nur schwerlich einem anderen Komponisten als Bach zuschreiben läßt, trotz der ungewöhnlichen Pedalstimme und des Begleitstils der Zwischenspiele.

BWV 540

Toccata und Fuge F-Dur

Kein Autograph; Abschriften in P 803 (Toccata von Johann Tobias Krebs, Fuge von Johann Ludwig Krebs kopiert), P 277, P 290, P 596 und P 287 (18. Jahrhundert), auch in der Schubring-Handschrift (*BG*, Band XV); nur die Toccata in Abschriften aus dem 18. (P 1009 Kittel?, P 289) und 19. Jahrhundert (z. B. BB 30 387 Dröbs, Lpz. Poel. 16 mit einer anonymen Fuge); nur die Fuge in Abschriften aus dem 18. Jahrhundert (P 287, P 409, Lpz. Poel. 28, Lpz. MB. Ms. 3, 2 J. A. G. Wechmar?, BB 30 377 gekürzt, eine Handschrift aus dem Besitz von Rust[1]) und aus dem 19. Jahrhundert (P 282, Lpz. MB. III. 8. 29 Dröbs). In der Peters-Ausgabe, Band III, wurde eine sogenannte Kellnersche Abschrift benutzt.

Zwei Systeme; Überschrift in P 803 *Toccata col pedale obligato*; erster Satz *toccata* in P 289, BB 30 387 usw., *preludio* in P 277, P 290, in Forkels Verzeichnis (1802) usw.

Über dieses Werk sind mancherlei Vermutungen angestellt worden: daß die Toccata *aus einer späteren reiferen Zeit der Meisterschaft datirt* als die Fuge[2], daß die Toccata vielleicht 1713 für einen Besuch der Weißenfelser Orgel mit ihrem f' im Pedal (und einem Manualumfang von C/D bis c''') oder für eine Aufführung auf ihr geschrieben wurde, und daß die sogenannte „Aria in F" BWV 587 möglicherweise als Zwischenspiel zwischen Präludium und Fuge gedacht war[3]. Obwohl die Sätze des Werkes in vielen Quellen einzeln überliefert werden (Lpz. Poel. 16 hat eine andere, anonyme Fuge) und obwohl das Werk weder vollständig noch unvollständig als Teil einer regelrechten Sammlung Bachscher Werke erscheint (in P 290 steht es unter vermischten Werken, in P 409 unter Choralbearbeitungen), läßt sich keine der drei Vermutungen aus den Dokumenten belegen. P 803 bietet eine Variante der Toccata, in der die

---

[1] beschrieben in *NBA*, Serie IV/5–6, Kritischer Bericht, S. 171
[2] Wilhelm Rust in: *BG*, Bd. XV, S. XXVI
[3] siehe BWV 587

Pedalstimme nur bis zum c' hinaufreicht. Diese Variante findet sich auch in einigen von einer verschollenen Kittel-Quelle abstammenden Handschriften[4]. Zietz meint, daß diese Variante vielleicht wegen einer bestimmten Orgel entstand und bis etwa 1717 abgeschrieben wurde, die Fuge erst später[5]. Dies ist jedoch ein höchst ungesicherter Versuch einer Datierung. Darüber hinaus kann die Annahme, daß die Fuge früher entstanden ist, zu der Vermutung führen, daß die Toccata aus der Leipziger Zeit stammt[6], eine Schlußfolgerung, die aufgrund formaler und sonstiger Einzelheiten fragwürdig ist. Genauso wenig beweist die Tatsache, daß der Pedalumfang der Fuge nur bis zum c' steigt, angesichts der in P 803 kopierten Fassung der Toccata, daß beide Sätze nicht zusammen entstanden sind[7]. Dessen ungeachtet ist die Zusammengehörigkeit der Sätze durch die Quellen zweifellos nur *schwach belegt*[8].

Obgleich ebenfalls nur eine Annahme ist, daß Toccata und Fuge zur gleichen Zeit komponiert wurden und zusammen gespielt werden sollten, kann nicht schon der bloße Grad der Gegensätzlichkeit zwischen beiden Sätzen hinsichtlich Länge, Geläufigkeit, Form und „Wirkung" allein sie dazu untauglich machen, sondern man sollte dabei eher an eine Lieblingskonzeption Bachs denken, nämlich die der „komplementären Sätze". Die Dramatik der Toccata und der kontrapunktische Erfindungsreichtum der Fuge stellen gegensätzliche Affekte dar. Dieser Erfindungsreichtum wird in anderen Stücken häufig mehr zum Zweck der Steigerung benutzt als in BWV 540, II; in anderen Fällen wiederum ist eine Fuge mit zwei Themen ihrem Präludium gegenüber viel offensichtlicher dominierend (z. B. Präludium und Fuge fis-Moll aus dem *Wohltemperierten Clavier* II). Aber das hat für BWV 540, wo die unterschiedlichen Konzeptionen hinter den beiden Sätzen nicht als bloßer Widerspruch aufgefaßt werden sollten, keinerlei Relevanz. Die Toccata ist das längste existierende Präludium, die Fuge ist dagegen die einzige durchgängige Doppelfuge im Orgelwerk Bachs. Die Sätze haben deshalb komplementäre, außergewöhnliche Qualitäten.

Toccata

Da dieser gigantische Satz die Kombination oder vielmehr die Verkoppelung einer Pedal-Toccata mit einer Ritornellform ist, ist es möglich, beide innerhalb des Gesamtsatzes als deutlich abgesetzte Einheiten zu sehen[9].

A T. 1–176 Pedal-Toccata (Orgelpunkte auf Tonika und Dominante, zwei Pedalsoli)

B T. 176–438 Ritornellsatz, in dem (im folgenden Beispiel) I das Hauptthema ist und aus II die Zwischenspiele gebildet werden, nicht umgekehrt

---

[4] *NBA*, Serie IV/5–6, Kritischer Bericht, S. 405 f.
[5] Hermann Zietz, *Quellenkritische Untersuchungen an den Bach-Handschriften P 801, P 802 und P 803*, Hamburg 1969, S. 66
[6] Philipp Spitta, *Johann Sebastian Bach*, Bd. II, S. 687
[7] Hermann Keller, *Die Orgelwerke Bachs*, S. 91
[8] *NBA*, Serie IV/5–6, Kritischer Bericht, S. 404
[9] Keller, a.a.O., S. 92

I 177 II 219

Indessen deutet diese Auffassung des Satzes eine Trennung und Zusammenhanglosigkeit an, die sonst nicht zu spüren ist. Vielmehr ist die Form so zu sehen[10]:

A   Einleitung
B   Ritornellsatz, formverwandt mit den Präludien BWV 544, 546, 548, 552
C   Coda

Im einzelnen ist der Satz folgendermaßen gebaut:

A_1	T. 1–55	Orgelpunkt auf der Tonika unter zwei fast kanonmäßig geführten Oberstimmen
	T. 55–82	Pedalsolo, Hauptfigur durchweg aus T. 1 abgeleitet; Kadenzfigur x (siehe folgendes Beispiel) in C-Dur
A_2	T. 83–137	Orgelpunkt auf der Dominante; genau wie T. 1–55 bis auf den Stimmtausch im Kanon und die wegen der Stimmkreuzung veränderten Takte 114–21
	T. 137–176	Pedalsolo, von derselben Figur wie vorher abgeleitet, geht aber in die Kadenzfigur x in c-Moll über
B_1	T. 176–218/19	eine neue, aber verwandte Figur, die in viertaktigen Sequenzen (T. 176–92) imitierend behandelt, dann erweitert wird, woraus sich die Kadenzfigur x entwickelt; unterbrochene Kadenz, neapolitanischer Sextakkord, Schlußkadenz in d-Moll. In den Takten 204–07, 318–21, 424–27 sind transponierte Anspielungen auf die Tonfolge B-A-C-H zu finden, doch ist ein transponiertes B-A-C-H der Sache nach ein Widerspruch in sich.
A_3	T. 218/19–238	Anfangsmaterial in dreistimmiger Oktav-Imitation, d-Moll
B_2	T. 238–270	wie B_1 in d-Moll, aber ohne den Teil mit der unterbrochenen Kadenz
A_4	T. 270–290	wie A_3 in a-Moll, drei Stimmen vertauscht
B_3	T. 290–332	wie B_1 in a-Moll (einschließlich des Teils mit der unterbrochenen Kadenz), aber mit veränderter Kadenz wegen des Übergangs nach g-Moll
A_5	T. 332–352	wie A_3 in g-Moll, drei Stimmen vertauscht
B_4	T. 352–438	beginnt wie B_1 in g-Moll; während der letzten der viertaktigen Sequenzen (T. 352–67) Richtungswechsel von B-Dur über F-Dur nach C-Dur, in dem ein Orgelpunkt auf der Dominante wie in B_1 die letzte Kadenz vorbereitet (also T. 352–63 = T. 176–83 und T. 417–38 = T. 197–218/19)

---

[10] Woldemar Voigt, *Über die F dur=Toccata von J. S. Bach*, BJ 9/1912, S. 36

Auch dieser Bauplan verschleiert die Kontinuität des Satzes, denn „Hauptthemen" und „Zwischenspiele" sind verwandt, da es sich beide Male um Figuren für Tasteninstrumente handelt (siehe folgendes Beispiel) und beide jeweils durchweg kanonisch oder imitierend behandelt werden.

Es ist jedoch zu beachten, daß sich b von a viel offensichtlicher unterscheidet als alle im Beispiel S. 139 aufgeführten Varianten. Die Toccata ist keineswegs monothematisch.

Sehr auffallend für den Hörer ist die rhythmische Figur ♩ ♫, und zwar so sehr, daß sie in ihrer punktierenden Wirkung gegen den Hintergrund kontinuierlicher Achtel für sich allein die Funktion eines Rondo-Zwischenspiels übernimmt. Daß dieselbe kleine Figur zu einer der überraschendsten unterbrochenen Kadenzen selbst im Repertoire eines Johann Sebastian Bach führt,

unterstreicht ihre Bedeutung für die Form noch mehr, besonders am Ende (T. 423–424), wo diese Kadenz in einer Dur-Tonart sogar noch aufsehenerregender ist. Mendelssohn schwärmte von dieser Kadenz in einem Brief an seine Schwester vom 3. September 1831. Die gleiche Dur-Kadenz kommt in der *Chromatischen Fantasie* BWV 903 in T. 54–5 und 56–7 vor.

Wie in anderen Ritornellsätzen Bachs kann das Material ohne merklichen Bruch modifiziert oder in der Reihenfolge verändert werden. An manchen Stellen läßt sich nicht vorhersagen, welcher Abschnitt als nächster kommen muß. Es erscheint nicht unnatürlich, daß der Abschnitt B_2 z. B. ohne die in B_1 gehörte unterbrochene Kadenz in eine Wiederholung von A übergeht oder daß die erste Sequenz in B (ab T. 176) den Quintenzirkel nicht vollständig ausschöpft wie eine spätere Version (ab T. 352). Beide Sequenzen und das Hauptthema selbst – Oktavkanon über ein Thema, das in vielerlei Gestalt von den verschiedensten Komponisten einschließlich Bach (z. B. in der zweistimmigen Invention BWV 784) verwendet worden ist – sind ein bißchen sehr einfach, so daß sich das Gewicht noch stärker auf die unterbrochenen Kadenzen und die neuen Behandlungsweisen anderer Harmonien, z. B. des Neapolitanischen Sextakkords, verlagert.

Ebenso sind die Ausdehnung der rhythmischen Figur 𝄾 𝅘𝅥𝅮𝅘𝅥 und ihre plötzliche Wendung nach Moll in T. 169 höchst verblüffend, obwohl die Figur selber kaum als besonders originell anzusehen ist (vgl. die Schlußkadenzen anderer Sätze im 3/8- oder 6/8-Takt wie BWV 543, II oder das Cis-Dur-Präludium im *Wohltemperierten Clavier* I) noch auch deren erstes Auftreten in der Toccata (T. 81). Diese Figur hat später Johann Ludwig Krebs in seinem C-Dur-Präludium und seiner E-Dur-Toccata aufgegriffen. Die ganze melodische Idee des Anfangsthemas – Oktav-Imitation im 3/8-Takt über einem Orgelpunkt – ist zu Beginn der Motette BWV 226 zu hören, während die formale Hauptidee des Gesamtsatzes – in den Zwischenspielen wiederkehrende Ritornell-Motive – auch in mehreren Präludien aus den *Englischen Suiten* wiederzufinden ist, die mit BWV 540, I tatsächlich eine Familienähnlichkeit haben. Den stilistischen Kontext dieses Satzes bilden in anderen Arten von Orgeltoccaten gängige Ideen, die hier nun kombiniert werden: die Orgelpunkte auf Tonika und Dominante, die sich in so vielen „südlichen" Toccaten (Pachelbel, Fischer, Kerll usw.) finden, und das Pedalsolo des „nördlichen" Typus (Buxtehude, Bruhns usw.). Viele melodische und rhythmische Einzelheiten scheinen Vivaldis Konzerten op. 3, 7 usw. zu entstammen.

Das Material der F-Dur-Toccata ist daher als solches nicht als originell anzusehen, arbeitet jedoch auf eine Originalität der Gesamtform hin, der kontrapunktischen Verfahrensweise, einiger neuer Harmoniefortschreitungen und dramatischer Orgelpunkte. Von diesen vier ist der Kontrapunkt scheinbar am unbedeutendsten, in keiner Weise verschlungen oder etwa besonders geschickt, obwohl sich nirgends in der zeitgenössischen Orgelmusik die Vertauschbarkeit von drei Stimmen wie in A_3, A_4 und A_5 derart klar konstatiert findet. Es kann gut sein, daß diese vertauschbaren Passagen, wie auch der „Oktavkanon" am Anfang selbst, ein Zugeständnis an ein Mittel der Tastenmusik waren, das auch andere Organisten kannten, an einen kontrapunktischen Gemeinplatz, wie er sich auch in den folgenden Beispielen wiederfindet:

Georg Friedrich Händel, *Aylesford Pieces, Allegro*
(vgl. BWV 540, I, T. 219–22)

Jan Adams Reincken, Sonata (BWV 966, II)

Daß dieselbe melodisch-imitierende Idee auch in Händels frühem *Dixit Dominus* HWV 232 (3/4-Takt) vorkommt, ist möglicherweise ein Niederschlag des beiden Komponisten gemeinsamen Hintergrunds. Auch die imitierende Sequenz im *B*-Teil hat nichts von der Originalität der Motivik und Behandlungsweise, die sich z. B. in der c-Moll-Fantasie BWV 562 findet. Mit Leichtigkeit paßt sie sich ab T. 365 den offenkundigen Modulationsschritten zurück nach F-Dur und dem nachfolgenden Orgelpunkt auf der Dominante an. Der kompliziertere Kontrapunkt bleibt dem Doppelthema der Fuge vorbehalten.

Für Spieler wie Zuhörer ist die durchgehaltene Energie der Toccata im Grunde unvergleichlich. Sie stützt sich auf simple Elemente, so wie sie in diesen ihren Ursprung hat. Obwohl der tonale Aufbau zwischen den Orgelpunkten auf Tonika und Dominante schwebt – d. h. einfachen, traditionellen Elementen –, ist die Tonalität abwechslungsreich und ausgewogen. Selbst die Schlußkadenz ist nicht platt, sondern wird fast zur Überraschung. Die Motive als solche lassen sich offensichtlich entwickeln, d. h. zu Modulationszwecken verändern. Das zweite Pedalsolo bildet einen interessanten Fall, denn dort gibt es – falls die Quellen[11] wirklich die Intentionen des Komponisten wiedergeben – eine absichtliche Veränderung im Phrasenbau, wenn sich die Melodielinie dem berühmten f' im Pedal nähert:

T. 137–68:   32 Takte, die folgendermaßen aus zwei- und eintaktigen Phrasen gebaut sind:
2, 2, 1, 1, 1, 1, 1, 2, 2, 1, 2, 2, 2, 2, 2, 2, 2, 2

Hierin deutet sich möglicherweise eine satztechnische Crux an, denn die isolierte eintaktige Phrase[12] fast in der Mitte wirkt unwahrscheinlich und ist mit dem Aufbau des ersten Pedalsolos hundert Takte früher nicht vereinbar. Diese Crux ist auch nicht dadurch zu lösen, daß man entweder annimmt, die Takte 152–65 oder 156–59 seien bei der Aufführung möglicherweise ausgelassen oder gar vom Komponisten erst später hinzugefügt worden[13], denn die alleinstehende eintaktige Phrase wäre beide Male nicht davon betroffen gewesen. Außerdem hätten dann, ganz abgesehen von anderen Einwänden gegen die Vorstellung, daß diese Takte ganz nach Belieben ausgeführt werden konnten oder nicht, das erste und zweite Pedalsolo in keinem ausgewogenen Verhältnis zueinander gestanden, wie sie es vermutlich sollten.

Ihrerseits bemerkenswert ist die Tatsache, daß das Schlüsselmotiv des Satzes eine zwei- oder eintaktige Interpretation zuläßt.

(Weitere Beispiele solcher Motive in einfacher oder doppelter Länge finden sich in den Chorälen des *Orgelbüchleins*, z. B. BWV 625.) Diese Mehrdeutigkeit wiederum

---

[11] außer P 803, die möglicherweise einen Sonderfall darstellt oder eine andere Geschichte impliziert
[12] „Phrase" weist in diesem Kontext auf eine strukturelle und nicht unbedingt eine praktische Konzeption: mehr eine Angelegenheit dessen, was im Kopf des Komponisten vorging als vielleicht jetzt im Kopf des Ausführenden.
[13] Peter Williams, *Bach Organ Music*, London 1972, S. 34

steht in Widerspruch zu der scheinbaren Einfachheit des Motivs. Ihr widerspricht auch schon die bloße Anzahl von Motiv-Variationen wie im folgenden Beispiel:

Deshalb ist der Satz außer in der Formbeherrschung, dem Tonartenplan und den kontrapunktischen Details auch noch genial in der Verwendung zweier Grundmotive (*a* und *x*, Beispiel S. 136 oben) und von deren einfachem Kontrast; das eine ist imitatorisch, das andere homophon. Gerade aus diesem Gegensatz entsteht ein großer Teil der Spannung, und es ist höchstwahrscheinlich kein Zufall, daß sich die abschließende Orgelpunkt-Passage auf der Dominante halbwegs zwischen beiden bewegt, indem sie den Rhythmus des einen Motivs mit der einfachen Harmonik des anderen verbindet.

Fuge

Obwohl der rhythmische Charakter der Fuge dem der d-Moll-Fuge BWV 538 nicht unähnlich oder die Idee der Themenkombination in den Fugen in c-Moll BWV 546 und Es-Dur BWV 552 nicht unbekannt ist, bietet die vorliegende Fuge ein einzigartiges Beispiel für einen durchgehenden Ricercar-Typus oder eine *alla-breve*-Fuge, in der zwei Themen einzeln nacheinander exponiert und dann kombiniert werden:

A T. 1– 23 Exposition; festes Kontrasubjekt
   T. 23– 70 eine Folge von Einsätzen in der Grundtonart (T. 30, 49, 56) und in der Dominante (T. 39), eingestreute Zwischenspiele, die hauptsächlich auf dem ursprünglichen Kontrasubjekt beruhen

B T. 70– 93 unregelmäßige vierstimmige Exposition eines neuen Themas (Thema T. 70, Beantwortung mit Themenkopf T. 75, eine weitere Beantwortung in T. 81, ein weiterer Themeneinsatz T. 88; „Thema" in der Grundtonart, „Beantwortung" in der Dominante)
   T. 93–128 weitere Einsätze des neuen Themas (ohne Beantwortung) in d-Moll, g-Moll und c-Moll, durchsetzt mit Zwischenspielen, die hauptsächlich auf dem Kontrasubjekt von *B* basieren

A	T. 128–133	Wiederkehr des Themas von A in der Grundtonart
A + B	T. 134–170	weitere Einsätze des A-Themas in C-Dur, d-Moll, d-Moll, B-Dur, F-Dur und F-Dur, jedesmal vom B-Thema begleitet, vollständig (T. 134), fast vollständig (T. 142–43, 153–54, 158–59, 163–64) oder unvollständig (T. 147–50)

Der kumulative Charakter der Fuge basiert daher auf drei Ebenen: der thematischen (A, B, dann A+B), der rhythmischen (zunehmende Achtelbewegung) und der tonalen (die meisten Wechsel der Tonart ereignen sich gegen Ende). Vermutlich zugunsten der zweiten dieser Ebenen „verschleierte" der Komponist die meisten Kombinationen von A und B, indem er ungefähr den ersten Takt von B veränderte, da dessen ursprünglicher Themenkopf zu einem rhythmischen und harmonischen Verweilen geführt und damit zuviel Aufmerksamkeit auf die Kombination gelenkt hätte. Die Schreibweise für Orgel ist durchweg charakteristisch für einen Stil, wie ihn der Komponist auch anderswo praktiziert (z.B. in der *Magnificat*-Fuge BWV 733). Doch selbst für Bach ist die scheinbare Leichtigkeit, mit der z.B. über die letzten zwanzig Takte hinweg ein überzeugender Kontrapunkt erreicht worden ist, auffallend: die zwei Themen, die abgeleiteten Achtel-Linien, der diatonische Spielraum (Subdominante, Tonika, nahezu eingeführte Einsätze in der Tonika), die eigene Setzweise für Orgel (die sich beim letzten Einsatz über T. 162–64 zu ihrem weitesten Stimmabstand öffnet), all dies höchst geschickt abgerundet durch einen dreitaktigen Schluß, der noch knapper als andere seiner Art (z.B. BWV 537) ausfällt, und es entsteht ein gutes Beispiel für die *kantable Polyphonie*[14], die in BWV 534, 538, 540, 545 und 546 zu hören ist.

Einige wichtige stilistische Details der Fuge betreffen die Art und Weise, wie sie den traditionellen *alla-breve*-Kontrapunkt adaptiert. So hat das Thema die „weißen" Noten, die anfängliche Chromatik, den Vorhalt und die einfache Kadenz der *alla-breve*-Themen (vgl. Pachelbel, Johann Christoph Bach). Selbst das Fehlen der Überleitungen zwischen Themen und Beantwortungen verweist auf einen alten Stil. Das Kontrasubjekt enthält auch die wichtige Viertel-Phrase, die ebenfalls für den Stil typisch ist (vgl. E-Dur-Fuge, *Wohltemperiertes Clavier* II) einschließlich der traditionellen Elemente wie Gegenbewegung und sogar eine Art Wechselnote (*nota cambiata*):

Der Daktylus x ist nicht zuletzt deshalb wichtig, weil er später dem zweiten Fugenthema B die Würze gibt, obwohl bezeichnenderweise in anderer Form, d.h. als gebrochener Akkord. Das Kontrasubjekt in Vierteln zum Thema A bringt weitere Merkmale des strengeren *alla-breve*-Stils,

---

[14] Heinrich Besseler, *J. S. Bach als Wegbereiter*, AfMw 12/1955, S. 1–39

wogegen die Achtel-Linien, die das Thema *B* begleiten, offensichtlich die Schwungkraft des Satzes insgesamt steigern. Die Viertel führen zu von anderen Stücken her bekannten Passagen (man vergleiche z. B. T. 61–62 mit der a-Moll-Fuge, *Wohltemperiertes Clavier* I). Sie können in Umkehrung verwendet werden (zum ersten Mal T. 37) und sich mit einem Themeneinsatz, z. B. des zweiten Themas in T. 69–70, überschneiden.

Die zweite Exposition hat ein sehr rhythmisches „Charakterthema" (*charakteristischer für die Cöthener Zeit*[15]) und erzeugt eine Achtel-Linie, die ihrer Tradition treu bleibt – zumindest in Johann Sebastian Bachs Händen – wie die Viertel-Linie der ersten Exposition. Diese Achtel-Linie kann vielerlei Gestalten annehmen

und erscheint in dieser Weise fortgesetzt bis zum Ende der Fuge einschließlich des dreitaktigen Schlusses. Solche Achtel-Linien führen gewöhnlich zu fruchtbaren Entwicklungen, und BWV 540 bildet da keine Ausnahme. Sie sind fließend und unendlich anpassungsfähig, wie an denjenigen Achtel-Linien zu sehen ist, die sowohl das Wiederauftreten von *A* mit seinem Gegenthema (bei T. 128–33) als auch die Kombination von *A + B* (bei T. 134–38) begleiten. Daß diese Linien aus Bachs Werken so vertraut sind, sollte ihre Tugenden nicht verdecken. Obgleich sie nur aus drei- oder viertönigen *figurae* aufgebaut sind, wie sie Walther und andere herausstellen, hat kein uns bekannter Komponist mit ihnen glücklichere Ergebnisse erzielt. Aus ihnen abgeleitete Überleitungen oder Zwischenspiele (z. B. von T. 79 oder 115) scheinen eine Art neutralisierende Wirkung zu haben, gegen die sich ein Thema leicht abhebt (T. 119) und gegen die Achtel anderer Art (z. B. die gebrochenen Akkorde von T. 122 oder 164) ein neues, aufregendes Element einführen. Außerdem können solche Achtel-Linien Figuren erzeugen, die selber melodisch interessant werden können (z. B. im letzten angeführten Notenbeispiel die Figur e) aus dem Schlußabschnitt der Fuge[16]), oder sie können gedreht und gewendet werden, damit sie harmonische

---

[15] Johannes Krey, *Bachs Orgelmusik in der Weimarer Zeit*, ungedruckte Dissertation, Jena 1956, S. 180 ff.
[16] ebenfalls als Melodie- oder gute Baßlinie benutzt, z. B. in der As-Dur-Fuge, *Wohltemperiertes Clavier* I (hier in Sechzehnteln)

Wirkungen hervorbringen, gegen die sich ein Themeneinsatz gut abhebt (T. 125–28).Wenn auch behauptet worden ist, daß in den Takten 125–28 Bachs *diatonisches Empfinden versagt habe*[17], sollte einem doch nicht entgehen, daß die Modulation von c/f-Moll nach d-Moll bewirkt, daß dieselbe Achtelfigur in einem ganz neuen, beunruhigenden Licht erscheint. An weiteren Stellen tritt die Achtel-Linie ziemlich ähnlich wie in anderen Werken auf:

BWV 540, II

Italienisches Konzert BWV 971, III (veröffentlicht 1735)

---

[17] Bachs *diatonic sense failed him*. James Dalton, *Bach Interpretation*, MT 107/1966, S. 341, 440, 536 ff.

Der Erfindungsreichtum der F-Dur-Fuge kann in diesen allgemeinen Bemerkungen nur angedeutet werden. Ein weitergehendes Verständnis der Kompositionsmethoden ließe sich gewinnen, indem man die Takte, die jedem vollständigen Themeneinsatz folgen, untersucht und vergleicht oder solchen formalen Strategien nachspürt wie der Art der Stimmfolge (unten, Mitte, oben) bei den mittleren Moll-Einsätzen des *B*-Themas. Noch stärker als die Toccata arbeitet die Fuge auf mehreren Ebenen zugleich und stellt eine Verbindung her zwischen genauem Festhalten am Stil (*allabreve*-Elemente), Komposition mit *figurae* (Achtel-Linien), fugenmäßigem Kontrapunkt (Kombination und Vertauschbarkeit von Themen), tonalem Schema (erste Hälfte ausschließlich in Tonika und Dominante) und orgelmäßiger Textur (enge Lage am Anfang, weite beim letzten Themeneinsatz). Für den Komponisten müssen Toccata und Fuge vollkommene Komplemente dargestellt haben.

BWV 541

Präludium und Fuge G-Dur

Autograph als Lpz. MB. Ms. a 1 verzeichnet (1945 in die USA gebracht[1]) und jetzt in Berlin, SPK N. Mus. ms. 378; Abschriften in P 288 (geschrieben von Johann Peter Kellner), Lpz. MB. Ms. 7 (Johann Gottlieb Preller, *Poss* […] *1749*), Am. B. 543 (Kirnberger?), P 320 (Kittel?); andere Quellen aus der zweiten Hälfte des 18. Jahrhunderts (P 290, P 595 Johannes Ringk, P 597, Brüssel II. 3914, LM 4839 d) und später (P 837 usw.), einschließlich weiterer, vielleicht von Kittel abhängiger Quellen (P 319 Johann Christian Westphal, P 557 Grasnick, Lpz. Go. S. 26 nur die Fuge, Brüssel Fétis 7327 nur die Fuge); *BG*, Band XV, benutzte auch eine Schubring-Handschrift und eine weitere Handschrift im Besitz von Rust *mit vielen eigenhändigen Correcturen des Componisten*.

Zwei Systeme; Überschrift im Autograph *Präludium pro Organo con Pedal: obligat:* (Quelle für die Überschrift in Am. B. 543?) und *Vivace* (auch in Forkels Verzeichnis angeführt, 1802); in Lpz. MB. Ms. 7 *Praeludium et Fuga* und *Praeludium Pedaliter*.

Die Akkordtechnik des Präludiums, das nach „norddeutscher" Art mit einer Sololinie beginnt, könnte auf einen frühen Ursprung des Werks verweisen, während die Tendenz dieser Akkorde zur kontrapunktischen Auflösung auf eine spätere Entstehungszeit hindeuten könnte. Aber nichts in den Quellen gibt Anlaß zu der Vermutung, daß das Präludium später als die Fuge entstanden ist[2]. Theoretisch könnte es sich bei BWV 541 um ein frühes, später überarbeitetes Orgelwerk handeln[3]. Ganz bestimmt vermittelt das Präludium den Eindruck einer sehr sicheren Technik: ein reifer Gruß an ältere Formen und Stile wie in BWV 538, I, jetzt zu einer gegliederten

---

[1] Peter Krause, *Handschriften der Werke Johann Sebastian Bachs in der Musikbibliothek der Stadt Leipzig*, Leipzig 1964, S. 23, 54
[2] Johannes Krey, *Bachs Orgelmusik in der Weimarer Zeit*, ungedruckte Dissertation, Jena 1956, S. 183
[3] Jacobus Kloppers, *Die Interpretation und Wiedergabe der Orgelwerke Bachs*, Frankfurt 1966, S. 222

Ritornellform befördert. Ein Autograph (offensichtlich eine Reinschrift[4]) hatte jedoch ein Wasserzeichen, das angeblich ein Datum um 1715 implizierte[5], was dann mit der Vorstellung übereinstimmen würde, daß das Werk zu derjenigen Zeit entstand, als der Komponist anfing, mit italienischen Konzertformen zu arbeiten, speziell an der Kantate BWV 21, von deren Thema des ersten Chors oft behauptet wird, daß es dem Fugenthema von BWV 541, II ähnele. Spitta dachte, daß ein anderes Autograph *diplomatische Merkzeichen* aufwies, die 1724 oder 1725 als Entstehungsdatum vermuten ließen, was wiederum zu der dreisätzigen Fassung passen würde, die sich in späteren Quellen findet (siehe weiter unten). Das Stück hätte dann ursprünglich *in die vorleipzigische Zeit* gehört, als Bach *der Gedanke gekommen, nach Analogie des italiänischen Concerts eine dreisätzige Orgelform zu schaffen*[6]. Allerdings ist das vorhandene Autograph in jüngerer Zeit auf die dreißiger oder sogar vierziger Jahre des 18. Jahrhunderts datiert worden[7], obwohl unsicher ist, ob damit das Datum der Komposition, der Abschrift oder der Überarbeitung gemeint ist; das letzte ist wohl am wahrscheinlichsten. Das Wasserzeichen wurde auf 1733 datiert[8]: d. h. das Papier wurde für Reinschriften oder Überarbeitungen benutzt. Es muß daher mindestens zwei Autographe gegeben haben, wovon das eine (ca. 1715) dasjenige ist, auf das May mit seiner Bemerkung anspielt, daß Lpz. MB. Ms. a 1, P 288 und P 595 *offenbar alle von dem (jetzt verschollenen) Weimarer Autograph abhängen*[9]. Dies „verschollene Weimarer Autograph" wird neuerdings für die (nunmehr verschollene) Handschrift aus dem einstigen Besitz von Rust gehalten[10].

Zwei besondere Einzelheiten sind an der Geschichte von BWV 541 hervorstechend. Erstens ist, wie Dürr bemerkt[11], das Papier der Reinschrift von 1733, die sich einst im Besitz von Wilhelm Friedemann Bach befand, sonst nur aus Briefen von Johann Sebastian und Carl Philipp Emanuel Bach bekannt. Hans-Joachim Schulze, der auf die Bedeutung der Tatsache hinweist, daß einer dieser Briefe Wilhelm Friedemann Bachs Anstellung an der Sophienkirche in Dresden 1733 betrifft, vermutet daher, daß diese Abschrift des G-Dur-Präludiums vielleicht für Wilhelm Friedemann Bachs Vorspiel auf der Silbermann-Orgel angefertigt worden ist: entweder war das Präludium eines seiner Repertoire-Stücke, oder es war sogar für sein Probespiel gedacht[12]. Zweitens gibt es in zwei Handschriften Anzeichen dafür, daß zu irgendeinem Zeitpunkt mit oder ohne Einwilligung des Komponisten ein mittlerer Satz gespielt wurde oder geplant war. An diesen dritten Satz wurde vermutlich deshalb gedacht, weil wie bei Präludium und Fuge in C-Dur BWV 545 die äußeren

---

[4] *BG*, Bd. XV, S. XXVII
[5] Walter Emery, *Notes on Bach's Organ Works*, IV–V: *Six Sonatas for Two Manuals and Pedal*, London 1957, S. 104
[6] Philipp Spitta, *Johann Sebastian Bach*, Bd. II, S. 688
[7] Dietrich Kilian, *Dreisätzige Fassungen Bachscher Orgelwerke*, in: *Bach-Interpretationen*, hg. von Martin Geck, Göttingen 1969, S. 16 f.
[8] *NBA*, Serie IV/5–6, Kritischer Bericht, S. 33
[9] Ernest May, *J. G. Walther and the Lost Weimar Autographs of Bach's Organ works*, in: *Studies in Renaissance and Baroque Musik in Honor of Arthur Mendel*, Kassel 1974, S. 275
[10] siehe *NBA*, a.a.O., S. 427 ff.
[11] Alfred Dürr, *Johann Sebastian Bach: seine Handschrift – Abbild seines Schaffens*, Wiesbaden 1984
[12] Hans-Joachim Schulze, *Studien zur Bach-Überlieferung im 18. Jahrhundert*, Leipzig-Dresden 1984, S. 17; siehe auch Gerhard Herz, *Bach Sources in America/Bach Quellen in Amerika*, Kassel 1984, S. 32 ff.

Dimensionen des Werks im Vergleich zu seiner inneren Spannung unausgewogen scheinen mochten – d. h. in beiden Fällen schien das Präludium zu kurz zu sein, obwohl Präludium und Fuge BWV 541 tatsächlich von den Taktzahlen her die Proportionen 1:1 haben. Der Mittelsatz ist ein Fragment (die ersten dreizehn Takte) der frühen Fassung des *Un Poco Allegro* aus der e-Moll-Sonate BWV 528; beide Abschriften des Fragments (P 288, P 319) wurden von Westphal angefertigt, beide wurden durchgestrichen, und beide folgen der Fuge mit der Anweisung *Trio so nach dem Isten Satz folgen muß*, was alles zusammen genommen nur wenig Gewähr dafür bietet, daß drei Sätze gespielt werden sollten. Es ist indessen möglich, daß Westphal eine vollständige Abschrift von BWV 541 mit Trio in der Handschrift des Komponisten gesehen hat[13]. Kellners Abschrift des Werkes in P 288 trägt nach dem Präludium den Vermerk *verte fuga* (wende um zur Fuge) und nach der Fuge *Il fine*[14]. Aber es ist nicht bekannt, ob Westphal in irgendeiner Weise ermächtigt war, den Mittelsatz hinzuzufügen oder ob dieser *zu irgendeiner Zeit zwischen Präludium und Fuge gespielt werden sollte* oder ob der Komponist *nach dreizehn komponierten Takten die Idee eines Mittelsatzes fallenließ*[15], obwohl alle drei Möglichkeiten nicht sehr wahrscheinlich sind. Mit Sicherheit ist die von Spitta gezogene Parallele zum dreisätzigen *Italienischen Konzert* zu kühn.

Präludium

Wie die „Clavierfiguren" des C-Dur-Präludiums BWV 545 mit den Figuren anderer Stücke in C-Dur vergleichbar sind, so lassen sich auch die Skalen, Akkordbrechungen und der homophone Satz von BWV 541, I mit anderen Stücken in G-Dur vergleichen, speziell mit der Toccata BWV 916:

Ein weiterer Einfluß hinter dem üppigen konzertierenden Stil des G-Dur-Präludiums ist in den (Cembalo-)Transkriptionen italienischer Konzerte, etwa des Vivaldi-Konzerts BWV 972, zu sehen – vgl. z. B. T. 20–23 des Präludiums mit T. 35–37 des ersten Satzes aus dem Konzert. Es lassen sich viele weitere Parallelen zwischen BWV 541 und den Konzerten BWV 972 ff. ziehen. Ein interessantes Detail an der G-Dur-Toccata BWV 916 (siehe das vorausgehende Beispiel) ist, daß sie wie ein Konzert ebenfalls eine ganz elementare Ritornellform hat, die im Orgelpräludium BWV 541, I noch stärker zusammengedrängt ist.

---

[13] a.a.O
[14] Kilian, a.a.O.
[15] Emery, a.a.O., S. 103

BWV 541

T. 1–29   Toccata oder *passaggio* in der Grundtonart; wichtige Clavierfiguren folgen (impliziter Orgelpunkt?):

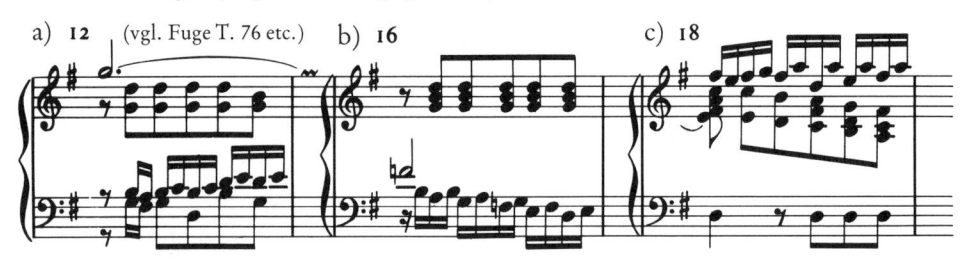

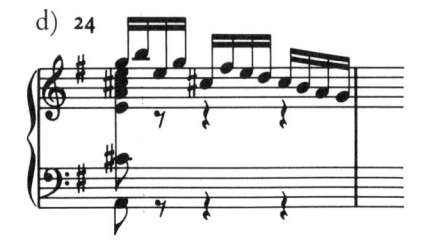

a) 12 (vgl. Fuge T. 76 etc.)   b) 16   c) 18

d) 24

T. 29–46   Wiederkehr der Toccata (Anspielung) in der Dominanttonart; Figur *a* entwickelt; die Figuren *b*, *c*, *d* stark abgewandelt
T. 46–59   weitere Entwicklung von *a* und *b*
T. 59–82   Grundtonart; weitere Entwicklung von *b* und *c*; ab T. 74 Rückkehr zum Anfangsmaterial der Toccata; ab T. 79 Rückkehr zu den Kadenzphrasen von T. 44–46 (jetzt in der Tonika)

Vielleicht ist es falsch, solche Formen von der Intention her als Ritornellformen anzusehen, weil die Wiederkehr des Hauptthemas weder die Deutlichkeit noch das Gewicht besitzt, wie dies in den Konzerten üblich ist. Vielmehr läßt BWV 541, I an einen Komponisten denken, der die konventionellen Elemente der Toccata – Anfang in der Tonika, dann Dominante (T. 29), Orgelpunkt am Schluß (T. 63) – zu einem gegliederten Satz verarbeitet, wobei sich der Zusammenhalt dadurch ergibt, daß die Themen im Gesamtverlauf des Satzes offensichtlich wiederzitiert oder wiederverwendet werden, obwohl Art und Reihenfolge, in der dies geschieht, durchaus nicht stereotyp sind.

Das Figurenwerk bildet eine interessante Mischung aus der deutschen Orgeltoccata und Elementen, die gelegentlich aus der Konzerttradition entlehnt zu sein scheinen (siehe letztes vorangegangenes Notenbeispiel). So kommt Figur *a*, so wie sie in der Pedalstimme auftritt, z. B. in Bruhns' Fantasie *Nun komm, der Heiden Heiland* T. 102–03 vor, während sich die Figur *b* (sowohl in der Manual- als auch in der Pedalstimme) in dem Vivaldi-Konzert BWV 593, III ab T. 70 findet (einer Passage, die Vivaldi nur teilweise verpflichtet ist). So sind die Akkordwiederholungen in der Figur *b* und im übrigen Satz nicht spezifisch „norddeutsch", sondern in einem allgemeinen stilistischen Sinn instrumental. Mehr norddeutsch ist dagegen der Sechzehntelverlauf in der Figur *c*, besonders wie sie in T. 43–44 oder T. 63–64 auftritt; vergleichbare Passagen, wenn auch nicht so systematisch ausgearbeitet, sind im ersten Teil von Buxtehudes d-Moll-Präludium BuxWV 140 zu finden. Gerade die unterschiedlichen Elemente der Figur *c*, insbesondere die violinistischen Sechzehntel, scheinen den Satz am stärksten zu kennzeichnen. Viele Takte – der Satz arbeitet vornehmlich mit eintaktigen Einheiten – werden in stark abgewandelter Form aus diesen Komponenten entwickelt (T. 18, 19, 20, 59, 60, 63–68, 78–80 und möglicherweise T. 39, 40, 50). Figur *a* wird auch häufig und in ähnlicher Weise verwendet (T. 12, 14, 32, 34, 36, 47, 51, 53–56), während die Figur *d*, eher ein Gewebe als ein Motiv, besonders entwicklungsfähig ist (T. 13, 15, 24–26, 33, 35, 37, 41, 46, 48, 52, 57, 69, 74–76[16]).

Die Anweisung *Vivace* scheint nur zu der revidierten Fassung zu gehören, so wie sie aus dem vorhandenen Autograph bekannt ist. Deutet sie an, daß der Komponist um 1740 den alten *passaggio*-Stil lebhafter interpretierte? Oder vielleicht, daß es sich nicht mehr von selbst verstand, daß das Viertel im 3/4-Takt schneller war als in einem *passaggio*-Präludium im 4/4-Takt wie BWV 533, I?

Tatsächlich könnte man das Präludium als Folge von Einzeltakten beschreiben, die eine rastlose Schwungkraft (besonders um T. 70) besitzen und umschichtig mehr oder weniger von der einen oder anderen Anfangsfigur abgeleitet sind. Nicht nur läßt sich nicht voraussehen, an welchem Punkt auch immer welche Figur mit einer gewissen Wahrscheinlichkeit als nächste verarbeitet wird, sondern die Art der Verarbeitung selbst ist ganz ungewöhnlich. Einfache Wiederholungen gibt es nicht. Statt dessen werden in einem Prozeß des taktweise Komponierens Grundfiguren aufgenommen, ihnen wird eine Gestalt oder eine Textur oder ein Rhythmus entzogen und daraus ad hoc eine Form geschaffen, deren Einheit von der Tatsache sichergestellt wird, daß sowohl die Anfangs- als auch die Schlußtakte an anderer Stelle im Satz zu hören sind (T. 29 bzw. T. 45).

Dadurch, daß die einzelnen Glieder des G-Dur-Präludiums nicht lang genug sind, um es als konzertmäßige Ritornellform zu bezeichnen, läßt sich in dem Satz eine Huldigung an das alte Präludium sehen. Seine Elemente sind ad hoc zu einer Form zusammengeschweißt, die nicht so weit von der des alten Präludiums entfernt, jedoch kontinuierlicher und mehr dem Komponieren mit *figurae* verpflichtet ist, als es bei Buxtehude, Bruhns und anderen üblich war. Wie z. B. die Takte 12–16 in den Takten 32–38 wiedergebraucht werden, findet sich weder bei Buxtehude einerseits noch bei Vivaldi andererseits.

Was das anfängliche *passaggio* angeht, so haben sowohl dessen Schwungkraft als auch die rhythmische Mehrdeutigkeit den traditionellen Toccaten-Anfang umgeformt. Zu den impliziten Triolen T. 10–11 siehe eine merkwürdige Vorwegnahme in der Figurierung der Partita VI in den frühen Choralvariationen BWV 770.

Fuge

Das Fugenthema ist ein ewiger Jagdgrund für jene, die in ihm eine in der damaligen Zeit wohlbekannte Formel wiedererkennen. Spitta hörte in dem Thema nicht nur den Rhythmus des Anfangschors aus der Kantate BWV 21 (1714, 1723), sondern

---

[16] Das letzte Beispiel enthält die verminderte Septe, die weitgehend demselben Zweck dient wie die neapolitanische Sexte, die in einem nicht so reifen Werk vielleicht verwendet worden wäre, in BWV 532, 535, 656, 582 usw.

fand, daß eben dieser Rhythmus *dem Praeludium als freiwirkendes Motiv* dient[17], vermutlich eine Anspielung auf die weiter oben mit *a* (Rhythmus) und *b* und *c* (Tonwiederholungen) benannten Figuren, oder vielleicht meinte er Takte des Präludiums wie T. 61–62. Solche Beobachtungen haben auch zu kühneren Schlußfolgerungen geführt, z. B. daß *Präludium und Fuge* [...] *innerlich, auch thematisch, eng zusammenhängen*[18] oder daß sich die Fuge aus den eigenen Motiven des Präludiums entwickelt[19]. Allerdings hingen diese Schlußfolgerungen gemeinhin davon ab, wieviel Wert der Funktionsanalyse beigemessen wurde, denn offene wechselseitige Beziehungen zwischen Präludium und Fuge lassen sich nicht aufzeigen. Auch ähnliche, aber kürzere Themen von Georg Friedrich Kaufmann[20] oder Franz Anton Maichelbeck[21] lassen nicht an einen Einfluß auf Bach oder von ihm ausgehend denken, da das Thema einer harmonischen und rhythmischen Norm – Tonwiederholungen auf den Vorhalten 4–3 und 7–6 – folgt. Diese Themen bilden einen Studiengegenstand für sich. Z.B. ist sicherlich richtig, wenn zwischen dem Chor-Thema der Kantate BWV 21 und dem Schlußsatz des Vivaldi-Konzerts BWV 596, die beide vermutlich um oder bis 1714 komponiert wurden, eine große Ähnlichkeit festgestellt wird[22].

BWV 21, II

BWV 596, IV

Beide Stücke stehen in Moll, und beide schöpfen von Anfang an Engführungsmöglichkeiten aus – anders als BWV 541, II, wo die Engführung bis zum Schluß aufgehoben wird. Daß aber die „Tonwiederholungen auf den Vorhalten 4–3 und 7–6" auch in anderem Kontext zu finden sind, wird aus dem Anfang der Kantate BWV 77 deutlich, wo das Material von einem *cantus firmus* abgeleitet ist. Weitere Beispiele dieses Thementyps bei Händel, Lotti, Pergolesi und anderen herauszufinden, bringt kaum Gewinn außer einer Bestätigung dessen, was bereits zu vermuten war, nämlich, daß es sich um ein ursprünglich italienisches und höchstwahrscheinlich ein Vokalthema handelt.

---

[17] Spitta, a.a.O., S. 689
[18] Hermann Keller, *Die Orgelwerke Bachs*, S. 111
[19] Walter Emery, *Some Speculations on the Development of Bach's Organ Style*, MT 107/1966, S. 156–64 Jg. 107/1966, S. 156–64
[20] *Vom Himmel hoch*, in: *Harmonische Seelenlust*, Leipzig 1733–36
[21] *Fuga Octavi Toni* [G-Dur] in: *Die auf dem Clavier lehrende Caecelia* III, Augsburg 1738
[22] Alfred Dürr, *Studien über die frühen Kantaten J. S. Bachs*, Leipzig 1951, S. 167f.

BWV 77, I

Formbeschreibung:

- T. 1–17 Exposition; die erste Beantwortung in der Dominante tonal, die zweite real (T. 14; siehe auch BWV 550 und 536); neues Kontrasubjekt zur zweiten Beantwortung
- T. 17–26 Zwischenspiel, verwendet besonders die Achtelfigur des Themas (T. 2) und Sechzehntelfiguren des Kontrasubjekts
- T. 26–35 Einsatz in der Tonika, danach ein abgeleitetes Zwischenspiel in der Paralleltonart
- T. 35–52 Einsatz in der Paralleltonart (Tenor), danach ein freies (?) Zwischenspiel zum
- T. 52–63 Einsatz in der Dominante, Überleitung–Zwischenspiel, Einsatz in der Doppeldominante
- T. 63–71 abgeleitetes Zwischenspiel, g-Moll-Einsatz (quasi wie eine tonale Beantwortung in der Dominante zu einem Thema in c-Moll), Orgelpunkt auf der Dominante in Moll
- T. 72–83 Engführung im Abstand einer None, danach Engführung in der Unterquinte; dann der letzte Einsatz in einer neuen fünften Stimme (T. 79, Subdominante); letzter Orgelpunkt auf der Tonika *inversus* (d. h. im Sopran), dann verdoppelt

Wenn auch in bescheidenem Maße, so gibt doch die Variierung des Themas, wie sie in T. 66 oder der zweiten Hälfte von T. 72 erscheint, bereits einen Vorgeschmack von der verfeinerten Behandlung des Themas in der C-Dur-Fuge BWV 547, während die vorübergehende, an Spannung nachlassende Hinwendung zum Moll vor den letzten Themeneinsätzen in mehreren anderen Sätzen eine Entsprechung hat, nicht zuletzt in dem Präludium selber (man vergleiche T. 76–77 des Präludiums mit T. 71–72 der Fuge). Von auffallender Melodik, ist das Thema mit seinen Tonwiederholungen und Vorhalten offensichtlich Verarbeitungsmöglichkeiten zugänglich, die zu so deutlich hörbaren Scheineinsätzen wie in der Sopranlinie T. 30–32 führen. Mit besonders hörbarem Erfolg wird das Thema in den Takten 20–25 verwendet, wo die Frage-Antwort-Folgen von liedhafter Melodik sind und zu einem trioartigen Dialog führen (T. 23–24).

Form und Harmonik der Fuge sind füreinander ersonnen. So haben die Sechzehntelfiguren in den, grob betrachtet, ersten und letzten dreißig Takten eine Tendenz, um sich selbst zu kreisen.

BWV 541

Unter allen Komponisten war gerade Bach ein Meister dieser schöpferischen Figurierung. Daraus ergibt sich manchmal eine etwas komplizierte Harmonik (z. B. zweite Hälfte T. 14), die eindeutig reifer ist als die von anderen auf Tonwiederholung basierenden Themen hervorgebrachte (z. B. in der Toccata BWV 566, T. 34–38). Diese Melodielinien können zugunsten einer guten Harmonieführung (ab T. 30) oder eines Höhepunkts mit nachfolgender Kadenz (T. 34) räumlich weiter ausgreifen und eine kapriziöse Wirkung erreichen. Doch einen echten Kontrast bildet das Zwischenspiel in der Mitte des Stücks, der einzige Abschnitt ohne Pedal, ohne deutliche Anspielung auf das Thema und ohne ständig wechselnde Harmonien. Die Akkordbrechungen dieses Zwischenspiels sorgen für die Entspannung und Abwechslung, die in anderen Fugen in unterschiedlichen Formen auftritt, z. B. als Tonleiter-Passage vor den enggeführten Einsätzen in der d-Moll-Fuge BWV 538, II. Aber die Struktur von BWV 541 ist kürzer, einfacher und nicht so dicht wie die von BWV 538. Während zu einem *alla-breve*-Thema wie in BWV 538 schon die wenigen Takte mit Tonleitern in Gegenbewegung einen großen Kontrast bilden, kann für BWV 541 das entspannende Zwischenspiel noch leichter, zauberhafter, tänzerischer sein, gemäß dem Charakter einer Aria, der dem Fugenthema selbst innewohnt. Das ganze Zwischenspiel T. 38–52 erinnert an Passagen im ersten Satz des 5. *Brandenburgischen Konzerts*, d. h. einer leichten Ritornellform, keiner Fuge. Am Ende bringt dieses zentrale Zwischenspiel von BWV 541, II Figuren herein, die auf der vollen Taktzeit beginnen, ein Detail, das in einer Fuge, deren Themen und Melodielinie gewöhnlich auftaktig anfangen, bedeutungsvoll wird. Aber niemals dürfen die Motive sich ständig wiederholen oder eine beherrschende Rolle spielen. Das Anliegen des Satzes besteht darin, mittels rhythmischer Schwungkraft eine Kombination von angenehmen Harmonien und Melodien zu erreichen. Im Interesse dieser drei Ziele können bis zu den letzten zwei Takten hin neue Figuren geschaffen werden, Figuren, die den „Schwanz" des Themas aufgreifen. So wird in den Takten 60–62 ein Motiv benutzt,

das sich z. B. im *Orgelbüchlein* findet, aber nun zugunsten der „angenehmen Melodik, Harmonik und rhythmischen Schwungkraft" von BWV 541, II aufgenommen und verwendet wird und unter anderem eine schöne Baßlinie und einen mächtigen $^7_5_2$-Klang (T. 62) hervorbringt, was bei vielen französischen Komponisten, die dieses

Motiv selbstverständlich auch benutzten, außerhalb der Vorstellungskraft gelegen hätte. Der „vertauschte" Orgelpunkt gegen Ende ist unüblich. Der Orgelpunkt am Schluß der Kantate BWV 77 liegt konventionell im Baß, über dem das ursprüngliche Thema und seine Figuren nicht so dicht wie in der G-Dur-Orgelfuge gebraucht werden.

BWM 542

Fantasie und Fuge g-Moll

Kein Autograph; Abschriften nur von der Fuge in P 803 (Johann Tobias Krebs), P 1100 (Johann Christoph Oley), P 598 (Johann Friedrich Agricola, zwischen 1738 und 1741), P 288 (Johann Peter Kellner), anderen Quellen des 18. (P 290, P 203 Johann Stephan Borsch, Lpz. MB. Ms. 4) und 19. Jahrhunderts (P 282, P 837, Lpz. Poel. 21, BB 38276, Schubring-Handschrift usw.); die Fuge allein in f-Moll in P 320 (Kittel?), P 287 (Johann Stephan Borsch), P 204 (Christian Friedrich Gottlieb Schwencke), P 518 (ca. 1800), P 577 (Grasnick ca. 1820), LM 4838, Lpz. Go. S. 26, einige von diesen abhängig von Kittel-Quellen; die Fantasie allein in Lpz. MB. III.8.20 (Dröbs); Fantasie und Fuge zusammen in Am. B. 531 (18. Jahrhundert, doch ursprünglich einzeln?), P 288 (2. Hälfte 18. Jahrhundert oder später, dito), P 595 und P 924 (Grasnick); zusammen, aber in umgekehrter Reihenfolge in P 1071 (ca. 1800). Einzeln in verschiedenen Bänden veröffentlicht von Marx, Leipzig 1833.

Zwei Systeme; Überschrift in P 803 *Fuga*; in P 288 (frühere Abschrift) *Fuga [...] pro Organo pleno cum Pedalo obligato*; in Am. B. 531 und Lpz. MB. III.8.20 *Fantasia*; in P 288 (spätere Abschrift) *Fantasia e Fuga in G m: Per l'Organo pieno, col Pedale Obligato*; in P 1100 *Fuga [...] pro Organo pleno*.

BWV 542 birgt – so wie wir es kennen – zwei Probleme: Gehören die Sätze zusammen, und wurden die Sätze zur gleichen Zeit komponiert? Obwohl das letztere, ausgehend von der Annahme, daß der Kontrast zwischen den beiden Sätzen auf Absicht beruht, häufig vermutet wird, verweisen doch fugenmäßiger Kontrapunkt, Textur und Figurenwerk zurück auf die Zeit um die Passacaglia BWV 582 oder sogar früher. Nur wenn die Harmonik der Fantasie nicht untersucht wird, kann diese früher als die Fuge angesetzt werden, wie es hin und wieder geschieht[1], wogegen Spittas letzte Vermutung dahin geht, daß die enharmonischen Modulationen der Fantasie ein späteres Entstehungsdatum nahelegen, zweifellos in den Jahren nach der Weimarer Zeit[2]. Diesen Schlußfolgerungen ist jedoch entgegenzuhalten, daß die Technik von Fantasie und Fuge jeweils so verschieden ist, daß Vergleiche zwischen beiden nur von zweifelhaftem Wert sind. Andere Autoren haben nicht nur *einen gewissen Zusammenhang* zwischen Fantasie und Fuge gesehen, sondern glauben auch, daß die Fuge in die Zeit von Bachs Besuch in Hamburg 1720 gehört, die Fantasie in eine frü-

---

[1] George B. Stauffer, *The Organ Preludes of Johann Sebastian Bach*, Ann Arbor, Michigan 1980, S. 110 S. 110
[2] Philipp Spitta, *Johann Sebastian Bach*, Bd. I, S. 635

here Zeit³. Diese Annahme beruht scheinbar auf dem Umfang (für die Fantasie ist d''' erforderlich, das es auf der Orgel in der Jakobikirche in Hamburg nicht gab), während der Stil das Gegenteil vermuten lassen würde.

Ob die Sätze überhaupt zusammengehören, ist unsicher⁴. Es stimmt zwar, daß selbst das Präludium und die Fuge Es-Dur BWV 552 in der Druckausgabe getrennt stehen und in späteren Abschriften oft einzeln abgeschrieben wurden. Auch die Präludien und Fugen anderer wichtigerer Paare wurden manchmal einzeln kopiert (z. B. BWV 540). Griepenkerl hingegen stellte Fantasie und Fuge g-Moll in der Peters-Ausgabe, Band II, aufgrund eines Beweises zusammen, den er in jetzt nicht mehr verifizierbaren Quellen fand. Es erscheint jedoch zweifelhaft, daß es (jemals?) eine Abschrift von der Hand des Komponisten gab, in der die Sätze zusammenstanden⁵. Das Verzeichnis der Quellen für die Fantasie und Fuge in g-Moll ist im Hinblick auf dieses Problem ungewöhnlich beredt. Außerdem enthalten manche Handschriften wie P 203 und P 204 nur die Fuge zusammen mit Fugen anderen Ursprungs (aus dem *Wohltemperierten Clavier* usw.), wogegen sie in Handschriften wie P 1100 und P 288 (erste Abschrift) als separates und einzelnes Stück abgeschrieben wurde, d. h. nicht im Zusammenhang einer Sammlung. Hinzu kommt, daß die Fantasie auch in keiner f-Moll-Fassung bekannt ist, obwohl die Fuge in manchen Abschriften nach f-Moll transponiert erscheint (was erfordert, daß auf die ursprünglichen C im Pedal Rücksicht genommen wird). Daher gab es zumindest eine Tradition, wonach die Fuge allein gespielt wurde: Eine Abschrift in f-Moll (P 518, ca. 1800) hat sogar ein anderes Präludium, eine sogenannte *intrada*. Von der Fuge, wie sie in *BG*, Band XV, abgedruckt wurde, ist behauptet worden, sie sei eine für einen weniger geübten Spieler „adaptierte" Variante⁶, eine Schlußfolgerung, deren Beweisführung auf einem mangelhaften Verständnis der Quellen beruht. In jedem Fall ist die (oder eine) ursprüngliche f-Moll-Fassung wohl *relativ früh* gewesen⁷.

Es wird oft angenommen, die Vermutung, Bach selber habe die Sätze, ungeachtet ihrer möglicherweise unterschiedlichen Entstehungszeit, zusammengestellt, ließe sich durch ein bestimmtes Ereignis im Leben des Komponisten stützen – und diese Annahme wird dann als Beweis gewertet: Es wird nämlich behauptet, daß BWV 542 *unzweifelhaft der Cöthener Periode angehört*⁸ und *zum Zweck der Hamburger Reise*⁹ 1720 komponiert wurde. Das war die Gelegenheit, als Bach sich um die Organistenstelle an der Jakobikirche¹⁰ bewarb und dem Nekrolog nach, der auf diese Reise anzuspielen scheint, die Gelegenheit, bei der er dem betagten Jan Adams Reincken, dem letzten Repräsentanten einer alten Orgelschule, vorspielte¹¹. In BWV 542 sind Anklänge an die Hamburger Musik gehört worden; z. B. meint Spitta, Bach scheine *vor die Hamburgischen Orgelkünstler auf ihrem eigensten*

---

[3] Hermann Keller, *Die Orgelwerke Bachs*, S. 86
[4] Walter Emery, *The Dating of Bach's Organ Works*, The Organ 37/1957–58, S. 181–87
[5] NBA, Serie IV/5–6, Kritischer Bericht, S. 455f.
[6] Hermann Keller, *Die Varianten der großen G-Moll-Fuge, BJ* 10/1913, S. 61
[7] NBA, Serie IV/5–6, Kritischer Bericht, S. 458
[8] *BG*, Bd. XV, S. XXVIII
[9] Spitta, a.a.O., S. 635
[10] *Bach-Dokumente*, Bd. II, S. 77
[11] *Bach-Dokumente*, Bd. III, S. 84

Gebiete habe hintreten [...] wollen[12]. Aber die Verbindung zu Hamburg stützt sich auch auf einen objektiveren Umstand, nämlich auf die Bemerkung von Mattheson in seiner *General-Bass-Schule*[13], daß der Wettbewerb für einen neuen Organisten an der Hamburger Hauptkirche am 24. Oktober 1725 eine extemporierte Fuge über das Thema des folgenden Notenbeispiels (I) einschloß, das vollständig mit einem Gegenthema (II) gegeben war.

I

II

Johann Mattheson, *General-Bass-Schule*

Mattheson fügt hinzu: *ich wuste wol, wo dieses Thema zu Hause gehörte, und wer es vormahls künstlich zu Papier gebracht hatte.* Allerdings wurde 1700 eine vereinfachte Fassung des Themas als das Lied *Ik ben gegroet* (aus *Oude en nieuwe Hollantse Boerenliedjes*, Amsterdam[14]) veröffentlicht,

und es ist möglich, daß Matthesons Ausspruch *zu Hause gehörte* sich auf den niederländischen Ursprung bezieht, den Johann Sebastian Bach gekannt haben mag oder auch nicht. Das Datum der niederländischen Veröffentlichung macht zunichte, daß das Lied eher die spätere, vereinfachte Version des Fugenthemas sei als umgekehrt, wie behauptet wurde, ehe die Daten ans Licht kamen[15]. Es ist auch ungewiß, ob die kleinen Abweichungen zwischen BWV 542, II und Matthesons Fassung anzeigen, daß *die Fuge in der jetzt vorliegenden Gestalt eine spätere Überarbeitung sein muß*[16].

Die Frage des Umfangs ist in ihrer Bedeutung noch ungewisser: Keiner der Töne Cis, Es, As und d''', die für die Fantasie erforderlich sind, oder der Töne Es und As, die in der Fuge vorkommen, war in Reinckens Kirche, der Katharinenkirche, verfügbar und (nur mit Ausnahme des As im Rückpositiv und im Pedal) auch nicht auf der Orgel der Jakobikirche, wie Schnitger sie hinterließ[17]. Die Frage wird noch komplizierter durch die (spätere?) Geschichte der Fuge, d. h. ihre Transposition nach f-Moll, und dadurch, daß die Orgel, auf der die Fantasie gespielt werden kann,

---

[12] Spitta, a.a.O.
[13] Hamburg 1731, S. 34 ff.
[14] *Bach-Dokumente*, Bd. II, S. 219
[15] Emery, a.a.O.
[16] Spitta, a.a.O.
[17] Gustav Fock, *Arp Schnitger und seine Schule*, Kassel 1974, S. 63 f.

wohltemperiert sein muß, wenn auch nicht unbedingt gleichschwebend, wie manchmal gesagt wird. Mögliche Lösungen all dieser Fragen bieten sich an – z. B. daß die Fantasie enharmonische Möglichkeiten für einige Stimmungen demonstrierte; daß sie nicht für den Hamburger Besuch (oder selbst in dessen Zeit) geschrieben wurde; oder daß die Fuge möglicherweise für einen „Idealumfang" komponiert oder abgeschrieben wurde, den viele Organisten – wie ungeschlacht nach modernen Maßstäben auch immer – zu handhaben gewohnt waren, wenn sie mit verkürztem Umfang spielten. Indessen sind alle diese Lösungen nur Mutmaßungen.

Fantasie

Die g-Moll-Fantasie hat einen ungewöhnlich klaren Aufbau. Daß sich darin eine musikalisch-rhetorische Form ausdrückt, ist höchst wahrscheinlich, ebenso wie die daherrührende Aufteilung auf zwei Manuale, Hauptwerk (*Hw*) und Positiv (*Pos*)[18]:

A	Hw	T. 1– 9	*Propositio*: Hauptmaterial; „Koloraturen", Skalen usw. in der Grundtonart, dann Dominante; Orgelpunkt
B	Pos	T. 9–14	*Confutatio*: Gegenrede; imitierend, moduliert mehr, mit bewegter Baßlinie; streng vierstimmig
A	Hw	T. 14–25	*Confirmatio*: partielle Rückkehr zum Hauptmaterial (besonders zu den „Koloraturen" und mehrfachen Vorhalten); mehr Chromatik; enharmonische Modulationen
B	Pos	T. 25–31	*Confutatio*: wie vorher, aber eine Quinte tiefer, Oberstimmen vertauscht, um einen Takt verlängert
A	Hw	T. 31–49	*Confirmatio*: Weiterentwicklung der Chromatik (T. 31–39) *Peroratio*: Rückkehr zur Tonika (T. 40), „Koloraturen" usw.; die Chromatik wird schließlich in einem letzten Pedalsolo und in einer Kadenz aufgelöst

Was die rhetorische Analyse nicht klar beantworten kann, ist die entscheidende Frage, ob der Komponist an diese rhetorischen Elemente dachte und entsprechend komponierte, oder ob in der im weiteren Sinne sprachlichen und musikalischen Rhetorik solche natürlichen Kontraste einfach üblich sind. Sind sie im Sinne Samuel Taylor Coleridges vorangehende Form und darüber gelagerte Gestalt (*form proceeding and shape superimposed*)? Daß die *Johannes-Passion* in ihrer vermeintlichen dritten Fassung mit einem Chor beginnt, der in der anfänglichen *exclamatio* mit den Worten *Herr, Herr* ähnliche Klangfortschreitungen enthält wie BWV 542, I[19], läßt keine Rückschlüsse zu, denn auch hier herrschen musikalische Gesetze, und die Harmoniefolgen über dem Orgelpunkt besitzen ihre eigene Logik. Zwar mögen die anfänglichen betonten Akkorde (*emphasis*), der Ausruf der Anfangstakte (*exclamatio*), die Wiederholung von Zweiunddreißigstel-Motiven (*anaphora*), die fallenden/steigenden Linien (*katabasis/anabasis*), die kontrapunktische Abhandlung von Motiven ab T. 9 (*declamatio*), ja, sogar die Pausen im Manual im vorletzten Takt (*aposiopesis*) Entsprechungen oder Analogien in der sprachlichen Rhetorik besitzen, aber auch hier kann nicht beansprucht werden, daß irgendein Element gewissermaßen nur

---

[18] Jacobus Kloppers, *Die Interpretation und Wiedergabe der Orgelwerke Bachs*, Frankfurt 1966, S. 76f.
[19] a.a.O., S. 114ff.

als Beleg für eine theoretische rhetorische Figur vorhanden ist, oder daß jedes Element derartige Entsprechungen oder Analogien hat. Daher ist alles, was sich zu den Takten 31–34 aus der Sicht der *ars rhetorica*[20] sagen läßt, daß sie *keinen scharfen Kontrast* zu dem vorausgehenden Abschnitt bilden und daß sie rhetorische Figuren wie die *gradatio* („Aufstieg" zum Höhepunkt) und *congeries* („Anhäufung" von Stimmen) enthalten. Doch selbst in diesem außergewöhnlichen Satz ist diese Passage eine der auffallendsten mit ihren Dur-Moll-Modulationen, den chromatischen Linien (die hier ganz anders als die ursprüngliche Linie im Pedal in T. 22–23 sind), ihrer Gegenbewegung und dem *crescendo*-Effekt.

Selbst wenn man gelten ließe, daß die Fantasie *als ein kleines instrumentales Oratorium zu interpretieren ist*[21], dürfen die stilistischen Wurzeln nicht vergessen werden. Die Form *A B A B A* erinnert theoretisch an den Wechsel freier und strenger Abschnitte, der aus dem norddeutschen mehrteiligen *Praeludium Pedaliter*[22] bekannt ist, doch das unterschiedliche Ausmaß läßt solche Analogien zweifelhaft erscheinen. Indessen scheint es durchaus sinnvoll, folgenden Aufbau des Stückes anzunehmen[23]: Orgelpunkt – Zwischenspiel – Orgelpunkt – Zwischenspiel – Improvisation – Zwischenspiel – Improvisation. Zu den weit auseinandergezogenen Klangfortschreitungen der anfänglichen Orgelpunkt-Harmonien finden sich in vielen anderen Sätzen Parallelen, auch in solchen mit weniger improvisierter Anlage (z. B. BWV 546, I). Aber selten, wenn überhaupt, treten zwei verminderte Septakkorde so hintereinander auf wie hier im zweiten und dritten Akkord. Ein anderer Kunstgriff, nämlich „Koloraturen" durch Akkorde zu betonen, findet sich in weiter verfeinerten Zusammenhängen:

Violinsonate BWV 1001, I (*Adagio*)

Violinsonate BWV 1005, I (*Adagio*)

[20] a.a.O., S. 120
[21] a.a.O., S. 111
[22] Stauffer, a.a.O., S. 85
[23] Fritz Dietrich, *Analogieformen in Bachs Tokkaten und Präludien für die Orgel*, BJ 28/1931, S. 51–71
S. 51–71

Die Figuren der „Orgelkoloraturen" selbst mögen – nach einer Ausgabe von Corellis Sonaten op. 5 zu urteilen – durchaus von solchen Verzierungen herkommen, mit denen die Violinisten die Sonatensätze versahen. Eine ähnliche Analogie ergibt sich im Vivaldi-Rezitativ des Konzerts BWV 594, II. Aber daraus läßt sich nur eine schwache Rechtfertigung dafür ableiten, in der g-Moll-Fantasie ein *weltliches* Stück zu sehen[24]. Jedenfalls waren die von den Violinisten hinzugefügten Läufe und Verzierungen wohl kaum so systematisch, so einfach oder so dramatisch wie in BWV 542, I. Dadurch, daß die acht Anfangstakte aus Orgelpunkten zunächst auf der Tonika und dann auf der Dominante bestehen, beginnt die Fantasie wie eine konventionelle Orgelpunkt-Toccata mit späteren chromatischen Harmonien in der Art der Toccatenvorhalte (*durezza*-Klänge). Und tatsächlich gibt es, obwohl sich die in den Takten 6–7 ausgesponnene Linie mit der Wiederholung (*anaphora*) und Erweiterung von Figuren als in hohem Maße durchkomponiert erweist,

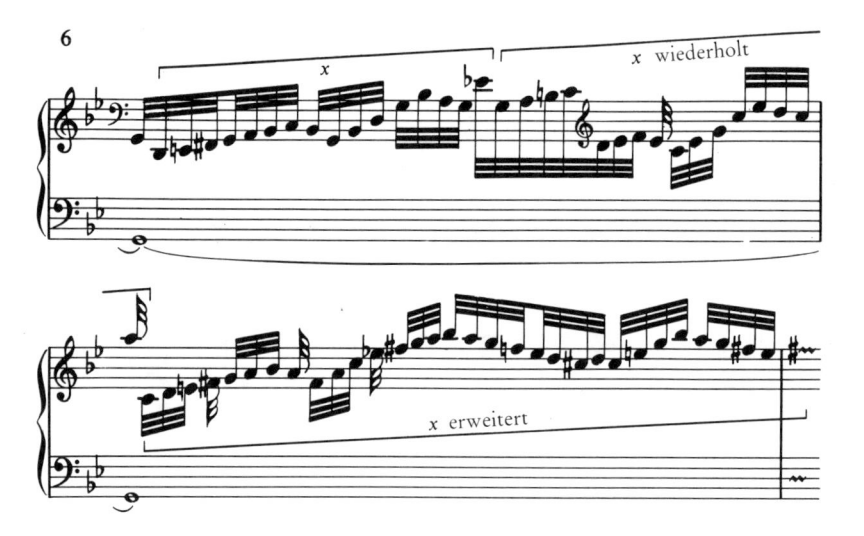

an diesem Punkt noch keinen Hinweis darauf, daß sich die Fantasie jenseits ihres toccatenhaften Anfangs (man vergleiche den Orgelpunkt zu Beginn von BWV 543) zu einer chromatischen, modulierenden, abschnittsweise gegliederten Fantasie entwickeln wird. Sogar der überraschende vorletzte Takt läßt sich als gereifte Übernahme einer älteren Idee auffassen: man vergleiche den vorletzten Takt des e-Moll-Präludiums BWV 533.

Obgleich die kürzeren Orgelpunkte im übrigen Satz ziemlich herkömmliche Harmonien zu begünstigen scheinen (T. 13, 18–19, 30, 41), sind diese Stellen durchaus nicht simpel, nachlässig oder einfallslos. Nichtsdestoweniger sind es jedoch die anderen harmonischen Wirkungen, die dem Satz seine Originalität verleihen. Bis T. 49 wird, unterstützt von der außergewöhnlichen Diskontinuität des Satzes und den gleichermaßen außergewöhnlichen Kontrasten zwischen den Abschnitten, der Ein-

---

[24] János Hammerschlag, *Der weltliche Charakter in Bachs Orgelwerken*, in: *Bach-Probleme*, Leipzig 1950

druck einer ungeheuren harmonischen Komplexität gewonnen. Die Klänge lassen sich in verschiedene Kategorien einteilen:

a) Orgelpunkt-Harmonien, einschließlich b) der wichtigen Mehrfach-Vorhalte, c) verminderte Septakkorde, die enharmonisch behandelt werden (wie im älteren und zeitgleichen italienischen Rezitativ), d) chromatische Klänge, insbesondere solche, die in unerwartete Moll-Akkorde übergehen, e) unmittelbar aufeinanderfolgende verminderte Septakkorde und f) „unterbrochene" Kadenzen oder unerwartete Auflösungen. Konventionellere Klangwirkungen haben auch ihren Platz wie der neapolitanische Sextakkord (T. 11 Mitte, T. 16 Ende, T. 41 Ende, T. 45 Ende) und ein oder zwei für diesen Satz charakteristische Akkorde der $^{\flat 9}_{6}$-Klang in T. 19–20, ein Akkord, der von Kuhnau in einfacherer Form in der ersten seiner „Biblischen Sonaten" (*Musicalische Vorstellung* ..., Leipzig 1700) vorweggenommen wird an der Stelle, die schildert, wie der getroffene Goliath zu Boden stürzt. Die Wirkungen werden noch gesteigert durch die dramatischen Pausen oder *tmeses* (besonders T. 15, 20, 35, 44), die Vielfalt der Textur von einer bis zu acht Stimmen, die extremen Wechsel und nicht zuletzt durch die „normalen" Passagen, die die anderen Passagen reliefartig hervortreten lassen (z. B. T. 39–41). Die Verarbeitung der sechs harmonischen Mittel a)–f) ersetzt konventionellere Verarbeitungen. So steht hinter T. 21–23 und T. 36–38 eine Kombination von b), c) und d), und nur die beiden B-Teile verarbeiten ein Motiv in bekannter Weise, d. h. in imitierender Engführung mit vertauschtem Kontrapunkt über demselben, augmentierten Motiv im Pedal. Doch wie bei der Motiv-Verarbeitung in den Chorälen des *Orgelbüchleins* schließt die intensive Verarbeitung harmonischer Gedanken oder Mittel ein mehr oder minder direktes wechselseitiges Zitieren nicht aus (z. B. T. 15–17 in T. 44–46). Tatsächlich scheint das Element der Wiederholung innerhalb eines Stückes – ganz unabhängig vom mutmaßlichen Ursprung von BWV 542, I – eine Besonderheit der mittleren Schaffensperiode Bachs gewesen zu sein.

Obwohl das Stück im Detail wohl begründet ist, wie diese Beschreibung der Hauptereignisse von BWV 542, I andeutet, ließe sich dennoch denken, daß wie bei Schubert die überraschendsten Klänge diejenigen sind, die nicht durch die chromatischen Einfälle oder verminderten Septakkorde an sich hervorgebracht werden, sondern durch den Richtungswechsel der Tonart. So ist in T. 23–24, obschon Septakkorde und chromatische Einfälle sicherlich hineinspielen, das tatsächlich auffälligste Ereignis der Schluß der Phrase nicht in es-Moll (der Tonart des vorausgehenden Taktes) sondern in f-Moll; dann wiederum, der Wechsel der Tonart nach G-Dur im nächsten Takt. Es ist so, als ob der dominantische Klang zu Beginn von T. 20 nur um ein paar Takte verschoben worden wäre; aber die musikalische Wirkung ist einzigartig.

Ähnliches ließe sich von den Harmonien über der absteigenden Skala in T. 31–34 sagen: nicht die langsame Chromatik als solche überrascht, sondern die unbarmherzige Logik, mit der eine einfache Sequenz den Hörer in unbekannte Regionen mitnimmt (von D-Dur nach Ges-Dur?). All dieses wird mit rein orgelmäßigen Wendungen erreicht, die in der Theorie nicht weit über Buxtehude hinausgehen, jedoch in der Praxis (und aus der Rückschau) auf die großen Orchester-Komponisten des nächsten Jahrhunderts vorausweisen.

Fuge

In wichtiger Hinsicht einzigartig ist auch das Fugenthema: es hat seinen Ursprung möglicherweise in einem alten holländischen Lied, das Bach vielleicht gekannt oder benutzt oder als Gruß an Reincken betrachtet hat, der eine Zeitlang in Holland gelebt hatte; und es verweist vielleicht auf spezielle Thementypen norddeutschen Ursprungs (z. B. in den Sonaten aus Reinckens *Hortus musicus*, die in P 803 und P 804 abgeschrieben sind). Das Thema enthält zwei Sequenzen, die erste mit halbtaktigen, die zweite mit ganztaktigen Einheiten. Dies allein ist als Merkmal einmalig und muß einer der Gründe sein, warum das Thema so denkwürdig ist[25]. Durch die unverkennbare Fröhlichkeit des Themas werden bei Fortgang der Fuge gewöhnlich „ernstere" Kontrasubjekte begünstigt, aber wenigstens ein Zwischenspiel (ab T. 43) kommt dem Thema in dieser Hinsicht gleich. Beide Kopisten von P 287 (die die Fuge für *das allerbeste Pedal = Stück* Bachs hielten – die Meinung von Carl Philipp Emanuel Bach?[26]) und Spitta[27] sind von der Fuge uneingeschränkt begeistert, doch ihre Form ist erheblich loser gefügt als z. B. die von BWV 538 oder BWV 534. Vielleicht besteht in diesen „losen" Stellen eine Beziehung zu Reincken, entweder ganz allgemein oder speziell zu dessen g-Moll-Fuge.

Jan Adams Reincken, Fuge g-Moll (*Hortus musicus*)

---

[25] Indem das Pedal die Sequenz vereinfacht, scheint es in T. 78 Matthesons Fassung des Themas näher. Eine merkwürdige Einzelheit ist auch, daß, wie die Takte 51–53 zeigen, jede eintaktige Sequenz von zwei halbtaktigen Sequenzen in einem Kontrasubjekt begleitet werden kann.
[26] *NBA*, Serie IV/5–6, Kritischer Bericht, S. 469
[27] Spitta, a.a.O., S. 636

BWV 542, II

Formbeschreibung:

g-Moll	T. 1– 17	Exposition, zwei Kontrasubjekte
	T. 17– 21	aus dem Motiv x des Themas abgeleitetes Zwischenspiel (Sechzehntel)
g-Moll	T. 21– 36	weitere Themeneinsätze in Tonika, Dominante, Tonika mit vertauschtem Kontrapunkt; danach aus demselben Motiv x abgeleitetes Zwischenspiel
	T. 36– 65	Einsatz in der Paralleltonart; ausgedehntes Zwischenspiel (einschließlich zweier Themeneinsätze in d-Moll); Beantwortung in der Dominante der Paralleltonart (T. 54), danach Rückkehr nach g-Moll und eine ausgedehnte thematische Vorwegnahme des
g-Moll	T. 65– 72	Themeneinsatzes in der Tonika; von dem Themenmotiv x abgeleitetes Zwischenspiel
	T. 72– 93	Einsätze in der Subdominante und Subdominantparallele (T. 79), durchsetzt mit Zwischenspielen, das letzte (T. 86) mit einem Richtungswechsel zu entlegeneren Tonarten vor:
g-Moll	T. 93–115	Einsätzen in der Tonika im Verlauf des Zwischenspiels (T. 94–103 = T. 44–53 eine Quinte tiefer); dann vollständiger Einsatz im dreistimmigen Satz (T. 103), darauf mehrmalige Rückkehr zu einem früheren Zwischenspiel (T. 106–110 = T. 32–36, jetzt in der Tonika); letzter Einsatz ohne Kontrasubjekte

Die Fuge ist also ein Rondo, in dem der Ritornell-Gedanke durch die Grundtonart ausgedrückt wird, wie sich das in kleinerem Rahmen auch anderswo findet (z. B. in der e-Moll-Fuge, *Wohltemperiertes Clavier* II). Bei jedem Einsatz hebt sich das Thema von seiner Umgebung ab. Die Zwischenspiele sind von dem Themenmotiv x und von den Zwischenspielmotiven y und z abgeleitet, die vermutlich verwandt sind:

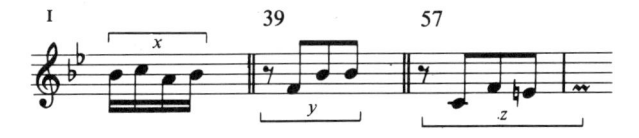

Das Themenmotiv und das Zwischenspielmotiv verbinden sich ganz natürlich, da sie sich als Keimzellen leicht anpassen und erweitern lassen. Eine unerwartete Nebenerscheinung des rondomäßigen Tonartenaufbaus ist, daß die Einsätze selbst in ihrer Bedeutung für die Form als Form leicht abgewertet werden. Die letzten Einsätze treten im Verlauf eines Zwischenspiels auf, und der am Ende im Pedal zu hörende Einsatz dient als Coda. Dennoch wird insgesamt die Länge scheinbar mühelos erreicht und bildet einen Ausgleich zu der vielgliedrigen Länge des Themas selbst.

Während (wie weiter oben angemerkt) Mattheson das erste Kontrasubjekt der Fuge gekannt zu haben scheint, gibt es bei ihm keinen Hinweis auf das zweite.

Daß dieses zweite Kontrasubjekt anscheinend eine Verbindung zu dem *B*-Material der Fantasie (T. 9–10) hat, ist einigen Kommentatoren zweifellos aufgefallen; aber mit beiden noch enger verwandt ist die gleiche Art der imitierenden Sequenz, die sich in anderen Fugenzwischenspielen findet, z. B. ab T. 17 der h-Moll-Fuge, *Wohltemperiertes Clavier* I (siehe auch eine Bemerkung bei BWV 544). Wenn das ursprüngliche Thema und das erste Kontrasubjekt 1720 auch den Bewerbern an der Jakobikirche gegeben worden wäre, hätte das zweite Kontrasubjekt (siehe letztes Notenbeispiel) sehr wohl von Bach beigesteuert worden sein können. Aber solche biographischen Spekulationen sind unproduktiv, denn aus den drei thematischen Linien resultiert, daß sie die Elemente einer konventionellen Permutationsfuge liefern – wie eine andere g-Moll-Fuge ebenfalls, nämlich BWV 578. Zwei Kontrasubjekte kommen gelegentlich auch anderswo vor (z. B. in Bruhns' e-Moll-Fuge oder in Buxtehudes d-Moll-Fuge BuxWV 155, T. 63). Doch in BWV 542, II insgesamt drehen sich Erfindungskraft und Geschicklichkeit eher um die Verarbeitung des kleinen Motivs *x* (vorletztes Notenbeispiel). Während sich der Kontrapunkt der drei Themen vertauschen oder sogar variieren läßt (z. B. Diskant T. 56), enthalten die Zwischenspiele Material, das nicht vertauscht wird, und sie stützen sich mehr auf das Melodische des Themas und das *perpetuum mobile*, das aus *x* gebaut werden kann. Aber *x* wird wiederum nicht zu geschickten Kontrapunktlinien verwendet, im Gegenteil, seine bemerkenswerteste Verarbeitung findet in den Takten 61–63 statt, wo es eine sehr ungewöhnliche Homophonie bewirkt. Die Harmonik der Fuge ist keineswegs dunkel. Falls Mattheson auf eine Kritik an BWV 542, II anspielte, wenn er zur Ausarbeitung der Fuge bemerkt[29]: *lieber was bekanntes und fliessendes genommen [...] darauf kömt es an, und es gefällt dem Zuhörer besser, als ein chromatisches*

---

[28] *NBA*, Serie IV/5–6, Kritischer Bericht, S. 462
[29] *Bach-Dokumente*, Bd. II, S. 219

Gezerre, dann kann er nicht gewußt haben, was für ein „chromatisches Gezerre" in der Fantasie BWV 542, I zu finden war! Die kleine Stelle T. 40–41 der Fuge rechtfertigt diese Ausdrucksweise nicht. Aber das heißt nicht, der Fuge interessante und ungewöhnliche Feinheiten abzusprechen. Wäre es Mattheson vergönnt gewesen, sowohl die Fuge als auch die Fantasie BWV 542 zu kennen, hätte er hier vermutlich die „fließende" Fuge nach dem „chromatischen Gezerre" der Fantasie gutgeheißen.

Auf die verborgenen Wiederholungen ist hingewiesen worden. Sie sind notwendig, um der Fuge eine abgerundete Gestalt zu geben. Im übrigen werden bis T. 91 neue Sequenzen abgeleitet, die Sechzehntelbewegung wird beibehalten und das Motiv *x* in der langen Folge von Zwischenspielen ab T. 68 in eine aufsteigende Figur verwandelt, wenn es unmittelbar vorher abgestiegen ist.

Insgesamt bringen die Zwischenspiel-Wiederholungen eine etwas andere Fuge hervor, als nach den etwa dreißig ersten Takten zu erwarten war. Dabei werden die Manualwechsel weder schwieriger noch reißen sie das Stück tatsächlich in irgendeiner Weise mehr auseinander, als dies üblicherweise der Fall ist. Der Satz wird auch zusammengehalten durch die wiederholten Ganzschlüsse (T. 68–71, 89–93, 113–14).

Setzt man sich mit diesem Satzpaar hörend oder spielend auseinander, fällt es schwer, an die unterschiedliche Entstehungszeit und die ungelösten Probleme des Verwendungszwecks und der Herkunft der einzelnen Sätze bzw. beider zusammen zu denken. Sie scheinen sich vollständig zu ergänzen: das komplexe, leidenschaftliche Gewicht des einen gepaart mit dem schlichten verhaltenen Überschwang des anderen. Gleichwohl ist die Verkopplung der Sätze nicht unausweichlich, ebensowenig wie bei einem ähnlichen späteren Satzpaar in einer anderen Fantasie, der c-Moll-Fantasie BWV 562.

BWV 543

Präludium und Fuge a-Moll

Kein Autograph; Abschriften in Am. B. 60 (ein Berliner Kopist, nach 1754) und anderen Quellen des mittleren oder späteren 18. (Am. B. 54, P 276, P 290) und frühen 19. Jahrhunderts (P 819 Grasnick – nur Präludium, P 505 Grasnick, P 837, Lpz. MB. III.8.14 Dröbs, P 925 eine vierhändige Bearbeitung, auf 1832 datiert).

Zwei Systeme; Titel in Am. B. 60 (und P 505) *Preludio e Fuga per l'Organo pieno*, in Dröbs' Handschrift [...] *für die volle Orgel*.

Es scheint, daß es eine frühere Fassung des Präludiums gegeben hat (siehe BWV 543a). Aber von der Fuge wird noch oft behauptet, daß sie eine revidierte oder umgeschriebene, verkürzte Fassung der Cembalo-Fuge a-Moll BWV 944 ist, die im Andreas-

Bach-Buch kopiert wurde[1] – in dieser Form revidiert, weil der Komponist *erst in der Orgel-Fuge dafür den adäquaten Ausdruck suchte und fand*[2]. Doch diese Ansicht ist lediglich auf eine gewisse Ähnlichkeit zwischen Thema und Form der beiden Fugen zu gründen, da sie sonst wenig gemeinsam haben. Thema und Gegenthema beider Fugen folgen ähnlichen melodischen Linien und Lagen, beide Fugen haben etwas von einem *perpetuum mobile* an sich (BWV 543 weniger) und beide haben einen ziemlich freien Schluß (BWV 543 mehr). Es ist möglich, daß sich diese „Ähnlichkeiten" nur deshalb ergeben haben, weil a-Moll für den Komponisten mit bestimmten Assoziationen versehen war, auch wenn die Orgelfuge tatsächlich Spielfiguren (z. B. T. 83) im Stil der Cembalo-Fuge enthält[3].

Noch weitere Ähnlichkeiten wurden herausgefunden. Der Umriß des Themas von BWV 543, II gleicht dem der a-Moll-Fuge BWV 559; ebenso ist eine Figur (im Pedal) im Endstadium beider Präludien gleich[4], während sich dasselbe Thema von BWV 543, II auch irgendwie in der anfänglichen Figur der rechten Hand im Präludium aufspüren läßt[5] – eine Ähnlichkeit, bei der leider T. 2 des Fugenthemas unberücksichtigt bleiben muß. Darüber hinaus hat das Fugenthema Parallelen in der (nicht fugierten) *Corrente* aus Vivaldis op. 2/1 (Venedig, 1709) und einer Fuge in e-Moll von Pachelbel[6]. Es ist zu bezweifeln, ob irgendeine dieser Gemeinsamkeiten beweist, daß Bach bei der Komposition dieses Werkes von anderen beeinflußt war. Die Schlußfolgerung müßte vielmehr dahin gehen, daß ein Moll-Thema, dessen Themenkopf oder Kopfmotiv den Dreiklang nachzeichnet, wonach sodann ein längerer, sequenzierender und figurierter Themen-„Schwanz" folgt (wie bei BWV 543, 944, Corelli usw.), nur ein begrenztes Maß an Abwechslung produziert. Im Fall von BWV 543 ergibt sich ein Thema, das – für eine Orgelfuge von Bach ungewöhnlich – einem *perpetuum mobile* gleicht und wie BWV 564 gegen Ende eine Art aufgelockertes Nachspiel verlangt, da ein Schluß-Einsatz nach klassischen Regeln (wie in BWV 538 oder 540) kein richtiges Schlußgefühl vermitteln würde. Auf alle Fälle dürfte es schwierig sein, Spittas vielzitierte Behauptung, daß Präludium und Fuge bestimmt nicht aus derselben Zeit stammen[7], zu rechtfertigen, denn beide Stücke weisen Zeichen der Unreife auf, und die verbreitete Annahme, daß die „Frühfassung" des Präludiums (BWV 543a) der „späteren" Fassung lange vorausging, wird weder durch den Gehalt noch die Quellen gestützt.

Präludium

Es stimmt, wie Spitta dargelegt hat, daß die sogenannte frühe Fassung des Präludiums *gewisse an Buxtehudes Schule erinnernde Eigenthümlichkeiten*[8] zeigt. Aber Spittas Beispiele von Figuren, die Buxtehude ähneln,

---

[1] *MGG*, Bd. I, Sp. 1013
[2] Reinhard Oppel, *Die große A-moll-Fuge für Orgel und ihre Vorlage*, BJ 3/1906, S. 74–78
[3] Hans Hering, *Spielerische Elemente in J. S. Bachs Klaviermusik*, BJ 60/1974, S. 44–69
[4] Gwilym Beechey, *Bach's A Minor Prelude and Fugue: some textual observations on BWV 543*, MT 114/1973, S. 832
[5] Oppel, a.a.O.
[6] Hermann Keller, *Die Orgelwerke Bachs*, S. 84
[7] Philipp Spitta, *Johann Sebastian Bach*, Bd. I, S. 405
[8] a.a.O., Bd. II, S. 689

finden sich auch in der „späteren" Fassung, und es ist daher zu vermuten, daß die Datierung eines Bach-Werkes (in beliebiger Fassung) aufgrund des Maßes, in dem diese oder jene Figur an Buxtehude erinnert, unzuverlässig ist[9]. Weitere Charakteristika des norddeutschen Präludiums sind: die Idee eines auf einer weitgespannten Figur basierenden Anfangs-Solos in der rechten Hand; dessen Pedal-Version 25 Takte später (die den zu erwartenden Orgelpunkt in Pachelbelscher Manier „ersetzt"); solche Figuren wie in T. 1, 23, 30, 33, 36 (und Pedal-Achtel), 50–53. Zur Notation von T. 33 siehe eine Bemerkung zu BWV 549a weiter unten. Einen allgemeineren Ursprung in Cembalo-Toccaten – einschließlich solcher von Pachelbel, Kerll und anderen – haben: die Idee des Orgelpunkts zunächst auf der Tonika (ab T. 10) und anschließend auf der Dominante (nur kurz, in T. 25[10]) und sodann der Schluß auf einer weiteren Tonika; isoliertes Laufwerk über weiteren Orgelpunkten (T. 33 usw.).

Als charakteristisch für Bach darf angesehen werden: die regelmäßige Phrasenbildung in den neun Takten des anfänglichen Manual-Solos; der dramatische Gebrauch des Orgelpunkts ab T. 10 (tiefer Beginn, allmähliches Ansteigen der Spannung); die sehr sorgfältige Planung der verschiedenen Notenwerte (Sechzehntel, Sechzehntel-Triolen, Zweiunddreißigstel) zur Unterstützung der Spannung bis hin zum Höhepunkt, für den der Triller-Akkord in T. 23 verwendet wird, bevor sich der Tonika-Orgelpunkt weiterbewegt; die Textur in T. 31–32, die der von T. 69–70 in *Wie schön leucht' uns der Morgenstern* BWV 739 gleicht; die klare Aufteilung des Stücks zwischen der anfänglichen Verwendung der Orgelpunkte (implizit oder explizit) und dem systematischen Gebrauch einer antiphonischen Figur in der zweiten Hälfte.

Aus der Tradition heraus wurde also ein ganz eigenes Stück geformt. So ist die Triller-Figur von T. 23 bei Buxtehude und andernorts zu hören, aber wohl kaum als Höhepunkt eines gut proportionierten Abschnitts in der Tonika. Auch andere kon-

---

[9] Spitta sagt nicht deutlich, ob die Takte 22 ff. und 33 ff., auf die er sich bezieht, Takte aus dem jetzt mit BWV 543 oder 543a bezeichneten Präludium sind; doch welches von beiden auch gemeint sein mag, die Argumentation wird davon nicht berührt.

[10] Unter dem Aspekt der Struktur und der logischen „Beantwortung" würde das Pedal-Solo von T. 25 am besten in Moll anfangen (d. h. mit g), eine Einzelheit, die den verschiedenen Kopisten entgangen ist. Der Ausführende sollte hier die Aufmerksamkeit auch dadurch auf den Wechsel der Tonartrichtung lenken, daß er die Pause beachtet. Möglicherweise sind noch zwei weitere „Irrtümer" durch die Kopisten entstanden: Sollte der Orgelpunkt in der zweiten Hälfte von T. 9 beginnen? Und sollten T. 19 und 21 die Viertel-Linie von T. 11, 13, 15 und 17 fortführen?

ventionelle Mittel werden benutzt, jedoch weiter vorangetrieben, als es normalerweise der Fall wäre. Z. B. ist der kleine Effekt der Akkordbrechung oder des *brisé* in T. 29 ungewöhnlich vollständig

und in einem französischen Orgelstück wohl kaum so deutlich zu finden. Gleichermaßen verdeckt der gefällige Tasten-Stil des Motivs über T. 36–46 (ein offensichtlich vom Anfangstakt abgeleitetes Motiv, jetzt überschwenglich und in Dur)

nahezu die darunterliegenden einfachen, mitunter fast banalen Harmoniefortschreitungen (II oben). Diese Harmonien sind genau das, was unzählige Organisten in ganz Europa komponiert oder worüber sie improvisiert haben, in jeglicher Registrierung von einem einzigen 8′-Prinzipal bis hin zum *plein jeu*, je nach örtlicher Überlieferung. Im Vergleich dazu sind die Schlußtakte harmonisch eindeutig statischer, einschließlich der letzten vier Takte, die auf einen Orgelpunkt auf der Tonika hinauslaufen, der mit einem für norddeutsche Komponisten typischen Motiv kunstvoll ausgestaltet ist.

    Trotz der Unterschiede in der Figuration und der harmonischen Bewegtheit zwischen den Abschnitten unterliegt das Stück durchaus keinen unlogischen Capricen, sondern spiegelt eher das Interesse des Komponisten an der Integration unterschiedlicher traditioneller Präludien-Ansätze. Ein gefährliches Moment bildet die Rückkehr zur Tonika auf halbem Wege (T. 31), aber ein einfaches „Kontrasubjekt" in der linken Hand – die einzige Figur dieser Art im Satz – hält die Bewegung in Gang und verschwindet, sowie im nächsten Takt eine neue Figur auftaucht. (Diese Figurierung in der linken Hand kommt in Bachs frühem Kontrapunkt häufig vor; sie ist eine Art kurzer, aber freischweifender Melodie. Siehe die Fugen g-Moll BWV 535, II, T. 52ff. und BWV 578, T. 51; auch das Präludium E-Dur BWV 566, T. 85 und den Choral *Wie schön leucht' uns der Morgenstern* BWV 739, T. 69.)

Diese Takt-für-Takt-Technik ist als „nördlich" anzusehen, vielleicht auch solche Details wie die kurzen hartnäckigen gis (T. 10–14) und cis (T. 16–20), die in die gebrochenen Figuren über dem Orgelpunkt auf der Tonika eingeschoben sind. Diese Dissonanzen haben die Wirkung chromatischer *acciaccature* und fördern das, was das Auffälligste und Originellste an dem ganzen Präludium ist: die Verwendung eines Orgelpunkts auf der Tonika zwecks einer allmählichen und dramatischen Steigerung und dann die Beantwortung durch die Dominante.

Die letzten Takte haben etwas von der obsessiven Kraft der Schlußtakte der (zeitgleichen?) Passacaglia, doch ist zu bemerken, daß die Figurierung an sich seltsamerweise wie etwas Gegenteiliges von obsessiv und kraftvoll ist: man vergleiche mit dem Choral *Alle Menschen müssen sterben* aus dem *Orgelbüchlein* (BWV 643).

Fuge

Das Thema umfaßt ein Kopfmotiv (T. 1) und einen langatmigen, sequenzierenden Themen-„Schwanz" (T. 2–5). Allgemein entsteht der Eindruck einer Reihe von Akkordbrechungen, die eine Figur bilden, die für das Orgelpedal bequem liegt, aber gewöhnlich so gespielt wird, daß der Takt für das Ohr verwirrend ist[11]:

Einfallsreichtum bei der Verwendung der Figur charakterisiert diese Fuge in der Tat nicht. Schon die Weiterspinnung (T. 11–14) gibt einem Spannungsabfall statt, und die Zwischenspiele (T. 56, 66 usw.) erheben sich selten über ein bestimmtes Maß an melodischem Duktus hinaus, gegen den das Fugenthema selbst sich einfach abheben muß.

Formbeschreibung:

T. 1– 30 regelmäßige vierstimmige Exposition eines 4 $^{1}/_{2}$-taktigen Themas; festes Kontrasubjekt; zwei Weiterspinnungen

T. 31– 50 ein die Exposition „erweiterndes" Zwischenspiel ohne Pause; sequenzierendes Pedal, sonst neues Material; Tonika-Einsatz (nach hemiolischer Kadenz), Kopfmotiv in Engführung

T. 51– 61 nach einer weiteren hemiolischen Kadenz Themeneinsatz in der Dominanttonart (Themenkopf verdeckt); ein weiteres, auf einer Quintenzirkel-Sequenz basierendes Zwischenspiel zum

T. 61– 95 Einsatz in der Dur-Parallele *en taille* [im Alt, d. Übers.]; Zwischenspiel; Beantwortung in der Dominante der Tonika-Parallele; Zwischenspiel (alle Zwischenspiele basieren auf dem Quintenzirkel)

---

[11] Vielleicht hat eine Verwirrung dieser Art zu dem entstellten Auszug in Schumanns *Neuer Zeitschrift für Musik* (Jg. 20/1844, S. 121) geführt (II im Beispiel), obwohl der kurze Artikel den Zweck hatte, einen Überblick über die schon 1844 gängigen Unstimmigkeiten über die Tempi bei Bach zu geben.

T. 95–135	Einsätze in vier Stimmen (Engführung in Tonika T. 95–96, Engführung in Dominante T. 113–115 nach einer hemiolischen Kadenz, Tonika T. 131), nach jedem ein Zwischenspiel mit Quintenzirkel-Sequenz über abgeleitetes Material und aufkommende Orgelpunkte (T. 101, 126)
T. 135–151	Orgelpunkt wird schließlich aufgenommen und mit Pedal-Solo und kadenzartigen Manual-Figuren ausgearbeitet

Im allgemeinen hat die Fuge lange Phrasen und ist weder „straff" im Kontrapunkt noch in den Themeneinsätzen, die jedesmal nach einem leicht hinausgezögerten Zwischenspiel erscheinen. Die Technik der „quasi verspäteten Einsätze" ist ebenso wirksam wie ungewöhnlich, weil jeder Einsatz der Melodie weiteren Nachdruck verleiht.

Wie das Anfangs-Solo des Präludiums ist auch das Schluß-Solo der Fuge auf dem Manual keineswegs auf die in nördlichen Toccaten traditionelle Weise frei, sondern in seinen Phrasen so gegliedert (zwei Gruppen von je 5 $\frac{1}{2}$ Takten, die zweite als Sequenz der ersten), daß sie bruchlos in die perfekte Schlußkadenz überleiten, die ihrerseits als Figur eine Schlußwirkung assoziiert (z. B. in der Toccata BWV 540, I). Diese Schwungkraft zeichnet auch das Pedal-Solo aus (wiederum wie in BWV 540). „Altertümelnde" Merkmale der Fuge konzentrieren sich auf eine schiere Fülle von Quintenzirkel-Sequenzen, die hin und wieder aufsteigen (z. B. T. 65), doch meistens abfallen wie die Sequenz im Fugenthema selbst. Auch andere Details sind als charakteristisch für eine frühe Periode in der Entwicklung des Komponisten anzusehen, so etwa das Aufgebot an neapolitanischen Sextakkorden (T. 85, 11, 134), die wie die *brisé*-Figuren in T. 51 und andernorts eine enge Beziehung zum Präludium (neapolitanischer Sextakkord dort in T. 43) andeuten mögen. Harmonische Wendungen wie die aufeinanderfolgenden verminderten Septakkorde (T. 146–150) waren in jener Periode nicht nur ein großartiger Einfall – wie auch der Akkord mit *acciaccatura* im vorletzten Takt (I), der reicher ist als die Cembalo-Figur (II) in T. 166 des d-Moll-Konzerts BWV 1052, I –,

BWV 1052, I

sondern erhalten angesichts der Voraussagbarkeit der Sequenzen im vorangehenden Teil der Fuge besonderes Gewicht. Wie in der C-Dur-Fuge BWV 564 ergibt sich für den Spieler ein Kontrast zwischen den simpel anmutenden Figuren und kurzen Augenblicken der Komplexität (T. 26–27 usw.).

Im Gegensatz zu so verdichteten Fugen wie BWV 539 und 547 ist das charakteristische Merkmal dieser a-Moll-Fuge ihre Flüssigkeit, die einem sequenzierenden Thema entspringt, dessen lebhafte Figuren dennoch pro Takt nur zwei verschiedene Harmonien erzeugen – daher die Bedeutsamkeit der Hemiolen im vorderen Teil der

Fuge und der „Kadenzen" gegen Ende. Der 6/8-Takt seinerseits bildet eine kontrastierende Ergänzung zu dem sorgfältig ausgewählten Vorrat an Notenwerten im Präludium (siehe oben).

Präludium: Sechzehntel, Sechzehntel-Triolen, Zweiunddreißigstel
Fuge: 6/8-Achtel, Sechzehntel, Zweiunddreißigstel und Zweiunddreißigstel-Sextolen[12]

Die meisten Sechzehntel-Gruppen der Fuge lassen sich auf das Thema zurückführen, und angesichts der ersten Weiterspinnung (T. 11–14) bleibt die Fuge bis auf das letzte Zwischenspiel erstaunlich frei von Skalenfiguren. Die ganze Fuge wird von der sangbaren Natur des Themas getragen, das bis zum letzten Augenblick zu Kontrasubjekten anregt (T. 132–134) und die Aufhäufung von Sequenzen in den Zwischenspielen rechtfertigt (z. B. T. 83–95). Vielleicht ist das Werk letztlich inspiriert von den „motorischen" Themen Reinckens, Buttstedts, Heydorns und anderer und der Art, wie sie diese Themen verarbeitet haben. In diesem Fall wären Sequenzen wie die in T. 28 bis 33 in ihrer Komplexität höchst neuartig. Zeitweilig sieht die Fuge fast so aus, als ob der Komponist sich in der Kunst versucht hätte, Sequenzen zu schreiben und – ebenso wichtig – zu beenden und in einen neuen Themeneinsatz überzuleiten. Wozu die Sequenzen dann letztlich führen, das sind zwei Soli im Pedal und Manual, die zwar selbst, wie auch andere Soli (z. B. in der C-Dur-Toccata BWV 564), wiederum sequenzieren, jedoch offensichtlich das Muster der früheren Sequenzen durchbrechen und für beide Sätze zusammen, Präludium und Fuge, einen Höhepunkt bilden.

BWV 543a

Präludium und Fuge a-Moll

Kein Autograph; Abschriften in P 803 (erste Hälfte 18. Jahrhundert?, autographe? Korrekturen z. B. in T. 110–12 der Fuge), P 288 (wahrscheinlich Johann Peter Kellner) und LM 4839g (Fischer).

Zwei Systeme; Titel in P 288 *Praeludium cum Fuga ex A♭ pedaliter*.

Die Fuge ist in BWV 543a und 543 gleich. Zwischen den zwei Präludien in *NBA*, Serie IV/5 und Serie IV/6 gibt es folgende Unterschiede:

---

[12] Es fällt schwer, eine Rechtfertigung für die Ansicht zu finden, daß die Zweiunddreißigstel-Sextolen am Ende der Fuge nur halb so schnell, wie sie geschrieben sind, gespielt werden sollten oder könnten und daher ein ausgeschriebenes *rallentando* darstellen (Walter Emery, *Bach's Rudiments*, MT 108/1967, S. 32–34; nochmals wiederholt in *Bach-Studien*, hg. von Rudolf Eller und Hans-Joachim Schulze, Leipzig 1975, S. 109–11). Würde das nicht zu einer Verzerrung der Bewegung führen und das natürliche *rallentando* des vorletzten Taktes abschwächen?

BWV 543, I		BWV 543 a, I	
T. 1– 9	=	T. 1– 6	ähnliche Idee der Akkordbrechungen, die chromatisch erst in der rechten, dann in der linken Hand absteigen, jedoch in BWV 543a gerraffter; in BWV 543 kehrt die linke Hand die Figur der rechten um
T. 10–21	=	T. 7–12	identisch, aber BWV 543a scheint doppelt so schnell notiert zu sein (Zweiunddreißigstel)
T. 22–25	=	T. 13–16	identisch bis auf die Tatsache, daß BWV 543a die Läufe auf beide Hände verteilt
T. 26–28	=	T. 17–18	das Pedal in BWV 543a benutzt wiederum eine kürzere gebrochene Akkordfigur
T. 29–53	=	T. 19–43	fast identisch

Die Sechzehntel- bzw. Zweiunddreißigstel-Frage hat zu so grotesken Vermutungen geführt wie der, daß der Komponist eine Unterscheidung der beiden Fassungen beabsichtigte, *in der späteren Fassung* [...] *in größerem Maßstab* dachte und *eine ruhigere Stimmung* beibehielt und daß die dastehenden Zweiunddreißigstel *sinnvoll* sind und ein Mittel sein könnten, den Spieler dazu einzuladen, *ohne Hemmungen zu improvisieren und den Notentext auszuarbeiten*[13]. Natürlich bewegt sich die längere der zwei sogenannten Kadenzen im 5. *Brandenburgischen Konzert* (Autograph der Partitur-Fassung) ebenfalls über einem Orgelpunkt von Sechzehnteln zu zweimal und dann dreimal so schnellen Notenwerten fort, jedoch nach einem systematischen und nicht mehrdeutigen Plan, der ganz unbestreitbar dem letzten Zwischenspiel in einem Cembalo-Konzert angemessen ist.

Allgemein wird angenommen, daß die entscheidenden Abweichungen der Fassungen (T. 1–9 sowie 26–28, oben erster und vierter Abschnitt) dafür sprechen, daß BWV 543a die *frühere Fassung* sei[14]. In Wirklichkeit ist aber die Anfangsfigur von BWV 543 in ihren harmonischen Implikationen, d. h. in der Folge von vorbereiteten und aufgelösten Septen konventioneller.

Dagegen spricht auch nicht die Tatsache, daß die tiefere der beiden Stimmen jedesmal mit Verzögerung weiterschreitet. Nichtsdestoweniger sehen die ausgedehnten und besser ausgearbeiteten Triolen, die in T. 4 von BWV 543 folgen, wie das Resultat einer Überarbeitung aus, ebenso die Veränderungen der ersten Figur beim Übergang in die linke Hand. Daß keine weitere Revision zu Fragen Anlaß gibt, deutet vielleicht darauf hin, wie klassisch die Logik hinter den Harmoniefortschreitungen in der zweiten Hälfte des Präludiums ist.

[13] Beechey, a.a.O.
[14] *NBA*, Serie IV/6

BWV 544

Präludium und Fuge h-Moll

Autograph (jetzt in Privatbesitz); Abschriften in P 891 (Kopist Johann Peter Kellner), Am. B. 60 (Berliner Kopist, nach 1754), Quellen aus dem 18. (Am. B. 54 Abschrift von Am. B. 60, P 276, P 290) und dem späteren 18. und frühen 19. Jahrhundert (LM 4839 i, P 560, Lpz. MB. Ms. 1, 17 Wechmar?, Lpz. Poel. 24 Weigand ca. 1817, BB 30380 Schwencke, P 922 Grasnick, Lpz. MB. III.8.21 Dröbs, LM 4720, P 925 vierhändige Bearbeitung, datiert auf 1832, P 837), einige vermutlich nach Kittel-Quellen.

Zwei Systeme; Titel im Autograph *Praeludium pro Organo cum pedale obligato* und *Praeludium in Organo pleno, pedal:*, in Lpz. Poel. 24 *Praeludium et Fuga [...] pro Organo Pleno cum Pedale oblig.*

Die autographe Reinschrift hat ein auf 1727 datiertes Wasserzeichen und muß vor 1731 geschrieben worden sein. Jedoch ist zweifelhaft, ob zu Recht angenommen werden darf – wie dies geschehen ist[1] –, daß die Abschrift nach einer späten Weimarer *Skizze* angefertigt wurde. Der ähnliche Aufbau der Präludien h-Moll, c-Moll und e-Moll (BWV 544, 546 und 548) legt nahe, daß sie ungefähr gleichzeitig entstanden sind, während man aufgrund der ausgereiften Orgelpunkt-Harmonien (z.B. in den Schlußtakten) auch denken könnte, daß sie in die Leipziger Jahre gehören. Ganz allgemein hat das Präludium eine sehr eigene und individuelle Melodik; letztlich ist es vielleicht arienhaft, aber von der Textur und dem Kontrapunkt her steht es innerhalb der für jene Jahre typischen Vielfalt neuer Orgelstile ganz einzigartig da. Die *chromatischen Sequenzen* sind andernorts mit dem ersten Kyrie der h-Moll-Messe verglichen worden und die *Melismatik* mit dem *Erbarme dich* der *Matthäus-Passion*[2]. Ob allerdings diese Auffassungen zu mehr nützen, als Bewunderung für das Werk auszudrücken oder zu versuchen, seine Einzigartigkeit in einen Zusammenhang zu rücken, ist ebenso zweifelhaft wie andere Datierungsversuche. Den wirklich einzigartigen Charakter des Werks deutet bereits die Tonart an[3]. Doch Matthesons Beschreibung des *Affekts* von h-Moll als *unlustig und melancholisch*[4] ist kaum mehr als suggestiv, während Schubarts Etikett *der Ton der Geduld*[5] eine Ästhetik verrät, die BWV 544 noch ferner steht. Spitta hört die Fuge als *still und melancholisch*, das Präludium schlägt für ihn *einen tief elegischen Ton an, wie wir ihn so intensiv in Bachs Orgelwerken sonst nicht finden*[6]. Doch welche Worte auch immer bei der Beschreibung des Stückes verwendet werden, eines sollte man darüber nicht vergessen: die

---

[1] Walter Emery, *Some Speculations on the Development of Bach's Organ Style*, MT 107/1966, S. 596–603
[2] Hermann Keller, *Die Orgelwerke Bachs*, S. 121
[3] Kellers Versuch, das Werk mit dem langsamen h-Moll-Satz des 5. *Brandenburgischen Konzerts*, der mit *Affettuoso* überschrieben ist, in Verbindung zu bringen, ist verständlich.
[4] Johann Mattheson, *Das neu-eröffnete Orchestre*, Hamburg 1713, S. 250f.
[5] Christian Friedrich Daniel Schubert, *Ideen zu einer Ästhetik der Tonkunst*, Wien 1806, Faksimile-Nachdruck, Hildesheim 1969, S. 379
[6] Philipp Spitta, *Johann Sebastian Bach*, Bd. II, S. 689f.

stilistische Selbstsicherheit. Schon der Eröffnungstakt ist anderen Orgel-Präludien überraschend unähnlich (selbst BWV 546 und 548 haben eine Familienähnlichkeit), und mit ungeheurem Geschick und Einfallsreichtum wurden die von den Appoggiatura-Klängen ausgehenden kühnen Wirkungen geschaffen. Da der Ton von BWV 544 eng mit dem übereinstimmt, was die Musikästhetik seit Bach als affektgeladen angesehen hat, wurde das Werk im allgemeinen für stärker als die d-Moll-Toccata BWV 538 gehalten. Doch beide Werke sind im schöpferischen Gebrauch ihrer jeweiligen Formen, Themen, Motive, Harmonien und der Textur gleichermaßen geschickt – und vielleicht sogar aus der gleichen Zeit. Jedes Werk läßt sich als voll verwirklichtes Exemplum einer bestimmten musikalischen Form und eines bestimmten Tasten-Stils betrachten.

Präludium

Die Konzert- oder Ritornellform des Präludiums läßt sich wiedergeben als:

- A T. 1–17 zweistimmige Imitation, die sich einem Orgelpunkt auf der Tonika zuwendet (der acht Takte später von einem Orgelpunkt auf der Dominante beantwortet wird)
- B T. 17–23 Fugenexposition eines neuen Themas
- A T. 23–43 der Skalengedanke von A wird aufgegriffen, verbunden mit einer Wiederkehr von A in der Dominante (T. 27–33 = T. 1–7); weitere Sequenzen vor der Hinwendung zum zweiten Orgelpunkt (T. 40–42 = T. 14–16)
- B T. 43–49 Fugenexposition des B-Themas (T. 43–48 = T. 17–22)
- A T. 50–73 komplexer Abschnitt mit altem und neuem Material: T. 50–56 sequenzierende Motive aus A_1 (T. 50–52 = T. 11–13), jetzt in der Dur-Parallele

  T. 56–60 neues Thema (Appoggiaturen) gegen frühere Skalen
  T. 61–64 A-Thema (T. 63–64 = T. 6–7)
  T. 65–68 Anfang wie T. 54
  T. 69–73 einfache Sequenz aus dem neuen Appoggiaturen-Thema T. 56; Skalen überleitend zur
- B T. 73–78 imitierenden Exposition des B-Themas *rectus* und *inversus* (T. 77–78 = T. 49–50)
- A T. 78–85 Rückkehr zu Figuren aus A, erweitert (T. 79–80 = T. 38–39; T. 82–85 = T. 14–17; T. 81 neu)

Die Satzglieder sind indessen nicht so klar bestimmbar wie in BWV 542 oder 552. Die Wiederkehr von A kann anstatt in T. 23 auch in T. 27 gesehen werden (rechte Hand erstes Achtel, linke Hand zweites Achtel), wobei allerdings der Wechsel vom Positiv zurück zum Hauptwerk nicht klar ist. Aber das trifft auch für andere Fälle zu, denn in T. 50 wirkt eine Rückkehr zum Hauptwerk ebenfalls etwas abrupt. Deshalb bleibt die Frage, ob die Satzglieder durch Manual- oder Registerwechsel (letzteres ist in dieser Periode sehr unwahrscheinlich) abgesetzt werden sollen, oder ob ein maßvoller Prinzipalchor (*organo pleno*) im Hauptwerk registriert und das ganze Stück damit gespielt werden soll. Die vorwiegend zwei- und dreistimmige Textur der Zwischenspiele würde – unterstützt von dem Phrasierungswechsel (*non-legato*-Achtel in den Zwischenspielen) – einen ausreichenden Kontrast zu den vier- bis fünfstimmigen Ritornell-Abschnitten ergeben. Der Abschnitt T. 50–73 könnte in sich wiederum als *A B A B* interpretiert werden. In dem Fall würden die *B*-Unterabschnitte (d. h. die neuen Themen in T. 56 und 69) in einer zweimanualigen Interpretation auf dem Rückpositiv gespielt werden. Das ist nicht ganz ausgeschlossen, denn das Pedal ist an diesen Stellen auffallend zurückhaltend und continuoartig, und für diesen Manualwechsel wäre die gleiche Herangehensweise erforderlich wie an den anderen Nahtstellen auch, d. h. eine einfühlsame Unterbrechung des kontinuierlichen Flusses. Aber die ganze Vorliebe für Manualwechsel heutzutage beruht auf mindestens zwei Unterstellungen: daß die Formstruktur auf diese Weise besser dargestellt werden kann oder sollte, und daß das *pleno* der betreffenden Orgel so grob und laut geklungen hat, daß es einen Manualwechsel notwendig machte. Beide Voraussetzungen lassen sich dokumentarisch nicht belegen, und auch die Notationsweise im Autograph läßt sich weder für noch gegen den Manualwechsel als Beweis verwenden[7].

Der schwer greifbare Stil des h-Moll-Präludiums ist durch verschiedene Faktoren bedingt. Erstens: Obwohl die Anfangstakte auf der nicht gerade neuen Idee des vertauschbaren und in der Oktave bzw. im Einklang imitierenden Kontrapunkts basieren (vgl. die zweistimmige Invention E-Dur BWV 777), wird in ihnen eine etwas ungewöhnliche Lage angewendet, die eigentlich eher Buxtehudes Anfänge charakterisiert, aber ganz anders als bei Buxtehude auf jeder Hauptschlagzeit der ersten drei Takte einen Appoggiatura-Klang enthält. Zweitens: Die harmonische Sprache, die sich in diesen Appoggiaturen, Vorhalten oder betonten Durchgangsnoten ankündigt, wird weiter fortgeführt mit dem merkwürdigen Resultat, daß abgesehen von kleineren Ausnahmen (der erste Ton überhaupt oder der erste Schlag von T. 6) auf jeder Haupttaktzeit des ganzen Ritornell-Abschnitts von siebzehn Takten eine Harmonie erscheint, die von der einen oder anderen dieser Dissonanz-Wirkungen abhängig ist. Während also theoretisch die Orgelpunktharmonien der Takte 14–15 die Tradition der Orgelpunkt-Toccaten widerspiegeln, schaffen die fünf Stimmen in der Praxis ein reiches, üppiges harmonisches Spektrum, das dieses und kaum ein anderes Stück charakterisiert, auch nicht das *Erbarme dich*. Die punktierten Rhythmen sind alles andere als *siciliano*-artig. So federnd sie auch gespielt werden, sie geben dem Stück Schwere und Gewicht. Ebensowenig haben Tempo, Textur oder – was schwieriger zu zeigen ist – sogar die rhythmische Bewegung der Harmonien von BWV 544, I etwas von einer Courante oder Corrente an sich, auch wenn die Linien von T. 23 ff. oder 49–50 so aussehen mögen, als ob sie mit verschiedenen Stellen der Corrente aus der e-Moll-Partita für Cembalo BWV 830 verwandt seien. Die Kombination von langsamem triolischem Takt, Harmonien, die auf Appoggiaturen usw. basieren, und Wechsel zwischen karger und üppiger Textur verhilft den Hauptabschnitten zu ihrer jeweiligen Wirkung. Im Vergleich dazu haben die Zwischenspiele meistens keine punktierten Rhythmen, keine Harmonien, die auf Appoggiaturen usw. basieren, und eine gleichbleibende Textur. Andererseits ist ihr Phrasenbau kurzatmiger und beruht im Gegensatz zu den zwei- oder mehrtaktigen Einheiten der Ritornell-Abschnitte vielmehr weitgehend auf Einheiten von einem Takt. So verhalten sich die Ritornelle

---

[7] *NBA*, Serie IV/5–6, Kritischer Bericht, S. 38f. Vgl. hierzu auch Band III, Kap. 19 und 20.

und Zwischenspiele bis in alle Einzelheiten komplementär zueinander, wobei die neuen Themen von T. 56 und T. 69 theoretisch einen Kompromiß bilden: sie haben die Appoggiaturen der Ritornelle und die Phrasenbildung der Zwischenspiele.

Die Figurierung leitet sich bis zu einem gewissen Maß von einer Reihe von Modellen her, die in den jeweiligen Anfangstakten der Hauptthemen erscheinen.

Alle Modelle mit Ausnahme von *a*, das nur auf sich selbst basierende Linien hervorbringt, werden bei den meisten Gelegenheiten umgearbeitet. Z. B. könnte für den Einfall *b* in Anspruch genommen werden, daß alle Skalen-Linien des Satzes (aufsteigend und gegen Schluß auch absteigend) aus ihm erwachsen. Aber der Zeitpunkt im Takt, an dem sie beginnen oder wieder in sich zusammensinken, variiert. Vermutlich ist aus der Sicht des Komponisten *a* die subtilste Figur, aber für den Hörer sind *b*, *c* und *d* am auffallendsten.

Die stilistischen Details sind auf eigene Weise interessant. So vermag das Fugenthema B sowohl eine schöne Sequenz (T. 46–47) zu erzeugen als auch eine Umkehrungsidee (T. 74, 76) mit didaktischem Beigeschmack, nämlich die bewußte Lösung eines kompositorischen Problems, die in diesem Fall vielleicht zeitgleich ist mit der Verarbeitung des Fugenthemas von BWV 547 in der Umkehrung. Die Kadenz, die das neue Thema in T. 56 vorbereitet (das in dem Takt gleich zweimal vorkommt, beim zweiten Mal verziert), ähnelt Kadenzen an anderen Stellen (z. B. in der Loure aus der *Französischen Suite* G-Dur BWV 816) und eignet sich hervorragend zur Einführung des neuen, holzbläserartigen Themas, von dem man sich vorstellen kann, daß es dem Komponisten ganz spontan eingefallen ist, und das er während der folgenden Takte zu zügeln versucht. Beide Skalenfiguren, die in den Takten 58–59 und 69–70 so leicht zur Hand sind, antizipieren (oder erinnern) an den Tasten-Stil des e-Moll-Präludiums BWV 548, auf dessen Anfangstakte in T. 61 höchst seltsamerweise angespielt wird – ein Detail, das öfter Beachtung fände, wenn dieser Takt nicht so gut in das chromatische Gewebe integriert wäre. Die „Integration in das chromatische Gewebe" wird in diesem Satz geschickt gehandhabt, so daß die Takte 59–61 glatter erreicht und verlassen zu werden scheinen als die zwei Takte, die das letzte imitierende Zwischenspiel vorbereiten (T. 71–72). Ihre Wirkung ist so, daß sie mit ihrer relativ alltäglichen Textur, die der nachfolgenden Imitation in der Umkehrung allzu offensichtlich den Weg bereitet, die Sequenz der vorausgehenden Takte unterbrechen und die allgemeine Rückwendung nach h-Moll aufhalten. Im Vergleich dazu ist der zwischen Takt 80 und 82 eingeschobene Extra-Takt meisterhaft. Er erweitert die fallenden chromatischen Harmonien bis zur kleinen None und bildet den harmonischen Höhepunkt des Satzes. Es wäre denkbar, daß es den Abschnitt T. 71–78 nur deshalb geben muß, um den Erfordernissen der „darüber gelagerten" Form Genüge zu tun, wogegen die fünfstimmigen Harmonien von T. 81 (besonders der D-Dur-Akkord) von Inspiration getragen sind.

Fuge

Mit ihrer zurückhaltenden Linienführung und der schlichten Harmonik bildet die Fuge einen starken Kontrast zum Präludium, wie auch die g-Moll-Fuge BWV 542, II mit ihrem Präludium, der g-Moll-Fantasie, kontrastiert. Doch die h-Moll-Fuge scheint durch ihre skalenartigen Modelle – die Melodielinien bewegen sich das ganze Stück hindurch vorwiegend schrittweise – ein ausgereifteres harmonisches Spektrum zu besitzen als die g-Moll-Fuge. Vielleicht sind es die einfachen Achtel, die an ein treibendes Thema der Art denken lassen, wie es den Komponisten des späteren 17. Jahrhunderts, etwa Heydorn, bekannt war. Vielleicht erinnern diese Achtel den Spieler auch an einen anderen h-Moll-Satz (vgl. die Baß-Linie des h-Moll-Präludiums, *Wohltemperiertes Clavier* I). Andererseits steht die Gesamtanlage von BWV 544, II als dreiteilige Fuge (d. h. mit entspanntem Zwischenspiel in der Mitte) der Form der G-Dur-Fuge BWV 541 näher.

Formbeschreibung:

- T. 1–11 Exposition (Pedal setzt als dritte, nicht als letzte Stimme ein – vgl. BWV 541); festes Kontrasubjekt
- T. 12–17 Zwischenspiel, vom Kontrasubjekt abgeleitet; weitere Themeneinsätze in der Tonika und Subdominante; es folgt ein weiteres, kurzes Zwischenspiel, vom Thema abgeleitet
- T. 18–23 Einsatz in der Paralleltonart, Beantwortung in der Dominante, danach ein kurzes, von Thema und Kontrasubjekt abgeleitetes Zwischenspiel
- T. 24–37 modulierende Einsätze in der Dominante, Dominante (T. 28 mit neuem Kontrasubjekt), Tonika und Subdominante, durchsetzt von kurzen Zwischenspielen (T. 32 ff. von Thema und zweitem Kontrasubjekt abgeleitet)
- T. 37–49 Zwischenspiel, vom zweiten Kontrasubjekt (T. 29) abgeleitet, danach weitere modulierende Einsätze auf der Doppeldominante und Dominante; Zwischenspiel, aus dem Thema abgeleitet
- T. 49–59 Quasi-Einsatz in der Paralleltonart, danach ein vom Thema abgeleitetes Zwischenspiel
- T. 59–67 Einsatz in der Tonika mit zwei Kontrasubjekten (das obere neu), Beantwortung in der Dominante; es folgt ein vom Thema und Kontrasubjekt abgeleitetes Zwischenspiel
- T. 68–78 modulierender Einsatz in der Doppeldominante, mit „neuem" (drittem) Kontrasubjekt; Zwischenspiel zum Einsatz in der Subdominante, danach Zwischenspiel (vgl. T. 32)
- T. 79–84 Kette von drei modulierenden Einsätzen im Pedal, Begleitung mit von den Kontrasubjekten abgeleiteten Linien
- T. 85–88 Schlußeinsatz mit zwei Kontrasubjekten

Viel Kunst ist auf die Ausstattung dieser Fuge verwendet worden, Kunst, die zwei bestimmten Konzeptionen entspringt: sukzessive Kontrasubjekte zu schaffen und kontrapunktische Linien anhand von ganz wenigen Grundfiguren auszuarbeiten. Insbesondere die letztere der beiden Konzeptionen erzeugt die auffällige Geschmeidigkeit des Kontrapunkts.

Das Thema selbst ist nach Stauffer[8] aus dem vorletzten Takt des Präludiums abgeleitet. Daß seine viertönigen *figurae* klassisch sind, ergibt sich ganz deutlich aus der Wesensverwandtschaft mit z. B. dem Kontrasubjekt der Fuge über *Jesus Christus, unser Heiland* BWV 689 (ab T. 3); diese viertönigen Figuren lassen sich von Natur aus gut diminuieren und tragen zu den Sechzehntel-Linien bei, die die ganze Fuge durchziehen. Solche Linien sind aus anderen reifen Orgelwerken vertraut, z. B. dem Es-Dur-Präludium BWV 552, T. 147–48.

Diese Figuren wiederum gehören weitgehend zur selben Motiv-Familie wie *a* und *b* im Präludium (siehe Beispiel S. 172). Der Ambitus dieses anscheinend neutralen Fugenthemas stimmt mit Phrasen im Präludium überein (man vergleiche die Sopranstimme im vorletzten Takt des Präludiums mit den Anfangstakten der Fuge), nicht weil bewußt zitiert wird, sondern weil die Phrase in beiden Stücken auf skalenartigen oder in sich kreisenden *figurae* gegründet ist. Doch der Komponist scheint bemüht gewesen zu sein, Kontrasubjekte zu schaffen, die gerade nicht auf diese *figurae* gründen: Die in den Takten 3, 28 und 59 jeweils erstmalig zu hörenden Kontrasubjekte treten dieser Figuration ganz bewußt entgegen und bringen „eckige" Linien (erstes Kontrasubjekt), ununterbrochene Sechzehntel-Skalen (zweites) oder auftaktige Motive (drittes) hervor. Das zweite Gegenthema kommt den vorherrschenden skalenmäßigen Linien am nächsten, und es ist bezeichnend, daß der Komponist für das nachfolgende Zwischenspiel nicht die Skalenfigur aus Sechzehnteln, sondern den Anhang mit der Akkordbrechung (zweite Hälfte T. 29) verwendet. Ebenso konzentriert sich das letzte Zwischenspiel bei T. 73–77 auf gebrochene Figuren, bevor die Schlußeinsätze mit ihren glatten Melodielinien zu hören sind.

Im Satz wird also eine Grundfigur äußerst einfallsreich verarbeitet, und gelegentlich wird auf sie reagiert. Warum verwarf der Komponist (und verworfen muß er sie sicherlich haben) die Idee der Engführung sowohl des Achtel-Themas als auch seiner Diminution? Gelegentlich kommt er der Engführung sehr nahe,

---

[8] George B. Stauffer, *The Organ Preludes of Johann Sebastian Bach*, Ann Arbor, Michigan 1980, S. 134

was angesichts des „grundlegenden" Charakters der betreffenden Figuren nicht überrascht. Vielleicht wäre für die Schlußpassage ab T. 79 eine Engführung zu alltäglich gewesen; vielleicht war sie für andere Zusammenhänge reserviert (z. B. den Choral BWV 689, auf den schon verwiesen wurde) oder für Fugen, die auf spezielle Kontrapunkt-Techniken spezialisiert sind (z. B. BWV 547). In BWV 544 galt das Interesse wohl mehr den *figurae*, dem subtilen Kontrast, der zwischen einer gebrochenen und einer schrittweise fortschreitenden Sechzehntel-Figur erzielt werden kann, der Abwechslung, die bei strenger Sparsamkeit der Mittel zu erreichen ist (z. B. verschiedene Ausprägungen desselben gebrochenen Motivs in den Takten 24, 41, 50, 72) und den vielen flüchtigen Kontrasubjekten, die mit einem solchen Thema aufkommen können. Trotz dieser theoretischen Möglichkeiten wäre es jedoch ein Fehler, das Ausschöpfen der *figurae* in BWV 544, II als schulmäßig oder alles absorbierend zu betrachten. Das ist viel weniger der Fall als in den Chorälen der *Clavierübung* III. In T. 59 und T. 83 sind das Thema und zwei Kontrasubjekte zu hören, aber es wird nicht versucht, das zweite Kontrasubjekt in einer solchen *summa contrapuncti* zu verwenden. Ebensowenig gibt es „per Gesetz vorgeschriebene" Engführungen vor der Coda. Die ständig neue Harmonisierung des Fugenthemas führt zu glücklichen Resultaten (z. B. den Sexten von T. 71–72), während im Gegensatz dazu die umständliche Kombination von Motiven der Kontrasubjekte (z. B. des ersten und dritten Kontrasubjekts in T. 63) wie auch das offensichtlich traditionelle Element der vertauschbaren Sequenzen in T. 32–34 oder T. 44–47 zu relativ farblosen Momenten führt. Der Ausführende kann ganz leicht an dem besonderen Reiz der Fuge vorbeigehen, selbst an dem potentiell intensiven Moment um T. 50, denn die Melodielinien haben nichts Außergewöhnliches an sich – T. 51 bringt z. B. eine kurze einfache Sequenz, die auch an anderer Stelle zu hören ist (BWV 542, II). Eine nicht unähnliche Figur wird in der h-Moll-Fuge des *Wohltemperierten Claviers* I benützt, anscheinend zur periodischen Entspannung in Form von „ruhigen" Zwischenspielen. Diese haben eine merkwürdige Ähnlichkeit mit Passagen in Domenico Scarlattis d-Moll-Fuge (Sonata K417), auf die in BWV 542, I sogar angespielt wird. Es wäre möglich, daß BWV 544, II fortlaufend immer mehr in den Bann seiner eigenen Figuren und Motive gerät, dabei manche fallen läßt, die früher im Stück zu hören waren (z. B. Pedal T. 14), und sich dafür auf andere beruft, so daß z. B. T. 65 oder 86 massierte Anspielungen, oft sogar in Diminution, auf die Motive *x, y* oder *z* enthält (siehe Beispiel S. 174). Vielleicht daher die

Kapriziertheit, mit der der Einsatz in der Dominante, der bereits in T. 27 vorbereitet war, erst in T. 28 erscheint, weil der Tenor ihn mit einem Themenfragment in der Umkehrung hinauszögert. Gleichzeitig könnte diese halbtaktige Verzögerung andeuten, daß der Einsatz auf einem anderen Manual erscheint und die Rückkehr zum ursprünglichen Manual in T. 59 erfolgt (nur die linke Hand, die rechte Hand zwei Takte später?); aber in Analogie zur dreiteiligen Fuge BWV 541, II, wo die Rückkehr – falls es sie gibt – nicht so einfach ist, wurde der Manualwechsel vermutlich nicht erwartet. Mehr kommt es auf die Dichte von vier Stimmen in den letzten Etappen der Fuge an. Diese vermittelt von sich aus das Gefühl eines ausgewogenen Höhepunkts.

BWV 545

Fuge und Präludium C-Dur

Zweisätzige Fassung

Clauss'sche Handschrift, ehemals für autographe Reinschrift gehalten[1], jetzt verschollen; im Kittel-Kreis bekannte Abschriften (P 658 Fischer, Lpz. MB. III.8.21 Dröbs, LM 4839c Fischer); Abschriften mit abweichendem Notentext in Quellen des mittleren oder späteren 18. Jahrhunderts (P 276, P 290, Am. B. 60 und Am. B. 54, P 602) und noch später (P 916, P 816 und P 251 nur die Fuge, P 559, P 837).

Dreisätzige Fassung

Moscheles-Handschrift, die ehemals für ein Autograph gehalten[2], jedoch ca. 1727/31 von „Anonymus 18" (d. h. Johann Caspar Vogler[3]) kopiert wurde, jetzt in Stockholm, Stiftelsen Musikkulturens Främjande; weitere Abschriften LM 4718 (Johann Gottfried Walther, nach 1726?), P 286 (Johann Peter Kellner, ca. 1725?), auch P 282 (ca. 1800).

Zwei Systeme (Präludium und Fugen; Pedalstimme mit roter Tinte in Am. B. 60); Titel in der Clauss'schen Handschrift *Praeludium pro Organo cum Pedale obligato* (wie in einem Katalog von 1785[4]), in der Moscheles-Handschrift *Praeludium in Organo pleno, pedaliter*, in Am. B. 60 *Preludio e Fuga per l'Organo pieno* und in LM 4718 *Preludio con Fuga e Trio*; Trio mit *Largo* bezeichnet in LM 4718 und in der Moscheles-Handschrift.

Man weiß nicht, ob die verwickelte Geschichte und die abweichenden Notentexte des Präludiums und der Fuge in C-Dur so außergewöhnlich sind, wie es jetzt aussieht, oder ob Zufälligkeiten des vorhandenen Quellenmaterials sie so erscheinen lassen. Vier eindeutige Entwürfe des Werkes existieren: eine verkürzte Form des Prälu-

---

[1] *BG*, Bd. XV, S. XXX
[2] a.a.O.
[3] siehe Hans-Joachim Schulze, „*Das Stück in Goldpapier*" – *Ermittlungen zu einigen Bach-Abschriften des frühen 18. Jahrhunderts*, BJ 64/1978, S. 31
[4] *Bach-Dokumente*, Bd. III, S. 273

diums mit Fuge (BWV 545 a); eine „spätere" und längere Fassung des Präludiums mit Fuge (BWV 545, zweisätzige Fassung); dieselben Sätze durch einen Triosatz voneinander getrennt (BWV 529, II: 40 von den 50 Takten von Vogler vor die Fuge gestellt, der Rest dahinter; ganz hinter die Fuge gestellt von Walther); und die B-Dur-Fassung des „frühen" Präludiums, der die Bearbeitung des III. Satzes aus der Gambensonate BWV 1029 folgt und dann erst die Fuge, wobei die drei Sätze durch zwei kurze Abschnitte voneinander getrennt werden (BWV 545b). Die vier Entwürfe lassen sich folgendermaßen veranschaulichen:

I	II	III	IV
BWV 545a, I	BWV 545, I	BWV 545, II	BWV 545, I
545, II	545, II	529, II	1029, III
		545, II	545, II

Die B-Dur-Fassung ist möglicherweise angefertigt worden, um das d''' in Präludium und Trio zu vermeiden, obwohl dadurch der letzte tiefe Pedaleinsatz unmöglich gemacht wurde; einzelne sich durch die Transposition ergebende Unebenheiten würden nicht gegen die Authentizität sprechen[5]. Daß die Kopisten in den vorhandenen Quellen zwei verschiedene langsame Mittelsätze in Form eines Trios (BWV 545, dreisätzige Fassung und BWV 545b) hereingenommen haben, mag den Wunsch oder die Wünsche des Komponisten widerspiegeln oder auch nicht; vermutlich geschah es in beiden Fällen, weil gerade dies Präludium so kurz ist[6]. Der Triosatz BWV 529, II erscheint in einer „frühen" Form[7], was darauf hindeuten mag, daß Walther oder Vogler befugt waren, ihn einzufügen, obwohl man ebenso das Gegenteil behaupten könnte. Bei der Urheberschaft der Extra-Takte des Präludiums in seiner „späteren" Form (BWV 545, I) scheint es weniger Anlaß zu Zweifeln zu geben, da ihr musikalischer Sinn klar ist. Sie geben dem Satz einen Rahmen von jeweils drei Takten, was – bei aller Vorsicht – möglicherweise ein Indiz dafür ist, daß der Komponist den Satz ca. 1730 überarbeitete, da angenommen werden darf, daß er zu diesem Zeitpunkt die geschlossene Form vorzog, die durch solch einen kleinen Prolog und Epilog entstand[8]. Das Datum würde mit dem von Spitta in dem einen oder anderen der sogenannten „Autographe" bemerkten Wasserzeichen[9] übereinstimmen.

Die Werkfassungen gehorchen möglicherweise der folgenden Chronologie[10]: A) BWV 545a, wie in *NBA*, Serie IV, Band 6 veröffentlicht; B) 545b (diese Fassung hat am Ende des Präludiums drei weitere Takte, die auf die Anfangstakte von BWV 545a zurückverweisen, wodurch vielleicht angedeutet wird, daß BWV 545a seiner-

---

[5] *J. S. Bach: Prelude, Trio and Fuge in B flat*, hg. von Walter Emery (*Novello Early Organ Music*, vol. 12), London 1957, Anmerkung S. VI

[6] Das mag auch in Präludium und Fuge in G-Dur BWV 541 der Fall gewesen sein, wo der hinzugefügte Satz ein schnelles Trio war. Im Fall des BWV 545 zugefügten Trio-Satzes ist zu bemerken, daß die phrygische Kadenz von BWV 529, II ebensogut zu BWV 545, II und 529, III paßt.

[7] Walter Emery, *Notes on Bach's Organ Works*, Bd. IV–V: *Six Sonatas for Two Manuals and Pedal*, London 1957, S. 104

[8] Jacobus Kloppers, *Die Interpretation und Wiedergabe der Orgelwerke Bachs*, Frankfurt 1966, S. 222

[9] 1723–35: Philipp Spitta, *Johann Sebastian Bach*, Bd. II, S. 689 und Walter Emery, *J. S. Bach: Prelude, Trio and Fuge in B flat*, a.a.O.

[10] Emery, a.a.O. Nicht alle Hypothesen Emerys sind in dieser Zusammenfassung enthalten, und es stimmen auch nicht alle Hypothesen hier mit den seinen überein.

seits eine gekürzte Fassung war); C) BWV 545, dreisätzige Fassung, wie in *NBA*, Serie IV, Band 5 veröffentlicht (einschließlich der Ersetzung der Schlußtakte von BWV 545b, I durch eine neue Coda, die auch als Einleitung benutzt wird, und der Ersetzung von BWV 1029, III durch BWV 529, II); D) BWV 545, zweisätzige Fassung, „Textvariante" (leicht abweichende Lesarten sowohl im Präludium als auch in der Fuge); E) BWV 545, zweisätzige Fassung, wie in *BG*, Band XV.

Über drei Fragen läßt sich noch spekulieren: Welches ist die Originalform des Präludiums (mit Coda wie in BWV 545b, I?)? Ist BWV 545b authentisch? Auf wann kann seine Quelle datiert werden, wenn überhaupt eine existierte? Z. B. kann das Wort „Ersetzung" unter C) oben BWV 545b eine Autorität verleihen, die es nachweislich nicht verdient (siehe auch BWV 545a und 545b). Die von Kilian vorgeschlagene Reihenfolge[11] ist: eine ursprüngliche Fassung (vielleicht schon in Arnstadt/Mühlhausen komponiert); dann 545a und 545b in Weimar; dann 545 und 529, II in Weimar; schließlich Reinschrift von 545 (ohne 529, II) in Leipzig.

Präludium

Der Satz hält sich an den allgemeinen Rahmen eines Orgelpunkt-Präludiums:

Tonika	T. 1– 3	Vorhalte, gebrochene Akkorde über dem Orgelpunkt
	T. 4– 7	Hauptmotiv *a* (Beispiel S. 179 oben)
Zwischenspiel	T. 7–11	vierstimmiger Kontrapunkt, verwendet *a*
Dominante	T. 12–16	Motiv *a* über dem Orgelpunkt
Zwischenspiel	T. 16–22	wie vorher (T. 16–19 = T. 7–9) in der Dominante
Dominante	T. 22–26	Motiv *a* über dem Orgelpunkt auf der Dominante, dann unter dem Orgelpunkt auf der Tonika; danach ein kadenzierender Takt
Tonika	T. 28–31	ähnlich wie T. 1–3

Die Form, gewissermaßen eine *da-capo*-Form in Miniatur, ist einmalig und könnte durchaus als Zeichen einer reifen Überarbeitung gelten, obwohl sie gerade das traditionellste Element des Satzes, d. h. die Orgelpunkt-Anlage mit Tonika – Dominante – Tonika, deutlich hervortreten läßt. Die Vorstellung eines Rahmens entsteht nicht nur durch die Prolog- bzw. Epilog-Takte. Z. B. beträgt die Anzahl der Stimmen zu Anfang und Ende der Komposition fünf und mehr, während es bei T. 7 und 23 vier, bei T. 13 und 20 drei und bei T. 16 (der Mitte des Satzes) vier Stimmen sind. Dadurch entsteht eine Struktur 5-4-3-4-3-4-5, die aber keineswegs schulmäßig streng ausgenutzt wird. Besonders instruktiv ist, daß auch der Rahmen keine starre Symmetrie aufweist (er endet z. B. nicht wie er anfängt auf c'''). Wirkung und sogar Ursache der drei zugefügten Einleitungstakte von BWV 545, I liegen darin, daß der höchste und der tiefste Ton der Orgel vorgeführt werden – während das Manual auf dem hohen c''' beginnt, fällt das Pedal zum tiefen C, und damit wird der gesamte Umfang vom ersten Augenblick an herausgestellt. In der Tat ist es wohl einmalig, daß ein Orgelwerk auf dem obersten Ton der Klaviatur beginnt, obwohl die technischen Mittel an sich traditionell sind (Fußwechsel in der Baßlinie im Pedal, übergehaltene Manualstimmen usw.).

---

[11] *NBA*, Serie IV/5–6, Kritischer Bericht, S. 299–303

Das Motiv *a*, mit dem BWV 545a und 545b anfangen, kann, nach einem weiteren Beispiel zu urteilen, für Bach durchaus ein Standardmotiv eines C-Dur-Präludiums gewesen sein.

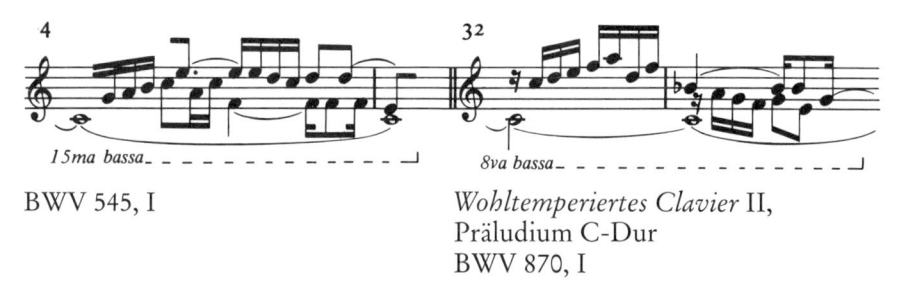

BWV 545, I   *Wohltemperiertes Clavier* II,
                          Präludium C-Dur
                          BWV 870, I

In beiden Beispielen wird das primäre Motiv herausgezogen und in eine kontrapunktische Textur eingearbeitet, in deren Verlauf es sich häufig wandelt, aber nie seine Identität verliert.

BWV 545, I   BWV 870, I

Das Präludium BWV 870, I (*Wohltemperiertes Clavier* II) existiert seinerseits in verschiedenen Fassungen und führt wie BWV 545, I über dem anfänglichen Orgelpunkt bald den Ton B ein und As im verminderten Septakkord bei der abschließenden Kadenz. Allerdings macht BWV 870 eine ausgreifendere motivische Entwicklung durch als BWV 545, das entsprechend seiner Anlage als Orgelpunkt-Toccata technisch etwas einfacher ist. Vielleicht hat außerdem die prächtig ausladende Schreibweise für das Manual sowohl im Präludium als auch in der Fuge BWV 545 in irgendeiner Weise assoziativ mit der Tonart C-Dur zu tun.

BWV 545, I   Johann Caspar Ferdinand Fischer,
                          Blumen-Strauss, Präludium 5

BWV 545, II

Diese „C-Dur-Eckigkeit" gibt es durchaus auch anderswo, und sie sollte deshalb nicht überbetont werden; aber genauso sollte einem die Ähnlichkeit von x (im obigen Beispiel) mit der Anfangslinie des Präludiums nicht entgehen.

Die äußerst orgelgemäße Schreibweise von BWV 545, I kontrastiert besonders gut mit der sehr cembalomäßigen Schreibweise von BWV 870, I. Der Vergleich zeigt für BWV 545, I eine viel offenere Textur, einen etwas einfacheren Gebrauch der Motive und eine ganz natürliche Tendenz zum Ausbreiten schöner Pedal-Linien, sowohl stark sequenzierender Gedanken (T. 7, 17) als auch von Orgelpunkten oder einfachen Basso-continuo-Verläufen (T. 10, 20). Das Präludium basiert in weiten Teilen auf eintaktigen Einheiten, wenigstens zwei Stellen brechen jedoch aus und bilden längere Phrasen (T. 14–16, 24–26). Ein Takt wie T. 21 eignet sich hervorragend zur Sequenzbildung, und vielleicht hat nur der Wunsch nach abwechslungsreichen Strukturen sie verhindert. Ab der zweiten Hälfte von T. 18 bis zum „Epilog" zeigt sich ein Anflug von Eigenwilligkeit: das Nächstliegende wird vernachlässigt. Auch die Harmonisierung des Hauptmotivs *a* ist sehr abwechslungsreich und überzeugend gestaltet. Wenn die erste synkopische übergehaltene Pedalphrase (die späteren Harmonisierungen des Hauptmotivs Farbe verleiht) zum ersten Mal gegen *a* auftritt (T. 7), ist es vermutlich kein Zufall, daß *a* dieselbe Tonhöhe hat wie in T. 4 (d. h. auch auf g' anfängt); doch die Verwandlung von f' in fis' in T. 7 drängt *a* in andere Richtungen und über den Punkt hinaus, den alle anderen Komponisten erreicht hatten, die in der „Standardsprache" der C-Dur-Präludien schrieben.

Eine abschließende Bemerkung zu Präludien in C-Dur. Stellen BWV 545, I und BWV 870, I zwei „Modelle für Präludien in C-Dur" dar, so bietet die unvollständige Fantasie aus dem *Clavier-Büchlein für Anna Magdalena Bach* (siehe BWV 573) ein weiteres Modell dafür, dieses Mal fünfstimmig, jedoch mit Sequenzen, einer Baßlinie und einem allgemeinen melodischen Duktus, nicht unähnlich BWV 545. Ganz deutlich ist da zwischen BWV 545 und 573 eine Verbindung, nicht zuletzt durch die nicht festgelegte Form – die eine hat wesentliche Varianten, die andere ist unvollständig. Es ist denkbar, daß der Komponist ein Repertoire von „Modellen für C-Dur-Präludien" ausprobiert, wie er es ebenso mit Fugen-Typen, Kanons, Choral-Paraphrasen usw. getan hat.

Fuge

Formbeschreibung:

- T. 1– 19 Exposition (Pedal setzt als dritte, nicht letzte Stimme ein); kein festes Gegenthema
- T. 19– 51 Folge von Einsätzen in der Dominante (T. 28, 35, 45) und der Tonika (T. 41), teils vom Thema abgeleitete Zwischenspiele gehen voraus, sind eingeschoben oder folgen nach; Gegenthema T. 45
- T. 52– 72 Einsätze in der Paralleltonart und deren Dominante, ausgefüllt mit Zwischenspielen; in T. 72 plötzliche Wendung zu
- T. 73– 99 Einsätzen in der Dominante, Tonika, Subdominante und Subdominantparallele (ab T. 92 doppeldominantisch), ausgefüllt mit kürzeren abgeleiteten Zwischenspielen; längeres Zwischenspiel vor
- T. 100–111 Schlußeinsätzen in der Tonika, T. 100 im Baß, T. 106 über Orgelpunkt; Kadenz bereits vorweggenommen (T. 108 siehe T. 81, 18)

Dem Komponisten des *Orgelbüchleins* und der *Clavierübung* III wird bewußt gewesen sein, welche Möglichkeiten zu motivischer Einheit der Themenkopf bietet, dessen aufsteigendes Tetrachord sich im späteren Verlauf der Fuge in unterschiedlichem Gewand als so nützlich erweist.

Trotz der Kraft des Satzes also und noch dazu bei dem schöpferischen Opportunismus, mit dem zu allen möglichen Gelegenheiten neue, eigene Sequenzen erfunden werden (z. B. T. 19, 31, 49, 65, 77, 96 – die Sequenz vor dem Schlußeinsatz ist die regelmäßigste) und sogar trotz der fruchtbaren, dem Manual-Stil Farbe verleihenden Akkordbrechungen läßt sich die Fuge bis zu einem gewissen Grad auf das Spiel mit Motiven ein. Auf dem Tetrachord errichtete Passagen finden sich mehr oder weniger im Wechsel mit über gebrochenen Akkorden oder Arpeggien gebauten Passagen. Es ist anzunehmen, daß das folgende Beispiel

ebensowenig zufällig ist wie die Vorwegnahme des Einsatzes von T. 35 scheinbar in einer anderen Tonart im Alt des vorhergehenden Taktes. Ein paar nicht unähnliche Bemerkungen ließen sich zur h-Moll-Fuge BWV 544 machen, die allerdings im Stil offensichtlich nicht so robust ist wie BWV 545.

Trotz der theoretisch zwischen den Themen von BWV 544, II und 545, II bestehenden Ähnlichkeiten – kleiner Umfang, Skalenlinien – haben aber die Themeneinsätze in der zweiten Fuge einen ganz anderen Charakter. Gewiß bereitet das simple letzte Zwischenspiel den Schlußeinsatz auf der Tonika vor, sonst jedoch haben die Einsätze die Tendenz, sich während der Ausarbeitung einer Sequenz oder eines Zwischenspiels einzuschleichen, als ob sie Teil des Hintergrundgeschehens wären (siehe T. 28, 35, 52, 79, 84). Das ist in BWV 544 nicht so. Dementsprechend gehen die Themen-Enden jedesmal in eine ausführliche Erörterung dessen über, womit die anderen Stimmen bereits beschäftigt waren, was auf BWV 544 nur gelegentlich zutrifft. Häufig wird das Thema am Ende auch verändert, damit sich die anderen Stimmen auf ihre Weise entwickeln können (z. B. T. 31, 103). Ein weiterer Unterschied besteht in den drei wiederkehrenden Kontrasubjekten von BWV 544. Die Fuge BWV 545 hat im besten Fall eines, weil es in ihr eher um wechselnde Harmonien und Kontrapunkte geht. So hätte jede der Linien, die das Thema fortgesetzt begleiten – z. B. der Alt in T. 73, der Baß in T. 79, der Sopran in T. 62 und T. 100 – ein regelrechtes Kontrasubjekt sein können. In diesem Zusammenhang ist wichtig, daß, obwohl das anfängliche Kontrasubjekt von T. 5 nur einmal wiederkehrt (T. 45), seine entscheidenden Merkmale – Gegenbewegung, Vorhalte/Synkopen – durchweg auf den Kontrapunkt abfärben. Wenngleich es also möglich ist, die Achtelfiguren in der Textur des ersten Zwischenspiels als Ableitung vom Thema anzusehen,

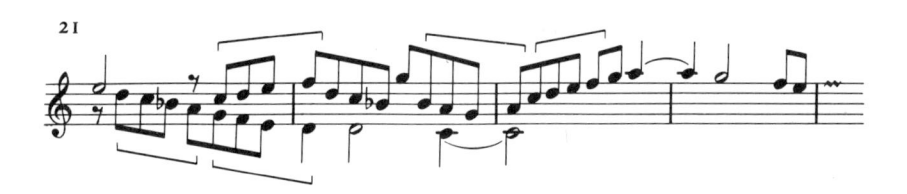

geben doch die von den Halben gebildeten Synkopen der Stelle mindestens den gleichen, wenn nicht den größeren Schwung. Auf dem Weg über den Kontrast steuern die Sequenzen ohne Synkopierungen eine starke rhythmische Markierung bei (T. 56, 65), und die dabei entstehenden Figuren verleihen Kontinuität und Einheitlichkeit – man vergleiche den Tenor aus T. 58 der Fuge mit dem Pedal T. 1 im Präludium. Wie so oft beim reifen Bach ist schwer zu sagen, ob die Harmonien zu guten Kontrapunkt-Linien führen oder umgekehrt (z. B. der übermäßige Dreiklang in T. 53 bei dem Themeneinsatz in der Paralleltonart); selbst die ungewöhnlichen Klangböcke des letzten Einsatzes sind in jeder Stimme sangbar. Anscheinend unabhängige Linien entstehen ganz natürlich gegen die Einsätze (z. B. die Tenor-Linie gegen den letzten Sopran-Einsatz – man vergleiche eine ähnliche Situation in der g-Moll-Fuge BWV 542, T. 43–44), und die Achtelfiguren sind im Kontrapunkt unaufhörlich am Werk. Das geschieht natürlich auch in anderen Fugen, woraus sich eine eindeutige Familienähnlichkeit zwischen dem letzten Abschnitt dieser Fuge und dem der d-Moll-Fuge BWV 538 ergibt.

BWV 545a

Präludium und Fuge C-Dur

Kein Autograph; Abschriften in Quellen der 2. Hälfte des 18. Jahrhunderts (P 290 nur Präludium, Lpz. Poel. 12 – die letztere ehemals im Besitz von Forkel, danach vielleicht 545a, nicht 545, in seinem thematischen Verzeichnis von 1802 zitiert?) und später (P 521, nur die Fuge).

Zwei Systeme; Titel in Lpz. Poel. 12 *Praeludium et Fuga*; Titel in P 290 *Praeludium Pedaliter*.

Die Hauptunterschiede zwischen BWV 545a und 545 (nach den Ausgaben in *NBA*, Serie IV, Band 5 und Band 6) sind folgende:

BWV 545, I	BWV 545a, I	
T. 1–3	–	
T. 4	T. 1	(zwei weitere Manualstimmen in 545)
T. 5–26	T. 2–23	
T. 27	T. 24	(im einzelnen verschieden; in 545a Orgelpunkt auf der Dominante)
–	T. 25	
T. 28–31	–	

Die Fuge unterscheidet sich nur in unbedeutenderen Abweichungen, z. B. keine Sechzehntel in T. 96–98.

Ob BWV 545a die Verkürzung einer früheren oder einer Urfassung ist, in der eine Coda existierte, die d''' verlangte und sich auf die Anfangstakte zurückbezog (d. h. wie sie jetzt aus der transponierten Fassung bekannt sind), ist eine Frage, die schon früher gestellt[12], aber noch nicht beantwortet worden ist. Kilians Vermutung geht dahin, daß BWV 545a eine frühe Fassung des Werkes aus dem Anfang der Weimarer Zeit darstellt[13]. Es ist ein seltsamer Zufall, daß das Präludium außer in der Fassung BWV 545a in Fassungen mit zwei unterschiedlichen Codas bekannt ist, wovon eine sich auch als Einleitung zu eben demselben Präludium in den meisten vorhandenen Abschriften findet. Verglichen mit den anderen Fassungen schließt BWV 454a, I etwas abrupt, und man könnte deshalb denken, daß der Komponist später eine Coda für notwendig erachtet hat (wobei beide Beispiele wieder einen Orgelpunkt auf der Tonika einführen und das Ganze so die Tonika-Dominante-Tonika-Form erhält) oder daß der Komponist oder ein Kopist oder mehrere Kopisten die „erste" Coda herausnahmen, um das d''' zu vermeiden. Es mag andere Gründe geben, warum BWV 545a kürzer ist: vielleicht waren die Quellen schlecht, die Revision nicht abgeschlossen usw. Jedoch so, wie BWV 545a jetzt dasteht, fängt es mit Material an, das für Präludien in C-Dur typisch und voller Querbezüge ist (die Aufmerksamkeit wurde bereits weiter oben darauf gelenkt) und mit dem auch das *Wohltemperierte Clavier* II beginnt.

BWV 545b

Präludium, Trio und Fuge B-Dur[14]

Kein Autograph; Quelle London, British Library RCM 814 (abgeschrieben von Benjamin Cooke d. Ä. 1734–93 und Benjamin Cooke d. J. 1761–72).

Drei Systeme; Überschriften *Prelud[i]um pro: Organo Pedaliter; Adagio; Trio a 2 Clav: e Pedal; tutti; Fuga pro Organo. Pedaliter.*

[12] Emery, a.a.O., S. V, VII
[13] *NBA*, Serie IV/5–6, Kritischer Bericht, S. 568
[14] Obwohl „BWV 545b" keine von Schmieder in seinem *Thematisch-systematischen Verzeichnis der musikalischen Werke von Johann Sebastian Bach* „offiziell" festgelegte Numerierung ist, wird sie doch gelegentlich für diese Variante benutzt (z. B. von Emery).

Die Hauptunterschiede zwischen BWV 545b und BWV 545[15] sind folgende:

Tonart, einschließlich der vielen damit verbundenen Oktavversetzungen

fünf Sätze

Präludium: BWV 545, I   BWV 545b, I

           T. 1– 3   =   –

           T. 4   =   T. 1   mit zwei weiteren Manualstimmen in BWV 545

           T. 5–27 =   T. 2–24

           –   T. 25–28   Coda mit Bezug zu den Anfangstakten

           T. 28–31 =   –

Rückschlüsse auf die Entstehungszeit, die sich auf den Umfang stützen – z. B. daß die transponierte Version ohne d''' für die Weimarer Orgel nötig war, daß BWV 545a aus den Mühlhausener Jahren stammt usw. – beruhen zu sehr auf Spekulation, um wirklich etwas über die Geschichte oder Chronologie des Werkes aussagen zu können. (Zum Trio, das als Mittelsatz verwendet wird, siehe BWV 1029, III.) Es ist ein weiteres merkwürdiges Zusammentreffen, daß die BWV 541 und 545b zugesellten Trios in beiden Fällen schnelle und nicht, wie zu erwarten, langsame Sätze sind. Das *Adagio* und der Tutti-Satz beweisen trotz ihrer Kürze die Stilkenntnis ihres Komponisten, wer er auch gewesen sein mag. (Dem *Adagio* liegen punktierte Rhythmen, dem Tutti-Satz liegt eine rezitativische Linie zugrunde.) Mit der Begründung, BWV 545b enthalte solche „Verbesserungen" der Baßlinie von BWV 545a wie im folgenden Beispiel,

BWV 545a, I

BWV 545b, I (transponiert von B-Dur)

ist es möglich zu behaupten, daß *der transponierte Notentext Korrekturen enthält, die wahrscheinlich kaum von jemand anderem gemacht worden sind,* und daß er deshalb *am besten Bach zugeschrieben werden* kann[16]. Doch das besagt nicht, daß Bach

---

[15] nach *NBA*, Serie IV/5, S. 143–45

[16] *the transposed text contains corrections that are not likely to have been made by anyone else[…] best ascribed to Bach,* Emery, a.a.O., S. V

den Notentext selbst transponierte oder sein Einverständnis zur Transposition durch einen Kopisten gab, denn BWV 545b könnte von einem Kopisten (Johann Tobias Krebs?) nach einer (ausgebesserten?) Fassung von BWV 545a abgeschrieben worden sein. Auf jeden Fall bietet BWV 545b einen ungewöhnlichen Einblick in die Art und Weise, in der Kopisten oder Kopisten von Kopisten mit der Musik nach mehreren letztgültigen Quellen umgingen, die ihnen sehr wahrscheinlich als solche nicht bekannt waren. Im vorliegenden Beispiel handelt es sich um ein Präludium und eine Fuge für Orgel und um eine instrumentale Triosonate eines ersten Komponisten und um ein Orgelwerk oder eine Transposition eines zweiten. Besaß John Christopher Pepusch (1667–1752), der Lehrer von Cooke, Werke von Bach, und gab er sie Cookes Vorgänger Robinson (dem Cooke das Werk zuschrieb)? Gab Cooke seinem jungen Sohn Gelegenheit, Erfahrungen im Abschreiben zu sammeln, indem er ihn eine schon von Robinson nach vermischten deutschen Handschriften angefertigte vollständige Quelle benutzen ließ? Diese und ähnliche Erklärungen sind allesamt plausibel. Eine direkte Verbindung zu Deutschland ist durch die Überschriften des ersten, dritten und fünften Satzes mit Sicherheit gegeben. Sie könnten dem Wortlaut nach von Bach selber stammen. Ebenso ist der kluge und wirkungsvolle Schluß des Präludiums – einfacher als in BWV 545, aber mit Anspielungen sowohl auf das Thema von BWV 545b (T. 1) als auch auf die Schlußklänge von BWV 545 (T. 28–31) – zweifellos eines Komponisten würdig, der später die Schlüsse von BWV 547 und 769 schrieb.

BWV 546

Präludium und Fuge c-Moll

Kein Autograph; Abschriften in P 286 (Johann Peter Kellner), P 320 (Kittel?), Am. B. 60 (Berliner Kopist nach 1754) und anderen guten Quellen aus dem 18. Jahrhundert (P 276, P 290, Am. B. 54, P 1104 nur die Fuge zusammen mit der Fantasie BWV 562, I) und späteren Quellen (Brüssel II.3915, LM 4839f, P 596, P 557 Grasnick, P 837, P 519 Fuge plus BWV 562, I, Lpz. MB. III.8.22, Lpz. Go. S. 26, P 925 eine vierhändige, mit 1832 datierte Bearbeitung), wovon einige auf Kittel zurückgehen.

Zwei Systeme; typischer Titel in P 286 *Praeludium con Fuga ex C mol. pro Organo cum Pedale obligato*, in P 596 [...] *pro Organo pleno*.

Bei BWV 546 im jetzigen Zustand gibt es zwei Probleme: Gehören die Sätze zusammen? Wurden sie zur gleichen Zeit komponiert? Die Diskrepanz, die allgemein zwischen dem gigantischen, kraftvollen Präludium und der schlichteren Fuge empfunden wird, hat manchen Kommentator denken lassen, daß die Fuge eher geschrieben wurde, vielleicht mit einem anderen Präludium wie der Fantasie BWV 562, I[1]. Das vorhandene Präludium, *in Leipzig vollendet*, ist *in Form des ersten Concertsatzes geschrieben* und *ist so überaus gewaltig, daß es die Fuge fast zu Boden drückt*[2]. Oder,

---

[1] Friedrich Conrad Griepenkerl in der Peters-Ausgabe, Bd. IV, 1845
[2] Philipp Spitta, *Johann Sebastian Bach*, Bd. II, S. 687f.

um es anders auszudrücken, von den vier Fugen BWV 543, II, 537, II, 540, II und 546, II – *welche in ihrem Aeußern und Innern so viel Verwandtes haben, daß sie vermutlich gleichzeitig entstanden sein werden* – erhielten zwei (BWV 540, II und 546, II) später andere Präludien (das jetzige BWV 540, I und 546, I), deren *riesenhafter Aufbau [...] zu den Fugen im allzu großen Contrast* steht[3]. Obwohl dieses Argument seither von vielen Kommentatoren in unterschiedlichem Gewand und Ausmaß übernommen worden ist, wird es doch durch zwei Faktoren geschwächt: es gibt keinen Beweis, daß BWV 562, I früher als BWV 546, I komponiert wurde oder daß es das ursprüngliche Präludium zu BWV 546, II war[4]; und es war nicht unüblich, daß der Komponist ein Präludium und eine Fuge zusammenkoppelte, deren Form und Technik ganz unterschiedlich und daher komplementär waren. Zum ersten Punkt: Das Erscheinen einer Fuge allein in einer Abschrift des 19. Jahrhunderts läßt kaum einen Rückschluß zu; in den älteren Quellen deutet nichts darauf hin, daß BWV 546, I und II ursprünglich nicht zusammengehörten. Zum zweiten Punkt: Es ist klar, daß dem konzertähnlichen Präludium – einem Ritornell-Satz, dessen Tutti-Teil eine massive Textur aufweist und dessen Solo-Zwischenspiele fugiert sind – eine Fuge mit vielfältigen Elementen entgegentritt: einige *alla-breve*-Merkmale, ein langer Mittelabschnitt, der *figurae* verarbeitet, Verwendung der Homophonie. Ähnliches läßt sich von BWV 537 und 540 sagen; wenn auch Präludium und Fuge c-Moll als komplementäres Paar nicht so gut zusammenpassen wie Präludium und Fuge in e-Moll BWV 548, haben beide Fälle von der Idee her doch Ähnlichkeit. Die Annahme, daß die Fuge dem Präludium von der Spannung her ähnlich sein und es in ihrem Schluß übertreffen müsse, ist nicht mehr zeitgemäß; vielmehr werden zwei unterschiedliche Formen und Techniken gekoppelt und gegenübergestellt. Der Beweis ist zwar nicht schlüssig, aber der Schluß der Fuge BWV 546, II ist dem Schluß des Präludiums doch ähnlich genug – reich besetzt, höhepunktartig, statische Harmonik über einem für eine Fuge ungewöhnlich langen Orgelpunkt –, um darauf hinzuweisen, daß der Komponist beide Stücke ganz bewußt zusammengestellt hat, ob das nun vor, während oder nach der Komposition der Fuge war.

Präludium

Die Ritornell-Form des Präludiums ist besonders interessant, da nur Bruchstücke des Hauptmaterials *A* im Verlauf des Stücks vor der endgültigen Reprise wiederkehren. Im Prinzip war diese in hohem Maße ausgeklügelte „sporadische Wiederholung" vermutlich aus Beispielen von Vivaldi, insbesondere aus dem ersten Satz des als BWV 593 transkribierten a-Moll-Konzerts, zu lernen. Es ist allerdings möglich, daß sich solche Formen auch ohne Vivaldis Vorbild entwickelt hätten, denn in der Behandlung der Quasi-Ritornell-Formen in Orgelchorälen und ersten Kantaten-Sätzen, d. h. in Sätzen, in denen die Choralzeilen als eine Art Zwischenspiel agieren, zeigt der Komponist ganz ähnliche Ideen.

---

[3] a.a.O., Bd. I, S. 581

[4] Vielmehr ersetzte BWV 546, II in manchen Quellen zu BWV 546 die nicht vollendete Fuge BWV 562, II, oder BWV 546, II war mit einer frühen Fassung der Fantasie BWV 562, I gekoppelt, bevor deren eigene Fuge angefangen wurde (*NBA,* Serie IV/5–6, Kritischer Bericht, S. 324).

24 Takte { A A_1 T. 1– 5 — homophoner Dialog zwischen den Händen; Orgelpunkt auf der Tonika
A_2 T. 5–13 — deutliche Achtel-Motive; dann Orgelpunkt auf der Dominante
A_3 T. 13–25 — verschiedene Gedanken (Pedal-Motiv aus A_2, Orgelpunkt auf der Subdominante, neapolitanischer Sextakkord, Triolen über bewegtem Baß, Ganzschluß)

24 Takte { B T. 25–49 — unregelmäßige Fugenexposition neuer (aber abgeleiteter) Figuren; es folgt ein Zwischenspiel

48 Takte { A A_2 T. 49–53 — Dominanttonart
B T. 53–70 — regelmäßigere Fugenexposition (vollständige Beantwortung, kürzere Weiterspinnung); es folgt ein Zwischenspiel
A A_2 T. 70–81 — ursprünglicher Orgelpunkt von T. 10, der jetzt (T. 75) eine Triolen-Figur für das nächste, vier Takte lange Zwischenspiel bereitstellt
B T. 82–85 — kurze Darstellung
A A_3 T. 85–97 — wie T. 13–25 in der Subdominante, Oberstimmen vertauscht

24 Takte { B T. 97–120 — zwei Einsätze (T. 97; 117), durch lange Zwischenspiele getrennt, die auf der sequenzmäßigen (auch chromatischen) Verarbeitung von Motiven aus der ersten Weiterspinnung (T. 31) basieren

24 Takte { A A_1 T. 120–124
A_2 T. 124–132 } wie zu Anfang, Schlußakkord mit *tierce de picardie*
A_3 T. 132–144

Obwohl Meyer manche Unterabschnitte des *B*-Teils abweichend beschreibt (A_2 = T. 70–78 und B = T. 78–85)[5], sind die in den Themen verwendeten wechselnden Notenwerte deutlich genug. So bewegt sich *A* in Ebenen von Halben bis Achteln, während die Triolen des Zwischenspiels *B* von T. 53–70 den ersten Takt des Themeneinsatzes „kolorieren" (so daß die Punktierung in T. 70 im Pedal, die in T. 72 fehlt, triolisch gemeint ist). Das Präludium wird somit zu einem besonders deutlichen Beispiel einer rhetorischen Grundform[6], denn der gesamte Charakter des Stücks ist eindeutiger vom *A-B-A*-Gedanken geprägt als bei BWV 538, I oder BWV 542, I:

A *Propositio* keine Einleitung; Hauptthema und zugleich am auffallendsten; enthält wesentliche Merkmale des Satzes (dialogische Akkorde, Triolen, Orgelpunkte, skalenartiger Baß)

B *Confutatio* und *Confirmatio* Wiederholung oder Fortspinnung der Triolenfiguren verursacht die „Höhepunkte"; *A*-Material dreimal in Auszügen erneut dargelegt [= bestätigt, d.h. „confirmed", d. Übers.]

A *Peroratio* Schluß (*conclusio*) oder Ausgang

---

[5] Ulrich Meyer (in: *Zum Problem der Zahlen in Johann Sebastian Bachs Werk*, MuK 49/1979, S. 58–71), sieht A_2 als T. 70–78 und B als T. 78–85.

[6] Jacobus Kloppers, *Die Interpretation und Wiedergabe der Orgelwerke Bachs*, Frankfurt 1966, S. 74f.

Eine strikte Interpretation des Satzes entweder nach der Vivaldischen Ritornell-Form (mit den implizierten Manualwechseln) oder nach der konventionellen Rhetorik scheint indessen seiner Gestalt nicht ganz angemessen. So ist die *Peroratio*, als Gegenstück zum *Exordium* oder der Einleitung definiert[7], nicht, was normalerweise unter dem *da-capo*-Teil eines Musikstücks verstanden wird, mag der Mittelabschnitt auch noch so kompliziert gewesen sein. Es scheint ebenfalls zweifelhaft, wo die Abschnitte wirklich anfangen. Kloppers[8] nimmt an, daß der dritte *B*-Teil in T. 78 beginnt, während Keller[9] die ganze Passage T. 70–96 als einen Abschnitt auf dem Hauptwerk ansieht, ein Gedanke, der die Takt-Anlage des Satzes (24 – 24 – 48 – 24 – 24) bestätigt. In jedem Fall ist der Manualwechsel im Mittelteil zu vertrackt, wenn der Spieler den kontinuierlichen Fluß aufrechterhalten soll[10].

Material und Motive des Präludiums sind ungewöhnlich farbig. Die dialogischen Akkorde

sind mit denen aus der Coda der d-Moll-Fuge BWV 538 vergleichbar, ähneln in der Art aber mehr dem offenen Konzert-Stil wie am Schluß des C-Dur-Konzerts für zwei Cembali BWV 1061 oder wie am Anfang der Kantate BWV 47 (1726). Obgleich Teil *A* kontrapunktische und Teil *B* homophone Elemente aufweist, herrscht in beiden geradezu der entgegengesetzte Charakter vor. Der auffallende Kontrast zwischen den Anfängen der beiden Themen (*A* in T. 1 und *B* in T. 25) läßt an die konträre Wirkung der Präludien in den *Englischen Suiten* BWV 807 und 809 denken, wo ebenfalls das Anfangsmaterial kontrapunktisch und das Zwischenspielmaterial mehr homophon ist. Außerdem erinnert der anfängliche Orgelpunkt auf der Tonika mit darauffolgendem „Interludium" und baldiger Beantwortung durch einen Orgelpunkt auf der Dominante (zusätzlich zu demjenigen von T. 49ff.) an die alte „Orgelpunkt-Toccata", die sich in BWV 534 schon sehr gewandelt hatte und hier nun fast bis zur Unkenntlichkeit verändert ist. So macht der Satz durch das traditionelle Orgelpunkt-Element den Eindruck, als ob er schon in sich aus Präludium (T. 1) und Fuge (T. 25) bestünde, wie das z. B. auch im Es-Dur-Präludium, *Wohltemperiertes Clavier* I, der Fall ist, wo die beiden Themen sich im weiteren Verlauf verbinden. Es fällt auf, daß die Orgelpunkte von BWV 546 nicht zur Bildung von Höhepunkten oder als Reizmittel dienen, wie es in der Sonatenform späterer Komponisten geschehen konnte. In T. 97 übernehmen die Zwischenspiel-Themen den Orgelpunkt des Ritornell-Teils und verbinden auf diese Weise Material aus den Teilen *A* und *B* mit *einer dem ersten Konzertsatz ähnlichen Formung*[11] des Gesamtsatzes.

[7] a.a.O., S. 64
[8] a.a.O., S. 220
[9] Hermann Keller, *Die Orgelwerke Bachs*, S. 115
[10] siehe auch Band III, Kap. 20
[11] Gotthold Frotscher, *Geschichte des Orgelspiels und der Orgelkomposition*, 2 Bde., Berlin 1934/35, S. 895

Wie in vielen stark durchgeformten Sätzen von Bach gibt es zeitweilig anscheinend keinen rechten Grund, warum eher dieses als jenes Thema, eher dieser statt jener Abschnitt erscheint (z. B. A_3 in T. 85). Ähnliche Zwischenspiele in T. 68–69 und T. 115–116 (Oberstimmen vertauscht) führen zu verschiedenen nachfolgenden Abschnitten, das erste zu A_2, das zweite zu B. Gewiß, es gibt formale Gründe dafür: der Mittelteil schließt den gesamten A-Teil mit ein (A_1 und A_2 in der Dominante, A_3 in der Subdominante), der durch eingeschobenes, zwischenspielartig fugiertes Material aufgespalten ist. In diesem Fall ist A_3 erforderlich, aber nicht unbedingt an diesem Punkt (T. 85), und tatsächlich ergibt sich sowohl hier wie auch bei anderen Gelegenheiten (besonders T. 120) der Übergang in einem Maße abrupt, wie man es von einem Komponisten, der in den *Brandenburgischen Konzerten* die besten nahtlosen Sätze geschaffen hat, nicht erwartet. Vielleicht ist dies in sich ein Anzeichen dafür, daß Manualwechsel nicht verlangt werden, weil die Abruptheit kaum noch durch einen zusätzlichen Wechsel der Klangfarbe betont zu werden braucht. Vielleicht ist es auch ein Zeichen dafür, daß sich der Komponist von dem 24taktigen Bauschema leiten ließ.

Die verwendeten Figuren und Motive verdienen ein eigenes Interesse. Der Anfangsakkord ist wie ein Ausruf (*exclamatio*), dessen rhetorischer Charakter am besten durch eine *non-legato*-Spielweise vermittelt wird[12]. Die hierauf folgende kontrastierende Figur

hat eine sprechende Wirkung. Sie kommt dem Komponisten ganz von selbst in den Sinn, wenn er einen Kontrast braucht (siehe h-Moll-Präludium BWV 544, I, T. 56), und nur zögernd sollte der Spieler das Pathos[13] assoziieren, das derselben Figur in der Vokalmusik innewohnt. Die folgenden Triolen setzen die Beschleunigung fort (Halbe, Viertel, Achtel, Achteltriolen); der Orgelpunkt bestätigt die einfache harmonische Grundidee, der der strenge, austauschbare, vierstimmige Kontrapunkt der folgenden Takte (ab T. 13) entgegenwirkt. Dieser geht seinerseits über in Sechzehntel, die einen neapolitanischen Sextakkord auszieren und hervorheben. Daß dieser zur Dramatik von c-Moll-Werken beiträgt, ist nicht neu. Die wiederkehrenden Rhythmen des abschließenden Triolenteils (ab T. 21) entsprechen der Art von Wiederholung, die in der Rhetorik mit dem Begriff der *Anaphora* verknüpft ist[14], und kommen unmittelbar vor dem Ganzschluß. Sowohl dieses Mittel als auch die Triolen-Sequenzen im B-Teil (*Polyptoton*) sind musikalisch so natürlich, daß die rheto-

---

[12] Kloppers, a.a.O., S. 105
[13] Keller, a.a.O., S. 115
[14] Kloppers, a.a.O., S. 107

BWV 546

rischen Parallelen kaum betont zu werden brauchen. Ebenso klar ist der Zusammenhang zwischen dem Material[15] der folgenden zwei Beispiele:

Hierbei handelt es sich weniger um ein direktes Zitat als um das Ergebnis einer Kompositionstechnik, bei der die Viertel im Satz zur schrittweisen, die Triolen-Achtel zur sprungweisen Bewegung tendieren. Die Triolensprünge führen wiederum zu ungewöhnlichen harmonischen Effekten, wenn sie in die Umkehrung gesetzt und somit „nicht aufgelöst" werden (T. 109–11). Sie sind die am einfachsten zu verarbeitenden Figuren des Satzes (T. 3–34, 41–44, 58–59, 62–65, 99–101, 105–11) und offensichtlich mit den anderen Triolen verwandt (ab T. 10, 25, 35 usw.), ganz gleich ob mit oder ohne gegenläufige Viertel. Die Leichtigkeit, mit der die Triolen verarbeitet werden können, führt unter anderem zu dem kleinen Zwischenspiel T. 78–81, wo die folgende Figur des Orgelpunktes

drei Takte zuvor mindestens sechs-, wenn nicht achtmal zu hören ist. Trotzdem erwartet man kaum, daß Triolen in Terzverdoppelung gegen das ebenfalls in Terzen verdoppelte Thema auftreten werden (*canon sine pausa*). Aber genau das geschieht in T. 82. Diese Tonika bereitet den Subdominant-Einsatz in T. 97 vor, der Thema und Gegenthema von *B* über dem Orgelpunkt von *A* verbindet und seinerseits in das einzige chromatische Zwischenspiel des Satzes übergeht. Abgesehen von den formalen Überlegungen oder über diese hinaus werden die Triolen auch unter melodischen Gesichtspunkten sehr einfallsreich behandelt und blühen immer wieder zu schönen Sequenzen auf (T. 44, 102, 109), und das in einer Weise, die über die bloße musikalische Rhetorik hinausgeht.

Fuge

Die Fuge ist ein weiteres Beispiel für eine Konstruktion mit zwei Themen, anders als BWV 537 und 540, obwohl der ersteren in formaler Hinsicht nahestehend: Aus dem ersten Teil von *A* taucht ein Achtelmotiv auf, das einem neuen Teil *B* zugrundeliegt.

---

[15] Die neapolitanische Sexte in T. 26 legt nahe, daß das zweite und dritte a″ von T. 29 erniedrigt werden sollte (vgl. die Beantwortung in T. 57).

Auf diesen folgt eine ausgedehnte Bearbeitung des A-Themas in Verbindung mit einer von B abgeleiteten Linie. Es wäre nicht richtig, dieses Gebilde als „Doppelfuge" in irgendeinem Sinn zu bezeichnen, da das B-Thema seinerseits weder fugenmäßig exponiert wird noch das zweite A ohne große Umarbeitung, d. h. Verlängerung begleitet. Nichtsdestoweniger ergibt das Zusammenwirken von anfänglicher fünfstimmiger Exposition, motivischer oder figuraler Komposition und thematischer Kombination einen technisch sehr interessanten Satz – so gesehen eine „Ergänzung" zum Präludium. Es kann nur gemutmaßt werden, inwieweit die ungefähr vierzig Anfangstakte darauf hinweisen, daß BWV 546, II als eine ganz andere Fuge anfing, von der der Komponist durch das Potential der Achtelfiguren abgebracht wurde.

Formbeschreibung:

In P 209 setzte Carl Philipp Emanuel Bachs Kopist „Anonymus 303" zum Anfangsthema den Vermerk *Manual*, da die Lage des Themas die Ausführung auf dem Pedal hätte nahelegen können.

A T. 1– 45   fünfstimmige Exposition (Pedaleinsatz als letzter), weiträumige Zwischenspiele im Kontrapunkt *alla breve* trennen den zweiten vom dritten bzw. den vierten vom fünften Einsatz

          T. 45– 59   Zwischenspiel mit Achtelfiguren, danach letzter Einsatz in der Tonika, die in zwei weiteren Takten durch einen Ganzschluß gefestigt wird

B T. 59– 86   inventionsmäßige Verarbeitung einer Achtelfigur (d im folgenden Beispiel) in dreistimmiger Imitation; die Figur findet sich in allen Takten des B-Teils

A_2 T. 86–121   Kombination der Achtelfigur d (die sich in fast jedem Takt von A_2 hartnäckig wiederholt) mit dem ursprünglichen Thema; bis T. 98 im Stil einer Doppelfuge exponiert, dann Zwischenspiel gefolgt von doppeltem Einsatz in der Paralleltonart (T. 104), weiteres Zwischenspiel, doppelter Einsatz in der Subdominante (T. 116)

(C)   T. 121–139   freies Zwischenspiel, Achtelfiguren (vielleicht von d abgeleitet) schmücken Viertelfiguren schon früher gehörter Art (z. B. Pedal von T. 99)

(A_3)   T. 140–159   letzter doppelter Einsatz (Pedal und Tenor/Sopran); Coda ab T. 145 enthält Figuren von A (Pedal-„Thema" T. 151–52), B (z. B. T. 153) und C (Viertel T. 147 usw.?); Kadenz wie bei A_1 (also T. 140–159 = T. 50–59 um Coda und Orgelpunkt erweitert)

Der rätselhafteste Abschnitt in der einfallsreichen Anlage ist das „freie Zwischenspiel" ab T. 121. Spitta hat recht, wenn er sieht, daß es *mit dem Übrigen höchstens durch die fortfließenden Achtel äußerlich verbunden* ist[16], aber damit ist mehr gesagt als es zunächst den Anschein hat, denn die „fortfließenden Achtel" haben die Fuge

---

[16] Spitta, a.a.O., S. 583

BWV 546

bereits seit dem Ende der Exposition charakterisiert, und überhaupt lassen sich alle Achtel-Linien als Ableitungen der folgenden Grundfiguren interpretieren:

Teil A

Teil B

Teil A_2

vgl. *Musicalisches Opfer, Ricercar a 6*

Diese kleinen Notengruppen beherrschen die Fuge von T. 37 ab; *a*, *b* und *c* sind Formen der *figurae*, die in Teil B übernommen werden (der von den Kommentatoren in irreführender Weise oft als Fuge oder Fugato bezeichnet wird), so wie das Kontrasubjekt in A_2 seinerseits aus B entwickelt wird – daher das lange, nahezu „galante" letzte Zwischenspiel bei T. 121, in dem es zu einer Passage kommt, die anders ist als alles sonst im gesamten Orgelwerk Bachs, obwohl sie zur selben Familie gehört wie das zweite Thema des Es-Dur-Präludiums BWV 552. Die gewissermaßen homophone Figur dieser Passage entwickelt sich aus den vorhergehenden Achteln:

Unter strukturellen Gesichtspunkten sind zumindest einige der Takte 121–31 unnötig: der letzte Tonika-Einsatz ist in BWV 545, II viel müheloser vorbereitet, und dort ist der vorletzte Einsatz sogar eine Stufe weiter von der Tonika entfernt als in BWV 546. Wahrscheinlich ist dieses Zwischenspiel von BWV 546 als freie Ausweitung der Achtelfiguren entstanden, die sich gegen Ende der Fuge ständig verändern und Linien wie die folgenden hervorbringen:

Darüber hinaus führt die Art und Weise, wie sich die Achtelfigur in die Textur hinein- und wieder herausschlängelt, zu ungewöhnlich guten Möglichkeiten des Manualwechsels, obwohl sich dagegen auch in dieser Fuge wie in den meisten anderen Einwände erheben ließen. Möglichkeiten wären: Positiv in T. 59 mit der linken Hand, Hauptwerk in T. 86 mit der rechten Hand, Positiv in T. 115 mit der linken Hand, Hauptwerk in T. 140 mit dem f′ der linken Hand (und dem g′ der rechten). Problematisch bleibt allerdings noch der unaufgelöste Ton b in T. 115. Die Achtel-Linien selbst und der von ihnen erzeugte Kontrapunkt verlaufen häufig so wie in anderen Kompositionen. Takte wie 59–86 gehören zur selben Familie wie Stellen in BWV 540, 537, 661, 733 usw., während der Kontrapunkt von T. 73 oder 98 sich Ton für Ton in BWV 694 (T. 1) und 646 (T. 2 – man beachte die umgekehrte Form in T. 1) findet. Dennoch kann man sehen, daß die Motive a, b und c den Satz nicht stärker beherrschen, als es dem Komponisten in seiner Erfindungsmacht angemessen erscheint. Das Zwischenspiel bei T. 121 ist möglicherweise der Versuch, über eine schulmeisterliche Motivbesessenheit hinauszugehen, und ein interessantes Merkmal der Schlußtakte ist, daß zwei einzelne Phrasen je zweimal benutzt werden (Alt T. 151, in T. 152 modifiziert, Sopran T. 153–154 = Tenor T. 155–156) wie eine ganz feine Anspielung auf die anfänglichen Dialog-Klänge des Präludiums. Was das neapolitanische Element am Schluß betrifft (des in T. 151), so ist die Umbildung des Fugenthemas im Pedal eine originellere Geste als der größere neapolitanische Effekt im Präludium (T. 138), da letzterer Teil der Wiederholungsstruktur, d. h. des Ritornells ist.

Daß der Komponist weiterhin davon gefesselt war, das Potential der *figurae* auszuschöpfen, zeigt sich deutlich in Werken vom *Orgelbüchlein* bis hin zu den *Canonischen Veränderungen* BWV 769. BWV 546 ist ganz speziell wichtig, wenn auch formal ungewöhnlich, als Beispiel für ein Werk, das sich mit schon anderswo vorkommenden Figuren beschäftigt. Folglich ist die erste Phrase im Beispiel S. 193 unten so gut wie identisch mit dem Gegenthema der As-Dur-Fuge aus dem *Wohltemperierten Clavier* II.

BWV 547

Präludium und Fuge C-Dur

Kein Autograph; Abschriften in P 274 (Kellner-Kreis), Am. B. 60 (Berliner Kopist, nach 1754), P 320 (Kittel?), Lpz. Poel. 32 (Christian Friedrich Penzel), LM 5056 (Johannes Becker ca. 1779) und anderen guten Quellen aus dem 18. Jahrhundert (P 276, P 290, P 286 Forkel?); auch Quellen, basierend auf „Agricola" (Am. B. 54, P 557 Grasnick) und auf Kittel (Lpz. Go. S. 26, Lpz. MB. Ms. 1, 8 Wechmar), sowie spätere Quellen (P 837, Brüssel II.3914, P 925).

Zwei Systeme; Pedal in roter Tinte in Am. B. 54, Am. B. 60, P 276, P 290, P 837; Titel in P 274 *Praeludium pro Organo pedal.*, in Lpz. MB. Ms. 1, 8 *Praeludium con Fuga ex C♯ pro organo pleno.*

Sowohl das Präludium als auch die Fuge dieses Werkes, das offensichtlich in vielen Einzelheiten sehr ausgereift ist, haben kurz vor dem abschließenden Orgelpunkt auf der Tonika sehr dramatische Harmonien, die nicht nur für sich genommen außergewöhnlich sind, sondern eine so enge Beziehung zwischen den Sätzen andeuten, wie sie überhaupt in einem Orgelwerk von Bach nachgewiesen werden kann. Ungeachtet irgendeiner eingebildeten Ähnlichkeit zwischen den Hauptmotiven beider Sätze „beziehen" sich Präludium und Fuge aufeinander in der Art, wie sie an Schlüsselstellen verschiedene Akkorde anwenden: modulierende Dominantseptakkorde im Präludium (aus dem vorhergehenden Takt aufgegriffen), verminderte Septakkorde ohne gegenseitige Beziehung in der Fuge (ebenfalls aus dem vorhergehenden Takt aufgenommen).

Daher ist es nicht nur wahrscheinlich, daß die Sätze im Hinblick aufeinander komponiert wurden und immer gekoppelt waren, sondern sie müssen als komplementär angesehen werden, was für die „ideale" Kombination von Präludium und Fuge bei Bach typisch ist. Beide Sätze sind aus kurzen Themen gebaut, die jeweils im ersten Takt kaum so aussehen, als würden sie zu einer ausführlichen und originellen Behandlung führen; in dieser Hinsicht sind die Sätze ebenmäßigere „Komplemente" als z. B. die von BWV 540 oder 544. Im Unterschied zu anderen Paaren beginnen sie auf demselben Ton. Das Satzpaar ist auch in den melodischen Details (Präludium) und der Themenbehandlung (Fuge) sehr eigenständig. Der erste Satz ist beispielhaft für den Typ eines Präludiums, in dem die Eigenart des Materials die Form bestimmt oder zu einer ungewöhnlichen Form führt; im zweiten Satz ist eine Fugentechnik zu beobachten, in der sowohl die Bestandteile des Themas (*figurae*) als auch das Thema als Ganzes einer ausführlichen Verarbeitung zugänglich sind, die spontan und ad hoc erfolgt. Daraus ergibt sich ein Werk von einzigartigem Charakter, sowohl melodisch als auch kontrapunktisch – und darüber hinaus mit einem sorgfältig geplanten Höhepunkt und einem Sinn für Schlußbildung. Der große Orgelpunkt der Fuge ist die Antwort auf den knappen Schluß des Präludiums, und in beiden Sätzen sind die letzten Abschnitte von dem jeweiligen Hauptthema abgeleitet. Als Ganzes und im einzelnen ist BWV 547 ein besonders gutes Beispiel für Originalität, die daraus resultiert, daß ein erfinderischer Komponist zahlreiche ihn berührende Traditionen auf eigene Weise deutet.

Bestimmte Ähnlichkeiten zwischen Bachs Beispielen fünfstimmigen Kontrapunkts in C-Dur – der Fantasie BWV 573 aus dem *Clavier-Büchlein für Anna Magdalena Bach*, den Präludien BWV 545 bzw. 545a und der Fuge BWV 547 (T. 54–55) – deuten möglicherweise an, daß diese Stücke ungefähr zeitgleich sind.

Präludium

Daß die Oktav-Imitation zu Beginn eines Präludiums oder einer Folge von Stücken Tradition hat, ist nicht schwer nachzuweisen (z. B. *Zweistimmige Inventionen*, Nr. 1–4; erste der *Canonischen Veränderungen* BWV 769, I; Johann Caspar Ferdinand Fischers *Ariadne musica* usw.), die Kombination mit einem nahezu ostinaten Pedal hingegen nimmt die Aufmerksamkeit stärker gefangen. Allerdings ist die dreizeitige Oktav-Imitation über einem ostinaten Pedal auch anderswo zu finden (*In dir ist Freude* BWV 615), doch ist die Themenverarbeitung komplexer als in all diesen Werken.

Obwohl der Satz zunächst eine freie Verarbeitung der zwei in Manual und Pedal zu hörenden Themen zu sein scheint, ist die Form verwickelt und beruht durchweg auf drei Themen oder Gedanken, von denen der zweite eine Art verzierter oder „kolorierter" Fassung des ersten ist.

Diese drei Gedanken sind selbst implikationsträchtig: jeder von ihnen stellt eine rhythmische Grundeinheit des 9/8-Taktes dar, eine vierte Einheit ♩ ♪ erscheint am Ende der dritten. Sie bergen auch das Umkehrungsprinzip in sich (siehe die Motive in *b*) und stellen alle Rhythmen des Satzes bereit mit Ausnahme der fortlaufenden Sechzehntel, die zum ersten Mal als zweites Kontrasubjekt (rechte Hand T. 6) zu hören sind. Somit entschwindet das erste Kontrasubjekt meistens den Blicken und spielt in diesem Schema kaum eine Rolle[1], während das einzelne, abgesetzte Viertel im Pedal, das Motiv *d*, an der dramatischen Stelle vor der Coda homophon fünfstimmig wird (T. 77–79).

Formbeschreibung (vgl. die Grundzüge von BWV 538, I):

I	T. 1– 8	vier rhythmisch-melodische Gedanken (*a b c d*) abwechselnd, alle in der Grundtonart
	T. 8–13	abgeleitete, modulierende Zwischenspiele (meistens von *a* und *d*, einige von *b* und *c*)
II	T. 13–20	wie T. 1–8, in der Dominante, Stimmen vertauscht, oft mit neuer zusätzlicher Stimme
	T. 20–31	abgeleitete, modulierende Zwischenspiele (zunächst von *a* und *d*, dann von *b* und *c*)
III	T. 31–48	Oktav-Imitationen in a-Moll (*a c b d*), dann d-Moll (*a c b d*), gefolgt von einem Zwischenspiel (*b c*; ab T. 44 *d*), so daß T. 39–43 den Takten 25–29 entspricht, aber eine Stufe höher (tonal, nicht real, Kontrapunkt vertauscht); der letzte Takt (T. 44) wird sequenzierend verarbeitet (*b d*) und leitet über zu:
IV	T. 48–54	Oktav-Imitation in F-Dur (*a c b*), gefolgt von Zwischenspiel (*b d*) zur:
	T. 54–60	Oktav-Imitation in C-Dur, so daß T. 54–57 = T. 48–51 ist (Oberstimmen vertauscht); danach Zwischenspiel (*a b d*) T. 58–59 (vgl. T. 22–23)
	T. 60–79	Oktav-Imitation in G-Dur, chromatisch eingefärbt, dann in C-Dur (T. 60–67 = T. 31–38, einen Ton tiefer, an manchen Stellen Stimmtausch); die chromatische Anspielung wird neuerlich im Zwischenspiel-Material erweitert (T. 68–72 = T. 25–29 in Moll); Orgelpunkt auf der Dominante (*d b*) und modulierende Akkorde (*d*)
V	T. 80–88	Orgelpunkt auf der Tonika, darüber *a* und *c* verwendet; letzter Verweis auf die Anfangsthemen (T. 83 = T. 5, T. 84–85 = T. 4–5) einschließlich *c* in Oktaven

Allerdings ist dies nicht so sehr die Beschreibung einer Form oder Gestalt wie lediglich eines Plans, der zeigt, wie das Grundmaterial verarbeitet, kombiniert oder ausgeweitet wird. Die Dreiklangstruktur des Materials, einschließlich solcher Themen, die oben unter den Grundthemen nicht angeführt wurden (z. B. rechte Hand T. 4),

---

[1] Daß der Rhythmus des Kontrasubjekts nicht derselbe wie im Motiv *c* ist, sondern genau dessen Gegenteil (trochäisch, nicht jambisch), wird nicht so sehr durch die mutmaßliche Phrasierung deutlich, sondern aus den Verzierungen auf den langen Tönen. Was immer die Funktionsanalyse sagen mag: das Kontrasubjekt unterscheidet sich von dem Pedal-Ostinato durch die andere Betonung im Takt, und man kann nicht sagen, daß letzterer aus ersterem *entstanden* ist, trotz dementsprechender Behauptungen (Hermann Keller, *Die Orgelwerke Bachs*, S. 117). Sie sind für den Organisten auch nicht in gleicher Weise phrasiert. Motive sind nicht nur Chiffren auf dem Papier, und in BWV 547, I verlangen sie eine besonders sorgfältige Phrasierung, nicht zuletzt deshalb, weil Tempo und Stil vermutlich nicht allzu leicht und giguartig genommen werden sollten. Man vergleiche das nicht unähnliche Präludium aus der *Englischen Suite* d-Moll, BWV 811.

macht die Motivkombination einfach, so daß z. B. *c* entweder auf *a* folgen (T. 56–57) oder mit diesem kombiniert werden kann (T. 60 usw.); *a* kann sich mit *b* in Umkehrung und mit *d* verbinden (T. 58) oder *d* mit *b* in der Grundform (T. 63) und so fort. Angesichts der späteren Verwandlungen des Fugenthemas ist eine besonders interessante Eigenschaft dieser Themen, mit welcher Leichtigkeit sie in andere Tonarten übergleiten (T. 9 usw.), was zunächst nicht sonderlich zu bemerken ist, schließlich aber zu einem harmonischen *crescendo* führt (T. 32, 37, 62, dann 66 ff.), denn g-Moll und f-Moll sind für Präludien in C-Dur keine typischen Tonarten. Dieses harmonische *crescendo* löst sich in einen neapolitanischen Sextakkord auf (T. 72 – an der vergleichbaren Stelle T. 29 war eine phrygische Kadenz) und führt auf diese Weise zu den unverbundenen Akkorden vor dem letzten Orgelpunkt auf der Tonika.

So sind denn die „formalen" Hauptelemente des Satzes die doppelte Exposition in der Tonika (T. 1) und der Dominante (T. 13) – die von Vivaldi-Ritornellen[2] oder traditionellen Orgelpunkt-Toccaten beeinflußt sein könnte – und das Schließen mit einem abgeleiteten Orgelpunkt-Teil am Ende. Sonst ist das Stück eine Fantasie über Motive, in der es (wie auch in geringerem Umfang in den Präludien des *Orgelbüchleins*) ein gewisses Maß an interner Wiederholung gibt, wobei aber Wesen und Zweck des Satzes recht eigentlich im ständigen Wiederverarbeiten und erneuten Exponieren der Grundthemen liegt. Die vierstimmige Harmonik ist höchst geschickt geplant, so daß Passagen mit statischen und weniger statischen Harmonien einander abwechseln. Eine weitere Feinheit besteht in der Variierung des harmonischen Rhythmus, so daß die Akkorde wechseln wie im folgenden Beispiel:

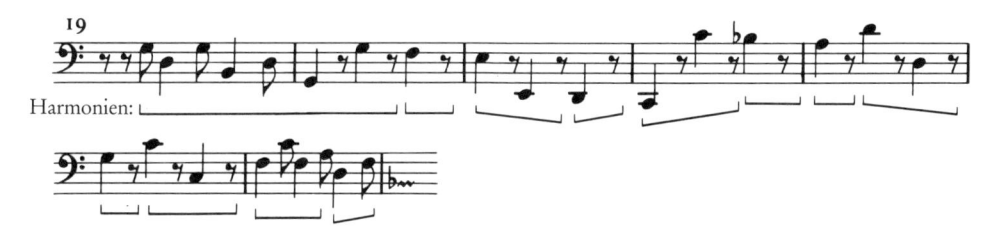

Daraus ergibt sich merkwürdigerweise, daß die Harmonien auf den ersten Taktzeiten fast immer $\frac{5}{3}$ oder $\frac{7}{3}$ sind, und nur das Modulationsschema – mit wichtigen Abschnitten in Molltonarten – vermag vor der Monotonie zu retten. Ein didaktisches Lehrbuchbeispiel führt wohl kaum zu größerer harmonischer Homogenität. Ein weiterer merkwürdiger Umstand ist, daß der Satz hauptsächlich auf eintaktigen Phrasen beruht, die sich aus den Grundmotiven ergeben, und zwischen denen es sehr wenig übergebundene Noten irgendwelcher Art gibt – außerhalb der wichtigsten sequenzierenden Zwischenspiele bei T. 25, 39 und 68 nur ganz wenige. Eine Komplementärfunktion hat in beiden Sätzen nur das Pedal: ohne Hauptthema oder übergebundene Noten (Vorhalte) im Präludium, aber mit beiden[3] in der Fuge. Teilweise ist es gerade die vorherrschende ständige Wiederholung des 9/8-Metrums auf den star-

---

[2] Hans-Günter Klein, *Der Einfluß der Vivaldischen Konzertform im Instrumentalwerk Johann Sebastian Bachs*, Straßburg–Baden-Baden 1970, S. 77
[3] siehe den allerersten Pedalton in T. 49 der Fuge

ken Taktzeiten, die dem Präludium seinen besonderen rhythmischen Charakter verleiht. Ganz eindeutig gibt es eine Art Ähnlichkeit mit dem Hornmotiv und dem Dreiklangskontrapunkt im ersten Satz der Kantate BWV 65 (1724),

BWV 65, I

nicht zuletzt deshalb, weil ein weiteres Motiv (*b*) in *und des Herren Lob verkündigen* gleichzeitig damit erscheint. Sowohl das Motiv *b* als auch das Element der leeren Oktaven in diesen Schlußtakten des Kantaten-Satzes kommen im Orgelpräludium vor. Das 9/8-Metrum des Präludiums BWV 547, I wird jedoch selbst zum Motiv – ein Element, das nicht nur einen Aspekt der Einheit des Satzes bildet, sondern wesentlich zu dieser beiträgt. Der Ausführende, der nicht ohne weiteres bereit ist, einen leichten, federnden Stil und ein federndes Tempo für dieses Stück zu akzeptieren, wird Kirnbergers Bemerkung (aus den 1770er Jahren) zustimmen, in der es heißt, daß der 9/8-Takt im Unterschied zum 9/4-Takt *leicht den Schein des Tändelnden gewinnen* kann[4], was er dann mit folgendem Beispiel illustriert:

Johann Philipp Kirnberger, *Die Kunst des reinen Satzes* (1774–79), II/1, S. 128

Fuge

Die Fuge ist eine der interessantesten unter allen Orgelfugen, denn sie verbindet neue Lösungen formaler Probleme mit einem einfallsreichen Kontrapunkt und einer ausführlichen Behandlung des Themas selbst.

Die formale Absicht des Satzes ist es, eine Reihe von Expositionen zu präsentieren, und zwar folgendermaßen:

    I T. 1–15 Exposition in der Tonika, Zwischenspiel, Beantwortung in der Dominante (tonal T. 9, real T. 10, tonal T. 13); Ganzschluß

---

[4] Jacobus Kloppers, *Die Interpretation und Wiedergabe der Orgelwerke Bachs*, Frankfurt 1966, S. 159

II T. 15–27   Exposition in der Tonika mit neuem Kontrasubjekt und Sechzehntel-Motiv,

das zu Einsätzen in anderen Tonarten weiter verarbeitet wird; Halbschluß

III T. 27–34   unregelmäßige Exposition des Themas in Umkehrung, wogegen das Motiv x weiter *rectus* und *inversus* verarbeitet wird; es folgt ein Zwischenspiel

IV T. 34–48   Exposition des Themas *rectus* und *inversus* auf E (T. 34–35), A (T. 36), D (T. 37–38); dann drei Einsätze *inversus* (auf A, D, G); drei *rectus*, entweder tonal (c-Moll, g-Moll) oder real (c-Moll); Überleitung (*brisé*-Akkorde) zu:

V   T. 48–72   vielfacher Exposition des Themas *rectus*, *inversus* und augmentiert (Pedal); ab T. 56 Thema umgewandelt bis hin zu den zwei Pedaleinsätzen *inversus in augmentatione*; Coda mit Orgelpunkt auf der Tonika, worüber das verkürzte Thema in Engführung und bruchstückweise vorgetragen wird

Der Satz weist also einen speziellen Fugentyp auf, bei dem nach der anfänglichen Themendarstellung von fünfzehn Takten, die selbst wiederum wie eine vollständige Fughetta traditionellen Typs erscheint, eine Reihe zunehmend komplizierter Expositionen folgen, anders als in BWV 548, wo die erste Darstellung zum *A*-Teil einer *A-B-A*-Fuge wird, oder BWV 546, wo ihr ein neues Thema *B* folgt, oder BWV 544, wo dem Thema eine Reihe sukzessiver Kontrapunkte beigegeben wird. Da nun die meisten Orgelfugen aus Abschnitten der einen oder anderen Art bestehen, bieten BWV 546, 547 und 548 besonders wichtige Lösungen zum Formaufbau einer Fuge, deren anfänglicher Darstellungsteil in der Grundtonart mit einem eindeutigen Ganzschluß endet. In der unterschiedlichen Länge dieser ersten Darstellungen spiegelt sich nur die unterschiedliche Länge der Themen. Andere Fugen wie BWV 541 oder 545 haben keinen so deutlich abgegrenzten Abschnitt dieser Art. Gerade die neue Formkonzeption der Fuge BWV 547 verleiht dem verzögerten Pedaleinsatz in T. 49 noch mehr Bedeutung. Während verzögerte Pedaleinsätze bei Buxtehude[5] wenig zu besagen haben und z. B. in BWV 549 dadurch nur eine einfache, höhepunktartige Coda erzeugt wird, erheischt der verzögerte Pedaleinsatz in BWV 547 besondere Aufmerksamkeit, einmal wegen der Augmentation und zum anderen wegen der vielen Themen-Motive, die über ihm aufgehäuft sind. In der c-Moll-Fuge aus dem *Wohltemperierten Clavier* II setzt gegen Ende eine zusätzliche Stimme im Baß, auch in der Tonika, mit einer Augmentation ein. Vielleicht hingen solche Mittel beim Komponisten mit der C-Tonart zusammen, denn sowohl der Pedaleinsatz als auch der abschließende Orgelpunkt von BWV 547, II nehmen den aufgetürmten Höhepunkt der *Canonischen Veränderungen* (C-Dur) BWV 769 vorweg.

[5] siehe Hans-Jacob Pauly, *Die Fuge in den Orgelwerken Dietrich Buxtehudes*, Regensburg 1964, S. 186

Vermutlich in keiner anderen Fuge Bachs erscheint das Thema so häufig (nach Keller[6] über fünfzigmal), und sein Typus ist aus anderen Kompositionen vertraut. Das Anfangsmotiv enthält die weitverbreitete *figura suspirans* (y), während die „eckige" Linie z auch in Themen wie dem der H-Dur-Fuge, *Wohltemperiertes Clavier* II, zu hören ist.

BWV 547, II   *Wohltemperiertes Clavier* II,
                                Fuge H-Dur

Die auffallendste Ähnlichkeit aber ist in der Exposition der Fughetta über *Allein Gott in der Höh' sei Ehr'* BWV 677 zu beobachten.

BWV 547, II

BWV 677

---

[6] Keller, a.a.O., S. 118

Zwei weitere Werke Bachs für Tasteninstrumente zu finden, die gleichermaßen weitgehend übereinstimmen, dürfte schwierig sein. Ebenso merkwürdig ist, daß das Motiv im Thema von BWV 547, II (d. h. die Anfangsfigur *y*), das im ersten Thema von BWV 677 nicht zu finden ist, in der zweiten Zeile bzw. dem zweiten Thema desselben Chorals tatsächlich auftritt

BWV 677

und das Thema, wie man sehen kann, auch in ähnlichem Stil fortfährt. Gleichwohl wäre es ein Irrtum zu meinen, die Ähnlichkeit zwischen BWV 547, II und verschiedenen Fughetten der *Clavierübung* III sei auf die obigen Beispiele beschränkt. Außer diesen weist auch die Anhäufung von Motiven und thematischen Ableitungen ab T. 48 und T. 66 dieselbe Art des Kontrapunkts auf. Das gleiche gilt für die ungestrafte Verwendung eines Motivs in Normalform und Umkehrung:

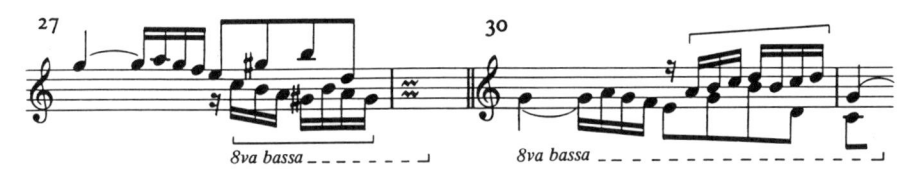

Die etwas seltsame Harmonik, die z. B. in T. 29 entsteht, entspricht derjenigen der *Clavierübung* III insofern, als sie von einem Thema ausgelöst wird, dessen Tonart in diesem Augenblick nicht eindeutig festlegt (die Einsätze der zwei vorausgehenden Takte waren nicht so mehrdeutig, sie veränderten lediglich die Richtung). Das kurze, intensive Komponieren mit Motiven bewegt sich im Stil der *Clavierübung* III[7]. Bemerkenswert ist die erstaunliche Verwandlung des Themas bei seinem Einsatz (und dessen Beantwortung im Tritonus-Abstand) in T. 56–57.

Bei dieser Verwandlung handelt es sich nicht nur um eine Erscheinungsform der verminderten Septakkorde, die der Komponist in anderen Werken häufig aufreiht und die er in dieser Fuge vor dem abschließenden Orgelpunkt des weiteren verwendet – zu den bemerkenswertesten Fortschreitungen von T. 56–58 gehört überhaupt nicht der verminderte Septakkord, sondern die übermäßige Sexte, die in T. 57 aufgelöst wird, und die melodisch erniedrigte Terz in der Tenorstimme T. 57/58. Es gibt in der

---

[7] Außerdem ist es der Aufmerksamkeit der Kommentatoren nicht entgangen, daß das Präludium von BWV 547 mit seinen 3×3 Achtelmotiven (*a* im Beispiel S. 195) *eine Darstellung der Trinität* ist (Henning Siedentopf, *Tonartliche Verwandtschaften im Klavierwerk Johann Sebastian Bachs*, BJ 60/1974, S. 73).

Fuge weitere Beispiele für Themeneinsätze, die wegen der Modulation verändert werden,

und es ist zu beachten, daß von zwei augmentierten Einsätzen im Pedal in T. 59 und 62 gerade der spätere mit seinem veränderten (verminderten) Intervall in der zweiten Hälfte die überzeugendere Harmonik hervorbringt[8]. Bachs Themen werden oft zugunsten der harmonischen Wirkung umgestaltet – z. B. in der D-Dur-Fuge, *Wohltemperiertes Clavier* II:

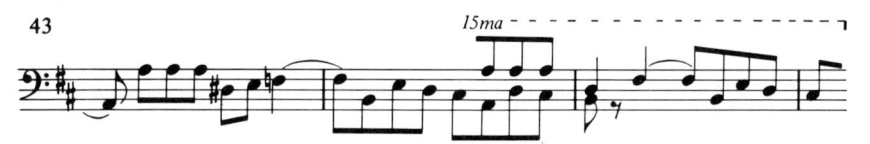

In diesen und ähnlichen Fällen führt aber die Umwandlung eher zu interessanten Klängen als zu weitreichenden Modulationen. Auch in dieser Hinsicht ist BWV 547, II einzigartig.

Ebensoviel Geschick wie Originalität zeigt sich außer in der Fugenform und der Themenbehandlung auch in der Kompositionsweise von Takt zu Takt. Theoretisch sind die Zwischenspiele T. 6, 12, 23, 31, 46 und 53 belanglos, aber jedes ist durch eine sehr auffallende Sequenz charakterisiert, ausgenommen T. 47, der, wie andere Vorbereitungstakte bei Bach auch (z. B. T. 12–13 der d-Moll-Toccata BWV 538, I), gebrochene Akkorde, in diesem Fall zwei, enthält. Der Kontrapunkt der Sequenzen – besonders in T. 6, 23 und 53 (die beiden letzteren nehmen Bezug auf T. 6) – ist melodisch, wodurch er sich von seiner Umgebung ziemlich abhebt, und nur eine Vertrautheit mit Bachs reifer Technik der motivischen Arbeit versetzt den Hörer in die Lage wahrzunehmen, daß diese Stellen aus dem Motiv *x* abgeleitet sind.

Tatsächlich koloriert das Motiv – das selbst wiederum das Kopfmotiv *y* des Fugenthemas aufgreift – die gesamte Fuge, so daß jeder Takt (mit der bedeutsamen Aus-

---

[8] Das ist eine subjektive Angelegenheit: obwohl die Harmonisierung des h im Pedal am Anfang von T. 61 einfallsreich und phantasievoll ist, befriedigt sie deshalb doch nicht alle Ohren.

nahme der Einleitung zum abschließenden Orgelpunkt-Einsatz) es in der einen oder anderen Form enthält. Wie die Motive in bestimmten Chorälen des *Orgelbüchleins* existiert es in zweierlei Gestalt – *y* einzeln (vier Sechzehntel) und *x* doppelt (acht Sechzehntel):

Obwohl das Motiv *x* zwei ausgeprägte Formen hat, gehört es eindeutig in eine Familie mit den bei BWV 537 aufgelisteten Motiven.

Von Motiv *y* stammen ab: das Thema, das vorherrschende Motiv, die sequenzierenden Zwischenspiele, der *rectus/inversus*-Gegensatz, die fortlaufenden Sechzehntel-Linien, der Kontrapunkt über der Augmentation im Pedal und der abschließende Orgelpunkt-Teil. Wie die Beispiele oben zeigen, ist die Handhabung der Figur ungeheuer vielfältig, und man darf nicht vergessen, daß diese Figur eine der grundlegendsten oder „elementarsten" von allen ist: die *figura suspirans* (siehe z. B. BWV 628). Aber genauso wie diese Figur verwendet wird, um vielfältige Melodielinien zu schaffen, enthalten die Schlußpartien der Fuge vielfältige Fugentechniken, offensichtlich als Vorausblick auf den späteren Einfallsreichtum der *Canonischen Veränderungen*. Die technischen Mittel sind: *rectus/inversus*-Gestalten, Engführung, Augmentation, Veränderung des Themas, Homophonie, rhetorische Pausen, Orgelpunkt, späte Hinwendungen zur Subdominante, intensive Verarbeitung von Figuren und eine Abschiedsanspielung auf das Thema (Tenor, vorletzter Takt). Manche dieser Mittel sind in Orgelfugen bereits ungebräuchlich (z. B. Augmentation und rhetorische Pausen), während andere hier in BWV 547, II eine neue Konzentrierung erreichen: „vorbereitende Chromatik" vor einem letzten Ganzschluß ist wohl nie ausgiebiger verwendet worden als in den Takten 56–65 dieser Fuge. Die Zunahme all dieser Effekte vom bescheidenen Anfang der Fuge in der Mittellage auf c' bis zum fünfstimmigen Schluß ist nicht nur, in größerem Maßstab, eine Vorausschau auf die *Canonischen Veränderungen* (deren Grundmotive in dieselbe Familie wie *x* oder *y* gehören), sondern ist für sich genommen ein Mittel der Fuge, das ganz anders ist als in BWV 548, wo die *A-B-A*-Form, obwohl meisterhaft und großzügig angelegt, diese Art der Akkumulation nicht aufweist.

BWV 548

Präludium und Fuge e-Moll

Autograph P 274 (Präludium und die ersten zwanzig Takte der Fuge; Rest von Johann Peter Kellner abgeschrieben?); andere gute Quellen aus dem 18. Jahrhundert (eine Wiener Handschrift in Privatbesitz, kopiert von „Anonymus 5", einem Bachschüler? nach 1730?); Lpz. MB. Ms. 7, 18 Johann Nikolaus Mempell?; Am. B. 60 Berliner Kopist nach 1754, wieder abgeschrieben in Am. B. 54; P 276, P 290, LM 5056 Johannes Becker „1779", LM 4839 h, P 287 Forkel?) und späteren Quellen, von denen manche vermutlich von Kittel abstammen (Lpz. MB. Ms. 1, 9 Wechmar?, P 228 nur die Fuge, P 553, P 837, P 925, Lpz. MB. III.8.21 Dröbs; BB Autograph August Wilhelm Bach 2, nur die Fuge, stark gekürzt; Lpz. Poel. 14, nur die Fuge, Lpz. Poel. 15 Johann Georg Weigand 1815/20, die letzten beiden ohne die Takte 54–172 der Fuge).

Zwei Systeme; Titel in P 274 (Autograph) *Praeludium pedaliter pro Organo*, in Lpz. MB. III.8.21 und LM 4839 h *Praeludium pedaliter pro Organo pleno*. In P 274 ist der *da-capo*-Teil der Fuge nicht ausgeschrieben (endet bei T. 191).

Daß der Komponist und sein Freund Johann Peter Kellner[1] BWV 548 jeweils zur Hälfte niedergeschrieben haben, mag auf eine Zusammenarbeit hindeuten, aber es läßt sich über die verschiedenen Gründe, warum Kellner Bach abgelöst hat, diskutieren. Was auch die Erklärung für den Wechsel der Schreiberhand sein mag: die Handschrift des Komponisten und das Wasserzeichen sind dieselben wie in dem Autograph von BWV 544. Die zwei Reinschriften, wie auch die von BWV 541, wurden vermutlich nach einem oder mehreren älteren Autographen angefertigt, die vielleicht aus der Weimarer Zeit stammten[2]. Es unterliegt wohl kaum einem Zweifel, daß Präludium und Fuge gekoppelt sein sollten und es auch immer waren. Das wird durch die angewendeten komplementären Techniken in Formgebung und Figuration gestützt: zu der verwickelten Konzert-Ritornell-Form des Präludiums paßt das klar abgegrenzte *A B A* der Fuge. Weil also die Fuge mit ihrer Form dem c-Moll-Präludium BWV 546, I (*A B A*, wobei *B* sich auf *A* bezieht) nahesteht, wird sie besser mit einem anderen Präludium gepaart, das wie BWV 552, I oder eben BWV 548, I thematische Abschnitte enthält. Umgekehrt ist das c-Moll-Präludium mit einer offenen, in Abschnitte gegliederten Fuge gepaart, die mehrere Expositionen enthält. Es würde ganz im Gegensatz zur sonstigen Praxis Bachs stehen, wenn er eine Fuge wie BWV 548, II mit einem Präludium wie BWV 546, I zusammenspannen würde. In BWV 548 empfindet man auch oft „innere Beziehungen" zwischen den beiden Sätzen, was vermutlich mit Faktoren wie dem Gebrauch von Skalen und Skalenmotiven in den Harmonien zusammenhängt. (Zu den sequenzierenden Skalen des Präludiums vergleiche man die der *Englischen Suite* g-Moll BWV 808, I.) Spätestens seit Spitta von der *Lebensenergie* des Werkes und der *äußersten Kühnheit* des Fugenthemas gesprochen hat sowie das Ganze *eine zweisätzige Orgelsymphonie* getauft und dargelegt hat, daß sie *unter den Orgelfugen Bachs* [. . .] *die längste* ist[3], spätestens von da an hat das Werk eine ziemliche Sonderstellung eingenommen, wogegen kaum etwas einzuwenden ist. Es ist aber gut möglich, daß die fesselnde Kraft des Werkes nicht nur dem Material und seiner Verwendung, sondern auch der Länge der Sätze im Verhältnis zueinander zuzuschreiben ist: Die Kraft und der geistige Horizont von BWV 548 entsprechen bereits den nach seiner Zeit entstandenen Ansichten darüber, was Ausgewogenheit und Größe eines Werkes ausmacht und es zu einem Höhepunkt werden läßt. Während man vielleicht zeigen kann, daß die Sätze von BWV 540 oder 546 für den Komponisten von der Konzeption her ausgewogen waren, braucht es keine Überredung des Hörers, damit er selbst die Ausgewogenheit, die Spannung und das Großartige von BWV 548 heraushört. Ob dies allerdings als Absicht hinter der *A-B-A*-Form stand, bleibt nur Vermutung. Eher stellen die Sätze von BWV 548 ein weiteres Experiment mit der musikalischen Form oder eine Demonstration derselben dar: die Verknüpfung eines Ritornell-Präludiums mit einer Fuge, deren Form auf die Frage, wie eine lange und trotzdem homogene Fuge anzulegen sei, noch eine andere Lösung als BWV 547, 546 oder 538 bietet.

---

[1] *Entweder ein späteres Stadium von Kellners eigener Schrift* wie in anderen Handschriften als authentisch nachgewiesen, *oder die Schrift eines seiner Schüler* (Either a later phase of Kellner's own hand or the hand of one of his students). Ernest May, *J. G. Walther and the Lost Weimar Autographs of Bach's Organ works*, in: *Studies in Renaissance and Baroque Music in Honor of Arthur Mendel*, Kassel 1974, S. 270. Siehe auch *NBA*, Serie IV/5–6, Kritischer Bericht, S. 390

[2] Dietrich Kilian, *Über einige neue Aspekte zur Quellenüberlieferung von Klavier- und Orgelwerken Johann Sebastian Bach*, BJ 64/1978, S. 62

[3] Philipp Spitta, *Johann Sebastian Bach*, Bd. II, S. 690

BWV 548

Präludium

Die gegliederte Ritornell-Form des Präludiums ist die verwickeltste unter den Orgelwerken:

A_1	T.	1–5	homophon, Continuo im Pedal; „instrumentale" Rhetorik
A_2	T.	5–7	kontrapunktische Möglichkeiten, die sich zur Verarbeitung anbieten
A_3	T.	7–19	verschiedene sequenzierende Phrasen vor Ganzschluß (nach einem neapolitanischen Sextakkord) in der Tonika
B_1	T.	19–24	neues, aber ständig fortlaufendes Material zur Dominante
B_2	T.	24–33	Orgelpunkt auf der II. Stufe in einer Mittelstimme, gebrochen in T. 27–31, während Material aus A_2 neu verarbeitet wird
A_1	T.	33–37	jetzt in der Dominante, Oberstimmen vertauscht
A_2	T.	37–39	dito
A_3	T.	39–51	dito, außer daß die Takte 46–48 nicht vertauscht sind; Sequenz so transponiert, daß T. 40–43 = T. 7–10 ist
C	T.	51–55	kein Pedal
B_1	T.	55–61	vertauschte Form, jetzt in Dur; Schluß mit Anspielung auf A_1, jetzt mit neuem Baß
C	T.	61–65	wie zuvor, eine Quinte tiefer (rechte Hand: Oberstimme abgeänderte Phrase, um d''' zu vermeiden)
B_1	T.	65–69	wie T. 55–61, eine Quinte tiefer, danach wie zuvor
A_1	T.	69–81	keine Rückkehr, sondern eine längere Verarbeitung von Material aus A_1 über einem neuen Baß, gefolgt von einem freieren Zwischenspiel (T. 75–81), das sich auf denselben Baß bezieht; T. 80 erreicht dieselbe Kadenz wie T. 69 vor der Unterbrechung in T. 70
A_1	T.	81–85	keine Rückkehr, sondern direktere Verarbeitung des Anfangsthemas hin zu einer
A_1	T.	86–90	Rückkehr in der Subdominante, Oberstimmen weiter vertauscht (siehe auch T. 33–37)
C	T.	90–94	eine Umkehrungsform
B_2	T.	94–111	T. 94–103 ähnlich wie T. 24–33 einen Ton tiefer, Oberstimmen vertauscht; gefolgt von freierem Zwischenspiel (T. 103–111, Linie im Manual von A_1 abgeleitet) über einem in Achteln gehenden Baß
B_1	T.	111–115	wie T. 55, 65, aber jetzt in C-Dur
C	T.	115–121	Motive aus dem C-Teil *rectus* und *inversus* in einer Sequenz verarbeitet, um die Tonart des nächsten Abschnitts zu erreichen
B_1	T.	121–125	wie T. 55, 65, 111 (d.h. B_1 als Orgelpunkt-Material benutzt), aber Stimmen über dem Orgelpunkt auf der Dominante vertauscht wegen:
A_3	T.	125–137	T. 125–136 = T. 7–18, außer daß die linke Hand umgeschrieben ist, um die ganz von b'' nach C absteigenden Tonleitern zu ermöglichen; Schluß mit *tierce de picardie*

Die knappere Ausdehnung und eine gewissermaßen hektische Kontinuität, die die in manchen Konzerten zu hörende „Scheinreprise gegen Ende"[4] vermeidet, unterscheidet diesen Satz von einem Konzertsatz. Obwohl die Schreibweise im allgemeinen den Manualwechseln sehr förderlich ist, kann man nicht sagen, daß sie so unumgänglich sind wie im Es-Dur-Präludium BWV 552, ein weiterer Umstand, der den Satz von jedem beliebigen Konzert-Vorbild, das er gehabt haben mag, unterscheidet.

Daß das erste Thema des Präludiums im Grunde homophon ist, während andere Themen polyphon angelegt sind, zeigt, wie subtil und vollständig sich Präludium und Fuge ergänzen, denn dieser Gegensatz wird in der Fuge genau umgekehrt. Der größte Teil des Präludiums scheint auf die empfindsame Sopranlage um e'' eingestellt zu sein, was auch zur Intensität der Schreibweise beiträgt. *Der Satz verzichtet auf strenge Imitation*[5]. Wie bereits bemerkt[6], sind die Sequenzen für den gesamten Satz von besonderer Bedeutung; spontan und einfallsreich, scheinen sie beständig zu steigen und zu fallen. Aber Sequenzen bilden nur einen Aspekt der Kontinuität. Es gibt erstaunlich wenige Kadenzen im Satz, und die vorhandenen eilen gewöhnlich in den nächsten Abschnitt der verwickelten Ritornell-Form weiter. Die meisten Abschnitte stehen in Moll, und daher verblüfft es, daß die beiden Zwischenspiele bei T. 75 und 103 auf ein Erscheinen des Themas in Dur hinarbeiten. Die Anlage als Ritornell-Form bewirkt, daß ständig Material in pausenloser Abfolge aneinandergereiht wird, so daß die Abschnitte fast wie zufällig aufeinander folgen. (Auf B_1 können z. B. entweder B_2, C, A_1, C oder A_3 folgen.) Das letzte A_3 gewinnt seine Endgültigkeit sowohl aufgrund seines unerwarteten, wenn auch logischen Erscheinens als auch wegen der Tatsache, daß es als einziger Abschnitt im Satz beträchtlich aus der ursprünglichen Exposition zitiert. Obwohl vermeintliche Ähnlichkeiten zwischen den Abschnitten A, B und C nicht ganz den Methoden der melodischen oder motivischen Ableitung folgen, die Bach gewöhnlich anwendet – d. h. es läßt sich nicht aufzeigen, daß sich die Motive auseinander entwickeln –, gibt es doch in den Phrasen gewisse gleichartige Momente,

---

[4] d. h. das Hauptthema in der Tonika kehrt gegen Ende nur zurück, um sogleich abzubrechen und in ein weiteres Zwischenspiel überzugehen. Kloppers (*Die Interpretation und Wiedergabe der Orgelwerke Bachs*, Frankfurt 1966, S. 220) hört die Rückkehr nach A_1 in T. 103, aber sowohl der gehende Baß als auch die imitierenden Oberstimmen sind mehr wie die Stimmen der Zwischenspiele des Satzes.

[5] Gotthold Frotscher, *Geschichte des Orgelspiels und der Orgelkomposition*, 2 Bde., Berlin 1934/35, S. 894

[6] Hermann Keller, *Die Orgelwerke Bachs*, S. 119

BWV 548

was die Kontinuität des Satzes irgendwie steigern muß. Insbesondere scheint der Satz immerzu entweder mit Phrasen im Frage/Antwort-Stil (z. B. T. 1–2) oder mit harmonischen Sequenzen (z. B. in T. 7 oder 12 anfangend) beschäftigt zu sein. Das läßt sich von Präludien wie dem in C-Dur BWV 547 nicht sagen. Dazu kommt, daß die Schreibweise für Tasteninstrumente, obwohl sie offensichtlich ihrer eigenen Sprache folgt, in ihrer Art nicht so traditionell ist wie z. B. im C-Dur-Präludium BWV 545. Wie die teils imitierende, teils melodische Schreibweise der Präludien in h-Moll BWV 544, c-Moll BWV 546 und C-Dur BWV 547 erreicht der Satz einen eigenen und kaum nachahmbaren Orgelstil, der im Orgel-Gesamtwerk neu ist. Daß der clavieristische Stil für einen ganz bestimmten Zeitpunkt in der Entwicklung des Komponisten typisch ist, wird z. B. deutlich an der merkwürdigen Ähnlichkeit des Hauptthemas mit einem Takt aus dem h-Moll-Präludium (BWV 544, I, T. 61, vgl. BWV 548, I, T. 2), an den wichtigen Appoggiaturen-Klängen (vgl. BWV 548, I, T. 2 mit BWV 546, I, T. 2) und an den Skalenlinien, die auch aus dem h-Moll-Präludium bekannt sind. In BWV 544 werden die Skalen zum Zweck der Auszierung anderer Themen oder als Kontrasubjekt verwendet; in BWV 548 werden sie eher benutzt, um Sequenzen anzureichern und die Kontinuität zu fördern. Kein anderer Komponist vor Beethoven hat einen so überlegten Gebrauch von Skalen gemacht. Aber trotz dieser und anderer Mittel ist die Textur erstaunlich gleichbleibend, von drei- bis fünfstimmig und mit einer Art planvollem Wechsel dazwischen.

Themen werden sowohl wieder eingeführt als auch weiterverarbeitet, wobei sich beide Verfahren die Waage halten. So kehrt in T. 86 das erste Thema exakt wieder, während fünf Takte früher seine Gestalt und seine Motive von einer Stimme in die andere gewandert sind und modulierende Vorhaltsklänge geschaffen haben. Ähnlich kehrt das zweite Thema B_1 jedesmal als Orgelpunkt verarbeitet wieder, während das dritte Thema C sowohl wiederholt als auch verarbeitet wird. Dieser Gebrauch des Materials erinnert an das Ritornell-Schema von Vivaldi (z. B. BWV 593, I), bei dem das Hauptthema den ganzen Satz hindurch stückweise nach einem Schema wiederkehrt, das zwar kompliziert aussieht, vermutlich jedoch der Laune des Augenblicks entspringt, der Bach bei der Komposition jedes einzelnen Taktes folgte.

Fuge

Sowohl das Thema als auch die Form der e-Moll-Fuge stehen in einem klaren historischen Kontext, der die Originalität beider erhöht. Daß das Thema[7] möglicherweise einige Bach-Schüler beeinflußt hat, wird durch die ähnliche, wenn auch nicht so graphisch gestaltete Keilform in Johann Ludwig Krebs' Fuge BWV Anh. 181 nahegelegt. Vielleicht gab es eine Tradition, wonach e-Moll-Themen chromatische gebrochene Akkorde enthielten.

---

[7] ein *wunderbares Thema* nach Schumann (*NZfM* 15/1841, S. 150), der darauf hinwies, daß T. 4 in der Haslinger-Ausgabe, Bd. IV, fehlte

Gottlieb Muffat, 72 *Versetl* (1726), 11, II

BWV 855

Beide Beispiele sind mehr als bloß ein ausgezierter *passus duriusculus* oder eine fallende chromatische Quarte, die man beim *tonus primus* oder bei d-Moll assoziiert (z. B. BWV 614).

Die Schaukelfigur des Themas (T. 60) im ersten großen Zwischenspiel ist mit der Figur T. 93 in Bruhns' G-Dur-Präludium verglichen worden[8] (I):

I
93

II

Offensichtlich ist sie jedoch komplizierter. Obwohl sie lediglich aus einer Gruppe von Sechzehnteln besteht, hinterläßt sie beim Hörer den Eindruck eines gebrochenen Akkords mit einer *acciaccatura* (II im obigen Beispiel) wie der Anfangsakkord der Sarabande der e-Moll-Partita BWV 830. Der zugrundeliegende harmonische Satz

60

ist dem Material anderer fugierter Stücke nicht unähnlich, so dem letzten Satz von Vivaldis d-Moll-Konzert in der Bearbeitung als BWV 596, IV (T. 4). Wenn diese Figur auch, wie die Skalen im Präludium, manuelle Geschicklichkeit erfordert, kann sie doch nicht ganz zu Recht als *toccatenartig*[9] gesehen werden, denn die Toccata aus dieser Zeit war nicht auf solchen Figuren gebaut.

---

[8] Keller, a.a.O., S. 120
[9] a.a.O.

Dennoch ist es verführerisch, die e-Moll-Fuge als Verbindung oder Zusammenführung von Fuge (mit regelmäßiger Exposition usw.), Konzert (mit „Solo"-Zwischenspielen), Toccata (mit Skalenlaufwerk) und Arien- oder *da-capo*-Form zu sehen. Gegen eine Interpretation des Satzes als Konzert- bzw. Tutti/Solo-Satz spricht die Tatsache, daß der Manualwechsel, obschon zuweilen bestens ausführbar, nicht einfacher als sonst ist, besonders die Rückkehr zum Tutti-Manual bei der Reprise in T. 172[10]. Zugunsten einer Interpretation des Werkes als Toccata spricht die Tatsache, daß ein großer Teil der Figurierung im zentralen Zwischenspiel – Skalen, gebrochene Akkordfiguren, die Formen in T. 120 – den Präludien norddeutscher Komponisten entspricht und möglicherweise eine Anspielung auf sie darstellt (siehe unten). Gegen eine Interpretation als Toccata spricht indessen, daß diese Anspielung rein abstrakt bleibt und alle Figuren, gleich welcher Herkunft, in eine wuchtige Konstruktion voll unaufhörlicher Schwungkraft und Energie eingebettet sind; ganz sicher gibt es nicht die mit dem Begriff „Toccata" vor und nach Bach assoziierten Freiheiten.

Die *da-capo*-Form der Fuge läßt sich folgendermaßen beschreiben:

A T. 1– 23 regelmäßige vierstimmige Exposition (Pedaleinsatz zuletzt) mit festem Kontrasubjekt, aus dem das Motiv *a* stammt, das in der Weiterspinnung benutzt wird

T. 23– 38 aus dem Motiv *a* abgeleitetes Zwischenspiel, aus dem sich eine Sequenz über einem in Vierteln schreitenden Baß entwickelt; Tonika-Einsatz in T. 34 (mit Kontrasubjekt im Pedal)

T. 38– 59 Zwischenspiel, abgeleitet von einer mit *a* verwandten Figur (mit Vorhalten usw.); Subdominant-Einsatz und Beantwortung in der Tonika (letztere über einem Orgelpunkt auf der Dominante), mit weiterer Verarbeitung von *a*

B T. 59– 71 Zwischenspiel, nur Manual, neue Figur, verkürzter Tonika-Einsatz im Pedal

T. 72– 83 wie T. 59–71, eine Quinte höher (veränderter Schluß); verkürzte Beantwortung auf der Dominante im Pedal (Oberstimmen vertauscht)

T. 84– 93 Zwischenspiel, Skalen; vollständiger Einsatz in d-Moll/D-Dur *en taille* über einem Orgelpunkt, mit Kontrasubjekt

T. 93–112 dreiteiliges Zwischenspiel, der zweite Teil nur auf dem Manual und auf dem Motiv *a* aus dem Kontrasubjekt basierend; der dritte Teil enthält, wie der zweite, einen Einsatz über einem Orgelpunkt, mit Kontrasubjekt (d. h. T. 106–12 = T. 87–93)

---

[10] Bei der letzten Wiederkehr in der Fuge der h-Moll-Ouvertüre BWV 831 (für zweimanualiges Cembalo) gibt der Komponist eine Anweisung, daß Thema und Kontrasubjekt sogleich auf dem *forte*-Manual erscheinen sollten.

T. 112– 41   Zwischenspiel in mehreren Teilen: T. 112 Skalen, jetzt über zwei Oktaven; T. 116 Zwischenspiel wie bei T. 25; T. 120 neue Figur (stark in der Buxtehude-Tradition),

BuxWV 146

durchsetzt mit Bezügen zum ersten Zwischenspiel (T. 124 und T. 130 wie T. 60 usw.), gefolgt von einem Pedal-Einsatz auf der Doppeldominante mit Kontrasubjekt

T. 141– 60   Zwischenspiel, *alla-breve*-Kontrapunkt (Sequenz, T. 141–44 = T. 145–48, Kontrapunkt vertauscht), eine nicht modulierende Sequenz ab T. 151 zu einem C-Dur-Einsatz über einem Orgelpunkt, mit Kontrasubjekt

T. 160– 77   Zwischenspiel, Skalen ähnlich wie in T. 93, entwickeln sich aber zu einer weiteren Sequenz; danach Einsatz *en taille* über einem Orgelpunkt, mit Kontrasubjekt

A   T. 172–231   *da-capo*-Wiederkehr, so daß der auf das vorausgehende Zwischenspiel folgende Einsatz zum Anfangsthema von A_2 wird; ab T. 178 genau wie ab T. 6, außer der *tierce de picardie* im Schlußakkord (wie bei der Wiederkehr von A_3 im Präludium)

Es ist sehr auffallend, daß das *da capo* so verborgen daherkommt. Der Einsatz am Ende von T. 172 hat eine doppelte Funktion und ist vielleicht das einzige Beispiel dieser Art in den Orgelwerken Bachs[11]: der Orgelpunkt bildet in sich gewissermaßen eine Art Coda und entspricht auch tatsächlich den zwei Codas der *da-capo*-Abschnitte (ab T. 51 und T. 223). Doch die wirkliche Logik hinter dem Orgelpunkt an dieser Stelle besteht darin, daß er einen Themeneinsatz ermöglicht, der den Einsätzen am Ende aller vorausgehenden Zwischenspielabschnitte entspricht. Somit ist in T. 172 überhaupt noch nicht klar, daß ein vollständiges *da capo* stattfinden wird.

Die Position dieser *da-capo*-Konzeption innerhalb von Bachs Fugenschaffen hat bereits zu einigen Vergleichen geführt (siehe Bemerkungen zu BWV 537, II), und man wird die Form wohl kaum noch für *in der Fugenkomposition unzulässig* ansehen müssen, wie dies früher geschehen ist[12]. Indem A_1 eine Exposition, Zwischenspiele, Einsätze und eine Coda enthält, ist es eine vollständige Fuge in sich. Wozu ein frühzeitiger Ganzschluß auf der Tonika (T. 59) als nächstes führen kann, ist eine Frage, auf die die drei Fugen BWV 546, 547 und 548 unterschiedliche Antworten geben.

[11] Zumindest ist dies das einzige Beispiel sich überschneidender Taktzahlen in den in diesem Buch dargestellten „Kurzanalysen". Die „Extra-Takte" von B ergeben eine noch genauere Gleichung zwischen den Taktzahlen: $B = A + A$.

[12] Johannes Schreyer, *Beiträge zur Bach-Kritik*, 2 Bde., Leipzig 1911–13

Insgesamt spiegelt oder verkehrt der Wechsel zwischen kontrapunktischen Hauptabschnitten und halb-homophonen Zwischenspielen offensichtlich das Formschema des e-Moll-Präludiums BWV 548, das keine *A-B-A*-Form hat; das c-Moll-Präludium BWV 546 hat sie indessen und weist damit einen anderen Satztypus auf, in dem das Hauptmaterial quasi homophon ist und die Zwischenspiele fugiert sind.

Da-capo-Fugen als solche sind keineswegs unbekannt. Wie das Thema selbst hat möglicherweise auch die Form eine Schar von Bewunderern oder Schülern beeinflußt, wie der fugierte *A-B-A*-Satz der nicht von Bach stammenden Partita BWV 997 für Laute (oder Flöte und Cembalo) nahelegt, die Carl Philipp Emanuel Bach (P 260), Agricola und Kirnberger (P 218) gekannt haben, oder auch die Lauten-Fuge BWV 998. Die e-Moll-Fughetta Nr. 10 aus Telemanns *XX kleinen Fugen* (Hamburg ca. 1713) hat eine einfache *A-B-A*-Form, in der *B* von *A* abgeleitet ist, und möglicherweise sollte auch die c-Moll-Fuge BWV 906 eine *da-capo*-Fuge werden[13], wie es bereits bei dem Fugenelemente enthaltenden Finale des 5. *Brandenburgischen Konzerts* der Fall war. Die Fuge der C-Dur-Violinsonate BWV 1005 (Autograph 1720) ist ebenfalls eine *da-capo*-Fuge, in der A_2 wie in BWV 548, II mit einem weiteren Kontrapunkt beginnt; noch ist allerdings nicht geklärt, ob der Komponist das *da capo* ursprünglich durch die Rückkehr zu T. 1 einleitete. Ein weiteres interessantes „modifiziertes A_2" kommt im zweiten Satz der Triosonate aus dem *Musicalischen Opfer* (1747) vor, wo *A* bei der Wiederkehr abermals von einem „weiteren Kontrapunkt" begleitet ist – doch dieses Mal ist das „neue" Kontrasubjekt das königliche Thema. Unter den Orgelwerken kommen die c-Moll-Fugen BWV 537, II und 526, III einer *A-B-A*-Form nahe, in der A_2 auf irgendeine Weise verändert ist – verkürzt mit zugefügter Coda (BWV 537, II) oder mit vertauschtem Kontrapunkt (BWV 526, III). Eine geläuterte *A-B-A*-Anlage ist in dem F-Dur-Duett BWV 803 aus der *Clavierübung* III zu sehen, deren Bedeutung in dem augenscheinlichen Wunsch des Komponisten liegt, in den vier Duetten vier spezifische Fugentechniken oder -formen zu präsentieren (siehe Bemerkungen zu BWV 802–805). In einer wichtigen Hinsicht ist der Aufbau der c-Moll-Fuge BWV 537, II nicht so deutlich gegliedert wie der von BWV 548, II: der Mittelabschnitt der ersteren ist auffälliger in zwei große Unterabschnitte geteilt, und deshalb ist die *A-B-A*-Form hier nicht ganz so einfach.

Der e-Moll-Fuge am nächsten kommt der Fugentyp in den Präludien oder französischen Ouvertüren von Suiten wie der D-Dur-Orchestersuite BWV 1068, der *Englischen Suiten* d-Moll und e-Moll BWV 808 und 810 (*A B A* annähernd 40 + 80 + 40 Takte) und der h-Moll-Ouvertüre von BWV 831 aus der *Clavierübung* II. In all diesen Fugen enthält der *B*-Teil einfacheres Zwischenspiel-Material, oft quasi homophon, in dem das Thema von A_1 verkürzt oder als vereinzelter Einsatz erscheint und in dem A_2 unaufdringlich eintritt oder jedenfalls ohne zögernde Unterbrechung. In dieser Hinsicht ist die e-Moll-Orgelfuge eine andere Fassung der in der e-Moll-Suite für Cembalo BWV 810 realisierten Form, jetzt aber vollkommener in der Originalität des Materials, in der inneren Dramatik einer Orgelfuge (Tutti-Kontrapunkt als Gegensatz zu Manual-Zwischenspielen usw.) und in Einzelheiten wie der rhetorischen Wirkung der gut verteilten Orgelpunkte.

---

[13] zu anderen unechten Werken siehe Reinhard Oppel, *Zur Fugentechnik Bachs*, BJ 18/1921, S. 46

Außer der formalen Vollkommenheit der e-Moll-Fuge, die sich in einer auffallenden rhythmisch-kontrapunktischen Schwungkraft äußert, gibt es, wenn man die Komposition Takt für Takt durchgeht, viele wichtige Details. So hat z. B., obwohl sich weder aus Thema noch Kontrasubjekt Motive ergeben, die später offen verwendet werden, das Motiv *a* dennoch Abschnitte für sich: T. 9–12, 22–31, 37 ff., 55–58 usw. Ein- oder zweimal wird das Motiv oder sein Intervallsprung umgekehrt,

und man kann – wie oft, wenn der Komponist solch ein Motiv behandelt (man vergleiche die c-Moll-Fuge BWV 546) – beobachten, daß dasselbe Motiv über eine Strecke von mehreren Takten hinweg (T. 22–31) arbeitet und dabei Sequenzen und leichte Imitationen beinhaltet oder dahin führt (z. B. der vertauschbare Kontrapunkt T. 29–31). Das chromatische Thema bringt eine gespannte Harmonik mit sich, die gut genutzt wird (z. B. übermäßige Sexten mit nachfolgendem übermäßigem Dreiklang, T. 20–21) und die daher mit einfacherer Imitation des Motivs *a* kontrastiert. Die ursprüngliche Version des Motivs *a* kommt auch in einem anderen reifen Werk für Tasteninstrumente vor, dem b-Moll-Präludium aus dem *Wohltemperierten Clavier* II (BWV 891, I, T. 23), und tatsächlich ist dieses Präludium eine Fantasie über dieselbe Motiv-Familie, die bereits weiter oben in den Anmerkungen zu BWV 537, II näher identifiziert wurde.

Bemerkungen zum Zwischenspiel-Material hat es bereits weiter oben gegeben. Die Tendenz des Pedals zu schreitenden Figuren – typisch für die Zwischenspiele (T. 25, 38, 84, 93, 116, 163) – ist kaum als Verarbeitung der unverzierten Pedalform des Themas bei T. 21 anzusehen; vielmehr kontrastieren diese Figuren einerseits mit der Achtel-Chromatik des Themas (T. 19, 81 usw.) und andererseits mit den periodisch auftretenden Orgelpunkten. In den Zwischenspielen werden die Skalenfiguren so benutzt, daß man denken sollte, der Komponist sei darauf bedacht gewesen, ganz viele davon zu präsentieren, gewissermaßen ein Repertoire an halb- oder ganztaktigen Skalenmotiven, auf- oder absteigend, gerade (z. B. T. 160) oder gewunden (z. B. T. 164). Die Skalenlinien bringen mitunter auch karge Texturen hervor, die an andere Werke erinnern: man vergleiche T. 86 ff. dieser Fuge mit T. 71 ff. des h-Moll-Präludiums BWV 544. Andere Male schlängeln sie sich in die harmonischen Sequenzen ein und wieder hinaus, die hier genauso oft wie im Präludium vorkommen – ein weiteres Element, bei dem sich Präludium und Fuge wechselseitig komplementär verhalten. Die letzten beiden Zwischenspiele bieten ein interessantes Repertoire an nebeneinandergestellten Orgeleffekten:

T. 132–135 Buxtehude-ähnliche Figur
T. 141–149 vierstimmiger *alla-breve*-Stil
T. 150–155 Stil einer Orgelsonate (vertauschbare Stimmen über einem Baß)
T. 160–164 Skalen, die eine „französische" Harmonie-Fortschreitung verzieren von der Art, wie sie in den viertaktigen Ostinati der *rondeaux* zu finden sind (vgl. T. 15–20 des *Dialogue* aus Louis Marchands *Troisième Livre d'Orgue*, Paris 1696, veröffentlicht 1732)

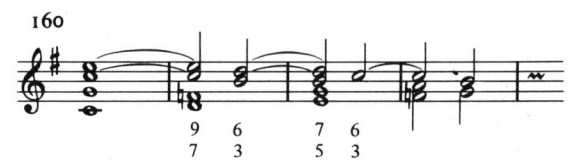

Bei einem Komponisten von Bachs stilistischer Wachsamkeit ist es kaum wahrscheinlich, daß so ein „Repertoire" durch Zufall zustandegekommen ist. Marchands „französische Harmonie-Fortschreitung" steht in derselben Tonart wie die von Bach, wenn auch wegen der siebentaktigen Phrasenbildung nicht so schlicht und direkt. Doch Bachs viertaktige Phrasenbildung entspricht mehr der Natur der echten *chaconne en rondeau*; ein Beispiel findet sich in T. 123–131 der Chaconne aus der *Deuxième Recréation* op. VIII von Jean-Marie Leclair (1697–1764) in G-Dur. Ein wesentliches Charakteristikum sind die Nonen- und Septklänge.

Daraus ergibt sich, daß das homophone Zwischenspiel von T. 120–35 besser in die Fuge als Ganzes integriert ist als das letzte Zwischenspiel der c-Moll-Fuge BWV 546, in dem eine nicht unähnliche, aber einfachere und modischere Wirkung länger aufrechterhalten wird und, verglichen mit dem Stilrepertoire von BWV 548, II, im Verhältnis zur Fuge insgesamt unproportioniert wirkt. Die Zwischenspiele von BWV 548, II vermitteln den Eindruck unbegrenzter Erfindungskraft. Sequenz folgt auf Sequenz (z. B. folgt T. 168–70 auf T. 164–67), und die Wiederkehr von A_2 ist um so auffälliger, als während der Zwischenspiele die Erfindungskraft offensichtlich nicht nachläßt. Zu den nicht ganz unwichtigen Zügen der Fuge gehört, daß die verkürzten Einsätze im *B*-Teil das Fugenthema lediglich zitieren und es nicht in der aus dem *Wohltemperierten Clavier* vertrauten Weise verarbeiten oder verwandeln. Wie in anderen langen Fugen (z. B. dem dreistimmigen Ricercar aus dem *Musicalischen Opfer* oder der Fuge der C-Dur-Violinsonate BWV 1005) scheint der Komponist mit Absicht auf dem Seil zu balancieren, indem er neues Material interpoliert und dabei scharf zwischen Themeneinsatz und Zwischenspiel unterscheidet, sein Material voller Spannung beherrscht und doch zugleich das Gefühl ungeplanter Launen und der „Inspiration" vermittelt. All das erreicht er in der e-Moll-Fuge und dem Ricercar aus dem *Musicalischen Opfer* nicht zuletzt durch die melodische Kraft der Themen selbst.

BWV 549

Präludium und Fuge c-Moll

Kein Autograph; Abschriften aus dem späteren 18. Jahrhundert (P 320 Kittel?, P 287 Michel 1780/90, P 289, P 301 nur Präludium, LM 4838) oder 19. Jahrhundert (P 282, P 319, Lpz. MB. III.8.22, Stift Göttweig Ms. J.S. Bach 35, Lpz. Go. S. 318a; Lpz. Go. S. 26, Warschau Bibl. Univ. Rps Mus 98), vielleicht nach im Kittel-Kreis zirkulierenden Quellen (*BG*, Band XXXVIII benutzte eine weitere Kittel?-Handschrift aus dem Besitz von Hauser); zu den Abschriften in d-Moll siehe BWV 549a.

Zwei Systeme; Überschrift in der Hauser-Handschrift und in LM 4838 *Praeludium*, in P 287 *Praeludium pedaliter* und in P 289 *Praeludium et fuga pedaliter*.

BWV 549 enthaltende Quellen schließen häufig auch Präludium und Fuge e-Moll BWV 533 ein, was möglicherweise impliziert, daß beide Werke zur gleichen Zeit entstanden sind. Die grundlegendere Frage betrifft aber die Originaltonart: Ist sie c-Moll oder d-Moll? Daß die älteste erhaltene Quelle in d-Moll steht, stützt die Behauptung, daß c-Moll die spätere Version war; außerdem *gab es keinen Grund, das Werk nach oben zu transponieren, aber einen sehr guten für die Transposition abwärts*[1], nämlich, das d' im Pedal im Anfangs-Solo zu vermeiden (T. 2–3 usw.). Ähnliches ließe sich über BWV 566 und 542, II sagen, die beide jeweils Fassungen in zwei Tonarten haben. Man weiß nicht, ob der Komponist selber diese oder irgendeine Transposition von BWV 549a abwärts vornahm, obwohl üblicherweise unterstellt wird, daß er es war. Die beiden Fassungen sind jedoch nahezu identisch, weshalb es naheliegt, daß Bach die Transkription nicht selber anfertigte[2]. Kurzum, möglicherweise ist nur die d-Moll-Fassung authentisch.

Daß die Präludien und Fugen für Orgel in C-Dur BWV 531 und d-Moll BWV 549a (mit Ausnahme der autographen Einfügung von BWV 535a) die beiden einzigen waren, die in der Möllerschen Handschrift abgeschrieben wurden, lenkt die Aufmerksamkeit auf eine besondere Ähnlichkeit zwischen ihnen, die vielleicht sogar die Vermutung bestätigt, daß beide Präludien und Fugen komplementär zueinander entworfen wurden (siehe die Bemerkungen zu BWV 531). Einige spezielle Aspekte der Form Präludium-Fuge-Postludium, die sich vielleicht von Böhm herleiten und auch aus anderen Werken wie BWV 565 bekannt sind, sind beiden Werken gemeinsam:

BWV 531, BWV 549a

A Pedal-Solo
   das Manual verarbeitet das Pedal-Motiv
B Fuge (vier Themen oder Beantwortungen, aber zwei- oder dreistimmig), in der der Pedaleinsatz verzögert ist
C Coda, beginnt als integraler Bestandteil der Fuge, verarbeitet später jedoch Zweiunddreißigstel

Innerhalb dieser allgemeinen Richtlinien für den Komponisten oder von ihm sind die Unterschiede zwischen beiden Werken auffallend und durchgehend:

	BWV 531	BWV 549a
	Dur	Moll
A	abgesetztes Pedal und gebrochene thematische Textur	nur Orgelpunkte und beständig vier- oder fünfstimmig
B	absteigende Exposition; integrierter tonaler Pedaleinsatz	aufsteigende Exposition; homophon begleiteter Pedaleinsatz
C	Coda ohne Pedal bis zum Orgelpunkt und Ganzschluß	Coda mit Pedal, das zunächst thematisch ist; kein Orgelpunkt; plagaler Schluß

---

[1] *J. S. Bach: Prelude, Trio and Fugue in B flat*, hg. von Walter Emery (*Novello Early Organ Music*, vol. 12), London 1959, S. IV (*There was no reason for transposing it up, but a very good reason for transposing it down.*)
[2] *NBA*, Serie IV/5–6, Kritischer Bericht, S. 319

Es ist auch möglich, z. B. die plötzliche Hinwendung nach Moll gegen Ende von BWV 531, II als eine Art entgegengesetzter *tierce de picardie* zu sehen – eine Geste, die vielleicht so konventionell sein soll wie die Schlußakkorde von BWV 549, I und BWV 549, II. Weitere Unterschiede ergeben sich im einzelnen aus der Art und Weise, wie auch andere konventionelle Techniken ausgenutzt werden. So führt die Technik des Fußwechsels im anfänglichen Pedal-Solo in BWV 531 zu Figurwiederholungen, in BWV 549a zu Sequenzen. Während in BWV 531 auf den abgesetzten Oktavsprung am Ende des Pedal-Solos Pausen folgen, folgt in BWV 549a ein Orgelpunkt usw. Zwischen vielen Paaren von Präludien und Fugen könnte man so einen Katalog von Unterschieden innerhalb der Ähnlichkeit aufstellen, aber im Fall von BWV 531 und 549a sind sie besonders auffällig.

Präludium

Die Gestik des Anfangsmotivs und der sorgfältige Phrasenbau der Pedaleinleitung haben ebenso sehr Ähnlichkeit mit den überlieferten Präludien von Böhm wie mit denen beliebiger anderer Komponisten. Aber die vierstimmige Verarbeitung für Manuale und Pedal, die folgt, nachdem erst einmal das anfängliche Pedal- oder Manual-Solo verklungen ist, bietet eher eine dichtere und durchgehaltenere Version jener Art von Kontrapunkt, die wir aus den Präludien Buxtehudes kennen. Die Takte 9–18 – stilistisch bekannt aus dem *Wohltemperierten Clavier* I (Es-Dur-Präludium) und aus anderen Werken – können mit dem traditionellen Toccatenstil in Verbindung gebracht werden, der auf Vorhalten des *durezza*-Typs basiert, aber hier, etwa in T. 15, eine stärkere Farbe erhält, die sich normalerweise in vergleichbaren Beispielen von Komponisten wie Johann Caspar Ferdinand Fischer nicht findet[3]. Zu Fischer würden auch – obwohl die veröffentlichten Bände keine genaue Parallele bieten – die homophonen Stellen in T. 20 und T. 24 passen, die Spitta als frühe Elemente betrachtete, die der Komponist *später gänzlich abstreifte*[4] und die in nicht so kontrapunktischen Sätzen zu finden sind (z. B. Buxtehudes Toccata in F, BuxWV 157). Die Aufhebung des Kontrapunkts zugunsten dieser Akkorde – beide Takte sind von Dominantseptakkorden bestimmt – nimmt die Aufhebung der Fugentextur im zweiten Satz zugunsten der Manual-Akkorde (T. 41 ff.) vorweg. Dies scheint in der Manier von Bruhns zu sein, obwohl sich wiederum keine genaue Parallele finden läßt. Ebenso bewegt sich die Motivwiederholung von T. 25–26 im Stil Buxtehudes. Da der Komponist bei den harmonischen Fortschreitungen des Satzes die Motive mühelos hätte vereinheitlichen können, kann man nur annehmen, daß er bis dahin wenig Interesse daran hatte, ein einziges Motiv neunundzwanzig Takte hindurch zu verarbeiten. Für eine gewisse Einheit sorgen die unterschiedlich langen Orgelpunkte, die sich über die diatonischen Stufen von C bis As erstrecken.

---

[3] Das Motiv in T. 14, das in *BG*, Bd. XXXVIII dem Pedal zugewiesen wird, wird in *NBA*, Serie IV/5 zu Recht der linken Hand zurückgegeben. Vielleicht sollte das d oder D im Pedal T. 13 und 14 hindurch ausgehalten werden (wie in BWV 549a). Es ist möglicherweise auch richtig, das letzte C im Pedal bis zum letzten Takt des Präludiums auszuhalten (wie von Eduard Bruggaier vorgeschlagen, in: *Studien zur Geschichte des Orgelpedalspiels in Deutschland bis zur Zeit Johann Sebastian Bachs*, Frankfurt 1959, S. 177), ganz gleich ob das Tenor-c dem Schlußakkord beigefügt wird oder nicht (wieder wie in BWV 549a).

[4] Philipp Spitta, *Johann Sebastian Bach*, Bd. I, S. 246

Fuge

Die Fuge besteht hauptsächlich aus einer Reihe von Themeneinsätzen, von denen die ersten fünf abwechselnd über Tonika und Dominante aufsteigen (T. 1, 5, 9, 13, 17) und, wie die Taktzahlen zeigen, in regelmäßigen Abständen von vier Takten verteilt sind. Diese Regelmäßigkeit hat nichts mit einer echten fünfstimmigen Exposition zu tun wie der in der cis-Moll-Fuge aus dem *Wohltemperierten Clavier* I, sondern der Effekt, daß drei Stimmen mehr als drei Themenbeantwortungen liefern, ist auch sonst bekannt (z. B. BWV 531). Obwohl es sich nicht um eine Permutationsfuge handelt, haben die ersten Kontrasubjekte einen gemeinsamen Rhythmus (eine nicht weiterverarbeitete daktylische Figur). In ihrer Einfachheit ebenfalls verblüffend ist die implizite Harmonik des Themas, d. h. eine Reihe von Toniken und Dominanten, die nur durch eine gute kontrapunktische Textur wie in den Takten 17–22 belebt werden kann.

Der zwei- und dreistimmige Kontrapunkt wird allmählich von Sechzehnteln abgelöst, die in T. 33 die nachschlagenden Akkorde über dem endlich mit dem Thema einsetzenden Pedal in T. 40 vorwegnehmen. Die Zwischenspiele (T. 21, 31, 36) zeigen die in späteren Fugen so nützliche Fortspinnungstechnik. Der letzte Einsatz bzw. der Pedaleinsatz wird in einer einfachen Engführung[5] vorweggenommen, und dasselbe Motiv wird dann vom Pedal aufgegriffen und unter toccatenartigen Akkorden weitergesponnen. Wie Musch bemerkt[6], ist die Fuge wirklich *manualiter*; bei dem Pedaleinsatz geht sie mehr in eine Toccata über. Es besteht hier mehr als nur eine vorübergehende Ähnlichkeit mit der c-Moll-Fuge BWV 575, der sie auch in T. 52 ff. gleicht, wiewohl das Zusammentreffen der gleichen Tonart zufällig und ohne Bedeutung ist. Die Coda wird mit der Tonika in T. 46 erreicht. Wie in BWV 531 ist sie zunächst damit beschäftigt, abgeleitetes Material weitläufig, obgleich einfach zu verarbeiten, bevor schnellere Skalenpassagen folgen. Die plagale Schlußkadenz erinnert an die des Präludiums, wohingegen beide Kadenzen von BWV 531 Ganzschlüsse sind. Ein weiterer, wenn auch auf Subjektivität beruhender Unterschied zwischen den beiden Schlüssen ist, daß die Zweiunddreißigstel von BWV 549 auf ein allmählicheres *rallentando* verweisen als die nicht so kontinuierliche Figurierung von BWV 531.

Die Fuge ist formal insofern originell und früh, als sie ganz und gar auf Einsätze in Tonika und Dominante baut. Der späte Pedaleinsatz verstärkt diesen Zug, indem er die Tonika (unter einer Art akkordischem Kontrasubjekt in den Manualen) unterstreicht und mit seiner abschließenden Kadenz das Ende der eigentlichen Fuge signalisiert. Zumindest ein Kommentator[7] sieht den Pedaleinsatz als Markierung des Beginns des letzten Abschnitts. Sowohl das Präludium als auch die Fuge sind so ausschließlich mit Tonika und Dominante beschäftigt, wie es das, wenn überhaupt, nur in ganz wenigen anderen Orgelwerken von Bach gibt, obwohl dasselbe Phänomen in geringerem Maß z. B. in Buxtehudes C-Dur-Fuge BuxWV 137 auftaucht, die aller-

---

[5] Daher ist es nicht wünschenswert, die letzten vier Taktzeiten vor dem Pedaleinsatz herauszuschneiden, wie es in *BG*, Bd. XXXVIII, S. XVII, vorgeschlagen wird; die Stelle kommt auch in BWV 549a vor.

[6] Hans Musch, *Von der Einheit der großen Orgelfuge Johann Sebastian Bachs*, MuK 44/1974, S. 271f. Jg. 44/1974, S. 271f.

[7] Friedrich Schöneich, *Untersuchungen zur Form der Orgelpräludien und Fugen des jungen Bach*, ungedruckte Dissertation, Göttingen 1947/48, S. 89

dings zum Ostinato-Satz über diesen Harmonien wird. Des weiteren originell ist das Thema selbst (ist es von einem Motiv im Präludium abgeleitet?) und somit – da das Thema in dieser Fuge so oft hervortritt – der Gesamteindruck des Stücks. Länge und dreitaktige Struktur des Themas (vgl. BWV 575) sind nicht so ungewöhnlich wie sein Rhythmus und das prosaisch „Eckige" der Melodie. In der Praxis lenkt beides nicht von dem eigenen Tasten-Stil und dem rhythmischen Gepränge des Ganzen ab, die jedoch zunächst von jeglichem gehobenen Stil weit entfernt zu sein scheinen.

BWV 549a

Präludium und Fuge d-Moll

Kein Autograph; Abschriften in BB 40644 (Möllersche Handschrift, kopiert von Johann Christoph Bach), Quellen des späteren 18. (P 218, gekürzt) und 19. Jahrhunderts (P 308); auch eine Schubring-Handschrift; nur die Fuge in einer verschollenen „Kellner-Quelle" (Peters-Ausgabe, Band IV).

Zwei Systeme; Überschrift in der Möllerschen Handschrift *Praeludium ô Fantasia. Pedaliter*, in P 218 *Praeludium pedaliter*.

Da die Möllersche Handschrift bei weitem die älteste vorhandene Quelle für das Werk in beiden Fassungen ist, haben einige Kommentatoren in der d-Moll-Fassung die ursprüngliche und an anderer Stelle eine „frühe Fassung"[8] von BWV 549 (siehe auch dort) erkannt[9]. Hauser brachte die d-Moll-Fassung mit einer anderen Fuge in Verbindung, die er Pachelbel zugeschrieben hatte[10]. Der Pedalton d', der vermieden werden mußte, kommt nur in der anfänglichen Einleitung vor, sonst steigt das Pedal nicht über b. Anders als andere Werke in d-Moll (BWV 538, 539, 565) geht BWV 549a nicht unter D, auch scheint es in dieser Hinsicht nicht verändert worden zu sein – ein Umstand, der zweifellos die Transposition erleichterte. So wie die Coda von BWV 549a dasteht, bietet sie interessante Parallelen zum Schlußteil der d-Moll-Toccata BWV 538, I: in beiden Fällen schöpfen Manual und Pedal „eckige" Sechzehntelformen aus, BWV 549a naturgemäß in konventionellerer Weise, aber mit gleicher Kraft.

Die Quellen von BWV 549a, II lassen die plagale Schlußkadenz im Pedal direkter erscheinen als die Quellen von BWV 549, II. Ebenso ist es durchaus möglich zu glauben, daß der Takt 8 des Präludiums in BWV 549a authentisch ist, aber in BWV 549 von Kopisten verändert wurde, die nicht verstanden, daß ein Pedal-Solo am Anfang seinen eigenen von der nachfolgenden Passage für Manuale getrennten Ganzschluß haben kann (vgl. Böhms C-Dur-Präludium). Daraus ergibt sich, daß das Pedal-Solo

---

[8] *NBA*, Serie IV/6
[9] Johann Gottfried Möller, vermutlich der Besitzer, aber keinesfalls der Kopist der Handschrift, war ein Kittel-Schüler, ein Umstand, der vielleicht die Verbindung dieses Werkes mit Johann Christian Kittel bestätigt.
[10] Yoshitake Kobayashi, *Franz Hauser und seine Bach-Handschriftensammlung*, Dissertation, Göttingen 1973, S. 236

von BWV 549a (wie in *NBA*, Serie IV/6) deutlicher zu Ende gehen muß als das von BWV 549 (wie in *NBA*, Serie IV/5), das geradewegs in T. 9 übergeht.

Es ist kaum zu bezweifeln, daß BWV 549a die ursprüngliche, vielleicht einzige authentische Form des Werkes darstellt, und zwar eine, in der sich das mitteldeutsche Präludium deutlich artikuliert. Zweifellos weil das „Original" in Tabulatur notiert war, entstehen in der Möllerschen Handschrift verschiedene Probleme mit der Textur: die Unterbrechung der Baßstimme in T. 14–15 (teilen sich linke Hand und Pedal in das Gis?), die seltsame Verzierung in T. 45 (stand in der Tabulatur ein Arpeggio-Zeichen, eine Schlangenlinie?), die zunächst nicht auf beide Hände aufgeteilten Zweiunddreißigstel in T. 56–57 usw. Die Bedeutung letzterer ist nicht geklärt – das a-Moll-Präludium BWV 543 (T. 33–34) ist eines von vielen weiteren Beispielen (vgl. BWV 549, 739 usw.), in denen die Verteilung der Töne auf die Hände nur unvollständig oder spät oder vielleicht sogar falsch notiert ist. Man fragt sich auch, ob die Möller-Handschrift im anfänglichen Pedal-Solo Fehler aufweist. Eine von mehreren Fragen lautet: Sollte die erste Sechzehntel-Figur von T. 3 die richtige Form für die nächsten drei Gruppen sein (d. h. d′ a c′ b d′ g b e c′ g b a c′ f a d ...)?

BWV 550

Präludium und Fuge G-Dur

Kein Autograph; Abschriften in Lpz. MB. Ms. 7,20 (Johann Nikolaus Mempell?), P 287 (Michel), P 1090 (Homilius, nach P 1210) und spätere Abschriften (LM 4839a, Brüssel Fétis 2960, Scholz-Handschrift nur bis T. 62, Salzburg, Archiv des Domchores MN 104) einschließlich solcher aus dem 19. Jahrhundert (P 642 usw., P 512 Grasnick, P 924 Grasnick, Lpz. Go. S. 318a, Oxford-Handschrift); *BG*, Band XVIII benutzte eine *alte Handschrift in Hauser's Sammlung* (P 1210, erste Hälfte 18. Jahrhundert, mit *Korrekturen* von Johann Sebastian Bach) und Dresden, Sächsische Landesbibliothek Mus 1 T 12 (vernichtet).

Zwei Systeme; verschieden überschrieben *Praeludio in G dur con Pedal* (Lpz. MB. 7), *Toccata, Praeludium pedaliter* (Dresdner Handschrift), *Preludio con fuga* (Fétis 2960), *Praeludium pedaliter* (Hauser-Handschrift); die Fuge in P 287, P 1210 und P 642 überschrieben *alla breve e staccato*.

Nach Griepenkerl[1] fehlen einer gewissen *Abschrift von J. P. Kellners Hand* [...] *mehrere Takte vor der Fuge*. Falls die fehlenden Takte diejenigen sind, die in der Peters-Ausgabe, Band IV, und einigen nachfolgenden Ausgaben mit *Grave* bezeichnet sind (dieselben Takte sind in LM 4839a mit *Adagio* gekennzeichnet), ist es wohl wahrscheinlicher, daß Kellner sie wegließ, weil er sie für seicht und dürftig hielt, als daß er die Abschrift nach einem angenommenen Frühstadium des Werkes vornahm, das diese Passage nicht enthielt. Falls aber auch in der Kellner-Abschrift der gesamte Abschnitt T. 46–62 fehlte (wie in P 642 und P 924[2]), spräche musikalisch viel dafür, daß

[1] Peters-Ausgabe, Bd. IV, S. III
[2] siehe *NBA*, Serie IV/5–6, Kritischer Bericht, S. 421

jene paar Takte später hinzugefügt wurden. In Anbetracht der Bruhns- und Buxtehude-Elemente im Werk (siehe unten), liegt dessen Originalität hauptsächlich in der Länge der Fuge. Trotz des *Grave*-Teils ist die Polarisierung des eigentlichen Präludiums in einen Präludien- und einen Fugenteil deutlich genug, und von einem Postludium ist nicht die Rede. Mehr noch als BWV 549, I oder BWV 551, I ist dieses Präludium eine dicht gearbeitete Fassung eines aus den nördlichen Präludien stammenden Gedankens – d. h. einer einleitenden Passage für Manual, dann Pedal (oder umgekehrt), wonach ziemlich das gleiche Material für beide zusammen folgt. Die Konzeption vom einheitlichen Präludium, dem eine groß angelegte Fuge folgt, findet sich in BWV 531–533, 535, 549 oder 551 nicht; dagegen beziehen sich einheitliche Präludien wie BWV 534 nicht so eindeutig auf die Präludientradition wie BWV 550 oder BWV 541 mit ihren anfänglichen Manual- oder Pedal-Soli. Die engste Parallele bietet in dieser Hinsicht BWV 536.

Eine besonders interessante Einzelheit bilden die klaren Tempo-Proportionen der drei Abschnitte untereinander:

3/2 ♩ = *grave* ♩ = *alla breve* ♩

Die beiden Tempobezeichnungen ergänzen die Taktvorzeichnungen in echt italienischer Manier. Eine vergleichbare Situation in dem viel ausgereifteren *Italienischen Konzert* BWV 571 führt zum gleichen *tactus* bei den Ecksätzen (2/4 ♩ = 2/2-*Presto* ♩) und sogar vielleicht bei allen drei Sätzen (so ergibt das 2/2-*Presto* eine halbe Note von gleicher Dauer wie das Achtel des 3/4-*Andante* im langsamen Satz).

Präludium

Wie Spitta dargelegt hat, hatte Buxtehude bereits ein Präludium *über ein imitatorisch und motivisch durchgeführtes Motiv gesetzt*[3], obwohl nicht so ausgedehnt wie BWV 550. Ein Präludium wie das in a-Moll, BuxWV 153, hat mit BWV 550, I Gemeinsamkeiten: ein offenes Motiv, das zwischen den Händen imitierend behandelt und von einem Pedal-Solo aufgegriffen wird; ein verwandtes Motiv, das als vierstimmiges Tutti verarbeitet wird; abschließender Orgelpunkt auf der Tonika. BuxWV 153 ist aber nur ein Drittel so lang wie BWV 550, I, und die Ausdehnung des letzteren bei gleichzeitiger Einheitlichkeit scheint etwas in hohem Maße Eigenes zu sein. Würden Bruhns' erhaltene Präludien nicht immer die tonale Richtung wechseln, könnte man denken, daß BWV 550, I sich mit seiner Ausdehnungsfähigkeit eher im Stil von Bruhns als von Buxtehude bewegt.

Bei der gegebenen Form des Präludiums – Manual- bzw. Pedaleinleitungen mit nachfolgendem eigentlichem Präludium – erinnern bestimmte Einzelheiten an die Tradition, andere nehmen zukünftige Entwicklungen vorweg. Das Motiv erscheint in zwei Ausprägungen,

---

[3] Philipp Spitta, *Johann Sebastian Bach*, Bd. I, S. 403

von denen die erste auffällig in der Gestik ist und die zweite Kontinuität erzeugt. So auffallend ist die Gestik, daß der Takt des Stückes trotz der Tatsache, daß das Werk mit drei deutlichen viertaktigen Phrasen beginnt, eine Zeitlang unklar bleibt (3/2?, 4/2?). Dieses Gegeneinander von „eckigen" Phrasen (die auch andere Kompositionen aus der Zeit charakterisieren) und metrischer Mehrdeutigkeit ist zweifellos kalkuliert. Das Pedal-Solo erzeugt die nötige Kontinuität, wenn auch bis nach dem Orgelpunkt (und kurzen Augenblicken während seines Verlaufs) noch nicht von der Tonika wegmoduliert wird. Das Motiv selbst ähnelt anderen Motiven aus der frühen Periode (z. B. im Versus III der Kantate BWV 4, 1708?) und führt ganz natürlich zu kurzen harmonischen, von Buxtehude her bekannten Ostinati (z. B. T. 9–10, 38–39). Vielleicht sollte die letzte Figur von T. 10 und T. 39 die gleiche wie die anderen beiden sein, wodurch sich eine Dissonanz ergäbe (eine leitereigene unaufgelöste Quarte) wie auch in keinem geringeren Werk als der G-Dur-Sonate BWV 530, I, T. 7 und T. 167.

Im Pedal-Solo erzeugt das Motiv eine Linie, die *den ganzen Umfang der Claviatur von oben bis unten durchmißt*[4] und in T. 34 bis zum e′ steigt[5]. Die folgende Baßlinie zeichnet sich durch eine Klarheit des Metrums und der Harmonik aus, die an Passagen bei Buxtehude oder Bruhns (einschließlich der Motetten-Sätze) gemahnt, hier jedoch regelmäßiger vorkommt. Allerdings führt gerade die Logik der Baßlinie in T. 45–46 zu einer Kadenz auf der Tonika und so zu einem „falschen Schluß", was in reiferen Stücken wie dem G-Dur-Präludium BWV 541 vermieden wird.

Der 3/2-Takt wird mit beträchtlicher Geschicklichkeit gehandhabt, und es kommt an unerwarteten Stellen zu Sequenzen aus zweitaktigen (T. 31–34) oder eintaktigen (T. 35, 36) Phrasen und zu Hemiolenbildungen (T. 28–29, 43–44), wobei die Hemiole von T. 43–44 freilich eher die Vorstellung stützt, daß der Ganzschluß von T. 45–46 (ursprünglich) das Präludium beschließen sollte (siehe die Quellen-Diskussion oben). Die Sequenz in T. 40–42 scheint zu derselben Familie zu gehören wie die in der C-Dur-Toccata BWV 564, T. 67–70. Trotz der Entwicklung zwischen T. 31 und 46 basieren Anfang und Ende des Präludiums auf dem Tonika-Dominante-Tonika-Schema, das in der Gattung Tradition besitzt. Bei BWV 550 ergibt sich daraus ein Satz, dessen motivische Einheit noch nicht zu einer komplexen Form geführt hat, die z. B. mit der Toccata BWV 538 zu vergleichen wäre, aber immerhin zu einer Form, die so viel ausgedehnter ist als z. B. in BWV 531 oder 549, daß jene Komplexität erforderlich zu werden scheint.

Grave

Obwohl diese drei Takte theoretisch mit jenen von kleinen *durezza*-Motiven belebten, übergebundenen Stellen verwandt sind, die in Buxtehude-Präludien fugierte Abschnitte einleiten oder ihnen (ebenso oft) folgen, sind sie in zweierlei Hinsicht

---

[4] a. a. O.
[5] Das e′ hat einige Kommentatoren dazu verleitet, nach einer Orgel zu suchen, auf der es hätte gespielt werden können, z. B. Weißenfels (wie BWV 653b; Hans Klotz in: *NBA*, Serie IV/2, Kritischer Bericht, S. 68). Gewiß sind sowohl das C (T. 22) als auch das e′/dis′ (T. 34) integrale Bestandteile der musikalischen Logik des Stücks, wie die Quelle es überliefert. Es wäre eine grundlose Vermutung anzunehmen, daß die Feinheiten der ganzen Passage von T. 31–46 anzeigen würden, daß zu etwas bereits Vorhandenem später etwas hinzugefügt wurde. Aber der Umfang allein ist ein schlechter Führer, wenn es sich darum handelt, wann oder für welche Orgel BWV 550 geschrieben wurde. Ohnehin setzt P 1210 T. 34 eine Oktave tiefer.

nicht so traditionell: die zwei verminderten Septakkorde sind charakteristischer für das 18. Jahrhundert (siehe auch BWV 532, 565 usw.), und die Gesamtanlage folgt einer einfachen I-V-Kadenz. So gesehen greifen die drei Takte vor auf Verbindungsstücke wie die phrygische Kadenz zwischen den Sätzen des 3. *Brandenburgischen Konzerts* und sind ihrem Charakter nach nicht so wesentlich (und interessant) wie die üblichen *Grave*-Abschnitte in Orgelpräludien. Doch wie Keller dargelegt hat[6], gibt es in Buxtehudes *Wie schön leuchtet der Morgenstern* BuxWV 223 (T. 74–75) vergleichbare Verbindungstakte.

Fuge

Zu den Proportionen der Tempi siehe eine Bemerkung weiter oben. Die Anweisung *staccato* könnte die Vorstellung eines späteren Kopisten widerspiegeln, wie die Figuren und (etwaigen) Akkorde, die das Fugenthema erzeugt, zu spielen seien – Effekte des Clavier-Stils, die sich auf der Mitte zwischen den Präludien BWV 532, I und 541, I bewegen und stilistisch am meisten Ähnlichkeit mit der „Gigue"-Fuge BWV 577 haben, besonders am Schluß. Das Thema selbst enthält die zwei Figuren, die sich vor allem mit diesem Clavier-Stil verbinden, nämlich Tonwiederholungen und gebrochene Akkorde,

die beide im Verlauf der Fuge mit einer gewissen Unabhängigkeit gebraucht werden und die beide nicht gebunden (*non legato*) zu spielen sind.

Die fugierte Verarbeitung erzeugt eine ungewöhnliche Form:

T. 62– 95	Exposition mit fünf Einsätzen in drei und vier Stimmen (vgl. BWV 531, 549); erste Beantwortung tonal (T. 68), zweite real (T. 83); fünfter Einsatz folgt unmittelbar (T. 89); die Kontrasubjekte wechseln, basieren aber auf dem Thema
T. 95–117	Zwischenspiel, zunächst vom Pedal begleitet, das während der zwei Themeneinsätze (T. 99, 107) ausfällt, mit verwandten und in gewissem Umfang wiederholten Kontrasubjekten
T. 117–144	zwei Einsätze in der Tonika-Parallele, ohne Beantwortung; danach abgeleitetes Zwischenspiel zum
T. 144–155	quasi engeführten Einsatz in der Dominantparallele, danach abgeleitetes Zwischenspiel zum
T. 155–165	quasi engeführten Einsatz in der Dominante, danach abgeleitetes Zwischenspiel zum
T. 165–176	quasi engeführten Einsatz in der Subdominantparallele, danach abgeleitetes Zwischenspiel zum
T. 176–192	quasi engeführten Einsatz in der Subdominante, danach abgeleitetes Zwischenspiel zu
T. 192–202	zwei Einsätzen in der Tonika
T. 202–220	abgeleitete Coda

---

[6] Hermann Keller, *Die Orgelwerke Bachs*, S. 79

Im Detail zeigt sich durchaus eine Beherrschung des Aufbaus – z. B. sind die Pedaleinsätze asymmetrisch angeordnet –, und die Ableitung des Materials geschieht durchaus abwechslungsreich trotz der augenfälligen Gleichheit der Einsatzfolge. Zutreffender als die häufig gegen das Stück gerichtete Kritik (Spitta, Keller) ist, daß die Fuge Dreiklangsfiguren ebenso erschöpfend verarbeitet wie das Präludium sein Motiv. In dieser Hinsicht verhalten sich Präludium und Fuge komplementär. Sie verwenden keine ähnlichen Figuren als solche (wie Schöneich behauptet[7]), sondern jeder Satz jeweils innerhalb seiner eigenen Form als Präludium oder Fuge seine eigene Figur. Die Zwischenspiele setzen die Dreiklangsfiguren – wenn auch einfach – mit unterschiedlicher Wirkung ein (vgl. T. 139 ff. mit T. 171 ff.), und das Thema selber läßt sich so leicht umwandeln, daß es merkwürdig wenige genaue Wiederholungen gibt. Die Kontrasubjekte teilen diese Eigenschaft, auch wenn es zutrifft, daß *man kontrapunktieren hier noch nicht sagen kann*[8]. Desgleichen werden die Sequenzen, obwohl häufig eine zu lange Fortspinnung droht, unter Kontrolle gehalten; eine geht schnell in die andere über (wie im Präludium) und erzeugt zeitlich so gut plazierte Vorbereitungen auf den Themeneinsatz wie in T. 182–92 (eine Stelle, die ganz eindeutig nicht weit vom D-Dur-Präludium BWV 532 entfernt ist). Die Häufung vierstimmiger Akkorde am Ende entsteht dadurch, daß das Thema und die verschiedenen Kontrasubjekte, die sich ganz natürlich beteiligen, weil sie dieselben Motive verwenden, sequenzierend erweitert werden. Die Pedal-Linie hat z. B. ganz deutlich denselben Stil wie weite Teile von Präludium und Fuge D-Dur BWV 532. Aber der Höhepunkt wird dramatischer empfunden und endet in einem viel knapperen Schluß als in den neuen, langen, einheitlichen Orgelfugen des frühen 18. Jahrhunderts üblich, z. B. in Johann Gottfried Walthers Präludium und Fuge C-Dur (BB 22541/4).

BWV 551

Präludium und Fuge a-Moll

Kein Autograph; Abschriften in P 595 (Johannes Ringk), Lpz. MB. Ms. 7, 11 ohne die ersten elf Takte (Johann Nikolaus Mempell?) und Quellen aus dem 19. Jahrhundert (alle auf Ringk zurückgehend?) einschließlich Lpz. MB. III. 8. 20 (Johann Andreas Dröbs), P 642 und P 924 (Grasnick, alle auf Ringk zurückgehend?).

Zwei Systeme; Titel in Lpz. MB. Ms. 7 *Fuga in A mol*, in P 595 *Praeludium con Fuga [...] pedaliter*.

Die Kommentatoren haben Spitta gewöhnlich beigepflichtet, daß zwischen den zwei Fugenthemen dieser fünfteiligen Komposition keine Verbindung zu hören ist, einer Komposition, von der Keller gesagt hat, sie wäre geschrieben worden, bevor der junge Bach Buxtehude besuchte[1], und die Anzeichen aufweist, *als sei sie nur erst eine*

---

[7] Friedrich Schöneich, *Untersuchungen zur Form der Orgelpräludien und Fugen des jungen Bach*, ungedruckte Dissertation, Göttingen 1947/48, S. 149 ff.
[8] Gotthold Frotscher, *Geschichte des Orgelspiels und der Orgelkomposition*, 2 Bde., Berlin 1934/5, S. 866
[1] Hermann Keller, *Die Orgelwerke Bachs*, S. 48

Nachahmung und *geschrieben, ehe dem Componisten Buxtehudes Weise ganz verständlich und lebendig geworden war*[2]. Daß die zwei Fugen-Abschnitte voneinander „unabhängig" sind, wurde dem Einfluß der norddeutschen Orgeltoccata zugeschrieben[3]. Doch ist es gar nicht schwer, Verbindungen zwischen beiden Fugen zu sehen. Bei beiden erfolgen die meisten Einsätze im Tenor. Außerdem läßt sich zeigen, daß das Werk eine durchaus kunstvolle symmetrische Anlage hat, vielleicht sogar bis in das gemeinsame Tempo von Abschnitt zu Abschnitt hinein[4].

T. 1–12	I	Präludium, teilweise auf Skalenfragmenten basierend
T. 12–28	II	Fuge mit chromatischem Thema und Schlüsselfigur x in Sechzehnteln (siehe folgendes Beispiel)
T. 29–38	III	kurzer fünfstimmiger Teil mit übergehaltenen Tönen
T. 39–74	IV	Fuge mit chromatischem Thema und Sechzehntelfigur x (der Teil ist über 3 × 12 Takten gebaut[5])
T. 75–89	V	Postludium, teilweise auf Skalenfragmenten basierend

Die um einen auffallenden, wenn auch kurzen Mittelteil gruppierten symmetrischen Elemente unterscheiden das Werk von Präludien wie dem von Buxtehude in e-Moll, BuxWV 143, wo zwischen Präludium und Postludium kaum eine Ähnlichkeit besteht und es keinen klar abgegrenzten Mittelteil gibt. Dagegen haben andere vielgestaltige Werke wie z. B. die E-Dur-Toccata BWV 566 kein so deutlich abgesetztes Postludium. Wie die dreiteiligen Werke BWV 531, 565 usw. bieten Präludium und Fuge a-Moll eine einfache, logische Darstellung einer konventionellen Form, die nun durch offensichtlich ausgewogenere Abschnitte klarer hervortritt. Zwischen diesem Werk und der „Buxtehudeschen fünfteiligen Toccata" aus den Cembalo-Toccaten BWV 910–915 lassen sich nur ganz allgemeine Parallelen ziehen.

Erster Abschnitt

Vielleicht enthielt Mempells Quelle (vgl. die Überschrift) die jetzigen elf ersten Takte von BWV 551 noch nicht. Auch weiß man nicht, was das weitere chromatische Fugenthema in a-Moll, das der Fassung in dieser Handschrift folgt, zu bedeuten hat. So wie die Dinge liegen, hat die in sich kreisende Figurierung dieser elf Takte Ähnlichkeit mit gelegentlich in anderen Werken anzutreffenden Figurierungen (z. B. Buxtehude, g-Moll-Präludium BuxWV 149; Lübeck, Präambulum in c-Moll). Das gleiche gilt für die klare, mit Absicht gesetzte Tonika (T. 11–12) als Vorbereitung auf die Fuge, für Details wie den Orgelpunkt nach dem Sechzehntel-Pedaleinsatz (vgl. das genannte Präambulum von Lübeck) und die dreistimmige Textur, die nur bei der Kadenz erweitert wird.

---

[2] Philipp Spitta, *Johann Sebastian Bach*, Bd. I, S. 316
[3] Gotthold Frotscher, *Die Geschichte des Orgelspiels und der Orgelkomposition*, 2 Bde., Berlin 1934/5, S. 855
[4] Die Takte werden in BWV 551 das ganze Stück hindurch fortlaufend gezählt.
[5] Ulrich Meyer, *Zum Problem der Zahlen in Johann Sebastian Bachs Werk*, MuK 49/1979, S. 58–71

Zweiter Abschnitt

Das Fugenthema hat eine Chromatik, die deutlich an Themen aus dem 17. Jahrhundert erinnert, nicht zuletzt in der schlichten Imitation, die für süddeutsche Fugen typisch ist:

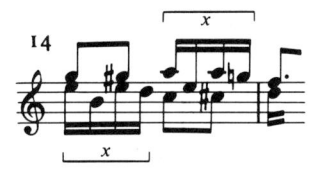

Die Fuge besteht aus zwei ähnlichen Expositionen, wovon die zweite sich nach C-Dur begibt. Beide basieren auf absteigenden Themeneinsätzen, deren Anzahl die Zahl der Stimmen übersteigt:

 Einsätze auf e″ a′ e′ a e in der ersten Exposition (T. 12–19)
 Einsätze auf e′ a e A in der zweiten Exposition (T. 21–27)

Die zweite Exposition ist aufgrund der Entsprechung von Einsätzen und Stimmzahl „korrekter". Beide Expositionen erinnern an die Exposition von BWV 531 oder nehmen sie vorweg. Takte wie T. 20 verweisen auch auf den süddeutschen Stil. Spitta fand das Thema *mechanisch bewegt und melodisch ausdruckslos*[6] und hörte in ihm die Nachahmung nördlicher Muster, aber nördliche Anklänge sind nur in Motiven wie dem des folgenden Beispiels zu finden:

Dritter Abschnitt

Auffälliger norddeutsch sind die drei Takte 29–31 und die sieben Takte 32–38, denn an beiden Stellen werden Mittel benutzt, die aus dem Korpus der Präludien bekannt sind. Die erste Stelle entspricht eindeutig jenen Momenten bei Buxtehude, in denen die Harmonik von einer übermäßigen Quarte bis zu deren Auflösung beherrscht wird (eine Idee von Frescobaldi). Die Pausen oder Unterbrechungen gehören ebenfalls zu dieser Musiksprache. Die übergehaltenen Akkorde sind so einfach wie ähnliche Stellen bei Buxtehude oder Bruhns – und keineswegs chromatischer. Wenn auch die $^6_4{}^6_3{}_2$-Klänge ähnlich wie die z. B. aus Buxtehudes A-Dur-Präludium BuxWV 151 (Stelle ab T. 64) sind, ist das Anwachsen von vier auf fünf Stimmen weniger typisch und deutet vielleicht die Interessen eines Komponisten an, der das *Grave* der C-Dur-Toccata BWV 564 schreiben sollte.

---

[6] Spitta, a. a. O.

BWV 551

Vierter Abschnitt

Die Stelle im folgenden Beispiel aus Sweelincks Fantasie in G, die in einer Lübbenauer Orgeltabulatur erhalten ist,

wurde von Seiffert und anderen[7] als Einfluß auf das doppelte Fugenthema von BWV 551 angeführt. Aber wahrscheinlicher ist, daß BWV 551 lediglich eine Tradition von Doppelthemen (von denen eines chromatisch war) widerspiegelt, nicht aber spezielle Einflüsse. Das „Kontrasubjekt" *b* in Sweelincks Beispiel ist eines von vielen in unterschiedlichen Notenwerten und Arten, die er in einer Fantasie von 262 Takten Länge verwendet hat, aus der die Takte 35–39 etwas willkürlich gewählt wurden. Da das Thema *a* in Dur und nicht in Moll steht, ist die Chromatik etwas weniger ausgeprägt als in seinem Gegenstück aus BWV 551. Nichtsdestoweniger ist die Übereinstimmung verblüffend und unterstreicht den konventionellen Charakter von Bachs Doppelthema[8].

Wahrscheinlicher als der Einfluß Sweelincks ist, daß es eine Familienähnlichkeit zwischen all diesen aufsteigenden chromatischen Themen oder Sechzehntel-Gegenthemen gibt. Ob im Kontrapunkt zum zweiten Fugenthema zu Recht mehr als eine „thematische Verwandtschaft" zum ersten Fugenthema gesehen wird[9], muß dahingestellt bleiben; es sind zwar Ähnlichkeiten zu hören, aber Gemeinsamkeiten hört man auch zwischen den Motiven aller drei Themen:

---

[7] Keller, a.a.O., S. 49. In dieser Art des Bachschen Kontrapunkts *grüßt den Hörer der Ahnherr Sweelinck höchstpersönlich* (Hans-Günter Klein, *Vorbilder und Zeitgenossen*, in: *Johann Sebastian Bach. Zeit – Leben – Wirken*, herausgegeben von Barbara Schwendowius und Wolfgang Dömling, Kassel 1976, S. 100).

[8] Es ist unwahrscheinlich, daß das Kontrasubjekt ins Pedal verlegt werden sollte (T. 44, 51) wie in *BG*, Bd. XXXVIII und andernorts angenommen. BWV 579 bietet keine Parallele, da beide Themen hier in plausiblerer Weise pedalmäßig sind. Sowohl in BWV 551 als auch in BWV 561 erhält das Pedal in den Quellen mehr Phrasen, als der Komponist (oder die Komponisten) vermutlich beabsichtigte.

[9] Friedrich Schöneich, *Untersuchungen zur Form der Orgelpräludien und Fugen des jungen Bach*, ungedruckte Dissertation, Göttingen 1947/48, S. 43

Wenn man in BWV 551 die Erforschung solcher durch den übergebundenen Mittelteil noch mehr hervorgehobenen Sechzehntelfiguren sieht, erhält das Werk in der Entwicklung des Komponisten eine bedeutendere Stellung, als die übliche Kritik der Kommentatoren an der Fugentechnik vermuten läßt. Es stimmt, daß beide Fugen-Abschnitte nicht sonderlich über zwei oder drei Stimmen hinausgehen, aber es ist eine große Mannigfaltigkeit der Textur und der Stimmlagen hörbar, und Passagen wie im folgenden Beispiel

enthalten sowohl thematische Querbezüge als auch ein gut entwickeltes Empfinden für die Sechzehntel-Linien, das in den reiferen Werken so nützlich wird. Daß die Oberstimme wie eine Phrase z. B. von Vincent Lübeck aussieht, bestätigt einmal mehr das Traditionelle in der Technik der Melodiebildung. Der zweistimmige chromatische Kontrapunkt (T. 45–47, 51–59) ähnelt stark dem unter ähnlichen Umständen geschriebenen Kontrapunkt von Komponisten wie Johann Caspar Kerll. Es ist jedoch zu beachten, daß die Melodielinien dem ersten Fugen-Abschnitt genauso nahestehen wie dem zweiten, und daß sie wie von beiden abgeleitet aussehen. In beiden Fugen-Abschnitten von BWV 551 geht es dem Komponisten vornehmlich um die Austauschbarkeit der Kontrapunkte, während eine dritte Stimme kaum Bedeutung erlangt. Eine vollständige Permutationsfuge herzustellen wird nicht versucht, wenngleich sich Engführungen sowohl in regelmäßigen (T. 62–64 g'' c'' g' c') als auch in unregelmäßigen Expositionen (T. 67–72 d g d'' d' a e a'') finden. Was letztere betrifft, spürt man am Ende des vierten Abschnitts eine zunehmende Komplexität und Durchgestaltung. Die Kadenz ist altertümlich und klar und erfordert kein *rallentando*.

Fünfter Abschnitt

Durch den Ganzschluß am Ende der zweiten Fuge (T. 74) wird die abschließende Coda noch mehr isoliert. Wie das Präludium baut auch das Postludium auf den verschiedensten Sechzehntelfiguren auf und vergrößert das im Verlauf des gesamten Stückes präsentierte Repertoire dieser Figur noch weiter. Ein typischer Vergleich

BWV 552

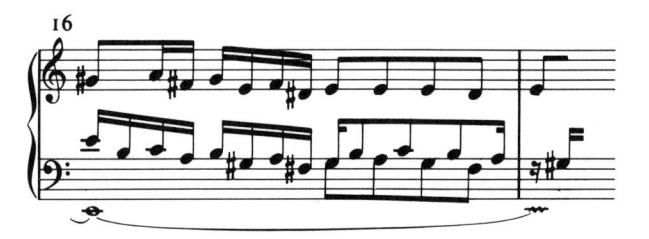

Dietrich Buxtehude, Präludium a-Moll BuxWV 153

zeigt, wie bekannt diese Ideen von anderen Werken her sind. Sowohl im Manual als auch im Pedal gleichen die Figuren manchmal Figuren aus dem ersten Abschnitt des Werkes, aber verschlungene Querbezüge oder einfache Wiederholungen gibt es nicht. Das Postludium läßt sich als eine langgestreckte, plagale Kadenz in A betrachten, die am Ende die für viele norddeutsche Präludien so charakteristische unterbrochene Phrasenbildung hereinnimmt. Die Dialog-Möglichkeiten zwischen den Manualen sind hier klar; weniger offensichtlich ist, daß sich die Reihenfolge zweier Takte umkehren läßt (d. h. T. 83–84 = T. 84, 83). Selbst der Schlußtakt mit seinem dis''[10] erinnert an die Buxtehude-Kadenz, in der eine übermäßige Quarte die Anerkennung der Tonika als Tonika vorbereitet, nachdem das Ohr an deren Subdominante gewöhnt war[11]. Ähnliche Feststellungen wie die, die bereits in BWV 531 zu den Sexten im Manual und zu den Pedalfiguren getroffen wurden, lassen sich auch hier machen.

BWV 552

Präludium und Fuge Es-Dur
(*Clavierübung* III)

Veröffentlicht 1739 (Titel siehe BWV 669); kein Autograph; Carl Philipp Emanuel Bach scheint sich 1774 jedoch auf ein Autograph bezogen zu haben[1]; nach der Veröffentlichung mehrere Abschriften, z. B. Am. B. 45, P 247 (nur Fuge), P 506 (nur Präludium), BB 30444 (dreistimmige Bearbeitung für Manuale), Lpz. Poel. 355 (frühes 19. Jahrhundert).

Zwei Systeme; Überschrift *Praeludium pro Organo pleno, Fuga à 5 con pedale pro Organo pleno*; nicht authentischer Titel in Lpz. Poel. 355 *Concerto in Es-Dur*.

---

[10] siehe *NBA*, Serie IV/6, S. 67
[11] wie (z. B.) in Buxtehudes a-Moll-Präludium BuxWV 153. Diese „Erklärung" der übermäßigen Quarte über Tonika-Harmonien ist eine Mutmaßung. Der Effekt scheint weitgehend dieser Art von Orgelmusik vorbehalten gewesen zu sein und findet sich z. B. in G-Dur- (oder mixolydischen) Fantasien von Bull oder Sweelinck, besonders wenn die Schlußkadenz plagal ist. Fällt etwa der übermäßigen Quarte die Rolle zu, die Tonika zu definieren, d. h. das Ohr davon zu überzeugen, daß die plagale Kadenz wirklich der Schluß ist und das Stück auf der richtigen Tonika endet?

[1] *Bach-Dokumente*, Bd. III, S. 277

Obwohl das Präludium und die Fuge Es-Dur die gleiche Tonart, jeweils fünf Teile und jeweils drei Themen haben und obwohl Forkel, Griepenkerl usw. sie als zusammengehörig auffaßten, wurden sie in der *Clavierübung* III getrennt gedruckt, im späteren 18. Jahrhundert manchmal allein abgeschrieben[2] und im 19. Jahrhundert nicht immer zusammen gespielt[3].

Eine Bemerkung zu der ungewöhnlichen Tonart Es-Dur findet sich in Band III, Kap. 21. Da es möglich ist, daß die originale Stichvorlage für die *Clavierübung* III das Präludium und die Fuge in Es-Dur nicht enthielt (siehe Band II), kann es auch denkbar sein, daß Es-Dur nicht die Originaltonart war, sondern D-Dur – eine viel wahrscheinlichere Tonart für eine Ouvertüre und erst recht für ein Konzert. Allerdings handelt es sich hierbei um reine Spekulation, und dagegen spricht die Möglichkeit, daß der Komponist z. B. die Es-Dur-Ouvertüre aus François Couperins *Quatrième Livre de Clavecin* (veröffentlicht 1730) kannte.

Präludium

Die generelle Form des Präludiums – neben BWV 540 das längste der Orgelpräludien – ist wie folgt:

A_1	T. 1– 32	32 Takte (2 jeweils 16taktige Abschnitte)
B_1	T. 32– 50	
A_2	T. 51– 71	erster Teil von *A*
C_1	T. 71– 98	
A_3	T. 98–111	zweiter Teil von *A*
B_2	T. 111– 29	
A	T. 129	1 Takt
C_2	T. 130– 74	
A_4	T. 174–205	32 Takte

Jeder Teil könnte aber in sich wieder unterteilt werden, und während der Wiederkehr der Teile, besonders des Fugen-Abschnitts *C*, findet eine ständige Entwicklung statt. Die in *A* vorherrschenden punktierten Figuren lassen sich melodisch erweitern, und in A_2 und A_3 werden die von ihnen erzeugten Linien verkehrt oder ausgetauscht (vgl. T. 17–18 mit T. 1–2 und T. 104–11 mit T. 25–32) und vielleicht verziert (vgl. die Skalen von T. 54–57 mit dem Mittelsatz der e-Moll-Fuge BWV 548). A_4 ist wie A_1, außer daß seine Rückkehr bei T. 174–75 durch seinen ganz anderen Anfang zunächst verdeckt ist – noch viel stärker verdeckt als die Wiederkehr des *da-capo*-Teils in BWV 548, II. Der zweite *C*-Teil ist nicht nur länger als die anderen Zwischenspiele, sondern beginnt und endet unerwartet: in T. 129–30 wäre eher eine Rückkehr zu A_2 oder A_1 zu erwarten (vgl. T. 50–51), und in T. 174 steht die Musik fest in c-Moll, nicht in Es-Dur. Andere Präludien enthalten ebenfalls fugierte Teile – z. B. BWV 544 und 546 –, aber dort bringt das fugierte Zwischenspiel das einzige vollständige Nebenma-

---

[2] Manfred Tessmer in *NBA*, Serie IV/4, Kritischer Bericht
[3] siehe Schumanns Besprechung eines Konzerts mit Mendelssohn (in: Hans Theodor David und Arthur Mendel, *The Bach Reader*, New York 1945, revidierte und ergänzte Ausgabe, 1966, S. 372). In einem Brief an seine Mutter vom 13. Juli 1837 verteidigte Mendelssohn die Aufführung von Präludium und Fuge zusammen als Paar.

terial und ist nicht der dritte von drei Teilen wie in BWV 552, I, und jedesmal beginnt es in der Tonika, nachdem der vorausgehende Abschnitt vollständig abgeschlossen ist.

Obwohl das Präludium Elemente der französischen Ouvertüre (punktierter Rhythmus und kurze Läufe in A_1; die emphatischen Appoggiatura-Klänge[4]) und des italienischen Concertos (kontrastierendes Zwischenspielmaterial in einer durchgearbeiteten Ritornell-Form) enthält, ist es dennoch einzigartig. Das Tempo ist z. B. für eine echte französische Ouvertüre zu schnell, es sei denn, zwei Takte des Präludiums entsprächen einem Takt der Ouvertüre im 4/4-Takt, in welchem Fall man jedoch mehr Sechzehntel-Läufe erwarten würde. Der Ouvertüren-Stil ist ganz eindeutig für die Orgel modifiziert worden. Der Gegensatz zwischen den drei Gedanken A, B, und C ist sehr auffallend:

A   fünfstimmige kontrapunktische Harmonien, auf zweitaktigen Phrasen basierend, geeignet zur Erweiterung und motivischen Verarbeitung

B   dreistimmige *staccato*-Akkorde in deutlich quasi-galanter Art (die *auf Philipp Emanuel Bachs und Haydns Claviermusik hinüberdeutet*[5]), mit eintaktigen Phrasen, die sich für Echos, Wiederholungen und einfache Sequenzen eignen, aber nicht weiter verarbeitet werden

C   Doppelfuge (oder dreistimmige Invention mit verändertem Kontrasubjekt), aus Sechzehnteln als Läufe oder gebrochene Akkorde gebaut

Im Verlauf des Präludiums wird A kürzer, C länger, und B bleibt gleich. Alle Themen sind für die Orgelmusik aus den 1730er Jahren untypisch (z. B. gehörte die „Französische Ouvertüre" nicht zum französischen Orgelrepertoire), obwohl der Satz als Ganzes als *Symbiose von Orchestersatz und Clavier-Stil*[6] angesehen worden ist und ebenfalls als Abbildung der Trinität[7]:

A   majestätisch, streng (Vater)
B   der „freundliche Herr" (Sohn)
C   flüssig, unkörperlich (Heiliger Geist)

Den drei Teilen ist die Taktvorzeichnung gemeinsam, der Stil ist jedoch verschieden, gerade so wie in der Fuge umgekehrt den drei Themen der Stil gemeinsam ist, aber die notierten Taktarten verschieden sind. Dem Spieler machen es die Stilunterschiede schwer, ein gemeinsames Tempo zu finden, das sowohl zu A als auch zu B paßt. Auch die Pedalfassung des Fugenthemas in C_2 ist ganz eindeutig schwer zu spielen, obwohl Fugenthemen häufig deshalb verändert werden, um dem Pedal Linien zu verschaffen, die sich besser für das Abwechseln der Füße eignen (vgl. Manual- und Pedalversionen bei BWV 566, II), und die Pedalstimme, die sich aus diesen alternierenden Füßen ergibt, bewegt sich innerhalb der Konventionen[8].

---

[4] Man vergleiche den Anfangsakkord von T. 2 mit derselben Stelle in den Ouvertüren der D-Dur-Partita BWV 828 und der h-Moll-„Partita" BWV 831.
[5] Philipp Spitta, *Johann Sebastian Bach*, Bd. II, S. 690
[6] Gustav Adolf Trumpff, *Der Rahmen zu Bachs Drittem Teil der Klavierübung*, NZfM 124/1963, S. 470
[7] Jacques Chailley, *Les Chorals pour Orgue de J.-S. Bach*, Paris 1974, S. 262
[8] Eduard Bruggaier, *Studien zur Geschichte des Orgelpedalspiels in Deutschland bis zur Zeit Johann Sebastian Bachs*, Frankfurt 1959, S. 159–67

Die Umbildung des Themas für das Pedal in C_2 hebt die Tatsache hervor, daß das Pedal in C_1 gar nicht beteiligt ist und daß C_2 hauptsächlich wegen der Pedalstimme so viel länger ist. Im allgemeinen erfüllt das Pedal in jedem der drei Abschnitte eine andere Funktion:

- A ein „moderner" Baß, ein instrumentaler Basso continuo, weit entfernt von dem expliziten oder impliziten Orgelpunkt des Toccaten-Basses (wie er sich z. B. noch in BWV 542, I findet)
- B Pedal-Baß, quasi *staccato*
- C_2 Pedal-Linie im alten Stil (Sechzehntel für Fußwechsel)

In keinem Teil spielt der Baß seine alte Rolle als Lieferant von Orgelpunkten, seien sie wirklich vorhanden (z. B. BWV 546) oder impliziert (z. B. BWV 548).

Das zweistimmige Fugenthema C_1 ähnelt demjenigen von BWV 546, I (T. 25) sowohl in den Synkopen der Oberstimme als auch in der stetiger steigenden Tonleiter der unteren, die wiederum nicht zuerst im Pedal erscheint, obwohl sie für ein Fugenthema konventionell ist (vgl. mit dem Thema von BWV 545, II). Die bei T. 161 beginnende Stelle ist wegen ihres plötzlichen Wechsels nach Moll zunächst rätselhaft, bis man sie betrachtet: erstens als eine Zusammenziehung des ganzen C_1-Teils (Anfang in Moll, Ende mit geschäftiger Figurierung und einem Lauf abwärts nach A), zweitens als Veränderung des Tongeschlechts aus Gründen der Abwechslung und wegen des Empfindens für das bevorstehende Ende des Teils und drittens als eine Anspielung auf den früheren Wechsel nach Moll (T. 144) in Übereinstimmung mit anderen Stücken aus der *Clavierübung* III (siehe auch das e-Moll-Duett BWV 802, T. 35–37).

Im Präludium scheint der Komponist versucht zu haben, aus stilistisch und satztechnisch unterschiedlichen Elementen eine italienische Form zu arbeiten mittels eines Tonartenplans, der sich an wichtigen Stellen (besonders am Anfang von B bei T. 32 und C bei T. 130) auf Es-Dur konzentriert und in T. 91, 161 und 168 durch einige unerwartete Modulationen Es-Dur oder seiner Dominante entgegenwirkt. Der Gegensatz zwischen einem Thema und dem nächsten führt nicht zu einer ausgeprägten Vivaldischen Konzertform, sondern wird zu einem alternierenden Orgelsatz verarbeitet, der den Prinzipien der Rhetorik entspricht, wonach die *dispositio* des Satzes unterschiedliche Teile enthält, die durch die Wiederaufnahmen oder *confirmationes* zusammengebracht, eingerahmt und reguliert werden[9]. So vereinen sich A und B, obwohl sie stilistisch verschieden sind, indem beide zu C einen Kontrast bilden. Das Prinzip, daß Gegensätze durch mehrfache Wiederkehr von Tonart und Thema vereint werden, hat jedoch viele Mißverständnisse hinsichtlich des Satzes verursacht, dem gelegentlich *eine offensichtlich geringere Inspiration* zugeschrieben wird und dem es *an Erfindungskraft fehlt*, was im einen oder anderen Abschnitt zu einem monotonen Ergebnis führt[10]. Oft wird nicht gesehen, daß die konventionellen zweistimmigen Figurationen in T. 86 oder 147 (die Momenten in der h-Moll-Fuge BWV 544 nicht unähnlich sind) und die dreistimmigen in T. 93 oder 170 (an die Pas-

---

[9] Jacobus Kloppers, *Die Interpretation und Wiedergabe der Orgelwerke Bachs*, Frankfurt 1966, S. 221
[10] Harvey Grace, *The Organ works of Bach*, London ca. 1922, S. 226 (*obviously inferior in inspiration* [...] *lacking in resource* [...] *monotonous result*)

sacaglia BWV 582 erinnernd) als starker Kontrast zu der diskantmäßigen Harmonisierung [mit hinzugefügter Oberstimme, d. Übers.] des Themas *A* in T. 100 angelegt sind, die eine neuere Art der Orgelmusik darstellt. Konventionelles wird mit Neuem kombiniert. Zumindest eine Art von Einheit zwischen den Teilen wird dadurch hergestellt, daß in jedem von ihnen eine Ableitung des Anfangsmotivs im Stil der französischen Ouvertüre auftritt:

Solch ein Motiv „rechtfertigt" das Unerwartete an mehreren Einsätzen des *C*-Teils (T. 71, 130, 161). So ist in T. 98 und 174 die Tonleiter ein nützliches Verbindungsglied zwischen *C* und *A*. Jedoch hat es, wie schon Frotscher angemerkt hat[11], etwas Gezwungenes an sich, wenn man das dritte Thema als „Variante" des zweiten betrachtet.

Zwei weitere Beispiele dafür, wie der Satz auf bestimmte Stile anspielt, sind leicht zu übersehen. Erstens: die altmodische Sequenz aus „eckigen" Phrasen, T. 138–40, wird in T. 140–41 plötzlich zu einer höhepunktartigen Wiederkehr des Fugenthemas *C* (ohne Themenkopf) angehoben. Zweitens: obwohl das französische Element im ganzen Satz durch die in der echten französischen Ouvertüre unbekannte Beständigkeit der Textur und des Rhythmus stark modifiziert wird, ist bemerkenswert, daß die Moll-Erweiterung des Themas *A* harmonische Fortschreitungen offensichtlich französischer Art hervorbringt.

Beide Beispiele – der fugierte Einsatz in T. 141 und die Harmonik in T. 66 – könnten fast als Lehrbeispiele dafür dienen, wie man Sequenzen beendet und danach weiter fortfährt, und wie in Moll harmonisiert wird.

Vielleicht mehr als bei jedem anderen Orgelpräludium Bachs werden bei BWV 552, I gespannte Aufmerksamkeit und das phantasievolle Sich-Hineinversetzen in die Intentionen des Komponisten belohnt. Das häufige Abstützen auf viertaktige Phrasen z. B. ist in Bachs Orgelmusik unüblich – vielleicht einmalig – und von der Strategie her (z. B. die anfänglichen 32 oder 4 × 4 × 2 Takte) wie auch taktisch bemerkenswert. Des weiteren liegt es in der Natur des Satzes, daß die stilistischen und for-

---

[11] Gotthold Frotscher, *Geschichte des Orgelspiels und der Orgelkomposition*, 2 Bde., Berlin 1934/5, S. 869

malen Feinheiten bei der Aufführung nicht sogleich vermittelbar sind. Es wäre z. B. fast mit Sicherheit falsch, wenn der Ausführende von der Annahme ausginge, daß die in der musikalischen Rhetorik des Satzes vorgetragenen Gegensätze ebensolche Kontraste in der Registrierung verlangen würden. Die Intentionen des Komponisten scheinen eher geistig als sinnlich wahrnehmbarer Natur gewesen zu sein, und es gibt keinen Beweis dafür, daß der Organist die Gliederung des Werkes durch Registerwechsel unterstreichen sollte.

Fuge

Nach außen bietet die Fuge eine antiquiertere Fassade als das Präludium und setzt das Aufgebot der Stile, die in beiden Sätzen zusammen ausgeschöpft werden, weiter fort. Ihre drei Teile stellen möglicherweise die drei Personen der Trinität dar, wie oft behauptet worden ist. Die wechselnde Taktvorzeichnung scheint diese Assoziation ebenso zu stützen wie die Tonart Es-Dur, von der man lange Zeit angenommen hat, sie drücke in Bachs Werken die *Vereinigung mit Christus*[12] aus. Indessen hatte seit Frescobaldi die kumulative Fuge aus mehreren Abschnitten, die entweder auf verschiedenen Versionen desselben Themas basieren oder auf Nebenthemen, die sich mit dem ersten Thema verbinden, gute Resultate erzielt, und Bach versucht nicht, die Assoziation zur Dreifaltigkeit festzuschreiben, indem er alle drei Themen gleichzeitig kombiniert – was keinen unvorstellbaren geistigen Aufwand erfordert hätte. Die dreiteilige Konstruktion der Fuge hat natürlich die Kommentatoren veranlaßt, woanders nach Parallelen zu suchen, und es stimmt, daß in der Canzone und anderen Fugentypen bei Frescobaldi, Froberger[13], Böhm, Buxtehude, Weckmann und anderen häufig Themen in zwei oder drei Gestalten (eine pro Abschnitt) benutzt werden. Nicolaus Adam Strungk (1696–1700 Operndirektor in Leipzig und ein von Bach bewunderter Komponist) meisterte auch Kontrasubjekte und Tripeltakt-Varianten; ein Ricercar von 1683 hat sogar ein ähnliches Thema wie BWV 552, II, was vielleicht wirklich ein Gruß an die von Komponisten wie Strungk in Leipzig gepflegten Traditionen ist. Die dreiteilige Fantasia in D von Friedrich Wilhelm Zachow (einem aus Leipzig gebürtigen Komponisten) benutzt ebenfalls ein Thema in dreierlei Gestalt.

Diese „Ähnlichkeiten" sind zweckdienlicher als die heute so oft festgestellten Ähnlichkeiten zwischen dem Allerweltsthema von BWV 552, II und den Themen anderer Clavierfugen aus dem beginnenden 18. Jahrhundert. Indessen findet sich der Brauch des 17. Jahrhunderts, verschiedene Versionen desselben Themas zu verwenden, zumeist in den Canzonen- oder Capriccio-Fugen, d. h. in Fugen leichterer Art wie aus Frescobaldis *Fiori musicali* (siehe BWV 588). Die BWV 552, II näher stehenden Ricercar-Themen kennen gewöhnlich keinen Taktwechsel, wenngleich sie mit verschiedenen Kontrasubjekten kombiniert werden können. Abschnittsweise gegliederte Fugen wie Frobergers Canzonen I und II liegen auf der Mitte zwischen dem Ricercar-Typus Frescobaldis und demjenigen von BWV 552, II. Gewisse Elemente

---

[12] Rudolf Wustmann, *Tonartensymbolik zu Bachs Zeit*, BJ 8/1911, S. 60–74
[13] z. B. hat die „Canzona II" aus *DTÖ*, Serie IV/1 (hg. von Guido Adler, Wien 1897), S. 56–59 drei Abschnitte: eine regelrechte Fuge über ein traditionelles, langsames Thema; eine regelrechte Fuge über ein abgeleitetes Thema, jetzt im 3/4-Takt; eine 6/4-Fassung des Themas, jetzt mit lebhaftem Kontrasubjekt. Die Quelle des fraglichen Werkes ist als eine Leipziger Handschrift angeführt (Stadtbibliothek Ms. 51).

des *stile antico*, die sich im Werk von Fux, Gottlieb Muffat und anderen finden, werden an anderer Stelle besprochen (siehe Einleitung zu BWV 669), und Fugenthemen wie das folgende

Gottlieb Muffat, 72 *Versetl* (1726), 12. Modus, Nr. 1

haben mit BWV 552, II ganz deutlich Merkmale wie den „ruhigen" 4/2-Charakter, aufsteigende Quarten, Vorhalte, einen geringen Umfang (kleine Sexte) und die italienisch anmutende Vertauschbarkeit gemeinsam.

Die dreiteilige Form von BWV 552, II hat mit der „Variationsfuge" bei Buxtehude und anderen Komponisten der norddeutschen Schule wenig gemein, da Bach nicht nur das Fugenthema variiert, sondern es auch mit nachfolgenden Fugenthemen kombiniert:

- A 4/2   Thema *A*, 12 Einsätze, 36 Takte
- B 6/4   Thema *B*, dann *B* (abgewandelt) + *A*, 15 Einsätze, 45 Takte
- C 12/8 Thema *C*, dann *C* + *A*, 36 Takte

Fugen wie die fis-Moll-Fuge aus dem *Wohltemperierten Clavier* II oder Contrapunctus 11 aus der *Kunst der Fuge* (BWV 1080, XI) zeigen zusätzlich das Interesse des Komponisten an der Kombination von Fugenthemen (obwohl zu anderen Zwecken): diese ist eher die Absicht von BWV 552, II als die Variierung des Themas selbst. Die Taktvorzeichnungen sind offensichtlich bedeutsam (siehe unten)[14]. Selbst die Intervalle des Themas – hervortretende Quarten in *A*, Terzen in *B* und Quinten in *C* – können als komplementär gesehen werden:

---

[14] Die ursprüngliche Taktvorzeichnung c (siehe *NBA*, Serie IV/4, S. 105) ist vermutlich ein Druckfehler und müßte ¢ heißen (Christoph Wolff, *Der Stile antico in der Musik Johann Sebastian Bachs*, Wiesbaden 1968, S. 43).

Aber die kontrapunktische Erfindungskraft erhält keine freie Bahn. Engführungen z. B. kommen nur in bescheidenem Maße vor, und in T. 21–23 oder 26–28 werden sie durch Terzen- und Sextenparallelen leicht gemacht. Das Thema im *stile antico* ist von einer natürlichen Ungezwungenheit, die den Kontrapunkt selbst dann durchdringt, wenn das Thema in Wirklichkeit gar nicht gegenwärtig ist (z. B. in T. 43–47) und jedesmal nur allmählich aus den die weiteren Themen begleitenden Melodielinien auftaucht. Man vergleiche etwa die Begleitstimmen in T. 91–92 (die das Thema A enthalten) mit T. 97–99 (wo das nicht der Fall ist). Ganz wichtig ist, daß kein unbestreitbarer Versuch unternommen wird, alle drei Themen zu kombinieren (vgl. fis-Moll-Fuge, *Wohltemperiertes Klavier* II), nicht einmal in den Schlußtakten. Daß die Themen bis zu einem gewissen Grad miteinander in Beziehung stehen[15], hätte ihre klare, unzweideutige Kombination nicht auszuschließen brauchen (vgl. *Die Kunst der Fuge* BWV 1080, VI und VII).

Die Intervalle des ersten Themas bieten sich ganz natürlich zur gesonderten Verarbeitung (z. B. die aufsteigenden Quarten von T. 21–23) und zu Scheineinsätzen (z. B. T. 54) an. Weniger ist allerdings zu erwarten – falls man annimmt, daß die Fuge eine schlichte Abfolge von kontrapunktischen Vorführungen ist –, wie das zweite Thema B verändert werden muß, damit es zum ersten paßt (T. 59–60). Überdies wird das dritte Thema C ausgedehnt, bis es in das Hauptthema A (T. 88) übergeht, bevor beide kombiniert werden; dann jedoch kommen auf ein A zwei C. Während der praktische Komponist bald zu schätzen gewußt haben wird, daß ein Thema wie das erste zu einfachen Vorhalten führt (im letzten Abschnitt in zunehmendem Maße) und damit zu zwanglosen Harmonien, wird der an Fux geschulte Komponist auch gewürdigt haben, daß ein solches Thema Anlaß für „proportionale" Kontrasubjekte der unterschiedlichsten „Art" werden konnte: ein erstes (T. 3) mit 4/2-Vierteln, ein zweites mit 6/4-Achteln (Thema diminuiert und synkopiert), ein drittes mit 12/8-Achteln und -Sechzehnteln (Thema augmentiert und synkopiert). Die proportionalen Kontrasubjekte implizieren möglicherweise auch, daß die Tempi der drei Abschnitte in direkter Relation zueinander stehen: 4/2 ♩ = 6/4 ♩ und 6/4 ♩ = 12/8 ♩.. Man sollte beachten, daß eine „proportionale" Interpretation der Tempi in Einklang steht mit dem didaktischen Element der Sammlung insgesamt und daß so dem Spieler bei jeder Nahtstelle geholfen wird, die Tempi zu verstehen. Ungeachtet jeglichen *rallentandos* bei der Kadenz geht die linke Hand in T. 36 ganz natürlich in das neue Fugenthema über, während in T. 81 die Hemiole die Aufmerksamkeit auf den Halbe-Schlag lenkt und den Weg zum Tempo des folgenden Taktes weist. Allgemein läßt sich sagen, daß die *rhythmischen Veränderungen des Hauptthemas* im zweiten und dritten Abschnitt einmalig sind und *ein Maß an rhythmischer Komplexität erzeugen, das vermutlich in keiner anderen Fuge, ganz gleich welcher Zeit, eine Parallele findet*[16].

---

[15] Keller schien es, daß das zweite Fugenthema in die Sechzehntel des dritten *einbezogen* war (*Die Orgelwerke Bachs*, S. 125). Aber ob das stimmt oder welche Bedeutung es hat, ist nicht klar, trotz ähnlicher in jüngerer Zeit geäußerter Ansichten (Trumpff, a.a.O., S. 469; Chailley, a.a.O., S. 266, 268).

[16] Roger Bullivant, *The Fugal Technique of J. S. Bach*, ungedruckte Dissertation, Oxford 1959/60, S. 652 (*rhythmic variations of the main subject* [...] *a rhythmic complexity probably unparalleled in fugue of any period*)

In jedem der drei Abschnitte der Es-Dur-Fuge gibt es noch weitere interessante Einzelheiten:

A: Das Thema ist in seinen Umrissen so vertraut, daß in Chorälen (Schlußsatz der Kantate BWV 144), Vokal- und Choralsätzen (Händel, Krieger), älteren *canzone francese* (Giovanni de Macque) und zeitgenössischen Fugen (Johann Gottfried Walther) Ähnlichkeiten gefunden worden sind[17]. Diese melodischen „Ähnlichkeiten" sind in einem Werk, das vom Komponisten aus die Gattung als solche assoziieren sollte, zu erwarten; unter diesem Aspekt hat das Thema der E-Dur-Fuge, *Wohltemperiertes Clavier* II (BWV 878, II), eine engere Beziehung zu BWV 552, II als das Ricercar in C aus Sper'in Dio Bertoldos *Tocate, Ricercari e Canzoni* (1591) oder die E-Dur-Fuge von Buxtehude (BuxWV 141), bei denen einige oder alle Töne gleich sind.

Eine engere Verbindung hat sich zu einer der Fugen in Conrad Friedrich Hurlebuschs *Compositioni musicali per il cembalo* (ca. 1734) herausgestellt, einem Band, der *bei Herrn Capellmeister Bachen allhier*[18] Ende 1735 verfügbar war. Diese Verbindung deutet an, daß Bach wohl bewußt ein landläufiges Thema genommen und sich zum Ziel gesetzt hat, dessen Potential besser zu realisieren. Wiederum gibt diese D-Dur-Fuge, deren Thema BuxWV 141 sehr nahe steht, z. B. die dem Thema eigenen sequenzierenden Vorhalte weiter. Es ist jedoch eine Übertreibung – ein Mißverstehen dessen, was jeder Fugenkomponist als das Assoziative an einem Fugentyp begreift – BWV 552, II so darzustellen, als seien in dieser Fuge *bestimmte kompositorische Verfahren direkt von Hurlebuschs Fuge übernommen* worden, in *einer Art Aneignung von musikalischem Material*[19]. Dessen ungeachtet sind die Daten zweifellos vielsagend.

Die E-Dur-Fuge BWV 878, II und BWV 552, II haben mehr gemeinsam als nur den Fugenthemen-Typ. Das Kontrasubjekt aus fortschreitenden Vierteln, teils als Durchgangsnoten (*transitus*), ist ein gemeinsamer Faktor (wobei allerdings das Thema aus dem *Credo* der h-Moll-Messe BWV 552, II noch näher steht) und für beide Fugen sehr wichtig. Die Baßlinien von BWV 552, II und 878, II sind im Charakter strenger thematisch als z. B. die der ersten beiden Choräle im *stile antico* aus der *Clavierübung* III (BWV 669, 670). Obwohl die E-Dur-Fuge zweifellos *die strengste und komprimierteste Instrumentalfuge Bachs*[20] ist, veranschaulichen beide Fugen die *fuga grave*[21], da sie, wie gar nicht anders möglich, in dieselbe Entwicklungsperiode des Komponisten gehören. Ein Beispiel für die ähnliche Vorgehensweise bilden die Engführungen in beiden Fugen, die jeweils nach Ende der ersten vollständigen Exposition beginnen (BWV 552, II, T. 21 und BWV 878, II, T. 9) bzw. die durch diese kontrapunktischen Linien geförderten Terzen- und Sexten-Parallelen. In

---

[17] Etwa dreißig Beispiele unterschiedlich ähnlicher Themen gibt Heinz Lohmann in der Ausgabe Nr. 6588 von Breitkopf & Härtel (1971); er sieht in dem Thema auch die Zahl 41 als Summe (a = 1, b = 2, g = 7, c = 3 usw.), dieselbe Summe wie aus J + S + B + A + C + H (A = 1, B = 2 usw.).

[18] *Bach-Dokumente*, Bd. II, S. 256 f.

[19] Gregory G. Butler, *Borrowings in J. S. Bach's Klavierübung III, Canadian University Music Review* 4/1987, S. 204–217 (*adopted certain compositional procedures directly from Hurlebusch's fugue . . .* [a] *sort of appropriation of musical material*)

[20] Wolff, a.a.O., S. 99

[21] Johann Gottfried Walthers Bezeichnung in: *Musicalisches Lexikon*, Leipzig, 1732, Faksimile-Nachdruck, hg. von Richard Schaal, Kassel und Basel 1953, S. 266

der allgemeinen Tradition der nordeuropäischen Orgelmusik steht z. B. die Imitation (figurierter Kanon) zwischen den Stimmen in T. 11–12. Bekannt aus Bachs Werken ist die innere Melodik der Schreibweise, so daß z. B. über T. 35–36 ein Einsatz von A zu hören ist, obwohl man ihn im Notentext nicht wiederfinden kann.

B: Man weiß nicht, ob das Thema B in T. 59 wegen des Einsatzes von Thema A verändert wurde oder ob der Komponist, nachdem er zu A ein Kontrasubjekt mit laufenden Achteln gefunden hatte, entschied, daß es als alleinstehendes Thema unbefriedigend war und er es deshalb für die in T. 37 beginnende Exposition änderte. Sowohl in den Takten 44–46 (Alt, dann Baß) als auch 54–55 (Sopran) wird das Thema A angedeutet, was seine wesentliche Eigenschaft, sich anzupassen, zeigt. Die Umkehrungsform von B, die in T. 47 anfängt, wird ebenfalls sowohl verändert, damit sie zum Thema A paßt (T. 73–74), als auch erweitert, damit sie in A übergehen kann (T. 67, Baß). Genauso wie die Hemiole in T. 81 den neuen Abschnitt ankündigt, leitet die Hemiole in T. 58 zu einer Kombination der Themen über und schneidet die 6/4-Fuge in zwei fast genau gleiche Hälften. Wichtig ist auch, daß der höchste Ton der ganzen Fuge (c''') in jedem Abschnitt kurz vor dem Übergang zum nächsten kommt (T. 32, 57, 77, 105); in T. 96 tritt er mehr en passant auf. Die theoretische Interpretation der gesamten Fuge – z. B. ob jedes Thema eine Person der Dreifaltigkeit vorstellt und wenn ja, in welcher Reihenfolge – hängt im einzelnen davon ab, ob man zu hören vermag, daß B sowohl A als auch C in sich schließt, wozu sich manche Autoren durch geschicktes Jonglieren selbst überredet haben[22].

C: Das Thema C, das auf der zweiten Taktzeit von T. 82 anfängt, scheint auf das B-Thema Bezug zu nehmen (vgl. die Töne 5–8 des C-Themas mit den Tönen 8–11 des B-Themas) ebenso wie mit seinen fallenden Quinten und steigenden Quarten auf das Thema A. Wenn das A-Thema erscheint, ist es sowohl synkopiert als auch von laufenden Achteln begleitet. Es ist zu beachten, daß A selbst nicht dreizeitig wird (wie das bei Froberger, Strungk und anderen üblich war), sondern innerhalb der zusammengesetzten Taktarten [6/4- bzw. 12/8-Takt, d. Übers.] synkopisch erscheint, was ein sehr viel ungewöhnlicherer, ja vielleicht sogar einmaliger Einfall ist. A und C werden erst in T. 91–93 zum ersten Mal kombiniert, und dann auch noch etwas undeutlich, weil A bloß Teil der Begleitakkorde ist. Die Takte 87–91 (Oberstimme) und 92–96 (Pedal) lassen denken, daß es ein neues, zusammengesetztes Thema gibt: C mit nachfolgendem A. Aber diese Koppelung wird nicht beibehalten, und andere Elemente charakterisieren die Fuge: Sechzehntelgruppen, die sich für den Höhepunkt und Fluß am Ende einer langen Fuge eignen, sequenzmäßige Behandlung von C, durchgängige Anspielung auf das Thema A, Themenkombination in der Tonika in T. 114–15. Die Sechzehntelgruppen sind vielleicht mit dem B-Thema verwandt; man sehe z. B. die rechte Hand in T. 105–06. Die Anspielungen auf A sind vielfältiger: versteckt und umständlich (z. B. Mittelstimmen in T. 103–04), quasi engeführt (T. 108–11), erweitert (Pedal T. 110), sogar quasi ostinat (vier A-Einsätze im Pedal gegen zwei C-Einsätze). Eben dieser Ostinato-Effekt verleiht dem Pedal eine Kraft und Schlußwirkung, die selbst von der d-Moll-Fuge BWV 538 und der C-Dur-Fuge BWV 545 nicht übertroffen wird.

---

[22] Chailley, a.a.O., S. 264

Dennoch werden die potentiellen Themenkombinationen in der Fuge keineswegs überbetont oder gar vollständig ausgenutzt. Die Sechzehntel-Sequenz in T. 93–94 im Alt hätte z. B. noch weitere Resultate liefern können. Obwohl eine Orgelfuge im 12/8-Takt traditionellerweise den Schlußabschnitt eines gemischten Fugensatzes bildet, hätte schon allein das Material des Abschnitts C für eine normal lange Verarbeitung ausgereicht. Der Komponist interessierte sich mehr für die formale Gestaltung der Fuge, ihre Stellung am Ende einer größeren Sammlung von Stücken, ihren Ursprung aus einem Thema im *stile antico* und den deutlich dem *stile moderno* verhafteten Sinn für zunehmende Spannung, die zu dem dramatischen letzten Pedaleinsatz führt. Man übertreibt wohl kaum, wenn man Präludium und Fuge zusammen als ein Compendium vieler, sogar der meisten Kunstmittel des Orgelpräludiums betrachtet, die zu Bachs Lebzeiten schon nicht mehr gebräuchlich, gerade gängig oder bereits eine Vorwegnahme waren, als eine Ansammlung von Stilen und Techniken seit der Palestrina-Zeit bis hin zum Zeitalter Haydns und darüber hinaus.

BWV 553–560

„Acht kleine Präludien und Fugen"

Kein Autograph; vollständige Quelle P 281; eine verschollene vollständige Quelle, die für Peters, Bd. VIII (1852) benutzt wurde, ist in *BG*, Bd. XXXVIII (1891) nicht bekannt.

Zwei Systeme; P 281 überschrieben *VIII Praeludia èd VIII Fugen de J. S. Bach (?)*.

Die Hauptfrage an BWV 553–560 lautet: Wer ist der Komponist? Diese Frage ist offensichtlich beeinflußt von der Tatsache, daß die bekannten Quellen so spärlich sind und nur P 281 Johann Sebastian Bach als möglichen Komponisten erwähnt. P 281 kann von Johann Christoph Georg Bach (1747–1814) geschrieben worden sein und scheint zu einem bestimmten Zeitpunkt Johann Christian Kittel gehört zu haben[1]; P 508, worin eine Abschrift von BWV 554 enthalten ist, wurde ca. 1820 von Friedrich August Grasnick angefertigt, der häufig im Kittel-Kreis bekannte Werke kopierte. Die verschollene Quelle der Peters-Ausgabe, Bd. VIII gehörte zu einem bestimmten Zeitpunkt Forkel, scheint aber ähnlich wie P 281 ausgesehen zu haben, d. h. die eine wurde von der anderen abgeschrieben oder beide von einer gemeinsamen Quelle[2].

Es gibt viele Vermutungen darüber, von wem und wann die „Acht kleinen Präludien und Fugen" komponiert wurden. Spitta spürte, daß sie ebenso *den Stempel gebietender Meisterschaft tragen* wie Anzeichen dafür, daß der Komponist sich den Einflüssen norddeutscher Komponisten noch nicht ganz entzogen hatte. Andererseits müssen die Stücke entstanden sein, nachdem Bach Vivaldis Violinkonzerte kennengelernt hatte – d. h. später, als nach dem „frühen", nicht thematischen Pedaleinsatz in der Fuge von BWV 558, einem anderen zweifelhaften Werk, zu vermuten gewesen wäre[3]. Vielleicht hatte Bach die Stücke für seine Schüler bestimmt[4]; aber ihren *kontrapunktischen und allgemein musikalischen Standard* würde man von der Zeit, in der er sie dann geschrieben haben müßte (d. h. von 1707/10 ab), nicht erwarten, und auch, daß Quellen so spärlich vorhanden sind, läßt nicht auf einen häufigen Gebrauch durch Schüler schließen[5], selbst dann nicht, falls sie Teil einer beabsichtigten größeren und weitläufigeren Sammlung waren[6]. Ihre Technik im einzelnen hat zu folgenden weiteren Beobachtungen geführt: Die in den Fugen auftretenden Unterschiede zwischen Thema und Beantwortung (oder der unvollständigen zweiten Beantwortung in BWV 555) sind bei Bach sonst nicht bekannt[7], ebensowenig wie der

---

[1] Paul Kast, *Die Bach-Handschriften der Berliner Staatsbibliothek* (Tübinger Bach-Studien 2/3), Trossingen 1958, S. 18
[2] Walter Emery, *Notes on Bach's Organ Works*, I: *Eight Short Preludes and Fugues*, London 1952, S. 5
[3] Philipp Spitta, *Johann Sebastian Bach*, Bd. I, S. 399
[4] Gotthold Frotscher, *Geschichte des Orgelspiels und der Orgelkomposition*, 2 Bde., Berlin 1934/35, S. 878
[5] Emery, a.a.O., S. 31
[6] Gwilym Beechey, *Bach's A minor Prelude and Fugue: some textual observations on BWV 543*, MT 114/1973, S. 831–833
[7] Marc-André Souchay, *Das Thema in der Fuge Bachs*, BJ 24/1927, S. 4

hohe Anteil an in der Einsatzfolge SATB absteigenden Expositionen[8]; der allgemeine Tonumfang (von c' im Pedal bis nur a" im Manual) ist außergewöhnlich und eher für Johann Ludwig Krebs typisch[9]; ganz generell sind Fugenstil und Thementypen charakteristischer für die süddeutschen Komponisten, insbesondere Pachelbel[10] und Johann Caspar Ferdinand Fischer[11]. Die süddeutschen Anklänge, besonders an die Figuration und Fugen-Details bei Pachelbel, hat Emery aufgezeigt[12], und sie sind deutlicher und wahrscheinlicher als die direkten Einflüsse von Corelli, die andere Autoren sich vorgestellt haben[13]. Vergleiche zwischen den „Acht kleinen Präludien und Fugen" und ihren vermeintlichen Vorbildern in Lübeck, Nürnberg und andernorts haben weitere Autoren dazu verleitet, sie in die 1690er (!) Jahre oder zumindest vor 1705 zu datieren, während speziell von BWV 560 behauptet wird, daß es Absonderlichkeiten aufweise, wie sie nicht unähnlich bei Wilhelm Friedemann Bach vorkommen[14]. Zu dem plausibelsten Ergebnis kommt Emery: *es scheint keinen Grund zu geben, warum sie nicht um 1730–50 von einem unbedeutenderen Komponisten in M i t t e l deutschland geschrieben sein sollten, ungeachtet dessen, ob dieser ein Schüler von* [Johann Sebastian] *Bach war oder nicht*[15], denn die proto-galanten Elemente in den verschiedenen Sätzen (siehe weiter unten) machen eine frühere Entstehungszeit unwahrscheinlich.

Diese späten Elemente haben aber noch andere Autoren dazu geführt, Ähnlichkeiten mit bekannten Werken von Johann Ludwig Krebs[16] und Johann Tobias Krebs[17] wahrzunehmen oder in ihnen deutlich genug *den Stempel der Epoche Telemanns* zu sehen[18], was nach einer erneuten Widerlegung verlangte: *Da Johann Tobias und Johann Ludwig Krebs aber aus den dargestellten stilistischen Gründen auszuschalten sind, müßte man Bachs Autorschaft einstweilen wohl gelten lassen, bis anderweitige Kriterien gefunden werden*[19]. Aber da Keller und Löffler jeweils glaubten, solche „anderen" Kriterien bereits gefunden zu haben, bringt es nichts, jetzt wieder ohne weitere Beweise zu behaupten, Johann Sebastian Bach sei der Komponist gewesen. Die Kombination der Stilelemente – kleine *A-B-A*-Präludien, ein *durezza*-Präludium, Konzert-Elemente, kurze Fugen mit deutlich verschiedenen Thementypen, eckige Sequenzen, galante Wendungen, überwiegend Dreiklänge in der Grundform usw. –, dies alles deutet vielmehr auf einen weit bewanderten, aber nur mäßig begabten Komponisten der Zeit um 1730–50 oder vielleicht sogar noch später. Ein gewisser Proportionalismus zwischen Präludium und Fuge (BWV 553 2:1, BWV 554 1:1,

---

[8] Emery, a.a.O., S. 27
[9] Hans Klotz, *Bachs Orgeln und seine Orgelmusik*, Mf 3/1950, S. 200
[10] Frotscher, a.a.O.
[11] Reinhard Oppel, *Über Joh. Kasp. Ferd. Fischers Einfluß auf Joh. Seb. Bach*, BJ 7/1910, S. 65
[12] Emery, a.a.O., S. 24ff.
[13] Fritz Dietrich, *Analogieformen in Bachs Tokkaten und Präludien für die Orgel*, BJ 28/1931, S. 51–71
[14] Beechey, a.a.O.
[15] Emery, a.a.O., S. 42
[16] Hermann Keller, *Unechte Orgelwerke Bachs*, BJ 34/1937, S. 59–82
[17] Hans Löffler, *Johann Tobias Krebs und Matthias Sojka, zwei Schüler Johann Sebastian Bachs*, BJ 37/1940–48, S. 143
[18] Hermann Keller, *Die Orgelwerke Bachs*, S. 58
[19] Karl Tittel, *Welche unter J. S. Bachs Namen geführten Orgelwerke sind Johann Tobias bzw. Johann Ludwig Krebs zuzuschreiben?*, BJ 52/1966, S. 123

BWV 556 2:1, BWV 559 1:3) weist in die gleiche Richtung. Eine solche Datierung würde es ermöglichen, die „Acht kleinen Präludien und Fugen" als zusammengehöriges Werk eines einzelnen Komponisten anzusehen: jede frühere Datierung könnte denken lassen, daß verschiedene Hände Quell dieser stilistischen Vielfalt waren. Bestimmte unbedeutendere Parallelen mit dem Werk Franz Anton Maichelbecks (Augsburg 1738) und Johann Caspar Simons (Augsburg ca. 1750) sind aufgezeigt worden[20]. Daß P 281 auch authentische und vermutlich viel ältere Werke (BWV 913, 718, 916, 735a) enthält, hat für die Beweisführung nur wenig Gewicht, da jene anderen Werke von verschiedenen anderen Kopisten abgeschrieben worden sind.

BWV 553

Präludium und Fuge C-Dur
(„Acht kleine Präludien und Fugen", Nr. 1)

P 281

Überschrift *Präludium*, *Fuga*

Präludium

Dietrichs Ansicht[21], daß das zweiteilige Präludium einer Corellischen Allemande ähnele, ist in angemessener Weise zurückgewiesen worden[22], doch ist es wahrscheinlich, daß der Komponist des Stückes italienische Konzerte gekannt haben muß oder zumindest Cembalomusik, die innerhalb eines Satzes violinistische Episoden nachahmt, wie sie hier in T. 5–8, 17–18, 20–21, 23–25 zu finden sind. Mit Ausnahme eines Taktes sieht das Pedal wie die Basso-continuo-Stimme eines Streicherstücks aus; die Ausnahme ist T. 1, wo sich zu der Figur in den Oberstimmen ein Orgelpunkt gesellt; darin ähnelt das Stück den kürzeren Toccaten süddeutscher Komponisten. Die Figur im Manual

(vgl. BWV 550)

enthält zwei Motive: *a* ist für die norddeutschen Präludien typisch (vgl. den Fußwechsel in T. 12, 28), *b* läuft durch das ganze Präludium. Tatsächlich ist der Satz angesichts der gegebenen „südlichen" Anspielungen (ein Pachelbelscher Gedanke in T. 26 usw.) unerwartet straff um dieses Motiv *b* herum aufgebaut. Die Sequenzen, die in halbtaktigen Phrasen um Harmonien in der Grundform kreisen, sind für Bach nicht charakteristisch, ebensowenig die Einzelheiten (Tonika-Wiederkehr T. 13, abruptes Ende T. 28) der trotz der verkürzten Reprise von T. 21 zweiteiligen Bauform.

---

[20] Emery, a.a.O., S. 41f.
[21] Dietrich, a.a.O.
[22] Emery, a.a.O., S. 24

Fuge

Die Koppelung zweier Grundmotive im Thema steht Johann Caspar Fischer oder Pachelbel sehr nahe.

Beide Motive haben eine klare Funktion: das erste als Themenkopf, der in die Engführungen mündet (T. 41–42, 49–51[23]), das zweite, indem es, besonders, wenn es mehrmals aufeinanderfolgt (T. 52–53), Kontinuität verleiht. Beides läßt sich auch in den Orgelwerken anderer Komponisten aufspüren. Ein Kontrasubjekt wird verwendet, und der Satz ist wiederum straff um ein Motiv aufgebaut – kompakt, aber mehr wie eine bloße Fughetta.

BWV 554

Präludium und Fuge d-Moll
(„Acht kleine Präludien und Fugen", Nr. 2)

P 281, P 508

Überschrift *Prael*[udium], *Fuga*

Präludium

Eine *A-B-A*-Form, in der *A* lediglich den Rahmen für einen konzertanten Mittelteil abgibt, wäre in Bachs Orgelwerken auch ungeachtet der Harmonik und Melodik einmalig. Die Quellen schreiben das *da capo* nicht aus. Der „Solo"-Abschnitt beginnt in T. 7 mit einem Verweis auf die „Tutti"-Skala des Anfangs und entwickelt sich dann in einer für Streicher-Triosonaten typischen Manier; die sich ergebenden Sequenzen ähneln denen von BWV 553. Die Rückkehr zum Anfang ist sowohl abrupt als mit ihrem Fortschreiten von F-Dur über B-Dur nach d-Moll zu lang – vielleicht hat sich so ein unbedeutenderer Komponist eine *A-B-A*-Form en miniature vorgestellt?

Fuge

Es gibt kein wiederkehrendes Kontrasubjekt (außer bei T. 45–46), obwohl sich der Alt in T. 36 oder der Tenor in T. 39 dazu geeignet hätte. Die Takte 42–44 erinnern an eine vertraute Kontrapunkt-Sprache, die Takte 51–55 mehr an den einen oder anderen norddeutschen Stil. Ob das Pedal nun in T. 54 (P 281, P 508) oder in T. 52 (Peters-Ausgabe, Bd. VIII) einsetzt, es ist in beiden Fällen nicht thematisch und wird erst in

---

[23] In der Erörterung von BWV 553–560 gilt die Taktzählung fortlaufend für jeweils ein Präludium mit Fuge.

T. 57 zum realen Themeneinsatz (vgl. BWV 533, II T. 19). Die Schlußtakte ähneln nicht nur denen des Präludiums (die ihrerseits in der *da-capo*-Form zweimal erscheinen), sondern die einen wie die anderen ähneln der ersten und letzten Melodiezeile von *Jesu, meine Freude*:

Die vermutliche Anspielung ist im Präludium auffälliger. Obgleich solche Anspielungen aus Bachs freien Orgelwerken nicht bekannt sind, veröffentlichte Johann Ludwig Krebs in seiner *Clavierübung* (ca. 1750/56[24]) ein Präambulum zu zwei verschiedenen Aussetzungen desselben Chorals, *Jesu, meine Freude*, das folgendermaßen anfängt:

Darüber hinaus hat die Choralmelodie selbst ein A-B-A-Gerüst wie das Präludium BWV 554, I, d. h. die letzte melodische Wendung entspricht der ersten, und dazwischen liegen längere, modulierende Phrasen. Doch ganz gleich, welche Bedeutung man solchen Beobachtungen beimißt, sie schwächen die Argumente für eine Urheberschaft Bachs noch mehr.

BWV 555

Präludium und Fuge e-Moll
("Acht kleine Präludien und Fugen", Nr. 3)

P 281

Überschrift *Prael*[udium], *Fuga*

Präludium

Der *durezza*-Stil des Satzes tritt, wenn auch unverkennbar, nicht zu stark hervor und leitet sich eher von *plein-jeu*-Sätzen oder Orgelversetten südlicher Komponisten her als von Streicher-Triosonaten. Das Aufgreifen melodischer Gedanken (T. 1 in T. 3 und 7, T. 12 in T. 15, 18, 21) ist für den *durezza*-Stil des 17. Jahrhunderts mit seinen Vorhalten in der Oberstimme weniger typisch. Manchmal ähnelt das Idiom Passagen bei Bach, z. B. T. 12 ff. im d-Moll-Präludium BWV 532, während der neapolitani-

---

[24] Löffler, a.a.O.

sche Sextakkord von T. 23 zur Dramatik von Kontexten wie in BWV 535, II, T. 72 beitrug. Auch das Metrum ist „eckiger" um ein-, zwei- und viertaktige Phrasen gestaltet als in älteren Varianten des *durezza*-Stils.

Fuge

Die Fuge ist strenger: das vierstimmige Gewebe führt abgesehen vom Metrum zu *durezza*-ähnlichen Fortschreitungen (z. B. T. 79–90), und das aufsteigende chromatische Thema hat etwas Antiquiertes. Vermutlich ist es gerade dieses „alte" Element, das diese Fuge zu der am besten durchkonstruierten von den acht Fugen macht, trotz der verstümmelten Beantwortung in T. 41 (Tenor). In Wirklichkeit wird diese verkürzte Version zum eigentlichen Thema, und das vollständige Fugenthema erscheint nach dem Pedaleinsatz T. 45–50 nie wieder. Aber es sind verschiedene Kunstmittel der Fuge vorhanden: Engführung (T. 41–44), Umkehrung (T. 62–65), Engführung in der Umkehrung (T. 62–65)[25] und Erweiterung (T. 79) ebenfalls in Engführung; noch mehr Erfindungsreichtum wäre möglich gewesen (z. B. noch enger geführte Stimmen in T. 62/64). Dagegen ist das Achtelmotiv von T. 32 die ganze Fuge hindurch gut verarbeitet. Die altertümlichen Kadenzen fallen ziemlich auf: die Hemiolen von T. 96 (so in P 281 notiert) und T. 68–69 und besonders die ganze Phrase T. 66–70. Durch die Umkehrung des Themenkopfs und des Achtelmotivs entsteht ein Kontrapunkt, der für die frühere Behandlung des absteigenden chromatischen Tetrachords typisch ist (T. 64–65 bei Sweelinck usw.).

BWV 556

Präludium und Fuge F-Dur
(„Acht kleine Präludien und Fugen", Nr. 4)

P 281

Überschrift *Prael*[udium], *Fuga*

Präludium

Trotz der Hemiolen in T. 12–13 und T. 42–43 und der aufsteigenden Sequenz von T. 15ff., die an ältere Konzerte erinnert (z. B. an den Schlußsatz des 3. *Brandenburgischen Konzerts*), fällt es schwer zu glauben, daß solche leicht galanten Sequenzen wie in T. 5ff. älter als ca. 1740 sind oder von derselben Hand stammen – selbst nur als didaktisches Beispiel eines charmanten „Muster-Präludiums" – wie das entfernt ähnliche BWV 590, III. Der Satz sieht wie eine Übung in aufsteigenden Sequenzen aus, mit einem Basso continuo als Pedalstimme. Trotz der Anfangstakte hat das Stück keinen echten Menuett-Charakter. Auch der Einfluß der italienischen Toccata aus dieser Zeit (d. h. um die Mitte des 18. Jahrhunderts), auf den Frotscher hingewiesen

---

[25] Der fehlende Takt 71 konzentriert sich sicherlich mehr auf ein d′ im Sopran als auf das dis′ der *BG*, Bd. XXXVIII, wie überzeugend bewiesen worden ist (Emery, a.a.O., S. 15).

hat[26], ist nicht leicht auszumachen, obwohl Padre Antonio Solers (1729–1783) Generation vermutlich ähnliche Sätze hervorbrachte. Wie in BWV 554 fungiert das (in P 281 nicht ausgeschriebene) *da capo* als schmaler Rahmen.

Fuge

Wie z. B. in BWV 553 enthält das Thema zumindestens zwei Motive:

a, *b* und *c* sind in den Fugen manches Komponisten – nördlich oder südlich – zu finden. Vielleicht waren diese Themen besonders charakteristisch für *Magnificat*-Versetten (Pachelbel). Die doppelte Baßlinie der Schlußtakte ist für keine Art der Orgelmusik besonders typisch, und ein Takt wie T. 64 ließe sich das ganze 18. Jahrhundert hindurch verfolgen, besonders in Vokalfugen, mit denen auch andere Takte Ähnlichkeit haben (T. 68, 69, 72, 73–77, 81, 86–87). Wie z. B. in BWV 555 erscheint im Verlauf der weiteren Verarbeitung eine verkürzte Form des Themas.

BWV 557

Präludium und Fuge G-Dur
(„Acht kleine Präludien und Fugen", Nr. 5)

P 281

Überschrift *Prael*[udium], *Fuga*

Präludium

Obwohl der Satz wie eine G-Dur-Versette im *plein jeu* und im *durezza*-Stil beginnt (vgl. BWV 902), geht er in einfache Figurationen über, die ihrer Art nach Frotschers Formulierung von der *Orgeltoccata in Miniaturformat*[27] rechtfertigen. Der Pedalumfang mag durchaus denjenigen vieler südlicher Toccaten übersteigen, aber die Stimme ist in den mit diesen Stücken einhergehenden langen Notenwerten geschrieben – entweder in einem Orgelpunkt oder in einer auf einen Halbschluß zulaufenden Phrase. Aus P 281 geht nicht mit Sicherheit hervor, ob das Pedal in T. 13–17 spielt (was in der längeren südlichen Toccata außergewöhnlich wäre), obwohl das Pedal-Solo mehr im südlichen Stil gehalten ist (vgl. Pachelbels d-Moll-Präludium). Die prägnante Verwendung traditioneller Figuren verbindet sich mit einer sangbaren Melodieführung der Kadenzen, die mehr in der Tradition von Fischer und Muffat stehen.

---

[26] Frotscher, a.a.O.
[27] a.a.O.

Fuge

Daß die zweite Hälfte des Themas dem Umriß der a-Moll-Fugenthemen von BWV 543 und BWV 944 folgt, macht weder BWV 559 noch BWV 944 in irgendeinem Sinne zur Skizze für BWV 543[34], trotz der von früheren Kommentatoren angestellten Vermutungen[35]. Das Thema von BWV 559, II ähnelt wiederum Themen anderer versettenartiger Fughetten im 6/8-Takt von mittel- bzw. süddeutschen Komponisten (z. B. der zweiten der F-Dur-Gruppe in Johann Caspar Ferdinand Fischers *Blumen-Strauss*). Ebenso steht es mit den sequenzierenden drei- und vierstimmigen Harmonien, die sich so leicht aus dem Thema ergeben (T. 32 ff., 37 ff., 55 ff., 63 ff.). Wie in anderen Fugen der Werkgruppe ist das Thema manchmal verkürzt (T. 46 f., 48 f., 59), woraus sich beim letzten Mal (T. 66–68) eine abrupte Schlußkadenz ergibt. Der Orgelpunkt dient der am wenigsten konventionellen Harmonisierung des Themas in der ganzen Fuge als Stütze (siehe T. 63 ff.).

BWV 560

Präludium und Fuge B-Dur
("Acht kleine Präludien und Fugen", Nr. 8)

P 281

Überschrift *Prael*[udium], *Fuga*

Präludium

Lediglich bestimmte charakteristische Stilmerkmale – die zweistimmige Schreibweise, die Melodie über Akkorden in T. 14 ff., die aufsteigenden Sequenzen – sind orchestral zu nennen[36]. Eher lassen diese Details an einen allgemeinen Clavier-Stil denken, der vielleicht von den neueren Oboen-Konzerten der 1730er Jahre beeinflußt ist, aber sonst andere aus den "Acht kleinen Präludien und Fugen" bekannte Elemente aufweist: die aufsteigenden Sequenzen selber, die einfache Textur von T. 18 ff., die Pedal-Soli, die generelle Abhängigkeit von einem erweiterbaren Motiv (wie im Präludium BWV 553). Bestimmte Elemente sind identisch mit solchen andernorts: man vergleiche T. 21–22 mit T. 16–17 von BWV 555, I. Vermutlich soll die von einer bis zu vier Stimmen wechselnde Textur dem Spieler eine Ergänzung z. B. zu den drei Stimmen von BWV 556 liefern.

---

[34] Emery, a.a.O., S. 30
[35] Reinhard Oppel, *Die große A-moll-Fuge für Orgel und ihre Vorlage*, BJ 3/1906, S. 74–78
[36] Dietrich, a.a.O.

Fuge

Es ist unwahrscheinlich, daß dieses Thema vor ca. 1740 komponiert wurde: das Motiv der ersten beiden Takte und die Wirkung der Akkordbrechung von T. 29–30 wären im 4/4-Takt traditionell gewesen, aber nicht im 3/4-Takt. Die tonale Beantwortung von T. 32 ff. ist auch nicht charakteristisch für Bach, da sie bis zum Ende Es und nicht E hat (d. h. sie steht nicht in der Dominante). Takte wie T. 49–50 und 69–70 zeigen die Vertrautheit des Komponisten mit der Fugenimitation, aber er ordnet die gebrochenen Akkordfiguren ab T. 35 trotz zeitweiliger Engführung (T. 51–55 usw.) der Homophonie unter. Die Oktavparallelen gegen Schluß sind schlimmer als die von BWV 556, da sie die Anzahl der realen Stimmen eher verringern als eine von ihnen verdoppeln.

Alle Quellen außer P 1104 und Göttweig gehen direkt oder indirekt auf P 490 zurück (dessen erste Seite eine Reinschrift zu sein scheint). Die Werkgeschichte läßt möglicherweise die drei folgenden Stadien erkennen[1]:

A ältere Fassung der Fantasie (P 1104 und Göttweig) mit einfacherem Schluß und ohne den vorletzten Takt der späteren Fassung B;

B neuere Fassung, die vor ca. 1738 entstanden ist (P 288, P 533, P 277, P 290) und in P 490 verbessert wurde;

C bildet ein weiteres Stadium, in dem die erste Seite einer Fuge in P 490 hinzugefügt wurde, vielleicht erst 1747[2], wenigstens aber in der Zeit zwischen 1735 und 1744–46[3].

In P 1104 folgt der Fantasie, vielleicht in Anlehnung an ein älteres Autograph von BWV 562, die c-Moll-Fuge BWV 546, II, die entsprechend dem obigen Schema vor den Stadien B und C zu datieren ist. In den jeweiligen Quellen der beiden Sätze deutet allerdings nichts darauf hin, daß Präludium und Fuge BWV 546 ursprünglich nicht zusammengehörten[4], obwohl es gut sein kann, daß die Fuge in der Frühgeschichte des Werkes der Fantasie folgte[5]. In P 490 nimmt die Fuge die letzte der vier Seiten der Handschrift ein. Dem letzten Takt folgt ein Verweis auf die nächste Seite, was zeigt, daß die Fuge entweder weitergeführt bzw. vollendet wurde, dann aber verlorenging, oder daß sie geplant war, jedoch nicht vollendet wurde. Bei einigen anderen fragmentarischen Werken Bachs ist der vollständige Satz nicht bis zu der Stelle ausgeführt, an der die Komposition abbricht (z. B. bei dem Fragment *O Traurigkeit, o Herzeleid* oder dem unvollendeten Satz der *Kunst der Fuge*). Das spricht dafür, daß BWV 562, II ursprünglich länger war. Außerdem bricht zumindest ein weiteres autograph überliefertes Orgelstück (BWV 548) mitten in der Fuge ab, die dann von einem Kopisten vervollständigt wurde. Vielleicht wurde das Blatt, auf dem die Fuge zuende geschrieben war, abgetrennt und ging verloren[6], was so früh geschehen sein kann, daß die Kopisten nichts davon wußten. Stauffer[7] hat eine weitere, auf *NBA* fußende Hypothese:

---

[1] Dietrich Kilian, *Studie über J. S. Bachs Fantasie und Fuge c-moll*, in: *Hans Albrecht in Memoriam*, Kassel 1962, S. 127–135

[2] a.a.O.

[3] Georg von Dadelsen, *Beiträge zur Chronologie der Werke Johann Sebastian Bachs* (Tübinger Bach-Studien 4/5), Trossingen 1958, S. 113

[4] Kilian, a.a.O. Griepenkerls Vermutung, daß BWV 562, I und 546, II zusammengehören, wird sich, nachdem das Autograph zutage gekommen ist, kaum mehr halten lassen (Philipp Spitta, *Johann Sebastian Bach*, Bd. II, S. 691). 1867 zitierte Guido Richard Wagener (der damals P 490 besaß – siehe *NBA*, Serie IV/5–6, Kritischer Bericht, S. 109) den Anfang der unvollständigen Fuge BWV 562, II in einem Brief an Wilhelm Rust (*Katalog der Sammlung Manfred Gorke*, hg. von Hans-Joachim Schulze, Leipzig, 1977).

[5] Dietrich Kilian, in: *NBA*, Serie IV/5–6, Kritischer Bericht, S. 323

[6] a.a.O., S. 27

[7] George B. Stauffer, *The Organ Preludes of Johann Sebastian Bach*, Ann Arbor, Michigan 1980, S. 107, 124

A Fantasie, 1708–10 komponiert zusammen mit der Fuge BWV 546, II, die

B in den späteren 1720er Jahren revidiert und mit dem Präludium BWV 546, I gekoppelt wurde;

C dann wurde ca. 1730 die Fantasie revidiert und erhielt

D später eine eigene Fuge.

Mehrere Schritte dieser Hypothese sind problematisch; indessen wäre gut denkbar, daß die Fuge BWV 546, II „frühe" Merkmale zeigt (lockere Zwischenspiele usw.) und die Fantasie Anzeichen direkter Beweise für den Einfluß de Grignys, d. h. um 1710/14.

Die unterschiedlichen Schlußtakte in P 1104 und P 490 lassen eine bewußte Verbesserung durch den Komponisten vermuten. Man vergleiche das folgende Beispiel mit Seite 56 in *NBA*, Serie IV, Bd. 5:

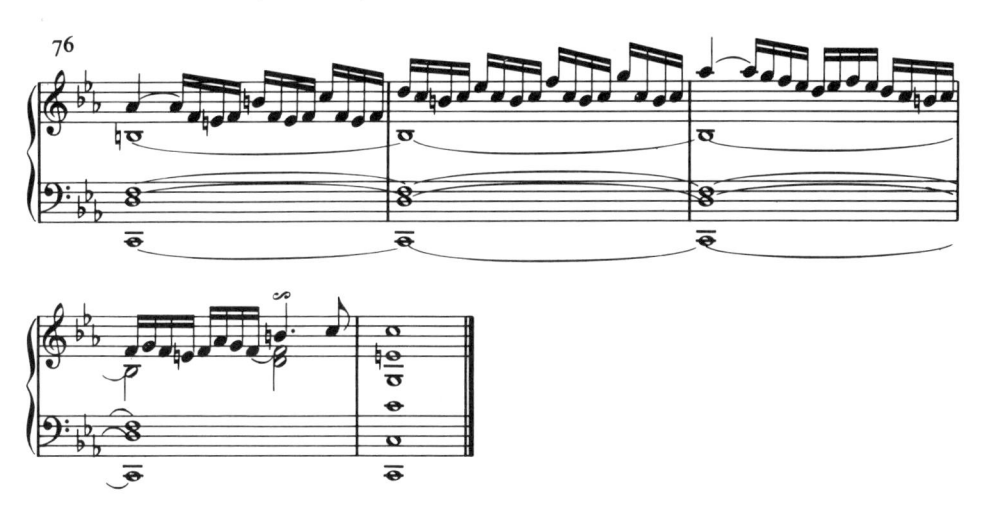

Man könnte annehmen, daß hier die Schlichtheit des Satzes von den Änderungen eines Kopisten herrührt – wie die völlige Auslassung der 3½ Takte 76–79 in P 320[8] –, wenn nicht dagegen spräche, daß solche „Vereinfachungen" nicht üblich waren, daß in der späteren Fassung keine besondere spieltechnische Schwierigkeit oder harmonische Spannung vorlag, daß der Motivgehalt in der „späteren" Fassung komplizierter ist (Achtton-Figur anstelle von vier Tönen; Querstand a/as) und daß die Pausen in der späteren Fassung die verblüffende Wirkung des „neuen" vorletzten Taktes mit seinem doppelten Verweis auf das Hauptthema der Fantasie vorbereiten. Ein derartiger thematischer Bezug erscheint sicher als ein Zeichen der Reife – er fehlt zum Beispiel am Ende des f-Moll-Präludiums BWV 534, bei dem sich sonst ähnliches Passagenwerk über einem Orgelpunkt durch eine verminderte Septime bewegt. Wie es sich trifft, spielt auch die Coda in P 1104 auf ein früheres Motiv an (T. 52), nun in diminuierter Form.

---

[8] Es macht kaum Sinn, wenn Takt 80 fast unmittelbar auf Takt 75 folgt, und die Fassung in P 320 ist nicht so glaubwürdig wie die in P 1104.

leicht waren es die Vorhaltsklänge, die einen späteren Leipziger, der selbst in dieser Technik sehr bewandert war, dazu bewogen, diese Fantasie 1841 zu veröffentlichen[12].

Fuge

Den vermischten Kontrapunkttechniken der Fantasie steht der strenge Satz der Fuge, ebenfalls fünfstimmig und daher komplementär, gegenüber. Das Thema selbst, das eine Hemiole enthält, wäre im *Livre d'Orgue* durchaus am Platz und entspricht nicht dem normalen „deutschen" Fugenthema. Ähnlichkeiten zwischen ihm und dem Thema der Passacaglia BWV 582 (auch französisch!) in der Umkehrung sind oberflächlich. Der Satz verheißt Fülligkeit, und bei Passagen wie T. 13–18 fällt es nicht schwer, eine zeitliche Nähe zur Choralbearbeitung *Dies sind die heil'gen zehn Gebot* BWV 678 anzunehmen. Die Engführung erscheint bereits in Takt 22 nach der Kadenz am Ende des ersten Fugenabschnitts. Deshalb ist vermutet worden, daß der Komponist die Absicht hatte, zu einer Doppelfuge mit einem neuen Thema überzugehen[13]. Es ist auch denkbar, daß das Thema später (wie in BWV 547) umgekehrt worden wäre. Indessen ist in diesen siebenundzwanzig Takten nicht so sehr das Thema interessant, sondern das Motiv ♩ ♪♪♪♪, das den ersten Abschnitt in vielen Erscheinungsformen beherrscht. Seine Sequenzierung in T. 10–11 z. B. ergibt eine wenig überzeugende freie Oberstimme. Sowohl das Thema wie auch dieses Motiv sind kurz für eine vollständig ausgeführte fünfstimmige Fuge, ebenso die sich entwickelnden Nebenmotive, ob in Vierteln (T. 13, Pedal) oder Achteln (neues Motiv in den letzten sechs Takten); bis hierher holt die Melodik der Fuge noch nicht weit aus, und möglicherweise wurde sie nie weiterkomponiert.

BWV 563

Fantasie h-Moll
(„Fantasia con Imitazione")

Kein Autograph; Abschriften in Lpz. MB. III. 8.4 (Andreas-Bach-Buch), P 804 (Fantasie in Abschrift von Johann Peter Kellner?, fußt auf dem Andreas-Bach-Buch, „Imitatio" von Wolfgang N. Mey, erste Hälfte 18. Jahrhundert), P 1091 (zweite Hälfte 18. Jahrhundert) und späteren Quellen (P 279, P 308, BB 30069).

Zwei Systeme; Überschrift im Andreas-Bach-Buch und andernorts: *Fantasia* (zweiter Teil: *Imitatio*); in P 279: *Fantasia con Imitatione*; in P 804 kein Titel für den ersten Teil, für den zweiten (!) *Fantasia*.

Daß in P 804 die zwei Sätze um fast dreihundert Seiten anderer Musik voneinander getrennt sind, läßt sich auf verschiedene Weise erklären, wenn auch nur aufgrund von Vermutungen. Des weiteren ist zu fragen, wer das Werk komponierte und ob es für

---

[12] Robert Schumann in der *NZfM*, Supplement 13, Nr. 3/1841
[13] Keller, a.a.O., S. 98; Kilian, *Studie über J. S. Bachs Fantasie und Fuge c-Moll*, a.a.O.

Orgel bestimmt ist. Die Ausgabe Edition Peters Nr. 216 nahm die Fantasie unter die Klavierwerke auf, und Spitta hielt zumindest den *leichten und minutiösen Charakter des ersten Satzes* für nicht orgelgemäß[1]. *BG*, Bd. XXXVIII, und *NBA*, Bd. IV/6, rechnen die Fantasie unter die Orgelwerke, die erstere wegen ihres *orgelmässigen Charakters*, des erforderlichen Pedals in Takt 15 und 20 und der Stimmkreuzung in der Imitation bei Takt 129[2]. Verschiedene Punkte sprechen dagegen. Die Quellen zeigen kein Pedal an; ausgeschriebene Orgelpunkte brauchen nicht unbedingt auf die Orgel zu verweisen[3]; die Fantasie ist nicht „orgelmäßiger" als die Fantasie a-Moll BWV 904 (auch in P 804); das Pedal würde in T. 19 Cis erfordern, und die *Imitatio* schließlich ist neutral im Clavier-Stil. Mit größerer Wahrscheinlichkeit spielt das Stück eine Rolle im Zusammenhang der systematischen „Stilübungen" im Andreas-Bach-Buch[4], wo auch bei anderen Werken die Bindung an ein bestimmtes Instrument zweifelhaft ist.

Obwohl BWV 563 im Prinzip ein Präludium mit Fuge ist, ist das Stück doch ungewöhnlich durch seine Überschrift und die klare, erschöpfende Ausarbeitung (wie bei Pachelbel oder Johann Caspar Ferdinand Fischer) zweier Arten von Motiven, der *figurae cortae* der Fantasie und der 3/4-Figuren der *Imitatio*:

Die ersteren führen zu einem reinen vierstimmigen Satz, der gegen Ende mit einer angedeuteten Kadenz und einfachen Orgelpunkt-Harmonien modifiziert wird[5]; die letzteren bringen eine mehrteilige Fuge mit einer Reihe ähnlicher Themen hervor. Die Themen selbst erinnern an andere „frühere" Werke von Bach wie die D-Dur-Sonate nach dem Reincken-Modell (BWV 963, deren zweiter Teil ähnlich wie die h-Moll-Fantasie schließt) oder die c-Moll-Fantasie, die sich als Autograph in Tabulatur im Andreas-Bach-Buch befindet. Es ist auch möglich, daß die Bezeichnungen *Imitatio* und *Fantasia* in diesem Sammelband bewußt angewendet worden sind, um die eine (aber eigentlich nicht fugierte) Art von Kontrapunkt-Stück von einem anderen, vielleicht ziemlich gleichzeitig komponierten zu unterscheiden. Während das eigentliche Fugenthema in der Oberstimme auch in anderen Stücken nach dem ersten Einsatz in

---

[1] Spitta, *Johann Sebastian Bach*, Bd. I, S. 432
[2] in fortlaufender Taktzählung; vgl. Naumann, *BG*, Bd. XXXVIII. S. XIV
[3] vgl. die a-Moll-Fuge aus dem *Wohltemperierten Clavier* I
[4] siehe den Kommentar zu BWV 582
[5] Hinsichtlich einer einheitlichen Motiv-Behandlung ist die Lesart von T. 16 in *NBA*, Bd. IV/6, sicherlich stilgerechter als die in *BG*, Bd. XXXVIII; die Stelle T. 13–14 ist hingegen kaum überzeugend (sollte etwa der Ton a bis zu den letzten drei Achteln in T. 14 immer erhöht werden?).

den Mittelstimmen oft nicht mehr vollständig erklingt[6], sind die verschiedenen thematischen Gruppen der *Imitatio* (Takt 25, 43, 71, 93) eher für die Ricercar-Form des 17. Jahrhunderts typisch.

Obwohl beide Sätze von den Motiven keinen dogmatischen Gebrauch machen, stellen sie doch Übungen in der Manier von Stücken über ein bestimmtes vorgegebenes musikalisches Material dar wie die kanonischen Choralbearbeitungen *Ach Gott und Herr* BWV 714 und *Auf meinem lieben Gott* (anonym) in P 802 (in Abschriften von Johann Ludwig Krebs). Die Fantasie steht auch in Gegensatz zu der im Andreas-Bach-Buch folgenden Fantasie a-Moll BWV 944, *pour le Clavessin*. Andererseits ist BWV 570, die vorausgehende Fantasie in der Handschrift, mit BWV 563 überraschend eng verwandt in der Verwendung ähnlicher (aber nicht gleicher) *figurae cortae*. Daß diese drei Fantasien von drei verschiedenen Kopisten zu verschiedenen Zeiten abgeschrieben wurden, entwertet den Vergleich nicht. In der *Imitatio* wird ebenfalls eine Figur abgehandelt, die aus verschiedenen anderen Zusammenhängen bekannt ist, z. B. aus dem *Offertoire sur les grands jeux* aus de Grignys *Livre d'Orgue*, das Bach sich abgeschrieben hatte (siehe BWV 562) und dessen Fugenthema das folgende Beispiel zeigt:

Nicolas de Grigny, *Livre d'Orgue, Offertoire sur les grands jeux*

Daß das Thema für deutsche Komponisten zu Beginn des 18. Jahrhunderts besondere französische Konnotationen hatte, wird daraus deutlich, daß Georg Böhm etwas ähnliches in einer der Episoden in der voller Anspielungen steckenden Chaconne (*chaconne en rondeau?*) seiner Cembalo-Suite in f-Moll verwendete, die sich in der Möllerschen Handschrift befindet.

Obwohl deshalb einige Kommentatoren die Authentizität von BWV 563 anzweifeln[7] und andere das Werk in die frühen Arnstädter Jahre verlegen[8], ist es wahrscheinlich aus einem Interesse an den *figurae* entstanden, das Johann Sebastian Bach und Johann Gottfried Walther um 1707/08 (oder sogar früher) bekundeten.

---

[6] z. B. in der dreistimmigen Invention c-Moll, BWV 788
[7] Friedrich Blume, *J. S. Bach's Youth*, MQ 54/1968, S. 1–30
[8] Georg von Dadelsen, Schallplattentext zu Telefunken BC 635076

BWV 564

Toccata C-Dur

Kein Autograph; Abschriften in P 803 (erste Hälfte 18. Jahrhundert, Samuel Gottlieb Heder ca. 1729?), P 286 (größtenteils von Johann Peter Kellner?), P 1101 (Kopist von BWV 563 in P 1091), P 1102 (nur die Fuge, 18. Jahrhundert), P 1103 (ohne Mittelsatz, 18. Jahrhundert) und spätere Abschriften (Brüssel Fétis 2960 bzw. II. 4093; eine nicht numerierte Handschrift in der Bodleian Library, Oxford; P 308) einschließlich unvollständiger Abschriften (P 1071, bis T. 47; Göttweig Ms. J. S. Bach 34, nur die Fuge).

Zwei Systeme; überschrieben *Toccata ped: ex C* in P 803 und *Toccata ex C♮ pedaliter* in P 286 (in beiden auch die Satzüberschriften *Adagio, Grave, Fuga; Largo* über dem II. Satz in P 1101, Brüssel und Oxford), *Toccata* in einem Katalog von 1785[1] und Fétis 2960.

Die Dreisätzigkeit gehört wenigstens in die Zeit der Kopisten, wie aus P 286 zu ersehen ist, wo alle Sätze auf zwei Systemen notiert sind und das *Adagio* auf einer Rückseite (nach dem Umblättern) beginnt. Aus den Quellen ist kein Beweis dafür bekannt, daß die Fuge der zuerst komponierte Satz war, wie manchmal behauptet wird[2]. Daß das *Adagio* eine spätere Hinzufügung ist, wird durch Hausers Vermutung, die sich auf eine alte Abschrift aus seinem Besitz stützt, nicht bewiesen[3]. Aber das in der Toccata enthaltene d''', das in der Fuge vermieden zu sein scheint (T. 84–85), weist möglicherweise darauf hin, daß die Fuge später entstanden ist[4]. Keine der Quellen deutet Register- und Manualwechsel an, doch es gibt charakteristische Gelegenheiten dazu, vielleicht absichtlich: echoartige Stellen sowohl im Manual wie im Pedal, mit Pausen, die Registerwechsel (im ersten Satz) und innerhalb der ritornellartigen Form dialogisierende Manuale (im ersten Satz) ermöglichen, eine Sololinie (zweiter Satz), eine Sololinie, die in Klangblöcke eintaucht (Ende des zweiten Satzes), klar abgesetzte Fugen-Zwischenspiele (dritter Satz). Dieses Repertoire an Orgeleffekten vermag durchaus die Vorstellung zu rechtfertigen, daß BWV 564 für eine Orgelprobe komponiert wurde[5] – ein Eindruck, den auch manches norddeutsche Präludium hinterläßt. Vielleicht sind die drei Sätze so angelegt worden, um drei verschiedene Exempla für den Gebrauch von zwei Manualen zu geben:

Toccata – Dialog (Duolog), abwechselnde Themen oder Phrasen
Adagio – Solo-Melodie mit ausgesetzter Continuo-Begleitung
Fuge – ritornellartiger Gegensatz zwischen den Themeneinsätzen und deutlich abgesetzten Zwischenspielen

---

[1] *Bach-Dokumente*, Bd. III, S. 273
[2] Hermann Keller, *Die Orgelwerke Bachs*, S. 77
[3] Yoshitake Kobayashi, *Franz Hauser und seine Bach-Handschriftensammlung*, Dissertation, Göttingen 1973, S. 235
[4] Walter Emery, *Some Speculations on the Development of Bach's Organ Style*, MT 107/1966, S. 596–603
[5] Volker Gwinner, *Bachs d-moll Tokkata als Credo-Vertonung*, MuK 35/1968, S. 240–242

Dennoch werden zwei Manuale in keinem der Sätze absolut notwendig, nicht einmal (so seltsam es erscheinen mag) im *Adagio*.

Gerade die formale Klarheit, die sich durch die drei unabhängigen Sätze ergibt, hat Spitta dazu veranlaßt, die Bezeichnung *Toccata* in Frage zu stellen und dahinter eher das *Muster der italiänischen Concerte* zu sehen[6], eine Bemerkung, die seither ständig wiederauflebt. Es wird indessen, z. B. an BWV 545, deutlich, daß sich zumindest einige Präludien und Fugen in einem bestimmten Stadium ihrer Geschichte langsame Sätze aneigneten. Im Zusammenhang mit der d-Moll-Toccata BWV 565 und der G-Dur-Fantasie BWV 572 betrachtet, ist diese Toccata in C-Dur eher als Teil einer Reihe von Versuchen mit der dreisätzigen Form zu sehen, die entweder schon so geplant war oder erst während der Überarbeitung entstand, wobei es zwischen diesen beiden Vorgehensweisen für einen Organisten des frühen 18. Jahrhunderts offensichtlich noch keinen wesentlichen Unterschied gab. Wie BWV 565 und 572 bleibt die C-Dur-Toccata ein höchst originelles Beispiel für eine aus 1700 und später gängigen Elementen entwickelte Form für die Orgel, wobei jeder einzelne Abschnitt nicht nur unabhängig vom anderen ist, sondern auch in Länge, Form und Stil anderen Stücken kaum gleicht. Jeder Satz ist in seiner Art höchst originell. Die Anlage hat in ihrer Entwicklung deutliche Analogien zur Kammersonate der Zeit, bei der sich die einzelnen Teile auch zu voll ausgereiften Sätzen kristallisierten. Aber das Eigentümliche an BWV 564, 565 und 572 ist, daß sie ihre drei Abschnitte bzw. Sätze in drei ganz verschiedenen Formen darbieten. Johann Ludwig Krebs, der in seinem Präludium und der Fuge C-Dur Einzelheiten von BWV 564 nachahmte, entwickelte weder die dreisätzige Anlage weiter, noch behielt er sie auch nur als Gesamtplan bei. Dieser Gesamtplan wurde als der Kantatenform Buxtehudes nahestehend gesehen, in der auf ein Solo ein Duolog (Duett-Dialog) folgt, dann eine *Aria*, dann eine Fuge[7], aber die Analogie trifft auf BWV 564 allenfalls umrißhaft zu. Gleichermaßen wohl durchdacht sind die Details: die kurzen Phrasen, Pausen, Lücken und gelegentlichen Tonwiederholungen – die sich allesamt in allen drei Sätzen finden – bilden einen Gegensatz zu dem lang ausgehaltenen chromatischen Dahinfließen des zehntaktigen *Grave*.

I. Satz

Als einzigartige Verbindung aus Toccaten- und Ritornellform umfaßt der erste Satz zwei deutlich abgesetzte Abschnitte: (*A*) eine Einleitung mit Manual- und Pedal-Solo, (*B*) einen konzertmäßigen Dialog. Die Verbindung in T. 31–32 ergibt sich so logisch, daß *B* eine natürliche Folge von *A* zu sein scheint; auch *B* beginnt in der Tonika.

Daß der Abschnitt *A* sich in der norddeutschen Tradition bewegt, wird aus der Natur des Materials sowohl im Manual als auch im Pedal deutlich, wo viele Phrasen eintaktig sind. Die anfänglichen Gesten von BWV 564 (besonders die Pausen) bilden eine „zahme" Variante der Kaprizierteit, die für manche vermutlich aus der gleichen Gegend und Zeit stammenden Stücke von Buttstedt typisch sind. Der folgende Notentext zeigt zwei typische Beispiele aus Stücken von Jan Adams Reincken:

---

[6] Philipp Spitta, *Johann Sebastian Bach*, Bd. I, S. 415
[7] Fritz Dietrich, *Analogieformen in Bachs Tokkaten und Praludien für die Orgel*, BJ 28/1931, S. 51–71

Das erste stammt aus einer von Bach als BWV 965, II bearbeiteten Sonate von Reincken (vgl. BWV 564, I, T. 33), das zweite aus einer als BWV 966, IV bearbeiteten weiteren Sonate desselben Komponisten (vgl. BWV 564, I, T. 32). Während das Anfangsmotiv von BWV 564 die Aufmerksamkeit weitaus mehr fesselt, als dies bei norddeutschen Präludien sonst der Fall ist (wenigstens wenn sie im Manual beginnen), sind die deutliche Wiederkehr der Tonika in den Takten 2, 8, 10 und 12 und die jeweils nachfolgende Pause typischer (vgl. Lübecks c-Moll-Präambulum). Die drei C im Pedal in T. 8, 10 und 12 erinnern an die vertraute „Orgelpunkt-Toccata" und bieten ein weiteres Beispiel für die originelle Anwendung eines konventionellen Mittels. Die Anfangsmotive des Pedal-Solos sind typisch für solche Stücke (z. B. Buxtehudes C-Dur-Präludium BuxWV 137 im Andreas-Bach-Buch), und der Phrasenbau dieses Solos erinnert in seiner Systematik an Böhm (C-Dur-Präludium). Weniger üblich sind die echoartigen Wiederholungen von Teilphrasen und die Zusammenführung anderer wichtiger Motive (Triolen, Daktylen, Triller). Tatsächlich werden die Figuren in den ersten einunddreißig Takten sehr sorgfältig gehandhabt: Die Manual-Figuren haben Zweiunddreißigstel, sind skalenartig, bogenförmig und glatt; die Pedal-Figuren haben Sechzehntel, gebrochene Akkorde, sind abwechslungsreich und gehen sprungweise. Beide scheinen Echo-Effekte zu enthalten, die ersteren in T. 5 (und T. 9?), die letzteren in T. 14, 16, 17 (?), 18, 21–23, 28 und 30–31 (?). Die Sequenzmodelle im Pedal-Solo sind typisch z. B. für Böhm, aber die Echo-Motive als solche sind von Länge und Typ her andersartig – wieder etwas, was sorgfältig ausgearbeitet ist:

Diese Vielfalt läßt darauf schließen, daß der Spieler die Echos herausarbeiten sollte – vielleicht indem er jeweils Register wegnimmt?

Das Pedal-Solo gewinnt eine Eigenständigkeit als modulierende Aussage, die zur Tonika zurückkehrt und damit eine erweiterte Version von solchen Soli wie dem in BWV 549a darstellt. Ein weiteres Detail ist von großer (wenn auch unklarer) Bedeutung: die Bindebögen gehen vermutlich auf den Komponisten selber zurück und sind selbst in so continuoartigen Baßlinien wie denen der „Sechs Sonaten" für Orgel selten. Verweisen sie im Zusammenhang von BWV 564 auf die Artikulationsweise (d. h. Gebrauch des rechten Absatzes), oder sind sie nur ein orthographisches Hilfsmittel, um Noten zu Gruppen zusammenzufassen, die sonst den Tabulatur lesenden Organisten verwirren würden? In jeder Geschichte der Pedaltechnik würde das Anfangs-Solo von BWV 564 wegen des (implizierten) Gebrauchs des Absatzes und weil (unvermeidlich?) der rechte Fuß häufig hinter den linken rückt, eine große Rolle spielen.

Der bei T. 31–32 beginnende Abschnitt ist weniger durch die Ritornell-Struktur (Zwischenspiele in T. 55, 67) gekennzeichnet als durch das Dialogisieren zweier Hauptgedanken, von denen jeder ein eigenes Manual einnehmen könnte:

Wie Spitta bemerkt hat[8], sind beide Gedanken im Pedal-Solo der Einleitung vorweggenommen, obwohl Keller im ersten von beiden zwei Violinen *mit energischem Bogenstrich einsetzen zu sehen glaubt*[9]. In mancher Hinsicht ähnlich ist der erste Satz der G-Dur-Toccata für Cembalo BWV 916: ein Ritornellsatz, der auf kurzen, ständig in Kadenzen mündenden Phrasen beruht, mit längeren Zwischenspielen bei fortschreitendem Satz und Wiederkehr des Hauptmaterials in mehreren Tonarten. Auch die beiden kurzen Themen in BWV 916 haben theoretisch Ähnlichkeit mit BWV 564, insofern als das erste skalenartig ist und das zweite gebrochene Akkorde hat:

BWV 916, I

Daß diese Form nicht nur ein frühes Experiment darstellte, zeigt sich daran, daß sie später in nicht mehr so starrem und nunmehr verfeinertem Stil in der G-Dur-Partita BWV 829 auftritt. Es ist zu beachten, daß die beiden Themen weder in BWV 916 (Andreas-Bach-Buch) noch in BWV 829 (veröffentlicht 1730) durch Manualwechsel unterschieden werden.

---

[8] Spitta, a.a.O., S. 416
[9] Keller, a.a.O.

Die stilistische „Heiterkeit" und „Weltlichkeit" von BWV 564 brauchen nicht unbedingt als Anzeichen für den Einfluß des italienischen Konzerts genommen zu werden (wie bei Hoffmann-Erbrecht[10]), da Böhms C-Dur-Präludium ebenso heiter ist. Auch der Ursprung der Ritornell-Elemente des ersten Satzes und der Fuge braucht nicht in den Konzerten gesehen zu werden. Wie Klein dargelegt hat[11], ist die mehrfache Wiederkehr des vollständigen Ritornell-Materials für Vivaldis Konzerte gar nicht charakteristisch, und der Satz folgt nicht Vivaldis Bauplan Exposition–Mittelteil–Reprise. Vielmehr schafft sich der erste Satz seine eigene Form, die auf Phrasen beruht, zu denen das Pedal jeweils einen wichtigen Beitrag leistet. Sie sind vorwiegend sechstaktig und werden gegen Ende kürzer[12], wie im Pedal zu sehen ist. Die Textur ist erstaunlich konsistent, mehr als im Konzert. Möglicherweise hat Spittas Formulierung *ganz concertmässig* spätere Autoren irregeführt, die das Werk als Versuch gesehen haben, die italienische Konzertform auf dem Weg über „deutsche" Toccaten-Elemente auf die Orgel zu übertragen[13]. Eine Stelle wie T. 67–70 gehört stilistisch letztlich zum norddeutschen Präludium (kurze Phrasen, gebrochene Oktaven im Pedal usw.), obwohl ihr Originalität und Charme nicht abzusprechen sind. Selbst die Hinwendung zur Moll-Subdominante vor der Schlußkadenz des Satzes gehört zu den Konventionen der Toccata (z. B. Moll-Tonika am Ende des ersten Abschnitts von Böhms C-Dur-Präludium). Sowohl der vermeintliche Tutti/Solo-Kontrast als auch die Ritornellform von BWV 564, I sind nicht so eindeutig, als daß zuviel Nachdruck auf die Analogie zum Konzert gelegt werden sollte.

II. Satz

Offensichtlich konzertmäßiger ist das *Adagio, zu welchem sich in Bachs Werken keine Analogie findet* und dessen Melodie, obwohl *für die Orgel erfunden*, eine Begleitung hat, die *die Erinnerung an ein Solo-Adagio mit accompagnierendem Cembalo* weckt[14]. Die Begleitung ist sogar als ein Modellfall dafür genommen worden, wie ein ausgeführter bezifferter Baß aussehen könnte[15], nicht vollstimmig, aber deutlich rhythmisiert[16]. Trotz der Melodie-Struktur – kurze Phrasen, in Übereinstimmung mit den beiden Ecksätzen – sind italienische Elemente zu hören im gleichsam *pizzicato*-mäßigen Pedal, in der durchgehend vierstimmigen Textur, in der Solo-Linie selbst, in bestimmten harmonischen Details (neapolitanischer Sextakkord usw.) und vielleicht in der wiederholten Phrase oder dem Echo am Schluß[17]. Es ist sehr ungewiß, inwieweit irgendeines dieser Elemente von der speziellen Bekanntschaft mit italienischen Konzerten oder italienischer Orchestermusik beeinflußt

---

[10] Lothar Hoffmann-Erbrecht, *J. S. Bach als Schöpfer des Klavierkonzerts*, in: *Quellenstudien zur Musik (Festschrift Wolfgang Schmieder zum 70. Geburtstag)*. In Verbindung mit Georg von Dadelsen hg. von Kurt Dorfmüller, Frankfurt 1972, S. 69–77
[11] Hans-Günter Klein, *Der Einfluß der Vivaldischen Konzertform im Instrumentalwerk Johann Sebastian Bachs*, Straßburg – Baden-Baden 1970, S. 26
[12] Johannes Krey, *Bachs Orgelmusik in der Weimarer Zeit*, ungedruckte Dissertation, Jena 1956
[13] Keller, a.a.O.
[14] Spitta, a.a.O.
[15] Max Schneider, *Der Generalbaß J. S. Bachs*, Jb Peters 1914/15, S. 27–42
[16] Gotthold Frotscher, *Geschichte des Orgelspiels und der Orgelkomposition*, 2 Bde., Berlin 1934/35, S. 870
[17] Die wiederholte Phrase findet sich in P 286 nicht und ist in P 803 (später?) eingeklammert worden.

wurde. Kurze Melodiephrasen sind z. B. in der Trauungskantate *Der Herr denket an uns* BWV 196 (1708?) zu hören. Der Stil des Satzes hat etwas Einfaches und Lehrhaftes an sich, worin sich möglicherweise mehr als nur das frühe Entstehungsdatum spiegelt, wenn man das *Air* aus der Orchestersuite BWV 1068 zum Vergleich heranzieht. Dort halten weder die Baßlinie noch die Mittelstimmen ausschließlich an einem einzigen Motiv fest wie in BWV 564, und die Melodik mit ihren übergehaltenen Tönen und der freieren Linienführung ist eindeutiger violinmäßig.

Ist denn der konzertierende Stil des *Adagios* wirklich besonders streicherartig? Möglicherweise handelt es sich um einen neu ersonnenen Orgelgedanken, der von italienischen Vorbildern unabhängig und aus dem Erfindungsgeist geboren ist, der sich so oft in BWV 564 zeigt. Ganz abgesehen von den mit jeder der drei Stimmen assoziierten wiederkehrenden Rhythmen besteht ein weiteres lehrhaftes Element gerade im Gebrauch der neapolitanischen Sextakkorde, von denen in nur zwanzig Takten fünf vorkommen (a-Moll T. 2, 18, 20; e-Moll T. 7; d-Moll T. 14). Die kurzen punktierten Phrasen, d. h. alle Phrasen mit auftaktigen Zweiunddreißigsteln, stehen ihrerseits stilistisch mit den früheren Kantaten in Einklang, und vergleichbare Verzierungselemente sind in den Figuren zu sehen, die der Reincken-Sonate bei ihrer Bearbeitung als BWV 965 (die Johann Gottfried Walther in P 803 Johann Sebastian Bach zuschreibt) hinzugefügt wurden. Die Tatsache bleibt bestehen, daß das *Adagio* zum Originellsten gehört, was Bach an neuem Orgelklang erprobt hat, und es gibt dazu keine deutliche Parallele, nicht einmal unter den Choralvorspielen. Möglich ist, daß das *Adagio* im Kern von den kurzen Melodiestückchen mit Begleitung angeregt ist, an denen sich Bruhns und andere in manchen Präludien versucht haben (z. B. Bruhns in dem längeren e-Moll-Präludium aus der Möllerschen Handschrift, S. 90–94). Was den neapolitanischen Sextakkord angeht, so hat der junge Bach ihn anscheinend erfinderisch und abwechslungsreich verwendet: in *Arioso*-Sätzen (BWV 564, II), auf dem Höhepunkt einer Fuge (Passacaglia BWV 582) und im melodischen vertauschbaren Kontrapunkt eines Trios (Frühfassung der Sonate BWV 528, II).

Das *Grave* zeigt weitere klar umrissene musikalische Intentionen, indem es nicht nur auf den Harmonien basiert, die durch Vorhalte über einem chromatischen Baß erzeugt werden, sondern insbesondere auf der Wirkung eines verminderten Septakkords, der teilweise als Vorhalt in den nächsten Akkord übergehalten wird:

Es überrascht nicht, daß derselbe Effekt auch in der d-Moll-Toccata BWV 565, T. 130 und dem D-Dur-Präludium BWV 532, I, T. 23 zu hören ist; aber im *Grave* von BWV 564 erscheint er mindestens viermal. Gerade der systematische Gebrauch des Akkords unterscheidet diese Passage von den oft in norddeutschen Toccaten zu findenden *durezza*-Takten, die ohnehin auf einfacheren Fortschreitungen beruhen (z. B. Buxtehudes e-Moll-Präludium BuxWV 142, ab T. 104). Wenn die Verwendung von Vorhalten ursprünglich auch mit Buxtehude assoziiert gewesen sein mag[18] oder mit Frescobaldi und Bruhns[19], und wenn die Stelle in ihrem Kontext, d. h. als Einleitung zu einer lebhaften Fuge, vielleicht auch konventionell ist, so gehört sie doch von der Allgemeinwirkung her in das 18. Jahrhundert (wie die Stelle im D-Dur-Präludium BWV 532) mit ihrem Verlaß auf ein bestimmtes und sehr auffallendes harmonisches Mittel, mit der Stimmenzahl, den „verbotenen" Intervallen der Baßlinie und dem deutlichen, rezitativischen Verbindungsstück zum vorausgehenden *Adagio*.

Vorhaltsharmonien können in jeder Epoche ungewöhnliche Akkorde hervorbringen, wie Frescobaldi, François Couperin und viele andere zeigen. Aber das spezielle Ergebnis der in diesem *Grave* angewandten Technik hat anscheinend sogar die Kopisten verwirrt[20]. So setzt in P 286 das Pedal auf einem Ton ein, der mit den Fortschreitungen in den nächsten Takten vereinbar ist, nämlich Fis (I im folgenden Beispiel).

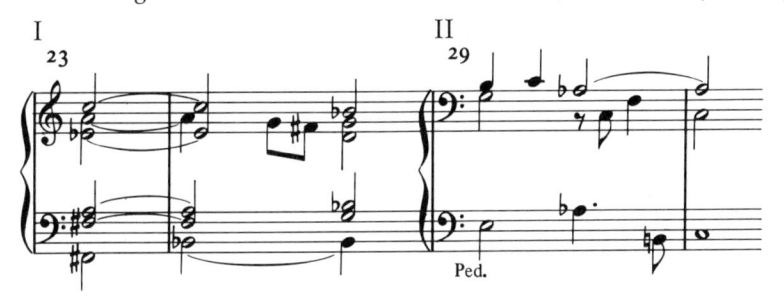

Obwohl assoziativ vielleicht ein durchgehendes B im Pedal vorzuziehen wäre, ist die aufsteigende verminderte Quarte logisch und konsequent. Das gleiche gilt für eine weitere verminderte Quarte aufwärts im Pedal zwei Takte vor Schluß einschließlich der ungewöhnlichen Vertauschung von linker Hand und Pedal[21] (II im vorausgegangenen Notenbeispiel). Eine Quelle, P 803, hat diese Fassung.

Nur mit sorgfältiger Überlegung ist das Problem zu lösen, wie der ganze Satz registriert werden soll: Wie wird das Solo im *Adagio* registriert? Wird das Verbindungsstück mit denselben Registern gespielt? Wie wird das *Grave* registriert? Da Informationen aus den Quellen ebenso fehlen wie vergleichbare Sätze andernorts, kann nur darauf hingewiesen werden, daß ein einzelnes Prinzipal 8' für das *Grave* der früheren italienischen *durezza*-Praxis entsprechen und, auf einer geeigneten Orgel, auch dem Solo der rechten Hand im *Adagio* ein angemessenes Hervortreten garantieren würde. Noch einfacher wäre es, sowohl im *Adagio* als auch im *Grave* nur ein Manual (Prinzipal 8') für beide Hände zu benutzen.

III. Satz

Auffallende Merkmale der Fuge sind die einzigartige Leichtigkeit des Themas (und der von ihm erzeugten Stimmung), die Länge der Verarbeitung (ausführliche Beantwortung der mittleren Einsätze), die anspruchslosen Zwischenspiele und der offensichtlich verhaltene Schluß.

---

[18] Spitta, a.a.O.
[19] Keller, a.a.O.
[20] siehe *NBA*, Serie IV/5–6, Kritischer Bericht, S. 520, 552
[21] *BG*, Bd. XV; *NBA*, Serie IV/6

BWV 564

Formbeschreibung:
- T. 1– 37 vierstimmige Exposition, mit einem für die Permutationsfuge typischen Kontrasubjekt
- T. 37– 43 Zwischenspiel, abgeleitete Manual- und Pedalmotive
- T. 43– 72 Durchführung des Themas in drei Stimmen
- T. 72– 78 Zwischenspiel, Motive wie zuvor (vertauschbarer Kontrapunkt)
- T. 78– 96 Durchführung des Themas in zwei Stimmen (Beantwortung in Engführung imitiert)
- T. 96– 99 Zwischenspiel
- T. 100–109 Themeneinsatz, nur im Pedal
- T. 109–123 Zwischenspiel, Motive teilweise wie zuvor
- T. 123–132 letzter Einsatz, danach
- T. 132–141 Coda, die sich auf verschiedene *brisé*-Figuren stützt

Im einzelnen ist vieles recht ungewöhnlich, einschließlich der Momente, in denen konventionelle Figuren große technische Schwierigkeiten schaffen. Sowohl die Pausen im Thema als auch dessen Ende mit einer punktierten Kadenzformel sind Merkmale, die auch in Fugenthemen von Buxtehude oder Böhm zu finden sind; aber keine Stelle in deren überlieferten Werken reicht an BWV 564 heran, auch wenn lange Themen, einschließlich gebrochener Akkordfiguren, schon Reincken und Buttstedt bekannt waren. Ein vergleichbarer motorischer Schwung ist vielleicht im Thema von BWV 532 zu hören, und Themen, die durch Pausen in drei Phrasen gegliedert werden, sind nicht ungewöhnlich (z. B. BWV 533 und 575); doch wiederum, nichts reicht an BWV 564 heran. Die Block-Akkorde, die der einfache Kontrapunkt hervorbringt (T. 25–26), sind auch für so frühe Fugen wie BWV 533 typisch; weniger üblich ist die Abwechslung, mit der das Hauptmotiv des Kontrasubjekts behandelt wird,

wie etwa die geradezu besessene Führung der Sopranstimme[22] zum e-Moll-Einsatz in T. 78. Die Zwischenspiele sind zu kurz, als daß man die Fuge für eine völlig durchgearbeitete Ritornell-Fuge halten könnte, ob italienisch oder nicht, doch enthalten sie häufig eine clavieristische Spielfigur, die wie eine Anspielung auf die gebrochenen Figuren der norddeutschen Toccata aussieht:

[22] die auch in T. 84 f. das cis''' und d''' des eigentlichen Kontrasubjekts zu vermeiden scheint, d. h. die Töne außerhalb des Umfangs C/D-c'''

Hier hat der Komponist anscheinend ein bekanntes clavieristisches Kunstmittel in den Fugenfluß integriert, anstatt es zur Unterbrechung des Flusses zu benutzen wie Bruhns oder Buxtehude. Wie das Thema kehrt auch die gebrochene Figur das ganze Stück hindurch rondoartig immer wieder, ebenso eine charakteristische Kadenzphrase, die sich ähnlich auch in den frühen Kantaten BWV 131, 71 und 4 findet.

Die letzten zehn Takte vor Schluß sind aus verschiedenen Gründen interessant. Die Pedal-Kadenz, die am Ende eines mehrteiligen Präludiums zu erwarten wäre, ist wiederum „in den Fugenfluß hineingenommen" (wie in BWV 566), und die Fuge schließt mit einem ausgehaltenen Orgelpunkt auf der Tonika, anders als im ersten Satz, wo er abgesetzt ist – ein bewußter Kontrast. P 286 hält das Pedal-C durch bis zum Schlußakkord, der seinerseits die Länge eines ganzen Taktes erhält; der kurze, abgesetzte Schlußakkord von P 803 legt ein starkes Schluß-*rallentando* nahe wie alle diese kurzen Schlußakkorde (z. B. in BWV 547). Aus den beiden genannten Quellen wird die ursprüngliche Lesart des letzten Taktes nicht deutlich. Wenn auch die Schlußtakte des Chorals BWV 735 eine gewisse Ähnlichkeit mit BWV 564 haben, so macht doch das ausgehaltene Pedal im Choral den Vergleich nichtig; desgleichen bewegen sich in BWV 735 im Unterschied zu BWV 564 die Hände die Claviatur aufwärts. Mit oder ohne ausgehaltenes Pedal erscheint der Schluß sehr anspruchslos. Hierin liegt möglicherweise eine Anspielung auf eine der norddeutschen Konventionen: Buxtehudes g-Moll-Präludium BuxWV 163 endet gleichermaßen brüsk, und die Anspielung auf die norddeutsche Tradition in BWV 564 wird noch verstärkt durch den in die letzten drei Takte eingeschleusten erhöhten Ton der vierten Stufe (fis).

BWV 565

Toccata und Fuge d-Moll

Kein Autograph; Abschriften in P 595 (Johannes Ringk 1717–78) und Quellen des 19. Jahrhunderts, alle nach Ringk? (P 924 Grasnick, P 642, Lpz. MB. III. 8.20 Dröbs); Peters, Bd. IV, beansprucht eine Kittel-Handschrift als ursprüngliche Quelle; *BG*, Bd. XV, benutzte eine Handschrift aus dem Besitz von Schubring. Alle vorhandenen Quellen enthalten auch BWV 551 und 532.

Zwei Systeme; Überschrift *Toccata con Fuga* in den Quellen[1], bei Dröbs nur *Adagio, Fuga*. Zu den Tempo- und Satzangaben siehe unten.

Daß die Quellen spät sind, spiegelt sich sowohl in der Häufigkeit und „Modernität" der Bezeichnungen für die Tempi und Abschnitte (zehn in *NBA*, Serie IV/6) wider als auch in den *staccato*-Punkten der Takte 12 ff. und 34 ff. – nichts davon wäre in Toccaten, die vor ca. 1740 kopiert wurden, zu erwarten. Welchen Zweck die Fermaten in den ersten sieben Takten haben, ist nicht sicher: einleuchtender wären sie, zumindest teilweise, über den Pausen (wie in *BG*, Bd. XV) als über dem jeweils letzten Ton der Motive und Phrasen[2], da eine freie Länge der Pausen mehr auf der Linie der

---

[1] *NBA*, Serie IV/6
[2] siehe *NBA*, Serie IV/5–6, Kritischer Bericht, S. 520, 552

beabsichtigten Dramatik zu liegen scheint. Indessen sollte man nicht meinen, daß eine Fermate wirklich ein Pausieren anzeigt oder irgendeinen anderen Zweck hat, als das Augenmerk auf die Phrasenbildung zu lenken, gleichsam wie eine Art *signum congruentiae*. Jedenfalls ist die Notationsweise der ersten zwei Takte ihrerseits so unkonventionell wie die musikalische Geste originell, ganz abgesehen von den Phrasierungsmöglichkeiten der Anfangsfigur:

Traditioneller sind die vielfältigen Notationsweisen des Arpeggios von T. 2 in den Quellen, das Fehlen von Manual-Angaben für deutliche Echo-Stellen in norddeutschem Stil und die „überflüssige" Kennzeichnung des Mittelteils mit *Fuga*[3], um ihn deutlich abzusetzen.

Zweifellos ist BWV 565 eines der originellsten der Bach zugeschriebenen Werke, besonders der Fugenteil ist so „einfach", daß er zum Anlaß wurde, die Authentizität in Frage zu stellen[4]. Die Gesamtform Präludium–Fuge–Postludium bewegt sich in der norddeutschen Tradition (BWV 561, 549, 551, 535a) und ist ihrerseits eine kodifizierte oder systematischere Weiterentwicklung der mehrgliedrigen Toccata, die um 1650 in vielen Gegenden verbreitet war. Aber drei Abschnitte sind nicht so üblich wie vier oder fünf, und wo drei vorkommen, wie z. B. in Buxtehudes D-Dur-Präludium BuxWV 139, wirken sie weniger kadenzmäßig als große Teile von BWV 565. Zweifellos hat Spitta recht, wenn er *noch im Einzelnen manche Spuren der nordländischen Schule* sieht[5], doch die für die *recitativischen Gänge* oder das *fliegende, rollende Laufwerk* benutzten Figuren und andere Motive sind ebenso originell wie oft einfach. Der Anfang ist nicht als *rezitativische Formel* im buchstäblichen Sinne zu sehen, wie vielfach behauptet wird[6], sondern lediglich analog dazu. Außerdem zielt die Einfachheit, mit der der Dominatseptakkord behandelt wird, darauf ab, diesen – offensichtlich in rhetorischer Absicht – dramatisch hervortreten zu lassen, was für die Zeit um 1705, die sonst aufgrund der Form und des kontrapunktischen Stils als Entstehungszeit in Frage käme, kaum typisch ist. In *NBA* wird das Werk z. B. *vor 1708* angesiedelt[7]. Vermutlich hat nicht das „norddeutsche oder Buxtehudesche Präludium" generell das Werk am meisten beeinflußt, sondern Georg Böhms Präludium–Fuge–Postludium, eine Form, die in Lüneburg um die Jahrhundertwende möglicherweise durchaus bekannt war und in einer späteren, von Johannes Ringk angefertigten Handschrift (BB 30381) mit zwei Beispielen vertreten ist. Böhms Präludien in C-Dur und a-Moll beginnen beide wie ein Vorspiel, das verschiedene clavieristische Mittel einschließt und mit einem kurzen Abschnitt mit freier kadenzierenden oder sogar

---

[3] Wilhelm Rust in *BG*, Bd. XV, S. XXXIV
[4] z. B. Roger Bullivant in: *The Fugal Technique of J. S. Bach*, ungedruckte Dissertation, Oxford 1959/60
[5] Philipp Spitta, *Johann Sebastian Bach*, Bd. I, S. 402
[6] Gotthold Frotscher, *Die Geschichte des Orgelspiels und der Orgelkomposition*, 2 Bde., Berlin 1934/35, S. 865
[7] Serie IV/5–6, Kritischer Bericht, S. 518

kadenzmäßigen Fanfarenfigurationen endet. Die einfachen Figuren des ersten Teils von BWV 565 ähneln auch ein bißchen dem Stil von Böhm, wogegen man sich von den Figuren gegen Ende des Werkes eher vorstellen kann, daß sie zu Bruhns passen. Aber weder in den vorhandenen Werken von Böhm noch von Bruhns gibt es überhaupt Figuren, die denen von BWV 565 nahekommen, und selbst wenn es sie gäbe, würden sie wohl kaum so schlicht und in ständiger Wiederholung abgehandelt werden wie in BWV 565. Im ersten Takt wird z. B. eine Figur, die Ähnlichkeit mit solchen Figuren in Bruhns-Präludien hat, die ausgehaltene Akkorde verzieren, „extrahiert", aus dem Kontext herausgenommen und in Oktaven verdoppelt: Der Denkprozeß hinter diesem Verfahren ist unabhängig davon, wie er zustandekommt, sicherlich typischer für das 18. als für das 17. Jahrhundert. Insgesamt resultiert daraus in BWV 565 die Abwertung der Fuge zu einem Zwischenspiel zwischen zwei Tutti-Toccaten; das ist weder für irgendeinen Komponisten, der das Werk beeinflußt haben könnte, noch für andere Werke Bachs in „Böhms Form", z. B. Präludium und Fuge in d-Moll BWV 549a, charakteristisch.

Erster Abschnitt

Trotz der scheinbar formlosen Aneinanderreihung von clavieristischen Effekten am Anfang der Toccata gibt es vier Abschnitte, die durch deutliche verminderte Septakkorde voneinander getrennt sind, und für diejenigen, deren Aufmerksamkeit den musikalisch-rhetorischen Figuren gilt, finden sich in den ersten dreißig Takten *repetitio*, *confutatio*, *gradatio* und weitere Figuren[8]:

- T. 1– 3   kurze Figuren in Oktaven, dann verminderter Septakkord mit Auflösung
- T. 4–12   Triolen-Figuren in Oktaven, dann verminderter Septakkord mit Auflösung
- T. 12–22 zwei Hauptfiguren, dann unaufgelöster verminderter Septakkord
- T. 22–30 Triolen-Figur in Sexten, aufgelöster verminderter Septakkord

Der erste, zweite und vierte Abschnitt endet jeweils in d-Moll, weshalb diese Tonart im Pedal vorherrscht. Das Gewicht auf den verminderten Septakkorden erinnert an Werke wie das g-Moll-Präludium BWV 535 oder antizipiert sie, ebenso die Wiederaufnahme desselben Tons im Pedal nach fanfarenartigen Figurationen im Manual, d. h. das Pedal kehrt zu dem Ton zurück, den es zuletzt vor diesen Figurationen gespielt hatte (BWV 565, T. 22–27 und BWV 535, I, T. 14–32).

Die clavieristischen Effekte, die allesamt offensichtlich in keinem anderen Stück eine Parallele haben, bieten ein Repertoire origineller Details: die Oktaven der ersten zehn Takte, die aufgehäuften verminderten Septakkorde[9], den charakteristischen Rhythmus von T. 3 ff. (über den mangels analoger Stellen Unsicherheit besteht – sind

---

[8] Timothy E. Albrecht, *Musical Rhetoric in J. S. Bach's Organ Toccata BWV 565*, Organ Yearbook 11/1980, S. 84–94
[9] Angesichts der durch die vier Unterabschnitte angedeuteten formalen Gestalt ist es möglich – sogar wahrscheinlich –, daß der verminderte Septakkord von T. 10 genauso wie der von T. 2 gespreizt sein sollte. Da das Arpeggio von T. 2 in Griepenkerls Ausgabe (Peters, Bd. IV) nur durch eine Wellenlinie bezeichnet ist, ist es möglich, daß die Quellen sie in T. 10 auch wegließen.

die Sechzehntel in den Zweiergruppen gleich oder ungleich lang?), die violinistische Passage ab T. 12, gewissermaßen unter Ausnützung der leeren A-Saite, die viermalige Phrase in T. 16–20, die durch Skalenwerk unterbrochen wird, die langen gebrochenen verminderten Septakkorde von T. 22–27. Einige dieser Effekte erinnern an andere Werke, aber nur ganz allgemein. So nehmen die höchst ungewöhnlichen Oktaven am Anfang andere d-Moll-Werke vorweg (Cembalo-Konzert BWV 1052 und dessen Kantaten-Fassung BWV 146, I, Tripelkonzert BWV 1063), und sie wurden sogar verdächtigt, auf das Fugenthema des folgenden Abschnitts anzuspielen[10]:

Hinzu kommt außerdem, daß die Haupt-Melodielinie der zwei Phrasen mit ihren Tönen Motivmaterial liefert, das verwandt ist mit der *melodischen Substanz der ersten Zeile* von Luthers *Wir glauben all an einen Gott*[11], d. h. des Glaubensliedes oder *Credos* (dessen Melodie siehe in Band II unter BWV 680). Die Choralmelodie läßt sich in der Figuration der ersten drei Takte von BWV 565 tatsächlich aufspüren (z. B. Zeile 2 des Chorals in der allerersten Phrase der Toccata), aber daß es sich ganz sicher um eine Anspielung handelt, ist schwer nachzuvollziehen, da Takt und Betonung ganz anders sind – abgesehen von der Unwahrscheinlichkeit, daß Choral-Zeilen in einem freien Präludium auftreten. Es ist ebenfalls schwierig zu sehen, wie nachgewiesen werden kann, daß die unterschiedliche Phrasenbildung durch die Zahlen 3 (Symbol der Trinität) und 4 (Symbol der Welt) bestimmt wird[12], so verführerisch solche Interpretationen auch sein mögen.

Die Triolen-Figuren von T. 4 ff. (beweglich) und T. 22 ff. (statisch) sind komplementär, was darauf hindeutet, daß der Komponist seiner Lieblingsbeschäftigung nachgeht: dem Erfinden eines Motivs, das dann verarbeitet wird, in diesem Fall zunächst in Oktaven, dann in Sexten. Die verminderten Septakkorde werden sehr direkt gehandhabt, gleichsam als ob ein auf Einfachheit ausgesetzter Preis zu einer unerwartet modernen Auseinandersetzung mit dem Akkord geführt hätte. Trotz der verminderten Septakkorde unterscheidet sich die vorherrschende Pedal-Linie der Toccata allerdings tatsächlich nicht so sehr von den traditionellen Fortschreitungen, die aus den Toccaten Pachelbels und anderer Komponisten vertraut sind, d. h. Tonika–Dominante–Tonika. Die violinmäßige Figur von T. 12–15, die verdächtigt werden könnte, eine weitere Anspielung auf das Fugenthema (in Umkehrung) zu enthalten, ist keine gebundene Sechzehntel-Gruppe (Scheidts *violistica*-Stil), sondern verweist offener auf die italienischen Violin-Figuren, und zwar solche, die zum Repertoire der Variationen oder *divisions* gehören, die als integrale Bestandteile in den „Sechs Sonaten" für Violine solo verarbeitet wurden:

---

[10] Hermann Keller, *Die Orgelwerke Bachs*, a.a.O.; Johannes Krey, *Bachs Orgelmusik in der Weimarer Zeit*, ungedruckte Dissertation, Jena 1956
[11] Volker Gwinner, *Bachs d-moll Tokkata als Credo-Vertonung*, MuK 38/1968, S. 240–42
[12] a.a.O.

BWV 1005, IV

Die Dialog-Figur ab T. 16 – eine Manualfigur, auf die Akkorde mit Pedal antworten – hat sich auch von ihren Vorfahren leicht entfernt, wieder wegen ihrer Einfachheit und der häufigen Wiederholung, wogegen die fallende Linie d-c-B-A deutlich traditioneller ist (z. B. Buxtehude, BuxWV 155, T. 6–10). Es könnte sein, daß die offensichtlich einfachen Effekte der Toccata – wie etwa die Akkorde in T. 27–28 – auch in verschollenen oder unbekannten Toccaten norddeutscher Komponisten zu finden wären; solche Akkorde scheinen aber typischer für Kerll als für Bruhns zu sein, der seine Akkorde in diesem Kontext in Frescobaldischer Manier gebrochen hätte. Charakteristischer für die norddeutschen Schulen sind die Sexten-Triolen (vgl. Buxtehude, g-Moll-Präludium BuxWV 149) und das Pedal-Solo in der Kadenz; aber selbst dann ist die Einfachheit der Harmonik auffallend, sowohl in den Sexten-Triolen (ausgezierte verminderte Septakkorde) als auch im Pedal-Solo (ausgezierter Dominantseptakkord).

Zweiter Abschnitt[13]

Das Thema selbst behält die motivische Einfachheit bei, indem es ganz um einen Orgelpunkt-Ton kreist (dasselbe Violin-a′ wie in T. 12 ff.) – anders als z. B. in der C-Dur-Fuge BWV 953, deren Thema sich am Ende von dem wiederholten Ton fortbewegt. Daß die Grundfigur sowohl violin- als auch orgelmäßig ist, wird an vielen typischen Beispielen aus anderen Stücken klar:

Violinsonate BWV 1001, II   Dietrich Buxtehude,
                                 Präludium BuxWV 140

Johann Caspar Kerll (?), Fuge D-Dur (*DTB* II, 2, S. LXI)

Das erste Beispiel ist in seiner Bearbeitung für Orgel (Fuge d-Moll BWV 539, II, T. 66) sogar auf dieselbe Tonlage wie BWV 565 herabtransponiert. Die Assoziationen von Thema und Motiv bedeuten daher, daß der einzige Fugeneinsatz im solistischen Pedal (T. 109) seinerseits eine Art Verweis auf derartige Pedal-Soli in den freieren Abschnitten der norddeutschen Präludien ist (z. B. in Bruhn's G-Dur-Präludium, T. 27).

---

[13] Die Taktnumerierung ist das ganze Stück hindurch fortlaufend.

Obwohl die Exposition der einzige strenge Fugenabschnitt ist, erklimmen Kontrasubjekt, Weiterspinnung und das Zwischenspiel vor dem späten Pedaleinsatz[14] kaum die Höhen der Erfindungskraft. Die erste Beantwortung erfolgt in der Subdominante: ungewöhnlich, obwohl auch aus BWV 539 und 531 bekannt, wo das Thema ebenfalls um den Dominantton der Skala kreist. Die erste Weiterspinnung (ab T. 34) präsentiert die vereinfachte Version einer Satzweise, die sich auch in den Zwischenspielen der Passacaglia-Fuge BWV 582 findet, während die zweite (T. 41 ff.) wie im italienischen Violin-Stil aussieht, ebenso auf andere Weise die *basso-continuo*-ähnliche Stelle T. 50–51. Beim Pedal-Einsatz verwendet der vierstimmige „Kontrapunkt" dieselben Kontrasubjekte wie beim vorhergehenden Einsatz (T. 39) und deutet so auf die aus anderen früheren Werken bekannte Technik der Permutationsfuge hin. Die meisten Einsätze treten ganz isoliert auf, mit Abstand voneinander, und thematische Imitation findet nicht statt.

Die Zwischenspiele bei T. 62 und 74 schließen Phrasenwiederholungen ein, die manche Herausgeber und Spieler an zweierlei Echo-Arten haben denken lassen: das einfache Echo (T. 66–70) und das doppelte Echo (T. 62–63 = T. 64–65, T. 73–74 = T. 75–77, jede zweizeitige Figur wird zweimal gespielt). Nachweise beider Arten sind in den Fugenabschnitten norddeutscher Präludien mager, aber mit Sicherheit war das einfache Echo in den Choral-Fantasien während der Zwischenspiele üblich. In Bruhns' *Nun komm, der Heiden Heiland* (Abschrift Johann Gottfried Walthers in P 802) ist ein einfaches Echo registriert, so daß das Echo auf dem Oberwerk gespielt wird; aber ein mögliches Doppel-Echo übergeht Walther, und die zweite vollständige Phrase ist lediglich eine Wiederholung der ersten. Im allgemeinen gehörte es zur Tradition, daß in den schriftlichen Quellen die Choral-Fantasien zwar mit Registrier-Vorschriften bezeichnet wurden, nicht aber die freien Toccaten, vermutlich weil in den ersteren der Bezug zur Choralmelodie eindeutig hergestellt werden mußte; vielleicht beruht die Diskrepanz aber auch auf der Zufälligkeit der Quellen[15]. Jedenfalls sind es gerade Freiheit und Länge des Fugenteils – seltsam rare Merkmale –, die das Werk aus der Sicht des Manualwechsels unter die Präludien norddeutscher Komponisten einreihen, so daß das einfache, wenn auch nicht das doppelte Echo im Rahmen bleibt.

Obwohl weitere Zwischenspiele auch so einfache Mittel wie Echos (T. 115) und auf elementaren Clavier-Figuren basierende Sequenzen enthalten (T. 98, 122 usw.), ist die Kontinuität der Fuge nicht gefährdet. Denn der Komponist war sorgsam dar-

---

[14] einen weiteren späten Pedal-Einsatz siehe in BWV 543, II

[15] Bruhns' e-Moll-Präludium in der Möllerschen Handschrift enthält am Ende der Fuge dieselbe Kadenzwendung dreimal hintereinander in einer Manier, die an Musik für Streicher von Komponisten wie Biber erinnert, wo Echo-Wirkungen in der Quelle genau angegeben sind. Drei Manuale konnten benutzt werden, um zwei Stärken des Echos wiederzugeben. Das könnte auch die Absicht hinter der einfachen Figur

Nikolaus Bruhns, Präludium e-Moll

im selben Werk sein. Das Fehlen von Registrierangaben war üblich – um verschiedene Interpretationen zu ermöglichen, je nach der verfügbaren Orgel?

auf bedacht, auf jeden Themeneinsatz interessantes Material folgen zu lassen (T. 41, 54, 62, 74, 90, 95, 111, 122) und dadurch ein Gefühl des Vorwärtsdrängens zu erzeugen. Nur gelegentlich beruht dieses Material auf dem Thema (T. 42), und die anderen Figuren sind eher neue Verarbeitungen bekannter Mittel wie Skalen (T. 60, 85, 123) oder gebrochene Akkorde. Bewußt oder nicht, enthalten die hundert Fugen-Takte einen Katalog konventioneller Clavier-Figuren dieser Art. Daraus ergibt sich eine gelegentliche, aber deutlich wahrnehmbare Ähnlichkeit mit anderen Stücken: man vergleiche Textur und Motive der Takte 87–90 mit T. 77 der g-Moll-Fuge BWV 542, II. Auch der Tonartenplan deutet auf einen bewußten Aufbau hin (Tonika, F-Dur, c-Moll, Tonika), in dem der c-Moll-Einsatz in T. 86 (für eine d-Moll-Fuge höchst ungewöhnlich) nicht nur an sich wichtig ist, sondern auch für das Pedal. Dieses hat drei Einsätze, und alle drei sind ungewöhnlich: g-Moll (ein später Zeitpunkt für einen Pedaleinsatz), dann c-Moll (eine ungewöhnliche Tonart) und schließlich d-Moll (ein ungewöhnliches Fugen-Solo). Dieser letzte Einsatz erfolgt nach einem Orgelpunkt auf der Dominante, der nicht zuletzt zusammen mit dem Thema quasi in Umkehrung (T. 103) den Hörer auf die Annahme vorbereitet, der Schluß sei nah. Jedoch kommt der Schluß nicht in T. 112, wie zu erwarten wäre: ein weiteres Zwischenspiel führt zu einem leidenschaftlich bewegten letzten Einsatz in T. 124. Diese beiden Einsätze auf der Tonika (T. 109 und 124) nehmen solche Ritornell-Sätze bei Bach vorweg, in denen das Hauptthema einen „trügerischen" Schlußauftritt in der Tonika hat, der abbricht und auf den schließlich der echte Schluß folgt (z. B. im d-Moll-Konzert für Cembalo BWV 1052, I).

Dritter Abschnitt

Die unterbrochene Kadenz von T. 127 findet sich in Böhms Werken mit der Form Präludium–Fuge–Postludium nicht. Gewöhnlich befestigen freie Schlußabschnitte einen Ganzschluß, der zuvor im letzten Stadium der Fuge erreicht oder fast erreicht wurde. Der dramatische Abbruch scheint typischer für Bach zu sein (z. B. c-Moll-Toccata für Cembalo BWV 911). In BWV 565 hat bereits die Dur-Tonika des Zwischenspiels in T. 115 die Tonart bestätigt, und eine dramatische, schlichte, unterbrochene Kadenz ist logisch. In nicht einmal zwanzig Takten enthält dieses Postludium einen umfangreichen Katalog von Effekten: die *figura suspirans* für alternierende Hände,

übergehaltene Akkorde, die auf die verwickelten Harmonien von *Grave*-Passagen in Präludien hindeuten (T. 130), ein Pedal-Solo mit Fußwechsel, Richtungswechsel in der Tonart (T. 133) mit nachfolgender neuer Manual-Figur, eine weitere Passage, in der einfache Akkorde auf neue Art gesetzt sind, einen streng schmucklosen, einfachen Schluß. Jeder dieser Effekte weist interessante Einzelheiten auf: Das Pedal-Solo steht im Prinzip Buxtehudes Pedal-Soli nahe, neu daran ist jedoch der einfache verminderte Septakkord; die zweite kadenzartige Passage verändert sich beim Absteigen der Figur harmonisch unmerklich (T. 135); die Akkorde von T. 137–40 scheinen in ihrer neuen Schreibweise zugleich originell und einfach (siehe Schluß von BWV 569) und fügen dem norddeutschen Präludien-Repertoire einen weiteren Effekt hinzu. Der schlichte Schluß treibt die zurückhaltende (oft durch Vorhalte gekennzeichnete) Schlußkadenz, die sich bei Buxtehude und anderen findet, zu weit, aber die plagale Moll-Kadenz ganz am Ende ist (wenn die Quellen stimmen) selten, ja sogar einmalig.

* * *

Angesichts der vielen Merkmale von Originalität in BWV 565 – die alle mit so einfachen Mitteln erreicht werden, daß sie nicht für Bach charakteristisch sind – und angesichts der spärlichen Quellen[16] mag es sinnvoll erscheinen, eine bestimmte Möglichkeit in Betracht zu ziehen, die wenigstens einige der rätselhaften Details erklären könnte, nämlich daß das Werk die Orgel-Transkription eines Stücks für Violine solo ist. Das Violin-„Original" müßte nicht unbedingt von Bach gewesen sein; mit Sicherheit hätte es in einer anderen Tonart gestanden (a-Moll, eine Quinte höher).

Argumente gegen eine solche Hypothese wären unter anderem: 1. Weder von Bach noch von irgendeinem anderen Komponisten ist ein Violinstück in solch einer Form bekannt. 2. Bestimmte Akkorde sind zu voll, als daß sie auf der Violine zu spielen wären, selbst wenn sie eine Quinte oder Duodezime höher lägen (z. B. T. 2). 3. Bestimmte Figurationen wie Oktaven (T. 1) und Sexten oder Duodezimen (T. 22, 54, 99, 122) sind auf der Violine nicht ausführbar. 4. Bestimmte Texturen kommen für die Violine überhaupt nicht in Frage (z. B. T. 86 ff.). 5. Wenn es sich um eine Transkription handelte, hätten einige Stellen in einem für das frühe 18. Jahrhundert ungewöhnlichen Maß geändert werden müssen. Es ließen sich aber auch folgende Argumente zugunsten dieser Hypothese anführen: 1. Das Fehlen eines geeigneten Vorbilds heißt nicht, daß es tatsächlich keine Präzedenzfälle gibt. 2. Die Einfachheit von BWV 565 spricht dafür, daß das Werk eher von einem Komponisten der Generation Wilhelm Friedemann Bachs geschrieben wurde, oder dafür, daß das Werk von einem Komponisten transkribiert wurde, der es nicht mehr so direkt übertrug wie Johann Gottfried Walther oder Johann Sebastian Bach es getan hätten. 3. Die meisten Akkorde, Figurationen und Texturen können in anderem Zusammenhang gesehen werden (siehe unten). 4. Die violinistischen Details in BWV 565 (z. B. die Passage mit der „leeren A-Saite" ab T. 12 oder das Fugenthema selbst) könnten daher rühren, daß das Stück wirklich ein Stück für Violine war, wobei die leere A-Saite ursprünglich eine leere E-Saite war (mit der Fugenbeantwortung von T. 32 z. B. unter, nicht über dem Kontrasubjekt?). 5. Viele Details wären weniger rätselhaft, wenn sie nicht für die Orgel geschrieben worden wären (z. B. die anfänglichen Oktaven T. 1–10, der Effekt des beidhändigen Wechselspiels von T. 12–15, die Kadenz über den verminderten Septakkord ab T. 22, der schlichte Fugen-„Kontrapunkt" im allgemeinen, die Fugen-Zwischenspiele im besonderen, die häufige Harmonisierung in Terzenparallelen wie in T. 87 ff., 103 ff., 124 ff., der Einsatz im Pedal solo). Manche Texturen von BWV 565 sind bereits als eigentliche Violinmusik anzusehen, die nur ganz geringfü-

---

[16] Allerdings trägt Johannes Ringks Abschrift Anzeichen, die darauf schließen lassen, daß sie auf einer viel älteren Handschrift basiert, auf die ihn vielleicht Kellner aufmerksam gemacht hat (siehe *NBA*, a.a.O., S. 201–203). Auch die Hochzeitskantate BWV 202, ein zweifellos authentisches Werk, kennen wir primär aus einer von Ringk angefertigten Partitur, die er selbst auf 1730 datiert hat (als er dreizehn Jahre alt war). Aus verschiedenen Quellen geht auch klar hervor, daß Ringk Musik von Bruhns, Böhm und Buxtehude kannte (Martin Geck, *Nicolaus Bruhns: Leben und Werk*, Köln 1968).

gig verändert werden muß – die Stelle ab T. 14, die die Baßlinie in T. 27–29 pointierenden Akkorde, die Echo-Zwischenspiele in der Fuge (vgl. den Schluß der a-Moll-Violinsonate BWV 1003), die kleinen Läufe in T. 85–86 und die Kadenzen (besonders diejenige ab T. 133). Diejenigen Texturen, die nicht so leicht als violinistisch anzusehen sind, erfordern nur mehr Nachdenken, wie sie ursprünglich ausgesehen haben könnten: z. B. gab es in einer Violin-Fassung sicherlich nicht die Oktaven von T. 1 bis 10 (der anfängliche Mordent auf dem oberen e'' hätte sonst eine merkwürdige Parallele zu den Anfangstönen der Violin-Partita in E-Dur BWV 1006, I geboten), die gespreizten verminderten Septakkorde wären anders gespreizt gewesen, die Sexten von T. 22 oder T. 54 hätte es vielleicht nur als isolierte Doppelgriffe gegeben (z. B. auf der ersten Note jeder Gruppe), während andere Momente der Terzen- oder Sextenharmonik einfacher gewesen sein mögen (vgl. die Sexten und Terzen von T. 13–14 in der Fuge BWV 539, II mit der gleichen Stelle in der ursprünglichen Violin-Fassung BWV 1001, II, T. 12–13), und im allgemeinen hätte sich der Fugen-Kontrapunkt von BWV 565 so zu seinem „Original" verhalten wie der Kontrapunkt der Violin-Fuge BWV 1001, II zu seiner Transkription in BWV 539, II. (Es könnte z. B. selbst T. 86ff. in Analogie zu T. 40ff. aus BWV 539, II für Violine „zurücktranskribiert" werden, und dabei ließe sich tatsächlich der seltsame und vielleicht bezeichnende Akkord ohne Terz von T. 89 vermeiden – ein unbedeutenderes Detail des schlecht erfundenen vertauschbaren Kontrapunkts jener Takte.) Der Schlußakkord wäre möglicherweise eine leere Quinte gewesen.

Es stimmt, daß viele Orgelwerke Bachs keine Ähnlichkeit mit anderen Stücken haben: sie sind jeweils einmalige Schöpfungen einer einzelnen Gattung, zu der seine übrigen Werke und die anderer Komponisten lediglich einen allgemeinen Kontext bilden. Aber BWV 565 hat so besonders viele ungewöhnliche Merkmale, daß es kaum nutzlos sein kann zu fragen, ob Bach der Komponist war, ob das Stück gleich als Orgelstück entstand und, falls nicht, ob Bach selbst es sogar auch nur transkribierte[17].

BWV 566

„Toccata und Fuge E-Dur"
„Toccata und Fuge C-Dur"

Kein Autograph; Abschriften in E-Dur in Am. B. 544 (Kirnberger-Kreis), P 320 (Kittel?), späteren Quellen im Kittel-Kreis (P 504, P 557) und der nicht numerierten Handschrift in der Bodleian Library, Oxford; Abschriften in C-Dur in P 803 (Johann Tobias Krebs), P 286 (Johann Peter Kellner), P 203 (Christian Friedrich Gottlieb Schwencke, datiert 1783), P 658 (Michael Gotthard Fischer), P 277 (die ersten beiden Sätze) und P 416 (zweite Hälfte 18. Jahrhundert), der nicht numerierten Handschrift

---

[17] Wenn die Violin-Solosonate nicht überlebt hätte, wäre uns die d-Moll-Sonate für Cembalo BWV 964 (die ebenfalls einige Parallelstellen zur Kunst der Transkription für Tasteninstrumente enthält, wenn man sie mit ihrem Original, der Violinsonate BWV 1003, vergleicht) zweifellos wie ein stilistisch völlig in sich geschlossenes Werk erschienen: ein weiteres alleinstehendes Meisterwerk. Eine das Werk betreffende Annahme gilt bereits allgemein, nämlich daß Bach es selbst transkribierte.

in der Bodleian Library, Oxford, und P 837 (19. Jahrhundert). Von der E-Dur-Fassung haben P 320, P 557, die Erstausgabe (Leipzig 1833) und die Oxford-Handschrift nur die ersten beiden Sätze, P 504 (Grasnick) die letzten beiden; von der C-Dur-Fassung enthält die Oxford-Handschrift nur die beiden letzten Sätze.

Zwei Systeme in P 803 usw.; Überschrift in P 803 *Praeludium con Fuga*; in P 286 *Praeludium con Fuga* [hinzugesetzt: *e Fantasia con*] *Pedal*; in Am. B. 544 *Preludio ou Fantasia con Pedal*; in P 203 und P 837 *Praeludium Concertato*.

Speziell zu fragen ist nach Titel und Tonart. Obwohl in *BG*, Bd. XV, in Analogie zu BWV 564 und zur vierteiligen Cembalo-Toccata die Bezeichnung *Toccata* benutzt wurde, ist *Präludium* ganz eindeutig wahrscheinlicher. Die Titel in den verschiedenen Abschriften zeigen, daß die Kopisten mit vielgliedrigen Werken der von den norddeutschen Komponisten zwischen ca. 1650 und 1700 *Praeambulum* oder *Praeludium* genannten Art immer weniger vertraut waren. Die Annahme geht jetzt dahin, daß die Originaltonart E-Dur war[1] und daß die C-Dur-Fassung angefertigt wurde – vielleicht von Bach selbst[2], vielleicht von Johann Tobias Krebs[3] –, um das Dis im Pedal[4] und/oder über c′ hinausgehende Pedaltöne[5] zu vermeiden oder um die Spielprobleme im ersten Pedal-Solo zu vereinfachen[6]. Einen Beweis für E-Dur als Originaltonart hat man auch in dem Ensemble der Takte 5–8 gehört, das in C-Dur *zu dick* ist und *auf jeder Orgel schlecht klingt*[7]. Für wie glaubwürdig man diesen letzten Grund auch halten mag – und Spitta verwarf ihn, weil *die hohe Stimmung der damaligen Orgeln* bedeutete, daß die Stelle höher klang[8] –, das Problem bleibt in zweierlei Hinsicht immer noch ungeklärt: Welche (wenn überhaupt eine von beiden) war die Originaltonart? Wer gab die Einwilligung zur Transposition? Die gleichbleibende Gestalt des Pedalmotivs im oberen System des folgenden Beispiels[9]

legt nahe, daß C-Dur die Originaltonart war, indessen hätte für den Transponierenden (wer es auch war) keine Notwendigkeit bestanden, die Linien in der E-Dur-Fassung zu verändern. Das Fehlen der ersten Überbindung in der C-Dur-Fassung ist als

---

[1] *NBA*, Serie IV/5–6
[2] Peters-Ausgabe, Bd. III
[3] *NBA*, Serie IV/5–6, Kritischer Bericht, S. 302
[4] *NBA*, a.a.O., S. 525
[5] Walter Emery, *J.S. Bach: Prelude, Trio and Fugue in B flat* (Novello Early Organ Music, vol. 12), London 1959, S. IV
[6] Hermann Keller, *Die Orgelwerke Bachs*, S. 59
[7] Wilhelm Rust in: *BG*, Bd. XV, S. XXXV
[8] Philipp Spitta, *Johann Sebastian Bach*, Bd. I, S. 794
[9] Die Taktzählung ist das ganze Stück hindurch fortlaufend.

Beweis dafür gewertet worden, daß das Stück von E-Dur transponiert worden ist[10]. Freilich weckt die im nächsten Beispiel gezeigte Pedal-Linie

E — vermeidet Cis und/oder dis', e'

C — vermeidet Kontra-A, -H

D — vermeidet Kontra-H, Cis

Zweifel daran, ob E-Dur, C-Dur oder sogar D-Dur[11] die Originaltonart war. Obwohl die ersten beiden Figuren in den C- und D-Dur-Fassungen befriedigen, scheint die höhere Position der dritten Figur, subjektiv betrachtet, die Toccaten-Textur zu ihrem Nachteil einzuengen. Weitere Bereiche, in denen ebenfalls Vermutungen angestellt werden können, begründen eine Transposition von C-Dur nach E-Dur (aus didaktischen Erwägungen?, aus Gründen der Abwechslung?, der Spielpraxis?) und ebenso von E-Dur nach C-Dur, jedoch nicht (wie in dem Violin- bzw. Cembalokonzert BWV 1042 bzw. 1054) von E-Dur nach D-Dur? In einer D-Dur-Fassung hätte das Cis aus dem letzten Beispiel vermieden werden müssen, wie Emery dargelegt hat[12]; aber irgendeine Veränderung ist in jedem Fall notwendig. Daß Vincent Lübeck (1656–1740) ein vierteiliges Präambulum in E-Dur hinterlassen hat, nach dem BWV 566 gewissermaßen als Anerkennung hätte komponiert worden sein können, ist wohl kaum als Beleg dafür zu nehmen, daß BWV 566 ursprünglich in E-Dur stand[13], denn man weiß nicht, welches von beiden Werken zuerst geschrieben wurde und ob Bach das Präambulum von Lübeck überhaupt gekannt hat. Es ist gleichermaßen möglich, daß entweder der Komponist oder der Kopist von BWV 566 das Werk in (späterer) Anerkennung Lübecks von C-Dur nach E-Dur hinauftransponierte.

Einen schwerwiegenden Einwand dagegen, daß die E-Dur-Fassung entweder das Original oder auch nur eine vom Komponisten angefertigte oder genehmigte Transposition ist, bietet die Passage T. 16–17, die in der E-Dur-Fassung Harmonien benutzt, die bei nicht gleichschwebender Temperatur unmöglich und noch bei Bach ungewöhnlich sind, besonders während der frühen Weimarer und Arnstädter Zeit, der das Werk zugeschrieben worden ist[14]. Aber die „entfernten", obwohl in anderen Orgelwerken ebenfalls angestrebten Harmonien (z. B. in Buxtehudes fis-Moll-Prä-

---

[10] Rust, a.a.O.
[11] vorgeschlagen, weil Transpositionen einen Ton auf- oder abwärts üblicher sind
[12] Emery, a.a.O.
[13] wie in *MGG*, Bd. I, Sp. 1013 behauptet; ebenso bei Friedhelm Krummacher, *Bach und die norddeutsche Orgeltoccata: Fragen und Überlegungen*, BJ 71/1985, S. 125
[14] Martin Geck, *Nicolaus Bruhns: Leben und Werk*, Köln 1968, S. 19

ludium BuxWV 146, T. 84–90) sind von manchen Kommentatoren auch als Beweis dafür genommen worden, daß der Komponist das ursprüngliche E-Dur nach C-Dur transponieren mußte[15]. Die Fortschreitungen sind an sich trotz der enharmonischen Schreibweise nicht sonderlich „entfernt", aber die enharmonische Verwechslung der Tonarten macht es erforderlich, daß Dis-Dur so angenehm klingt wie E-Dur. Die Probleme der Temperierung lassen sich also sowohl für die Behauptung verwenden, E-Dur sei eine spätere Transposition, als auch für die, E-Dur sei die ursprüngliche Tonart gewesen.

Trotz der unbeantworteten Fragen zu Ursprung und Geschichte von BWV 566 ist der Formtyp seit langem als *der einzige Versuch Bachs in der motivisch erweiterten Fugenform* Buxtehudes erkannt worden[16]. Zwei Fugen, das Thema der zweiten eine „Variation" des Themas der ersten, werden vorgestellt und durch ein freieres Präludium bzw. Interludium getrennt, wie es seit Frescobaldi üblich war. Anders als z. B. Bruhns' G-Dur-Präludium wird BWV 566 nicht durch einen fünften Abschnitt (Postludium) vervollständigt, der in anderen Werken häufig auf ein paar Takte reduziert ist wie in den Cembalo-Toccaten BWV 911, 912 und 915. In wichtigen Punkten ähnelt BWV 566 der d-Moll-Toccata für Cembalo BWV 913, die vier Hauptabschnitte enthält: Auch dort ist das zweite Fugenthema eine „Variation" des ersten, und der Anfangsabschnitt schließt solche orgelmäßigen Effekte ein wie eine für Pedalstimmen typische Solo-Baßlinie. Allerdings verarbeiten diese und andere Cembalo-Toccaten den dritten Abschnitt lyrischer und melodiöser als in Orgel-Toccaten üblich – unter denen sich das völlig selbständige *Adagio* von BWV 564 sehr ungewöhnlich ausnimmt. Die vier Abschnitte von BWV 566 sind viel deutlicher abgesetzt, als dies häufig bei Buxtehude der Fall ist. Doch innerhalb der verschiedenen Formen der Abfolge Präludium–Fuge–Interludium–Fuge, wie sie in den Quellen überliefert sind[17], bietet das g-Moll-Präludium BuxWV 150 im Andreas-Bach-Buch gewisse Parallelen zu BWV 566, sowohl in der Verwendung von vier Abschnitten als auch in bestimmten Einzelheiten (z. B. Anfang in der linken Hand, danach Orgelpunkt usw.). Buxtehudes Fugen mit Variationsthemen sind ihrerseits Teil einer größeren Tradition (eine Tatsache, die aus Spittas Verallgemeinerungen nicht sichtbar wird). Aber innerhalb dieser Tradition stehen die verschiedenen Abschnitte vielen Möglichkeiten der Behandlung offen. So erhalten sich im dritten Abschnitt von BuxWV 150 Überreste der *durezza*-Toccata (beginnend mit den langsamen übergebundenen Vorhaltsakkorden), während der dritte Abschnitt von BWV 566 gänzlich auf Motiven für Tasteninstrumente aufbaut (Skalen für die Hände, gebrochene Akkorde im Pedal), und der dritte Teil von Lübecks E-Dur-Präambulum ist ganz und gar ein Fugato.

Beide Fugen von BWV 566 geben ganz deutlich Gelegenheit zum Gebrauch eines zweiten Manuals, vorausgesetzt, die zwei Manualchöre sind im Volumen nicht zu unterschiedlich. Die Phantasie wird wohl nicht überstrapaziert, wenn man aus den soloartigen Linien *en dessus* (d.h. rechte Hand, T. 204–214) und *en basse* (linke Hand, T. 227–Ende) heraushört, daß sie nach einer Tertia oder sonst einer besonderen Klangfarbe verlangen.

---

[15] Keller, a.a.O.
[16] Spitta, a.a.O., S. 322
[17] Hans-Jacob Pauly, *Die Fuge in den Orgelwerken Dietrich Buxtehudes*, Regensburg 1964, S. 88f.

Erster Abschnitt

Die freie Form des Abschnitts bewegt sich von einem einstimmigen Anfang hin zu einem harmonischen Orgelpunkt in den Schlußtakten (wechselnde Harmonien unter der Tonika im Diskant T. 29–32); beide Merkmale sind aus der norddeutschen Toccata bekannt, ebenso wie die Figuren im einzelnen (Dreiklänge für die Hände, Figuren mit Fußwechsel für das Pedal, der unerwartete Ton von T. 13 usw.). Nicht so charakteristisch für den traditionellen Anfangsabschnitt der Toccata sind die Vorhaltsakkorde im *organo-pleno*-Stil (T. 5, 13), obwohl es, wo diese z. B. in Bruhns' Präludien auftreten, üblich ist, Motive herauszugreifen und so weiterzuverarbeiten, daß sie den Takten 15 und 22 nicht unähnlich sind. Allerdings tritt der Hang, Motive herauszuziehen und in der Art von T. 24–32 zu erweitern, in BWV 566 ausgeprägter zutage als üblich. Die Passage T. 28–31 ist in dieser Hinsicht besonders interessant, weil es sich bei dem Motiv um eine einfache *figura suspirans* handelt, der das aus den Toccaten der norddeutschen Komponisten vertraute gewöhnliche Sequenzieren erspart bleibt, indem sie in T. 29 herausgehoben und in einen „Ostinato en miniature" verwandelt wird. Eine gewöhnliche Sequenz hatte bereits (ab T. 24) stattgefunden. In den Händen von Bruhns hätte sie durchaus einen Charme entfalten können, der dem vorsichtigeren Bach abgeht.

In den harmoniereichen Passagen lassen bestimmte unglückliche Wendungen an einen Komponisten denken, der nicht so gereift war wie er es dann im Mittelabschnitt der G-Dur-Fantasie BWV 572 sein sollte: Beispiele sind die Unbeständigkeit in der Stimmverteilung und Einzelheiten bei den Vorhalten (letzter Schlag von T. 7, die ♯9–♮9-Fortschreitung in T. 21). Möglicherweise sind die Quellen verdorben: das ais in T. 10 ist unnötig, das aufgelöste d in T. 28 pedantisch; und es überrascht, daß die Pedalfigur in der zweiten Hälfte von T. 9 nicht sequenzierend verarbeitet wird. In jedem Fall ist die Fähigkeit, Harmonien auszuspinnen, mit oder ohne neapolitanische Sexten (T. 14), schon von T. 20 an deutlich.

Zweiter Abschnitt

Der Themenkopf mit der Tonwiederholung führt die BWV 566 durchziehende stilistische Anspielung fort, denn er ist für die Orgel-Toccata mit variierten Fugenthemen typisch:

Nikolaus Bruhns, Präludium G-Dur

Dietrich Buxtehude, Canzonetta BuxWV 171

Obwohl solche Themen unter den modernen Kommentatoren wenig Begeisterung hervorrufen, haben sie ihren Ursprung vermutlich nicht *in der Violinmusik um 1700*[18], sie sind auch nicht bloß *charakteristische Reperkussionsthemen*[19]. Vielmehr haben sie sich aus den verschiedenen Typen derjenigen Fugenthemen entwickelt, die von der Kanzone abstammten und eine lange Tradition hatten:

Heinrich Scheidemann, *Canzon in F*

Girolamo Frescobaldi, *Fiori musicali, Canzon post il comune*

Der zweite Teil des Fugenthemas von BWV 566 beruht auf einer Sequenz, die eine etwas andere Tradition charakterisiert, z. B. das Thema der D-Dur-Fuge BWV 532. Während die Sequenzfigur des Themas einen halben Takt lang ist, umfaßt die kontrapunktische Begleitung gewöhnlich einen ganzen Takt (siehe T. 45–46, 50–51, 62–63 usw.), d. h. es wird nicht automatisch irgendwie gleichförmig sequenziert. Wie in anderen langen, aber frühen Fugen (z. B. BWV 532) sind Sequenzen für die gesamte Behandlung typisch, unabhängig davon, ob sie auf dem Thema selbst basieren oder nicht (z. B. T. 58–59, 84 ff., 104 ff.). Vermutlich ist es eher dieser Faktor als die thematische Anspielung als solche, der die Ähnlichkeit zwischen beispielsweise T. 84 ff. und dem Ende des Präludiums hervorruft. Nichtsdestoweniger sind die vier Teile sorgfältig gearbeitet und gestaltet, zwar ohne die harmonische Reife des Themas von BWV 541, II mit seinen Tonwiederholungen, aber dieses gelegentlich in der Harmonik vorwegnehmend (vgl. BWV 566, T. 81 mit BWV 541, II, T. 14). Die das Thema so beständig begleitenden Kontrasubjekte erinnern hin und wieder an die Kontrasubjekte einer Permutationsfuge – besonders wenn sie in den Komplex der vier Stimmen eingebettet sind, z. B. in T. 73–76 und T. 101–04.

Dritter Abschnitt

Obwohl dieser Abschnitt kurz ist, enthält er die offensichtlichsten Anspielungen auf die norddeutsche Toccaten-Tradition: Skalen, die nicht auf der Taktzeit beginnen, gegen Pedalmotive ausgespielte Läufe, simple Fortschreitungen der Gesamtharmonik (die sich vielen figurativen Behandlungsmöglichkeiten öffnet), Pedal-*trillo*.

Indessen ist die Passage regelmäßiger und nicht so kapriziös wie die Interludien Buxtehudes, da sich diese direkter auf den quasi extemporierten Toccaten-Stil Frober-

---

[18] Keller, a.a.O., S. 60
[19] Willi Apel, *Geschichte der Orgel- und Klaviermusik bis 1700*, Kassel 1972, S. 598

gers und anderer gründen. Wie der Vergleich mit den entsprechenden Momenten in Buxtehudes E-Dur-Präludium BuxWV 141 zeigt, bereiten die Norddeutschen auch einen überleitenden Halbschluß nicht so dramatisch und so deutlich in der Art eines kurzen Theatervorspiels vor wie die Verbindungstakte 131–33 von BWV 566.

Vierter Abschnitt

Der letzte Abschnitt *beginnt als Fuge, wird Choral und schließt als Konzert*[20]. Diese Bemerkung Widors ist weniger zutreffend als daß diese Fuge, jetzt im Dreiertakt, die Tradition der Toccaten-Schlußabschnitte widerspiegelt. Deren aufblühende ornamentierte Schlußpassagen sind in die Fuge selbst eingebettet.

Wie oben das Beispiel aus BuxWV 171 zeigt (S. 279), ist die Verwandlung des anfänglichen Themenkopfes in den Dreiertakt oft durch punktierte Rhythmen gekennzeichnet; Tonwiederholungen erinnern an die Kanzonen-Tradition Frescobaldis. Das Problem speziell bei dieser Verwandlung zur Canzone liegt – wie jeder Spieler weiß – darin, daß das in T. 134 als richtig angenommene Tempo nicht durchgehalten werden kann: die Diminution geht im Verlauf der Fuge viel stärker ins Detail als dies je bei Frescobaldi oder Froberger der Fall ist. Schätzte Bach wie bei den ersten Sätzen der Konzerte die italienischen Tempi falsch ein? Sah er zunächst nicht, daß solche Verwandlungen z. B. in Frescobaldis *Fiori musicali* immer einen lebhaften Dreiertakt bedeuten, der nicht viel Diminution zuläßt? Hielten die deutschen Organisten allgemein die Fuge im Dreiertakt für langsamer als heute angenommen wird?

Die Abhängigkeit des letzten Fugenthemas von BWV 566 von dem Fugenthema des zweiten Abschnitts ist gering (obwohl unverkennbar), und auch das hatte Tradition. Jeder Kommentator, der behauptet, daß die dreizeitige Fuge eines solchen Werkes eine „Variation" der vorausgegangenen Fuge sei, übertreibt, denn nur der Themenkopf ist betroffen. Eher eine Sache der Variation ist in BWV 566 die fugenmäßige Behandlung des gesamten Schlußabschnitts: der letzte echte Themeneinsatz findet noch nicht einmal auf der Hälfte des Abschnitts statt (ab T. 172), wonach das Thema in geistreichen Engführungen (T. 181) variiert oder moduliert (T. 206) oder nur in schwachen Umrissen angedeutet wird (T. 218, 225).

Während die Texturen zeitweilig denen anderer Werke gleichen können (vgl. z. B. T. 209 mit der zehnten Variation der Passacaglia BWV 582, T. 80), ist der polyphone Satz und die fugenmäßige Verarbeitung von einer Lockerheit, die vermutlich nicht auf fehlerhaftes Quellenmaterial, sondern auf das Bestreben des Komponisten zurückzuführen ist, freiere, gewissermaßen toccatenhafte Elemente in den Abschnitt hineinzunehmen und somit einen Kontrast zu der „korrekteren" Behandlung der Fuge des zweiten Abschnitts herzustellen. Die ganze zweite Hälfte dieser zweiten Fuge ist alles andere als regelmäßig, denn weder die Themeneinsätze noch die Zwischenspiele haben einen engen Bezug zur anfänglichen Exposition. Die Passage von T. 188 bis Ende quasi als Chaconne zu betrachten, ist auch nicht möglich. Aber dennoch deutet sich in der häufigen Wiederkehr der Tonika, in der Textur und den Figuren und in dem von Takt zu Takt wechselnden Stil vielleicht eine entfernte Beziehung zu der am Ende einiger norddeutscher Präludien zu findenden Ostinato-Technik an.

---

[20] zitiert nach Keller, a.a.O.

BWV 567

Präludium C-Dur

Kein Autograph; Abschrift in Brüssel Fétis 7327 (Johann Ludwig Krebs); spätere Abschriften ca. 1800 (P 1071) oder 19. Jahrhundert (P 637, P 837).

Überschrift in P 1071 und P 837 *Praeludium pro Organo pleno.*

Zweifel an der Authentizität des Werkes müssen ebenso durch die Art der Quellen entstehen, wie sie aus Einzelheiten, etwa der übermäßigen Sexte in T. 26, herrühren, die möglicherweise auf einen Bach-Schüler, vielleicht Johann Christian Kittel[1], verweist. Spitta, der behauptet, daß bestimmte Elemente im Stück *spät* seien (die durchgängigen drei- und vierstimmigen Legato-Harmonien)[2], hat nicht versucht zu zeigen, daß solche Elemente im späteren 18. Jahrhundert zu Texturen wie dem von Pausen unterbrochenen Legato in T. 20 führten. Während zumindest eine Passage zeigt, daß dem Komponisten Bachs Stil für Tasteninstrumente bekannt war (T. 10 bis 15), und während die letzten fünf Takte Schlußelemente enthalten, die von Bach her durchaus vertraut sind (kleine Septime, kleine Sexte), ist dagegen der „Ton" des vorletzten Taktes einem Johann Sebastian Bach fremd, ebenso wie die Harmonien in T. 8 und T. 17–18. Präludien im 3/4-Takt, die auf über einem Orgelpunkt ab- und aufsteigenden Skalen beruhen, stellten möglicherweise eine eigene Improvisationsgattung dar, worauf ein ähnlicher, aber monothematischer Satz von Johann Caspar Ferdinand Fischer (Präludium XIII aus der *Ariadne musica*, 1702?) schließen läßt. Ein Kommentator hat angenommen, daß die tiefste Stimme tatsächlich für das Pedal geschrieben ist, und hat in BWV 567 die Anwendung der *süddeutschen Figuration* auf die Form einer *norddeutsch beeinflußten Kurztoccata* gesehen[3]. Die Quelle in der Handschrift von Krebs läßt in ihm den Komponisten des Werks vermuten[4].

BWV 568

Präludium G-Dur

Kein Autograph; Abschriften in P 1107 (18. Jahrhundert), Brüssel II.3917, Göttweig Ms. J. S. Bach 34, einer nicht numerierten Handschrift in der Bodleian Library, Oxford, sowie Salzburg, Archiv des Domchores MN 104 und anderen späten Quellen (P 301, P 303, vielleicht P 515).

Überschrift *Praeludium con Pedale* in P 1107 usw.; nirgends Johann Sebastian Bach zugeschrieben.

[1] Hermann Keller, *Die Orgelwerke Bachs*, S. 57
[2] Philipp Spitta, *Johann Sebastian Bach*, Bd. I, S. 398
[3] Gotthold Frotscher, *Die Geschichte des Orgelspiels und der Orgelkomposition*, 2 Bde., Berlin 1934/5, S. 861
[4] Yoshitake Kobayashi, *Neuerkenntnisse zu einigen Bach-Quellen an Hand schriftkundlicher Untersuchungen*, BJ 65/1978, S. 46

Daß der Satz in P 1107, P 515 und P 303 nach dem „Kleinen harmonischen Labyrinth" BWV 591 folgt (wobei BWV 568 und BWV 591 die einzigen Werke sind, die die ersten beiden Handschriften enthalten), hat im Hinblick auf die Authentizität beider Werke nichts zu sagen. Weitere Fragen betreffen das Pedal: Die handschriftlichen Quellen behalten das Pedal-G nur zwei Takte lang bei[1]; das Pedal-D an der entsprechenden Stelle T. 8–10 wird überhaupt nicht ausgehalten; die Viertel-Motive von T. 26, 32, 35 und 56 haben nicht die konsistente Pedal-Linie, die in solchen Takten zu erwarten wäre.

Einzelheiten des unbeständigen polyphonen Satzes, die Sequenzen und die Orgelpunkte lassen vermuten, daß das Werk, falls es tatsächlich von Bach stammt, in dessen früheste Zeit gehört; das wird bestätigt durch das Fehlen thematisch interessanter Gedanken, besonders angesichts der konventionellen Figuren (Skalen, Fußwechsel im Pedal, Sexten über einem Orgelpunkt), die für einen Reincken oder Böhm charakteristisch sind. Indessen enthält das Werk Texturen, die für den Organisten zu üben nützlich sind, z. B. ausgehaltene Akkorde über nicht gekoppelten Pedal-Linien in T. 16–17 (Halbe), T. 18–21 (Viertel), T. 22 (punktierte Achtel). Wie in BWV 569 sind „ausgeschriebene Improvisationselemente" auszumachen: z. B. folgt dem Orgelpunkt auf der Tonika von T. 1 ein Orgelpunkt auf der Dominante von T. 8 wie in Toccaten Pachelbels usw. Es scheint, daß *NBA* (wie Peters) bei der Notation der Takte 1–4 und 8–11 zu scharfe Unterschiede zwischen den beiden Orgelpunkten gemacht hat. Keine der Quellen läßt in T. 8–10 auf ausgehaltene Töne schließen, aber auch nicht in T. 3; nur die Lage der Töne scheint beide Stellen (unwesentlich) zu unterscheiden, und im Interesse des alten Toccaten-Stils ist es wohl vernünftig, das Pedal sowohl in T. 1–2 (nur bis dort) als auch in T. 8–9 auszuhalten.

Trotz Ähnlichkeiten des Pedalmotivs, der Tonart sowie der Skalen- und Akkordfiguren im Manual ist es vermutlich übertrieben, in Bruhns' Toccata in G, einem Werk, das hinsichtlich der Tonart viel weniger statisch ist, ein Vorbild für BWV 568 zu vermuten[2]. In T. 26 dieses Präludiums wird der Fluß der Sechzehntel wegen einer Hinwendung zur Tonikaparallele unterbrochen, genauso wie in der wenig bekannten Fantasia, die die Fuge BWV 951a in einer Quelle begleitet. Obwohl es gleichfalls übertrieben ist, in BWV 568 eine *vorzügliche dreiteilige Anlage* zu sehen[3], erweist sich, daß die Verwendung wiederkehrenden Materials (T. 1, 8, 23, 44) zu einer formalen Anlage führt, die aus norddeutschen Präludien nicht bekannt ist. Eigentlich ist BWV 568 am besten als eine *Weiterbildung der süddeutschen Pedalorgelpunkt-Toccata* zu betrachten, an der das Pedal jetzt aktiver teilnimmt[4]. Anderes Material kehrt ebenfalls wieder (z. B. T. 36 und 51). Trotzdem fällt es nicht schwer, Spitta beizupflichten, daß *der Hauptzweck* des Stücks *die Entfesselung eines brausenden Tonstroms* ist[5], dem bereits der Schwung und ein Sinn für Kontinuität die Würze geben. Indessen bleibt die Frage nach dem Komponisten noch immer unbeantwortet.

---

[1] *BG*, Bd. XXXVIII, S. XXIV
[2] Martin Geck, *Nicolaus Bruhns: Leben und Werk*, Köln, 1968, S. 21
[3] Hermann Keller, *Die Orgelwerke Bachs*, S. 21
[4] Gotthold Frotscher, *Die Geschichte des Orgelspiels und der Orgelkomposition*, 2 Bde., Berlin, 1934/5, S. 861
[5] Philipp Spitta, *Johann Sebastian Bach*, Bd. I, S. 397

BWV 569

Präludium a-Moll

Kein Autograph; Abschriften in P 801 (Johann Gottfried Walther), Lpz. MB. Ms. 7, 22 (Johann Gottlieb Preller), P 288 (Johann Peter Kellner), P 837 (ca. 1829), P 1105 und Brüssel II.3913 (zweite Hälfte 18. Jahrhundert) und späteren Quellen einschließlich solcher aus dem Kittel-Kreis (LM 4842e, Lpz. MB. III.8.16), die vielleicht auf der in der Peters-Ausgabe, Bd. IV, erwähnten und verschollenen Kittel-Handschrift beruhen.

Zwei Systeme; Titelblatt in P 801 (in der Handschrift von Johann Ludwig Krebs) *Praeludium pro Organo pleno con Pedale*; Titel von Walther in P 801 nur *Praeludium*.

Daß Walther das Werk Johann Sebastian Bach zuschreibt, scheint die Authentizität von BWV 569 sicherzustellen. In dem Fall gehört es möglicherweise in die früheste Schaffensperiode[1]. Für Spitta hört sich das Stück *etwas monoton*[2] an, obwohl er auch den erfinderischen Gebrauch der Motivik und Harmonik bewunderte. Das Hauptmotiv nimmt vielerlei melodische Gestalten an, unter denen die folgende

nur allmählich als die einfachste und wichtigste emportaucht. Das einzige unveränderliche Merkmal ist der Rhythmus 3/4 ♩♩♩ | ♩, der gelegentlich als ein Merkmal des süddeutschen Präludiums[3] beschrieben wird: tatsächlich ist gerade dieser Rhythmus das eigentliche „Motiv" und zentrale Anliegen des Satzes. Der offensichtlich verschiedenartige, aber in der Praxis Einheitlichkeit bewirkende Gebrauch des Motivs über ungefähr einhundertfünfzig Takte hinweg ist weniger für „Bachs früheste Jahre" charakteristisch als für die Zeit, in der er und Johann Gottfried Walther ein besonderes Interesse für die *figurae* bekundeten, nämlich ca. 1707/08 (siehe auch BWV 571).

Mehrere Details deuten darauf hin, daß der Satz in die Chaconne-Tradition gehört, vielleicht in die Tradition der *chaconne en rondeau* (z. B. in Muffats *Apparatus musico-organisticus*, 1690): 3/4-Schlag in vier- oder sechstaktigen Einheiten; das regelmäßige Auftreten besonders einfacher, sequenzierender Zwischenspiele (T. 9, 27, 54 usw.); eine vorwiegend absteigende harmonische Linie für jede Phrase; Kontinuität in Verbindung mit vielfältigen Figuren, von denen viele für Passacaglien von Muffat, Pachelbel usw. für Tasteninstrumente typisch sind (z. B. ab T. 73 oder T. 133). Die letzten vierundzwanzig Takte lassen z. B. an ein Zwischenspiel denken, dem drei (oder vier?) chaconneartige Variationen folgen und dann eine Coda. Andere Mo-

---

[1] Georg von Dadelsen in seinem Plattentext zur Langspielplatte Telefunken 6.35076
[2] Philipp Spitta, *Johann Sebastian Bach*, Bd. I, S. 398
[3] Gotthold Frotscher, *Die Geschichte des Orgelspiels und der Orgelkomposition*, 2 Bde., Berlin 1934/5, S. 861

mente, besonders der Anfang, legen den Gedanken an eine ausgeschriebene Improvisation nahe: an ein Werk, das seinen Dreiertakt erst in T. 4 oder sogar T. 5 enthüllt. Manche Figuren oder Harmonien verweisen auf die Orgelmusik von Buxtehude oder anderen Norddeutschen, besonders die „harmonischen Orgelpunkte" ab T. 36 oder T. 80; und andere deuten auf Gedanken hin, die von einem reiferen Bach entwickelt wurden (vgl. die Imitation von T. 49 und die Gigue der Partita V, G-Dur, BWV 829). Schöneich[4] sieht den Satz als aus vier Abschnitten gebaut (T. 1–48, 49–85, 86–116, 117–52), die in gewissem Sinne aus fallenden Skalen abgeleitet sind, aber mit einem teilweise ostinaten Thema, das Buxtehudes e-Moll-Chaconne BuxWV 160 nahesteht.

BWV 570

Fantasie C-Dur

Kein Autograph; Abschriften in Lpz. MB. III.8.4 (Andreas-Bach-Buch), P 804 (Johann Peter Kellner?), P 279 (ca. 1800) und späteren Quellen (P 308, BB 30069).

Zwei Systeme (keine Pedal-Hinweise); Überschrift im Andreas-Bach-Buch, in P 804 und P 279 *Fantasia*.

Auch bei diesem Satz stellen sich die Fragen: Ist er für Orgel mit Pedal geschrieben? Ist er authentisch? In der Peters-Ausgabe, Bd. VIII, ist er auf zwei Systemen veröffentlicht, und Spitta hielt den Satz nicht nur für ein Manual-Stück, sondern vermutete, daß die Cembalo-Fuge in C-Dur BWV 946 damit *ursprünglich zusammenhing*[1], obwohl die Quellen dies nicht bestätigen. Wenn BWV 570 authentisch ist, muß es in die früheste Schaffensperiode des Komponisten gehören: die nicht thematische Handhabung der vier Stimmen vermittelt tatsächlich den Eindruck eines Übungsstücks, das zu einem *sehr sorgfältig gebundenen Spiel und Leichtigkeit im Ablösen der Finger auf derselben Taste*[2] anregt. Man weiß nicht, ob die Überschrift *di J. S. B.* im Andreas-Bach-Buch die Authentizität gewährleistet. Doch neben Werken im selben Sammelband betrachtet, die vermuten lassen, daß der junge Bach sein Netz weit auswarf in dem Bestreben, möglichst viele Techniken zu erlernen – die Fantasien h-Moll BWV 563 und c-Moll (autographe Tabulatur)[3] sind zwei weitere Beispiele – ließe sich die Fantasie C-Dur BWV 570 ganz plausibel als ein weiterer stilistischer Versuch des jungen Komponisten beschreiben. Es wäre möglich, daß solche freien Werke als Gegenstücke zu den „Neumeister-Chorälen" dienten, denn von einigen dieser Stücke (BWV 1091, 1093, 1116) unterscheidet sich die C-Dur-Fantasie tatsächlich gar nicht so sehr.

---

[4] Friedrich Schöneich, *Untersuchungen zur Form der Orgelpräludien und Fugen des jungen Bach*, ungedruckte Dissertation, Göttingen 1947/48, S. 171ff.

[1] Philipp Spitta, *Johann Sebastian Bach*, Bd. I, S. 398

[2] a.a.O.

[3] BWV Anh. 205: anonymer Eintrag, 1981/82 von Dietrich Kilian und Hans-Joachim Schulze als Bach-Autograph identifiziert und auf 1706–10 datiert

Der stilistische Ursprung des Satzes ist bei Pachelbel gesehen worden[4], ebenso der Einfall, ihn als *Fantasia* zu bezeichnen[5]. Wie jedoch der Anfang des gleichermaßen fraglichen G-Dur-Präludiums BWV 902 zeigt, waren verschiedene stilistische Varianten der durchgängigen Vierstimmigkeit in verschiedenen Kontexten üblich; sie waren von Sätzen für *plein jeu* in einem *Livre d'Orgue* bis hin zu den *Magnificat*-Vertonungen und anderen Präambeln der süddeutschen Komponisten zu finden. Solche stilistischen Varianten sind durch eine nur begrenzte Anzahl von technischen Mitteln gekennzeichnet, und es lassen sich viele Parallelen mit BWV 570 finden, z. B.:

BWV 570

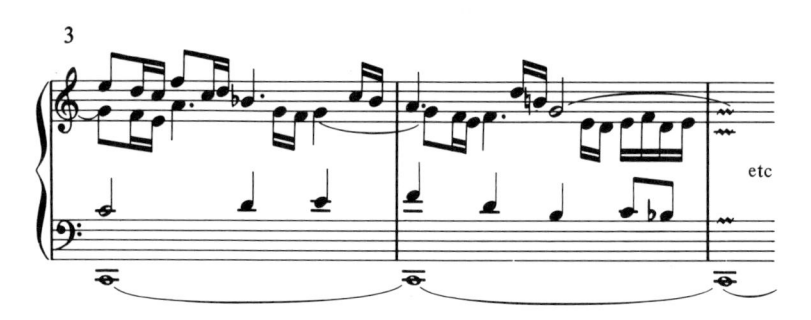

Johann Speth, *Ars magna consoni* (1693), Toccata C-Dur

Daß die Baßlinie motivisch ist, unterscheidet sie wohl von süddeutschen Pedalstimmen (die häufig nicht obligat sind) und macht es zugleich unwahrscheinlicher, daß sie von Anfang an für das Pedal bestimmt war. Die Fantasie ist auch länger als die meisten süddeutschen Toccaten, und ihre Motive (Achtel-Linien, dann Daktylen, dann vollere Sechzehntel) sind kumulativer angelegt – in dieser Hinsicht BWV 571 nicht unähnlich.

---

[4] Fritz Dietrich, *Analogieformen in Bachs Tokkaten und Präludien für die Orgel*, BJ 28/1931, S. 51–71
[5] Hermann Keller, *Die Orgelwerke Bachs*, S. 53

BWV 571

Fantasie G-Dur

Kein Autograph; Abschriften in P 287 (Johann Peter Kellner), Lpz. Poel. 28 und Brüssel Fétis 2960 (beide Ende des 18. Jahrhunderts).

Zwei Systeme; Überschrift in P 287 *Fantasia*, in Poel. 28 *Concerto*, in Fétis 2960 *Partita*.

Obwohl in P 287 drei Pedal-Hinweise vorhanden sind, gibt die Peters-Ausgabe, Bd. IX, das Werk nur auf zwei Systemen wieder. Aber die Tonwiederholungen und verschiedenen Texturen deuten darauf hin, daß das Werk für Orgel geschrieben ist. Grundlegendere Zweifel bleiben hinsichtlich der Authentizität. In gewissem Umfang tragen die drei Sätze, deren erster direkt in den zweiten übergeht, Zeichen der Konzertform: 1. ritornellartiges Thema aus Tonwiederholungen, mit Sechzehntel-Zwischenspielen; 2. ein langsamer Satz, der nicht auf einer Melodie beruht, sondern auf einem imitatorisch behandelten Thema (*rectus* und *inversus*); 3. Allegro, das eine Reihe von Variationen über die schrittweise ein Hexachord bzw. eine Oktave absteigenden halben Noten enthält oder verschiedene Behandlungen derselben. Die Ausarbeitung erhebt sich selten über die Erfindungskraft z. B. von Johann Gottfried Walther hinaus, dessen generelles Interesse an bestimmten Sechzehntel-Modellen und *figurae* möglicherweise direkt oder indirekt zu diesem Werk geführt hat, obwohl das gängige Thema des ersten Satzes in Kuhnaus *Clavier-Übung* gefunden wurde[1]. Die verschiedenen Abschnitte lassen auf einen Komponisten schließen, der mit bestimmten Modellen arbeitet und mit ihnen einen Satz durchzuhalten versucht. Die Modelle des dritten Satzes sehen wie Walthersche *figurae* aus[2]:

Spitta hat eine thematische Einheit gehört, die die drei Sätze miteinander verbindet (das absteigende Thema des dritten Satzes ist eine vereinfachte Version des Themas des zweiten, das seinerseits schon eine Umkehrung des ersten Themas ist) und daher den Einfluß Buxtehudes, so daß *über die Entstehungszeit der Composition kaum ein Zweifel aufkommen* kann; es war die Zeit, als Bachs *universales Talent die verschiedenen Richtungen seiner Zeit völlig zu verarbeiten die Kraft hatte*[3]. Eine dieser „Richtungen seiner Zeit", die er aufnahm, zeigte sich in der Imitation Corellis (siehe dazu

---

[1] Gotthold Frotscher, *Die Geschichte des Orgelspiels und der Orgelkomposition*, 2 Bde., Berlin 1934/5, S. 858
[2] Die Takte werden im ganzen Stück fortlaufend gezählt.
[3] Philipp Spitta, *Johann Sebastian Bach*, Bd. I, S. 318f.

eine Bemerkung in Band III, Kap. 11, wo BWV 571 mit einer Stelle in Corellis Violinsonaten op. 5 verglichen wird). Aber diese bedeutenden Einflüsse sind möglicherweise weniger wichtig als das anhaltende Interesse des Komponisten an der Ausschöpfung der im letzten Beispiel gezeigten Motive. Und auch die Tatsache, daß der mittlere Satz ebenfalls an ein Thema von Kuhnau erinnert[4] und der dritte an den Anfang des Fugen-Schlußsatzes aus dem C-Dur-Konzert für drei Cembali BWV 1064 (dessen Baßlinie selber lange Zeit eine bekannte Ostinato-Phrase gewesen war), ist vielleicht weniger ein Schlüssel zum Verständnis des Werkes als die offenkundige, wenn auch einfache Verarbeitung von *figurae*.

BWV 572

Fantasie G-Dur

Kein Autograph; Abschriften in P 801 (Johann Gottfried Walther ca. 1717–20?), P 1092 (aus dem Besitz von Oley), Am. B. 54 und Am. B. 541 (Kirnberger-Kreis), P 320 (Kittel), P 288 (Johann Peter Kellner), Scholz-Handschrift, BB 30386 (aus dem Besitz von Goldberg?, nur der erste Abschnitt), Musikwissenschaftliches Seminar der Universität Bonn Ec.252.2 und anderen Quellen aus der zweiten Hälfte des 18. Jahrhunderts (P 837, zwei weitere Abschriften in P 288) und später (P 414 nur der erste Abschnitt, LM 4838), einschließlich der vom Kittel-Kreis abstammenden Quellen (P 510, LM 4842h nur erster Abschnitt) oder Bearbeitungen (St 626, ca. 1800, und Göttweig Ms. J. S. Bach 4: beide enthalten nur den zweiten Abschnitt, für fünf Streichinstrumente).

Zwei Systeme; den meisten Quellen (einschließlich des Katalogs von 1781 aus den *Bach-Dokumenten*[1]) gemeinsame Überschrift wie in P 801 wiedergegeben: *Piece d'Orgue di Giov: Sebast: Bach*, oft erweitert zu z. B. *Piece d'Orgue à 5 avec La Pedalle continu composé par J. S. Bach* (P 1092); in Am. B. 54 und Am. B. 541 *Preludio per l'Organo col Pedale obligato* [...]. In verschiedenen Quellen über T. 1 die Überschrift *très vitement*[2]; T. 29 *gayement* in P 801, aber *gravement* in den meisten anderen Quellen und *Allegro* in Am. B. 541 und BB 30386; T. 186 *lentement* (P 801) usw.) oder *lento*, aber nicht in allen Quellen. Der Mittelteil ist in P 288 stark verziert.

Es ist gut möglich, daß Walthers *gayement* für den Mittelteil – vgl. *gai* für die Fuge der französischen Ouvertüre in der Kantate BWV 61 (1714) – fälschlicherweise statt *gravement* gelesen wurde, da eine majestätische Mitte fraglos zu der einfachen und einzigartigen Anlage des Satzes zu passen scheint (wogegen Walther *gayement* in seinem *Musicalischen Lexikon* von 1732 als *lustig, freudig* definierte[3]):

[4] Hermann Keller, *Die Orgelwerke Bachs*, S. 54

[1] *Bach-Dokumente*, Bd. III, S. 269
[2] BG, Bd. XXXVIII, S. XXVII
[3] *Gravement* und *gayement* waren in französischen Quellen in der Regel nebeneinander verwendete Bezeichnungen: so werden beide in François Couperins Sonate *La Françoise* – etwa dreißig Jahre nach der Entstehung veröffentlicht (*Les Nations*, Paris 1726) – immerhin während der ersten acht Sätze ständig abwechselnd gebraucht.

T. 1– 28[4] auf beide Hände verteilte Solo-Linie aus gebrochenen Akkorden, die „Orgelpunkte" im Sopran (T. 1–2) oder Baß (T. 3–4) in sich schließt, und Rückverweise auf den Anfang, genau (T. 5 und, in P 801 und Am. B. 541, T. 15) oder verändert (T. 17 – „Teilreprise"); letzter gebrochener Orgelpunkt auf der Tonika ($\begin{smallmatrix}5&7&5\\3&4&3\\&2&\end{smallmatrix}$)

T. 29–185 fünfstimmige Harmonien im *alla-breve-* oder *plein-jeu*-Stil, auf Skalenlinien basierend (aufsteigende ganze Noten, fallende Viertel); periodische Kadenzen in neuen Tonarten, in denen das Thema in ganzen Noten zu hören ist (T. 29 G-Dur, T. 40 D-Dur, T. 59 h-Moll, T. 68 G-Dur, T. 76 a-Moll, T. 95 e-Moll, T. 118 a-Moll, T. 131 g-Moll, T. 142 d-Moll, T. 158 G-Dur) vor seinem letzten Auftreten in Terzen, die sich über einem Orgelpunkt auf der Dominante zur Sechstimmigkeit erheben (T. 177)

T. 186–202 auf beide Hände verteilte Solo-Linie aus gebrochenen Akkorden, jetzt angereichert mit *Acciaccaturen* und über eine Pedal-Linie gesetzt, die chromatisch absteigt (im Gegensatz zu den diatonisch aufsteigenden Skalen des zweiten Teils) und sich auf einem Orgelpunkt auf der Dominante festsetzt

Trotz ihrer unterschiedlichen Technik ist den drei Abschnitten gemeinsam, daß sie sich nicht auf Melodien oder thematischen Kontrapunkt stützen, sondern auf wechselnde Harmonien, die durch gemeinsame Töne der jeweils benachbarten Akkorde verknüpft sind, seien diese übergebunden und mit Vorhalten versehen (Mittelteil) oder gebrochen und wiederholt angeschlagen (äußere Teile). Die „verbindenden Töne" im dritten Abschnitt sind häufig die harmoniefremden Töne in Art der *Acciaccaturen* (siehe unten). Ganz abgesehen von dem Charme des ersten oder der Majestät des zweiten Teils ist das Werk eine einmalige *tour de force* an harmonischer Manipulation. Die drei Teile sind deutlich abgesetzt; aber sonst haben sie entweder überhaupt keine den Zusammenhang unterbrechende Kadenz (äußere Teile), oder Vorhalte hindern die Kadenzen daran, den Bewegungsablauf aufzuhalten (Mittelteil).

Insgesamt besitzt die Fantasie nirgends eine enge Parallele, trotz der Tradition der mehrgliedrigen Toccata (Buxtehude und andere) und des *Offertoire* (de Grigny und andere). Dem einfachen dreiteiligen Aufbau von Toccaten wie denjenigen Johann Speths (*Kunst- Zier- und Lust-Garten*, Augsburg 1693) sollte kein zu naher Einfluß unterstellt werden[5], weil ihre drei Teile in der formalen Technik denen von BWV 572 nicht entsprechen, außer vielleicht im (stark verdeckten) Orgelpunkt am Anfang und Schluß. Auch ist – weitaus wichtiger – keiner der drei Abschnitte solcher Toccaten mit dem befaßt, was Hauptziel von BWV 572 zu sein scheint, nämlich mit der Verarbeitung von nicht thematischen Harmonien zu verschiedenen Zwecken, wobei jeder Abschnitt ganz scharf von den anderen getrennt ist. Das Maximum an Vielfalt in der Einheit in BWV 572 ist tatsächlich trotz seiner Einmaligkeit höchst charakteristisch

---

[4] Die Takte werden im ganzen Stück fortlaufend gezählt.
[5] wie bei Fritz Dietrich, *Analogieformen in Bachs Tokkaten und Präludien für die Orgel*, BJ 28/1931, S. 51–71

für den Komponisten. Nur ein paar einzelne Elemente in jedem Abschnitt lassen an offensichtliche Parallelen in anderen Werken denken, von denen einige weiter unten diskutiert werden. Besonders wichtig für den Spieler ist die wahrscheinlich beabsichtigte Tempo-Relation, die sich aus einem gemeinheitlichenden gemeinsamen Taktschlag zwischen den Abschnitten ergibt, so daß ♩. = ♩ = ♪ wird (siehe auch BWV 552, II und das *Italienische Konzert* für Cembalo BWV 971).

Der französische Titel ist möglicherweise durchaus von Bedeutung. In P 801 steht er in auffallendem Gegensatz zum Titel der Albinoni-Fuge BWV 951 mit ihrem „Hühnerlatein" (zu solchen Titeln siehe die Legrenzi-Fuge BWV 574). Doch was ist an BWV 572 französisch? Schon die Tonart, G-Dur, kann durchaus eine Anspielung enthalten (sie ist die Tonart von Couperins *Messe des Couvents* und sonstiger Musik für *plein jeu*), aber wohl kaum mehr. Es ist möglich, wie vorgeschlagen wurde[6], den ersten und dritten Abschnitt mit einer simulierten *plein-jeu*-Registrierung zu spielen (Labialchor in Oberwerk oder Brustwerk) und den mittleren Abschnitt mit einem simulierten *grand jeu* (Zungenstimmen im Hauptwerk, Cornet, Prinzipal 4'). Aber der musikalische Unterschied zwischen *plein jeu* und *grand jeu* ist in keinem einzigen *Livre* so klar definiert, wie es den Anschein erwecken würde, wenn man mit BWV 572 in dieser Weise verführe. Nichtsdestoweniger hat die *alla-breve*-Harmonik des Mittelteils wirklich (weiter unten beschriebene) französische Charaktermerkmale, wie fremd auch der toccatenartige Rahmen um den Mittelteil herum oder selbst der Gegensatz von *plein jeu* und *grand jeu* im selben Werk innerhalb der *Livre*-Tradition gewesen sein mögen[7].

Es gibt noch andere Besonderheiten der Notierung in BWV 572 in seiner durch verschiedene Quellen auf uns gekommenen Form. Die Punkte in T. 1, 5 und 17 sehen sehr wie *staccato*-Punkte aus und fanden sich in den frühesten Abschriften wohl nicht. Dagegen ist die Verteilung auf linke und rechte Hand in den äußeren Abschnitten in den meisten Quellen deutlich und legt daher nahe, daß dieselben Takte (1, 5 und 17) die Balken oben haben sollten (= rechte Hand) und nicht unten wie in *NBA*, Serie IV/7. In den Takten 4, 8, 10 usw. (plus Auftakt) sind Echos möglich, aber nir-

---

[6] z. B. von Hans Klotz in seinem Aufsatz *Les Critères de l'interprétation française sont-ils applicables à la musique d'orgue de J.-S. Bach?*, in: *L'Interprétation de la musique française aux XVIIe et XVIIIe siècles, Colloques Internationeaux du CNRS,* Paris 1969, S. 155–172

[7] Es ist verführerisch, das Kontra-H in T. 94 als Anspielung auf den langen Umfang *en ravalement* zu sehen, der in einigen französischen Orgel-Pedalen des späten 17. und 18. Jahrhunderts für die Zungenregister zu finden ist. Was das Kontra-H in T. 94 harmonisch bezweckt, ist klar, aber man weiß nicht, ob der Ton authentisch ist, ob das d' von T. 138 und 171 beweist, daß das Stück nicht von A-Dur abwärts transponiert worden sein kann, warum das Kontra-H nur einmal verwendet wird und das Kontra-A nie (trotz mehrerer Themeneinsätze auf A) usw. Im Fall der C-Dur-Fuge BWV 564, III gibt die Abschrift in P 286 unmittelbar vor dem Schluß (T. 138 ff.) ausnahmsweise ein Kontra-H, das aber *unglaubwürdig* ist, *weil es auf keiner deutschen Orgel zur Zeit Bachs enthalten war* (*NBA*, Serie IV/5–6, Kritischer Bericht, S. 492, 691); doch bei der Abschrift der C-Dur-Fuge BWV 566 in P 286 schreibt Kellner wiederum ein Kontra-H (T. 18). Was Kellner auch mit diesen Tönen gemeint haben mag, es ist wohl kaum noch aufrechtzuerhalten, daß BWV 572 *der einzige Fall ist, daß Bach die C-Grenze nach unten überschreitet* (Hans Klotz, *Bachs Orgeln und seine Orgelmusik,* Mf 3/1950, S. 200), zumal da es unklar ist, wer „überschreitet" – Bach, Kellner, ein anderer Kopist? Aber eine noch wichtigere Frage: Ist das Pedal vor dem dritten Abschnitt von BWV 572 erforderlich?

gends angezeigt, genausowenig wie in der (gleichzeitigen?) C-Dur-Toccata BWV 564.
Zu den hochverzierten Lesearten des *plein jeu*-Mittelteils siehe Band III, Kap. 25.

Erster Abschnitt

Trotz der Neigung einiger norddeutscher Komponisten, in ihrem freien fanfarenartigen Toccaten-Laufwerk eine Figur zu verarbeiten, ist der Anfang von BWV 572 höchst eigenständig. Reinckens Toccata in G-Dur aus dem Andreas-Bach-Buch spielt wohl mit so einer Figur,

73

aber sie fängt nicht damit an, verarbeitet sie auch nicht so weitgehend und nicht in so regelmäßigen Mustern. Keine vorhandene Toccata eines anderen Komponisten erreicht den langen Atem der Solo-Linie von BWV 572, obwohl bereits bemerkt worden ist[8], daß die Idee der Sechzehntel-Läufe in den Händen und einer nachfolgenden *durezza*-Passage mit Pedal sich z. B. auch in einem Präludium von Christian Friedrich Witt (gest. 1716) findet. Gleichermaßen kommen Wiederholungen in BWV 572 durchgehender vor, und die Fortschreitungen haben nicht so sehr reinen Verzierungscharakter. Allerdings lassen Wiederholungen wie in den Takten 3–4, 11–12 usw. auch an eine echoartige Behandlung denken, wie sie in einem Präludium von Bruhns erforderlich ist. Wenn jedoch Echo-Wirkungen beabsichtigt gewesen wären, hätte auch T. 24 wiederholt werden können, was aber nicht geschieht.

Zweiter Abschnitt

Der Mittelteil hat augenfälligere Ähnlichkeiten mit anderen Werken, die von der Art, wenn auch nicht von der Ausführung her vergleichbar sind. Spitta hörte in dem aufsteigenden Tonleitergang im Baß ein auch Bruhns und Buxtehude bekanntes Kunstmittel[9]. Aber über die einfachen vierstimmigen *durezza*-Harmonien hinaus gibt es keine sichtlichen Parallelen mit BWV 572. Solche Harmonien führten häufig zu aufsteigenden Skalen in ganzen Notenwerten (*a* im folgenden Beispiel), fallenden Viertel-Linien (*b*) und Orgelpunkten (*c*), ebenso wie zu den Vorhalten, die dem Stil seinen Namen gegeben haben.

---

[8] Gotthold Frotscher, *Geschichte des Orgelspiels und der Orgelkomposition*, 2 Bde., Berlin 1934/35, S. 604
[9] Philipp Spitta, *Johann Sebastian Bach*, Bd. I, S. 319

Johann Caspar Ferdinand Fischer, *Blumen-Strauss*, Präludium VII

In seiner reifen Schaffensperiode übernahm Bach diesen Stil nicht selten – so im folgenden Beispiel, dessen kontrapunktische Stimmen im Vergleich zu denen von BWV 572 von Wolff als unabhängiger beschrieben worden sind[10]:

Musicalisches Opfer, Ricercar a 6

Die Gegenbewegung, die ein derartiger *durezza*-Stil hervorbringt, verhilft – offensichtlich ohne Mühe – dazu, lange Passagen mit fließender Harmonik durchzuhalten. Dieses Fließen kann entweder auf ein schnelles, dramatisches Ende wie im *Weihnachtsoratorium* hinauslaufen, wo der Baß mit Achteln „koloriert" wird,

Weihnachtsoratorium, Nr. 21

[10] Christoph Wolff, *Der Stile antico in der Musik Johann Sebastian Bachs*, Wiesbaden 1968, S. 127

oder gewissermaßen auf einen idealen Kontrapunkt der „Arten", in dem der Baß unverziert in ganzen Noten geht, d.h. nach der „ersten Art":

BWV 572

Obwohl die kontrapunktische Harmonik eine mühelose Kontinuität zu erzeugen scheint, ist der Abschnitt dennoch nicht ohne Form, sondern sowohl im ganzen (bis hinein in die planvollen Tonarten) als auch im einzelnen (Sequenzen wie T. 105–13, auf- und absteigende Linien wie in T. 114–24) durchorganisiert. Daß die Harmonien im Verlauf des Mittelteils eine reiche Folge von Sept- und Nonen-Akkorden durchschreiten, gehört zum Stil, der sich in einfacherer Form in französischer Orgelmusik, die Bach bekannt war, findet:

Nicolas de Grigny, *Livre d'Orgue*, *Dialogue sur les grands jeux*

Solche Harmonien beweisen einen französischen Hintergrund weitaus besser als das bloße Kontra-H *en ravalement* in T. 94, das allein genommen wohl kaum anzeigt, daß die Fantasie in G ganz aus französischem Geist für eine französische Orgel geschaffen ist[11]. Zunächst einmal werden zwar in diesem Abschnitt ganz unterschiedliche Werke von Bach vorweggenommen oder in Erinnerung gerufen – man sehe nicht nur die Beispiele S. 292 Mitte und unten, sondern vergleiche die aufsteigenden Harmonien von T. 113–115 mit denen am Ende der dis-Moll-Fuge aus dem *Wohltemperierten Clavier* I (BWV 853). Nichtsdestoweniger verstärkt die von Kellner (P 288) weitergegebene Ornamentierung von BWV 572 sicherlich die französischen Anklänge, besonders in einem echten *grave*-Stil. Wer immer diese Verzierungen niederschrieb, und wie wahr es auch sein mag, daß er dabei manche gute Gelegenheit ausließ, bestimmt kannte er die Musik *einiger guter französischer Organisten*[12].

---

[11] Winfried Schrammek, *Johann Sebastian Bach, Gottfried Silbermann und die französische Orgelkunst*, in: *Bach-Studien* 5, Leipzig 1975, S. 104
[12] Nekrolog, *Bach-Dokumente*, Bd. III, S. 82

Obwohl der Hintergrund des Mittelteils von BWV 572 klar feststeht, sind dagegen seine Länge (über 150 Takte), die Unabhängigkeit von der fugierten Satzweise (im Gegensatz zu dem Beispiel aus dem *Musicalischen Opfer*, S. 292 Mitte) und der Wortmalerei (im Gegensatz zu den lärmenden Engeln des *Weihnachtsoratoriums*, Beispiel S. 292 unten) und die Art, wie in einen Improvisationsstil Themen eingebaut werden, nur hier zu finden.

Das letzte Charakteristikum ist wohl das bemerkenswerteste. Die vielen Terzen, Sexten und Dezimen, die sich aus der Fünfstimmigkeit ergeben, setzen an den Kadenzstellen, die ihrerseits durch eine fallende Oktave im Baß charakterisiert sind (T. 48, 58, 75 usw.), häufig aus. Außer den Terzenparallelen ist ein weiteres Kunstmittel in fünfstimmigen Stücken die Gegenbewegung, auf die bereits hingewiesen wurde (T. 113–115 usw.). Des weiteren wird Einheit hergestellt durch die Viertel-Linien (die sich gewöhnlich schrittweise bewegen), die periodischen Höhepunkte, meistens im Zusammenhang mit Sequenzen, eine konsistente Harmonik (Vorhalte, neapolitanische Sextakkorde in T. 57, 139 usw.) und ein ständiges rhythmisches Fließen unter Verwendung weniger Achtel. Daß die ganzen Noten im Pedal mit ihren Linien in Gegenbewegung regelmäßig in verschiedenen Tonarten auftreten, macht das stärkste einigende Einzelelement aus. Diese Technik führt nicht zu überflüssigen Wiederholungen, wie aus dem Vergleich von Abschnitten, die mit derselben Fortschreitung beginnen (z. B. T. 76 und T. 118), zu sehen ist; und die Tonleiter läßt sich immer wieder neu und dynamisch behandeln, wie der Aufstieg über zwei Oktaven beim letzten Baßeinsatz (T. 157–71) zeigt. Alles wird ohne konventionelle Imitation oder fugenmäßigen Kontrapunkt erreicht.

Dritter Abschnitt

Die gebrochenen, mit *Acciaccaturen* angereicherten Akkorde werden bis zum letzten kadenzierenden Takt beibehalten.

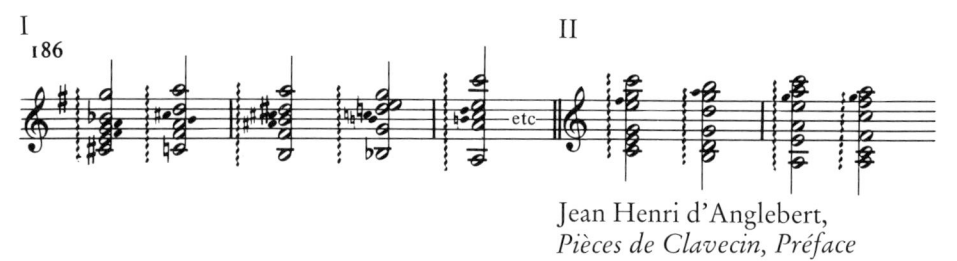

Jean Henri d'Anglebert,
Pièces de Clavecin, Préface

Es ist sehr ungewiß, welche der verschiedenen Traditionen der *Acciaccaturen* – die französische, italienische oder deutsche[13] – zu der dem Schlußteil der G-Dur-Fantasie zugrundeliegenden Konzeption geführt haben könnte. Einer der möglichen Einflüsse geht vielleicht auf d'Angleberts *Pièces de Clavecin* (Paris 1689) zurück. Zumindest deren Verzierungstabelle war Bach bekannt[14], und in den *Pièces* wird dem

---

[13] Peter Williams, *The Harpsichord Acciaccatura: Theory and Practice in Harmony, 1650–1750*, MQ 54/1968, S. 503–523
[14] *Bach-Dokumente*, Bd. III, S. 634

Generalbaßspieler empfohlen, Akkorde mit *Acciaccaturen* zu spielen: Das vorausgegangene Beispiel zeigt unter II solche Akkorde in der gleichen Form wie unter I. Ausgefallenere *Acciaccaturen* wurden von Francesco Gasparini in *L'armonico pratico* (Venedig 1708) und von jenen deutschen Komponisten, die von ihm beeinflußt waren (z. B. Heinichen 1711, 1728), vorgeschlagen. Dieser Effekt empfahl sich normalerweise nicht für die Orgel, wenn auch die Tradition möglicherweise darauf schließen läßt, daß die Töne in BWV 572, III einen kurzen Augenblick übergehalten wurden, um eine harmonische Wirkung zu erzielen. Die chromatischen Töne „rutschten" offensichtlich in Anlehnung an die Tradition der *Acciaccaturen* hinein und ergeben wirklich seltsame Kombinationen, die gegen Ende allmählich, aber unverkennbar entschärft oder aufgelöst werden. Das Ende selbst nimmt in gewissem Sinne eine viel spätere Kompositionsweise vorweg, insofern als die Takte 199 (zweite Hälfte), 200 und 201 (erste Hälfte) als eine ins Taktmaß eingebundene, nicht freie oder improvisatorische Kadenz über $^6_4$ dienen, dem ein getrillerter $^5_3$-Akkord folgt. In Bachs Orgelmusik zu findende Ansätze dieser Art (vgl. auch den Durchführungsteil in der c-Moll-Sonate BWV 526) werden in der Geschichte der musikalischen Form gewöhnlich ignoriert.

So ist also im dritten – wie im ersten und zweiten Teil der Fantasie – keiner der vermeintlichen Einflüsse genügend ausgeprägt, als daß sich an einen Satz denken ließe, der ganz einseitig auf die Ausschöpfung einer bestimmten Technik oder eines Kunstmittels gerichtet wäre wie BWV 572 durchweg. Jeder der drei Abschnitte von BWV 572 treibt seine „Idee" über die Grenzen seiner vermutlichen Tradition hinaus. Außerdem entspricht der dritte Teil mit seiner Solo-Linie und seinen internen Wiederholungen dem ersten Teil, in der harmonischen Kontinuität aber mehr dem zweiten. So gibt es eine die drei Teile verbindende Einheit, die durch die proportionalen Tempi bekräftigt wird, ungeachtet der Registrierung.

BWV 573

Fantasie C-Dur
(Fragment)

Autograph in P 224 (*Clavier-Büchlein für Anna Magdalena Bach*, 1722).

Zwei Systeme; überschrieben *Fantasia pro Organo*, Pedal-Linie *Ped.*

Die Fantasie folgt unmittelbar nach der letzten Seite der *Französischen Suite* Nr. 5 (BWV 816) und ist nicht in Reinschrift, sondern in *Konzeptschrift*[1] abgefaßt. Der Satz bricht vor dem Ende der Seite ab, wonach vor dem nächsten Stück eine leere Seite folgt[2]. Die Anordnung in P 224 ist folgendermaßen: BWV 812, 813 (unvollständig), 814 (unvollständig), 815, 816, 573, 991, 728, 813 (weitere Sätze), 814 (weitere Sätze), 841. Ein Satz zu vier und fünf Stimmen ist in den *Clavier-Büchlein* der Anna Magdalena Bach außergewöhnlich, und Spitta mag zu Recht fragen, ob *Anna Mag-*

---

[1] Georg von Dadelsen in *NBA*, Serie V/4, Kritischer Bericht
[2] a. a. O., S. 15

*dalena auch die Orgel spielen lernen wollte*³. Indessen läßt das Vorhandensein von BWV 991 (fragmentarische Variationen), BWV 728 (ein verzierter Choral) und der Suiten eher darauf schließen, daß ein breit angelegtes Repertoire von Musik für Tasteninstrumente für einen Sammelband gewünscht war.

Musikalisch ist die Fantasie sehr vielversprechend. Die Pedal-Linie, die sich kaum für Anfänger eignet, entwickelt eigene Motive und einen antiphonalen Charakter; die fünfstimmige Schreibweise ermöglicht sowohl eine massive Darstellung des Themas (T. 1–4) als auch mehrere Sequenzen in dünnerer Satzweise (T. 5, 8, 10); die Musiksprache steht derjenigen der reifsten Orgelwerke nahe (vgl. die zwei letzten Takte mit der C-Dur-Fuge BWV 547). Melodische Phrasen wie die Kadenz am Ende von T. 4 scheinen ganz natürlich aus dem gleichsam improvisierten Satz eines erfinderischen Komponisten zu entstehen, der in einem Stil arbeitet, der im Grunde von einem (französischen?) *plein-jeu*-Stil abstammt. Die verzierten Vorhalte von T. 2–4 und 6–7 sind mit den einfacheren verzierten Vorhalten im Mittelteil der G-Dur-Fantasie BWV 572 verwandt. Es gibt wenigstens drei vielversprechende Sequenzen, nach denen der Schluß konventionell, wiewohl melodiös ist. Da die dreizehn Takte auf keine Standardform des Präludiums schließen lassen und sogar auf der Mediante enden (vgl. Pastorale BWV 590, I)⁴, ist das Stück vielleicht das „Stichwort" für einen Improvisator, ein Stimulans für einen Widmungsempfänger oder eine jener Einleitungen, deren sich der Komponist in Privatkonzerten bedient haben soll⁵.

BWV 574

Fuge c-Moll
(„über ein Thema von Giovanni Legrenzi")

Kein Autograph (eine Handschrift aus dem Besitz von Guhr wird in der Peters-Ausgabe, Bd. IV, als Autograph bezeichnet); Abschriften in P 247 (ca. 1730), P 1093 (Johann Gottlieb Preller), einer Scholz-Handschrift und in Quellen von oder nach 1800: Brüssel Fétis 2960; Lpz. Poel. 13 und 355 (Johann Georg Weigand, ohne Schlußabschnitt), Lpz. MB. Ms. 1, 18 (Wolfgang Nicolaus Mey?).

Zwei Systeme; während das vermeintliche „Autograph" Legrenzi nicht erwähnte¹, fand sich die den meisten Abschriften gemeinsame Überschrift bereits im Andreas-Bach-Buch (siehe BWV 574b): *Thema Legrenzianum. Elaboratum per Joan Seb. Bach. cum subjecto. Pedaliter.* P 247, P 1093 und Lpz. MB. Ms. 1 (die Hauptquellen für BWV 574) haben *Fuga*.

---

³ Philipp Spitta, *Johann Sebastian Bach*, Bd. I, S. 756
⁴ Der letzte volle Takt von BWV 573, d. h. der Takt, der nach e-Moll moduliert, steht in der Handschrift am Anfang einer neuen Zeile. Bis zu diesem Punkt sieht es so aus, als ob er in die konventionellere Dominante hätte weitergehen können. Deutet sich darin an, daß das Stück ein Modell für verschiedene Schlüsse und/oder Fortsetzungen war?
⁵ *Bach Dokumente*, Bd. II, S. 397

¹ Friedrich Conrad Griepenkerl in der Peters-Ausgabe, Bd. IV

Zwei unbeantwortete Fragen zum Werk sind: Wie steht es um das Thema? Was für eine Entstehungsgeschichte hat die Fuge? (Zur zweiten Frage siehe auch BWV 574a und 574b.) Es ist unwahrscheinlich, daß die überlieferten Quellen jemals klare Hinweise darauf erbringen werden, was der Komponist zuerst schrieb, besonders da die Echtheit der kürzeren Fassung zweifelhaft ist. Möglicherweise könnten die zwei Fassungen der h-Moll-Fuge für Cembalo über ein Thema von Albinoni (BWV 951, 951a) als nützliche Parallelen dienen; deren kürzere Fassung ist jedoch vergleichsweise weniger geschickt als die von BWV 574. Die dem Albinoni-Stück beigegebenen Titel sind allerdings meist ähnlich, z. B. *Fuga. ò vero Thema Albinoninum. elaboratum et ad Clavicimbalum applicatum per Joa. Bast. Bachium* in P 801 (Johann Gottfried Walther)[2]. Doch während das Thema von BWV 951 sowohl mit den großen Intervallsprüngen als auch mit einer chromatischen Phrase melodisch durchaus in der norditalienischen Tradition von Fugenthemen für die Violine steht, sieht das Thema von BWV 574 nicht wie ein Violinthema aus. Es ähnelt vielmehr solchen Cembalo-Themen, die eine sehr verbreitete Schlußformel enthalten, wie das Thema der e-Moll-Toccata BWV 914:

Das Benedictus der Messe *Pange lingua* von Palestrina hat ein ähnliches Thema[3] – eine Ähnlichkeit, die die Originalität des Kontrasubjekts von BWV 574 unterstreicht. Legrenzi-Schüler wie Antonio Lotti (Dresden, ab 1717) und Antonio Caldara (Wien, ab 1716) reisten zwar umher und trugen zweifellos zur Verbreitung solcher Werke bei, die nicht aus gedruckten Ausgaben bekannt waren, doch konnte bisher noch keine unstreitige Verbindung zwischen BWV 574 und irgendeinem überlieferten Werk von Legrenzi hergestellt werden, obwohl auf BWV 574 allgemein immer noch als auf eine „Bearbeitung" verwiesen wird[4]. In jüngster Zeit sind gewisse Ähnlichkeiten zwischen BWV 574 und zwei Themen in Legrenzis Sonate op. 2, Nr. 11 (Venedig 1655) bemerkt worden[5]. Daß Bach sein Thema aus einem Komplex von Thema und Kontrasubjekt in Legrenzis Trio-Textur „bezog", ist nicht unwahrscheinlich. Es ist jedoch auch noch auf eine andere Abstammung hingewiesen worden, nämlich auf die aus der Sonate „La Cetra" in op. 10 (1673), deren Thema dem letzten Beispiel (s. oben) nicht unähnlich ist und das über die Haupttöne des Gegenthemas von BWV 574 verfügt und damit letzteres eher wie seine Paraphrase erscheinen läßt[6]. Es ist durchaus möglich, daß solche Legrenzi-Themen Bach wirklich eingegeben haben, lebhafte Themen für Tastenkompositionen zu entwickeln und aus ihnen, manchmal in Kombination mit einem anderen Thema – neu oder abgeleitet –, lange Fugen zu schaffen. Innermusikalisch spricht aber in BWV 574 viel weniger für Legrenzi als in BWV 579 für Corelli oder in BWV 951 für Albinoni.

[2] Man vergleiche den Titel der Fuge von Heydorn in der Möllerschen Handschrift: *Fuga, Thema Reinckianum a Domino Heydornio elaboratum*. Titel bilden eine eigene Gattung.
[3] Friedrich Schöneich, *Untersuchungen zur Form der Orgelpräludien und Fugen des jungen Bach*, ungedruckte Dissertation, Göttingen 1947/48, S. 187
[4] NBA, Serie IV/5–6, Kritischer Bericht, S. 501
[5] Robert Hill, *Die Herkunft von Bachs „Thema Legrenzianum"*, BJ 72/1986, S. 105–107
[6] David Swale, *Bach's Fugue after Legrenzi*, MT 126/1985, S. 687–689

Die Fuge ist ein interessanter, vermutlich früher Versuch, zwei Fugenthemen zu einem umfangreichen Werk zu verarbeiten, das vielleicht Legrenzis Fuge (falls es eine gab) an Länge und Anspruch ebenso übertraf wie BWV 579 und BWV 951 die jeweiligen Fugen von Corelli und Albinoni. Die Form:

T. 1– 37   vierstimmige Exposition, Zwischenspiel, Dominant-Einsatz, Einsätze des Fugenthemas in Tonikaparallele und Tonika; erste Exposition mit festem Kontrasubjekt; andere Einsätze meist mit wechselndem Kontrasubjekt

T. 37– 70   zweites Thema mit drei- und vierstimmiger Exposition (ist das Thema auch von Legrenzi?; es ist auch unklar, warum Spitta dachte, daß sich die Formulierung *cum subjecto pedaliter* im Titel auf das „Kontrasubjekt" oder zweite Fugenthema bezog[7]); Thema im Pedal vereinfacht; nachfolgende Einsätze mit neuen Kontrasubjekten (T. 53, 57) vor:

T. 70–104   zwei kombinierten Hauptthemen in Fugenexposition (Doppelfuge), so daß eine Vertauschung möglich ist (erstes Thema ab T. 70 tiefer, ab T. 76 höher); zwei Haupt-Zwischenspiele und weitere Einsätze; Coda mit implizitem Orgelpunkt

T. 105–118   thematisch nicht verwandter Toccaten-Teil (auch nicht die Pedal-Terzen von T. 111 usw.)

Spitta fand, daß die Fuge durch die jedem Themeneinsatz vorausgehenden festen Kadenzen *etwas zerschnittenes und kurzathmiges bekommt*[8], aber der Charakter der verschiedenen Themen (die alle auftaktig beginnen) wirkt dem entgegen. Außerdem enthält der Anfang des Themas anders als der Themenanfang von BWV 579 keinen unterteilenden Ganzschluß. Trotzdem sind die sonst häufigen Ganzschlüsse zweifellos ein Anzeichen für eine frühe Entstehungszeit wie vielleicht auch bei der „ersten Fassung" des langsamen Satzes der Orgelsonate e-Moll BWV 528[9]. Ebenso neigen sie zu einer Melodieführung (z. B. T. 18, 23), die aus anderen Frühwerken wie etwa dem Capriccio BWV 992 bekannt ist. Frotscher hatte keinen Anhaltspunkt für seine Vermutung, daß die vielen Binnenkadenzen direkt von Legrenzi übernommen wurden[10]. Auch Spitta interpretiert die ersten 33 Takte so, daß sie *wohl auf das Legrenzische Original zurückgeführt werden müssen* und *Bachs eigentliche Weise* sich erst *vom 34. Takte an* zeigt[11]. Indessen ist es schwer, einen Unterschied zwischen dem vierstimmigen Kontrapunkt dieses Abschnitts und dem des ersten festzustellen. Im Gegenteil zeigt die Fuge einen allmählichen Wandel der Textur innerhalb eines spezifischen, aber wohl kaum italienischen Clavier-Stils. Die Achtel und Daktylen des ersten Abschnitts gehen ganz mühelos in die Sechzehntel des zweiten Abschnitts über, ebenso wie diese ihrerseits bis zum Ende des dritten Abschnitts weitergesponnen und dort weniger kompliziert werden; darauf folgt die Toccaten-Figuration als nächster

---

[7] Philipp Spitta, *Johann Sebastian Bach*, Bd. I, S. 421
[8] a. a. O.
[9] Walter Emery, *Notes on Bach's Organ Works*, Bd. IV–V: *Six Sonatas for Two Manuals and Pedal*, London 1957, S. 101
[10] Gotthold Frotscher, *Geschichte des Orgelspiels und der Orgelkomposition*, 2 Bde., Berlin 1934/5, S. 860
[11] Spitta, a. a. O., S. 422

logischer Schritt. Dieses allmähliche Zusteuern auf die Toccata fehlt in der Albinoni-Fuge BWV 951, wo die Sechzehntel-Bewegung kontinuierlicher und durchgehender ist. Der Kontrapunkt mag italienisch inspiriert sein, aber wie mit der Claviatur umgegangen wird, ist stilistisch mehr mitteldeutsch, woraus sich eine Sorgfalt in der Textur ergibt und einige scheinbare Querbezüge entstehen (siehe T. 67 und T. 21), und das alles sehr mühelos und stilsicher. Die Flüssigkeit der verzierten Vorhalte von T. 33 usw. ist ebenso italienisch wie jedes andere Element der Fuge und hätte – wie andernorts auch – zu langgedehnten Passagen führen können. Aber das geschieht hier nicht, und in der ganzen Fuge findet sich wenig von der Leichtigkeit des *alla-breve*-Kontrapunkts, die von Corelli her oder aus BWV 589 vertraut ist. Doch unabhängig davon, ob der Kontrapunkt Leichtigkeit aufweist oder nicht, ist der Toccatenschluß vergleichsweise weniger fließend, denn er arbeitet mit gebrochenen Akkorden und Skalen, die im einzelnen oft Ähnlichkeit z. B. mit Buxtehude haben:

BuxWV 156

Der Toccatenschluß[12] ist jedoch nicht nur ein Pasticcio: die speziellen gebrochenen Akkorde ab T. 107 mögen zwar von Buxtehude, Bruhn, Lübeck und anderen her bekannt sein, sind von ihnen aber nicht so systematisch über eine so große Spanne wie die von fünf Takten hinweg angewendet worden. Ebenfalls viel planvoller als üblich sind die Arpeggien von T. 111–12 (obwohl nicht in der Abschrift im Andreas-Bach-Buch – siehe BWV 574b) und die sequenzierenden Läufe von T. 113 und 116–17. Indem der Komponist solche Toccaten-Motive planvoll einsetzt oder verarbeitet, riskiert er bei diesem Verfahren den Verlust jener kapriziösen Augenblickslaune, die sowohl für das 17. Jahrhundert im allgemeinen wie für die hanseatischen Organisten im besonderen typisch war.

Eine Bemerkung zur Aufteilung des Passagenwerks auf beide Hände siehe oben unter BWV 535a.

---

[12] Die Quellen geben weder Klarheit darüber, ob die letzten beiden Töne auf dem Manual oder Pedal gespielt werden noch darüber, ob das Pedal-C weggenommen oder vom vorhergehenden Takt übergehalten werden soll (vgl. den Schluß von BWV 564).

BWV 574a

Fuge c-Moll
(„über ein Thema von Giovanni Legrenzi")

Kein Autograph; Abschrift in P 207 (zweite Hälfte des 18. Jahrhunderts).
Titel in P 207 *Fuga a 4. Voc.*

Im Unterschied zur „Frühfassung" (BWV 574b), in *NBA*, Serie IV/6 als „Variante" bezeichnet, hat BWV 574a oft *eine fliessendere und geschicktere Stimmführung* als BWV 574[13]; *auch das Wegbleiben des figurenreichen Schlusses* [die letzten vierzehn Takte] *deutet auf eine spätere vereinfachende Überarbeitung*[14]. Allerdings gibt die verkürzte Fassung Rätsel auf. Das Fehlen eines Toccatenteils, der die traditionellen clavieristischen Einfälle enthielt (gebrochene Akkorde, Skalen, Orgelpunkte, rhetorische Pausen usw.), könnte leicht vermuten lassen, daß BWV 574a eine Fassung ist, die irgendeiner ursprünglichen Streicher-Fuge von Legrenzi näher steht als das längere BWV 574. Andererseits präsentiert sich in der kürzeren Fassung möglicherweise eine Fuge, die, ohne die Ablenkung des fanfarenhaften Toccaten-Laufwerks, ziemlich genau in den Kontext von P 207 paßt, wo sie auf eine unvollständige Abschrift des *Wohltemperierten Claviers* folgt, die auch Fugen enthält, die mehr als ein Thema nacheinander einführen, ehe sie die verschiedenen Themen kombinieren (fis-Moll und gis-Moll im II. Teil). Vielleicht war für die verkürzte Form der Kopist von P 207 verantwortlich.

Eine Bemerkung zur „fließenderen Stimmführung" findet sich auch unter BWV 574b. BWV 574 und 574a sind beide „fließender" als die andere Fassung, aber an verschiedenen Stellen. Die Unterschiede sind indessen nicht systematisch genug, um eine Hypothese über die Reihenfolge der Ereignisse zu stützen. So kann die „Auslassung" einer Stimme in T. 50–51 von BWV 574 der Fehler eines frühen Kopisten sein, während die fünfte Extrastimme in T. 66 ff. von BWV 574a von einem Kopisten hinzugefügt worden sein kann. Die innere Schlüssigkeit legt nahe, daß beide Wege zur Schlußkadenz (T. 103/T. 104) gleichermaßen plausibel sind: entweder über einen ausgehaltenen Orgelpunkt ohne abschließenden Toccatenteil (BWV 574a) oder über einen abschließenden Toccatenteil, aber ohne Orgelpunkt (BWV 574).

---

[13] Ernst Naumann in *BG*, Bd. XXXVIII, S. XLIX
[14] a. a. O.

BWV 574b

Fuge c-Moll
(„über ein Thema von Giovanni Legrenzi")

Kein Autograph: Abschriften in Lpz. MB. III.8.4 (Andreas-Bach-Buch), P 805 (Johann Gottfried Walther), Lpz. MB. III.8.29 (Dröbs, ohne den letzten Abschnitt), P 279 (ca. 1800), Brüssel Fétis 2960 bzw. II.4093.

Titel in P 805 *Fuga*, in Fétis 2960 *Capriccio*.

Im Unterschied zur „Variante" BWV 574a wird BWV 574b in *NBA*, Serie IV/6 als „Frühfassung" bezeichnet. Die Quellen widersprechen Kilians Ansicht nicht, *daß die Fassung BWV 574 allmählich aus der Frühfassung BWV 574b weiterentwickelt worden ist* [gute zeitgenössische Abschriften], *während die Variante BWV 574a zwischen den beiden anderen Versionen eine Sonderstellung einnimmt* [spätere Abschrift][15]. BWV 574b unterscheidet sich von BWV 574 hauptsächlich durch mehr Verzierungen und weniger fortlaufende Sechzehntel in bestimmten Takten (21, 34, 67, 77, 86) und ein weniger deutliches Fallen und Steigen der Arpeggien in T. 111–13.

Die Hauptfrage zu BWV 574/574a/574b ist, ob die Unterschiede zwischen den Quellen häufig oder bedeutend genug sind, um den Ausdruck „Fassungen" in dem Sinne zu rechtfertigen, daß der Komponist Revisionen vornahm oder beabsichtigte oder daß die Quellen diese Intentionen widerspiegeln. Die Ornamentierung von BWV 574b ist z. B. so unbeständig, daß man (wenn sie überhaupt von Bach autorisiert ist) denken könnte, der Komponist habe gewollt, daß an ähnlichen Stellen später im Stück viel mehr Verzierungen zugefügt werden sollten, oder daß die Ornamentierung in der mutmaßlichen Quelle, nach der die Abschriften angefertigt wurden, nicht ganz durchdacht war. Vermutungen über die verkürzte Fassung sind im Zusammenhang mit BWV 574a angestellt worden. Es wäre für einen musikalisch versierten Kopisten nicht schwer gewesen, eine verstärkte Kontinuität der Sechzehntel in BWV 574 herzustellen, da es sich nicht um eine radikal motivische Arbeit handelte. Das Arpeggio der Takte 111–13 in beiden Fassungen ist aussagekräftiger: deren deutlich ab- und aufsteigende Form in BWV 574 ähnelt den älteren deutschen Toccaten weniger als die entsprechende Stelle in BWV 574b und vermittelt ein Gefühl des Höhepunkts, das typischer für das 18. Jahrhundert ist.

---

[15] *NBA*, Serie IV/5–6, Kritischer Bericht, S. 501

BWV 575

Fuge c-Moll

Kein Autograph; Abschriften in Lpz. Go. S. 310 (1740/60), P 247 (vermutlich ca. 1730), P 213 (zweite Hälfte 18. Jahrhundert), in einer Scholz-Handschrift, in einer Handschrift des Bach-Instituts Göttingen (ca. 1800), P 536 (Wien ca. 1800), P 820 (Grasnick, datiert 1819, ohne die letzten drei Takte), LM 4839c, Göttweig Ms. J. S. Bach 35.

Zwei Systeme; Überschrift in P 247 *Fuga di Bach* (in P 213 usw. *Fuga di J. S. Bach*); *Adagio* bei T. 65 nur in P 213; *Adagio* bei T. 76 in P 536 und der Peters-Ausgabe, Bd. IV, aber bei T. 73 (zweite Zählzeit) in Go. S. 310 (kein *Adagio* in P 247).

Zweifel am Werk betreffen die Verfasserschaft (in einer englischen Ausgabe von 1811 wird es Carl Philipp Emanuel Bach zugeschrieben[1]), das Instrument (*Flügel mit Pedalbass* in *BG*, Bd. XXXVIII), obwohl Griepenkerl dachte, es sei *für die Orgel geschrieben*[2] und Schumann es 1839 als Werk Johann Sebastian Bachs publizierte[3]. Die Quellen geben für die letzten zwölf Takte Pedal an. Bei der Ornamentierung und sogar beim Kontrasubjekt bieten die Quellen nach dem Bericht in *BG*, Bd. XXXVIII nur Ungewisses zur ursprünglichen Form und/oder späteren Entwicklung der Fuge.

Es wurde oft Bewunderung für BWV 575 ausgedrückt. Spitta wird ganz poetisch, wenn er vom *Schwellen und Dehnen* der Fuge spricht und ebenso bei der Unbestimmtheit der Tonart, die er im Thema hörte[4]. Keller erkannte, daß es eines guten Spielers bedarf, nicht zuletzt um die richtige Taktbetonung des Themas wiederzugeben[5]. Dadelsen hört in BWV 575 *vermutlich das beste Beispiel dafür, wie der junge Bach mit dem Fugenstil der Norddeutschen, insbesondere Buxtehudes umgeht*[6]. Und sehr wahrscheinlich war es die „Freiheit der Form", die Schumann dazu bewegte, das Stück als erstes seiner Bach-Supplemente zu veröffentlichen[7]. Schon Spitta erkannte eine Verwandtschaft zwischen BWV 575 und der e-Moll-Toccata BWV 914, wenn er auch nicht sagte, in welcher Hinsicht. Vermutlich stützt sie sich auf das Fugenthema des letzten Abschnitts der Toccata, das über ähnliche Figuren und eine ähnliche Kontinuität verfügt:

---

[1] siehe *NBA*, Serie IV/5–6, Kritischer Bericht, S. 272, 513
[2] Peters-Ausgabe, Bd. IV, 1845
[3] *NZfM*, Supplement-Band V, Teil 3
[4] Philipp Spitta, *Johann Sebastian Bach*, Bd. I, S. 248–250
[5] Hermann Keller, *Die Orgelwerke Bachs*, S. 52
[6] Plattentext zur Telefunken-Langspielplatte 6.35076
[7] Leon B. Plantinga, *Schumann as Critic*, New Haven, Connecticut 1967, S. 89

BWV 914

Auch die Einsätze sind ähnlich und haben in beiden Fugen eine einfache Begleitung. Der abschließende Toccatenteil von BWV 575 hat mit BWV 914 auch Gattungsmerkmale gemeinsam:

BWV 575   T. 67–68   siehe   BWV 914   T. 63 ff.
          T. 75–76   T. 67

und zweifellos wären noch andere Entsprechungen zu finden. Hingegen erinnert das Thema von BWV 575 an Figurationen in anderen c-Moll-Werken (siehe BWV 549, II, T. 52–53).

Das kanzonettenhafte Thema erzeugt eine Rondo-Fuge, in der das Thema meistens von seinem Kontrasubjekt begleitet wird und die Zwischenspiele kurze Episoden zwischen den Themeneinsätzen sind. Gattungsmäßig ist das Werk sowohl der Buxtehudeschen Canzonetta zuzuordnen, die hier erweitert wird und ihren Charakter durch ein aus drei Phrasen gebautes Fugenthema erhält, als auch dem Schlußabschnitt einer längeren Toccata für Tasteninstrumente, deren Abschnitte eigentlich Einzelsätze sind. In der Tat muß es eine Frage bleiben, ob BWV 575 nicht vielleicht der Schlußteil einer vollständigen, nunmehr verlorenen Toccata ist. Die Einmaligkeit der Anfangsphrase – sie beginnt auf der Untermediante der Tonika – könnte diese Möglichkeit durchaus stützen.

Verschiedene stilistische Details kommen in dem Werk zur Wirkung: die Vorhalte in Sequenzform (ab T. 34), die nicht nur aus italienischer Musik für Streicher, sondern auch aus frühen Orgelwerken bekannt sind (siehe z. B. BWV 532, II, T. 32), andere streichermäßige Motive in den Zwischenspielen (z. B. T. 41–42), der charakteristische Überraschungseffekt im Toccaten-Schlußteil (Fis von T. 65)[8], das – vielleicht einstmals in den Kanzonetten gängige – Kunstmittel von Buxtehude und Bruhns, nämlich ein harmonischer Orgelpunkt gegen einen sich fortbewegenden Baß (T. 67–71)[9]. Die Skalen im Toccatenteil und die Pedal-Linie (mit Fußwechsel) sind typischer für die norddeutsche Toccata als für viele andere Toccaten-Typen. Die Sequenzen sind im allgemeinen sehr energiegeladen und entwickeln sich ohne Mühe (z. B. T. 41–45), so daß die besessene Stelle vor dem Pedalton Fis um so stärker auffällt und natürlicher zu einem Toccaten-Schluß führt. Der genaue Zeitpunkt, an dem ein Thema erneut einsetzt, kommt für das Ohr oft überraschend (z. B. T. 47–48, 58–59). Daß die

---

[8] Fis und nicht fis in P 213 und P 247 (*BG*, Bd. XXXVIII); es gibt nur eine zweifelhafte Rechtfertigung für die Mittelstimme von T. 66 (Peters-Ausgabe, Bd. IV).

[9] Es ist möglich, daß die Kopisten diese Passagen veränderten, um lieber die konventionellen V–I-Kadenzen zu bringen als die Buxtehudeschen „Ostinati" beizubehalten.

Themeneinsätze (keine im Baß) sich nur an Tonika und Dominante halten, ist als ein Zeichen früher Entstehung anzusehen, ein Überbleibsel aus einer Fugentradition, in der der junge Bach in anderer Hinsicht sehr erfinderisch war. Der Themen-„Schwanz" oder letzte Takt des Fugenthemas wird im allgemeinen abwechslungs- und einfallsreich harmonisiert. Figuration und Lagenbereich – letzterer wechselnd und weit ausholend – sind typisch für die Cembalo-Toccaten des Komponisten, wenn auch viele Einzelheiten der Figuration Cembalo und Orgel gemeinsam sind, etwa die gebrochenen Akkorde von T. 7–8, 20, 26, 60 usw. In der reiferen Orgelmusik des Komponisten weniger üblich als die Figuration aus gebrochenen Akkorden ist der schnelle Akkordwechsel in Takten wie T. 26. Am stärksten der Tradition verpflichtet ist der abschließende Toccatenteil mit seinen daktylischen Rhythmen, seinen Skalen, der Pedal-Linie, den deutlichen Ganzschlüssen und, nicht zuletzt, der neuen Tonart von T. 66 (g-Moll, nicht c-Moll).

BWV 576

Fuge G-Dur

Abschrift ehemals im Besitz von Franz Hauser (nach der Peters-Ausgabe, Bd. IX und *BG*, Bd. XXXVIII von Schelble).

Verschiedene Zweifel sind an der Echtheit von BWV 576 geäußert worden[1]. Wenn die Exposition vielleicht auch echt ist, läßt doch der Pedal-Einsatz von T. 68 genausowenig auf Bach schließen wie die lange, einheitliche Form auf irgendeinen früheren Komponisten[2]. Dennoch erscheint es aufgrund *der melodischen Schönheit, der Anmut des Themas* möglich, die Fuge für ein Werk Bachs zu halten[3].

Das Thema entspricht der Art von Canzonen-Thema, das unter den verschiedensten Erscheinungsformen vertraut ist, so aus Fugen für Tasteninstrumente (Buxtehudes Fuge G-Dur BuxWV 175), italienischen Sonaten (z. B. Corelli, op. 3) oder Konzerten in italienischer Manier (z. B. Händel, op. 3). Gerade die Tonart und der Diskantumfang rufen Erinnerungen wach. Der Komponist ist eher einem Thementyp gefolgt, als daß er ein Thema entlehnt hätte, und der Typ bringt verzierte 7–6-Fortschreitungen im Kontrasubjekt (T. 4–6, 8–11) und eine Neigung zu homophonen Phrasenschlüssen (T. 20–21) mit sich. Wie in solchen Fugen üblich, wird die Aufmerksamkeit am stärksten auf das Thema gelenkt. Einige wenige unabhängige Zwischenspiele werden jedoch eingeführt und tragen dazu bei, den Satz bis auf fast hundert Takte auszudehnen:

T. 1–23 Exposition mit fünf Einsätzen in vier Stimmen
T. 23–28 Darstellungen des Themas (fast vollständig) dienen als Zwischenspiel
T. 28–40 Einsätze und Beantwortungen in der Tonikaparallele
T. 41–44 Zwischenspiel, neu

---

[1] Hermann Keller in der revidierten Fassung der Peters-Ausgabe, Bd. IX
[2] ders., *Unechte Orgelwerke Bachs, BJ* 34/1937, S. 59–82
[3] ders., *Die Orgelwerke Bachs*, S. 51

T. 45–50   Einsatz und Beantwortung in der Subdominante
T. 51–56   Zwischenspiel, mit Anspielung auf das Thema
T. 57–59   Einsatz in der Doppeldominante
T. 60–68   Zwischenspiel, teils neu, teils abgeleitet, teils direkt von älterem Material
T. 68–74   Einsätze in der Tonika
T. 74–96   sequenzierende oder antiphonische Verarbeitung von Motiven, unterbrochen, schließlich über einem Orgelpunkt auf der Tonika

Diese Art der Fugenbehandlung macht mit ihren unregelmäßigen Themeneinsätzen und Beantwortungen, die häufig strikt unvollständig sind, den Eindruck eines Experiments. Die Themeneinsätze sind durch eine gemeinsame Harmonik charakterisiert, die nicht hinreichend ausgearbeitet ist, als daß man von einer Permutationsfuge sprechen könnte, sich jedoch in einer Orgelsprache bewegt, die z. B. derjenigen von Johann Caspar Ferdinand Fischer nicht unähnlich ist. Die Zwischenspiele charakterisieren mehr die deutsche Musik für Tasteninstrumente als die Canzonen-Tradition allgemein. Dasselbe gilt von den Stellen für Solo-Pedal gegen Schluß, die eindeutig für die Technik des Fußwechsels geschrieben sind. Andere Passagen sind vielleicht anderer Musik ähnlich genug (T. 51, vgl. die Konzert-Transkriptionen; T. 42–43, vgl. das Ende der D-Dur-Fuge, *Wohltemperiertes Clavier* I), um anzudeuten, daß der Komponist ein Schüler Bachs war. Der nicht thematische Pedal-Einsatz von T. 68 gibt kaum Aufschluß über die Verfasserschaft der einen oder anderen Art, da er eine thematische Komplexität auf den Manualen, d. h. eine Engführung unterstützt. Es ist gleichermaßen schwer, Schlüsse aus der taktweisen „eckigen" Figuration zu ziehen – die einzigen Vorhalte sind die im Zusammenhang mit dem Kontrasubjekt –, die manchen unreifen Komponisten charakterisieren könnte.

BWV 577

Fuge G-Dur

Kein Autograph; nach der Peters-Ausgabe, Bd. IX und *BG*, Bd. XXXVIII eine Abschrift, die sich ehemals im Besitz von Friedrich Wilhelm Rust befand (und von demselben Kopisten wie die Göttinger Handschrift von BWV 535 stammt[1]), und eine andere *alte Abschrift mit der ausdrücklichen Bemerkung: da J. S. Bach*; auch Brüssel Conservatoire Royal XY 15.142 und zwei nicht numerierte Handschriften in Göttingen (Bach-Institut) und Braunschweig (Privatbesitz), beide Johann Sebastian Bach zugeschrieben.

BWV 577 betreffende Fragen sind: Wer schrieb das Stück? Wer autorisierte die *p*- und *f*-Zeichen und die ganze Pedalstimme? Ist der Satz vollständig? Als Komponist wurde gemeinhin Johann Sebastian Bach angenommen[2], bis in jüngerer Zeit

---

[1] siehe *NBA*, Serie IV/5–6, Kritischer Bericht, S. 171
[2] Peters-Ausgabe, Bd. XXXVIII; Philipp Spitta, *Johann Sebastian Bach*, Bd. I, S. 320

Zweifel laut wurden, vermutlich weil die spärlichen Quellen Verdacht erregten: Die *p*- und *f*-Zeichen und die Pedalstimme sind für echt genug gehalten worden, um die Zufügung weiterer *p/f*-Zeichen zu rechtfertigen. Die dritte Frage wird selten gestellt. Alle drei Fragen sind jedoch wesentlich für die besondere Eigenart dieses Satzes und verdienten weitere Beachtung.

Obwohl die Fuge unter Bachs Werken für Tasten- oder andere Instrumente keine direkte Parallele hat, gehört sie wenigstens vom Thema her zu einer erkennbaren Gattung:

BuxWV 142   Friedrich Wilhelm Zachow, Präludium in C

BuxWV 174

Johann Pachelbel, Fuge in F

Spitta, der auf ähnliche Themen bei Buxtehude hinwies[3], hörte in BWV 577 *einen kühneren Schwung*, der Buxtehude ausschloß, der das Stück sonst *ebensowohl* [...] *gemacht haben könnte*. Zwar enthält auch Buxtehudes e-Moll-Fuge BuxWV 142 Pedal (anders als BuxWV 174), aber trotzdem bietet sie keine enge Parallele: ihre ungefähr vierzig Takte sind der Schlußabschnitt eines Präludiums, in dem das Gigue-Thema eine Variante des früher gehörten Fugenthemas (T. 17) ist. Ähnliches ließe sich über viele Gigue-Themen von Zachow, Pachelbel, Lübeck, Böhm und anderen sagen. In manchen Fällen ist das neue Thema nachweislich „besser" als die ursprüngliche 4/4-Fassung (z.B. in Böhms d-Moll-Präludium in der Möllerschen Handschrift). So gebräuchlich waren Gigue-Varianten oder Gigue-Themen in umfangreicheren Werken (z.B. BuxWV 166, 179, 171, 176), daß Spitta dachte, die C-Dur-Canzone BuxWV 174 sei Teil einer größeren Komposition – eine Vermutung, die in jüngerer Zeit zurückgewiesen wurde, wenn auch nur aufgrund der Themenlänge und gründlichen Ausarbeitung[4]. Wenn jedoch Buxtehudes C-Dur-Canzone BuxWV 174

---

[3] Spitta, a. a. O.
[4] Hans-Jacob Pauly, *Die Fuge in den Orgelwerken Dietrich Buxtehudes*, Regensburg 1964, S. 93 ff.

nachweislich Teil einer größeren Komposition wäre, könnte es sich mit BWV 577 genauso verhalten, denn beide Werke haben viele gemeinsame Züge, und in beiden Fällen wären Vermutungen darüber möglich, welche Form die 4/4-Fassung des Themas gehabt hätte. Es mag auch von Bedeutung sein, daß die vorhandene Quelle für Buxtehudes Gigue-Fuge das Andreas-Bach-Buch ist. Das Buxtehude-Thema und das Thema von BWV 577 ähneln einander im Anfangstakt,

BuxWV 174

BWV 577 (von G-Dur transponiert)

der Gesamtlänge (sechs Takte), verschiedenen Motiven und der plötzlichen Hinwendung zur Dominante am Ende, einem Detail, das bei Bachschen Themen nicht gerade üblich ist. Klotz bemerkt sicher zu Recht, daß das Thema Manual- und Pedalformen (T. 57) hat[5]. Spitta sieht *mit besonderer Pedalberücksichtigung erfundene Figurationen des Themas* von BWV 577, *die leicht ausführbar sind*[6], doch Buxtehudes Canzone erfordert kein Pedal[7]. Auch die jambischen Akkorde in BWV 577 sind für Gigue-Fugen untypisch, ob diese nun Variant-Abschnitte größerer Kompositionen sind oder nicht, und es herrscht – trotz der Einfachheit der Sequenzen – eine Sicherheit im musikalischen Idiom, die sich schwerlich irgendeinem anderen Komponisten als Bach zuschreiben läßt. Diese Sicherheit zeigt sich an solchen Stellen wie T. 26–27, wo in der Sequenz über dem Thema eine gleichmäßig angeordnete Folge von Septakkorden ausgenützt wird. Daraus ergibt sich eine ungewöhnliche, aber als „Clavier-Übung" offensichtlich nützliche Textur, auf die nur zwei Takte später noch einmal Bezug genommen wird. Daß letzterer jedoch keine leere Wiederholung ist, erklärt sich aus der dünneren Figurierung und der Hinwendung zur Mediante, die allerdings nicht zum einzigen Mal in der Fuge stattfindet (siehe auch T. 73 ff.).

Nur bei zwei Gelegenheiten (T. 12, 40) ist die Wiederholung innerhalb des Themas als Echo ausgewiesen und scheint ihrerseits zu einem weiteren Echo in einem Fugen-Zwischenspiel (T. 16) zu führen. Man weiß nicht, inwieweit diese Echos die Wünsche des Komponisten widerspiegeln oder die p/f-Zeichen rechtfertigen, die in *BG*, Bd. XXXVIII[8] und anderen Ausgaben hinzugefügt wurden. Es kann nicht viele Präzedenzfälle für die Hereinnahme des Echos als Kunstmittel in das Fugenthema selbst gegeben haben; normalerweise erscheinen sie in anderem Kontext, sei es in Zwischenspielen (z. B. Bruhns' Präludium e-Moll) oder Kadenzen (z. B. Lübecks Präambulum G-Dur). Indessen konnte wenigstens ein Kommentator Beispiele für auf

---

[5] Hans Klotz, *Bachs Orgeln und seine Orgelmusik*, Mf 3/1950, S. 199
[6] Spitta, a. a. O.
[7] Die Lage der Töne in den letzten Takten von BuxWV 174 würde auf einem Tasteninstrument mit kurzer Oktave keine Schwierigkeit bereiten.
[8] In *BG*, Bd. XXXVIII sollten die zusätzlichen f-Zeichen – nach dem Präzedenzfall in T. 12 zu urteilen – nicht in T. 7, sondern auf der Hälfte von T. 6, nicht in T. 47, sondern auf der Hälfte von T. 44 und vermutlich irgendwo in T. 24, 68 und 75 stehen.

zwei Manualen gespielte Fugen-Zwischenspiele bei André Raison finden[9]. Was das Pedal betrifft, so ist es nicht nur wegen der Lage der Töne erforderlich, sondern das Thema scheint seinetwegen verändert worden zu sein (T. 28 usw.). Trotzdem ist es wegen des begrenzten Umfangs unwahrscheinlich, daß das Pedal schon in T. 57 einsetzt[10]. Ein nicht-thematischer Einsatz (in T. 63) fällt in „frühen" Fugen nicht aus dem Rahmen.

Wenn man BWV 577 als Fuge ansieht, hat der Satz einige ungewöhnliche Merkmale:

T. 1–29   Exposition, mit langer modulierender Weiterspinnung nach der ersten Beantwortung, und eine verkürzte vierte Stimme (Pedal), die aufgeht im
T. 29–34 Zwischenspiel, das die Textur der Exposition beibehält
T. 35–40 Einsatz (Mediante), versteckt oder auf Tenor und Sopran verteilt, konzentriert sich dann auf den Tenor und geht über in
T. 40–47 Zwischenspiel, Textur zeitweilig bis zur Einstimmigkeit reduziert
T. 47–86 eine Folge von Einsätzen (Tonikaparallele, Tonika, Dominante), durchsetzt mit kurzen Zwischenspielen: Alt (T. 47), Baß (T. 57), Sopran (T. 63), Tenor (auf der Hälfte von T. 70, schließlich zur Mediante hin), Baß (auf der Hälfte von T. 77)

Nur die Zwischenspiele enthalten Motive, die sich nicht im Thema finden; eine Passage wie T. 78–86 ist ein auf zwei Hauptmotiven des Themas basierender thematischer Komplex, auf Motiven, die sequenzierend gleichermaßen ab- oder aufsteigen können. Ein ähnliches Motiv wird auch in BuxWV 174 verwendet, aber längst nicht so ausgiebig. BuxWV 174 enthält im letzten Drittel auch keine regulären Themeneinsätze oder eine Tendenz zur Vierstimmigkeit wie BWV 577. Daß die Zwischenspiele von BWV 577 schlichte Sequenzen aufweisen, spricht nicht gegen Bach als Autor des Stücks, denn sie lassen die Themeneinsätze plastisch hervortreten und deuten auch an, daß der Komponist bewußt konventionelle Figuren übernahm. Man kann sich allerdings nur schwer vorstellen, daß Bach während der Weimarer Zeit Passagen wie T. 55–56 schrieb; eine so dürftige Fortschreitung könnte indessen auch auf eine verfälschte Quelle hindeuten.

BWV 578

Fuge g-Moll

Kein Autograph; Abschriften in Lpz. MB. III.8.4 (Andreas-Bach-Buch), P 803 Johann Ludwig Krebs, P 288 und P 501 (zweite Hälfte 18. Jahrhundert), P 302 (Kittel), BB 11544 (Johann Caspar Vogler), P 541, P 279 (ca. 1900), drei Scholz-Handschriften, einer nicht numerierten Handschrift in der Bodleian Library, Oxford, einer nicht numerierten Handschrift im Bach-Institut, Göttingen, BB 30377 und anderen späten Quellen (P 313, P 557, LM 4842g, LM 4941, Lpz. MB. III.8.22, Lpz. Poel. 20),

---

[9] Harvey Grace, *The Organ Works of Bach*, London (ca. 1922), S. 36 ff.
[10] *BG*, Bd. XXXVIII, aber nicht in der Peters-Ausgabe, Bd. IX

davon einige nach Kittel; in gis-Moll in einer Scholz-Handschrift; die Peters-Ausgabe, Bd. IV, benutzte eine (verschollene) Kellner-Quelle. Hauser verwies auf ein Präludium zur Fuge[1].

Zwei Systeme; Überschrift *Fuga* (Andreas-Bach-Buch, P 803), *Fuga pro organo* (P 288), *Fuga pro Organo pleno* (P 557).

Formbeschreibung:

T. 1–22   Exposition; Thema aus drei Phrasen: T. 1–2, 3, 4–5; Weiterspinnung am Ende von T. 5; reale Beantwortung T. 6, 17, festes Kontrasubjekt
T. 22–24 Zwischenspiel
T. 25–30 „Scheineinsatz" (Tenor, dann Sopran), Tonika
T. 30–32 Zwischenspiel
T. 33–45 Einsatz in der Tonikaparallele (Alt vollständig mit Weiterspinnung wie in T. 11, dann Pedal)
T. 45–50 Zwischenspiel wie T. 22
T. 50–55 Einsatz, Subdominante
T. 55–63 Zwischenspiel
T. 63–68 letzter Einsatz, verkürzt für die Kadenz

Dieses klare Schema – abschnittweise gegliedert und nicht von „gelehrten" Effekten abhängig (Augmentation, Diminution, Engführung usw.) – ist das der Canzonen-Fuge[2], während das tänzerische Thema selbst seiner Natur nach ein wenig violinmäßig ist[3], was von der leeren d'-Saite herrührt. Daß das Thema deutlich abgesetzte Motive enthält – Dreiklangsmelodik in Vierteln, eine Achtel-Linie, Achtel-Sprünge, Daktylen mit Sechzehnteln, eine Sechzehntel-Linie – hat Organisten und Kommentatoren[4] zu komplizierten Phrasierungen ermuntert, die freilich allesamt nur auf Vermutungen basieren.

Obwohl es zweifellos der Reiz des Themas ist, der der Fuge zu ihrer Beliebtheit verholfen hat, verfügt der Satz auch über andere Qualitäten. Weder die kanzonenhaften noch die violinistischen Elemente sind sonderlich auffallend: vielmehr gehört das Thema in eine norddeutsche Themen-Tradition, die ihren Ursprung in clavieristischen Spielfiguren hat (das sogenannte Spielthema), jetzt aber eine Wendung ins Melodische erfährt, die von Weckmann, Bruhns, Reincken und anderen her nicht geläufig ist. Der Vergleich z. B. mit Reinckens g-Moll-Fuge zeigt ähnliche Sechzehntel-Figuren, eine Neigung zu gebrochenen Akkorden, einfachen Sequenzen und einem knappen Schluß usw.; BWV 578 hat klarere Themeneinsätze (immer gut vorbereitet und zum richtigen Zeitpunkt) und einen gleichbleibenderen Kontrapunkt. Der Kontrapunkt selbst ist als *meistens nur einstimmig* beschrieben und der Fuge daher bloß ein niederer Rang *hinter den Werken nachfolgender Jahre* zugewiesen worden[5]. Doch in Wirklichkeit ist die dreistimmige Textur der Takte 17–21 (vgl. die

---

[1] Yoshitake Kobayashi, *Franz Hauser und seine Bach-Handschriftensammlung*, Dissertation, Göttingen 1973, S. 331
[2] Roger Bullivant, *The Fugal Technique of J. S. Bach*, ungedruckte Dissertation, Oxford 1959/60, S. 115 ff.
[3] Johannes Krey, *Bachs Orgelmusik in der Weimarer Zeit*, ungedruckte Dissertation, Jena 1956, S. 177
[4] z. B. Hermann Keller, *Die Orgelwerke Bachs*, S. 74
[5] Philipp Spitta, *Johann Sebastian Bach*, Bd. I, S. 400

d-Moll-Fuge BWV 565) die einer regelrechten Permutationsfuge, in der der Kontrapunkt – wie simpel seine ganzen Noten auch sein mögen – in verschiedenen Tonarten und Stimmvertauschungen wiederkehrt. Die drei Stimmen von T. 27–30 sind z. B. eine vollständige Vertauschung der Takte 18–21, wodurch sich der Pedaleinsatz ohne Thema in T. 26 weitgehend erklärt, denn vom nächsten Takt ab übernimmt das Pedal eine Rolle bei der Vertauschung der drei Stimmen.

Das Thema hat andere interessante Punkte. Manche Kommentatoren haben gedacht, daß die Kontrapunkte *aus dem zweiten und dritten Teil des Themas gewonnen sind*[6], obwohl die *figurae* keine einigende Kraft wie z. B. in BWV 537,II darstellen. Da der Einsatz von T. 25 im folgenden Takt in verzierter Form beantwortet wird, handelt es sich nicht so sehr um einen Scheineinsatz wie um eine Quasi-Engführung – so vielleicht auch bei den Achteln der rechten Hand in T. 18–19 und der Paraphrase des Themenkopfs in Sechzehnteln in T. 58–59. Die Veränderungen sowohl des Themas (T. 44–45) als auch des Kontrasubjekts (T. 51–54) in der Baßstimme sprechen dafür, daß diese Baßlinie für Pedal gedacht war. Die Skalen der Weiterspinnung und die Sequenzen der Zwischenspiele sind konventionell; die Sequenzen von T. 22 z. B. basieren auf der Textur der Triosonate für zwei Violinen und Violoncello und sind in vielfältigen Erscheinungsformen als Zwischenspiele in Fugen, Sonaten und Concerti grossi zu finden. Dazu kommt, daß sich die Sechzehntel-Linien am Rande schlichter

figurae bewegen. Das Motiv im folgenden Beispiel erscheint sowohl im Thema (T. 5) als auch im Kontrasubjekt (T. 6), und *rectus* oder *inversus* findet es sich in etwa der Hälfte aller Takte einschließlich der zum letzten Themeneinsatz ansteigenden Linie (T. 58–60). Daß diese Gruppe von Tönen nicht nur ein stilistisches Zufallsprodukt ist, läßt sich daraus schließen, daß Abschnitte, die die Gruppe enthalten, mit solchen wechseln, die dies nicht tun:

T. 37–41   mit
T. 42–47   ohne
T. 48–51   mit

Aber es gibt noch keine rigorose Anwendung der *figurae* – in Takt 45 (Mittelstimme) schlüpft das Motiv wie unbemerkt hinein. Charakteristisch für den Komponisten ist ein Fließen, das sowohl BWV 578 von statischeren Fugen wie BWV 579 unterscheidet als auch frei ist von ständig wiederholten oder motorischen Rhythmen, die für Fugen von Buttstedt, Vetter und anderen typisch sind. Die Quellen von BWV 578 weisen darauf hin, daß es sich um eine frühe Fuge handelt, während die Fugentechnik denken läßt, daß der Komponist dieser Fuge bewußt eine andere Gestalt gab als den anderen frühen Fugen wie etwa BWV 574b, 944, 531 und 549a.

---

[6] Gotthold Frotscher, *Geschichte des Orgelspiels und der Orgelkomposition*, 2 Bde., Berlin 1934/35, S. 878

BWV 579

Fuge h-Moll
("über ein Thema von Corelli")

Kein Autograph; Abschriften von Wilhelm Friedemann Bach (?), jetzt verschollen (Peters-Ausgabe, Bd. IV), und in P 804 (Johann Nikolaus Mempell? erste Hälfte 18. Jahrhundert), Lpz. MB. Ms. 1 (Mitte des 18. Jahrhunderts), Lpz. MB. III.8.18 (Johann Andreas Dröbs, frühes 19. Jahrhundert).

Zwei Systeme; Überschrift *Fuga* in Lpz. MB. Ms. 1, *Thema con Suggeto Sigre. Correlli elabor. J. S. Bach* in P 804; in beiden Handschriften kein *Adagio* (T. 101).

Die Themen sind die des zweiten Satzes (*Vivace*) der Sonate IV aus Corellis *Sonate de Chiesa a Tre* op. 3 (Rom, 1689). Die Sätze stimmen in folgender Weise überein:

Corelli op. 3/4, II		BWV 579	
T. 1– 3		T. 1– 3	ein Oktave tiefer
T. 9–12	Oberstimme	T. 6– 9	Oberstimme
T. 15	Kadenz nach D-Dur	T. 10?	Kadenz nach h-Moll
T. 16–19	h-Moll	T. 11–14? (fis-Moll)	oder T. 23–24 (h-Moll) oder T. 32–34 (h-Moll)
T. 30–31		T. 90–91?	Baß

Wie zu sehen ist, sind die Übereinstimmungen gering und unsicher; 39 Takte sind zu 102 Takten geworden, eine vierte Stimme ist hinzugekommen, und es wird Pedal verlangt. Zwei schwierige Fragen sind: Hat der Komponist von BWV 579 die römische Ausgabe von 1689 überhaupt benutzt? Und war der Komponist Johann Sebastian Bach? Daß sich beides so verhält, wurde von Kommentatoren der jüngeren Zeit[1] genauso angenommen wie von Spitta[2], aber wenigstens die zweite Aussage ist bereits angezweifelt worden[3]. Im Lichte der die Quellen für das Vivaldi-Konzert betreffenden Entdeckungen muß auch die erste Aussage in Frage gestellt werden. Es ist jedoch anzumerken, daß BWV 579 nicht beanspruchen kann, eine Transkription im eigentlichen Sinne zu sein und daß die vielen Ausgaben von Corellis op. 3 (Rom 1689, Modena 1689, Bologna 1689 usw., Amsterdam 1700 usw.) länger im Umlauf gewesen waren als Vivaldis Konzerte. Der Typ und die lange Ausdehnung der anscheinend völligen Neubearbeitung des Corellischen Themas und Kontrasubjekts entsprechen denen der Cembalowerke BWV 965, 966 und 954 im Verhältnis zu ihren „Originalen", d. h. den Sätzen von Reincken. Deutlich bilden die hauptsächlichen Neubearbeitungen von Fugenthemen Corellis, Albinonis, Reinckens, Legrenzis und nicht zuletzt Raisons (BWV 582) durch den jungen Bach ein wichtiges Studiengebiet und dazu eines, das noch nicht völlig erforscht ist.

---

[1] Hartmut Braun, *Eine Gegenüberstellung von Original und Bearbeitung, dargestellt an der Entlehnung eines Corellischen Fugenthemas durch J. S. Bach*, BJ 58/1972, S. 5–11
[2] Philipp Spitta, *Johann Sebastian Bach*, Bd. I, S. 423
[3] Friedrich Blume, *J. S. Bach's Youth*, MQ 54/1968, S. 1–30

BWV 579

Die h-Moll-Fuge gehört zum sogenannten Canzonen-Typ, bei dem sich das Interesse auf die Themen konzentriert[4], die in BWV 579 – nicht jedoch bei Corelli – immer zusammen auftreten.

T. 1– 24	Exposition der Doppel-Fugenthemen, Einsatz und Beantwortung in der Tonika (zweites Thema verkürzt – a″ statt ais″ in T. 8 usw.); erste Dominant-Beantwortung (T. 11/13); weiteres Tonika-Beantwortung (T. 21/23)	T. 1– 24 (s. unten)
T. 24– 31	Zwischenspiel; neue Sechzehntel-Figur, von c (im folgenden Beispiel) abgeleitete absteigende Halbe,	T. 25– 34

die nach Spitta[5] *erfindungsreich* sind

T. 31– 41	Einsatz und Beantwortung, beide doppelt; neues Kontrasubjekt-Material	T. 37– 61
T. 41– 49	Zwischenspiel, das die Achtel-Linie ausweitet, mit abgeleiteten Halben	
T. 49– 58	Einsätze in der Tonika, jeweils doppelt	
T. 58– 73	Zwischenspiel, zunächst über ausgedehnte Vorhalte in halben Noten (abgeleitet), dann neues Motiv (T. 62): abgeleitet vom Kontrasubjekt im Tenor in T. 6?); ab T. 67 Hauptthemen in Verbindung mit Motiven aus früheren Zwischenspielen	T. 62– 71
T. 73– 77	Tonika-Einsatz, mit neu behandeltem Kontrasubjekt (Tenor T. 75 in D-Dur und T. 76 h-Moll)	T. 73–102
T. 78– 90	Zwischenspiel, verarbeitet, zunächst Material, das dem von T. 43 ff. und 58 ff. ähnlich ist	
T. 90–102	letzte Einsätze in Engführung; nicht abgeleitet Schluß	

Wie von Schöneich dargelegt wurde[6], ist die Form von BWV 579 nicht allzu klar, und die Zwischenspiele führen zu einer besser ausgearbeiteten Fuge, als in einer mehrteiligen Toccata nötig wäre (die Taktzahlen oben in der rechten Spalte zeigen die Unterteilung von Schöneich).

Obwohl es stimmen mag, daß *Corellis sechs Themen-Komplexe auf insgesamt zehn erweitert* worden sind[7], hatten die beiden Komponisten – nach der Corelli-Ausgabe von 1689 und der Bach-Handschrift P 804 zu urteilen – ganz unterschied-

---

[4] Roger Bullivant, *The Fugal Technique of J. S. Bach,* ungedruckte Dissertation, Oxford 1959/60, S. 710
[5] Spitta, a.a.O.
[6] Friedrich Schöneich, *Untersuchungen zur Form der Orgelpräludien und Fugen des jungen Bach,* ungedruckte Dissertation, Göttingen 1947/48, S. 198 ff.
[7] Braun, a.a.O.

liche Auffassungen von dem Doppelthema, und der Gedanke eines „Themen-Komplexes" bedeutete für jeden Komponisten etwas völlig anderes. In BWV 579 erscheinen die beiden Themen immer zusammen, so daß der Einsatz bei T. 67 kein echter Einsatz ist und in der Engführung ab T. 90 eigentlich strenggenommen die dritte Stimme das Thema hat. Bei Corelli werden beide Fugenthemen jeweils einzeln enggeführt, haben jedoch keine gemeinsame Engführung und erscheinen nur viermal als echtes Doppelthema. Beide Fugen bleiben in der Tonika und eng verwandten Tonarten (Dominante in BWV 579, Subdominante in op. 3). In BWV 579 sind Corellis regelmäßige Engführungen im Abstand sowohl eines ganzen als eines halben Taktes T. 6/7 bzw. T. 16) ausgelassen, statt dessen sind die vierfachen enggeführten Einsätze auf Tonika und Dominante im Halbtakt-Abstand auf die Takte 90–91 zusammengezogen. Auch diese Engführung ist bei Corelli bereits vorweggenommen, wenn auch nur dreistimmig (T. 35–36). Sie ähnelt ein wenig anderen auf fallenden Quinten bzw. Quarten basierenden Engführungen (z. B. T. 67ff. der b-Moll-Fuge aus dem *Wohltemperierten Clavier* I). Aus der Behandlung in BWV 579 ergeben sich zwei besondere Wirkungen: die Harmonik ist naturgemäß reicher (z. B. T. 90–94), und die Form ist stärker gegliedert, mit klaren Unterschieden zwischen Durchführungsteilen und Zwischenspielen. Daß die Sechzehntel weitgehend den Zwischenspielen vorbehalten bleiben, ist für den reiferen Bach untypisch.

So wie BWV 579 uns überliefert ist, hat es viele Details, die von Interesse sind. Schon das Doppelthema selbst, das in einem nicht eindeutigen Dur-Moll beginnt, ist typisch für das Fugenthema im italienischen Stil, wie es von Händel übernommen wurde (z. B. Concerto grosso op. 3/2, II oder die Fugen B-Dur und g-Moll aus den *Six Fugues or Voluntarys for the Organ or Harpsichord*, 1735), obwohl es auch Themen von anderen Orgelfugen deutscher Komponisten ähnelt:

Nikolaus Bruhns, Präludium e-Moll

BuxWV 151 (Möllersche Handschrift)

Auf die Nähe von Buxtehudes Kontrasubjekt zu demjenigen von Corelli ist bereits hingewiesen worden[8]. Die Frage-Antwort-Natur solcher Doppelthemen muß zwangsläufig zu Ähnlichkeiten führen. Aber der italienische Charakter von BWV 579 geht über die Themen hinaus. Es finden sich keinerlei Passagen, die aus deutschen Toccaten geläufig wären – fanfarenartiges Laufwerk am Ende, Orgelpunkt-Coda usw. – und der Stil in Abschnitten wie T. 79–90 stammt im Grunde genauso

---

[8] Hermann Keller, *Die Orgelwerke Bachs*, S. 73

von Corelli wie das Thema selber, trotz der reichen vierstimmigen Harmonik (vgl. BWV 532, I) und des plötzlichen Aufloderns der Melodik bei T. 82–83, das eher für Buxtehude oder Bruhns typisch ist. Für den ganzen Abschnitt um T. 80–90 und seine Ähnlichkeit mit BWV 532 – sowohl mit dem Präludium als auch mit der Fuge – fällt es sehr schwer anzunehmen, er sei viel später entstanden als das Capriccio BWV 992. Sogar die „deutschen" Zwischenspiele von T. 25 oder 65 sind den Solo-Abschnitten eines Konzerts oder den Zwischenspielen einer Fuge aus den Triosonaten (z. B. Corellis op. 3/12, V) nicht unähnlich. Trotz des Spielens mit abgeleiteten Motiven

– die gleichermaßen aus solchen Teilen der Corellischen Fuge stammen, die nicht in BWV 579[9] enthalten sind wie aus solchen, die übernommen wurden – bleibt der Stil vorwiegend frei von motivischer Arbeit. Er basiert vielmehr (wie BWV 532) auf der harmonischen Behandlung der Vorhalte und Sequenzen und das innerhalb weniger Tonarten und im allgemeinen im Vokabular Corellis. Die Schlußkadenz nimmt sich für einen alleinstehenden Fugensatz ungewöhnlich bescheiden aus (vgl. BWV 578, 577, 574) und spiegelt möglicherweise den Einfluß der Streicher-Fuge – oder vielleicht sogar den Wunsch, diese nachzuahmen – wider. Aufschlußreich für die spätere Entwicklung der Fuge ist indessen die Tendenz des Materials, in Sequenzen aufzutauchen und sich nicht bloß im Quintenzirkel auszubreiten, sondern dies mit einem Gefühl der Dringlichkeit und einem Sinn für Erfindungsreichtum (T. 16 ff., 35 ff., 75 ff., 93–94).

Sicher ist Corellis Satz mit Recht als energischer und daher schneller anzusehen als BWV 579[10]. Das deutet sich ebenso in der straffen Folge von Engführungen an wie in der Tempoangabe oder – in BWV 579 – durch das Vorhandensein von Sechzehntel-Figuren und einer Pedal-Linie. Wenn BWV 579 aber auch längst nicht so straff ist, so werden doch bewußte Versuche unternommen, Kontinuität herzustellen: Zwischenspielen (wie bei T. 24) und Themeneinsätzen (wie bei T. 30) gehen keine glatten Einschnitte voraus, und eine klare Forderung nach Manualwechseln besteht nicht.

---

[9] z. B. Corellis T. 5; oder der vorausgehende Satz in op. 3/4
[10] Braun, a. a. O.

BWV 580

Fuge D-Dur

Kein Autograph; Abschriften in Am. B. 606 (letztes Drittel 18. Jahrhundert), P 784 (zweite Hälfte 18. Jahrhundert).

Wie dargelegt wurde[1], ist das Fugenthema den Tönen, der Tonart und der Tonhöhe nach praktisch das gleiche wie das Kontrasubjekt zum *Allabreve*-Thema BWV 589. Bach hat es entweder zufällig oder mit Absicht benutzt, als er später das *Allabreve*-Thema schrieb, oder jemand weniger Kundiges übernahm das Thema aus dem *Allabreve* und schrieb eine Fuge darüber. Offensichtlich könnte BWV 580 *die Arbeit eines wenig fortgeschrittenen Schülers von Bach* sein[2] oder eines älteren Komponisten wie Johann Christoph Bach (1642–1703), dessen Fuge BWV Anh. 77 sich ebenfalls in Am. B. 606 befindet. Es sollte aber jedenfalls bemerkt werden, daß das Thema nicht ganz genau gleich mit dem Kontrasubjekt von BWV 589 ist (es fängt ohne Synkope an, und die Beantwortung erfolgt später) und daß es konventionelle Züge trägt, die für einen bestimmten Thementyp charakteristisch sind. Ein schlichter Rhythmus, eine Melodielinie, die halb schrittweise, halb in größeren Intervallsprüngen geht, ein einfacher Vorhalt: das ist typisch für Themen, die einen schlichten, italienisch anmutenden Kontrapunkt erzeugen, auf dem sogar das geglättete *Allabreve* beruht.

Trotz der Alltäglichkeit der musikalischen Sprache – die für Bach, seit er den italienischen Kontrapunkt kennengelernt hat, nicht mehr charakteristisch ist – gibt es ein paar Merkmale, die andeuten, was Bach oder andere Komponisten des frühen 18. Jahrhunderts als zu diesem Stil gehörig angesehen haben. So hat etwa das Thema – das weit davon entfernt ist, eine Permutationsfuge zu erzeugen – eine Reihe von Kontrasubjekten, die alle formelhaft besetzt sind, sich prinzipiell jedoch voneinander unterscheiden: T. 5, 28, 44 (in T. 49 Kontrapunkt vertauscht), 86 und 102. Wenngleich die polyphone Schreibweise häufig nur von geringem Interesse ist, wird doch hin und wieder versucht, Figuren wie die steigende Quarte des Themas oder die Achtelgruppe des Kontrasubjekts weiterzuverarbeiten.

---

[1] *BG*, Bd. XXXVIII, S. XIV
[2] Hermann Keller, *Unechte Orgelwerke Bachs, BJ* 34/1937, S. 59–82

BWV 581

Fuge g-Moll

Kein Autograph; Abschrift in Lpz. Poel. 18 (Karl Heinrich Ludwig Pölitz ca. 1790). Zwei Systeme; Überschrift *Fuga di J. Sebast. Bach.*

Die Handschrift Poel. 18 (ein einzelnes Blatt) enthält zwei dreistimmige Fugen, die sachkundig über zwei etwas ungelenke Themen komponiert sind: BWV 581 und den Choral *Wir glauben all an einen Gott* BWV Anh. 70, wobei das letztere der Stücke anonym ist. Beide Stücke erfordern kein Pedal, und in keinem von beiden bringt die Fugentechnik mehr als eine Exposition, einen Mittel-Einsatz, ein abgeleitetes Zwischenspiel und eine Coda oder einen letzten Einsatz hervor. Möglicherweise ist auch BWV 581 eine Choral-Fuge: zu den ersten fünf Tönen siehe auch die Es-Dur-Fuge BWV 552. Weder BWV 581 noch BWV Anh. 70 zeigen eine Form, Textur, Motivik, Erfindungskraft oder polyphone Schreibweise, die für Bach zu irgendeinem Zeitpunkt charakteristisch gewesen wäre, obwohl BWV Anh. 70 einige Vertrautheit mit älteren Fugenfiguren aufweist, besonders in dem chromatischen Quartgang in d-Moll.

BWV 582

Passacaglia c-Moll

Kein Autograph (die ehemals im Besitz von Karl Wilhelm Ferdinand Guhr befindliche Handschrift soll nach Griepenkerl, Peters-Ausgabe, Bd. I, ein Autograph gewesen sein); Abschriften in Lpz. MB. III.8.4 (Andreas-Bach-Buch, von Johann Christoph Bach in das auf dem Kopf liegende Buch abgeschrieben), Lpz. MB. Ms. R 16,9 (Fragment, nur die letzten 59½ Takte, ebenfalls Johann Christoph Bach), P 803 (Johann Tobias Krebs), P 320 (Kittel) sowie späte Abschriften (eine Handschrift aus der Sammlung Rust von demselben Kopisten wie die Göttinger Handschrift von BWV 535[1]), zwei Scholz-Handschriften (verkürzte Fassungen), P 274, P 277, P 279, P 286, P 290, P 557, Wien S. m. 5014), wovon einige zur Kittel-Gruppe gehören. P 290 und P 286 überliefern eine stark verzierte Fassung der ersten 40 Takte, deren Quelle vermutlich eine Abschrift war, die sich schließlich im Besitz von Carl Philipp Emanuel Bach befand. Nach gelegentlichen Oktav-Versetzungen in den Quellen (Abschriften) zu urteilen, kann das Original des Komponisten durchaus in Tabulatur geschrieben gewesen sein[2].

---

[1] siehe *NB*, Serie IV/5–6, Kritischer Bericht, S. 171
[2] Dietrich Kilian, *Zu einem Bachschen Tabulaturautograph*, in: *Bachiana et alia Musicologica: Festschrift Alfred Dürr*, hg. von Wolfgang Rehm, Kassel 1983, S. 163 f.

Zwei Systeme im Andreas-Bach-Buch und in P 803 usw.; Überschrift im Andreas-Bach-Buch *Passacalia. ex C♭ con Pedale*; Fuge in beiden Handschriften überschrieben *Fuga cum Subjectis*.

1. Instrument und Zweck. Ob die Handschrift aus dem Besitz von Guhr, die Griepenkerl benutzt hat, wirklich ein Autograph war, weiß man nicht[3]. Eine Abschrift (des Autographs?[4]) aus dem Besitz von Hauser trug die Überschrift *Passacaglio con Pedale pro Organo pleno*; in Mendelssohns Konzertprogramm für den 6. August 1840 in der Leipziger Thomaskirche wurde das Stück als *Passacaille (21 Variationen und Phantasies für die volle Orgel)* aufgeführt. Waren wenigstens das erste und die vier letzten Wörter aus der Abschrift, die Mendelssohn benutzte, übernommen (oder übersetzt)? Erhielt sich in der ältesten Abschrift, besonders aber im Autograph, in der (damals ungebräuchlichen) Terminologie die Anspielung auf André Raison? In den meisten Abschriften heißt es einfach *Passacalia*, und selbst in P 803 sind Zusätze wie *pro Organo* oder *con Pedale* weggelassen, die sich in anderen Stücken finden, die in anderen Lagen der Handschrift abgeschrieben sind (z. B. BWV 537, 540). Für die Rubrizierung *Cembalo ossia Organo* in BG, Bd. XV gibt es keinen Beleg, trotz Forkels berühmtem Ausspruch über die Passacaglia – *die aber mehr für zwey Claviere und Pedal als für die Orgel ist*[5] –, womit er anscheinend ein zweimanualiges Cembalo oder Clavichord gemeint hat. Aus der Anordnung der Variation 17 (T. 140) ist ebenfalls gefolgert worden, daß zwei Manuale beabsichtigt waren[6], was für eine Art von Tasteninstrument auch immer erforderlich sein mochte. Schon Griepenkerl hatte gedacht, die Passacaglia sei, ebenso wie die „Sechs Sonaten", für *ein Clavichord mit zwei Manualen und Pedal* oder ein *Fortepiano zu drei Händen, wo man das Pedal meistens eine Oktave tiefer nehmen muß*[7], während Schweitzer sich später für Cembalo mit Pedal entschied[8]. Es ist sehr zweifelhaft, ob beide Autoren jemals eines der beiden Instrumente (Pedalcembalo oder Clavichord) gehört hatten. Dennoch findet das Werk im Gottesdienst kaum einen Ort, selbst nicht als Nachspiel, für das Mattheson vermerkt, daß die Organisten in Sätzen wie etwa den *ciacone* ihre Phantasie frei gebrauchen konnten[9]. Dabei scheint er eine andere Art des Tanzes, zu einem anderen Zeitpunkt und in einer Kirchenprovinz mit anderen Traditionen, im Sinn gehabt zu haben.

---

[3] Nach einem Brief Mendelssohns vom 18. Juni 1839 an seine Schwester war ihm von Guhr in Frankfurt ein Autograph der „Passecaille" zum Geschenk angeboten worden. Vielleicht war Guhrs „Autograph" in Wirklichkeit eine Abschrift von Christian Gottlob Meißner (Yoshitake Kobayashi, *Franz Hauser und seine Bach-Handschriftensammlung*, Dissertation, Göttingen 1973, S. 169)? Zu Hausers Abschrift siehe a. a. O., S. 72. Mendelssohns Bemerkungen nach enthielt die Abschrift anscheinend auch die Legrenzi-Fuge BWV 574 in derselben Tonart wie im Andreas-Bach-Buch.
[4] Georg Kinsky, *Pedalklavier oder Orgel bei Bach?*, AMl 8/1936, S. 160
[5] Johann Nikolaus Forkel, *Über Johann Sebastian Bachs Leben, Kunst und Kunstwerke*, Leipzig 1802. Verweise auf „Forkels Katalog von 1802" beziehen sich auf das in seiner Publikation enthaltene thematische Verzeichnis.
[6] Harvey Grace, *The Organ Works of Bach*, London (ca. 1922), S. 92
[7] Peters-Ausgabe, Bd. I
[8] Albert Schweitzer, *J. S. Bach le Musicien-Poète*, Leipzig 1905, S. 258
[9] Johann Mattheson, *Der vollkommene Capellmeister*, Hamburg 1739, S. 477

Sowohl das Andreas-Bach-Buch als auch die Möllersche Handschrift können teilweise 1707/8 oder früher datiert werden[10]. In diesem Fall wäre die Passacaglia eines der frühesten und fortgeschrittensten Meisterwerke des Komponisten in durchgehender Form. In einer neueren Untersuchung zu diesen Quellen[11] wird behauptet, daß die Bach-Stücke in der Möllerschen Handschrift vor denen des Andreas-Bach-Buchs abgeschrieben worden sein können und daß als die jeweilige Zeit ca. 1703 bis ca. 1706 und ca. 1707–ca. 1712 in Frage kommt. Diese Hypothese paßt gut zu den Bemerkungen, die sich zum vergleichsweisen musikalischen Reifegrad z. B. des C-Dur-Präludiums BWV 531 und der c-Moll-Passacaglia BWV 582 machen ließen. Jedenfalls läßt sich aber sagen, daß die Passacaglia, je früher sie komponiert wurde, um so mehr als bewußter Versuch anzusehen ist, in einer bestimmten Gattung zu komponieren – höchstwahrscheinlich unter dem Einfluß Buxtehudes[12]. Das Andreas-Bach-Buch selber – von wem und aus welchen Gründen auch immer es zusammengestellt worden sein mag – enthält Werke mehrerer Kategorien, was darauf hindeutet, daß es kompiliert wurde, um eine Reihe von Stilarten, die den verschiedensten Komponisten zur Verfügung standen, wiederzugeben. Mehrere Werke für Tasteninstrumente von Bach, die in dieser Sammlung niedergeschrieben wurden, weisen deutlich unterschiedene Kompositionstypen auf, obwohl sie von fünf oder sechs verschiedenen Schreibern beigesteuert wurden (Schreiber 1, 3, 6, 7 und 8):

Toccata fis-Moll BWV 910 (Schreiber 1)
Ouvertüre F-Dur BWV 820 (6)
Passacaglia c-Moll BWV 582 (3)
Fuge g-Moll BWV 578 (1)
Choralvorspiel BWV 724 (?)
Aria variata alla maniera italiana BWV 989 (7)
Legrenzi-Fuge BWV 574 (3)
drei Arten von Fantasien: BWV 570, 563, 944 (1, 3, 8)

Gerade eine derartige Mischung von französischen, italienischen und norddeutschen Elementen in gegensätzlichen Clavier-Stilen ist höchst interessant. Außerdem gibt es zusätzlich zu den Variationen BWV 989 und der *Mayerin*-Partita von Reincken eine gesonderte Gruppe von Ostinato-Werken, die vielleicht mit Ausnahme des ersten von demselben Schreiber kopiert wurden:

Buxtehude:	Ciacona c-Moll BuxWV 159	
	Ciacona e-Moll BuxWV 160	einzige vorhandene
	Passacaglia d-Moll BuxWV 161	Quelle
	Praeludium (mit Ciacona) BuxWV 137	
Pachelbel:	Ciacona d-Moll	
Böhm:	Suite D-Dur (mit Chaconne)	
J. S. Bach:	Passacaglia c-Moll BWV 582	

---

[10] Dietrich Kilian, *Studie über J. S. Bachs Fantasie und Fuge c-moll*, in: *Hans Albrecht in Memoriam*, Kassel 1962, S. 127–35

[11] Robert S. Hill, *The Möller Manuscript and the Andreas Bach Book: Two Keyboard Anthologies from the Circle of the young Johann Sebastian Bach*, Harvard 1987

[12] vielleicht sogar als Resultat des Besuches in Lübeck 1705–06. Es ist ziemlich unwahrscheinlich, daß BWV 582 in der Leipziger Zeit komponiert wurde, wie noch manchmal behauptet wird (Hans Klotz, *Über die Orgelkunst der Gotik, der Renaissance und des Barock*, Kassel ²1975, S. 375).

Wenngleich dieser Überblick über die stilistischen Möglichkeiten (eines einzelnen Komponisten) und die Ergründung einer bestimmten Formgattung (durch mehrere Komponisten) nicht beweist, daß der Band rein didaktische Ziele verfolgte, ist er in dieser Richtung mit Sicherheit von Nutzen. Dieses didaktische Element wird auch nicht durch die zweifelhafte Echtheit einiger in ihm enthaltener Bach-Werke (BWV 820, 563) geschwächt; vielmehr unterstützt es geradezu deren Echtheitsanspruch als Kompositionen, die jeweils in einem spezifischen, gewissermaßen experimentellen Stil geschrieben sind. Außerdem läßt die Tatsache, daß das Andreas-Bach-Buch heute die einzige Quelle für die Buxtehude-Stücke ist, durchaus vermuten, daß der Kopist oder Besitzer aus irgendeinem Grund besonderes Interesse an Ostinato-Werken hatte. Selbst wenn ein mitteldeutscher Organist so viele Ostinato-Werke in irgendeiner Weise *nach französischem Geschmack* sammelte, wie Friedrich Wilhelm Riedel behauptet hat[13], gewinnt die Passacaglia BWV 582 doch dadurch, daß sie in dieser Quelle neben den Chaconnen von Buxtehude steht, einen Bezug zu ihnen. Ostinati waren in der norddeutschen Orgelmusik anscheinend nicht verbreitet, und schon allein aus diesem Grund ist die Auswahl im Andreas-Bach-Buch bemerkenswert.

Es ist sogar denkbar, daß BWV 582 einigen oder allen Stücken in dieser breiten Auswahl zur Gesellschaft komponiert wurde, oder um einige ihrer Kunstmittel als Grundlage einer längeren Komposition zu übernehmen, oder aber, um eine Ostinato-Technik vorzuführen, die nicht immer streng nach den Gesetzmäßigkeiten von Musik für Tasteninstrumente ausgeführt ist. Das Andreas-Bach-Buch als ganzes ist dafür zwar nicht als Beweis anzuführen, da es nicht von einem einzelnen Kopisten in einem zusammenhängenden Zeitraum geschrieben wurde. Aber solange man keine gesicherten Erkenntnisse über die Herkunft des Buches hat, kann auch nicht behauptet werden, daß es dieser Interpretation widerspricht. Sie wird auch noch durch andere Punkte gestützt: in BWV 582 gibt es Stellen, die eine ungewöhnliche manuelle Geschicklichkeit erfordern, das Werk hat viele Elemente mit Buxtehude gemeinsam (siehe unten), und außerdem werden nacheinander eine Reihe konventioneller *figurae* in einer Textur verwendet, die von der Ein- bis zur Fünfstimmigkeit wechselt. Es gibt sogar kaum Entsprechungen zwischen BWV 582 und den Ostinati in den früheren Kantaten, welche bescheidener und nicht so gründlich, nicht so demonstrativ ausgearbeitet sind (z.B. die Ostinato-Arie BWV 131,IV, 1707).

2. Einflüsse. Vielleicht eignet sich kein anderes Orgelwerk Bachs zu so vielen direkten Vergleichen wie die Passacaglia. Das Thema, die Entwicklung der Variationen darüber und die Details der ihr folgenden Fuge haben allesamt eine Geschichte, die bis zu den Werken älterer Organisten zurückreicht. Vermutlich war es das im Vergleich zu Präludien und Fugen verschiedenster Art seltene Vorkommen von Passacaglien, was sowohl den Komponisten als auch später seine Kommentatoren dazu ermunterte, nach Einflüssen von anderswoher zu suchen.

Guilmant und Pirro[14] haben gezeigt, daß das Fugenthema und die erste Hälfte des Passacaglia-Themas nahezu identisch sind mit dem Thema des *Christe* aus der zwei-

---

[13] Friedrich Wilhelm Riedel, *Quellenkundliche Beiträge zur Geschichte der Musik für Tasteninstrumente in der 2. Hälfte des 17. Jahrhunderts*, Kassel 1960, S. 206
[14] *Archive des Maîtres de l'Orgue*, Bd. II, 1899

ten Messe in André Raisons *Premier Livre d'Orgue* (Paris 1688), das den Untertitel *Trio en passacaille* trägt:

Ob Raison oder Bach wußten, daß dieses Thema dem Anfang der gregorianischen Communio für den zehnten Sonntag nach Pfingsten sehr ähnlich ist[15], wissen wir nicht, und erst recht nicht, ob Raison dies mit größerer Wahrscheinlichkeit wußte als Bach. Im Vorwort zu seinem *Livre* merkt Raison an, daß jeder Satz seiner Messen einer *Sarabande, Gigue, Bourrée, Canaris, Passacaille und Chaconne* entspricht, wobei die Meßsätze aber langsamer gespielt werden *à cause de la Sainteté du Lieu* (wegen der Heiligkeit des Ortes). Die 27taktige *passacaille* ist nicht das einzige Stück seiner Art: in Raisons sechster Messe ist das *Christe* ein weiteres „Trio en chaconne" mit einem viertaktigen Baß, der der zweiten Hälfte des Passacaglia-Themas gleicht – ein seltsamer Zufall, wenn es einer ist. Solche Sätze sind sonst aus den Werken der alten französischen Meister, die Bach bewundert hatte, wie sein Sohn Carl Philipp Emanuel später Forkel erzählte[16], nicht so bekannt, wenngleich eine Chaconne von 104 Takten in Lambert Chaumonts *Pièces d'Orgue* (Lüttich 1695) erschien. Auch in der französischen Musik für Tasteninstrumente sind solche Ostinato-Passacaglien überhaupt nicht verbreitet; die übliche *passacaille* ist ein Rondo wie die *Chacone en Rondeaux* aus Dandrieus Suite, die Johann Gottfried Walther in P 802 abgeschrieben hat. Der imitierende Anfang in Raisons Sätzchen (vgl. das vorausgegangene Beispiel) kommt für eine *passacaille* unerwartet und vermittelt den Eindruck, daß die ostinate Wiederholung erst ein Nachgedanke war.

Daß das Fugenthema von Bachs Passacaglia die vier ersten Takte genauso zitiert, wie sie bei Raison erscheinen, mag vielleicht ein Zufall sein, eine oberflächliche Ähnlichkeit[17], die sich aus dem archetypischen Charakter des Themas ergibt. Allerdings läßt sich diese Ansicht jetzt schwer aufrechterhalten, wo es ein viel besseres Ver-

---

[15] Michael Radulescu, *On the Form of Johann Sebastian Bach's Passacaglia in C minor, Organ Yearbook* 11/1979
[16] *Bach-Dokumente*, Bd. III, S. 288
[17] Richard Buchmayer, *Drei irrtümlich J. S. Bach zugeschriebene Klavierkompositionen, Sammelbände der Internationalen Musik-Gesellschaft* 2/1900–01, S. 270

ständnis für Bachs frühe Einlassung auf die Musik so vieler anderer Komponisten gibt; jedenfalls hat die zweite Themenhälfte auch Ähnlichkeit mit Raisons *Chaconne*-Stil. Man kann jedoch sagen, daß das Thema von BWV 582 in seinem deutschen Umfeld nicht so außergewöhnlich ist wie das Thema von Raison in der französischen Musik. Ähnliche (wenn auch weniger beständige) Rhythmen, Linien, Intervalle (besonders der Halbton), Kadenzen und manchmal Längen finden sich auch in anderen deutschen Quellen:

BuxWV 159   BuxWV 161

BuxWV 160

Johann Krieger, *Clavier-Übung* (1698), Ciacona

Zwar hat keines dieser Werke die durchgehende Melodik und Logik von BWV 582, aber dennoch enthalten sie dessen Elemente und zeigen seine Tradition. Ein wichtiges Merkmal des Erscheinungsbildes fast all dieser Themen ist, daß sie anscheinend jeweils neu erdacht sind und nicht bloß Varianten von Ostinato-Bässen des 17. Jahrhunderts – so des absteigenden Tetrachords, das sich z. B. noch in Pachelbels Ciacona f-Moll, Böhms D-Dur-Suite im Andreas-Bach-Buch, den ersten vier Takten der *Goldberg-Variationen* und sogar (in verzierter Form) in der Chaconne der d-Moll-Partita für Violine wiederfindet. Das absteigende Tetrachord erzeugt, wie andere Ostinato-Themen auch, eine viertaktige Phrase, die spätere Komponisten in ihren eigenen Versionen variierten (z. B. acht Takte bei Chaumont, fünf, sieben und acht Takte bei Purcell). Die Tatsache, daß solche viertaktigen Themen in der deutschen Musik für Tasteninstrumente (z. B. die eben zitierten Notenbeispiele von Buxtehude) und in der Vokal- und Instrumentalmusik (z. B. Kantate BWV 12,II, 1714) weiterhin verbreitet blieben, hat einige frühere Kommentatoren zu der Behauptung verleitet, daß das achttaktige Thema von BWV 582 ungewöhnlich sei. Unüblich an BWV 582 ist eher, daß das Passacaglia-Thema am Anfang vorweggespielt wird, obschon auch das aus anderen Stücken bekannt ist (z. B. aus Schmelzers Violinsonate in D-Dur, 1664, oder dem *Lamento* aus Purcells *Dido and Aeneas*). Zudem dürfte es wohl kaum ein Zufall sein, daß bei diesem Vorwegspielen ein Thema vorgeführt wird, das *alle charakteristischen Intervalle des skalischen und akkordischen Tonraums von c-Moll enthält*[18] und das bereits die *drei Dimensionen der folgenden Komposition* einführt: *die harmonische, die melodische und die figurativ-ornamentale*[19].

---

[18] Christoph Wolff, *Bemerkungen zu Siegfried Vogelsängers Aufsatz „Zur Architektonik der Passacaglia J. S. Bachs"*, Mf 25/1972, S. 488–490

[19] Radulescu, a. a. O.: [...] *the three dimensions of the following composition: the harmonic, the melodic and the figurative-ornamental.*

Ganz abgesehen von den verborgenen Symmetrien, der durchgehaltenen Spannung und der allmählichen Entwicklung von der Homophonie zur Polyphonie gibt es in der Verarbeitung der Variationen von BWV 582 deutliche Unterscheidungsmerkmale: 1. das Thema endet jedesmal mit einem klaren Ganzschluß; 2. es wandert nicht in andere Tonarten und erscheint auch nicht in solchen; 3. es bewegt sich vom Baß in den Diskant und dann 4. aus dem Diskant und erscheint jeweils auf der ersten Taktzeit im Oktavsprung (Variation 15, T. 121 ff.); 5. der Baß variiert das Thema einschließlich einer *staccato*-Version; 6. Variationen mit ähnlichen Figuren kommen entweder paarweise oder in Gruppen daher; 7. beginnend als Variation 21 folgt eine Fuge. Wenngleich sich dieses letzte Merkmal in keiner anderen überlieferten Passacaglia findet, so ist es doch interessant, daß Johann Schmidts (1674–1746) Choral-Variationen von 1710 mit einer Passacaglia enden, aus der ein Fugato entwickelt wird[20], und daß Buxtehude in seinem C-Dur-Präludium BuxWV 137 seine *ciacona* als Variation über das Fugenthema benutzt und nicht umgekehrt. Die Passacaglia BWV 582 steht unter Bachs Orgelwerken ebenfalls einzigartig da mit ihrer offensichtlichen Verwandtschaft zwischen Präludium und Fuge – was fast zu der Spekulation führt, daß die Fuge zuerst geschrieben sein könnte, vielleicht als eine „Fuge über ein Thema von Raison" entsprechend der Fuge über ein Thema von Legrenzi BWV 574 (auch in c-Moll). Die übrigen oben angeführten Merkmale treten auch andernorts auf: 1. findet sich in Buxtehudes e-Moll-Ciacona, 2. dort und in der c-Moll-Ciacona (aber nicht in der d-Moll-Passacaglia); die deutliche Abgrenzung zwischen 3. und 4. ist aus anderen Chaconnen nicht bekannt, aber viele Bässe lassen das Thema fallen (z. B. Pachelbels Passacaglia f-Moll), während dessen Töne und Harmonien in die Manualfiguren eingehen; 5. findet sich in Buxtehudes e-Moll-Ciacona, 6. in Buxtehudes c-Moll-Ciacona (nicht nur die viertaktige Wiederholung von Pachelbel und anderen mittel- und süddeutschen Komponisten). Aus Bachs einzigartiger Orgel-Passacaglia und aus der Chaconne für Violine läßt sich kaum folgern, daß der Begriff „Passacaglia" einen Satz mit wiederholtem Baßthema und der Begriff „Chaconne" einen Satz mit wiederkehrender Harmonik bezeichnete, ebensowenig wie bei Buxtehude „Passacaglia" einen 3/2-Satz mit modulierenden Variationen anzeigte und „Chaconne" einen 3/4-Satz ohne Modulationen. Dessenungeachtet ist der Ausdruck *passacaglia* nicht eindeutig und kann sich auch auf den Ursprung des Themas beziehen. Für manche Deutschen[21] war nämlich die Passacaglia ein nicht ostinater, lebhafter Tanz; daher wäre „Chaconne" als Titel für BWV 582 passender gewesen. In Walthers *Lexicon* hingegen ist die Passacaglia in Anlehnung an Brossards *Dictionnaire* auf französische Art definiert, d. h. *langsamer als die Chaconne gehet, matthertziger (zärtlicher), und die Expression nicht so lebhaft*. Die Quellen für BWV 582 benutzen den Ausdruck vermutlich deshalb, weil der Komponist es tat; und benutzte er ihn womöglich, weil er ihn von Raison übernahm?

---

[20] Gotthold Frotscher, *Geschichte des Orgelspiels und der Orgelkomposition*, 2 Bde., Berlin 1934/35, S. 619
[21] Mattheson, a. a. O., S. 233

Viele Grundmuster sowohl der Passacaglia als auch der Fuge BWV 582 sind aus der Gattung vertraut, insbesondere aus der Hinterlassenschaft von Buxtehude, Pachelbel, Kerll, Kuhnau, Christian Friedrich Witt und Muffat. Zweifellos erkennt BWV 582 diese Modelle bewußt an. Es wurde bereits darauf hingewiesen, daß das Baßthema in kurze unverbundene Noten verwandelt wird – siehe T. 80 von BWV 582 und T. 53 von BuxWV 160. Um weitere Beispiele zu nehmen: Muffat benutzt in seiner Passacaglia aus dem *Apparatus musico-organisticus* (1690) eine ähnliche Vorgehensweise wie BWV 582 – zunächst Achtel-Linien, dann Anapäste, Sechzehntel (rechte Hand, dann linke Hand, dann beide zusammen), Arpeggien, springende Sechzehntel und Achtel-Triolen. Am deutlichsten hat Richard Buchmayer[22] demonstriert, wie traditionell diese Figuren sind. Er wies nicht nur nach, welchen Beitrag die Passacaglia d-Moll BWV Anh. 182 zu Christian Friedrich Witt (dem Komponisten eines Capriccios im Andreas-Bach-Buch) geleistet hat, sondern er zeigt auch, daß die Ähnlichkeit dieser Figuren mit denen der *Passacaille* aus Lullys *Acis et Galatée* (1686) für eine enge Abhängigkeit von der letzteren spricht. Wenn man annimmt, daß Buxtehudes BuxWV 160 früher entstanden ist als BWV 582, sieht man, daß Bach die Figuration noch weiter abgeklärt und reguliert hat; denn wenn die rechte Hand (wie in BuxWV 160) auch Sechzehntel spielt, so tut sie dies systematischer, mehr skalenartig:

BuxWV 160

BuxWV 582

---

[22] Buchmayer, a. a. O., S. 265 ff.

In diesem Sinne ist BWV 582 „lehrhafter" als manche anderen Passacaglien. Ihr außerordentlicher Erfindungsreichtum liegt angesichts der Unnachgiebigkeit des achttaktigen Themas und seiner unvermeidlich diatonischen Gravitation in der exakten Form dieser Figuren. Ein Vergleich z. B. mit der d-Moll-Chaconne von Pachelbel zeigt, daß, obwohl beide Themen eine „diatonische Gravitation" haben, BWV 582 besonders in zweierlei Hinsicht fortschrittlicher ist. Die größere Länge des Themas ermöglicht, daß ein Motiv voller entwickelt (und nicht nur wiederholt) wird, und die sorgfältigen vierstimmigen Harmonien erzeugen einen offensichtlich intensiveren Kontrapunkt:

Johann Pachelbel, Chaconne d-Moll

BWV 582

Daß sich in diesem Prozeß etwas von der Chaconne bzw. Passacaglia des 17. Jahrhunderts verloren hat – nämlich das tänzerisch Leichte in Tempo und Phrasenbildung – ist nicht, wie es scheinen könnte, die unvermeidliche Konsequenz, denn schon Pachelbels und Buxtehudes Ostinato-Stücke in d-Moll sind ganz deutlich zu Clavier-Passacaglien ernster Machart geworden. Besonders Buxtehudes Passacaglia hat eine große Ruhelosigkeit, die durch das kurze Baßthema verursacht wird, dessen starke Dominanten durch die Wiederholung ständig an die Oberfläche kommen, und das ist in BWV 582 nicht länger zu spüren, wo jede achttaktige Einheit ein harmonisch aufgelöstes Ganzes bildet.

Wie die letzten Beispiele zeigen, stehen die den Variationen von BWV 582 zugrundeliegenden *figurae* in einer Tradition, aber der Komponist in seiner Erfindungskraft hat sie neu gestaltet. Die auftaktige *suspirans*-Figur in Sechzehnteln nimmt verschiedene Formen an (aufsteigend, absteigend, erweitert, springend), von denen jede mit Figuren aus anderen Orgelwerken der Weimarer Periode verglichen werden kann, am merklichsten im *Orgelbüchlein*:

BWV 582

BWV 630

BWV 638

BWV 644

BWV 601

Die springende Figur (*figura corta*) der 5. Variation (T. 40 ff.) gibt dem Anapäst neue Farbe

– geradeso wie der vorherrschend melodische Charakter dem einfachen Arpeggio von Variation 15 (T. 120 ff.), verglichen mit einer einfachen Variation in Pachelbels d-Moll-Chaconne, neues Leben verleiht. Man könnte auch sagen, daß der springende Anapäst der 5. Variation direkter und kompromißloser ist als die ähnliche Figur in *In dich hab ich gehoffet, Herr* BWV 640. Man beachte auch die in einige gute Quellen (wenn auch nicht das Andreas-Bach-Buch) übertragene Artikulation von T. 104 ff: dies ist in der Entwicklung der *figurae* der Passacaglia insofern ein bemerkenswertes Moment, als zum ersten Mal das neue Motiv einer Variation auf der Taktzeit und nicht danach erscheint. (Die Lesart des Bindebogens in *NBA*, Serie IV/7 ist mit Sicherheit falsch: der Bogen ist nur sinnvoll, wenn er auf dem Taktschlag erscheint, nicht danach, so wenig eindeutig die Quelle auch sein mag.)

Bestimmte traditionelle Einflüsse sind subtiler als die reine Ähnlichkeit von Figuren. So ist, wenn auch die Terzen- und Sexten-Triolen der Variation 17 (T. 163 ff.) an eine Variation aus der c-Moll-Chaconne BuxWV 159 erinnern, Buxtehudes Einfluß auf die letzten beiden Variationen von BWV 582 nicht ganz so oberflächlich. Die insistierende Figur, die diese Variationen durchläuft (T. 153–68),

findet sich in einfacherer Form nicht nur in der d-Moll-Passacaglia BuxWV 161 wieder, sondern stellt zugleich die Art von besessenem Gedanken dar, der aus anderen Werken von Buxtehude bekannt ist, z. B. dem fis-Moll-Präludium BuxWV 146, T. 67 und 74. Wahrscheinlich leiten sich solche insistierenden, obsessiven Figuren – sie sind im Grunde allesamt ausgeschmückte Orgelpunkte in der Oberstimme – von den letztlich als fruchtbare Urzelle der Passacaglia des 17. Jahrhunderts zu betrachtenden „Cento partite sopra passacagli" (*Toccate d'intavolatura*, 1615) von Frescobaldi her:

(siehe auch das Beispiel S. 211)

Obwohl sich BWV 582 zu solchen allgemeinen Beobachtungen eignet, scheint es doch eine ganz besondere Beziehung zu Buxtehudes c-Moll-Chaconne BuxWV 159 zu haben. Gerade der Anfang muß ein Gruß daran sein, und Spitta hörte zu Beginn von Bachs Variationen die für die älteren Meister charakteristische *schmerzliche Sehnsucht*[23]. Es sieht in T. 16–17 sogar so aus, als ob BWV 582 mit Buxtehude gleiche Variationspaare bilden wollte, die größere Themenlänge erlaubt indessen eine komplexere Form (siehe unten). Sowohl die Form als auch die Figuration sind in BWV 582 systematischer ausgearbeitet als in BuxWV 159, wo die anfänglichen vierstimmigen Harmonien nur von Fall zu Fall beibehalten werden und die in den Variationen ausgeschöpften Figuren nicht zu solchen Höhepunkten wie den beiden in BWV 582 verwendet werden. Keine der Passacaglien vor BWV 582 hat ein völlig vergleichbares Gefühl für Höhepunkte, die ihrerseits ein Kennzeichen für das 18. Jahrhundert sind. Manche haben den Hauch einer Schlußwirkung, manche versuchen es zaghaft, manche erreichen eine formale Abgerundetheit durch eine rondoartige Rückkehr zum Anfang. BWV 582 dagegen benutzt nicht nur ein Figuren-Repertoire, das sich in dieser Vollständigkeit in keiner anderen einzelnen Passacaglia findet, sondern gebraucht es, um sekundäre (Variation 12) und primäre (Variation 20) Höhepunkte zu bilden, die in ihrer Art nicht zum Charakter der herkömmlichen Passacaglia gehören. In diesem Sinne wäre es möglich, daß Bach den Kompositionsstand von BuxWV 159 absichtlich als Ausgangspunkt nahm, um ein neues Gefüge planvoller Spannung und Entspannung zu schaffen, was er durch sorgfältig und einfallsreich komponierte Harmonien erreichte.

Wesentlich für das Spannungsgefüge ist die Fuge. Als eine Art einundzwanzigster Variation beginnend[24], hat sie bestimmte Formmerkmale, die aus traditioneller Sicht interessant sind (siehe unten); aber sie umfaßt auch eine Reihe von clavieristischen Spielmustern oder *figurae*, die so konventionell sind wie die Variationen selber. Das Gegenthema in Sechzehnteln von T. 174–78[25] führt z. B. zu Ähnlichkeiten mit Manual-Variationen aus Pachelbels f-Moll-Chaconne:

---

[23] Philipp Spitta, *Johann Sebastian Bach*, Bd. I, S. 580

[24] Schumann schrieb, daß das Werk einundzwanzig Variationen habe (Hans Theodor David und Arthur Mendel, *The Bach Reader*, New York 1945, revidierte und ergänzte Ausgabe 1966, S. 372). Warum argumentiert worden ist, daß die Fuge nicht unmittelbar folgt, sondern attacca nach einer Pause am Ende der Variation 20 (Christoph Wolff, *Die Architektur von Bachs Passacaglia*, Acta Organologica 3/1969, S. 183-194), ist nicht klar; verglichen mit den üblichen Präludien und Fugen fehlt es am Schluß der Variation 20 an Endgültigkeit – z. B. schließt sie auf einer schwachen Taktzeit, und der Diskant steigt bis zur Terz des Molltonika-Dreiklangs. Es ist nur schwer vorstellbar, wie ein Komponist um 1705 deutlicher hätte zeigen können, daß er Kontinuität anstrebt.

[25] Die Taktzählung in BWV 582 ist fortlaufend.

Ungeachtet dessen, ob die Fuge vor dem Rest der Passacaglia komponiert wurde oder nicht, steigert sie sich zu einem parallelen Spannungs- oder Klimax-Gefühl – doch jetzt mehr als Ergebnis der fugenmäßigen Behandlung und einer fugenmäßigen Reihenfolge der Ereignisse als mittels ansteigender Stimmenzahl oder verwickelter Motivverarbeitung. Dieser Unterschied in der Methode, wie ein Höhepunkt erreicht wird, bildet selbst eine wichtige Parallele zwischen den beiden Teilen von BWV 582: dieses Zusammenspannen einer Passacaglia mit einer Fuge ist nicht bloß eine Sache der formalen Klarheit, sondern auch ein Mittel, das Hauptthema in zweierlei Gewand zu präsentieren. Die ganze Fuge hindurch erscheint das viertaktige Thema als eine Art wiederholter *cantus firmus* und wird selbst kaum verarbeitet. Dieser Prozeß verweist, wenngleich das vielleicht offensichtlich ist, wirklich auf ein radikales Umdenken im Bereich der konventionellen Ostinato-Technik. So hat für Buxtehude das C-Dur-Präludium BuxWV 137 ein Fugenthema, das später in einen Ostinato-Baß umgeformt wird[26], wodurch eine Art Chaconne-Coda entsteht. Das Hartnäckige des wiederholten Basses in BuxWV 137 weckt ein einfaches Höhepunktgefühl, das mit dem längeren Thema von BWV 582 so nicht möglich ist, weshalb dort ein strategischer geplantes, „sinfonisches Mittel" verwendet wird.

3. Form der Passacaglia. Was genau der strategische Plan von BWV 582 ist, war Gegenstand mancher Unstimmigkeiten unter den Kommentatoren. Zwei Spannungspunkte sind in dem Werk gewöhnlich zu hören: Variation 12 (T. 97–104), wonach ein „Intermezzo" von drei Variationen erfolgt (T. 105–52)[27], dann der Aufstieg zu einem zweiten Höhepunkt mit dem „Orgelpunkt" im Sopran in den letzten zwei Variationen (T. 153–68)[28]. Weitere Gruppierungen der zwanzig Variationen sind indessen problematisch. Wie auf der nachfolgenden Tabelle zu sehen ist, wurde eine Reihe von Schemata vorgeschlagen. Das Schema von Geiringer impliziert wichtige Unterbrechungen des Flusses: bei Variation 6 (T. 48 ff.) erscheint die erste ununterbrochene Sechzehntel-Bewegung, bei Variation 11 (T. 88 ff.) verläßt das Thema den Baß, bei Variation 16 (T. 128 ff.) kehrt das Thema in den Baß zurück und gibt der letzten Variationsgruppe eine entschiedene Schlußwirkung. Nach den anderen Schemata können die Manuale gewechselt werden, doch nur auf der Grundlage von Vermutungen; nichts in den Quellen und auch kein Beweis aus den mit dem Werk befaßten Dokumenten kann als Leitlinie für den Register- oder Manualwechsel dienen, weder in der Passacaglia noch in der Fuge.

Uneinigkeiten über die Binnengruppierung der Variationen betreffen die Auswahl der Figurationselemente. Reicht die gemeinsame Sechzehntel-Linie der Variationen 10 und 11 (T. 80–96) – sie haben dasselbe Kontrasubjekt – aus, um aus ihnen eine Einheit zu machen trotz der wechselnden Lage des Baßthemas, der unterschiedlichen

---

[26] Es fällt auf, daß Buxtehude dem Thema seiner *ciacona* einen deutlich baßartigeren Charakter gibt als dem ursprünglichen Fugenthema; es könnte sein, daß Bach in BWV 582 nur die erste Hälfte seines Passacaglia-Themas verwendete, um zu verhindern, daß die Fuge von dem baßartigen Charakter beherrscht würde.

[27] Dem Intermezzo-Prinzip folgt Friedrich Erhard Niedt in seinem modellhaften *praeludium* (*Musicalische Handleitung*, Bd. II: *Handleitung zur Variation*, Hamburg 1706, 2., erweiterte Auflage von Johann Mattheson, 1721, S. 122 ff.): die Chaconne, die einen Teil des Präludiums bildet, erhält einen *Trio*-Abschnitt wie ein französisches Chaconne-Couplet.

[28] Hermann Keller, *Die Orgelwerke Bachs*, S. 96 f.

BWV 582

		Geiringer 1966, S. 228	Wolff 1969	Vogelsänger 1972	Klotz 1972	Radulescu 1979
Thema		—	—	—		
1	synkopierte vierstimmige Harmonien	1	1	1	1	1
2		2	2	2	2	2
3	Achtel	3	3	3	3	3
4	glatte Anapäste	4	4	4	4	4
5	springende Anapäste	5	5	5	5	5
6	aufsteigende *suspirans*	6	6	6	6	6
7	fallende *suspirans*	7	7	7	7	7
8	erweiterte *suspirans*	8	8	8	8	8
9	gebrochene Dreiklänge	9	9	9	9	9
10	Skalen-Gegenthema über *staccato*-Thema,	10	10	10	10	10
11	dann unter *legato*-Thema	11	11	11	11	11
12	weitere Sechzehntel-Figuren	12	12	12	12	12
13	weitere Sechzehntel-Figuren (Phrasierung!)	13	13	13	13	13
14	weitere Sechzehntel-Figuren	14	14	14	14	14
15	weitere Sechzehntel-Figuren	15	15	15	15	15
16	zu den Harmonien siehe Var. 1	16	16	16	16	16
17	Triolen (Terzen und Sexten)	verdichtete	17	17	17	17
18	Daktylen (Terzen und Sexten)	Reprise von	18	18	18	18
19	Ostinato-Figur; c-Moll-Klänge	Var. 1–10	19	19	19	19
20			20	20	20	20

Stimmenzahl und der gegensätzlichen Textur? Wenn Variation 13 (T. 104–12) das Pedal wegläßt, das Thema bis zu einem gewissen Grad verbirgt und (wie die Phrasierungszeichen andeuten) sangbarer wird, kündigt das dann trotz der fortlaufenden Sechzehntel einen neuen Abschnitt an? Es ist kaum möglich, Motive, Stimmenzahl, Pedalgebrauch, die Lage des Themas, dessen Variationsgrad, Textur und Umfang, wahrscheinliche oder mögliche Manualwechsel und andere Details (z. B. die Motivableitung aus dem Thema selber) methodisch durch und durch zu analysieren, wenn auch manchmal Versuche hierzu unternommen werden[29], denn – wie auch die Elemente der Figurenlehre im *Orgelbüchlein* andeuten – der Komponist ist mit keinem Faktor vorrangig beschäftigt. Die Verbindung, die zwischen der Form von BWV 582 und den Symmetrien der späten veröffentlichten Werke hergestellt wurde, ist nur eine künstliche, ganz gleich, ob die Form von BWV 582 nun als axial betrachtet wird[30] oder mehr subjektiv auf einer inneren Spannung beruhend[31]. Ebenso muß man sich persönlich auf einen vorgefaßten Plan festlegen, um in T. 72 zwischen den Variationen 8 und 9 einen Bruch oder Gruppenwechsel zu finden oder zu behaupten, daß es in T. 104 zwischen den Variationen 12 und 13 keinen Bruch gebe. In dem Fall sind jedoch alle Gruppierungen verdächtig. Es ist wohl eher so, daß sich der Komponist von seiner Geschicklichkeit leiten ließ, einerseits Kontraste zu schaffen und andererseits die Kontinuität zu sichern. Im ganzen Werk herrscht ein Maß an Augenblickslaune, ein kompositorischer Instinkt, der einer sauberen Zerlegung in einzelne Glieder, „am Schreibtisch" oder auf den verschiedenen Orgelmanualen, feindlich ist.

Das einzige völlig klare Organisationsprinzip ist das allereinfachste: viele Variationen bilden in gewissem Sinne Paare, was einer Tradition entspricht, die in vielen Typen der Ostinato-Variation (deutscher, französischer, italienischer, Händelscher Art) gängig ist, d. h. einer Tradition, nach der Variationen wiederholt oder zumindest entsprechend der Konvention mit Wiederholungszeichen :||: notiert werden. Tatsächlich ist es der sehr überraschende Septakkord in T. 17, der uns sagt, daß die zweite Variation keine Wiederholung der ersten ist, obwohl sie es zunächst zu sein scheint. Aber selbst dann noch sieht der Rest der Variation 2 eher wie eine „vertauschte" Version der ersten Variation aus, und es stellt sich heraus, daß viele Variationen bis zu diesem Grad (oder in irgendeiner vergleichbaren Weise) „Paare" bilden.

4. Form der Fuge. Ganz abgesehen von dem bereits angesprochenen Anfang hat die Fuge einige für das Corpus der Bachschen Orgelfugen unübliche Merkmale. Jeder Einsatz wird von beiden Gegenthemen begleitet, und daher gehört der Satz zum Typ der aus einigen früheren Vokalwerken bekannten Permutations-Fuge, in der jedes Thema in jeder Stimme regelmäßig auf das andere folgt. Die vollständigen Kontrasubjekte werden nicht allein verwendet, und die Fuge ist nicht so sehr eine Doppelfuge wie eine Fuge mit zwei Kontrasubjekten: die drei Linien werden nicht nur beständig, sondern auch noch in verschiedenen und variierten Permutationen miteinander kombiniert (*a* = Thema; *b* = Kontrasubjekt I; *c* = Kontrasubjekt II):

---

[29] z. B. Christoph Wolff, *Die Architektur von Bachs Passacaglia*, a.a. O., und *Bemerkungen zu Siegfried Vogelsängers Aufsatz* […], a.a. O.
[30] Wolff, *Die Architektur von Bachs Passacaglia*, a.a. O.
[31] Keller, a.a. O., S. 96

Takt	169	174	181	186	192	198	209	221	234	246	256	272
S		a	b	c		c	b	c		a		a
A	a	b	c		a	b	a	b	c		b	b
T	b	c		a	b	a	c		a	b	c	
B			a	b	c			a	b	c	a	c

Wie zu sehen ist, erscheint keine Permutation der Themen oder Stimmen (ganz abgesehen von der Frage der Tonarten) zweimal, und die Vertauschbarkeit übertrifft selbst diejenige im d-Moll-Konzert BWV 596,II. Die kurzen Interludien und längeren Zwischenspiele sind niemals unabhängig, sondern basieren statt dessen auf den Kontrasubjekten; doch werden diese Zwischenspiele im Verlauf der Fuge immer länger und komplizierter und schaffen damit einen Satz von ausholender Gestik und ungewöhnlich dichter Kontinuität. Jedesmal, wenn das Thema einsetzt, geht es in eine auf einer konventionellen Orgelfigur beruhende Phrase über, die zu einer Tonart führt, deren erste I–V-Fortschreitung oder erster Halbschluß die ersten zwei Töne des nächsten Themeneinsatzes mit umfaßt (T. 195–97, 203–08, 212–20 usw.).

Wie bei anderen Bach-Fugen auch (einschließlich so später Beispiele wie BWV 679) erscheinen die Themeneinsätze, zwölf insgesamt, immer seltener – eine andere Art auszudrücken, daß die Zwischenspiele länger werden. (Als weiteres Beispiel für bei fortschreitendem Satz immer länger werdende Zwischenspiele siehe die Choralbearbeitung *Wir glauben all an einen Gott* BWV 680.) Die Viertaktigkeit des Themas wird aber bei seinen Einsätzen verschleiert, indem es jedesmal in anderes Material übergeht (z. B. Weiterspinnung in T. 172), das Gegenthema harmonisiert (z. B. T. 201–03) oder sogar das Passacaglia-Thema anklingen läßt (Pedal in T. 184–85?). Der Tonarten-Plan stellt den Modellfall eines Fugenaufbaus dar, der auf gegensätzlichen, aber verwandten Tonarten beruht, eines Aufbaus, in dem die Zwischenspiele wesentliche Modulationen enthalten:

T. 168–169   Tonika (mit „fünfter" Stimme, T. 192)
T. 197–198   Tonikaparallele, dann deren Dominante
T. 220–221   Dominante–Tonika–Dominante
T. 255–256   Subdominante
T. 271–272   Tonika, dann Coda

Das Passacaglia-Thema, dessen Grundintervalle und -motive sich auf die c-Moll-Skala konzentrieren, ist – wenn auch nicht überzeugend – als Grundlage für die zwei Kontrasubjekte und die abschließende Coda beschrieben worden[32]. Es ist bezeichnend, daß die Coda – die länger ist als die acht Takte, die sie den Beschreibungen nach gewöhnlich umfaßt – nicht einmal mit dem Ganzschluß des Themas schließt, was jede Variation der Passacaglia klar und eindeutig tut. Vielmehr hat es der Komponist anscheinend auf einen Kontrast zwischen den Sätzen abgesehen, die nur zusammen, d. h. in gegenseitiger Ergänzung, eine Vollständigkeit bei der Behandlung des ganzen Themas ermöglichen: weder die Passacaglia noch die Fuge allein kann dessen Aspekte erschöpfend darstellen.

---

[32] Siegfried Vogelsänger, *Zur Architektonik der Passacaglia J. S. Bachs*, Mf 25/1972, S. 40–50

Ebenso wie die Passacaglia manchmal Texturen präsentiert, die aus anderen Stücken bekannt sind – z. B. ist T. 97 bis auf die räumliche Verteilung der Töne einem Satz im *Orgelbüchlein* nicht unähnlich –, enthält auch die Fuge bekannte Gedanken, möglicherweise sogar Anspielungen. Auf einiges ist oben im 2. Abschnitt hingewiesen worden. Figuren wie in T. 217 oder 237 wären in einem Buxtehude-Präludium am Platz; der ganze Coda-Abschnitt (ungefähr T. 281–92) gehört zur Familie des G-Dur-Präludiums BWV 541,I. Die folgende Figur

ist sowohl in BWV 541 als auch in der g-Moll-Fuge BWV 542 zu hören, wogegen der Triller über derselben Figur im Pedal (T. 269–70) an die Fuge BWV 537,II, T. 101–02 erinnert (die in derselben Tonart wie die Passacaglia steht). Andere Takte gemahnen an andere Werke, z. B. T. 262 an den Anfang des f-Moll-Präludiums BWV 534. Dem neapolitanischen Sextakkord in T. 285 entsprechen diejenigen gegen Ende der Fugen D-Dur BWV 532 und g-Moll BWV 535, obgleich diese Beispiele des Neapolitaners – wie die Kadenz-Phrasen im Endstadium der d-Moll-Toccata BWV 565 – die Kontinuität auf eine Weise unterbrechen, die der Passacaglia fremd ist. Eine bessere Parallele zum neapolitanischen Sextakkord der Passacaglia und der anschließenden Orgelpunkt-Coda bietet der in der Harmonik andersartige, aber in der Funktion ähnliche Schlußabschnitt der a-Moll-Fuge aus dem *Wohltemperierten Clavier* I, BWV 865. In beiden Fällen löst der Komponist das Problem der Schlußwirkung in einer langen Fuge auf übereinstimmende Weise, und die Vorstellung fällt nicht schwer, daß beide Werke zur gleichen Zeit entstanden sind, auch wenn das *Wohltemperierte Clavier* I erst viel später geplant bzw. kompiliert wurde. Etwas ist an der Fuge merkwürdig: Der Komponist hält sich zwar an Figuren, die aus anderen Passacaglien bekannt sind, an aus seinen anderen Orgelwerken vertraute stilistische Details, an einen klassischen Tonarten-Plan, an sorgsam abgeleitete Zwischenspiele und an die klassische Schöpfung des dreistimmigen, vertauschbaren Kontrapunkts, und trotzdem erhält sich durchweg der Eindruck einer freien, fast aus der Augenblickslaune heraus entstandenen Erfindung. Die zum Wesen des Werkes gehörigen Traditionalismen nehmen ihm durchaus nichts von seiner Wirkung. Ein angemessenes *organo pleno* für die ganze Fuge wird nicht nur die Verbindung aus lyrischem Charakter und Erfindungskraft vermitteln, sondern auch das *pleno* der 20. Variation aufrechterhalten, die unmittelbar in die Fuge überleitet. Zu Vermutungen, daß mit „angemessenem" *organo pleno* keineswegs ein „volles Werk" von 16′ bis zu den Mixturen gemeint sein muß, siehe Band III, Kap. 19.

BWV 583

„Trio" d-Moll

Kein Autograph; Abschrift in P 286 (Carl Philipp Emanuel Bachs Kopist „Anonymus 300"?), P 1115 (Ambrosius Kühnel?), Kopenhagen Grönland Ms.[1]; in der Peters-Ausgabe, Bd. IV, wurde eine Handschrift aus dem Besitz von Carl August Reichardt benutzt.

Überschrift in P 286 *Choralvorspiel auf der Orgel mit 2 Claviere und Pedal von Johann Sebastian Bach* (von Westphal 1780 auch als *4* [sic] *Choral-Vorspiele* [...] angekündigt[2]), ebenfalls in P 286 *Trio/Adagio*; in P 1115 eines aus einer Sammlung von *35 Orgeltrios von Sebastian Bach*, im Grönland-Manuskript eines von *VIII Trios* [...]; der jetzige Titel aus *BG*, Bd. XXXVIII; *NBA*, Serie IV/7 hat *Trio a 2 Clav. e Pedale*.

Formbeschreibung:

A	T. 1–19	Hauptthema liefert ein Motiv, das sequenzierend imitiert und erweitert wird; beginnt und endet in d-Moll (T. 13–17 = T. 1–5, Oberstimmen vertauscht), der Mittelteil in der Tonikaparallele
B	T. 19–41	zweite Themen ähnlich imitiert, auch das Motiv von A enthaltend; zwei Abschnitte (T. 30–40 = T. 19–29 in der Dominante, Oberstimmen vertauscht)
A	T. 41–51	verkürzte Reprise: T. 41–44 = T. 3–6 eine Quinte tiefer mit vertauschten Stimmen
Coda	T. 51–53	(Motiv von A in Umkehrung?)

Wenn es auch so scheint, als ob der Satz, so beschrieben, mit den für die „Sechs Sonaten" BWV 525–530 charakteristischen Formen übereinstimmt, vollzieht sich die Imitation doch durchweg in kürzeren Phrasen und ist schon allein deshalb untypisch. Alle Themen werden auf dem halben Takt beantwortet, ein Strukturelement, das stark in den Vordergrund tritt, auch dann, wenn die Linien erweitert werden (z. B. T. 62 ff.). Eine sequenzierende und enge Imitation über einer beweglichen Baßlinie von der Art wie in T. 19 ff. findet sich in den „Sechs Sonaten" nur in Zwischenspielen oder untergeordnetem Material, z.B. in der d-Moll-Sonate BWV 527, I, T. 24 ff. Die kurzen, meist einen halben Takt langen Phrasen verweisen vielleicht auf die französische oder eine andere Trio-Schreibweise.

Die Themen könnten allesamt als „früh" oder von einem Schüler „im Stil des Meisters geschrieben" gelten, eine Tatsache, aus der sich vermutlich die Ähnlichkeiten erklären, die Keller zwischen zwei Motiven und der g-Moll-Fuge BWV 542 (I) gehört hat[3]:

---

[1] Walter Emery, *Notes on Bach's Organ Works*, Vol. IV–V: *Six Sonatas for Two Manuals and Pedal*, London 1957, S. 31
[2] siehe *Bach-Dokumente*, Bd. III, S. 269
[3] Hermann Keller, *Die Orgelwerke Bachs*, S. 109

BWV 583

Ähnliches ließe sich über das Pedalmotiv sagen (II), das BWV 542,II und viele andere Stücke gemeinsam haben. Die Textur stimmt völlig mit der der „Sechs Sonaten" überein, wie man am Vergleich von zwei Taktpaaren zeigen könnte (z. B. T. 39–40 mit T. 3–4 von BWV 526,I), und die Motivik im einzelnen ist ebenso einfallsreich. Das Motiv a erscheint in den ersten vier Takten insgesamt zehnmal, einschließlich seiner Umkehrung (b) und einer verzierten Version (c):

Verglichen mit den Sonatensätzen erfolgt jedoch das Nebeneinanderstellen der Themen nicht immer so, daß es ganz natürlich erscheint (z. B. T. 41), und auch die Verbindung einzelner Abschnitte gelingt nicht mühelos (z. B. T. 45). Ein merkwürdiges Detail bildet die Coda, die, obwohl sie strenggenommen nicht einmal nötig ist, genausogut zum Halbschluß auf der Dominante werden könnte; wäre dieses *Adagio*-Trio ehemals ein langsamer Satz gewesen, hätte eine solche Kadenz völlig dahingepaßt (vgl. BWV 536,II). Ein weiteres Anzeichen für die zweifelhafte Herkunft des Werkes ist, daß sich das Material (Motive, Phrasen), obwohl mit *Adagio* bezeichnet, ebenso gut für ein *Allegro* eignen würde – eine ungewöhnliche Eigenschaft.

Wie Spitta meint[4], ist das Trio vermutlich als einer von denjenigen Einzelsätzen zu verstehen, auf die sich Forkel in seinem Verzeichnis ungedruckter Werke bezogen hat[5]:

Mehrere einzelne, die noch hier und da verbreitet sind, können ebenfalls schön genannt werden, ob sie gleich nicht an die erstgenannten reichen.

In diesem Zusammenhang ist es aufschlußreich, daß die englische Übersetzung des Buches von Forkel aus dem Jahr 1820 (vermutlich von August Friedrich Christoph Kollmann, dem Herausgeber einer der „Sechs Sonaten": siehe unter BWV 525) die Formulierung *hier und da verbreitet* mit *in the hands of different persons* [in der Hand verschiedener Personen] wiedergibt[6]. Aber weder der Verweis auf Spitta noch auf Forkel ist so aufzufassen, als ob damit gesagt werden sollte, daß BWV 583 mit Sicherheit von Bach stammt. Forkels Bezugnahme auf einzelne Sätze, die handschriftlich im Umlauf waren, ist kein Beweis, daß irgendeiner dieser Sätze authentisch war.

---

[4] Philipp Spitta, *Johann Sebastian Bach*, Bd. II, S. 692
[5] Johann Nikolaus Forkel, *Über Johann Sebastian Bachs Leben, Kunst und Kunstwerke*, Leipzig 1802, Kap. IX
[6] *The Bach Reader*, hg. von Hans Theodor David und Arthur Mendel, New York 1945, revidierte, ergänzte Ausgabe 1966, S. 346

Was in diesem Zusammenhang der Titel in P 286 bedeuten mag, bleibt fraglich; im Grönland-Manuskript steht der Satz unter mehreren Sonatensätzen (BWV 529,II, 525,I, 583, 528,II), die drei Chorälen (BWV 653, 661, 664a) vorausgehen. Das Trio über *Allein Gott in der Höh' sei Ehr'* BWV 664a findet sich auch in P 1115, was möglicherweise impliziert, daß BWV 583 die Trio-Bearbeitung einer Choralmelodie ist; wäre es jedoch an dem, würde man an irgendeiner Stelle die *cantus-firmus*-artige Darstellung dieser Melodie erwarten. Das Anfangsmotiv ist zwar choralartig und z. B. in *Hier lieg ich nun, o Vater aller Gnaden* BWV 519 zu finden (zweimal in den ersten drei Takten). Aber eine vollständige Choralmelodie ist offensichtlich nicht die Quelle für BWV 583. Vielmehr lassen dessen Einzelheiten – etwa die anfänglichen Pedaltöne oder die Fortschreitung c-Moll/A-Dur im vorletzten Takt – zusammen mit der Imitationstechnik mittels kurzer Phrasen an einen einzelnen, von einem begabten Schüler komponierten Triosatz denken. Schon allein die ungewöhnliche Form der neapolitanischen Fortschreitung im vorletzten Takt deutet auf einen Schüler hin. Ebenso läßt die Verzierung (wie in *NBA*, Serie IV/7) an einen Kopisten oder Komponisten aus der Generation Carl Philipp Emanuel Bachs denken. Dagegen ist es schwierig, den Kontrapunkt von Takten wie T. 8, 12, 46, 49–50 und etliche der Sequenzen irgendeinem anderen Komponisten als Bach zuzuschreiben, es sei denn vielleicht einem im Nachahmen sehr begabten Schüler.

BWV 584

Trio g-Moll

Kein Autograph; veröffentlicht in *Der Orgelfreund*, hg. von Gotthilf Wilhelm Körner und August Gottfried Ritter, Bd. VI (ca. 1842), S. 10–11; handschriftliche Kopie in Lpz. Go. S. 27 (19. Jahrhundert).

Bei Körner mit *Trio* überschrieben.

Die 30 Takte sind eine Fassung des ersten Teils *A* einer *A-B-A*-Arie von 78 Takten aus der Kantate BWV 166 (1724), zweiter Satz:

rechte Hand:	Oboenstimme
Pedal:	Basso-continuo-Stimme
linke Hand:	teilweise die Gesangsstimme (Tenor), aber meistens anders als die Stimmen von BWV 166, trotz gemeinsamen thematischen Materials

Obwohl ehemals angenommen wurde, daß das Trio die frühere von beiden Fassungen war[1], ist es wahrscheinlicher, daß weder BWV 584 noch BWV 166,II das wirkliche Original war, sondern vielmehr eine verlorene (d. h. unvollständig erhaltene) Arie mit zwei obligaten Instrumenten, und daß BWV 584 eine Bearbeitung ist, die nicht Bach selbst angefertigt hat, weil einige wichtige thematische Bezüge fehlen[2].

---

[1] Reinhard Oppel, *Zur Tenorarie der 166. Kantate*, BJ 6/1909, S. 27–40
[2] Alfred Dürr in *NBA*, Serie I/12, Kritischer Bericht, S. 18–20

Aufgrund des Vergleichs der Kantatenstimmen mit dem Trio BWV 584 ist für die Arie eine zweite obligate Stimme rekonstruiert worden[3].

Wer auch BWV 584 bearbeitet oder transkribiert hat: die Baßlinie bleibt eine charakteristische Basso-continuo-Stimme, und die Technik der dicht zusammengedrängten Engführung der Oberstimmen (für die keine zwei Manuale erforderlich sind) charakterisiert zwar manche Zwischenspiele der „Sechs Sonaten", jedoch nicht deren Anfangsthemen. Die Bearbeitung entspricht anderen von Körner veröffentlichten (z. B. der Sinfonia der Kantate BWV 21) und ist vermutlich im 19. Jahrhundert entstanden.

BWV 585

Trio c-Moll

Kein Autograph (der Vermerk in P 289 bezieht sich auf eine Quelle aus dem Besitz von Christian Friedrich Gottlieb Schwencke, die autograph sein soll[1]); Abschriften in Lpz. MB. Ms. 7,1 (von Johann Nikolaus Mempells Hand? 1730–40?), P 289 (Handschrift von Johann Christian Westphal 1773–1828; zweiter Satz nur bis T. 54); eine verschollene Handschrift aus dem Besitz von Griepenkerl (Peters-Ausgabe, Bd. IX, siehe BWV 587). Transkription der Sätze von Johann Friedrich Fasch (siehe unten).

Überschrift *Adagio, Allegro* in Lpz. MB. Ms. 7, wo das Werk mit dem Titel *Trio ex. C mol. di Bach* versehen ist und die Sätze in der Reihenfolge vertauscht sind; *Largo* und *Allegro un poco* in der Fasch-Quelle (siehe unten); *Moderato* für beide Sätze in der Ausgabe von Krebs (siehe unten).

Die drei Trios in Ms. 7 (BWV 585, 596, 1027a) waren möglicherweise Teil einer allgemeineren Sammlung von (Kammer-)Trios, einschließlich eines Trios in G-Dur von Locatelli[2].

Während Spitta dachte, daß das Trio vielleicht eins der Einzelwerke wäre, die Forkel erwähnt hatte[3] (siehe auch BWV 583), meinte Naumann[4], daß es vielmehr Johann Ludwig Krebs zuzuschreiben sei: das jetzige Werk schien Konformität mit den zweisätzigen Trios von Krebs aufzuweisen und wurde von Carl Geißler Mitte des 19. Jahrhunderts nach einer unbekannten Quelle in eine vollständige Ausgabe der Werke von Krebs aufgenommen[5]. Falls indessen mehr als oberflächliche Ähnlichkeiten den Vergleich mit dem c-Moll-Trio BWV Anh. 46[6] rechtfertigen, dann wäre

---

[3] *NBA*, Serie I/12

[1] siehe *NBA*, Serie IV/8, Kritischer Bericht, S. 80
[2] Hans-Joachim Schulze, *Studien zur Bach-Überlieferung im 18. Jahrhundert*, Leipzig–Dresden 1984, S. 78
[3] Philipp Spitta, *Johann Sebastian Bach*, Bd. II, S. 692
[4] *BG*, Bd. XXXVIII
[5] Hans-Joachim Schulze, *Das c-moll-Trio BWV 585 – eine Orgeltranskription Johann Sebastian Bachs?*, Deutsches Jahrbuch der Musikwissenschaft 16/1973, S. 150
[6] Hermann Keller, *Die Orgelwerke Bachs*, S. 58

eher Johann Tobias Krebs der Komponist⁷. Es hat sich jetzt jedoch erwiesen⁸, daß BWV 585 eine Bearbeitung der ersten beiden Sätze einer viersätzigen Triosonate in c-Moll für zwei Violinen und Continuo auf drei Systemen ist. Diese Triosonate ist in einer Dresdner Handschrift in Einzelstimmen erhalten und dort Johann Friedrich Fasch (1688–1758) zugeschrieben, einem Mitbewerber Bachs um das Kantorat an der Thomaskirche in Leipzig 1722⁹. Vielleicht ist die Transkription, so wie sie in Lpz. MB. Ms. 7 und P 289 vorliegt, das Werk Bachs; zumindest liefert aber die Tatsache, daß dort nicht alle Grammatikfehler des Originals eliminiert sind, *noch keine ausreichende Handhabe dafür, die Orgelübertragung Johann Sebastian Bach abzuerkennen*¹⁰. Der Gang der Ereignisse scheint folgender gewesen zu sein: zuerst die Fasch-Sonate, dann die beiden ersten Sätze in Orgeltranskription und drittens eine jetzt verschollene Abschrift, die Johann Ludwig Krebs angefertigt oder besessen hat und die kleinere „Verbesserungen" enthält¹¹.

Da sich das Satzpaar an die klare Linienführung des Trios hält, war es vernünftig, das Werk einem Komponisten der Generation Johann Sebastian Bachs zuzuschreiben. Doch hat die Form von BWV 585 insgesamt und im Detail wenig mit den „Sechs Sonaten" BWV 525–530 gemeinsam. Das Thema des *Adagio* ist lang (16 Taktzeiten in langsamem Tempo) mit einer doppelt modulierenden Weiterspinnung. Bei der Verarbeitung liegt der Nachdruck auf kurzen Motiven; der Orgelpunkt ist ein Anhängsel der vorausgehenden Phrase. Der Satz strebt auf einen Halbschluß hin und ist daher im Verhältnis zum Thema nicht so gut entwickelt. Das *Allegro*-Thema wird trotz der modulierenden Weiterspinnung im Unisono beantwortet. Alle Sequenzen sind von zweierlei Art, entweder einen ganzen oder einen halben Takt lang. Obwohl der Pedal-Baß orgelmäßig ist, wird er nie zu mehr als einer Begleitung auf den vollen Taktzeiten. Keins dieser Merkmale ist in den „Sechs Sonaten" zu finden, und auch die einfache Ritornell-Form ist für diese nicht charakteristisch.

Die Schlichtheit der Anlage und ihrer Details findet auf ein Material Anwendung, das typischer für Johann Friedrich Faschs spätere als für seine früheren Jahre ist. Aber detaillierte Kriterien zur Datierung von Triosonaten aus dem 18. Jahrhundert sind noch sehr ungesichert, und es ist ebenso möglich, daß das Werk aus den Jahren 1708–11 stammt, als Fasch, ehemaliger Chorknabe an St. Thomae, in Leipzig ein Collegium musicum leitete. Alles in allem jedoch gehört die Sonate wahrscheinlich in die Zeit Mitte der 1730er Jahre, als der junge Johann Ludwig Krebs und wohl auch andere Bach-Schüler wie z. B. Gerber Trios mit den oben aufgeführten Merkmalen spielten oder komponierten. Ungewiß sind noch die Fragen: Stammt die Transkription (vollständig) von Bach selbst? Hat auch Krebs eine Transkription angefertigt („seine" Fassung steht der Fasch-Sonate näher als BWV 585)? Arbeitete sowohl der Lehrer als auch der Schüler während oder alsbald nach der Zusammenstellung der „Sechs Sonaten" daran?

---

[7] Karl Tittel, *Welche unter J. S. Bachs Namen geführten Orgelwerke sind Johann Tobias bzw. Johann Ludwig Krebs zuzuschreiben?*, BJ 52/1966, S. 126–129

[8] *Johann Friedrich Fasch: Sonate C-moll für zwei Violinen und Cembalo*, hg. von Hans-Joachim Schulze, Leipzig 1974, Edition Peters Nr. 9041

[9] Quellen in Schulze, *Das c-moll-Trio BWV 585* [...], a. a. O., S. 151

[10] *Johann Friedrich Fasch*, a. a. O., S. 3

[11] Schulze, *Das c-moll-Trio BWV 585* [...], a. a. O., S. 153

BWV 586

Trio G-Dur

Kein Autograph; Abschriften in Lpz. MB. Ms. 7,2 (Johann Nikolaus Mempell, vermutlich vor 1740) und einer anderen Quelle, die von Gotthilf Wilhelm Körner für eine Ausgabe 1850 benutzt wurde[1]. Transkription oder Umarbeitung des Satzes von Georg Philipp Telemann (siehe unten)?

Überschrift *Trio ex G. ♯ . 2. Clavier et Pedal. di J. S. Bach.*

Seiffert berichtete 1904 über diesen Satz im *Peters-Jahrbuch*, und im selben Jahr wurde er in Bd. IX der neuen Peters-Ausgabe aufgenommen. Karl Anton[2] zeigte später auf, daß das Trio auf einem Werk von Georg Philipp Telemann basierte, einem Cembalo-Stück oder dem Thema eines solchen, das *von Bach bearbeitet* wurde[3]. Dieses Cembalo-Stück datierte vermutlich aus Telemanns Leipziger Jahren; zusammen mit anderem dem Collegium musicum gehörenden Material wurde es 1945 vernichtet[4]. Obwohl es möglich ist, derartiges Material direkt mit Bach in Verbindung zu bringen, wird als wahrscheinlich angesehen, daß die Bearbeitung durch jemand anderen erfolgte[5]. Es ist unsicher, wer die Transkriptionen der drei ersten jetzt in Lpz. MB. Ms. 7 befindlichen Trios angefertigt hat, wenn auch die Handschrift für die von Johann Nikolaus Mempell gehalten wird[6]. Die Transkriptionen von BWV 586 und 587 enthalten e' im Pedal.

Der Satz stimmt im einzelnen nicht mit der aus Bachs Instrumental- und Orgelsonaten vertrauten zweiteiligen Form überein und spielt in einer Art und Weise mit seinen Themen und arbeitet auf Kadenzen in verschiedenen Tonarten hin, wie das für Sätze aus Telemanns *Musique de table* (1733) typisch ist. Der sich daraus ergebenden Schlußfolgerung widerspricht aber eine weitere Annahme, wonach BWV 586 – wenngleich keinesfalls von Bach komponiert – möglicherweise eine ganz neue Komposition über ein Thema von Telemann ist[7]. Trotzdem erhält sich durchaus ein, wenn auch kaum „straffes", Gefühl von Kontinuität, das vielleicht durchgängiger ist als in dem Thema einer Arie in Telemanns *Kleiner Cammer-Musik* (Frankfurt 1716), zu dem sich eine gewisse Ähnlichkeit ergibt. Alle drei Stimmen zeigen, daß die Kammermusik der Zeit zumindest in einigen ihrer Satztypen von der Sprache der „Sechs Sonaten" Bachs (BWV 525–530) nicht allzu weit entfernt ist, obschon BWV 586 im

---

[1] siehe Peters-Ausgabe, Bd. IX, Ausgabe von 1904
[2] Karl Anton, *Zur Neuausgabe des IX. Bandes der Orgelwerke Joh. Seb. Bachs (Verlag C. F. Peters, Leipzig)*, MuK 14/1942, S. 47ff.
[3] Ulrich Siegele, *Kompositionsweise und Bearbeitungstechnik in der Instrumentalmusik Johann Sebastian Bachs*, Stuttgart 1975, S. 76
[4] a.a.O.
[5] *MGG*, Bd. I, Sp. 1014
[6] Peter Krause, *Handschriften der Werke Johann Sebastian Bachs in der Musikbibliothek der Stadt Leipzig*, Leipzig 1964, S. 29; Hans-Joachim Schulze, *Wie entstand die Bach-Sammlung Mempell-Preller?*, BJ 60/1974, S. 104–122
[7] Hans-Joachim Schulze, *Das c-moll-Trio BWV 585 – eine Orgeltranskription Johann Sebastian Bachs?*, Deutsches Jahrbuch der Musikwissenschaft 16/1973, S. 150, 154

Detail – einfache Imitation, Terzenpassagen, einige Basso-continuo-Figuren in der Pedalstimme, Idee des zweiteiligen *Allegro*, Fehlen eines offensichtlichen Kontrasts zwischen Thema (T. 1) und anderem Material (T. 18) – mehr mit BWV 587 als mit BWV 525–530 gemeinsam hat.

BWV 587

„Aria" F-Dur

Kein Autograph; Abschriften aus dem 19. Jahrhundert: eine verschollene Handschrift aus dem Besitz von Griepenkerl, die später in der Peters-Ausgabe, Bd. IX (1881) benutzt wurde und dem Herausgeber von *BG*, Bd. XXXVIII (1891) nicht bekannt war, und in der Handschrift Lüneburg, Ratsbücherei Mus. ant. pract. 44, die vermutlich davon abstammt[1]. Transkription eines Satzes von François Couperin (siehe unten).

Überschrift in der Peters-Ausgabe, Bd. IX, *Aria*; einzige Überschrift bei Couperin *Légèrement*. Keine der handschriftlichen Quellen schreibt die Transkription Johann Sebastian Bach zu.

Die „Aria" BWV 587 ist bis auf Artikulationszeichen und einige ausgelassene Verzierungen eine nahezu notengetreue Transkription des vierten Abschnitts von *L'Impériale*, dem ersten von zehn Sätzen aus François Couperins *Troisième Ordre* für zwei Violinen und Continuo, in Stimmen veröffentlicht in *Les Nations, sonades et suites de symphonies en Trio* (Paris 1726). Der Pedalumfang reicht bis e'[2]. Man weiß nicht genau, warum Griepenkerl das Stück als ein Werk von Bach veröffentlichte, ob entweder die Komposition oder die Transkription in der Quelle Bach zugeschrieben war, oder ob die Transkription vor oder (wie allgemein angenommen wird) nach der Veröffentlichung von 1726 erfolgte. (Es ist möglich, daß *L'Impériale* wie andere Sonaten aus *Les Nations* auch schon dreißig Jahre handschriftlich im Umlauf gewesen war, bevor sie 1726 veröffentlicht wurde.) Ebenso gibt es in den Quellen von Toccata und Fuge F-Dur BWV 540 keinen Beweis dafür, daß der Satz, wie gelegentlich vermutet worden ist, als Zwischenspiel zwischen den Sätzen jenes Werkes (beide in F-Dur) zum Zweck der Aufführung auf der langen Pedalklaviatur in Weißenfels[3] aufgenommen wurde. Es läßt sich nicht einmal nachweisen, daß die Transkription zum Leipziger Kreis von ca. 1726–50 gehört und damit die punktuelle Verbreitung französischer Stilarten reflektiert. Daß sie vom Umfang her der Bearbeitung BWV 586 gleicht und mit dieser möglicherweise die gleiche Quelle gehabt hat, ist trotz gegenteiliger Behauptungen[4] ein spärlicher Beweis für Bachs Anteil an beiden Werken.

---

[1] *NBA*, Serie IV/8, Kritischer Bericht, S. 94
[2] Takt 59 (der das e' enthält) hat in Couperins Original es' wie auch der nächste Takt in beiden Versionen.
[3] Hans Klotz, *Bachs Orgeln und seine Orgelmusik*, Mf 3/1950, S. 202
[4] Ulrich Siegele, *Kompositionsweise und Bearbeitungstechnik in der Instrumentalmusik Johann Sebastian Bachs*, Stuttgart 1975, S. 76f.

Abgesehen vom Basso continuo eignen sich die Melodielinien stilistisch ebensogut für Orgel wie für Streicher, und die thematische Detailarbeit eines so gut konstruierten *A-B-A*-Satzes wäre für den damaligen Spieler von BWV 527 von Interesse gewesen. *Légèrement* verweist indessen auf ein lebhaftes Tempo, was mit den im Original sorgsam phrasierten und verzierten Streicherstimmen stilistisch im Einklang steht. Es fällt ebenso auf, daß dieser vierte Abschnitt der am wenigsten kontrapunktische und imitatorische des Originalsatzes ist, gewissermaßen nur ein lebhaftes Zwischenspiel.

BWV 588

Canzona d-Moll

Kein Autograph; Abschriften in BB 40644 (Möllersche Handschrift, nur die letzten 16 Takte Johann Christoph Bach), Lpz. MB. Ms. 7,21 (Johann Gottlieb Preller), P 291 (zweite Hälfte 18. Jahrhundert), P 320 (Johann Christian Kittel?), P 837 (18. Jahrhundert), P 204 (Christian Friedrich Gottlieb Schwencke) und in späten Quellen (z. B. P 308, P 557, Lpz. Go. S. 26).

Zwei Systeme; in Lpz. MB. Ms. 7 ist der Satz *manualiter* und trägt die Überschrift *Canzona ex D mol à 4*, ähnliche Überschriften in den anderen Quellen. Keine Hinweise auf Pedal.

Das Fragment in der Möllerschen Handschrift ist eine frühe Abschrift[1], wahrscheinlich durchaus vor 1714[2]. Die Schlußkadenz in Lpz. MB. Ms. 7 ist reich ornamentiert[3],

obwohl nicht bekannt ist, von wem (Preller?). Die Verzierungen in Ms. 7[4] sehen aus, als beruhten sie auf Mutmaßungen des Kopisten, da sie die italienische Natur des Kontrapunkts, dessen *cantabile* und sein Tempo modifizieren und nicht konsolidieren. (Als Cembalo-Verzierungen ähneln sie in gewisser Weise Gerbers Zusätzen zu den *Inventionen*, und wie diese hätten sie nach meiner Meinung nicht in der *NBA* abgedruckt werden sollen.) In P 204 und P 291 geht die Canzone dem Präludium und

---

[1] Alfred Dürr, *Neues über die Möllersche Handschrift*, BJ 41/1954, S. 75–79
[2] Jacobus Kloppers, *Die Interpretation und Wiedergabe der Orgelwerke Bachs*, Frankfurt 1966, S. 216
[3] Die Taktzählung läuft in BWV 588 ganz durch.
[4] *NBA*, Serie IV/7, S. 150

der Fuge D-Dur BWV 532 unmittelbar voraus; in P 320 und P 557 (Grasnick ca. 1820, auf P 320 basierend?) findet sich auch eine Abschrift der d-Moll-Fuge von Christian Flor (1626–1697). Der Fugenanfang für Pedal solo, weit davon entfernt, ein einzigartiges, als echt verbürgtes Beispiel zu bieten, ist höchst zweifelhaft, sowohl aus eben diesem Grund als auch in Anbetracht der Lage des Kontrapunkts; nicht einmal beim letzten Orgelpunkt oder bei den zwei Kadenzen ist das Pedal notwendig, anders als z. B. im *Allabreve* BWV 589.

Ob Pirro und andere[5] recht haben oder nicht, wenn sie im Thema von BWV 588 eine Anspielung auf die *Canzon dopo la pistola* der Messe *In Festis Beatae Mariae Virginis* aus Frescobaldis *Fiori musicali* (1635) sehen:

– es ist bekannt, daß Bach 1714 eine Abschrift der *Fiori musicali* besaß[6]. So wird er jedenfalls auch gesehen haben, daß die Canzone im allgemeinen ein lebhaftes Stück ist, das häufig eine Tonwiederholungsfigur im Thema hat. Dieses Merkmal wird womöglich noch mehr betont durch die zweite Hälfte des Stücks im 3/2-Takt, die in der italienischen Canzone üblich ist (wie in eben der *Canzon dopo la pistola* weiter oben) und in den fantasieartigen, zweimanualigen Canzonen bestimmter norddeutscher Komponisten beibehalten wurde (z. B. in der Scheidemann zugeschriebenen Canzona in G-Dur). Charakteristische Merkmale des *alla breve* im Kontrapunkt von BWV 588 wie die daktylische Figur (z. B. T. 24–29) oder die Kadenzen vermeidende Kontinuität (z. B. T. 35–40) würden eher Ausdrücke wie *ricercarartig* und *vokalmelodisch*[7] rechtfertigen als *kanzonenartig* im engsten traditionellen Sinn. Weitere Verarbeitungen dieses Fugenstils sind in Stücken wie der d-Moll-Fuge BWV 538 zu hören. Wenn auch die Bezeichnungen dehnbarer wurden und die Komponisten oder Kopisten in dieser Hinsicht eigene Gepflogenheiten hatten, bezeichnet „canzona" für einen Komponisten wie Buxtehude doch immer ein lebhaftes Stück, im allgemeinen mit einem Abschnitt im Dreiertakt, manchmal mit einer Tonwiederholung im Thema, nicht vom Typ der alten Vokalcanzone, sondern entsprechend den Gegebenheiten der Tasteninstrumente neu erdacht. Ob diese Canzonen die gleiche Funktion hatten wie die aus den *Fiori musicali* – sie dienten als Zwischenspiele nach der Epistel oder Communio – ist nicht bekannt, und die Ähnlichkeit sollte nicht überbetont werden. Die Verwandlung der Themen und ihre Kombination untereinander – Aspekte eines soliden kontrapunktischen Könnens – waren Techniken, die von anderen Komponisten angewandt wurden (z. B. dem Leipziger Nicolaus Adam Strungk), von denen es heißt, daß Bach sie bewundert habe.

---

[5] z. B. Gotthold Frotscher, *Geschichte des Orgelspiels und der Orgelkomposition*, 2 Bde., Berlin 1934/35, S. 880
[6] *Bach-Dokumente*, Bd. I, S. 269
[7] Christoph Wolff, *Der Stile antico in der Musik Johann Sebastian Bachs*, Wiesbaden 1968, S. 26

Formbeschreibung:

- A T. 1– 31 Exposition
- T. 32– 39 Zwischenspiel
- T. 39– 70 zweite Exposition (erste Oktavbeantwortung), hin zum Halbschluß
- B T. 71–107 unregelmäßige Exposition (mit Oktavbeantwortungen)
- T. 107–114 Zwischenspiel
- T. 114–129 zweite Einsatzfolge
- T. 129–140 Zwischenspiel
- T. 140–154 dritte Einsatzfolge
- T. 154–162 Zwischenspiel
- T. 162–169 letzter Einsatz

Einsätze in der Tonikaparallele oder sonst einer Dur-Tonart gibt es nicht. Die Leichtigkeit, mit der die B-Einsätze weitergesponnen oder in Zwischenspiele überführt werden, steht im Gegensatz zur Strenge der A-Einsätze. Das B-Thema ist ganz klar vom A-Thema abgeleitet, wogegen sein Charakter als Doppelfugen-Thema auch von dem ursprünglichen Kontrasubjekt von A abhängt:

Die chromatisch absteigende Quarte (siehe auch BWV 131a, 625) war mit Fugen des Ricercartyps assoziiert, entweder als Thema einer chromatischen Fantasie (z. B. von Sweelinck, Dowland) oder als Kontrasubjekt zu einem anderen Thema (z. B. zweites *Christe* aus Frescobaldis *Messa delli Apostoli* aus den *Fiori musicali*). Eine einfallsreiche Verarbeitung dieser Quarte schloß gewöhnlich auch eine aufsteigende Version ein wie hier bei T. 111 (vgl. die aufsteigenden chromatischen Themen in den *Fiori musicali*): nach Fugen von Wilhelm Friedemann Bach (f-Moll), Carl Philipp Emanuel Bach (d-Moll) und Johann Ludwig Krebs (f-Moll) zu urteilen, war dies möglicherweise ein von Bach gelehrtes Kunstmittel. Neue Kontrasubjekte zu dieser chromatischen Quarte und zu dem Hauptthema werden ständig im Kontrapunkt erzeugt, wie aus einem Vergleich von Stellen wie T. 15–22, 39–46, 46–54, 54–60 zu ersehen ist, in denen jedesmal der Kombination aus Thema und Kontrasubjekt eine neue dritte Stimme hinzugefügt wird. In dieser Hinsicht ist B eher nicht so erfindungsreich wie

A, obwohl Spitta die Stimmführung von *B* für *kühner* hielt[8]. In jedem Fall zielt das Stück jedoch mehr auf die Erzeugung solcher neuen Linien oder Melodien ab als auf die eigentliche Verarbeitung der Motive selbst, was von einem Choralvorspiel zu erwarten wäre. Indessen ist bemerkenswert, daß die Hauptmotive sowohl von *A* als auch von *B*

aus ihren jeweiligen Themen genommen sind.

Der Charakter des Stücks ist nicht so leicht faßbar, da Ricercar-Elemente (4/4-Vorzeichnung, chromatisches Kontrasubjekt) und ein anfängliches Baßthema sich mit Elementen der Canzone (Abschnitt im Dreiertakt, freiere Satzweise) mischen. Zudem ähnelt der 3/2-Abschnitt mit dem Doppelthema dem d r i t t e n Abschnitt älterer Canzonen wie etwa Frobergers Canzona II in Leipzig Ms. 5. Da jedoch weder die Taktvorzeichnung noch der Pedalgebrauch als authentisch nachzuweisen ist, kann man das Stück als lebhafte Canzone ansehen, oder zumindest als etwas ganz Verschiedenes von der bekannten träumerischen Fuge, als die das Stück heutzutage häufig interpretiert wird. Auch die beiden Kadenzen – besonders das Verbindungsglied zwischen den Teilen *A* und *B* – sind dramatischer als in den mehrteiligen Canzonen Frescobaldis oder selbst späterer Komponisten wie Buxtehude.

Wäre es jemals möglich nachzuweisen, daß die Verzierung und das *adagio*-Zeichen in T. 168 authentisch sind, könnte man annehmen, daß der Schluß – breit, mit einem hinausgezogenen $\frac{5}{4}$-Akkord, einem langen Triller und einer langen Finalis – spezifisch italienisch ist. D. h. die Kadenz bekommt viel mehr Ähnlichkeit mit den Kadenzen, die für die Fugen typisch sind, die von den aufeinanderfolgenden Generationen italienischer Komponisten (Frescobaldi, Corelli, Händel) geschrieben wurden, als für die, die deutsche Komponisten (Buxtehude, Bach) komponierten.

BWV 589

Allabreve D-Dur

Kein Autograph; Abschriften in P 1106 (18. Jahrhundert, aus dem Besitz von Johann Christoph Oley), P 316 (19. Jahrhundert), Göttweig Ms. J. S. Bach 34 (datiert 1839) und P 917 (19. Jahrhundert, nur bis T. 172).

Überschrift in P 1106 und P 316 *Allabreve con Pedal pro Organo pleno*.

Die „ricercarartige" und „vokalmelodische" Natur des *alla-breve*-Kontrapunkts im allgemeinen zeigt sich in BWV 589 noch deutlicher als in der Canzona BWV 588.

---

[8] Philipp Spitta, *Johann Sebastian Bach*, Bd. I, S. 420

Einige charakteristische Merkmale dieses Kontrapunkt-Stils sind:

¢-Vorzeichnung, vorherrschende Notenwerte sind Halbe und Viertel
Quasi-Doppelthema (vgl. Quasi-Engführungen in der Exposition der b-Moll-Fuge, *Wohltemperiertes Clavier* I)
Linien, die sich weitgehend schrittweise bewegen, doch mit auffallenden Sprüngen (Terzen, Quarten)
häufige Vorhalte auf halben Noten (wenigstens einmal pro Takt)
charakteristische Viertelfiguren, die den ganzen Satz durchziehen (I)
charakteristische Achtelfiguren (II)

(nicht in BWV 589)

Das Ergebnis ist ein doppelter Kontrapunkt, der sich nicht auf unabhängige, sondern auf absichtlich gegeneinander laufende Melodielinien stützt: steigt die eine, fällt die andere (x); bewegt sich die eine fort, steht die andere still (y), geht die eine schrittweise, bewegt sich die andere sprungweise (z):

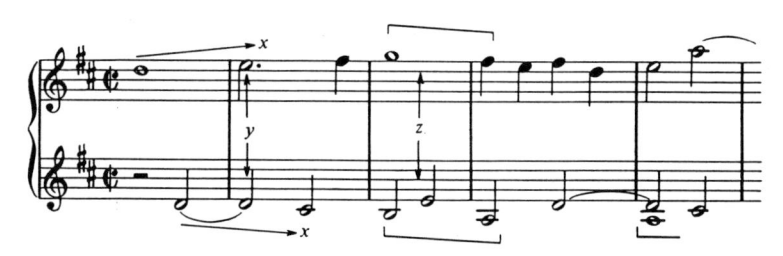

Innerhalb dieses allgemein italienischen Kontrapunkts gibt es in Bachs *alla-breve*-Kompositionen für Tasteninstrumente beträchtliche Unterschiede bei den Tempi (BWV 589 ist schneller als das *Gratias agimus* der h-Moll-Messe), den Figuren (keine Achtelfiguren in BWV 589, aber viele in der Nr. 22 der *Goldberg-Variationen*), den Themen (das Thema der d-Moll-Fuge BWV 538,II ist länger als das von BWV 589) und den Einzelheiten der Ausarbeitung. Allgemein bildete sich der *alla-breve*-Stil mehr in den Fugen und Ricercaren für Tasteninstrumente der Komponisten nach Frescobaldi aus (Froberger, Kerll usw.) als bei diesem selber und seinen Zeitgenossen; in anderem Zusammenhang findet sich dieser Stil am Ende des 17. Jahrhunderts und darüber hinaus.

Arcangelo Corelli, Concerto op. 6/1, III. Satz (*Allegro*)

Johann Caspar Ferdinand Fischer, *Blumen-Strauss*, Präludium VII

Der Satz von Corelli ist Bachs *Allabreve* in so vieler Hinsicht ähnlich, daß er hin und wieder als Inspirationsquelle für BWV 589 betrachtet wird, allerdings unnötigerweise, denn ähnliche Idiome ließen sich auch in der Musik für Tasteninstrumente aus der gleichen Zeit finden, z. B. bei Johann Caspar Ferdinand Fischer und Gottlieb Muffat. Corellis 4/2-Vorzeichnung erinnert an die Anfänge des *alla-breve*-Stils, die zu sehr unterschiedlicher Behandlung führen konnten. Es ist jedoch höchst fragwürdig, BWV 589 als Beispiel eines *süddeutschen* oder die G-Dur-Fantasie BWV 572 als Beispiel eines *norddeutschen Harmonietypus*[1] anzusehen. Nur Vermutungen können darüber angestellt werden, warum BWV 589 in den wenigen vorhandenen Quellen[2] kein Präludium hat.

Formbeschreibung:

T.   1– 37   Anfangsabschnitt in der Tonika
T. 37– 90   weitere Einsätze und Zwischenspiele hin zur Tonikaparallele
T. 90–158/9 Zwischenspiele, die zu zwei Gruppen von Tonika-Einsätzen führen
T. 158/9–197 letzte Einsätze in der Tonika, mit Engführung in eintaktigem Abstand (T. 174/5), chromatische Vorbereitung und abschließender Orgelpunkt

Es ist auch möglich, die Unterteilungen anders zu sehen, da das Stück mehrere Zwischenspiele im Manual hat, nach denen das Pedal auffällig mit dem Thema einsetzt. Das Hauptthema setzt häufig im Abstand von zwei Takten enggeführt ein (eine Quarte höher oder Quinte tiefer), und in der Tat erscheint es zuerst und gelegentlich auch später mit einem zweiten oder Doppelthema. Aber dieses zweite oder Doppelthema ist eine Fortführung des ersten – d. h. es ist das Kontrasubjekt zu der Beantwortung, und daraus ergibt sich keine schulmäßige Doppelfuge:

[1] Gotthold Frotscher, *Geschichte des Orgelspiels und der Orgelkompositionen*, 2 Bde., Berlin 1934/35, S. 880
[2] Es gibt für dieses Stück weniger Quellen als für die Fugen in F-Dur (BWV 540,II) und g-Moll (BWV 542,II), die auch oft ohne Präludium zu finden sind.

Der Komponist hat jeden Einsatz des Hauptthemas durch eine kürzere oder längere Pause sorgfältig vorbereitet, obwohl die Kontrapunkte, wie Spitta dargelegt hat, unvermerkt ins Thema hinüberfließen, denn dieses selbst bewegt sich in den einfachsten diatonischen Schritten[3]. Die Kontinuität des Werkes hängt von durch die Motive *a* und *b* erzeugten klassischen Formeln ab und ist sehr auffallend. Weitere Motive aus Halben und Vierteln, die die Fuge durchziehen, werden bereits in den ersten Takten evident. Daß die Art ihrer Behandlung in das 18. und nicht in das 17. Jahrhundert gehört, wird daran klar, wie sich diese kleinen Motive dramatisch zu Höhepunkten ausweiten (z. B. *b* in den Takten 119–26), und aus der Erweiterung des Themas selbst (z. B. T. 32, 45 im Alt). Außerdem bewirkt das Thema jedesmal eine Art Höhepunkt, wenn es nach einem Zwischenspiel einsetzt (z. B. T. 97).

Dennoch ist offensichtlich, daß die Fugenverarbeitung noch nicht zu der klaren Form der reiferen Orgelfugen geführt hat, denn gerade die Kontinuität ist ja ein Zeichen der Ricercar-Fuge wie auch der nicht strukturbildende Gebrauch der Tonart (ständig wiederkehrende Tonika) und die Anordnung der Themeneinsätze (T. 10, 18, 23 usw.). Doch die Leichtigkeit, mit der Bach die Motive handhabt, ist bereits fortgeschritten und übertrifft an so direkten Stellen wie T. 57–59 oder T. 111–18 die Geschicklichkeit seiner Zeitgenossen. Dagegen verdeckt der Schwung an anderen Stellen fast, daß der Satz auch Figuren verpflichtet ist, die vielen anderen Komponisten ebenso bekannt sind (z. B. T. 164–75). Selbst die „ständig wiederkehrende Tonika" hat den Effekt – und vermutlich den Zweck – der Ziellosigkeit entgegenzuarbeiten, die in solch einem Stil leicht aufkommen kann; durch das Archetypische von Thema und Kontrasubjekt entsteht im Stück trotz seiner mühelosen Kontinuität ein Gefühl der Harmonie-Fortschreitung. Wie im *alla-breve*-Teil der Fantasie G-Dur BWV 572 gibt es anscheinend keinen Grund, warum der Komponist diesen mühelosen Kontrapunkt nicht immer weiterspinnen sollte, dessen Formeln er – einschließlich der chromatisch absteigenden Quarte von T. 180–85, die in einen neapolitanischen Sextakkord mündet – so klar meistert.

BWV 590

„Pastorale" F-Dur

Kein Autograph; Abschriften in P 290 (siehe Quellenverzeichnis), P 287 (Johann Peter Kellner), P 277, zwei Scholz-Handschriften (nur der IV. Satz); Abschriften verschiedener Sätze aus dem frühen 19. Jahrhundert in P 662 (III. Satz), Lpz. MB. III.2.147 (I. Satz), einer nicht numerierten Handschrift der Bodleian Library, Oxford (nur der II. Satz) und Darmstadt Mus. ms. 1322 (I. Satz fehlt).

Überschrift in P 290 und P 277 *Pastorella*, in P 287 *Pastorella pro Organo di Johann Sebastian Bach*. Keine Satz-Überschriften. Nirgends „Pastorale".

Fragen zu BWV 590 richten sich auf drei ungesicherte Sachverhalte: Sind die vier Sätze authentische Werke Bachs? Gehören sie zusammen? Sind sie für Orgel kompo-

---

[3] Philipp Spitta, *Johann Sebastian Bach*, Bd. I, S. 420

niert? In der Gesamtanlage und den Details ähnelt BWV 590 nicht nur keinem anderen Orgelwerk, sondern auch keiner bekannten Suite für Tasteninstrumente. Dennoch läßt sich auf die erste Frage hin zeigen, daß jeder der Sätze Merkmale des einen oder anderen Kompositionsstils von Bach aufweist. Zur zweiten Frage: Die Tonartenfolge erinnert an die der Sonate, besonders vom dritten zum vierten Satz; der Halbschluß am Ende des ersten Satzes verlangt allerdings eine gesonderte Untersuchung. Der Dur-Moll-Wechsel zwischen dem zweiten und dritten Satz ist wiederum typisch, wenn auch nicht so sehr für die Sonate wie für die Suite, obwohl sogar dort ein derartiger Wechsel normalerweise nur zwischen zwei ähnlichen Sätzen stattfindet (z. B. zwischen den zwei Bourrées der Suite für Violoncello BWV 1009). Falls also ursprünglich analog zur italienischen Sonate[1] dem ersten Satz die anderen drei Sätze folgen sollten, wäre schon allein die Tonartenfolge in Bachs Werken einmalig. Es ist freilich nicht zu leugnen, daß zumindest die zwei mittleren Sätze von der Anlage her ähnlich sind oder daß die drei sogenannten Manual-Sätze eine eigene Satzfolge bilden können. Ob sie nach dem ersten Satz kommen, ist ein Punkt, der auch mit der ersten Frage oben zusammenhängt. Einigen Kommentatoren zufolge[2] sind alle Sätze für Orgel geeignet und gehören zusammen, auch wenn sie bei der Aufführung in der Art der *Magnificat*-Versetten – und vielleicht aus denselben *alternatim*-Gründen – getrennt gespielt wurden[3]. Doch nur der erste Satz verlangt Pedal oder wurde ursprünglich dafür transkribiert, und es kann durchaus sein, daß dieser Satz in den Quellen unvollständig ist.

Es besteht die Möglichkeit, daß die vier Sätze tatsächlich in der bekannten Weise gruppiert werden sollten[4] und daß Bach das ganze Werk für eine besondere, heute nicht mehr bekannte Gelegenheit schrieb[5]. Es besteht aber ebenfalls die Möglichkeit, daß die drei nachfolgenden Sätze nichts mit dem ersten Satz zu tun haben[6], daß der Titel *Pastorella* nur für den ersten Satz galt[7] – wer immer ihn erstmals anwendete – und daß der erste Satz bis zu einem Schluß auf der Tonika hätte vervollständigt werden sollen – mit oder ohne die anderen Sätze – und dies vielleicht in einer heute nicht mehr bekannten Quelle auch wurde. Stünde der zweite Satz in F-Dur und der dritte vielleicht in d-Moll (oder sogar c-Moll), erschiene außerdem die Aufeinanderfolge und Tonlage der Sätze wohl nicht so verwunderlich.

Einzelne Sätze wie dieser ähneln nicht so sehr der norddeutschen Toccata wie der Toccata einer anderen Schule, besonders der von Georg Muffat in seinem *Apparatus musico-organicus* (1690). Dort hat z. B. die Toccata Sesta in F-Dur eine Reihe von Sätzen, die sich durch Toccaten-Orgelpunkte und schließlich durch eine 12/8-Fuge auszeichnen. Das traditionelle Orgel-Pastorale umfaßte nach und nach mehrere Sätze, angefangen von dem lediglich mehrgliedrigen Capriccio pastorale im 6/4-Takt

---

[1] Martin Taesler, *Vom Zusammenhang in einigen zyklischen Orgelwerken Johann Sebastian Bachs – Beobachtungen eines Orgelspielers*, MuK 39/1969, S. 184–187
[2] *BG*, Bd. XXXVIII, S. XLII
[3] Hermann Keller, *Die Orgelwerke Bachs*, S. 76
[4] Friedrich Conrad Griepenkerl in der Peters-Ausgabe, Bd. I
[5] Gotthold Frotscher, *Geschichte des Orgelspiels und der Orgelkomposition*, 2 Bde., Berlin 1934/35, S. 882
[6] Philipp Spitta, *Johann Sebastian Bach*, Bd. II, S. 692
[7] Ernst Naumann in *BG*, Bd. XXXVIII

von Frescobaldi (*Toccate* [...] *libro primo*, Rom, Ausgabe 1637) bis hin zu den drei Sätzen des Pastorale von Domenico Zipoli (*A Third Collection of Toccatas*, London ca. 1722). In letzterem folgt auf einen 12/8-Satz ein kontrastierender Teil im Zweiertakt, nach dem Orgelpunkt wiederkehrt, wodurch eine A_1-B-A_2-Form entsteht. Möglicherweise hat der Komponist von BWV 590 oder derjenige, der das Werk kompilierte, wer es auch gewesen sein mag, diese Art der Anlage erweitert, indem er drei Sätze an ein Orgel-Pastorale anhängte. das entweder unvollständig gelassen worden war oder einem anderen Satz als Vorspiel hatte dienen sollen – vielleicht sogar als ein (verworfenes?) Zwischenspiel zwischen einem Präludium und einer Fuge in d-Moll[8]. Da über die Existenz einer handschriftlichen Kopie der drei Manual-Sätze als Einzelgruppe nichts bekannt ist, wurden sie möglicherweise wirklich später einem ursprünglichen Pastorale für Orgel angefügt, wobei jeder der drei Sätze eine sichere Technik und Handhabung des Materials aufweist. Außerdem hat jeder von ihnen für das Pastorale typische Bordun-Elemente: BWV 590, II beginnt mit einem ausgehaltenen Ton und kehrt später zu ihm zurück, BWV 590, III verwendet eine wiederholte Achtelfigur im Baß in gleicher Weise, BWV 590, IV hingegen hat ein Fugenthema, das selbst einen Orgelpunkt auf der Tonika in sich birgt.

Jeder Satz enthält auch eine dominantische Bestätigung oder „Beantwortung" der Anfangsphrase in der Tonika

BWV 590, I   Tonika T. 1,   Dominante T. 11
590, II   Tonika T. 1,   Dominante T. 9
590, III   Tonika T. 1,   Dominante T. 25
590, IV   Tonika T. 1,   Dominante T. 4
                                            (und in der Umkehrung T. 25)

und folgt damit der im ersten Satz vorgeführten oder festgelegten Tradition des Pastorale. Diese ist allerdings auch für zweiteilige Formen und Fugenformen typisch, ebenso für Orgelpräludien, wo früher oder später der Tonika ein Orgelpunkt auf der Dominante folgt (z. B. A-Dur BWV 536). Gerade dieses Element gibt manchen Toccaten jener Zeit eine oberflächliche Ähnlichkeit mit dem echten Pastorale (z. B. Pachelbels Toccata in F-Dur).

I. Satz

Trotz der anfänglichen Schlichtheit hat der Satz eine Reihe von Motiven und Details, die in den von Frescobaldi beeinflußten Pastorales von Kerll und anderen süddeutschen Komponisten nicht üblich sind. Wichtige und deutlich hervortretende Motive sind in T. 1, 3, 5 und 7 zu hören. Daß solche Figuren dem italienischen Stil nahestehen, wird in T. 10 deutlich: ähnliche Figuren wie diese sind z. B. in dem Pastorale aus Händels *Messias* zu finden, das sehr wahrscheinlich von Arien Alessandro Scarlattis inspiriert ist.

---

[8] Sowohl in P 290 als auch in P 277 erscheint das Werk unmittelbar vor der Toccata und Fuge d-Moll BWV 538; P 287 hingegen ist eine Sammlung von Handschriften aus verschiedenen Quellen.

Wie in anderen Pastorales (z. B. in Corellis Concerto op. 6/8) folgt eine dominantische „Beantwortung" und setzt sich mit deutlich neuen Motiven in T. 21 (linke Hand), T. 25–26 (linke Hand – vgl. *In dulci jubilo* BWV 608) und T. 28 fort, wonach eine Orgelpunkt-Passage in d-Moll zu einigen der im ersten Abschnitt gehörten Gedanken zurückkehrt. Das chromatische Motiv in T. 28 steht mit dem Stil italienischer Pastorales in Einklang, in denen solche Töne vermutlich an die schwankende Intonation der Dudelsackbläser erinnern sollen (z. B. Zipolis Pastorale). Die Sequenz über Dominantseptakkorde von T. 21 ff. scheint indessen typischer für Bach zu sein (vgl. T. 33 ff. der Pastorale-Sinfonia aus dem *Weihnachts-Oratorium*). Ebenso wie anderen Pastorales von Corelli, Locatelli (op. 1) und weiteren Komponisten fehlt dem Satz der punktierte Siciliano-Rhythmus, der sich im 12/8-Pastorale der späteren Zeit findet. Daß Bach wenigstens um 1734/35 Locatellis op. 1/8 (veröffentlicht ca. 1721) gekannt hat, wird durch die Existenz von Stimmen dieses Konzerts (Lpz. Go. S. 4) in seiner eigenhändigen Abschrift belegt[9]. Glatte 12/8-Figuren über einem Orgelpunkt erzeugen in vielen anderen Zusammenhängen einen quasi pastoralen Stil, wie etwa in Vokalkompositionen über Jesus als Hirten (z. B. Kantate BWV 104,V) oder in Orgeltoccaten ohne dergleichen Assoziationen (z. B. Buxtehudes F-Dur-Toccata BuxWV 156).

Der Halbschluß am Ende weist sicherlich darauf hin, daß ein F-Dur/d-Moll-Satz folgt oder daß ein *Da capo* beabsichtigt ist, wie tatsächlich zumindest eine Ausgabe aus dem 19. Jahrhundert zu zeigen versuchte[10]. Nach Sonaten wie denen in E-Dur für Violine (BWV 1016,III) oder in G-Dur für Viola da gamba (BWV 1027,III) zu urteilen, müßte der nachfolgende Satz eine Terz tiefer als die Schlußkadenz des vorausgehenden Satzes stehen (d. h. in BWV 590 in F-Dur), obwohl normalerweise der Halbschluß in solchen Sonatensätzen zur Dominante und nicht (wie hier) zur Mediante geht. Indessen ist die gleiche Kadenz auf der Mediante in Corellis Pastorale op. 6/8 am Ende des *B*-Teils der A_1-*B*-A_2-Form zu hören. Wenn ein *Da capo* intendiert gewesen wäre, hätte dieser Abschnitt mit größerer Wahrscheinlichkeit einige Takte nach dem Dominanteinsatz (d. h. um T. 20) in F-Dur geschlossen statt vorher (d. h. um T 10).

Zwei weitere Fragen ergeben sich im Zusammenhang mit dem Schluß auf der Untermediante (F-Dur in a-Moll). Erstens: darf man, da es sich bei diesem Schluß durchaus um ein typisch italienisches Merkmal handeln kann – siehe das angeführte Beispiel von Corelli oder vgl. Domenico Scarlattis F-Dur-Sonate K 366 – annehmen, daß der Komponist von BWV 590,I zumindest die Traditionen hinter solchem Brauch kannte und es auf ein bestimmtes italienisches Merkmal abgesehen hatte? Zweitens: ist es, da die unvollständige C-Dur-Fantasie im *Clavier-Büchlein für Anna Magdalena Bach* (BWV 573) in mediis rebus ebenfalls auf der Mediante endete (ohne daß dies sozusagen nötig war), möglich, daß sowohl BWV 590, I als auch BWV 573 als „Incipits" einer Improvisation komponiert wurden – d. h. in ihnen wurden Anfänge vorgeschlagen, über die der Spieler improvisieren und sie in eine von vielen möglichen Richtungen weiterentwickeln sollte?

---

[9] *Katalog der Sammlung Manfred Gorke*, hg. von Hans-Joachim Schulze, Leipzig 1977, S. 15
[10] *BG*, Bd. XXXVIII, S. XLI

II. Satz

Trotz des Vorschlags in *BG*, Bd. XXXVIII, BWV 590,II als Allemande aufzufassen, fehlt der charakteristische Auftakt, und auch die lang ausgehaltenen Baßtöne sind in solchen Sätzen nicht die Norm – besonders wenn daraus folgt, daß T. 3 eine Variation von T. 1 ist. Doch die zwei- und dreistimmige Figuration ähnelt jener der Allemande, und Takte wie z. B. 5–6 sind im Stil der Allemande aus der *Französischen Suite* G-Dur BWV 816 nicht unähnlich. Ebenso gleicht T. 15–16 vielen anderen Stellen in Suiten oder sogar Konzerten. Außerdem trifft es sich auch, daß drei der neun Allemandes in Jacques Champion de Chambonnières' *Livres* (Paris 1670) keinen Auftakt haben. Hingegen ist der melodische Duktus der beiden Hauptkadenzen (T. 7–8, 21–22) auffallend genug, um fast an eine Violin-Melodie oder eine Phrase aus einer Kantate denken zu lassen. Er ist auch ziemlich ausgereift: die Phrasenbildung T. 19–20 in Art von Frage und Antwort ist die der Köthener und Leipziger Zeit.

Ganz abgesehen von solchen Linien wie in T. 15–16 und dem harmonischen Kontrapunkt in T. 19–22 (linke Hand) ähneln auch Einzelheiten der Satzform den zweiteiligen Sätzen Bachs. Obwohl es nicht üblich ist, daß die zweite Hälfte einerseits wie die erste Hälfte anfängt (aber in der Dominante) und andererseits auch noch eine verkürzte Reprise derselben (in der Tonika) umfaßt – normalerweise handelt es sich entweder um das eine oder das andere –, sind sicherlich weitere Beispiele dafür zu finden, z. B. die Sarabande der *Französischen Suite* c-Moll BWV 813.

III. Satz

Die Gestalt des Satzes ähnelt solchen Sätzen wie dem *Largo* der Violinsonate f-Moll BWV 1018: d. h. auf die Darstellung der Melodielinie in Tonika und Dominante folgt ein Abschnitt, der in eine Art Halbschluß mündet. Die Schlußkadenz von BWV 590,III steht nur scheinbar in der Anfangstonart, in Wirklichkeit hat sie aber ihrer Beschaffenheit nach den Zweck, als Halbschluß (vielleicht phrygische Kadenz, über T. 57–64) nach dem Ganzschluß in T. 56–57 zu dienen. Die Modulationen im vorletzten Teil sind gut eingerichtet und machen den Eindruck einer improvisierten Fantasie; dagegen ist die Modulation zur Dominante in T. 24–25 eine Spur zu abrupt. Allgemein wären Textur und Melodik in einer *Aria* mit obligater Violine besser am Platz als in einem Orgelstück; hingegen wären beide gleichermaßen im Mittelsatz einer Cembalo-Sonate aus den 1740er oder 1750er Jahren zu Hause.

IV. Satz

Die abschließende Fuge hat mehr mit der ausgewachsenen Gigue einer Suite gemeinsam als mit jeder anderen Satzart: regelmäßige Fugenexposition, Sequenzen und Themeneinsätze bis zum Doppelstrich, dann das Thema in Umkehrung, zweite Hälfte modulierend, letzte Rückkehr zum Thema. Trotzdem gibt es gelegentlich ein paar flüchtige Ähnlichkeiten mit anderen Stücken (z. B. mit dem Schlußsatz des 3. *Brandenburgischen Konzerts*). Auch andere Einzelheiten passen zur Gigue der Suite, wie etwa die tiefe Lage zu Anfang der zweiten Hälfte (vgl. die Gigue der a-Moll-Partita BWV 827), und die Textur verlangt wohl noch deutlicher als im zweiten Satz nach dem Cembalo.

* * *

In einem neueren Aufsatz[11] ist die indirekte Verbindung zwischen den Handschriften P 287, 290, 277 und Johann Sebastian Bach (siehe Quellenverzeichnis) betont worden, wodurch sich nicht nur der Anspruch auf Authentizität verstärkt hat, sondern auch der Gedanke, daß die vier Sätze tatsächlich ursprünglich so zusammenhingen. Der Aufsatz legt auch die (ziemlich verborgenen) musetteartigen Merkmale des zweiten Satzes dar: die kurzen Borduntöne und die außergewöhnlich gefälligen Konturen der Melodik. Indessen können die ausführlichen Vergleiche mit anderen Pastoral-Traditionen im Aufsatz und die Bereitschaft zu biographischen Mutmaßungen (z. B. daß das Werk bei besonderen Abendgottesdiensten am Heiligabend in der Thomaskirche gespielt worden sein könnte) noch keins der Probleme zerstreuen oder die sich oben stellenden Fragen beantworten.

BWV 591

Kleines harmonisches Labyrinth

Abschriften in P 1107 und P 303 (18. Jahrhundert) und in späten Quellen (eine späte Schelble-Quelle z. B. wurde in der Peters-Ausgabe, Bd. IX benutzt).

Zwei Systeme; Überschrift (nur) in P 1107 *Kleines harmonisches Labyrünth. Joh. Seb. Bach.*

Da bekannt ist, daß Komponisten wie Heinichen, Sorge und Kirnberger ein Interesse an Sätzen hatten, die chromatische und enharmonische Kunstmittel zu harmonischen Demonstrationszwecken (besonders im Hinblick auf Temperatur-Fragen) enthielten, ist BWV 591 lange Zeit dem einen oder anderen von ihnen zugeschrieben worden – insbesondere aber Johann David Heinichen[1]. Dieser hatte mehrere Beispiele zweistimmiger Stücke gegeben[2], die zweiundzwanzig Tonarten durchliefen und harmonisiert werden mußten. Friedrich Suppigs Manuskript *Labyrinthus musicus* von 1722[3] enthält eine *Fantasie durch alle [...] 24 tonos*, die dem Titel zufolge *auf dem Clavicimbel ohne Pedal als auch auf der Orgel mit [Pedal]* gespielt werden konnte und die auch bei Mattheson zitiert wird[4]. Es handelt sich um ein Stück, bei dem der Spieler entweder die gleichschwebende Temperatur übernehmen oder die Wölfe bei den Intervallen der mitteltönigen Stimmung tolerieren muß. Das würde auch zutreffen, wenn die zwölf Tonarten, durch die der weltberühmte Froberger zu improvisieren pflegte, bevor er (nach Andreas Werckmeister[5]) so endete, wie er begann, allesamt Durtonarten gewesen wären; aber vermutlich waren es die normaleren Tonarten C-Dur, c-Moll, D-Dur, d-Moll, e-Moll, F-Dur, G-Dur, g-Moll, A-Dur, a-Moll, B-Dur, h-Moll. Die Bezeichnung „Labyrinth" findet sich auch auf der

---

[11] Georg B. Stauffer, *Bach's Pastorale in F: a closer Look at a maligned Work*, The Organ Yearbook 14/1983, S. 44–60

[1] Philip Spitta, *Johann Sebastian Bach*, Bd. I, S. 654; *BG*, Bd. XXXVIII, S. LII
[2] Johann David Heinichen, *Der General-Bass in der Composition*, Dresden 1728, S. 850ff.
[3] jetzt in Paris in der Bibliothèque du Conservatoire de Musique Rés. F 211
[4] Johann Mattheson, *Critica musica*, Bd. I, Hamburg 1722, S. 152
[5] *Musicalisches Memorial*, Quedlinburg 1697, S. 37

Titelseite von Johann Caspar Ferdinand Fischers *Ariadne musica* (1702?), auf der für die Präludien und Fugen in verschiedenen Tonarten beansprucht wird, sie seien hilfreich *difficultatum*[!] *labyrintho educens* [aus dem Labyrinth der Schwierigkeiten herausführend], wenn auch in diesem Stadium die Verwendung aller vierundzwanzig Tonarten noch außer Frage stand.

Le Labyrinthe aus Marin Marais' *Pièces de Viole* IV (Paris 1717) ist ein Rondo, in dem das Hauptthema in verschiedenen Tonarten wiederkehrt und dabei A-Dur, fis-Moll, H-Dur, Cis-Dur, Dis-Dur (sic), c-Moll, F-Dur, d-Moll durchläuft und für die Chaconne wieder nach A-Dur zurückkehrt. Ein Autor vergleicht das Stück mit der *Unsicherheit eines Mannes, der sich in einem Irrgarten verlaufen hat; schließlich gelangt er glücklich heraus und endet mit einer Chaconne, die in der Tonart anmutig und natürlich ist*[6]. Locatellis *Laberinto armonico*, Caprice Nr. 23, aus *L'arte del violino*, op. 3 (Amsterdam 1733) erforscht keine komplizierte Harmonik oder Temperatur, sondern ist eine Übung in der Violintechnik, zumeist über Borduntöne auf Tonika und Dominante. Das Motto des Stücks *facilis aditus difficilis exitus* [wörtlich: leichter Eingang, schwieriger Ausgang] gemahnt seltsam an die Überschrift des letzten Teils von BWV 591. Mozart besaß eine ebenfalls Bach zugeschriebene Abschrift von BWV 591, obwohl heute unsicher ist, um welche Handschrift es sich dabei handelte[7]. Die Abkürzung *Ped.* acht Takte vor Schluß in P 1107 und der Schelble-Quelle (?) – vielleicht bloß ein Hinweis auf den Orgelpunkt? – diente als Rechtfertigung für die Aufnahme des Stücks unter die Orgelwerke in der Peters-Ausgabe, Bd. IX und in *BG*, Bd. XXXVIII.

Über den Einfluß Bachs in jedem der drei Sätze läßt sich streiten: die Appoggiaturen-Klänge nach den Arpeggien erinnern an die der Chromatischen Fantasie BWV 903; das Fugenthema erinnert an die Themen der h-Moll-Fuge aus dem *Wohltemperierten Clavier* I und an die zweifelhafte B-Dur-Fuge BWV 898. Die Schreibweise (von T. 41–42[8]) im *Exitus* weist ein Bachsches Idiom auf. Das „Programm" – Ouvertüre, dann das Verlieren der Richtung, Eintritt ins Labyrinth, Entdeckung von C-Dur, Austritt (*Exitus*) in *die Sonne der klaren Harmonie*[9] – ist kaum ein Beweis für Bachs Autorschaft. In einigen harmonischen Fortschreitungen zeigt sich eine Kompetenz, die vermutlich daher rührt, daß der Komponist in Bachs Clavier-Stil bewandert war. Dagegen lassen sich so kraftlose Stellen wie die letzte Orgelpunkt-Passage und der Schluß schwerlich Bach zuschreiben, ebensowenig die Ausarbeitung der Fuge, die kaum in mehr als einer Reihe von ausharmonisierten Themendarstellungen besteht. Das in den ersten sechs Tönen des Themas rückwärts herauszulesende B-A-C-H ist, sofern überhaupt, eher ein Gruß an den Komponisten als ein Zeichen seiner Autorschaft.

---

[6] Evrard Titon du Tillet, *Le Parnasse français*, Paris 1732 (Nachdruck 1971), S. 626f. (*l'incertitude d'un homme embarrassé dans un labyrinthe: il en sort enfin heureusement, & finit par une Chaconne d'un ton gracieux & naturel*)
[7] *Bach-Dokumente*, Bd. III, S. 512f.
[8] Die Takte in BWV 591 werden durchgehend gezählt.
[9] Hermann Keller, *Die Orgelwerke Bachs*, S. 57

BWV 592–596

Konzerte

Kein vollständiges Autograph bzw. keine Abschrift als Sammlung.

Fragen zu Quellen, Entstehung und Stil der Konzerte lassen sich folgendermaßen zusammenfassen:

1. Quellen. Es ist nichts darüber bekannt, ob es jemals eine Gruppe von Konzerten gegeben hat, die als Sammlung abgeschrieben wurde, sei es vom Komponisten selber (wie die Sammlung der Transkriptionen von Cembalokonzerten mit Streichern BWV 1052–1059 in P 234), sei es von einem Kopisten (wie die Sammlung der von Bach angefertigten Transkriptionen von zwölf Konzerten für Cembalo solo BWV 972–982 in P 280). Daß die Anzahl der vorhandenen Abschriften von einem Konzert zum anderen erheblich schwankt, spricht ebenso dagegen wie die Tatsache, daß zwei Cembalo-Fassungen der zur Diskussion stehenden Orgelkonzerte (BWV 592/592a und BWV 595/984) in verschiedenen Handschriften-Sammlungen erscheinen. Beide Sachverhalte sind indessen nicht beweiskräftig; die Orgelfassung BWV 592 erscheint in einer derselben Quellen wie das Cembalokonzert BWV 984 (P 804), und über die Herkunft von BWV 592a weiß man nichts Sicheres. Dennoch ist es bemerkenswert, daß, auch wenn Quellen einander sehr ähnlich sind wie P 599 und P 600 für BWV 593 und 594, sie trotzdem deutlich verschiedene, separate Kopien sind. Obwohl die meisten Cembalo-Transkriptionen nur in ein oder zwei Abschriften vorhanden sind, existieren (mit Ausnahme von BWV 981) weder sie noch die Orgelkonzerte in Sammlungen, die auf frühere Quellen zurückzugehen scheinen. Das Autograph des d-Moll-Orgelkonzerts BWV 596 ist mit Abstand die älteste überlieferte Abschrift von allen Orgeltranskriptionen überhaupt, und schon allein deshalb ist es als wahrscheinlich anzusehen, daß es ehemals mehr als die fünf heute bekannten Konzerte gab.

Bis auf BWV 595 sind alle Konzerte aus Abschriften der ersten Hälfte des 18. Jahrhunderts bekannt. Für alle fünf existierten ehemals Abschriften von Johann Peter Kellner, die für die Peters-Ausgaben von 1844 und 1852 benutzt wurden. In diesen Abschriften mögen die Konzerte in Fassungen überliefert gewesen sein, die im Umlauf waren, bevor der Komponist sie revidierte, in Fassungen, die auf einem Autograph oder einer dazwischenliegenden Abschrift basierten, die von einem Kopisten wie Johann Caspar Vogler angefertigt worden war[1].

2. Entstehung. Neuerdings ist folgende Hypothese zur Erklärung des Ursprungs dieser Werke vorgetragen worden[2]: *Für Bach aber dürfte – jedenfalls im Hinblick auf die unter BWV 592–596 und 972–987 vereinigten Werke – ein echter Anlaß und Auftrag erst von Juli 1713 an gegeben gewesen sein. Wenn wir ungeachtet der vielfach getrübten Quellenüberlieferung annehmen, daß diese Bearbeitungen während der An-*

---

[1] Karl Heller in: *NBA*, Serie IV/8, Kritischer Bericht, S. 17
[2] Hans-Joachim Schulze, *Johann Sebastian Bachs Konzertbearbeitungen nach Vivaldi und anderen – Studien- oder Auftragswerke?*, Deutsches Jahrbuch der Musikwissenschaft für 1973–1977, 18/1978, S. 80–100

wesenheit des Prinzen Johann Ernst in Weimar (Juli 1713 bis Juli 1714) und auf dessen Veranlassung hin entstanden sind, so zieht dies einige Schlußfolgerungen nach sich: daß die Transkriptionen einen Teil des in Weimar vorhandenen – durch Neuerwerbungen des Prinzen erweiterten – Konzertrepertoires widerspiegeln, daß die Konzertpraxis der Hofkapelle Bach Gelegenheit zum Kennenlernen der Originalkompositionen geboten haben muß und daß die Bearbeitungen somit weniger als Studienwerke aufzufassen sind, als vielmehr als aufführungspraktische Variante und virtuose Vortragsliteratur. Nach der Abreise des mutmaßlichen Auftraggebers verloren sie wohl allmählich diese Funktion und wurden zu Übungsstücken.

Als Jüngling war Prinz Johann Ernst (1696–1715) von Februar 1711 bis Juli 1713 in Utrecht zum Studium an der Universität, und von dort aus erweiterte er vermutlich seine Musikkenntnisse (durch Besuche in Düsseldorf und Amsterdam) und ließ sich sogar italienische Musik zurück nach Weimar senden. Nach der Heimkehr des Prinzen aus Holland unterrichtete ihn der Organist der Stadtkirche, Johann Gottfried Walther, in der Komposition besonders von Konzerten[3]. Walther vermerkte später, daß er selbst nicht weniger als achtundsiebzig Konzerte transkribiert habe – *aufs Clavier applicirte Stücke*[4] –, und zweifellos übertrafen nicht wenige davon in der Ausarbeitung das Original[5]. Weitere deutsche Transkriptionen von Vivaldis op. 3 (durch BWV 593 und 596 repräsentiert) finden sich in vielen verschiedenen Quellen. Bachs Kenntnis von op. 3 scheint sich eher auf die Erstausgabe (Amsterdam, 1711 oder früher) als z. B. die Walsh-Ausgabe (London 1714/15, 1717[6]) gestützt zu haben. Die Ausgabe war keine Partitur, sondern ein Satz von acht Stimmen.

Quantz äußerte sich zu einem späteren Zeitpunkt über den Eindruck, den Vivaldis Violinkonzerte auf ihn gemacht hatten, als er sie um eben die fragliche Zeit (d. h. ca. 1714) zum ersten Mal kennenlernte[7]. Als der Prinz aus Weimar abreiste, um Heilung für seine verhängnisvolle Krankheit zu suchen, endete im Juli 1714 vielleicht die Nachfrage nach solchen Transkriptionen oder zumindest ihre Verwendung in der Hofkapelle.

Möglicherweise läßt sich Bachs Beschäftigung mit diesem Gebiet weder durch die Rückkehr des Prinzen nach Weimar 1713 noch durch seine endgültige Abreise von dort 1714 so vollständig eingrenzen, wie es den Anschein hat, doch sind weitere Gelegenheiten für solche Werke oder das Bedürfnis nach ihnen trotzdem schwer zu finden. Es ist sogar möglich, daß die Transkriptionen der Konzerte des Prinzen *In-Memoriam-Schöpfungen* nach dessen so frühzeitigem Tod waren[8]. Forkel glaubte, der Komponist habe Vivaldis Konzerte transkribiert, um sich selbst in dieser musikalischen Form zu unterrichten[9]. Dort hatte er sehen können, *daß Ordnung, Zusam-*

---

[3] a. a. O.
[4] a. a. O.
[5] Luigi Ferdinando Tagliavini, *Johann Gottfried Walther trascrittore*, Analecta Musicologica 7/1969, S. 112–119
[6] siehe *NBA*, Serie IV/8, Kritischer Bericht, S. 14
[7] zitiert in Arnold Schering, *Zur Bachforschung*, SIMG 4/1902–03, S. 234–243; siehe auch Burneys Bericht über eine Unterredung mit Quantz in: *Dr Burney's Musical Tours in Europe*, hg. von Percy Scholes, Bd. II, London 1959, S. 185
[8] *NBA*, Serie IV/8, Kritischer Bericht, S. 14
[9] Johann Nikolaus Forkel, *Über Johann Sebastian Bachs Leben, Kunst und Kunstwerke*, Leipzig 1802, Kapitel V

menhang und Verhältnis in die Gedanken gebracht werden müsse, und daß man zur Erreichung solcher Zwecke irgend einer Art von Anleitung bedürfe. Als eine solche Anleitung dienten ihm die damahls neu herausgekommenen Violinconcerte von Vivaldi. Er hörte sie so häufig als vortreffliche Musikstücke rühmen, daß er dadurch auf den glücklichen Einfall kam, sie sämmtlich für sein Clavier einzurichten.

Wenngleich nicht erwartet werden kann, daß Forkel viel über einzelne Begleitumstände wie Walthers Tätigkeit auf diesem Gebiet wußte und er auch wegen seiner allzu starken Vereinfachung der Zusammenhänge kritisiert wurde[10], ist doch interessant, daß er dachte, Bach habe Vivaldis Konzerte „sämmtlich" transkribiert. Die ganze Passage läßt an inspirierte Vermutungen seitens Forkels denken. Falls Selbstunterweisung in Bachs Absicht lag, ist nur schwer verständlich, warum er die Werke von Johann Ernst transkribierte. Falls Bach *Ordnung, Zusammenhang und Verhältnis* nur durch Vivaldis Violinkonzerte erreichte, müßte er diese bereits gekannt haben, als er einige Jahre früher (1708?) potentielle Ritornellsätze wie den vierten Satz aus der Kantate BWV 196 komponierte. Auch hätte er diese Qualitäten nicht leicht z. B. aus dem C-Dur-Konzert BWV 594 lernen können, denn dort bilden die Quintenzirkel-Sequenzen allenfalls ein negatives „Lehrbeispiel". Ebenso stützt sich Scherings Meinung nur auf Vermutungen, daß Bach solche Bearbeitungen *denen Liebhabern zur Gemüths-Ergetzung*[11] angefertigt habe, wie die Zweckbestimmung der gestochenen Titelseiten einiger späterer Werke für Cembalo oder Orgel lautet. Die Orgelkonzerte wurden weder verlegt noch sonst an die Öffentlichkeit gebracht, und solche Formulierungen waren für die Berufsorganisten nicht so von Interesse wie für zumindest die Gebildeten unter den Käufern der *Clavierübung* III ein Vierteljahrhundert später. Es ist nicht sicher, daß Bach und Walther im Transkribieren miteinander wetteiferten oder einander nacheiferten, wie behauptet worden ist[12], nicht zuletzt deshalb, weil der Stil einiger von Walther transkribierter und in BB 22541/4 enthaltener Konzerte darauf hindeutet, daß die Originale selbst in eine spätere Dekade gehören. Und insofern die späteren Abschriften der Bach-Transkriptionen vermuten lassen, daß seine späteren Schüler und Freunde sie zu Übungszwecken benutzten, ist es ebenfalls unwahrscheinlich, daß dies in der „mittleren Weimarer Periode" geschehen war. Auch die Weimarer Liturgie erbringt keinen Beweis dafür, daß solche Konzerte im Verlauf des Gottesdienstes verwendet wurden; die Behauptung, sie seien Kompositionen für die Communio – analog zu Instrumentalsonaten oder -konzerten für die Elevatio – ist ebenso wie bei den „Sechs Sonaten" BWV 525–530 nur eine Vermutung. Es steht allerdings nicht ganz außer Frage, daß Bach die Transkriptionen während des Gottesdienstes verwendete und damit der Hofkapelle verschaffte, was Walther möglicherweise zur gleichen Zeit der Stadtkirche lieferte. Wenn das jedoch die Praxis war, bildete Weimar eine Ausnahme.

Für Schulzes These, daß die Transkriptionen in gewissem Sinne „bestellt" waren, gelten einige derselben Einwände. Da sich das G-Dur-Konzert von Prinz Johann Ernsts Original in einer Weise unterscheidet, die darauf schließen läßt, daß Bach es „verbessert" hat (siehe BWV 592), fällt es auch schwer zu glauben, daß Johann Ernst

---

[10] Schulze, a.a.O., S. 93
[11] Schering, *Zur Bach-Forschung*, a.a.O.
[12] Heinrich Besseler und Günther Kraft, *Johann Sebastian Bach in Thüringen*, Weimar 1950, S. 108

um eine direkte Übertragung gebeten hatte. Dessen ungeachtet stimmt die These, daß die Transkriptionen „bestellt" waren, eng damit überein, was im einzelnen über das Musikleben am Weimarer Hof um 1713 bekannt ist. So bat im April 1713 ein Bach-Schüler, Philipp David Kräuter, sein Scholarchat um eine Verlängerung eines Studienaufenthaltes in Weimar[13] mit der speziellen Begründung, daß der Prinz *welcher [...] selbst eine unvergleichliche Violin spilen soll, nach Ostern aus Holland nach Weimar kommen u. den Sommer über da verbleiben wird, kunte also noch manche schöne Italienische und Frantzösische Music hören, welches mir dann absonderlich in Componirung der Concerten u. Ouverturen sehr profitabel seyn würde [...] Nun weiß ich auch, daß Hr. Bach nach Verfertigung dieser neuen Orgel in Weimar absonderlich anfänglich gwiß unvergleichliche Sachen darauf spilen wird [...]*

Zwar läßt dies noch längst nicht darauf schließen, daß Bach oder Prinz Johann Ernst in der Hofkapelle Orgelkonzerte von der Art einzuführen versuchten, die der Prinz sehr wohl in den Niederlanden gehört haben mochte; aber es läßt sich mehr daraus schließen, als daß sich *die Musiker, die den Prinzen umgaben,* nur für italienische Konzerte *interessieren mußten*[14]. Das Interesse des Prinzen an Konzerten, sein möglicher Erwerb von Partituren im Ausland, das Interesse des Hoforganisten an vielfältigen Stilarten und Formen[15], die Möglichkeiten und die Vielseitigkeit der neu hergerichteten Orgel, die offensichtliche Bereitschaft des Stadtorganisten, sich an den Transkriptionen solcher Werke zu beteiligen (sogar bevor Vivaldi „importiert" wurde?[16]): all diese Bedingungen halfen, einen so klaren und bestimmten Bezugsrahmen wie irgend möglich für die verschiedenen Gattungen der Orgelmusik zu errichten, in denen Johann Sebastian Bach tätig war. Auf jeden Fall lassen die Quellen von BWV 592–596 und 972–987 darauf schließen, daß der Bach-Kreis sein Interesse an solchen Werken in der gesamten Weimarer Zeit bewahrte[17].

3. Stil und Einfluß. Nach Forkel – der bei Spitta und späteren Autoren darin mehr oder weniger ein Echo fand – lernte Johann Sebastian Bach aus solchen Vivaldi-Konzerten zwei spezielle Kunstfertigkeiten[18]:

Er studirte die Führung der Gedanken, das Verhältniß derselben unter einander, die Abwechslungen der Modulation und mancherley andere Dinge mehr. Die Umänderung der für die Violine eingerichteten, dem Clavier aber nicht angemessenen Gedanken und Passagen, lehrte ihn auch musikalisce denken, so daß er nach vollbrachter Arbeit seine Gedanken nicht mehr von seinen Fingern zu erwarten brauchte, sondern sie schon aus eigener Fantasie nehmen konnte.

Obwohl Forkels „musikalischer Gedanke" ein bedeutungsträchtiger Ausdruck ist, weil er zu seiner Vorstellung vom Komponisten als *Dichter* gehört, der *die Musik völlig als eine Sprache* sieht[19], wird deutlich, daß für ihn die Konzerte dem Komponi-

---

[13] *Bach-Dokumente*, Bd. III, S. 649 f.
[14] Philipp Spitta, *Johann Sebastian Bach*, Bd. I, S. 409
[15] In den Jahren 1713–14 arbeitete Bach auch an dem *Orgelbüchlein* und möglicherweise an den längeren Choralbearbeitungen der *Siebzehn Choräle von verschiedener Art* (BWV 651–667).
[16] siehe Hans-Joachim Schulze, *Studien zur Bach-Überlieferung im 18. Jahrhundert*, Leipzig und Dresden 1984, S. 161
[17] Schulze, *Johann Sebastian Bachs Konzertbearbeitungen*, S. 93
[18] Forkel, a. a. O.
[19] a. a. O.

sten technische Unterweisung in zweierlei Richtung gaben: Erfahrung in der Organisation der musikalischen Form und Ermutigung zur Komposition *aus eigener Fantasie* und nicht nur *von seinen Fingern*[20]. Wie jedoch ein Vergleich zwischen den ersten Sätzen des Konzerts BWV 592 und der Toccata in C-Dur BWV 564 (einer für den frühen Bach charakteristischen Art der Ritornell-Form[21]) zeigt, sind Form und Inhalt miteinander verknüpft. Die Länge des Hauptthemas des Konzertsatzes und der einfache Kontrast zwischen ihm und dem Episoden-Material tragen einen Satz, dessen Länge sich mit derjenigen der Toccata messen kann, die zu Anfang viel stärker auseinanderfällt. In allen Sätzen hat die Form eine enge Beziehung zum Inhalt. Die Reihe von Hauptthemen, der Wechsel der Gedanken (und vermutlich der Manuale), die Kraft des Gesamtschwungs sind in jedem der Fälle im Hinblick auf einen Konzertsatz bzw. eine Toccata konzipiert. Es läßt sich darüber streiten, welche der beiden Formen die „besser entwickelte" ist. Über der Kürze der Toccaten-Motive sollte aber nicht aus dem Blick geraten, daß sie sehr geschickt gehandhabt und einfallsreich verarbeitet sind.

Während die Konzerte hinsichtlich der Anzahl der Sätze und der allgemeinen Ritornell-Elemente – wenn auch in wenig sonst – offensichtlich den „Sechs Sonaten" ähnlich sind, folgen Bachs traditionellere Orgelwerke von der E-Dur- bzw. C-Dur-Toccata BWV 566 bis hin zu Präludium und Fuge Es-Dur BWV 552 in Form und Inhalt ihrer eigenen Entwicklungslinie. Obwohl sie häufig auf andere Instrumentalformen verweisen, ist nicht festzustellen, daß sie auf bestimmten Konzertsätzen Vivaldis basieren, davon abgeleitet sind oder Parallelen zu ihnen bilden. Die Konzert-Transkriptionen bleiben etwas isoliert. BWV 592 ist in dieser Hinsicht besonders interessant, da es zeigt, wie ein deutscher Komponist sich die italienische Ritornell-Form vorstellt: klarer, nicht so kapriziös, kontrollierter und – obwohl Johann Ernst es kaum mit Vivaldi an Format aufnehmen konnte – weiterer kunstvoller Verfeinerung zugänglicher als ein erster Satz von Vivaldi, der mit der Kraft des Augenblickseinfalls steht oder fällt. Aus einem so einfachen Ritornell-Gedanken wie in BWV 592,I – und nicht direkt von Vivaldi her – entwickelte sich der erste Satz der G-Dur-Orgelsonate BWV 530. (Dies widerspricht jüngst gemachten Feststellungen, wonach für dieses und andere Werke von Bach eine sogenannte „Vivaldische Daten-Basis" beansprucht wird[22].) Im übrigen herrscht Uneinigkeit über die Auswirkungen der Konzert-Transkriptionen auf die sonstigen Orgelwerke. Die häufig erwähnten „Konzert-Elemente" in den größeren Orgelpräludien – besonders der Materialwechsel nach der anfänglichen Exposition – charakterisieren zu viele Arten von Kompositionen, als daß hier ein großer direkter Einfluß der Konzert-Transkriptionen auf-

---

[20] Der zweite Gedanke von Forkel ist etwas konfus, oder der Satz ist zumindest elliptisch. Er scheint sagen zu wollen, daß Bach beim Umschreiben der Violin-Figuration für die Tastatur lernte, sich als Komponist nicht nur auf die Fingertechnik zu stützen. Forkels Argumentation impliziert einen Zwischenschritt: der Komponist wurde gewahr, daß sich das einem bestimmten Instrument angemessene Idiom vom thematischen oder formalen Gehalt unterschied und lernte beim Umschreiben der violinistischen Passagen, beides auseinanderzuhalten. Der reifer werdende Komponist war nach dieser Erfahrung im Transkribieren in der Lage, von der Form zum Idiom zu kommen und nicht nur vom Idiom zur Form.
[21] siehe einige nützliche Bemerkungen in: Jean-Claude Zehner, *Georg Böhm und Johann Sebastian Bach: zur Chronologie der Bachschen Stilentwicklung*, BJ 74/1988, S. 73–110, besonders S. 96ff.
[22] Elwood Derr, *Bach's Sonata in G BWV 530/I and its Vivaldi Data-Base*, The Diapason, September 1987, S. 14–16

gespürt werden könnte. Aufschlußreicher ist das wichtige Mittel der „partiellen Wiederkehr" des Hauptthemas, die in typischer und geschickter Weise im a-Moll-Konzert BWV 593,I vorgeführt wird. Die Idee sollte mit der wiederholten „partiellen Wiederkehr" im c-Moll-Präludium BWV 546 verglichen werden. In solchen Fällen scheint es enge Parallelen zu geben, weil es sich um eine bestimmte Methode handelt. Aber im allgemeinen lassen sich Bachs Formen nicht leicht auf diesen oder jenen Einfluß zurückverfolgen, da sie sich anscheinend eher allmählich herausbilden. Selbst zu einem so späten Zeitpunkt wie 1715 entstehen die Ritornell-Elemente – wie die Kantate BWV 31 zeigt – anscheinend ganz natürlich aus der Eigenart des Materials, oder sonst besteht die Tendenz, den Satz so enden zu lassen wie er begann, d. h. mit einer kurzen *da-capo*-Reprise (BWV 31,I, IV, VI, VIII). Von BWV 31 bis hin zum ersten Satz des 3. oder 4. *Brandenburgischen Konzerts* muß die allmähliche Entwicklung einer höchst komplizierten Ritornell-Form stattgefunden haben, nicht eine, die ruckweise vorwärtsgeht oder unter bestimmten Einflüssen die Richtung ändert, wiewohl es auch wahr sein mag, daß Vivaldis Konzerte von 1710 *in der Mannigfaltigkeit des Motivischen, in der Neigung zu thematischer Kontrastierung [...] beträchtlich über andere Instrumentalformen der Zeit hinausgehen*[23].

Wie also der erste Teil von Forkels Kommentar einer sorgfältigen Prüfung bedarf, so auch der zweite – daß der Komponist nicht länger *von seinen Fingern* hätte zu komponieren brauchen. Es trifft sicher zu, daß die Transkriptionen neue Figurationen einführen. Wie schon früher dargelegt wurde[24], *wendet Bach in diesen Transkriptionen einige Clavier-Methoden an, die nirgends sonst in seiner Orgelmusik benutzt werden*[25]. So scheinen die Muster, nach denen in den Konzerten die Hände abwechseln, ihrer Natur nach mehr durch die Transkription bedingt zu sein als diejenigen in der Nr. 29 der *Goldberg-Variationen*:

BWV 592, III   BWV 593, III   *Goldberg-Variationen* BWV 988, Nr. 29

Auch andere Figuren und Texturen wie die schnellen wiederholten Pedaltöne oder die Oktaven im Ritornell erscheinen zwar in den Konzerten häufig, aber selten außerhalb derselben. Max Seiffert, der einige der Bearbeitungen Johann Gottfried Walthers mit ihren Originalen verglichen hatte[26], stellte fest, *daß Walther getreu das*

---

[23] Rudolf Eller, *Geschichtliche Stellung und Wandlung der Vivaldischen Konzertform*, in: *Kongreßbericht Wien, Mozartjahr 1956*, Graz 1958, S. 150–155

[24] Harvey Grace, *The Organ Works of Bach*, London (ca. 1922), S. 249 (*in these transcriptions Bach employs some keyboard methods used nowhere else in his organ music*)

[25] Nach *BG*, Bd. XXXVIII, S. XIV, enthalten *viele Handschriften* von BWV 592 nicht die tiefsten Töne der Akkorde der rechten Hand im ersten Teil des Beispiels oben; auch die Cembalofassung BWV 592a hat sie nicht (*BG*, Bd. XLII, S. 287). Siehe auch *NBA*, Serie IV/8, Kritischer Bericht, S. 72.

[26] *DDT*, Bd. 26/27, S. XXI

Original wiedergibt und *nur von einer Freiheit Gebrauch macht, [...] der Ausschmückung der Hauptmelodie*. Beide Komponisten schaffen aber in ihren Transkriptionen Texturen, die für ihre anderen Orgelwerke nicht charakteristisch sind:

Johann Gottfried Walther (*DDT* 26/7, S. 297)   BWV 593, I

Schon ihrer Natur nach sind konventionelle Streicher-Sequenzen wie die folgende

Johann Gottfried Walther (*DDT* 26/7, S. 286)

sowohl der Orgel als auch allgemein den Tasteninstrumenten fremd. Warum Komponisten wie Bruhns und Buxtehude Sequenzen schrieben, die im allgemeinen weniger konventionell sind als die Sequenzen der für Streicher komponierenden Italiener, drängt sich wohl von selbst auf: wegen der natürlichen Lebhaftigkeit der Musik für Streichinstrumente erhält sich das Interesse an Sequenzformeln länger als in der Orgelmusik.

Ganz allgemein ist festzustellen, daß die Orgel in den solistischen Violin-Episoden am unkonventionellsten eingesetzt wird, wenngleich auch die Hauptthemen selbst Texturen einbringen, die außerhalb der Konzert-Transkriptionen selten anzutreffen sind. Diese Episoden stammen im Forkelschen Sinne ebenso „aus den Fingern" wie die den Orgelpräludien eigentümlichen Läufe, die der junge Bach kannte. Es gibt z. B. in BWV 594 viele Stellen, die „von seinen Fingern" komponiert sein müssen, wenngleich dies die Finger Vivaldis auf der Violine und nicht die Finger Bachs auf der Orgel waren. Von Natur aus eignete sich das Solo- oder Doppelkonzert mit seinen Episoden besser zur ausgiebigen Entfaltung solcher „Fingermusik" als das Concerto grosso, und so gesehen nehmen die Vivaldi-Konzerte eine etwas außergewöhnliche

Stellung im Gesamtrepertoire der von Bach und Walther transkribierten Werke ein. Im Falle Bachs erbrachte die Fingermusik der Episoden des C-Dur-Konzerts BWV 594 (selbst in der verkürzten Form) gegenüber derjenigen z. B. des g-Moll-Präludiums BWV 535 nichts Neues, außer daß die Konzert-Linien etwas weniger orgelmäßig sind.

Wohl wegen solchen Passagenwerks wie in BWV 594 haben die Konzerte häufig nachteilige Kritik auf sich gezogen (*nicht viel an musikalischem Wert [...]*)[27]. Dabei könnte gerade der Anfangsabschnitt von BWV 593 den Komponisten viel gelehrt haben mit seinen fünf deutlich abgesetzten Unterabschnitten, die trotz mehrerer Ganzschlüsse Kontinuität aufweisen, und damit, daß die gute Spielbarkeit auf Claviertasten der Struktur und dem Schwung des Themas untergeordnet werden mußte. Obwohl Bach die Originalpartitur Vivaldis (siehe BWV 593) wohl absichtlich bezüglich Figuration und räumlicher Stimmverteilung geändert hat, weist die Schreibweise eine leise Unbeholfenheit auf, die eben aus dem Konzertstil der Komposition resultiert. Die Quasi-Homophonie bringt ein gutes Ritornell für Streicher zustande, aber keine sonderlich bequeme Schreibweise für Clavier. Wenn Forkels Behauptung, die Konzerte hätten den Komponisten gelehrt, daß er *seine Gedanken nicht mehr von seinen Fingern zu erwarten brauchte, sondern sie schon aus eigener Fantasie nehmen konnte*, irgendwo ihre Veranschaulichung findet, dann hier. Weder in Walthers überlieferter Gruppe von Transkriptionen noch in Bachs Transkriptionen für Cembalo findet sich nochmals solch ein Musikabschnitt wie am Anfang von BWV 593.

Was die Konzerte für Bachs Gebrauch von zwei Manualen und abwechselnden Orgelchören bedeuten, wird weiter unten in den Kommentaren zu den einzelnen Konzerten geklärt. Nach den veröffentlichten Originalen zu urteilen – die allerdings nicht immer maßgebend sind – legte Vivaldi Schemata für *forte, piano* und insbesondere *pianissimo* fest, die nicht in die Orgeltranskriptionen übertragen wurden. Gleichwohl erforderten die in BWV 593 und 596 offensichtlich ignorierten *pp*-Zeichen keine absonderliche Findigkeit, wenn der Komponist davon ausging, daß ein Registrant zur Verfügung stand, wie allgemein angenommen wird. Die unterschiedlichen und wechselnden Streicherchöre in den Konzerten werden nicht sehr detailliert angedeutet, sondern durch Pauschalanweisungen *Oberwerk* bzw. *Rückpositiv*, die unabhängig davon, ob sie von Bach selber hingeschrieben oder nur bestätigt wurden, einen einfachen Gegensatz bieten. Wirkliche Abwechslung baut nicht auf Veränderungen der Dynamik sondern der Textur. Einen weiteren Diskussionspunkt bietet die Anweisung *organo pleno*. In den meisten Kommentaren zu den Konzerten wird angenommen, daß die Anweisung *organo pleno*, weil es im Verlauf eines Stücks unmöglich gewesen wäre, die Kombinationskoppel zu bedienen[28], wohl eher die Zunahme der Registerzahl als die Koppelung der beiden betreffenden Manuale anzeigt. Zwei Faktoren sprechen dagegen: manchmal ist es durchaus möglich, während des Spielens Kombinationszüge zu betätigen (was von dem gerade gespielten Manual und der Richtung des Koppelns oder Entkoppelns abhängt); und selbst, wenn dies schwierig ist, ist eine kleine Unterbrechung in der Musik nicht immer unange-

---

[27] Grace, a.a.O., S. 248
[28] Peter Williams, *Bach Organ Music*, London 1972, S. 22f.

bracht[29]. Pragmatische Erwägungen dieser Art sind jedoch womöglich unnötig, wenn *organo pleno* mehr als Strukturhinweis betrachtet wird, der anzeigt, daß beide Hände auf dem Hauptmanual[30] spielen und dort das Hauptthema oder einen Teil davon. Eine andere mögliche und ebenso einfache wie wahrscheinliche Antwort ist, daß *organo pleno* fälschlich für *Oberwerk* steht (siehe S. 370, Anm. 47).

BWV 592

Konzert G-Dur

Kein Autograph; Abschriften in P 280 (mit BWV 972–982), datiert *J. E. Bach, Lipsiens.* 1739 (kopiert von Johann Bernhard Bach, 1676–1749), Lpz. MB. Ms. 11 (datiert 1739), P 804 (Johann Peter Kellner); sieben spätere, auf derselben (unbekannten) Quelle basierende Abschriften, P 320 (Johann Nikolaus Gebhardi), P 289 (zweite Hälfte 18. Jahrhundert), P 400a (dito), LM 4838 (Johann Christian Heinrich Rinck) und weitere späte Quellen. Transkription eines Konzerts von Johann Ernst von Sachsen-Weimar (siehe unten).

Überschrift in Lpz. MB. Ms. 11 *Concerto. di Giov. Ernest: appropriato. all' Organo. di Joh: Seb: Bach:*, in P 280 (Sammeltitel) *XII Concerto di Vivaldi elabor: di J. S. Bach* (sic), in P 804 *Concerto in G ♯ . di J: S: Bach*, in P 320 *Concerto à 2 Clavier con Pedale di J. S. Bach*, in Westphals Katalog von 1774 *Concerto a 2 Cemb. con Pedale. G dur* (sic)[31]. Zweiter Satz *Grave* nur in P 280, *Adagio* nur in P 804; dritter Satz *Presto* nur in P 280. In der Streicherfassung (siehe unten) haben die Sätze die Überschriften *Allegro assai*, *Adagio* und *Presto è staccato*.

Die Überschrift in Lpz. MB. Ms. 11[32] klärt die Herkunft des Konzerts, obwohl das Original anders als bei den Cembalo-Bearbeitungen der Konzerte Johann Ernsts (BWV 982, 987) nicht zu der Gruppe von Konzerten gehört, die Telemann herausgab und 1718 veröffentlichte. Handschriftliche Stimmen der Streicherfassung des Konzerts wurden 1906 in Rostock aufgefunden und tragen die Überschrift *N[ummer] I*[33]. Die Continuo-Stimme für Cembalo ist überschrieben mit *Concerto a 6 Violini e Violoncello col Basso per l'organo fatto del Illustrissimo Principe G[iovanni] E[rnesto] D[uca] di S[achsen-] W[eimar]*. Die Besetzung ist allerdings Solo-Violine, zwei obligate Violinen, zwei Tutti-Violinen, Viola, Violoncello und bezifferter Baß. Das be-

---

[29] Es ist nicht anzunehmen, daß eine ununterbrochene Kontinuität in allen Musikepochen und Musiksprachen immer als Ideal respektiert wurde. Die ausdrucksvollen Tasteninstrumente des 19. Jahrhunderts (sowohl Orgel als auch Klavier) konnten Kontinuität und dynamische Wechsel in einer Weise zustandebringen, die der Spieler der verschiedenen zweimanualigen Sätze in der *Clavierübung* II nicht kannte.

[30] Jacobus Kloppers, *Die Interpretation und Wiedergabe der Orgelwerke Bachs*, Frankfurt 1966, S. 211ff.

[31] sic: *Bach-Dokumente*, Bd. III, S. 271

[32] *Appropriato* ist auch der Ausdruck, den Johann Gottfried Walther für seine Orgeltranskriptionen in BB 22541/4 benutzt. Johann Friedrich Agricolas Bezeichnung für Vivaldis Konzert op. 3/10 in der Bearbeitung für vier Cembali (BWV 1065) ist *accomodato* (NBA, Serie VII/6, Kritischer Bericht, S. 79).

[33] Ernst Praetorius, *Neues zur Bach-Forschung*, SIMG 8/1906–07, S. 95–101, und Schulze, *Studien zur Bach-Überlieferung im 18. Jahrhundert*, a.a.O., S. 167

nutzte Papier findet sich auch in Bach-Werken von 1714–16, und der Kopist arbeitete an mehreren der Weimarer Kantaten. Ein weiterer Stimmsatz befindet sich in Weimar[34].

Kellers Bemerkung, daß das Werk *in der Tat mehr Walthersche als Vivaldische Züge zeige*[35], verlangt nach Modifizierung, weil das einzige originale Konzert von Walther, das 1741 veröffentlicht wurde, in allen Hauptbelangen – Sätzen, Strukturen, Melodiebau, Textur – anders ist und zeigt, daß er bewußt den unterschiedlichen Konzert-Techniken Corellis Rechnung trägt. Allgemeine Bemerkungen zur Ritornell-Konzeption von BWV 592 wurden oben gemacht. Die dreisätzige Anlage mit klaren Ritornell-Ecksätzen und einem lyrischen langsamen Mittelsatz entspricht einer der Hauptformen des italienischen Konzerts und ist in den Bearbeitungen von Walther und Johann Sebastian Bach der wichtigste (wenn auch nicht der einzige) vorkommende Typ. Insofern als die Rostocker und Weimarer Stimmen zweifellos das Werk so zeigen, wie es der Feder des Komponisten entstammte, zeigen sie auch Bachs Bearbeitungstechnik zuverlässiger als die Vivaldi-Transkriptionen.

In P 280 und in Lpz. MB. Ms. 11 sind die Manualangaben *O* und *R* (wie in der autographen Abschrift von BWV 739).

I. Satz

In Textur, Rhythmus, Registrierung (oder Manualwechsel) und zuweilen in der Wahl der Tonart tritt das Ritornell-Prinzip des Satzes nicht nur klar zutage, sondern wird viel schärfer umrissen als in vielen italienischen Konzerten (z. B. BWV 593,I). Die Übertragung wurde auch so gehandhabt, daß der Manualwechsel weder unbequem ist noch die Phrasenbildung unterbricht (siehe T. 22, 54 usw.). Freilich sieht die Transkription so aus, als ob der Inhalt der Soli bzw. Tutti vereinfacht worden sei. Daß sich aber die Hauptabschnitte und die Episoden jeweils völlig an ihr eigenes Thema halten, ist auch eine Vereinfachung des Ritornell-Prinzips an sich: Der ganze Satz könnte als Modell einer einfachen Ritornell-Form dienen. Beide Themen erweisen sich im Verlauf des Satzes der Weiterverarbeitung zugänglich, und es spricht sehr für die innewohnende funkelnde Lebhaftigkeit und sogar die Originalität des Satzes, daß die Abschnitte, in denen das Hauptthema verarbeitet wird (T. 73 ff., 121 ff.), durch Wiederholung und Sequenzierung interessant bleiben, obschon beide Passagen reich an Ganzschlüssen sind.

Wenngleich die ungewöhnliche Textur und der Stil der Sequenzen (T. 5, 26, 74, 113, 121, 123) fast darauf schließen lassen, daß das Original ein Konzert für zwei Violinen war – vielleicht mit der zweiten Violine eine Oktave tiefer –, zeigen die von Ernst Praetorius entdeckten Stimmen, daß das nicht zutrifft. Die obere Pedalstimme ist nicht unbedingt notwendig, das wird aus der Harmonik und aus der Tatsache, daß sie in P 804 weggelassen ist, deutlich[36]. Sogar in T. 3–4 ist gut vorstellbar, daß zwei Violinen gegeneinander ausgespielt wurden.

---

[34] *NBA*, Serie IV/8, Kritischer Bericht, S. 64
[35] Hermann Keller, *Die Orgelwerke Bachs*, S. 67
[36] *BG*, Bd. XXXVIII, S. XLIV. Kellers Annahme, daß die obere Pedalstimme nur wegen der größeren Bequemlichkeit für den Schreiber auf diesem System geschrieben worden sein kann (a.a.O., S. 67), ist in sich einleuchtend; aber die Fingersätze des 18. Jahrhunderts machten es unwahrscheinlich, daß die linke Hand sowohl diese Linie wie auch die Sechzehntel spielte.

BWV 592

[Notenbeispiel: Violine I und II]

T. 144–45 würde eine ähnliche Gelegenheit bieten. Hinzu kommt, daß die Möglichkeiten für Streicher-*crescendi* im letzten Ritornell-Abschnitt ebensowenig genutzt werden wie mögliche antiphonale Effekte in der Sequenz ab T. 74. Es mag daher so aussehen, als ob die Transkription viel vom Original eingebüßt hätte. Indessen ist die ursprüngliche Instrumentierung für Streicher nicht so einfallsreich, wie die vorausgehenden Bemerkungen vermuten lassen. Die Sequenz von T. 5 ff. wird mittels einer einfachen Figur zuwegegebracht,

[Notenbeispiel: Streicher]

Johann Ernst von Sachsen-Weimar

und die Solo-Episoden sind simple Duos für Violine und Continuo. Da aber in einer Bearbeitung für Tasteninstrumente mehr vonnöten ist, um das Interesse zu fesseln, hat der Bearbeiter in BWV 592,I zusätzliche Figuren eingeführt – insbesondere die Sechzehntel von T. 38 ff. und 48 ff. und den schreitenden Baß von T. 48 ff. –, während eine Linie, die ursprünglich nicht so straff und in ihrem lyrischen Charakter mehr der Violine angemessen war, an musikalischer Spannung zugenommen hat.

Johann Ernst von Sachsen-Weimar

[Notenbeispiel, T. 59]

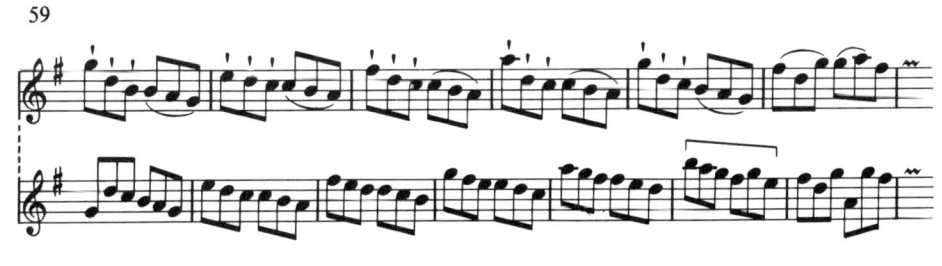

BWV 592

Da der Takt unter der Klammer eine Zutat Bachs zu sein scheint, ist man versucht, in diesem einfachen Beispiel einen bedeutsamen Hinweis zu sehen, nämlich, daß Bach nicht unbedingt eine clavieristischere Kadenz schreibt, sondern eine mit mehr Schwungkraft – einer Schwungkraft, an der den früheren italienischen Komponisten nicht immer gelegen war. Die Kadenz T. 70–72 ist im Original auch schlichter, ebenso durchweg die Baßlinie der Solo-Episoden.

Es läßt sich noch mehr zu Bachs Transkriptionen feststellen[37]. Einige Motiv-Imitationen in den zwei ersten Ritornellen gehen in der *tutti-* oder *ripieno*-artigen Transkription verloren; das dritte Ritornell wird mehr als Höhepunkt gestaltet, ebenso wie mehrere Solo-Abschnitte; und die letzten zwei Takte erhalten clavieristische Skalen.

Wie auch aus den Transkriptionen von Walther klar wird, leisten solche Konzerte einen besonderen Beitrag zum Repertoire der in der zweiten Dekade des Jahrhunderts anerkannten Orgel-Effekte. Die homophone Melodie mit Begleitung am Anfang, die Figurierung mit Klangbrechungen in der linken Hand und ähnliche Effekte für beide Hände zusammen: es sind nicht diese Elemente an sich neu, sondern auch das Ausmaß und die Häufigkeit, mit der sie im Verlauf des Satzes wiederkehren. Ebenfalls neu in ihrer Art ist die Melodik des Hauptthemas, denn Themen mit Tonwiederholungen sind gewöhnlich für Fugen reserviert. Die Rückpositiv-Episoden[38] sind auf andere Art untypisch für Orgelkompositionen, sowohl in der Textur (die Rückpositiv-Linien in der „Dorischen" Toccata BWV 538, I sind dichter und stärker variiert) als auch in der Figuration (die eher für Cembalo-Giguen typisch ist).

II. Satz

Die Form – ein Tutti-Rahmen im *piano* um einen solistischen Mittelteil – tritt sogar noch direkter zutage als im Vivaldi-Konzert BWV 593, da das Tutti-Thema nur am Anfang und am Ende erscheint. Wieder lassen die zwei Rückpositiv-Stimmen an zwei Violinen denken, wobei für das *jeu en trio* von T. 28 die Tutti-Bässe hinzutreten. Das Original ist jedoch nicht so klar.

T. 1   Anfangsthema mit Punktierung wird von (einfacher) Baßlinie begleitet (d. h. nicht mit leeren Oktaven)

T. 6   Solo setzt ein mit einfacher, nicht kanonischer Begleitung

T. 18   ursprüngliche Baßlinie hat keine Motivwiederholung, die einen

Manualwechsel nötig macht

T. 25   Mittelstimmen in BWV 592,II hinzugefügt, Melodik kontinuierlicher gestaltet (durch Bindebögen usw.); fünfstimmige Stelle am Schluß in BWV 592,II hinzugefügt

---

[37] siehe die Streicher-Fassung in *NBA*, Serie IV/8, Kritischer Bericht, S. 105–122

[38] Ob Bach „Positiv" („Pos" usw.) oder „Rückpositiv" schrieb, ist unbekannt; vermutlich das erstere, da es allgemeiner und umfassender ist und da es in der Hofkapelle kein Rückpositiv gab.

Der Gegensatz zwischen Rahmen und Solo-Stellen ist also noch stärker bloßgelegt worden, ebenso wie die Kadenz der Solo-Passage mehr zum Höhepunkt geraten ist. Wenn auch der Kontrapunkt der fünfstimmigen Stelle an Choräle wie BWV 654 erinnert, ist diese Stelle doch ungewöhnlich besetzt: zwei solistische Oberstimmen, zwei Begleitstimmen, ein Baß – im Unterschied zu fünfstimmigen Stücken wie BWV 678 (zwei *cantus-firmus*-Linien), BWV 682 (durchsetzt mit *cantus-firmus*-Linien), BWV 653 b (zwei Pedal-Linien), BWV 768,XI (*organo pleno*) und BWV 562 (vier fugierte Stimmen über einem Baß).

Trotz seiner Kürze enthält der Satz viel Interessantes. Das punktierte Thema sieht zuerst wie ein Ostinato-Baß aus (vgl. Kantate BWV 31,IV, 1715), wenngleich man solche leeren Oktavlinien aus anderen Sätzen italienischer Konzerte, sowohl langsamen (BWV 593) als auch schnellen (z. B. Händel, op. 6/3) kennt. Im ganzen Satz gibt es melodische Details, die aus anderen (späteren) deutschen Nachahmungen italienischer Konzerte vertraut sind, und überhaupt ist der ganze Satz von einem Geflecht von Anspielungen auf italienische Streichermusik durchzogen. So ist die Oktav-Imitation des Solothemas bei T. 6 nicht nur von Corelli und Händel her bekannt, sondern auch aus dem d-Moll-Konzert für drei Cembali BWV 1063,I, während die ganze Melodiebildung ab T. 12 Händels von Corelli abgeleitete Sequenzen vorwegnimmt. Ebenso war die antiphonische Imitation der zwei Phrasen, die bei T. 22 (wie für eine Violine und Beantwortung durch das Continuo?) und bei T. 28 (wie für zwei Violinen?) beginnen, ein Hauptmittel italienischer Werke wie auch die Kadenzen am Ende jener Phrasen. Derartige Passagen vermitteln einen Eindruck von dem antiphonischen Kontrast zwischen Solo und Tutti, der ganz anders ist als die Dialogtechnik der „Dorischen" Toccata: in den Konzerten ist er eine Angelegenheit von Solist versus Ripieno, in der Toccata geht es mehr um die Technik von Darstellung und Gegendarstellung.

III. Satz

Die Adaptation des Violinstils im Schlußsatz verlangte nach viel neuem Figurenwerk:

Johann Ernst von Sachsen-Weimar

BWV 592, III

Wenngleich man ehemals annahm, daß der *dritte Satz wohl am meisten durch die Bearbeitung gewonnen hat*[39], scheinen Bachs Veränderungen bei objektiver Betrachtung mehrere anachronistische Elemente einzuführen. Zum Beispiel fehlt der Baßlinie des ursprünglichen Ritornells

[musical notation with figured bass: 6, 6, 7, 7, 6, 6 5/4 3]

Johann Ernst von Sachsen-Weimar

sicherlich die Ausgewogenheit und Schwungkraft von BWV 592, aber mit ihren einfachen Dominantseptakkorden und ersten Umkehrungen steht sie einer Baßlinie von Vivaldi viel näher. Andererseits vermochte sich Bach in den Takten, die er hinzugefügt hat (T. 12, 81–86), dem italienischen Konzertstil anzupassen, sogar wenn diese wie in T. 81–86 eine gleichermaßen idiomatische Stelle (eine Kadenz auf der leeren G-Saite der Violine) ersetzten. Daß Bach sich des spezifischen Streicher-Idioms völlig bewußt war, wird z. B. daran deutlich, daß er ein Mittel wie die Figur unter der Klammer *a* im Beispiel auf S. 365 im ersten Satz des E-Dur-Violinkonzertes BWV 1042 benutzte.

Das Element des Perpetuum mobile ist für italienische Konzerte weniger typisch, als man sich gemeinhin vorstellt, und das erst recht im Fall eines so regelmäßigen Ritornell-Satzes. Die Ritornell-Form ist so klar wie im ersten Satz (sogar bis hin zu der sequenzierenden Verarbeitung im zweiten Tutti-Abschnitt T. 23–29), doch die Verteilung auf die Manuale ist im ganzen nachfolgenden Abschnitt keineswegs eindeutig. Rücken die Hände, wenn die ganze Passage solistisch (Positiv) ist, für die Pedalstellen auf das Oberwerk? Es ist sogar ungewiß, wo das Solo zum ersten Mal einsetzt, denn nach den Schlußtakten zu urteilen, ist die Skala in T. 12 *tutti*, nicht *solo*, das Solo würde dann bis T. 13 verzögert. Nirgends gelingt das Überwechseln der Hände so gut wie in den beiden ersten Sätzen, oder die Notationsweise ist zumindest nicht so klar[40]. Andere Probleme liegen in der für den Manualwechsel in den Takten 41–42 erforderlichen untypischen Geschicklichkeit[41], in dem möglichen durchgängigen Verweilen der linken Hand auf dem Oberwerk, d. h. in den Episoden mit der rechten Hand auf dem Rückpositiv, und in der Unbeständigkeit der Notationsweise, die vielleicht für den Gebrauch zweier Manuale von Belang ist (vgl. T. 47 mit T. 65 der gedruckten Fassung in *NBA*, Serie IV/8, S. 63f.).

Für das Fehlen von Manual-Anweisungen in den Quellen gibt es mehrere mögliche Gründe: 1. Der Komponist unterschied nicht zwischen Tutti und Solo; 2. der Bearbeiter wollte hierin keinen Unterschied machen; 3. er wollte dem Spieler die Unterscheidung nicht vorschreiben; 4. er machte tatsächlich einen Unterschied nach den vorgeschlagenen Grundsätzen, aber der ursprüngliche (oder irgendein) Kopist verwarf oder ignorierte die Anweisungen; 5. der Bearbeiter machte in keinem der Sätze

---

[39] Praetorius, a.a.O., S. 100
[40] z. B. könnte die erste Note von T. 13 (l.H.) zwei Fähnchen haben wie im langsamen Satz T. 35 die rechte Hand
[41] aber siehe die Fußnote 29

einen Unterschied zwischen Tutti und Solo; 6. der oder die Kopist/en fügte/n für die ersten beiden Sätze Anweisungen bei, waren sich aber bei dem letzten Satz unsicher. Die Annahmen unter 1. und 4. sind weniger wahrscheinlich als alle anderen. Ein Vergleich mit Walthers Transkriptionen läßt allenfalls darauf schließen, daß der Bearbeiter selber aus dem einen oder anderen Grund in diesem Satz keine Manualwechsel angab.

Abgesehen von T. 41 usw. spielen die Hände nur zweistimmig, und die Streicher-Tutti werden sowohl durch Pedal als auch durch gleichzeitige Sechzehntel in beiden Händen angezeigt. Vielleicht ging die Vorstellung dahin, daß solche Wechsel der „Besetzung" genug Kontrast im Satz bedeuteten. Schließlich ist weder das Tutti- noch das Solo-Figurenwerk für die Orgelmusik typisch, außer daß sich in den Episoden ab T. 13 Texturen andeuten, die in späteren Orgelwerken anderer Komponisten wie auch in Bachs eigenen Cembalokonzerten wiederzufinden sind. Wenn diese Schreibweise für Orgel auch ungewöhnlich ist, bewegt sie sich doch völlig innerhalb der orgeleigenen Sprache; der ihr fehlende Freiraum zur weiteren Entwicklung sollte nicht die Tatsache verdecken, daß sogar die Sonate BWV 520,I dieser Schreibweise einiges verdankt. Der Vergleich mit dem Konzert des Prinzen läßt darauf schließen, daß Bach in diesem Finale – wie auch (noch wesentlich mehr) in dem nach a-Moll gehenden Abschnitt – die Figurierung besonders frei gehandhabt hat.

BWV 592a

Konzert G-Dur

Kein Autograph; Quelle Lpz. Poel. 39 (ca. 1780/90).

Überschrift *IV. Concerto per il Cembalo Solo del Sigr: Giov: Seb. Bach.*

Wenn man danach geht, daß BWV 592a mit BWV 592 in denjenigen Details übereinstimmt, in denen Bachs Bearbeitung von Prinz Johann Ernsts Original abweicht (Baßlinie des Ritornells im dritten Satz, leere Oktaven im Mittelsatz usw.), so ist BWV 592a keine unabhängige Transkription, sondern eine Bearbeitung der Orgeltranskription nur für zwei Manuale. Da BWV 592 dem Streicher-Original in Einzelheiten gleicht, die sich in BWV 592a nicht finden (z. B. T. 3 des ersten Satzes), ist es wahrscheinlicher, daß BWV 592a eine Bearbeitung von BWV 592 ist als umgekehrt. Es ist jedoch auch möglich, daß beide ganz unabhängig voneinander sind und direkt auf eine unbekannte Abschrift des Konzerts von Johann Ernst zurückgehen.

Obwohl BWV 592a nicht mit Sicherheit authentisch ist, bietet es interessante Beispiele für den Vergleich zwischen Orgel- und Cembalo-Transkriptionen an. Ein paar allgemeine Punkte: die Schreibweise für Cembalo ist gewöhnlich dünner; ein Tutti-Eindruck wird in den *Ripieno*-Abschnitten sowohl durch vollere Akkorde als auch – was häufiger ist – durch große Aktivität in beiden Händen vermittelt; Manualwechsel sind nicht angezeigt; Figuren, die sich zwar in der Cembalofassung, nicht aber in der Orgelfassung finden, sind für die Orgel ungeeignet (die hat allerdings eigene Figuren, die wiederum in anderen Arten von Kompositionen nicht vorkommen); und im allgemeinen sind die Linien und Texturen speziell für das jeweilige Instrument umkomponiert. Die letzten Takte beider Versionen (BWV 592a ist einen Takt kürzer) sind ein typisches Beispiel für diese Punkte:

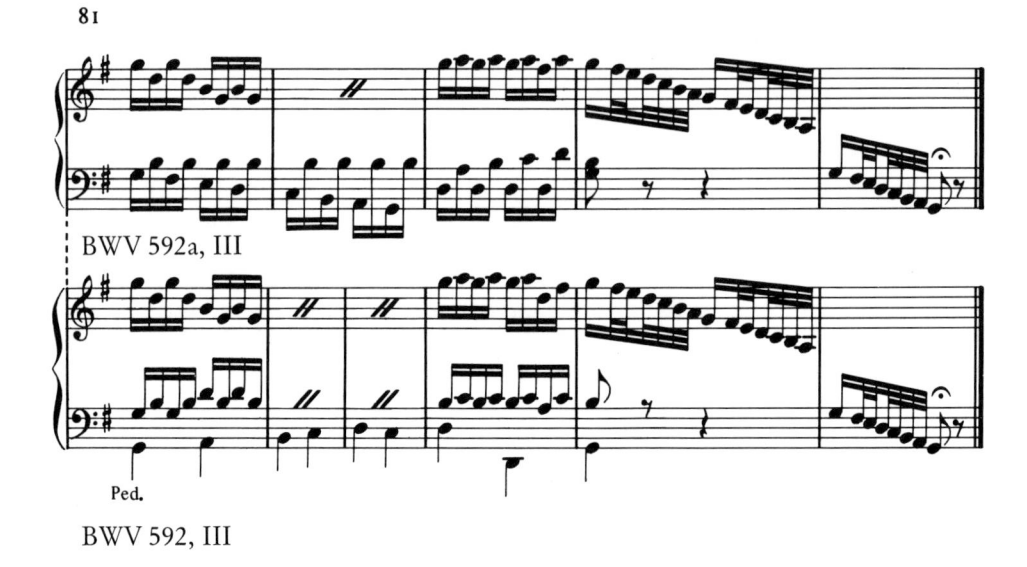

BWV 592a, III

BWV 592, III

BWV 593

Konzert a-Moll

Kein Autograph; Abschriften in P 400b (Johann Friedrich Agricola ca. 1738–41), P 288 (derselbe Schreiber wie bei BWV 594 in P 286) und P 599 (zweite Hälfte 18. Jahrhundert) und späteren Quellen (P 1006 C. G. Sander). Transkription eines Konzerts von Vivaldi (siehe unten).

Überschrift in P 400b *Concerto del Sigre Ant. Vivaldi accomodato* [ursprünglich *composto?*] *per l'Organo a 2 Clav. e Ped. del Sigre Giovanni Sebastiano Bach*; zweiter Satz *Adagio*, dritter *Allegro* in P 288. P 400b meist in zwei Systemen, doch werden drei Systeme hin und wieder im ersten (T. 55–62, 70–85) und letzten Satz (T. 73 bis Ende) verwendet.

Das Konzert ist eine Transkription von Vivaldis Konzert a-Moll für zwei Violinen, op. 3/8 (Amsterdam [1711]). Naumann[42] und spätere Kommentatoren haben berechtigterweise angenommen, daß das Werk in Bachs Transkription die gleiche Form wie das veröffentlichte Original hat und daß daher Unterschiede zwischen beiden Fassungen das Ergebnis absichtlicher Veränderungen des Bearbeiters sind. Es ist jedoch durchaus möglich, wie Schering bereits vermutete[43], daß solch ein Streicher-

---

[42] in *BG*, Bd. XXXVIII
[43] Schering, a.a.O., S. 236

konzert in handschriftlichen Kopien (mit Lesevarianten) zirkulierte, bevor es in der heute bekannten Fassung veröffentlicht wurde (siehe auch BWV 596). Im Fall von BWV 593 ist es wahrscheinlich, daß Bach die veröffentlichte Fassung vor sich hatte[44]. Manches spricht für die Ansicht, daß Bach die von Agricola überlieferte Baßlinie überarbeitete[45]. Vivaldis op. 3 insgesamt wurde aller Wahrscheinlichkeit nach zwischen 1700 und 1710 komponiert; Konzerte, deren erster Solo-Einsatz wichtiges thematisches Material und nicht nur Episoden-Material enthält (wie op. 3/8), waren vielleicht die zuletzt komponierten[46].

Was sich zur dreisätzigen Form und zum Manualgebrauch in BWV 593 feststellen läßt (wie etwa die sorgfältige zweimanualige Notationsweise von T. 16 im ersten Satz), ähnelt den Ausführungen oben zu BWV 592. Die Bedeutung des anfänglichen Ritornell-Abschnitts dieses Konzerts ist bereits dargelegt worden (S. 357). Mit der freien, fast von der Augenblickslaune bestimmten Anwendung der Ritornell-Form diente das Werk dem Bearbeiter natürlich als ein ausgeklügelteres Modell für die Konzertform als irgendein Konzert von Johann Ernst, zumal auch der Kontrapunkt des Mittelsatzes eine wirkliche und neue Kunst der Themenkombination (Ostinato und Solo-Melodie) aufwies. Wiederum werden bei der Transkription des violinistischen Figurenwerks für die Orgel neue Figuren und Texturen eingeführt; und besonders im Schlußsatz werden die Manuale nicht nur zur Unterscheidung von Tutti und Solo, sondern auch von Solo I und Solo II benutzt. In seiner durchgehaltenen Spannung und Originalität der Melodiebildung ist das Konzert vielleicht die wichtigste unter allen dreisätzigen Transkriptionen Bachs.

I. Satz

Das Ritornell-Prinzip konzentriert sich auf die Wiederkehr des einen oder anderen der fünf Segmente des Hauptthemas:

A	T. 1– 3	a
	T. 4– 5	b
	T. 6– 8	c
	T. 9–13	d
	T. 13–16	e
Teilwiederholungen	T. 22–25	e
	T. 39–42	c
	T. 52–54	a
	T. 62–65	d
	T. 68–71	a
	T. 78–86	b, c, e
	T. 90–93	e

---

[44] Rudolf Eller, *Zur Frage Bach–Vivaldi*, in: *Bericht über den internationalen musikwissenschaftlichen Kongreß in Hamburg 1956*, Kassel 1956, S. 80–85. Siehe auch NBA, Serie VII/6, Kritischer Bericht, S. 89
[45] NBA, Serie IV/8, Kritischer Bericht, S. 36
[46] Eller, *Geschichtliche Stellung und Wandlung der Vivaldischen Konzertform*, a.a.O.

Die Episoden beziehen sich nicht nur gegenseitig aufeinander, sondern benutzen auch Material aus den melodischen Hauptlinien des Ritornells. Vier der letzten fünf Episoden verarbeiten das einzelne Motiv,

das aus *b* stammt. Darüber hinaus bringen die Manualanweisungen in *BG*, Band XXXVIII während der zweiten Episode das Oberwerk hinein und fördern dadurch Vivaldis Verschmelzung von Solo und Tutti im nächsten Abschnitt (in der Ausgabe Amsterdam 1711 wird *c* in T. 39–42 anders als bei seinem ersten Auftreten in T. 6 auf Solo und Tutti verteilt).

Das melodische Material des Satzes ist sehr verschiedenartig, vom vollen *pleno*-Klang in T. 9–16 bis hin zu den schlanken zweistimmigen Episoden; beides ist für Orgel nicht charakteristisch[47]. Die zweistimmigen Episoden-Figuren (z. B. T. 48ff.) sind ganz eindeutig von Violin-Linien abgeleitet, während die volleren Klänge in den Tutti-Abschnitten, nach der Ausgabe Amsterdam 1711 zu urteilen, vom Bearbeiter ausgefüllt wurden. Die Unterschiede zwischen BWV 593 und der Amsterdamer Ausgabe lassen sich des weiteren folgendermaßen zusammenfassen:

– Tutti mit ausgefüllten Harmonien in BWV 593;
– Imitation eingeführt in T. 6–7, 40–42, 81–83 von BWV 593; ursprünglich kürzere Lücken (T. 19ff., 46, 47) in BWV 593 ausgefüllt;
– der ursprüngliche Baß von T. 30–33 in BWV 593 umgeschrieben und lebhafter gestaltet;
– die Skalen von T. 42–44 waren im Original abwechslungsreicher besetzt und nahmen auch die Baßlinie dazu, hatten aber keinen Höhepunkt auf c′″ in T. 44;
– Oktaven in T. 51 ff. ursprünglich harmonisiert;
– das Pedal in T. 71 ff. von BWV 593 übernimmt eine Linie, die im Original in der Violinstimme stand.

Das ursprüngliche Figurenwerk der Solo-Violine in den Episoden brauchte nicht völlig verändert zu werden. Dagegen waren die Streicher-Passagen, die die Orgeltexturen von T. 55 ff. und T. 71 ff. hervorbringen, einander im Original nicht so ähnlich wie die Transkription vermuten läßt. Bachs Übertragungstechnik – mit der atypischen Pedal-Linie – hat den ursprünglichen Unterschied in der Besetzung zwischen diesen beiden Episoden reduziert und die Vielfalt gezügelt. Einige andere Unterschiede bereiten Unsicherheit. War der Bearbeiter verantwortlich für die Transposi-

---

[47] Eine Anmerkung zu *organo pleno* siehe S. 360f. T. 51 scheint zusätzliche Register zu verlangen als Ausgleich für den Verlust der ursprünglichen Harmonien dieser Stelle: aber wenn dem so wäre, würde man einen ähnlichen Unterschied zwischen den zwei Erscheinungsweisen eines anderen Themas erwarten, nämlich in T. 9 (Registrierung *Oberwerk*) und T. 62 (Registrierung nach P 400b *pl.O.*), und das scheint nicht in Frage zu kommen. Außerdem sind die Quellen nicht eindeutig: P 288 hat *Oberwerk* bei T. 62, aber *organo pleno* bei T. 68 (letzteres ist vielleicht auf die Verwirrung der Kopisten zurückzuführen). Versuchten die Kopisten, einer vermeintlichen Schwäche der *Oberwerk*-Oktaven entgegenzuwirken? Oder machte Agricola einfach einen Fehler (vgl. *NBA*, Serie IV/8, Kritischer Bericht, S. 38, 40)?

tion der Sechzehntel von T. 28–29 eine Oktave abwärts, für die Komposition eines neuen Basses zu T. 30 ff. und für die Auslassung der Harmonien von T. 51 ff.? Die Umwandlung einer Violinfigur in eine Clavierfigur in T. 71

Antonio Vivaldi   BWV 593, I

geschieht ganz direkt, die Fortsetzung der Skalenfiguren in T. 44 indessen nicht, und daher ist sie schöpferischer und origineller. Besonders interessant ist, daß Bach die Lücken der Sequenz in T. 19 ff. teilweise ausfüllt,

Antonio Vivaldi

BWV 593, I

was er auch am Anfang von T. 46 tut, obwohl dort der natürliche Widerhall eine Pause recht dramatisch werden lassen würde; eine Diskontinuität in T. 19 ff. wäre vielleicht bedenklicher. (Ein ausführlicheres Beispiel, wie Bach Lücken ausfüllt – sind sie für die Orgel ungeeigneter als für ein Streicher-Ensemble? – kommt im letzten Satz vor.) Wichtig ist auch, daß BWV 593 in einem spannungsvollen Moment von T. 45 eine Violinfigur beibehält, die nicht sonderlich zum Orgel-Idiom paßt. In der Tat ist die ganze Stelle T. 43–37 aufschlußreich für das Verständnis der vom Bearbeiter gesetzten Prioritäten, denn er vereinfacht den Streicherstil zu Linien, die auf der Orgel möglich sind, aber dennoch das Element der Spannung enthalten, das im ursprünglichen Konzert an dieser Stelle zu finden ist.

Von welcher Quelle Vivaldis der Satz auch abstammt, er vermittelt den Eindruck, als ob Bach nicht nur an der bloßen Vereinfachung für Orgel gelegen war, und daß er sich auch nicht damit zufriedengab, nach festen oder allgemeinen Regeln zu transkribieren, sondern daß er jede Passage aus sich heraus schrieb und dabei auf Vivaldis Vielfalt der Texturen und Besetzungen reagierte. Wenn die Transkription auch einige der Besetzungsunterschiede „ausgebügelt", so führt sie doch an anderen Stellen Unterschiede ein, die sich im Original nicht finden. Daraus ergibt sich ein von der Textur wie auch von der Melodik und dem Schwung her ungemein lebhafter Satz.

II. Satz

Obwohl die Unterteilung in Ostinato auf dem Oberwerk und Solo auf dem Rückpositiv (einschließlich der Solo-Duette für zwei Violinen ab T. 14) in den Quellen von BWV 593 nicht näher angegeben ist, wird sie aus der Anlage und durch die Analogie zu BWV 592,II deutlich genug.

Die starke und ungewöhnliche Individualität des Satzes tritt klar hervor und ist nicht nur auf das Ungewöhnliche der räumlichen Verteilung und des Tonbereichs zurückzuführen, sondern auf das „auseinanderfallende" Ostinato-Thema (der Satz ist kaum ein Ostinato-Satz, sobald beide Violinen im Duett spielen) und den Hang zum gemeinsamen Singen und Schwingen der Hände (T. 5 ff., T. 31 ff.). Gemessen an den „Sechs Sonaten" ist der Stimmtausch der Solisten elementar:

T. 13–18 = T. 25–30
T. 31 = T. 32
T. 33–37 = T. 37–41

Stimmtausch war jedoch ein Charakteristikum – oder vielleicht gar der Zweck – eines italienischen Konzerts für zwei Violinen, Oboen oder eine ähnliche Besetzung. Tatsächlich scheint die plötzliche Rückkehr zur Tonika in T. 24 wegen eines solchen Tausches stattgefunden zu haben. Dennoch findet sich keine dieser Stimmvertauschungen in der Amsterdamer Ausgabe von 1711: dort sind T. 31 ff. und T. 25 ff. gleich, und von T. 30 bis zum Ende der Soli spielen die beiden Violinen durchweg in Terzen zusammen. Ebenfalls charakteristisch für die italienische Duett-Tradition seit mindestens ca. 1610 sind die singenden Terzen, besonders nach einer Passage im imitierenden Kontrapunkt wie in T. 16–19. In späteren Konzerten wie z. B. dem d-Moll-Konzert für Cembalo BWV 1052 hielt Bach an der Idee eines Themas in leeren Oktaven fest, das einen langsamen Satz mit lyrischem Solo-Rankenwerk einrahmt.

Die Transkription unterscheidet sich von der Amsterdamer Ausgabe 1711 folgendermaßen:

T. 1 ursprüngliche Überschrift *Larghetto e spiritoso*
T. 9–12 II. Violine in BWV 593 eine Oktave tiefer
T. 16–17 ursprüngliche imitierende Phrase in BWV 593 geändert, um d''' zu vermeiden (siehe T. 28–29)
T. 26–31 I. Violine in BWV 593 eine Oktave tiefer, wird zum Alt
T. 31–41 zwei Soli im Original durchweg in Terzen (aber mit Stimmtausch)
T. 41 das ursprüngliche Ripieno mit *forte e spiritoso* bezeichnet, nicht mit *p*[iano]

III. Satz

Bei einem Ritornell-Satz dieser Art liegt der Schwerpunkt des Interesses auf den Episoden; das Hauptthema mag mit seinen ziemlich leeren Skalen und Oktaven durchaus auffallend sein, doch ist es weniger gegliedert und nicht so wandlungsfähig wie das Thema des ersten Satzes:

A   T.   1– 13
A   T. 25– 37
A   T. 82– 86
A   T. 114–118
A   T. 142–148

Die Transkription unterscheidet sich von der Ausgabe Amsterdam 1711 folgendermaßen:

T. 13 ff.	ursprüngliche Baßlinie weniger aktiv
T. 42 ff.	Streicher-Sechzehntel verändert (Muster variiert, Umfang eingeschränkt)
T. 51 ff.	Linien der linken Hand in BWV 593 eine Oktave tiefer
T. 59–63	Pedalphrasen von BWV 593 füllen die ursprünglichen Tutti-Pausen aus
T. 66–74	Pedal und Manuale schöpfen ein Motiv aus, das in der Originalfassung nur in T. 69 und 72 zu hören ist
T. 83 ff., 115 ff.	ursprünglich leere Oktaven in BWV 593 mit demselben Motiv koloriert
T. 86–113	ursprünglich wiederholte Achtel auf e'', a', d' und g (d. h. den leeren Violinsaiten abwärts): e'' und a' in BWV 593 eine Oktave tiefer versetzt und damit das deutliche Absteigen verdeckt
T. 104	d''' der Melodiestimme in BWV 593 vermieden
T. 118–127	einfache Alt-Sequenz in BWV 593 variiert und ins Pedal verlegt (eine Oktave tiefer)
T. 128–131	ursprünglich Tutti
T. 132 ff.	Streicher-Sechzehntel in BWV 593 verändert (so wie T. 42 ff. im Original)
T. 142–144	ursprünglich nur Oktaven

Die hauptsächlichen Unterschiede betreffen die Figuration (d. h. die farbig variierten Episoden in BWV 593) und das Vermeiden von Stille (das Ausfüllen von Lücken in BWV 593). Es gibt auch andere nebensächliche Veränderungen (Melodielinie vermeidet d''' in T. 104, Harmonien in T. 142–43 zugefügt usw.). So wie die f/p-Markierungen in der Ausgabe Amsterdam 1711 erscheinen, fehlen sie in der Transkription. Statt dessen werden wechselnde Texturen und Dynamik durch unterschiedliche Figuration und die Verwendung von zwei Manualen erzeugt.

Wie Spitta bemerkte[48], werden im Vivaldi-Konzert neue Klangwirkungen durch die Interaktion der beiden Solisten hervorgebracht; die Transkription erreicht vergleichbare Effekte durch ein Repertoire an clavieristischen Mitteln, dargestellt im folgenden Beispiel:

I	Trio
II	2 Manuale für gleichzeitige Linien
III	2 Manuale für antiphonische Wirkungen
IV	2 Manuale abwechselnd
V	2 Manuale für Melodielinien mit Begleitung

---

[48] Spitta, a.a.O., S. 414

BWV 593

Wie in BWV 592,I erlaubt das doppelte Pedal eine reichere Harmonik, während die e′-Wiederholungen im Pedal auch Bewegung beisteuern – ein auf der Orgel nicht übliches Mittel, das mehr das Konzert für Streicher charakterisiert[49]. Das vielleicht bedeutsamste Merkmal der Umschrift – wenn BWV 593 sich auf die Amsterdamer Ausgabe von 1711 stützt – ist für die Passage T. 59–75 von Belang. Das Pedal füllt die Pausen und Lücken des Originals nicht nur aus,

Antonio Vivaldi

sondern dies dazu auch mit einem Motiv, das sowohl bequem im Pedal liegt als auch geschickt von einer Figur aus Vivaldis Original-Konzert (T. 69, 72) abgeleitet ist (I).

[49] Es besteht Unsicherheit darüber, ob das Pedal-e′ (T. 86, 127, 133 usw.) auf der Orgel der Weimarer Hofkapelle spielbar war, aber es ist wohl wenig wahrscheinlich; dennoch kann das e′ kaum später vom Bearbeiter oder Kopisten hinzugefügt worden sein. BWV 593, III ist der einzige Konzertsatz, der über d′ hinausgeht: in anderen Sätzen (z. B. BWV 593, I, T. 5) werden, vielleicht absichtlich, die höheren Baßtöne der originalen Konzerte für Streicher „vermieden".

Die ganze Passage konzentriert sich also schließlich auf ein Motiv, das im Original nur en passant vorkam. Da dieses Motiv auf das Hauptthema des Ritornells verweist oder davon abstammt (II), bewegt sich die Orgelfassung ein Stückchen in Richtung auf eine „motivische Einheit", die in Vivaldis eigenen Werken selten ist. Die Verwendung des Motivs in den Takten 66–74 macht eine Veränderung der Harmonien auf den schwachen Taktzeiten notwendig, wenn auch sein schmückendes Auftreten im Ritornell-Einsatz von T. 115 und 117 nicht so sehr überrascht. An anderen Stellen hat Bach anscheinend auch die leeren Oktaven des Ritornell-Themas geändert: der letzte Einsatz beginnt abweichend von der Ausgabe Amsterdam 1711 in Terzen und Sexten. Allerdings hat Vivaldi dieses Material wiederum in einem anderen Teil des Satzes (T. 3–4) bereitgestellt. Vielleicht ist angesichts dessen zu fragen, ob die Amsterdamer Druckausgabe wirklich das Original darstellt oder eine andere, vom Komponisten autorisierte Fassung des Konzerts; Bach hat womöglich eine handschriftliche Fassung benutzt, in der die Terzen und Sexten bereits enthalten waren.

Bachs Wunsch nach mehr Schwungkraft wird vielleicht stärker durch die einfache Veränderung des Basses angedeutet:

13

Antonio Vivaldi

etc

BWV 593, III

Ob er das Gefühl hatte, daß für eine Orgel-Adaption mehr Töne nötig waren oder ob er die italienische Einfachheit für nicht erstrebenswert erachtete, bleibt der Vermutung anheimgestellt; die umfangreicheren Veränderungen an anderen Stellen im Satz könnten beide Interpretationen stützen. Ebenso auffallend an der Transkription ist allerdings, daß die Episoden von T. 75 ff. und 118 ff. in bezug auf die Töne an sich kaum vom Original abweichen: das, was an diesen Stellen wichtig und neu ist, liegt mehr in der Einführung einer (durch die Verteilung auf beide Hände) stärker auf den Orgelmöglichkeiten basierenden Besetzung als in der eigentlichen Anpassung des Figurenwerks an die Claviatur.

BWV 594

Konzert C-Dur

Kein Autograph; Abschriften in der Handschrift Inv. 5138 der Universitätsbibliothek Leipzig (Fragment, vier von acht oder neun Seiten von Wilhelm Friedemann Bach ca. 1727 kopiert, vollständig mit „Kadenzen" für den ersten und dritten Satz), P 286 (derselbe Kopist wie bei BWV 595, 18. Jahrhundert, „Kadenzen" verkürzt oder nicht vorhanden), P 400c (Johann Friedrich Agricola ca. 1738/9, Universitätsbibliothek Leipzig Inv. 5137 (Johann Peter Kellner, erste „Kadenz" fehlt, zweite ist verkürzt), P 600 (zweite Hälfte 18. Jahrhundert, derselbe Schreiber wie bei BWV 593 in P 599) und späteren Quellen. Transkription eines Konzerts von Vivaldi (siehe unten).

Überschrift in P 400c wie für BWV 593 (P 400b), einschließlich des Corrigendum; in P 286 *Concerto à 2 Clavier et Pedal di Johann Sebastian Bach. (C dur Nr. I)*; in Wilhelm Friedemann Bachs Handschrift Johann Sebastian Bach zugeschrieben[50]; in P 286 zweiter Satz *Recitativo. Adagio*, dritter Satz Allegro.

Das Konzert ist eine Transkription von Vivaldis Violinkonzert D-Dur RV 208 in der Fassung, die jetzt in dem Autograph Turin, Bibl. Naz. Univ. Giordano 29 (Partitur), und in der Handschrift Schwerin 5565 (Stimmen) gefunden wurde; in einer anderen Fassung wurde das Konzert als op. 7, Buch II, Nr. 5 (Amsterdam [1716–21]) veröffentlicht. Allgemeine Bemerkungen zu den Vivaldischen Konzerten in Transkriptionen von Johann Sebastian Bach siehe bei BWV 593. Eine neuere Untersuchung zu BWV 594[51] hat gezeigt: 1. daß der Mittelsatz der aus dem Turiner Autograph ist und nicht aus der Amsterdamer Druckausgabe stammt und also von Johann Sebastian Bach nicht neu komponiert wurde, wie ehemals angenommen[52]; 2. daß die Kadenzen in den Ecksätzen von BWV 594 denjenigen aus der Schweriner Handschrift gleichen und nicht denen der Amsterdamer Ausgabe; 3. daß die Quellenlage nicht eindeutig genug ist, um – entgegen früheren Vermutungen – zu entscheiden, *in welchen Takten Johann Sebastian Bach den Notentext änderte*[53]. Nach den vorhandenen Quellen läßt sich sagen, daß BWV 594 die Transkription der vollständigen Originalfassung ist, die sich in einer autographen Abschrift erhalten hat, mit Kadenzen, wie sie sich – mit oder ohne Genehmigung des Komponisten – in der Schweriner Handschrift[54] finden; in Vivaldis eigener Partitur sind die Kadenzen nicht vorhanden; sie gibt statt dessen die Anweisung *qui si ferma a piacimento* (hier wird geschlossen nach Belieben), eine Formulierung, die sich auch sonst bei Vivaldi findet[55]. Ebenso wurde der alte Mittelsatz – nicht untypisch für Veröffentlichungen von Vivaldi – durch einen anderen, neuen Mittelsatz ersetzt, als das Werk als Teil von op. 7 im Druck erschien[56].

In diesem Fall ist das Stück anscheinend nach C-Dur transponiert worden, um Töne über c''' zu vermeiden, obwohl die erste der hohen Passagen (T. 8–10) offen-

---

[50] Hans-Joachim Schulze, *Beiträge zur Bach-Quellenforschung, Bericht über den internationalen musikwissenschaftlichen Kongreß Leipzig 1966*, Leipzig 1970, S. 270
[51] Peter Ryom, *La comparaison entre les versions différentes d'un Concerto d'Antonio Vivaldi transcrit par J. S. Bach*, Dansk Aarbog for Musikforskning, 1966–67, S. 96
[52] Paul Graf Waldersee, *Antonio Vivaldis Violinconcerte unter besonderer Berücksichtigung der von Johann Sebastian Bach Bearbeiteten*, VfMw 1/1885, S. 356–80
[53] Peter Ryom, *La comparaison entre les versions différentes* [...], a.a.O., S. 109
[54] Zu Einzelheiten der in der Schweriner Handschrift überlieferten Fassung, auf der Bachs Transkription basierte – wenngleich es unwahrscheinlich ist, daß dies die benutzte Kopie war – siehe *NBA*, Serie IV/8, Kritischer Bericht, S. 48–51, und Luigi Ferdinando Tagliavini, *Bach's Organ Transcription of Vivaldi's „Grosso Mogul" Concerto*, in: *J. S. Bach as Organist*, hg. von George Stauffer und Ernest May, Bloomington 1986, S. 240–255.
[55] Ryom, *Les manuscrits de Vivaldi*, Kopenhagen 1977, S. 245
[56] ders., *Antonio Vivaldi: Table des concordances des oeuvres*, Kopenhagen 1973, S. 52

sichtlich nicht in Vivaldis Original enthalten ist. Wenngleich die Möglichkeit besteht, daß das Konzert ehemals in noch einer anderen Form existierte, kann Spittas These, daß das ursprüngliche Konzert möglicherweise für Viola da gamba geschrieben war[57], so überaus einleuchtend sie scheint, heute nicht mehr aufrechterhalten werden, denn die Episoden T. 26 ff., die für Orgel ziemlich tief liegen, stehen in dem veröffentlichten op. 7 eine Oktave höher. Mögen sich die Kommentatoren auch noch soviel Freiheit in ihren Ansichten über die langen Solo-Episoden von BWV 594 in seiner heutigen Form gestatten: daß sie in der Schweriner Handschrift enthalten sind, verleiht ihnen Autorität. Es läßt sich allerdings nicht beweisen, daß die Schweriner Handschrift die direkte Quelle für BWV 594 ist, doch das Gegenteil ebensowenig. Wie bei BWV 596 und 593 gibt es in den Quellen einzelnes, was darauf hindeutet, daß Bach seine Transkription überarbeitet hat[58].

I. Satz

In diesem Satz erhalten die Solo-Episoden mehr Gewicht als im ersten *Allegro* des a-Moll-Konzerts:

T. 1– 26	Tutti, mit zwei einzelnen durchlaufenden Motiven; vorbereitende Chromatik (einschließlich neapolitanischer Sexte) vor der (wiederholten) Schlußkadenz
T. 26– 58	Solo, nicht thematisch, arbeitet allmählich auf die Dominante hin
T. 58– 63	Tutti, Rückkehr zum Anfangsmotiv
T. 63– 81	Solo, nicht thematisch, stärker modulierend
T. 81– 93	Tutti, Rückkehr zu Anfangsmotiven, mit einer Tutti-Sequenz
T. 93–111	Solo, nicht thematisch, modulierend
T. 111–117	Tutti, Rückkehr zu Anfangsmotiven
T. 117–173	Solo, nicht thematisch, meistens *non accompagnato*
T. 174–178	Tutti, Anfangsmotive (vgl. T. 25)

Weder das vierte noch das fünfte Tutti ist eine Reprise im üblichen Sinn[59]. Die Gewichtigkeit der Episoden scheint eine Ausführung im *Allegro*- oder *Vivace*-Stil vorauszusetzen, wobei das Rückpositiv in lebhaften Farben registriert ist. Außerdem ist (obwohl die Ansicht des Bearbeiter nur erraten werden kann) die Annahme begründet, daß der Organist das Interesse am Satz am besten aufrechterhalten kann, wenn er die Erinnerung an das Original-Konzert im Sinn hat. So gesehen unterscheidet sich das Übertragungsprinzip von BWV 594 wohl von demjenigen in BWV 593, wo die Solo-Passagen ausreichend kurz und thematisch und deshalb weniger von dem speziellen Medium des Instruments abhängig sind.

---

[57] Spitta, a.a.O.
[58] siehe *NBA*, Serie IV/8, Kritischer Bericht, S. 54
[59] Hans-Günter Klein, *Der Einfluß der Vivaldischen Konzertform im Instrumentalwerk Johann Sebastian Bachs*, Straßburg und Baden-Baden 1970, S. 24

Die hauptsächlichen Unterschiede zwischen BWV 594 und anderen Fassungen sind folgende[60]:

T. 3 ff.   Unisono-Imitationen von Skalen und Motiven in BWV 594 in Oktav-Imitationen abgeändert
T. 5 ff.   ursprüngliche Harmonien in BWV 594 ausgefüllt
T. 15–26   halbtaktige *f/p*-Gegensätze in BWV 594 ignoriert; der linken Hand in BWV 594 Skalen und gebrochene Akkorde hinzugefügt
T. 26 ff. Solo-Episoden in BWV 594 eine Oktave tiefer; in T. 28, 31, 33, 35, 37, 39 Stimmen für die linke Hand zugefügt; rechte Hand wechselt in T. 28 zum Oberwerk, ein vom Bearbeiter eingefügtes Kontrast-Element (Oberwerk für die rechte Hand auch in T. 31, 33, 35, 37, 39?)
T. 77   ursprünglich *pp*-Vorzeichnungen in der Streicherfassung, in T. 77–80 von BWV 594 ignoriert
T. 105 ff. Figur der linken Hand in BWV 594 ersetzt die ursprüngliche Baßlinie
T. 118–120 in BWV 594 linker Hand Skalen hinzugefügt
T. 137–173 BWV 594 hat eine modifizierte Kadenz, wie sie in der Schweriner Handschrift erscheint, die stilistisch mit anderen aus Vivaldi-Handschriften bekannten Kadenzen übereinstimmt[61]; in op. 7 verbinden fünf Takte für Solo-Violine die (bei T. 137 endende) Episode mit dem letzten Tutti; in dem Turiner Autograph nur die Angabe *qui si ferma a piacimento*

Die langen Schluß-Episoden von BWV 594 existieren in mehr als einer Form. Daß das nicht notwendigerweise auf eine eigenwillige Veränderung des Kopisten zurückzuführen ist, wird an der Geschichte des 5. *Brandenburgischen Konzerts* mit seinen zwei authentischen Schluß-Episoden (sogenannten „Kadenzen") deutlich.

Allgemein ist die Transkriptionstechnik notengetreuer als in BWV 593. Auch in den Streicherfassungen muß der Spieler die Solostimme verzieren, und Bachs Version ist schlicht.

---

[60] Veränderungen, die Vivaldi während des Werdegangs des Konzertes vermutlich selber veranlaßt hat, sind von Ryom aufgeführt (*La comparaison* [...], a.a.O., S. 96–101).
[61] Eller, *Zur Frage Bach–Vivaldi*, a.a.O., S. 80–85

Daß er seine *Rückpositiv*-Stimme eine Oktave tiefer setzt, deutet vielleicht auf *ein 4'-Fundament* hin[62]. Auf jeden Fall sind die Quellen in ihren Manualangaben ziemlich fehlerhaft. Die ganz simplen Stellen werden loser gehandhabt,

45

Antonio Vivaldi   BWV 594, I

während Figuren wie die in T. 65 ff. und 93 ff. direkt transkribiert sind, nur die linke Hand transponiert eine Oktave tiefer, und das implizite *staccato* wird jetzt ausdrücklich angegeben. Die Transkription ist freilich individueller durch die ständige Berücksichtigung des gesamten Orgelumfangs: im Original werden weder das tiefe C von T. 1, 17, 26, 117, 178 noch das hohe c''' von T. 8 ff. verlangt.

Ganz allgemein läßt sich sagen, daß der erste Satz von BWV 594 auf zwei bestimmten Gebieten zum Repertoire der Orgel-Effekte beiträgt: durch die unbegleitete Solo-Linie für Manual und durch die akkordische Begleitung von T. 65 ff. Andere Effekte wie etwa die Achtelwiederholungen im Pedal T. 86 ff. sind von woanders her bekannt. Die letzte Episode, die oft zu Unrecht als „Kadenz" beschrieben wird, ist so violinmäßig wie die Episode von T. 40 ff; aber die Tonwiederholungen und der Orgelpunkt in der linken Hand der früheren Episode sorgen für eine ganz andere Art der manuellen Betätigung als die Orgelpunkt-Effekte in der rechten Hand und die schnellen Wechsel der Hände in der späteren Episode. Auch bereitet die letzte Episode ihre schließlich eintretende Schlußwendung ausdrücklicher vor – sie scheint wie in der Falle einer „erweiterten Kadenzphrase" (Orgelpunkt-Harmonien, die immer mehr Raum zur Auflösung brauchen) gefangen zu sein – wogegen die andere Episode fast abrupt zum Tutti zurückkehrt (T. 57–58).

II. Satz

Das *Grave* von BWV 594 – aus dem Turiner Autograph und der Schweriner Handschrift – ist ein 23 Takte langes Solo-Rezitativ mit Begleitung, das in BWV 594 mit *Adagio* bezeichnet ist. Das *Grave* aus der Amsterdamer Ausgabe ist eine herkömmliche elftaktige Melodielinie für Solo-Violine über Terzenwiederholungen in den Violinen I und II. In der Schweriner Handschrift ist der Satz für Solo-Violine und Basso continuo gesetzt, wobei die Begleitakkorde in langen Notenwerten (Halben und Ganzen[63]) notiert sind.

Zwei Details sind an dem Rezitativ in seiner Transkription von Bedeutung: es liefert ein weiteres Beispiel für das Orgel-Solo mit nur einer Melodielinie, das sich auch in den Episoden der Ecksätze findet, und in den kurzen Akkorden der Rezitativ-Begleitung spiegelt sich zweifellos die gängige norditalienische Art der Aufführungs-

---

[62] Tagliavini, *Bach's Organ Transcription*, a.a.O.
[63] Ryom, *Les manuscrits de Vivaldi*, a.a.O., S. 338

praxis, die wohl die deutschen Komponisten beeinflußt hat, denen das italienische Rezitativ noch neu war. Daß dieser Stil in Kompositionen für Orgel solo ungewöhnlich ist – die *durezze e ligature* am Ende des Mittelsatzes der C-Dur-Toccata BWV 564 sind verbreiteter – wird dadurch unterstrichen, daß dem Werk in *BG*, Band XXXVIII überflüssige Anweisungen beigegeben sind: *Rückpositiv forte* und *Oberwerk piano*. Andererseits unterscheidet sich der Satz auch von allen anderen herkömmlichen Rezitativ-Stilen, wie aus Umfang und Lage (eine Oktave tiefer als das Original) und der quasi obligaten chromatischen Tenorlinie am Schluß deutlich wird. Die sich auf steigende und fallende Skalenformen stützende Melodik ist ganz entschieden instrumental und nicht vokal; und obwohl sie aus dem Rezitativ vertraute harmonische Fortschreitungen enthält (T. 5, 20 usw.), bringt sie nicht nur einmal eine Textur hervor, die von der *tierce en taille* (T. 15–19) nicht weit entfernt ist, wenngleich weder die Melodik noch die unverbundenen Akkorde vom Stil her französisch sind. Ebenfalls untypisch für das Vokal-Rezitativ ist die offensichtlich deutliche Unterscheidung zwischen den Notenwerten, von Halben (T. 4) bis zu schnellen Läufen (T. 7).

Der Satz nimmt also nicht nur innerhalb des gesamten Konzertschaffens von Vivaldi eine einzigartige Stellung ein[64], sondern er ist auch unter Bachs Kompositionen für Tasteninstrumente höchst ungewöhnlich und erinnert nur leise an Texturen in anderen Werken, z. B. an den Anfang der g-Moll-Fantasie BWV 542. Für Bach muß der Satz den Modellfall eines „Instrumentalrezitativs" geboten haben, das eine größere Spannweite und sogar eine stärkere Dramatik hat als die meisten Vokalrezitative, aber dennoch italienischer und stärker vom Gesanglichen her inspiriert ist als die fanfarenartigen Figurationen, die die ältere oder selbst die jüngere Orgeltoccata (z. B. BWV 572) charakterisieren.

III. Satz

Wie im ersten Satz hat das Tutti-Ritornell mehrere wiederholte Glieder, die auf einem Motiv-Paar basieren und den Solo-Einsätzen Platz machen. Diese gewinnen gegenüber der einfachen Wiederkehr der Tutti-Abschnitte zunehmend die Vorherrschaft.

T. 1– 32 Tutti, auf ein bestimmtes Achtelmotiv gestützt
T. 32– 64 Solo, neues Thema, zur Dominante und zurück
T. 64– 76 Tutti, über Achtelmotiv (Zusammenziehung des ersten Tutti)
T. 76–112 Solo, anfänglich weniger thematisch; zur Dominante
T. 112–126 Tutti, über Achtelmotiv
T. 126–164 Solo, geringfügige Verarbeitung des Achtelmotivs aus dem Ritornell: nach Moll (T. 151–52 in P 286 und den Streicher-Fassungen wiederholt)
T. 164–179 Tutti, Anfang wie zweites, Ende wie erstes Tutti
T. 180–283 Solo, lange, in Abschnitte gegliederte Episoden; zwei Abschnitte fehlen in P 286 (T. 186–97, T. 219–83)
T. 284–290 Tutti, Zusammenziehung des ersten Tutti in Oktaven

---

[64] ders., *La comparaison*, a.a.O., S. 97

Bemerkungen zur Transkription einer Ritornell-Form dieser Art finden sich beim ersten Satz. BWV 594 unterscheidet sich von den anderen Fassungen folgendermaßen:

T. 1 ff.	Motiv-Imitation im Einklang in BWV 594 in Oktav-Imitation geändert
T. 24 usw.	solche Takte in BWV 594 mit Skalen ausgefüllt
T. 32 ff.	Solo-Linien (Rückpositiv) in BWV 594 eine Oktave tiefer; ursprüngliche Basso-continuo-Begleitung durch Läufe usw. in der linken Hand ersetzt
T. 81 ff.	ursprüngliche *pp*-Klänge in BWV 594 ausgefüllt und im *staccato* notiert
T. 90 ff.	in BWV 594 Imitationen an neuen Punkten versucht
T. 106–111	wie im ersten Satz wird die ursprüngliche, verkürzte Notationsweise für Violine geweitet (hier in der Art der Takte 104–05); Achtel-Linie in der linken Hand ersetzt den ursprünglichen Orgelpunkt auf der Dominante
T. 126 ff.	weitere Anspielungen auf das Achtelmotiv in BWV 594 hinzugefügt
T. 180–283	diese Takte fehlen im Turiner Autograph und sind durch die Anweisung *qui si ferma a piacimento* ersetzt; in der Amsterdamer Ausgabe endet der Satz mit T. 179; die Fassung der Schweriner Handschrift hat Ähnlichkeit mit BWV 594

Eine Passage aus der ersten Episode

Antonio Vivaldi

Rückpositiv

BWV 594, III

BWV 594

ist beispielhaft dafür, wie Bach in seinen Konzerten eine ursprüngliche Basso-continuo-Linie realisiert. Wie der Schlußsatz des a-Moll-Konzerts BWV 593 stellt der Satz eine anscheinend größere Vielfalt der Texturen bereit als die ursprüngliche Streicherfassung. So liefert die erste Episode eine zweistimmige Satzweise auf dem Rückpositiv, die zweite eine lebhafte Linie auf dem Rückpositiv mit Begleitakkorden im Oberwerk, die dritte Triolen, die vierte eine Solo-Linie. Die zweite Episode ist die Umschrift einer Passage, die ursprünglich für die Spielmöglichkeiten der Violine erdacht war und sich nicht für eine direkte Übertragung auf die Claviatur anbietet:

BWV 594, III

Die letzte Episode beginnt nicht wie die Episode eines italienischen Konzerts, sondern wie eine norddeutsche Orgel-Toccata – was durch den Wechsel zu ₵ unterstrichen wird. Die Sequenzen sind allerdings italienischer als üblich, ebenso die thematische Passage T. 253–83. Große Partien der Figuration sind als direkte Übertragungen von Violinfiguren auf die Claviatur anzusehen, so etwa die langsam fortschreitenden Harmonien von T. 235–83. Die Dissonanzen (T. 247 ff.) und die Moll-Färbung – für die letzten Episoden solcher Konzerte typisch (z. B. C-Dur-Konzert für drei Cembali BWV 1064, III) – sind schon früher in chromatischer Form bei T. 159 erschienen. Spätestens ab. T. 210 hält sich die Episode ungewöhnlich eng an das Original und läßt auf den Versuch schließen, violinmäßig für ein Tasteninstrument zu schreiben. Der Kopist von P 286 machte sich entweder daraus kaum etwas, oder er kopierte eine kürzere Alternativfassung der Transkription. Viele Figurationen für das Rückpositiv in den anderen Episoden lassen an eine Musiksprache denken, die aus den Cembalokonzerten vertraut ist – eine Sprache, die, wie sich an dem C-Dur-Konzert für zwei Cembali BWV 1061 zeigt (einem Originalkonzert), für Clavierkonzerte etwas typischer gewesen zu sein scheint als für Transkriptionen. Es ist jedoch möglich, daß eine clavieristische Schreibweise wie in T. 32 ff. oder T. 81 ff. ihren Ursprung in Transkriptionen wie BWV 594 hatte und der Komponist sie von da an mit dem Clavierkonzert in Verbindung brachte. Mag das Konzert auch Aufführungsprobleme haben, insgesamt bot es dem Komponisten eine Reihe von Orgel-Effekten und stilistischen Varianten, die etwas wandlungsfähiger und damit der eigenen Weiterentwicklung zugänglicher waren als die bereits perfektionierten Mittel des a-Moll-Konzerts BWV 593.

BWV 595

Konzert C-Dur

Kein Autograph; Abschriften in P 286 (derselbe Kopist wie bei BWV 593 und 594, 18. Jahrhundert) und P 832 (Johannes Ringk, zweite Hälfte 18. Jahrhundert). Unvollständige Transkription eines Konzerts von Johann Ernst von Sachsen-Weimar (siehe unten).

Überschrift in P 286 *Concerto del Illustrissimo Prencipe Giov: Ernesto Duca di Sassonia, appropriato all'Organo à 2 Clavier et Pedal (Nr. 2, C-Dur) da Giov. Seb. Bach*; in einem Katalog von 1785 *Concerto für 2 Clav. et Pedal C-dur No I*[65].

Wie das Konzert G-Dur BWV 592 gehört das Original nicht zu der Gruppe von Konzerten Johann Ernsts, die Telemann 1718 herausgegeben und veröffentlicht hat. Seine Zuweisung beruht lediglich auf dem Titel in P 286; das Originalkonzert wurde bisher nicht aufgefunden. Der erste Satz von BWV 984 – einem dreisätzigen Konzert, das sich unter den Cembalo-Transkriptionen in Johann Peter Kellners P 805 und in Johann Nikolaus Mempells Lpz. MB. Ms. 8 fand, hat Ähnlichkeit mit BWV 595, ist aber kürzer. Man weiß nicht, welche Fassung zuerst entstand oder ob beide gleichermaßen authentisch sind. (Eine Bemerkung zum Vergleich zwischen Orgel- und Cembalo-Transkriptionen im allgemeinen siehe bei BW 592a.) In bezug auf die Claviertechnik gibt es keinen eindeutigen Grund, warum sich der zweite und der dritte

---

[65] *Bach-Dokumente*, Bd. III, S. 273

Satz von BWV 984 in der Orgelfassung nicht finden, wenn auch der zweite Satz der Textur nach vielleicht ungewöhnlich gewesen wäre. Weder P 286 noch P 832 deutet daraufhin, daß BWV 595 jemals mehr als einen Satz hatte; vielleicht basieren beide auf einer jetzt fehlenden Abschrift von Kellner. Die größere Länge der beiden Orgelfassungen BWV 592 und 595 (im Unterschied zu BWV 592a und 984) deutet möglicherweise daraufhin, daß Bachs Treue gegenüber den ursprünglichen Streicher-Fassungen des Prinzen in den Orgeltranskriptionen nicht so ausgeprägt war.

Obgleich die auffällige halbtaktige Phrasenbildung von BWV 595 dazu beitragen mag, die übliche Meinung zu rechtfertigen, daß Vivaldi und Johann Ernst *ein sehr unterschiedliches Talent* hatten[66], gebührt dem Satz doch ein wichtiger Platz im Repertoire italienischer Konzertformen. Das Anfangsthema kehrt als klassisches Ritornell immer wieder (T. 1, 16, 25, 31, 50, 63, 72), wiederholt sich aber auch noch innerhalb dieser Abschnitte (T. 1 auch in T. 7, 9; T. 16 auch in T. 18 usw.). So fehlen dem Satz trotz der Tatsache, daß der letzte Abschnitt stark dem ersten gleicht, die klaren formalen Konturen z. B. von BWV 592, I. Während dem Thema viel von derselben Anmut wie in BWV 592, I zugebilligt werden kann, wirkt sich seine sich ständig wiederholende Form zum Nachteil aus. Diese Gefahr erhöht sich noch durch die häufig wiederholte Solo/Tutti-Sequenz, die sowohl als Teil des Haupt-Ritornells wie auch als Material für die Episoden (T. 3–6, 11–15, 20–23, 27–30, 35–39 usw.) herhalten muß. Sie wird auch in größerem Umfang wiederholt (z. B. T. 63–68 = T. 18–23). Verbindungen und Kadenzen zwischen dem Ritornell-Thema und der Sequenz lassen oft an andere Orgelwerke ausgeprägten Charakters denken: zur Figur in T. 9 vergleiche man die „Dorische" Toccata BWV 538, zu den Kadenzen in T. 7 und 31 die Kadenzen im Konzert BWV 593, I. Andere Einzelheiten zeigen, daß Johann Ernst das italienische Konzert zumindest dem Buchstaben nach begriffen hatte (z. B. die Sequenzen ab T. 52 ff.) und gelegentlich auch dessen Geist (z. B. die neapolitanische Sexte von T. 56). Außerdem bewegt sich die Idee hinter der Sequenz von T. 3–6, auch wenn der Solo-Einsatz so bald nach dem Anfang der bei Vivaldi üblichen Praxis (wie op. 3/7) nicht entspricht, offensichtlich bis selbst in solche Einzelheiten wie die Baßlinie hinein durchaus innerhalb des allgemeinen Konzertstils. Eine weitere Passage im Vivaldischen Stil ist die nicht modulierende Episode T. 44–49.

Daß die Sequenzen den Keim zu einer reiferen Musik in sich tragen, wird an einem typischen Vergleich deutlich.

BWV 595

---

[66] Hans-Joachim Schulze, *J. S. Bach's Concerto-Arrangements for Organ – Studies or Comissioned Works?*, Organ Yearbook 3/1972, S. 6

BWV 538, I

Wenn die halb- und zweitaktige Phrasenbildung hier nicht so abwechslungsreich und mit weniger Gefühl für den diatonischen Impuls gehandhabt wird als in BWV 538, sollte das nicht die Tatsache verdecken, daß das spätere Werk mit diesem bestimmte Einzelheiten gemeinsam hat, wie etwa die geraden Phrasenlängen, den Gebrauch zweier Manuale und den Sechzehntel-Faden, der sich durch mehrere Abschnitte und Themen zieht. Dieser Faden stellt das ganze Stück hindurch ein wichtiges Element dar, besonders dort, wo ein Abschnitt in einen anderen übergeht (z. B. T. 7–9, 31–33, 41–43, 56–58, 78–81). Mehr als die Melodik oder die Textur machen gerade diese formalen Erwägungen den Satz unter den Weimarer Werken interessant.

In der Fassung für Cembalo ist der Satz kürzer:

BWV 984 (Cembalo)	BWV 595 (Orgel)
T. 1– 6	T. 1–6
T. 7–21	T. 12 (2. Hälfte)–27
T. 22–34	T. 35 (2. Hälfte)–48
T. 35–36	T. 49
T. 37–38	T. 50–51
T. 39–42	T. 52–57
T. 43–66	T. 58–81

Wie man sieht, verliert die Cembalo-Fassung gelegentlich einen halben Takt und an einer Stelle zwei ganze Takte, obwohl sie woanders einen Takt gewinnt. Die Fassungen unterscheiden sich auch in melodischen Details und ebenso in der Textur und im Manualgebrauch. Eine typische Passage bringt das folgende Beispiel:

BWV 984

BWV 595

Es kann gut sein, daß die größere Möglichkeit der Charakterisierung, die zwei Orgelmanuale boten, den Bearbeiter bewogen hat, den längeren Satz der Orgelfassung vorzubehalten, obwohl man in keinem von beiden Fällen mit Sicherheit weiß, wie verläßlich die Quellen sind. Daß die statische Sequenz der Episode in T. 3–9 der Cembalofassung in der Fassung für Orgel durch einen abwechslungsreicheren Abschnitt ersetzt wird (T. 3–15), sagt auch nicht implizit etwas darüber aus, welche Fassung zuerst entstand oder welche dem Original von Johann Ernst näher steht. In beiden Fällen wäre die Argumentation in beiden Richtungen möglich – z. B. daß BWV 595 zusätzlich an thematischem Interesse gewann oder daß für BWV 984 das Episodenmaterial reduziert wurde, weil Manualwechsel nicht möglich waren. So wie BWV 595 dasteht, ist es dasjenige Orgelwerk Bachs, in dem die meisten Manualwechsel angegeben sind, und dies für einfache Phrasen in „Frage-Antwort"-Manier wie große Teile der „Dorischen" Toccata.

BWV 596

Konzert d-Moll

Autograph P 330; spätere Abschriften P 289 (zweite Hälfte 18. Jahrhundert, unbekannter Kopist, revidiert von Johann Christian Westphal), LM 4842h (Fragment). Transkription eines Konzerts von Vivaldi (siehe unten).

Überschrift in P 330 *Concerto a 2 Clav: e Pedal di W. F. Bach manu mei Patris descript* (die Worte „von W. F. Bach, geschrieben in der Hand meines Vaters" ca. 1770–80 von Wilhelm Friedemann Bach hinzugesetzt); in P 289 *Concerto ex D. mol à 2 Clavier et Pedale Di J. S. Bach*; zu den Satzüberschriften siehe unten.

Das Konzert ist eine Transkription von Vivaldis Konzert d-Moll für zwei Violinen und obligates Violoncello op. 3/11 (Amsterdam [1711]). Von ca. 1844 bis 1911 wurde das Werk für ein Konzert von Wilhelm Friedemann Bach gehalten, wie dieser in der Überschrift von P 330 behauptet hatte[67], und als solches wurde es 1844 von Griepenkerl veröffentlicht[68]. Die Handschrift in P 330 ist jedoch für autograph erklärt und auf 1714/17 datiert worden[69], was mit Schulzes These zu Datierung und Zweck der Konzerte[70] übereinstimmt. Wilhelm Friedemann Bach war folglich ungefähr fünf Jahre alt, als die Transkription angefertigt oder in P 330 abgeschrieben wurde.

Besonders der erste Satz ist als Beispiel für Bachs Registrierpraxis berühmt geworden, denn die klaren Anweisungen in P 330 –

T. 1   r.H. *Octava 4 F/Oberw.*
        l.H. *Octava 4 F/Brustpos.*
             Princip. 8 F/Pedale
T. 21 r.H. *Brustpos.*
        l.H. *Obw Princip. 8 F & Octav. 4 F.*
             Pdal Subb. 32 F.

– begründen (oder bestätigen) wichtige Prinzipien:

1. Es basierten weder Manuale unbedingt auf 8′, noch Pedale auf 16′.
2. In Transkriptionen wurden die zwei Manuale als Ersatz für verschiedene Arten der Besetzung benutzt, nicht nur für Solo mit Begleitung.
3. Die Hände konnten während eines Stücks die Manuale tauschen.
4. Ein (oder mehrere) Register konnten während des Stücks im Manual oder Pedal dazukommen.

Der letzte Punkt ist besonders wichtig, denn der Notentext selbst gibt dem Organisten keine deutliche Gelegenheit, Manualen oder Pedal ohne eine gewisse Unterbrechung des Spiels Register hinzuzufügen. In T. 21 sind die ersten vier Sechzehntel der linken Hand getrennt notiert ♪♫, was wie im Autograph der Choralbearbeitung BWV 739 (P 488) einen Manualwechsel anzeigen kann; in den Achteln des Pedals gibt es so eine Trennung nicht. Das deutet möglicherweise daraufhin, daß der 32-Fuß am Anfang des Taktes später hinzugefügt wurde. Im darauffolgenden *grave*-Teil ist *pleno* gefordert, im Largo *forte* und *piano*, im Schlußsatz *Rückp.* und *Obw.* Obwohl

---

[67] Max Schneider, *Das sogenannte Orgelkonzert d-moll von Wilhelm Friedemann Bach*, BJ 8/1911, S. 23–36
[68] Ausgabe Edition Peters Nr. 3002
[69] Georg von Dadelsen, *Beiträge zur Chronologie der Werke Johann Sebastian Bachs* (Tübinger Bach-Studien, Bd. 4/5), Trossingen 1958, S. 79. Das Wasserzeichen von P 330 findet sich in den Vokal- und Instrumentalstimmen von Kantaten, die 1714 und 1715 aufgeführt wurden (Alfred Dürr, *Studien über die frühen Kantaten J. S. Bachs*, 2. erweiterte Aufl., Wiesbaden 1977, S. 233) und in den Handschriften von Johann Gottfried Walther (*NBA*, Serie IV/8, Kritischer Bericht, S. 22).
[70] siehe S. 353f.

sich diese einzelnen Anweisungen nicht widersprechen – sie lassen an eine dreimanualige Orgel mit 32'-Pedal denken – hätten sie doch auf der Weimarer Orgel nicht ausgeführt werden können, und es gibt auch keine entsprechenden Anweisungen von den Kopisten der anderen Konzerte. Trotz eines Umbauplans für Weimar hat es dort anscheinend nie ein Rückpositiv gegeben, und folglich ist diese Registrierungsanweisung – ebenso wie in den Abschriften anderer Konzerte[71] – zweifelhaft. Es ist aber auch gar nicht sicher, ob gleich beim Abschreiben überhaupt irgendwelche Registrieranweisungen – abgesehen von *Octava 4 F, Octava 4 F, Princip. 8 F* – eingetragen wurden. Die Manual-Anweisung von T. 1 und die Registrierung von T. 21 können spätere Zusätze des Komponisten gewesen sein. Es könnte auch gut sein, daß der Komponist (der das Konzert mit *a 2 Clav* überschrieb) weniger genau war, als es scheint, und daß die verschiedenen Bezeichnungen *Brustpos.* und *Rückp.* ohne Bedeutung waren. Sogar die oben erwähnte Sechzehntelgruppe in T. 21 entspricht ebenso dem Wechsel von Violine zu Violoncello im Original wie einem Manualwechsel in der Transkription. Vielleicht schrieb Bach Vivaldis Konzert zunächst auf zwei Systeme um, wobei die Violine, um d''' zu vermeiden, eine Oktave tiefer begann, und setzte die Anweisungen erst später hinzu. (Nach Fehlern im Autograph zu urteilen, übernahm Bach die Oberstimmen von Stimmen, die im Violinschlüssel, nicht im Diskantschlüssel geschrieben waren.) Es scheint keinen Grund zu geben, warum nicht beide Hände jeweils auf dem anderen Manual hätten anfangen können: dadurch hätte sich vermeiden lassen, daß Register dazukommen und in T. 21 die Manuale gewechselt werden müssen. Mit Sicherheit wurde die gegenläufige Skala der rechten Hand in den letzten drei Takten (keine Beigabe des Vivaldischen Originals) erst nach der Stimme für die linke Hand niedergeschrieben, vielleicht als nachträglicher Einfall.

I. Satz

In der Amsterdamer Ausgabe, von der angenommen wird, daß sie es sei, die Bach gekannt habe[72], ist der Satz mit *Allegro* überschrieben und beginnt als unbegleitetes Violin-Duo, dem ein Duo für Violoncello und Continuo folgt. Jeweils vier Mustertakte sollen dazu dienen, die Instrumentierung in der Amsterdamer Ausgabe und in der Fassung BWV 596 zu veranschaulichen:

---

[71] Im ganzen Konzert kann *Rückpositiv* die Lesart eines Kopisten für *Pos* oder *Positiv* sein, was lediglich auf ein (oder jedes) Manual hinweist. Der Ausdruck bringt kein Licht in die Fragen, ob die Weimarer Hofkapelle ein Rückpositiv bekommen sollte, für das Bach seine Transkriptionen vorab registrierte, ob die Konzerte überhaupt speziell mit der Orgel der Weimarer Hofkapelle in Verbindung zu bringen sind oder ob der Komponist wollte, daß nur das Rückpositiv und nichts anderes für diese Passagen benutzt werden sollte.

[72] Rudolf Eller in: *NBA*, Serie VII/6, Kritischer Bericht, S. 89

BWV 596

[Notenbeispiel: Violine I, Violine II, Violoncello Continuo, T. 18 ff.]

Antonio Vivaldi

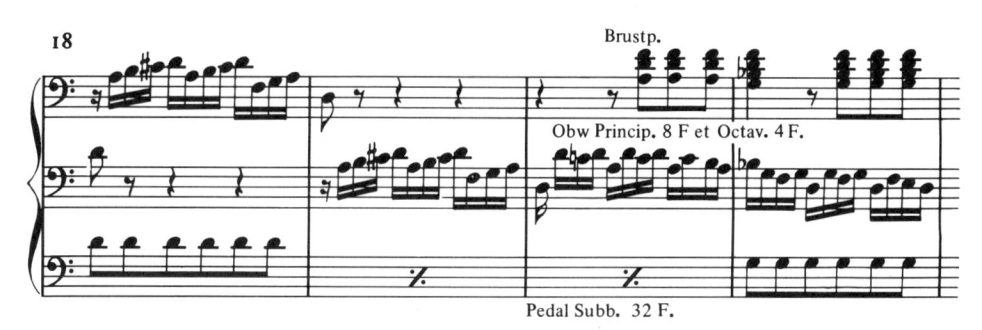

[Notenbeispiel: Orgelfassung mit Registrierungsangaben "Brustp.", "Obw Princip. 8 F et Octav. 4 F.", "Pedal Subb. 32 F.", T. 18 ff.]

BWV 596

Der Satz ist für ein Konzert von Vivaldi äußerst ungewöhnlich, denn er hat die Form eines 32taktigen Präludiums, von dem mehr als die Hälfte auf einem Tonika-Orgelpunkt basiert; sodann ist auch die Orgeltextur von BWV 596, I einmalig, obschon die Achtelwiederholungen im Pedal in anderen Konzerten sowohl für die Orgel (z. B. BWV 593, III) als auch für Streicher (6. *Brandenburgisches Konzert*) wiederzufinden sind. Ebenfalls ungewöhnlich ist die Imitation im Unisono zwischen beiden Manualen, woraus folgt, daß die ersten zwanzig Takte einen in seiner Art einmaligen Trio-Stil erzeugen.

Die Transposition der Violinstimme eine Oktave tiefer und ihre Einrichtung für 4′-Register, vermutlich um das d′′′ zu vermeiden, hat nach einem Kommentator[73] eine Parallele in der Fassung des Cembalokonzerts d-Moll für Solo-Orgel mit Instrumenten (Kantate BWV 146, I). Obwohl es zutrifft, daß die Solostimme in BWV 146, I meistens eine Oktave tiefer steht als in der Cembalofassung, sollt man doch nicht aus

---

[73] Hans Klotz, *Über die Orgelkunst der Gotik, der Renaissance und des Barock*, Kassel ²1975, S. 385

BWV 596

dem Gedächtnis verlieren, daß die Cembalofassung höchstwahrscheinlich später und nicht früher entstanden ist, daß in BWV 146, I keine Registrieranweisung für 4'-Register oder ein anderes Register gegeben ist und daß die Orgelstimme nicht nur d''', sondern sogar c''' vermeidet (z. B. T. 39). Das geschieht wohl kaum aus Gründen des Umfangs, vielleicht aber, um einen düsteren Tonraum zu schaffen oder um dem Risiko zu entgehen, daß die hohen Linien im vollen Orgelwerk intonationsmäßig nicht mit den Violinen von BWV 146, I zusammenklingen. Die Kantatenfassung und BWV 596, I sind daher kaum füreinander relevant, so reizvoll der Gedanke der Parallelität auch sein mag.

II. Satz

Die in manchen Quellen von BWV 596 mit *Grave* und *Fuga* überschriebenen zwei Teile dieses Satzes haben in der Amsterdamer Ausgabe genauere Tempoangaben: *Adagio e spiccato* und *Allegro*. Die Transkription unterscheidet sich von der Ausgabe Amsterdam in der Besetzung und der Anordnung der Stimmen:

> In BWV 596 übernimmt das Pedal lieber eine ausführbare Baßlinie als den ursprünglichen Baß, der sowohl das Solo-Cello als auch den Basso continuo umfaßt; z. B. hat der ursprüngliche Baß in T. 1–20[74] keine Unterbrechung.

> In BWV 596 wird zwischen Tutti und Solo (Ripieno/Concertino) in der Textur oder dem Manual bzw. der Registrierung kein Unterschied gemacht, d. h. trotz der ursprünglichen Solo-Passagen von T. 20–28, 45–52. Vielleicht empfand der Bearbeiter es nicht als notwendig, den Manualwechsel genau anzugeben, weil die Fuge so kurz ist; vielleicht kam er auch nicht dazu, die Anweisungen später hinzuzufügen, so wie er es beim ersten Satz gemacht haben mochte. So oder so, die Episoden ließen sich auf dem (Rück-)Positiv verständlich darstellen.

> In BWV 596 werden die Stimmen häufiger vertauscht, nicht immer nur, um d''' zu vermeiden.

Der letzte Punkt überrascht am meisten, ist aber vielleicht als Reflexion über den auffallenden Kontrapunkt Vivaldis anzusehen – d. h. im Satz wird mit Bedacht ein vierstimmiger vertauschbarer Kontrapunkt ausgearbeitet, in dem jede Linie zur Baßlinie werden kann:

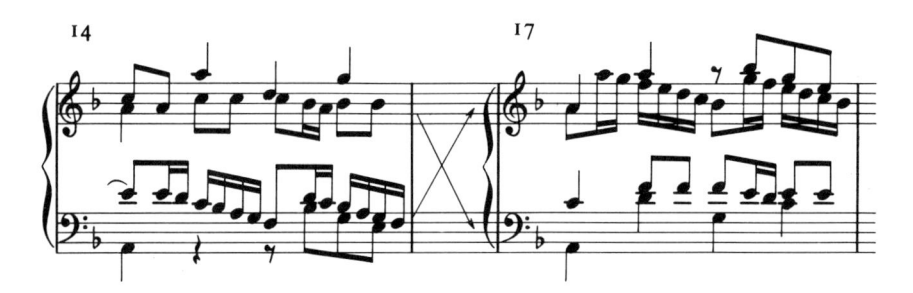

---

[74] Taktzählung ab Beginn der Fuge

Die Gründlichkeit, mit der das ersonnen wurde, ist für Vivaldi ungewöhnlich, der hier ein Destillat der italienischen Kontrapunktlehre zu bieten scheint. Angesichts dieser Besonderheit steht die Vertauschbarkeit der Stimmen in Takten wie T. 45–46 – wo die zwei ursprünglichen Oberstimmen von Vivaldi bei Bach umgedreht sind – mit der kontrapunktischen Natur des Satzes in Einklang. Dieser Faktor ermöglichte es auch dem Bearbeiter, weniger am Original zu ändern, als sonst üblich ist, wenn die rechte Hand Töne über c''' hinaus vermeiden soll. Daher standen auch die beiden Oberstimmen von T. 53–54 in der Ausgabe Amsterdam andersherum.

Obwohl sich dieser Satz durch die Fugenform von allen anderen Konzertsätzen unterscheidet, sind manche Hinzufügungen des Bearbeiters von woanders her bekannt, so etwa die kontinuierliche Sechzehntel-Linie im Tenor über dem Orgelpunkt auf der Dominante am Schluß. Der Orgelpunkt selbst ist in seiner Art für Bachs Werke ungewöhnlich: mit seinem wiederholten Wechsel zwischen Tonika- und Dominantharmonien unterscheidet er sich von den wechselnden und sich entfaltenden Harmonien über solchen Orgelpunkten wie in der Fantasie BWV 572. Manches an der Fuge ist für Bach nur charakteristisch, wenn er unter italienischem Einfluß schreibt: die lange Sequenz im Thema (die auf einen traditionellen Themenkopf folgt) kehrt wieder und erzeugt Passagen, die für Episoden von Bach viel typischer sind als für einen Fugeneinsatz (z. B. T. 21–24). Trotz guter Kadenzstellen, die der Bearbeiter abgewandelt hat, um den gewünschten Impetus zu erreichen (z. B. T. 10 bis 12), ist die Fuge dermaßen gegliedert, wie es zu keiner Periode für Bachsche Fugen typisch war, mit ständigen Sequenzen und Kadenzen, die eher mit dem vertauschbaren Kontrapunkt als mit einer thematischen Entwicklung zusammenhängen (z. B. die fünf Kadenzen auf der Tonika in T. 33–34, 39, 42, 46–47, 52–53). Daß Bach in der Fuge das Element ständiger Wiederholung gemildert und sie damit im Charakter unabhängiger von dem lebhaften Streicher-Spiel gemacht hat, wird an den Sechzehntel-Linien deutlich: im Original beginnen fast alle Sechzehntelgruppen mit einer daktylischen Figur ♪♪♪, was in der Transkription nicht der Fall ist.

III. Satz

In beiden Fassungen *Largo e spiccato* überschrieben; in T. 1 *piano* (nur BWV 596); in T. 3 Begleitung *pp* (Ausgabe Amsterdam), *piano* mit *forte* für die Melodielinie (BWV 596). Die Form ist die eines von Tutti umrahmten, unbegleiteten Solos (vgl. BWV 592, 593), wobei das Tutti deutlichen und unverwechselbaren Siciliano-Charakter trägt. Die Transkription unterscheidet sich von der Amsterdamer Ausgabe nicht nur dadurch, daß die Begleitung in ihrer räumlichen Lage bequem von einer Hand gespielt werden kann, sondern zeitweilig auch in der Harmonik selbst, wie im folgenden Beispiel:

Spekulationen darüber, ob eine Veränderung dieser Art Bachs „Verbesserung" der italienischen Harmonik oder die Unverläßlichkeit der Amsterdamer Stecher zeigt, sind unfruchtbar. Der durch BWV 596, III belegte Satztypus ist in der Orgelmusik viel weniger verbreitet als zu erwarten. Weder die Tutti- noch die Solo-Passagen haben enge Parallelen in Bachs Orgelwerken, wo außergewöhnliche Besetzungen oder Texturen tatsächlich häufig mit einem italienisch beeinflußten Stil zusammenhängen, wie etwa im *Adagio* der C-Dur-Toccata BWV 564. Das Außergewöhnliche an beiden Sätzen ist nicht so sehr die Melodik oder gar die Baßlinie sondern die homophone Begleitung.

IV. Satz

Nur in der Ausgabe Amsterdam mit *Allegro* überschrieben. Obwohl der Schlußsatz im Grunde ein Ritornellsatz ist, hat er ungewöhnliche Züge: Die Solisten stellen nicht nur das vielgliedrige Ritornellthema bereit sondern auch die damit abwechselnden Episoden. Der Satz erhält seine Form und seine Wirkung als Finale durch eine Tutti-Passage mit chromatischer Baßlinie, die an regelmäßigen Punkten (T. 11, 27, 68) erscheint. Diese Formelemente werden in der Transkription durch den Gebrauch zweier Manuale verunklart.

	op. 3/11		BWV 596
A_1	T. 1– 6	zwei Violinen	Rp
	T. 7–11	Solo-Cello	Ow
	T. 11–14	Tutti	Ow
A_2	T. 14–22	Trio	Rp
	T. 23–27	Solo-Violine	Ow
	T. 27–30	Tutti	Ow
B	T. 30–43	begleitete Solo-Violinen	Ow, dann Ow + Rp
	T. 43–46	Tutti	Ow
	T. 46–50	Trio	Rp
	T. 50–53	Tutti mit Echos	Ow/Rp
A_3	T. 53–68	Trio	Rp, dann Rp + Ow
	T. 69–73	Tutti mit Echo	Ow

Obwohl das Material einige außerhalb der Konzert-Transkriptionen unübliche Orgeltexturen erzeugt, enthält es viele Anspielungen auf den konventionellen italienischen Streicher-Stil der vorausgehenden Generation:

Vorhaltsstil für zwei Violinen (T. 1 ff.)
paarweise Achtel (T. 4)
fallende chromatische Quarte (d-Moll) mit neapolitanischer Sexte (T. 44–46)
eine Version des Tremolo-Effekts für Tutti (T. 12)
charakteristische Figuren im Solo-Cello (T. 7)
Tutti-Violinvorhalte (T. 12)
Terzenparallelen für zwei Violinen (T. 14)
Tonwiederholungsfigur für Solo-Violine mit Begleitung (T. 35)
Zäsuren setzende Kadenzen (T. 45–46, 50–53)

Die ungewöhnlichen Orgeltexturen ergeben sich zum Teil daraus, daß Äquivalente für die Eigensprachlichkeit der Streicher-Komposition gefunden wurden (T. 7, 59), zum Teil daraus, daß die streichereigenen Figurationen mehr oder weniger unverändert beibehalten wurden (T. 35, 44). Dagegen sind die Tremolo-Darstellungen im Tutti durch eine neue[75] Sechzehntel-Linie ersetzt worden:

Antonio Vivaldi   BWV 596, IV

---

[75] In der vierstimmigen Schreibweise Vivaldis wird die traditionell dreistimmige Sequenz $\begin{smallmatrix}7&6\\3&3\end{smallmatrix}$ in $\begin{smallmatrix}7&6\\5&3\end{smallmatrix}$ verwandelt. Bach reichert die fünfstimmige Sequenz noch weiter an: $\begin{smallmatrix}7\\5&6\\4\\3&3\end{smallmatrix}$.

Wie häufig in den Konzert-Transkriptionen sind ein paar kleinere Lücken der Schreibweise für Streicher ausgefüllt worden (z. B. erster Schlag von T. 68), aber vielleicht weniger als üblich (z. B. Solo-Linien von T. 33, 43). Es ist möglich, wenngleich unwahrscheinlich, daß die Begleitung in der linken Hand T. 59–67 nicht von Bach hinzugefügt wurde, wie gewöhnlich angenommen wird[76], sondern nach einer unbekannten Fassung des Konzerts umgeschrieben wurde. Obwohl diese Begleitung nicht in der Amsterdamer Ausgabe erscheint, ist sie Vivaldis Stil keineswegs fremd. Der ursprüngliche Anstieg der Vivaldischen Solo-Linie T. 63–64 – von a nach d''' – ist in BWV 596 zerstört worden, weil anscheinend die Notwendigkeit bestand, d''' zu vermeiden, ein Faktor, der in anderen Transkriptionen (insbesondere BWV 594) den Bearbeiter offensichtlich veranlaßt hat, die ganze Passage eine Oktave tiefer zu schreiben, um den Charakter der Melodik zu erhalten.

BWV 597

Konzert Es-Dur

Einzige Quelle Lpz. MB. Ms. 7, 15 (Johann Gottlieb Preller).

Überschrift *Concerto, in Dis dur à 2 Clavier con Pedal. di Mons: Bach* (einzige derartige Zuweisung in Lpz. MB. Ms. 7).

Keller hat zweifellos recht, wenn er BWV 597 weder für ein Konzert (im Sinne von BWV 592–596) noch für eine Komposition bzw. Transkription von Johann Sebastian Bach hält, sondern vielmehr für eine Triosonate eines Komponisten z. B. aus Wilhelm Friedemann Bachs Kreis[1]. Die Bezeichnung *Concerto* erinnert an Heinrich Nicolaus Gerbers *Concert-trios* (1734)[2]. Vielleicht benutzten die Bach-Schüler den Ausdruck manchmal, um diese Stücke von den volleren *Sonaten* oder den auf Chorälen basierenden *Trios* zu unterscheiden. Daß das Material ständig und teils verziert wiederholt wird, hat keine Ähnlichkeit mit irgendeinem der von Bach bekannten Werke, ganz zu schweigen von der Art des Materials selber und seinen Verzierungen. Wie viele andere fragliche Werke derselben Handschrift auch, stammt das Werk möglicherweise von einem Bach-Schüler, obwohl so gut wie nichts darauf hinweist, daß Bach in späteren Jahren mit seinen Schülern in diesem Stil arbeitete.

---

[76] z. B. Schneider, a.a.O.

[1] Hermann Keller, *Unechte Originalwerke Bachs*, BJ 34/1937, S. 66
[2] siehe das Werkverzeichnis in Ernst Ludwig Gerbers *Lexicon*, 1790

BWV 598

„Pedal-Exercitium"

Kein Autograph; einzige Quelle P 491 (Carl Philipp Emanuel Bach, früh).

Überschrift *Pedal Exercitium Bach* (Überschrift von Carl August Thieme).

Es gibt für den unvollständigen Satz verschiedene Entstehungsmöglichkeiten. Er kann sein: ein Fragment einer verlorengegangenen Toccata; eine für sich stehende Pedal-Übung von Johann Sebastian (oder Carl Philipp Emanuel) Bach, unvollständig (mit intendiertem *da capo* und neuem Schluß?), möglicherweise für Carl Philipp Emanuel Bach oder Carl August Thieme komponiert (der auch die Titelseite zu Johann Sebastian Bachs Generalbaßlehre von 1738 schrieb[1]). Keller vermutet in Weiterentwicklung seines Gedankens, daß die frühe Musik des Komponisten in charakteristischer Weise *stürmisch* und *überschwenglich* war, das „Exercitium" sei ein frühes Werk von 1700–03[2]. Der Satz kann auch sein: ein Präludium z. B. für eine Fuge oder sogar eine Suite; eine Kompositionsübung in Solo-Baßlinien, ob für Orgel oder Violoncello. Daß letzteres nicht außer Frage steht, zeigt ein Vergleich der Figuren in BWV 598 mit solchen im Präludium der G-Dur-Suite für Violoncello BWV 1007:

Im Prinzip lassen sich die Takte 19–23 ebensogut als Saitenwechselübung für Violoncello wie als Übung für Pedalsprünge lesen. Allerdings müßten die Beispiele aus BWV 598 transponiert werden, um auf dem Violoncello oder Violoncello piccolo spielbar zu sein. Wie bereits dargelegt wurde[3], enthalten solche Figuren einen zweistimmigen Kontrapunkt, der oft in Gegenbewegung verläuft.

Daß der Satz entweder ein Präludium für Violoncello oder einfach die Baßstimme eines voller besetzten Instrumentalstücks sein sollte, ist unwahrscheinlich, denn in beiden Fällen wären sowohl der Umfang als auch die Figurierung nicht so begrenzt.

---

[1] Hans-Joachim Schulze, *Studien zur Bach-Überlieferung im 18. Jahrhundert*, Leipzig und Dresden 1984, S. 125 ff.
[2] Hermann Keller, *Unechte Orgelwerke Bachs*, BJ 34/1937, S. 60
[3] Eduard Bruggaier, *Studien zur Geschichte des Orgelpedalspiels in Deutschland bis zur Zeit Johann Sebastian Bachs*, Frankfurt 1959, S. 15

Außerdem gehört die Anfangsfigur zum selben Genre wie die mancher Toccata oder manches Präludiums der norddeutschen Schule, z. B.:

Vincent Lübeck, Präludium in C

Die 33 Takte bilden eine Fundgrube an Pedaltechniken: Fußwechsel, Sprünge, derselbe Fuß für benachbarte Töne (T. 19), beide Füße für Tonwiederholungen (T. 17), vermutlich Schleifer auf den unbetonten Taktzeiten (T. 28, 31). Vom Aufbau her ist der Satz unter die Präludien der Suiten für Violine oder Violoncello einzureihen, d. h. er beginnt mit wiederholten Passagen (T. 1–5) und geht in eine Sequenz weiter (T. 7–9) wie z. B. im Präludium der E-Dur-Partita für Violine BWV 1006. BWV 598 enthält in seinen Modulationen formale Elemente, die in den Pedal-Soli der norddeutschen Toccaten nicht geläufig sind: die rhetorischen Pausen und die ständige Rückkehr zur Tonika im Pedal-Solo der C-Dur-Toccata BWV 564 zeigen, daß das Pedal-Exercitium mehr auf der Linie der Violin- und Violoncello-Suiten liegt. Die *hastige Abschrift* ist vielleicht von Carl Philipp Emanuel Bach nach einer Improvisation seines Vaters angefertigt worden[4].

BWV 790

Trio h-Moll

Kein Autograph; einzige Quelle Lpz. MB. Ms. 1,10 (Leonhardt Frischmuth?, gest. 1764).

Überschrift *Trio ex H moll di J: S: Bach.*

Der Satz wird nicht als Orgeltrio in Schmieders Bach-Werke-Verzeichnis aufgeführt[1] und ist eine transponierte Fassung der dreistimmigen d-Moll-*Invention* (*Sinfonia*) BWV 790 von zweifelhafter Authentizität.

---

[4] Georg von Dadelsen, *Bemerkungen zur Handschrift Johann Sebastian Bachs, seiner Familie und seines Kreises* (*Tübinger Bach-Studien*, Bd. 1), Trossingen 1957, S. 39

[1] siehe *NBA*, Serie IV/3, Kritischer Bericht, S. 30

802–805

Vier Duette
(*Clavierübung* III)

Veröffentlicht 1739, kein Autograph; nur spätere Abschriften, entweder zusammen mit anderen Stücken aus der *Clavierübung* III oder allein (z B. P 1010, zweite Hälfte 18. Jahrhundert).

Die Vier Duette sind von einem Kreis verschiedener Probleme umgeben, sowohl was die Stücke selber angeht als auch ihre Stellung innerhalb der *Clavierübung* III.

1. *Duetto*: Eine gewisse Unsicherheit in der angemessenen Bezeichnung zwei- und dreistimmiger Stücke von mehr oder weniger streng imitatorischem Charakter deutet sich darin an, daß in dem *Clavier-Büchlein für Wilhelm Friedemann Bach* (Ende 1722/Anfang 1723[1]) die Bezeichnungen *Praeambula* und *Fantasie* für Stücke gebraucht werden, die der Komponist in der Reinschrift von 1723 herkömmlicher als *Inventionen* bzw. *Sinfonien* bezeichnet. Die deutschen Theoretiker verstanden den Ausdruck „duetto" auf verschiedene Weise: 1. als „kleines Duo" für zwei Stimmen (über einem Baß), so definiert z. B. in Brossards *Dictionnaire*[2] (*petit duo*) und in Walthers *Lexicon*[3] (*Diminutivum von Duo*); 2. als eine Arie in Dialogform, *welche gute Gelegenheit gibt, zwei subjecta opposita ein- und durchzuführen*, bei Mattheson[4]; 3. als ein Instrumental- oder Vokalstück (über einem Baß), wobei *in einem künstlichen fugirten Duetto* mehr Meisterschaft besteht *denn in einem vierstimmigen Contrapunct oder allabreve*[5]; 4. als ein zweistimmiges Stück, das strengere Kontrapunkt-Techniken enthält als lediglich die *imitatio in unisono oder Octava*[6]. Obwohl die letzte Definition BWV 802–805 am nächsten kommt, bezog sich Mattheson weniger auf eigenständige Musikstücke als auf die dahinterstehende Technik eigenen Stils.

In den Kantaten ist *duetto* der vom Komponisten selber verwendete Ausdruck für eine Arie als Dialog oder Duett, z. B. in BWV 140,III (Dialog zwischen der Seele und Jesus, der in den Stimmen mit *duetto* bezeichnet ist[7]) oder in BWV 110,V (in der Partitur mit *duetto à soprano e tenore* benannt[8]). Die Möglichkeit, daß der Komponist in BWV 802–805 in irgendeiner Weise auf die Kunst der Duo-Komposition in französischen Orgelmessen (de Grigny, Raison usw.) angespielt hat, ist verlockend, aber zweifelhaft, da die französischen Duos primär melodisch und – wenngleich imitierend – nur lose als zweistimmiger Kontrapunkt angelegt sind. Häufig sind sie in einem bestimmten Takt und Rhythmus (insbesondere Dreiertakt mit punktierten

---

[1] Georg von Dadelsen, *Beiträge zur Chronologie der Werke Johann Sebastian Bachs* (*Tübinger Bach-Studien*, Bd. 4/5) Trossingen 1958, S. 102
[2] Sébastien de Brossard, *Dictionnaire de musique* [...], Paris 1703
[3] Johann Gottfried Walther, *Musicalisches Lexicon oder Musicalische Bibliothec* [...], Leipzig 1732
[4] Johann Mattheson, *Critica Musica*, Bd. II, Hamburg 1725, S. 28
[5] ders., *Critica Musica*, Bd. I, Hamburg 1722/23, S. 131
[6] a.a.O., S. 305, 360
[7] siehe *NBA*, Serie I/2, Kritischer Bericht
[8] *NBA*, Serie I/27, Kritischer Bericht

Figuren) komponiert; auch umfassen sie einen größeren Tonraum und weiträumigere Lagen und fungieren als nur eine Art unter Stücken verschiedener Gattungen, die über die betreffenden Orgelmessen verstreut sind.

2. Das Instrument: Sowohl die Figuration als auch die Textur legen häufig nahe, daß die Vier Duette nicht für die Kirchenorgel geschrieben wurden, so z. B. das Kontrasubjekt von BWV 802, die Figuration (z. B. T. 26–29) und Lagenverteilung (z. B. T. 29ff.) von BWV 803, der anfängliche Baß von BWV 804 usw. Die zweistimmigen Abschnitte der Es-Dur-Fuge BWV 552 lassen an eine konventionellere Orgeltextur denken und ebenso oftmals die zweistimmigen *Inventionen* selber. Von den vier Duetten zeigt dasjenige in a-Moll BWV 805 die größte Affinität zu den Leipziger Cembalo-Kompositionen, keines ist jedoch sonderlich suitenmäßig, und würde das e-Moll-Duett die gleichen cembaloeigenen Figuren aufweisen wie z. B. die Courante der e-Moll-Partita BWV 830, würde das seinen Rahmen sprengen. Johann Elias Bachs Bemerkung, daß die *Clavierübung* III *hauptsächlich vor die Herren Organisten sei*[9], läßt darauf schließen, daß einige Stücke nicht für diese geschrieben wurden; indessen wäre es zu einfach, die Vier Duette als Cembalo-Kompositionen anzusehen. Im Jahr 1792 hielt ein Berliner Rezensent die Duette für Muster des *Orgel-Duo oder Duetto*; jedoch verwies er in der gleichen Weise auf die zweistimmigen *Inventionen* und führte aus, daß alle diese Stücke *nur für den Gaumen weniger Eingeweihter* seien[10]. Forkel (1802) war sich sicherer, daß die Duette keine Kompositionen für Orgel, sondern für *Clavier* sind[11]. Der Umfang (CDE–c''') läßt an die Orgel denken, ist aber auch ein „idealer" Kontrapunkt-Umfang.

3. Bedeutung: Obwohl die Vier Duette bei der Aufführung der Orgelchoräle der *Clavierübung* III einbezogen und die Choräle zwischen die einzelnen Duette eingestreut werden können[12], ist zu bezweifeln, daß sie in irgendeinem Sinne als „Abendmahls-Musik" anzusehen sind, wie behauptet worden ist[13], da beim Austeilen des Abendmahls das Singen von Kirchenliedern üblich war. Es ist auch nicht gewiß, daß die *Clavierübung* III liturgische Musik enthält. Und sogar noch ungewisser ist die Behauptung, daß die Duette thematisch mit einigen in der *Clavierübung* III verwendeten Melodien zusammenhängen[14]. Worin liegt denn die Bedeutung der Tatsache, daß sowohl das dritte Duett als auch die Fughetta *Dies sind die heil'gen zehn Gebot* BWV 679 in G-Dur und im 12/8-Takt stehen, oder daß aus dem Thema (und Kontrasubjekt) desselben Duetts durch gezieltes Auswählen die Töne der Melodiezeile *Allein Gott in der Höh' sei Ehr'* herausgesiebt werden können?

---

[9] *Bach-Dokumente*, Bd. II, S. 335
[10] a.a.O., Bd. III, S. 517
[11] Hans Theodor David und Arthur Mendel, *The Bach Reader*, New York 1945, revidierte Ausgabe mit Supplement 1966, S. 338
[12] Christoph Albrecht, *J.S. Bachs „Clavierübung Dritter Theil": Versuch einer Deutung*, BJ 55/1969, S. 46–66 S. 46–66
[13] Hermann Keller, *Die Orgelwerke Bachs*, S. 198
[14] Klaus Ehricht, *Die zyklische Gestalt und die Aufführungsmöglichkeit des III. Teiles der Klavierübung von Joh. Seb. Bach*, BJ 51/1949–50, S. 40–56

Thema   Kontrasubjekt

Die Tonarten – e-Moll im ersten Duett (nach dem f-Moll des vorausgehenden Chorals BWV 689), a-Moll im letzten (vor dem b [Dominante in Es-Dur], mit dem die nachfolgende Fuge BWV 522, II beginnt) – deuten den Versuch an, den Gegensatz so auffällig wie möglich zu gestalten. Andererseits bilden die Duette zusammen mit den sechs Choralbearbeitungen des Kleinen Katechismus (BWV 679, 681, 683, 685, 687, 689) zehn Stücke für Manual, worin sich möglicherweise die zehn relevanten Teile des *Neu Leipziger Gesangbuchs* von Gottfried Vopelius widerspiegeln:

Gebote
Glaubensbekenntnis
Gebet des Herrn
Taufe
Sündenbekenntnis
Abendmahl
Morgengebet
Abendgebet
Gebet vor dem Essen
Gebet nach dem Essen

Die Vier Duette können die vier bereits in Luthers Kleinem Katechismus enthaltenen Gebete „darstellen", das letzte Duett beginnt ganz passend mit einem Kreuzmotiv[15]; aber durch eine Anspielung dieser Art würden Feststellungen unter 4. und 5. weiter unten nicht ungültig.

4. Zweck: Vielleicht wurden die Vier Duette wegen drucktechnischer Vorteile (Abrundung der Seitenzahl) eingefügt, oder um die Zahl der Stücke auf 27 (3×3×3) zu erhöhen. Ersteres ist unwahrscheinlich, weil die Duette genau acht Seiten in Anspruch nehmen (S. 63–70)[16]; sehr auffallend für das Auge ist allerdings die Aufteilung der Seiten in der *Clavierübung* III, d. h. die ordentliche, getrennte Anordnung der Duette, wobei jedem nicht mehr und nicht weniger als zwei Seiten (eine linke und eine rechte) zukommen, trotz ungenutzter Systeme. Die zweite Annahme (Erhöhung auf siebenundzwanzig Stücke) scheint möglich, aber dann hätten die Organisten vermutlich jeweils zwei weitere Orgelchoräle über Luther-Texte wie *Christ lag in Todesbanden* oder *Ach Gott, vom Himmel sieh darein* nützlicher gefunden. Die Vierzahl der Duette hat auch manche Autoren denken lassen, daß diese auf irgendeine – an-

---

[15] Robin A. Leaver, *Bach's „Clavierübung III": Some Historical and Theological Considerations*, Organ Yearbook 6/1975, S. 17–32
[16] Seite 1 = Titelseite, Seiten 2–3 = Leerseiten, Seiten 4–80 = Seiten mit Musik, vom Stecher mit 1–77 numeriert. Die 78 Druckseiten werden in *NBA*, Serie IV/4, Kritischer Bericht, beschrieben.

deren Autoren unklare – Weise die vier Evangelien[17], die vier Elemente[18] oder vier Stationen aus dem Leben Jesu – Kreuzigung, Auferstehung, Himmelfahrt, Verkündigung[19] – „symbolisieren". Wie auch immer, diese Art des Symbolismus würde demjenigen in den Chorälen der Sammlung nicht entsprechen: dort wird z. B. in BWV 678, 682 und 686 das göttliche Gesetz musikalisch mittels des Kanons dargestellt.

Eine weitere, durch nichts zu rechtfertigende Vermutung aufs Geratewohl geht dahin, daß die zwei Kontrapunkt-Stimmen an sich die beim Abendmahl wirksame Dualität von Brot/Wein und Erlöser/Christ kennzeichnen[20]. Wahrscheinlicher ist, daß die Duette als von einem frommen Komponisten im Glauben an den lebensspendenden Gott zusammengetragene unterschiedliche Modelle für den Kontrapunkt hereingenommen wurden. Kontrapunktische Erfindungskraft wird *ad maiorem Dei gloriam* dargeboten. Die vielfältigen Kompositionstechniken in den Duetten sprechen dafür. Wie Forkel sagt, handelt es sich um Stücke, *die als Muster von Duetten keine dritte Stimme zulassen*[21].

5. Kompositionstechnik: Die Duette umfassen die folgenden Techniken: reguläre Fuge, Doppelfuge, *A-B-A*-Fuge, Fuge mit Baß (sogenannte Inventionsfuge), strenge Vertauschbarkeit, Kanon, Umkehrung, motivische Ableitung (Motive aus Skalenfiguren, gebrochenen Akkorden und chromatischen Linien) und Motiv-Imitation, all dies auf der Folie verschiedener Modi (Dur/Moll), Rhythmen und Taktarten (zweizeitig, dreizeitig, zusammengesetzt). Möglicherweise haben die Stücke einen gemeinsamen Grundschlag[22]. Die Vertauschbarkeit der zwei Duett-Stimmen wird zu einer weiteren Facette des offensichtlich zunehmenden Interesses Bachs am Kanon und einem echten melodischen Kontrapunkt, der von konventionellen italienischen Formeln frei ist. Darüberhinaus zeitigen die Kompositionstechniken Elemente, die sich ganz außerhalb des Fuxschen Kontrapunkts bewegen: die fallende übermäßige Oktave im ersten Duett, die sich (T. 3 usw.) durch den chromatischen Baß ergibt, und eine übermäßige Dreiklangswirkung, die auf die kanonische Engführung im zweiten Duett (T. 46–47) zurückgeht und stark mit dem *stile antico* des nachfolgenden und letzten Satzes der *Clavierübung* III (BWV 552,II) kontrastiert. Da die Duette intervallgetreue Sequenztranspositionen einbeziehen, ist das vielleicht auch ein Hinweis darauf, daß Bach *die Konsequenzen der gleichschwebenden Stimmung* erforschte[23].

---

[17] z. B. John M. Ross, *Bach's Trinity Fugue*, MT 115/1974, S. 331–333
[18] Rudolf Steglich, *Johann Sebastian Bach*, Potsdam 1935, S. 146 f.
[19] Reinhold Birk, *Die Bedeutung der Vier Duette in Bachs Clavierübung III*, MuK 46/1976, S. 63–69 Jg. 46/1976, S. 63–69
[20] Jacques Chailley, *Les Chorals pour Orgue de J.-S. Bach*, Paris 1974, S. 267
[21] Johann Nikolaus Forkel, *Über Johann Sebastian Bachs Leben, Kunst und Kunstwerke*, Leipzig 1802, Kapitel IX
[22] d. h. 3/8 ♪ = 2/4 ♩ = 12/8 ♩. = ¢ ♩: Ein Verhältnis dieser Art verlangt, daß Duett III ganz schnell gespielt wird. Zum Vergleich mit anderen proportionalen Tempi in der *Clavierübung* III siehe die Anmerkungen zu BWV 552,II und zu BWV 674 in Band II. Vielleicht sollen auch die Sätze des *Italienischen Konzerts* für Cembalo (*Clavierübung* II) in Wechselbeziehung zueinander stehen: 2/4 ♩ = 3/4 ♩ (*Andante*) = ¢ ♩ (*presto*).
[23] C. L. Panthaleon van Eck, *J. S. Bach's Critique of Pure Music*, Culemborg 1981, S. 21–25

BWV 802

Duett I

Formale Charakteristika:

e-Moll, 3/8: Doppelfuge, 73 Takte

gesamtes Material vertauschbar; chromatische, skalenartige, „eckige" und synkopierte Elemente; eintaktige Phrasen

Das Doppelfugen-Thema, das in T. 7 beantwortet wird, soll das einzige Thema einer Bachschen Doppelfuge sein, das zur Dominante moduliert[24]; der modulierende Takt ist jedoch T. 6, der strenggenommen nicht zum Thema gehört (er fehlt z. B. nach dem Tonika-Einsatz in T. 21). Die Hauptabschnitte stehen in Tonika–Tonika–Tonikaparallele–Dominante. Die von den enggeführten Skalen erzeugten Großterz-Parallelen ergeben eine Wirkung, die mit derjenigen des oben unter 5. erwähnten übermäßigen Dreiklangs vergleichbar ist.

Durch die falsche Relation von kleinen und großen Sexten schafft der Komponist aus den beiden Formen der melodischen Mollskala[25] eine originelle Wirkung.

Die beiden Themen (T. 1–5) kontrastieren in der Art ihrer Chromatik: die tiefere Stimme weist eine traditionelle absteigende „chromatische Quarte" auf, die höhere eine moderne, von der Melodik bestimmte Appoggiaturen-Chromatik. Die Ausweitung des oberen Themas in T. 6 wird in T. 12ff. und T. 40ff. höchst originell verarbeitet, beim ersten Mal zu einer einfachen Modulation Dominante–Tonika (h-Moll/e-Moll) und beim zweiten Mal zu einer entfernteren Modulation (d-Moll/h-Moll). Die zwei Schlußeinsätze in der Tonika (T. 61, 66) sind ungewöhnlich: der erste erscheint im Verlauf sich überschneidender Skalen, der zweite anstelle des ursprünglichen T. 6, und sie sind exakt vertauschbar, anders als die beiden Schlußeinsätze in der Tonika z. B. aus der zweistimmigen *Invention* Es-Dur BWV 776.

---

[24] Marc-André Souchay, *Das Thema in der Fuge Bachs*, BJ 24/1927, S. 1–102
[25] Eine klare Unterscheidung zwischen den beiden Formen der Moll-Skala (erhöhter sechster und siebter Ton beim Aufstieg, aufgelöst beim Abstieg) wurde zum ersten Mal in Lehrbüchern zur Clavier-Harmonik gemacht, denn als Baßlinien auf dem Clavier müssen die beiden Formen der Moll-Skala verschieden harmonisiert werden (z. B. Jean François Dandrieu, *Principes de l'Accompagnement du Clavecin*, Paris ca. 1719). Clavierspieler der damaligen Zeit übten keine Tonleitern als solche.

BWV 803

Duett II

Formale Charakteristika:

F-Dur, 2/4: *A-B-A*-Fuge, 149 Takte[26]

A regemäßige Exposition; das meiste Material vertauschbar; Dreiklangs- und Akkordbrechungen; wenig synkopiert; unterschiedliche Phrasenlängen
B kanonisches zweites Thema, kanonische Behandlung und Umkehrung des ersten Themas; wechselnde Tonalität, Moll, chromatisch; Synkopierungen
A *da capo*

Der Mittelteil mit seinen Engführungen, dem Modus, der Chromatik und den Phrasenlängen bildet einen Gegensatz zum ersten und letzten Teil. Typisch für Bachs späte kanonische Phrasen ist z. B. die Phrase T. 57–60 in der rechten Hand. Aus der wechselnden Tonalität des zweiten Themas entsteht ein neues chromatisches Kontrasubjekt zum ersten Thema (T. 69–72), das dessen Konventionalität in neuem Licht erscheinen läßt und es in T. 74 zu einer Moll-Umkehrung treibt. Der ausgedehnte Mittelteil enthält genau doppelt soviele Takte wie die Außenteile (vgl. die e-Moll-Fuge BWV 548). Dieser Teil tendiert in sich insofern zu einer gewissen Symmetrie, als die Engführungen am Beginn und Schluß von der rechten Hand eingeleitet werden, die mittlere Engführung von der linken, und die Umkehrung bzw. Mollfassung des ersten Themas fast genau auf der Hälfte (T. 74) einsetzt.

BWV 804

Duett III

Formale Charakteristika:

G-Dur, 12/8; Inventionsfuge, 39 Takte

Thema nicht chromatisch, nicht modulierend; rollende Sequenzfiguren; Staccato-Elemente; nicht vertauschbarer Baß

Obwohl Duett III der Form und den melodischen bzw. harmonischen Details nach von den Vier Duetten das einfachste ist, ist sein Konzeption ebenso ungewöhnlich wie die der anderen. Der ungebundene Baß zum Fugenthema ist selbst nicht thematisch, kommt in der rechten Hand nicht vor, führt nicht zu deutlichen Verarbeitungen, obgleich der Baß der Takte 6, 13–15 und anderer Stellen vermutlich abgeleitet ist. Es wäre vorstellbar, daß die Fugenbeantwortung mit Kontrasubjekt in T. 3–4 eine dritte gleichgeartete Begleitstimme haben könnte; indessen deutet nichts darauf hin, daß es sich um ein „verfehltes" Trio handelt. Als eine Art Inventionsfuge gleicht das

---

[26] 116 Takte plus *da capo* von T. 5–37

Stück am meisten der zweistimmigen *Invention* h-Moll BWV 786, die ihrerseits stärkere Ähnlichkeit mit manchen dreistimmigen *Sinfonien* (z. B. A-Dur BWV 798) hat als mit anderen zweistimmigen *Inventionen*.

Wie der Vergleich der Takte 3 und 9 zeigt, gibt es mehr oder weniger gelungene Versionen des vertauschbaren Kontrapunkts; am gelungensten im Stück ist jedoch wohl die Ausschöpfung rollender Sechzehntelfiguren im 12/8-Takt, die Ausschöpfung von Sequenzen (kurzen Sequenzen wie in T. 11, langen wie in T. 20–21; fallenden in T. 31–32, steigenden in T. 32–33) und regulären Fugeneinsätzen (regelmäßig in T. 16–18, enggeführt in T. 28–30). Wie die Duette IV und II bietet auch Duett III ein Beispiel für die tonale Beantwortung (T. 3); aber anders als im Duett II ist die tonale Beantwortung strenggenommen nicht „notwendig", und hier ergibt sich daraus ein stark verändertes Thema.

BWV 805

Duett IV

Formale Charakteristika:

a-Moll, 2/2; Fuge, 108 Takte

Fugenthema mit Themenkopf in Halben und Themen-„Schwanz" in Achteln; chromatische Elemente in Thema und Zwischenspielen; fast vollständig vertauschbar

Wie die Duette II und III präsentiert Duett IV eine tonale Beantwortung, die man für „notwendig" halten kann oder auch nicht. Alle vier Duette demonstrieren, wie *Dux* und *Comes* zu behandeln sind, wobei die Behandlung von einem Duett zum anderen wechselt. Der reale *Comes* bzw. die Beantwortung im Duett I ist ganz dominantisch; der tonale *Comes* der anderen Duette beginnt in der Tonika und erreicht die Dominante erst im weiteren Verlauf.

Obwohl Duett IV manchmal als „regelrechte Fuge" bezeichnet wird, weist es bestimmte Aspekte strenger Symmetrie auf: die Phrasen sind zwei-, vier- und achttaktig; der gesamte Kontrapunkt bis auf das Verbindungsstück zum letzten Themeneinsatz (T. 93–94) und die letzten fünf Takte ist vertauschbar; alle Einsätze (*Dux* und *Comes*) stehen entweder in der Tonika oder in der Dominante. Die anfängliche Engführung in T. 31–35 wird nicht weiterentwickelt, sondern kehrt in T. 94–97 vertauscht wieder. In der Gesamtanlage sind vielerlei Symmetrien zu beobachten:

T. 1 A_1 (l.H.), T. 9 A_1 (r.H.), T. 11 A_2 (l.H.), Tonika zu Dominante
T. 17 B_1 (r.H.), B_2 (l.H.), Sequenz von Subdominantparallele zu Tonikaparallele (C-Dur)
T. 26 C_1 (r.H.), C_2 (l.H.), Sequenz von Tonikaparallele (C-Dur) zu Tonika
T. 31 A_1 (Engführung beginnt in l.H.) Tonika; dann T. 33 A_1 (r.H.), T. 35 A_2 (l.H.), T. 41 A_1 (l.H.), T. 43 A_2 (r.H.), Tonika zu Dominante
T. 49 B_2 (r.H.), B_1 (l.H.), Sequenz von Dominante zu Dominantparallele (oder G-Dur)

T. 58 C_2 (r.H.), C_1 (l.H.), Sequenz von Dominantparallele (G-Dur) zur Dominante
T. 64 A_3 (r.H.), A_4 (l.H.), Sequenz zur Tonika
T. 70 A_1 (r.H.), T. 72 A_2 (l.H.), Abschnitt identisch mit T. 9–17
T. 78 B_2 (r.H.), B_1 (l.H.), Sequenz von Subdominante zur Tonikaparallele (C-Dur), T. 79–85 sehr ähnlich wie T. 18–24 (mit partieller Umkehrung)
T. 86 A_4 (r.H.), A_3 (l.H.), Sequenz zur Subdominante
T. 93 Überleitung
T. 94 A_1 (Engführung beginnt in r.H.) Tonika; dann T. 96 A_1 (l.H., die ersten beiden Töne von T. 94 genommen, jetzt augmentiert), T. 98 A_2 (r.H.)
T. 104 Coda

Die Chromatik verläuft dergestalt, daß bestimmte Töne aus harmonischen bzw. melodischen Gründen – nicht etwa zu Modulationszwecken – erniedrigt werden: II. Stufe (B in T. 4), VI. Stufe (As in C-Dur, T. 21–23), neapolitanische Sexte T. 105. Die modulierenden Passagen (T. 64ff., 87ff.) enthalten ebenfalls steigende chromatische Extratöne.

BWV 1027a

Trio G-Dur

Kein Autograph; Abschrift in Lpz. MB. Ms. 7,3 (Johann Nikolaus Mempell, vor 1740?). Transkription eines Satzes einer Kammersonate; siehe unten, auch BWV 1039,I,II.

Überschrift *Trio. ex. G♯. 2. Clavier et Pedal. di Bach.*

Der Satz ist eine Version für „zwei Manuale und Pedal" des *Allegro moderato* entweder aus der G-Dur-Sonate für Viola da gamba und Cembalo BWV 1027,IV (Autograph P 226) oder einer anderen Fassung desselben Werkes, einer Sonate für zwei Flöten und Continuo BWV 1039,IV, die aus späteren Abschriften bekannt ist. Man weiß nicht bestimmt, welche der beiden vollständigen Fassungen (BWV 1027 oder 1039) die frühere ist. Vielleicht stammen beide von einer ursprünglichen Triosonate für zwei Violinen ab[1]. BWV 1027a scheint jedoch nach BWV 1027 oder 1039 angefertigt worden zu sein[2], vermutlich nach letzterer Fassung[3], obwohl sehr zweifelhaft ist, ob Bach selbst die „Bearbeitung" vornahm[4]. Was Mempells Handschriften als Quelle für Trios angeht, siehe auch BWV 585 und 586.

Die Anordnung der Partitur

BWV 1027a	BWV 1027	BWV 1039
r.H. (d′–c‴)	Cembalo r.H.	Flöte I
l.H. (G–d″)[5]	Gambe, Oktave tiefer als	Flöte II
Pedal (C–cis′)	Cembalo l.H.	Continuo

läßt möglicherweise darauf schließen, daß BWV 1027a eher eine direkte Transkription von BWV 1027 als von BWV 1039 ist. Gleiches trifft auf die Gestaltung der Melodik zu. Ebenfalls vielsagend ist, daß sich z. B. der Gambeneinsatz in T. 89 von BWV 1027 mit der Baßlinie kreuzt. Die Baßlinie von BWV 1039 ist ein Mittelding zwischen BWV 1027 und 1027a, im allgemeinen jedoch ersterem ähnlicher. Der Vergleich der Baßlinien von BWV 1027 und 1027a stützt tatsächlich den Gedanken, daß die Pedalfassung eine *geschickte Vereinfachung des Basses* der Instrumentalsonate ist[6], d. h. sie wurde danach angefertigt. Dies mutet wahrscheinlicher an, als daß der Instrumentalbaß eine flüssigere und continuomäßigere Bearbeitung der Pedal-Linie ist. Außerdem weist Lpz. MB. Ms. 7 nicht nur diesen vereinfachten Baß für das Pedal auf, sondern vermeidet ebenso Töne über cis′, wie es bei Pedalen vielleicht üblich war.

[1] Hans Eppstein, *Studien über J. S. Bachs Sonaten für ein Melodieinstrument und obligates Cembalo*, Uppsala 1966, S. 157
[2] ders., *J. S. Bachs Triosonate G dur (BWV 1039) und ihre Beziehungen zur Sonate für Gambe und Cembalo G dur (BWV 1027)*, Mf 18/1965, S. 126–137
[3] Ulrich Siegele, *Kompositionsweise und Bearbeitungstechnik in der Instrumentalmusik Johann Sebastian Bachs*, Stuttgart 1975, S. 69
[4] NBA, Serie IV/5–6, Kritischer Bericht, S. 144
[5] d. h. sie geht unter das Tenor-c, anders als alle Sätze aus den „Sechs Sonaten" BWV 525–530
[6] Hermann Keller, *Die Orgelwerke Bachs*, S. 109

BWV 1027a

Von allen alleinstehenden Triosätzen ist BWV 1027a derjenige, der die größte Übereinstimmung mit den verschiedenen aus den „Sechs Sonaten" BWV 525–530 vertrauten melodischen, harmonischen und formalen Elementen aufweist. Ganz abgesehen von der ähnlich anmutigen Melodik und Phrasenlänge in den Manual-Linien zeigt das Pedal eine erhebliche Motiv-Vielfalt, und das Fugenritornell führt einfaches Zwischenspielmaterial auf sehr eigene Weise ein (vgl. T. 26 ff. mit BWV 530,I, T. 37 ff.) Andererseits findet nicht der gleiche durchdachte Stimmentausch statt (das Zwischenspiel in T. 26 hat dieselbe Anordnung wie in T. 111, was in den „Sechs Sonaten" unwahrscheinlich wäre). Wegen der „Pedalvereinfachung" geht der motivische Schwung des Mittelteils der Gambenfassung (T. 49 ff.) verloren, und der Baß wird etwas schwerfällig. Tatsächlich reduzierte der Bearbeiter das Gewicht der Takte 66 ff. sogar noch stärker und gab ab T. 115 den Versuch, die Sequenz in einen orgelmäßigen Stil zu übertragen, gänzlich auf und ließ in seiner Orgelfassung elf Takte zwischen T. 114 und 115 einfach aus. Nicht die geringste Überraschung ist indessen, daß die Baßlinie aufgrund der „Vereinfachung" keine Fugeneinsätze (T. 16, 97) mehr aufweist; sicherlich hätten sie wie in BWV 530,III für das Pedal modifiziert werden können, um so einen volleren Fugensatz zu schaffen, wie er sich in so vielen Schlußsätzen von Kammersonaten findet. Schließlich ähnelt die Pedalstimme zeitweilig stark dem Baß des Flötentrios, und dieser gleicht, wie die Anfangstakte zeigen, mehr einem Orgelbaß als der Continuo-Linie der Gambensonate:

Der Baß des Flötentrios enthält jedoch die langen Phrasen mit fortlaufenden Achteln, die sich im Baß der Gambensonate finden, und insgesamt betrachtet ist die Orgel-Pedalstimme viel weniger thematisch als die Baßstimmen der beiden Instrumentalsonaten.

BWV 1029, III

(Trio g-Moll)

Kein Autograph; einzige Orgelfassung London, British Library RCM 814 (Benjamin Cooke, ca. 1770).

Überschrift *Trio a 2 Clav: e Pedal*, zweites Thema *cantabile*.

Das Werk ist die Fassung eines Satzes, der bekannt ist als Schlußsatz der Sonate g-Moll für Viola da gamba und Cembalo BWV 1029, die ihrerseits möglicherweise eine Bachsche Bearbeitung eines dreisätzigen Konzerts für unbekannte Besetzung ist[1]. *Als Quelle für das Orgeltrio in BWV 545b wird also nicht BWV 1029/3 (siehe dort die Akkorde in Takt 93), sondern ein Streichtrio für verschiedene Instrumente anzunehmen sein*[2]. In RCM 814 steht das Trio zwischen Präludium und Fuge B-Dur BWV 545b, von beiden Sätzen jeweils durch ein kurzes Zwischenspiel getrennt (siehe BWV 545b). Die Geschichte dieser Fassung wird wahrscheinlich unsicher bleiben, es ist aber zumindest möglich, daß der Komponist selber für die Anordnung und Schlüsselung der drei Hauptsätze – einschließlich BWV 1029,III – verantwortlich war[3].

Die Fassungen unterscheiden sich in der Figurierung, der Länge (nur die Gambenfassung hat am Schluß eine Coda von zwei Takten) und anderen Einzelheiten. Zweistimmige Passagen deuten möglicherweise darauf hin, daß das Orgeltrio die Bearbeitung eines Streichtrios ist[4], wenngleich auch die Gambensonate selber höchstwahrscheinlich eine Bearbeitung darstellt[5]. Obwohl sich bei keiner von beiden Fassungen nachweisen läßt, daß sie eine Bearbeitung der anderen ist, fällt es doch schwer zu glauben, daß in Passagen wie der folgenden beide Fassungen gleichermaßen „authentisch" sind:

---

[1] Ulrich Siegele, *Kompositionsweise und Bearbeitungstechnik in der Instrumentalmusik Johann Sebastian Bachs*, Stuttgart 1975, S. 97ff.
[2] Dietrich Kilian in: *NBA*, Serie IV/5–6, Kritischer Bericht, S. 144, vgl. S. 302
[3] *J. S. Bach: Prelude, Trio and Fugue in B flat*, hg. von Walter Emery (*Novello Early Organ Music*, vol. 12), London 1959, S. VIII
[4] a.a.O.
[5] Hans Eppstein, *Studien über J. S. Bachs Sonaten für ein Melodieinstrument und obligates Cembalo*, Uppsala 1966, S. 119

BWV 1029

61

BWV 1029, III

BWV 545b, II

Daß die zweite Fassung wirklich für die Orgel gedacht ist, steht fest: die Pedal-Linie ist von der Art, die aus BWV 1027a (ebenfalls einer Orgelfassung eines Satzes einer Gambensonate) bekannt ist. Indessen ist die Sechzehntel-Linie der linken Hand in BWV 545,II nicht so interessant „motiviert" wie in der Gambenfassung BWV 1029,III und führt – wenn dies auch andererseits als Zeichen dafür genommen werden könnte, daß BWV 545,II eher früher als unecht war – zu einer räumlichen Aufteilung und einem Umfang der Stimmen, die den „Sechs Sonaten" fremd sind. Dazu kommt noch, daß die wiederholten Achtel der Oberstimmen bei der Transkription an dieser Stelle ihre Vorhaltsmelodik verloren haben.

Insgesamt ist die Orgelbearbeitung unter gründlicher Beobachtung des Mediums und insbesondere der Eignung für Pedal angefertigt worden. Das Fehlen eines durchdachten Stimmtauschs (T. 85 ff. = T. 61 ff.) und Unbeständigkeiten in der Stimmenbesetzung (vgl. T. 19 ff. und 69 ff.) deuten daraufhin, daß die Bearbeitung ein wenig ad hoc entstanden ist, vielleicht durch einen Schüler oder einen anderen Organisten, der mit manchen, doch nicht allen Einzelheiten des Bachschen Orgeltrio-Stils vertraut war. So wird das Fußwechsel-Motiv im Pedal unterschiedslos angewendet, wo immer Bewegung verlangt wird, anders als in den Durchführungsteilen z. B. des ersten Satzes der G-Dur-Sonate BWV 530, wo es wohlgesetzt erscheint. Daß es sich dennoch um die Bearbeitung eines authentischen Satzes handelt, die eigenständig ist und sich von der (späteren?) Gambenfassung unterscheidet, läßt sich aus einer Passage wie der folgenden schließen:

[Notenbeispiel: Gambensonate BWV 1029, III / Orgel BWV 545b, II, Takt 37ff.]

Der Orgelfassung fehlt hier zwar die motivische Einheit und der Schwung der Gambenfassung, sie besitzt aber ihre eigene Logik der Linienführung.

BWV 1039, I, II

(Trios in G-Dur)

Kein Autograph; Abschrift von BWV 1039,I in P 804 (Johann Peter Kellner), von BWV 1039,II in P 288 (zweite Hälfte 18. Jahrhundert).

Überschrift in P 804 *Trio in G♮, Adagio*, am Ende *Sequi Allegro* (es folgt aber kein weiterer Satz).

Die Sätze scheinen Fassungen für Tasteninstrumente zu sein, denen das *Adagio* und das *Allegro ma non presto* der Sonate für zwei Flöten und Continuo BWV 1039 zugrundeliegen[1]. Diese Sonate ist ihrerseits unter BWV 1027 als Fassung für Gambe und Cembalo bekannt (zu den Kammermusik-Fassungen siehe auch BWV 1027a). Drei von den vier Sätzen dieser Sonate existieren also in Versionen für Tasteninstrumente und sind über drei verschiedene Quellen verstreut. Daß sie in der Anordnung

---

[1] *NBA*, Serie IV/3, Kritischer Bericht, S. 50f.

und anderen Einzelheiten wie etwa der melodischen Gestaltung nicht BWV 1027, sondern BWV 1039 gleichen, läßt keine Rückschlüsse zu; die Fassungen für Orgel und für zwei Flöten können von einer gemeinsamen Quelle abstammen, denn diese Medien haben stilistisch und satztechnisch viel gemeinsam[2]. Obschon der Basso continuo von BWV 1039 für das Orgelpedal vereinfacht oder umgestaltet werden müßte (was sowohl in P 804 als auch in P 288 geschieht), steht er der Orgelsprache bereits näher als BWV 1027. Das trifft auch auf die räumliche Verteilung der Stimmen zu, obgleich die zweite Stimme in P 804 eine Oktave tiefer notiert ist. Auch das thematische Material von BWV 1039,II ist für die Orgel zugänglicher als das Material anderer schneller Sätze wie etwa aus der D-Dur-Gambensonate. Obwohl man sagen könnte, daß BWV 1039,I und II bestimmte Parallelen mit BWV 526,II und III aufweisen – einen vorbereitenden langsamen Satz mit modifizierter *A-B-A-B*-Form, auf den ein fugenartiger Ritornellsatz mit einem zweiten oder Mittelthema folgt – ist nicht bekannt, daß die beiden Sätze in irgendeiner vollständigen Orgelfassung gekoppelt worden wären. Noch ungewisser ist, ob die ganze Sonate BWV 1039 jemals in einer vom Komponisten oder jemand anderem verfertigten Orgelfassung existierte.

Noch ein weiterer Gesichtspunkt taucht bei den Bearbeitungen von Kammermusik für Orgel auf. In P 288 wird die Baßlinie vereinfacht, damit sie auf dem Pedal praktischer liegt und Töne über c′ vermieden werden.

Dagegen wird in den „Sechs Sonaten" (z. B. BWV 525,II, 529,III, 530,III) die vereinfachte Pedalversion eines zunächst im Manual hörbaren Themas als kompositorisches Mittel benutzt: sie bildet die Basis für Sequenzen und ist nicht bloß aus Bequemlichkeitsgründen vereinfacht – oder sieht zumindest nicht so aus.

---

[2] Es gibt anscheinend keinen Grund, warum die Flöte I in T. 1–13 von BWV 1039,II vorwiegend tiefer liegt als die Flöte II; zeigt diese Schreibweise vielleicht an, daß das Flötentrio auch eine Transkription ist?

BWV 1079, V

Sechsstimmiges Ricercar aus dem *Musicalischen Opfer*

Orgelpartitur: kein Autograph; Abschriften in P 667 (Johann Friedrich Agricola? 1720–74) und P 565 (18. Jahrhundert), Lpz. MB. Ms. R 16,3 (ca. 1800), P 289 (zweite Hälfte 18. Jahrhundert), Lpz. Go. S. 318a (1819).

Drei Systeme (in den ersten drei Quellen); Titel in P 667 *Ricercata a 6 Voci* [...] *sonabile sull'Organo col Pedale obligato.*

Trotz der Ähnlichkeiten zwischen dem *alla-breve*-Kontrapunkt von BWV 1079, V und dem Mittelteil der G-Dur-Fantasie BWV 572 und obwohl es wenigstens seit dem 16. Jahrhundert Tradition hatte, daß Organisten aus der Partitur spielten oder übten, gibt es keinen Beweis, daß das sechsstimmige Ricercar aus dem *Musicalischen Opfer* (wie das dreistimmige Ricercar und die Kanons in Lpz. Go. S. 318a) als unabhängiges Orgelstück mit Pedal komponiert wurde, und dies, obwohl die Quellen für die Orgelfassung – annähernd zeitgenössische, vielleicht mit dem schweigenden Einverständnis des Komponisten angefertigte[1] Bearbeitungen – von Wert sind. Wenngleich nun zwar die partiturmäßige Darstellungsweise der Orgelwerke BWV 769 und BWV 645–650 auch darauf hindeutet, daß den praktischen Ausführenden diese Schreibweise bekannt war und sie vermutlich aus solchen Partituren spielten, läßt andererseits darüber hinaus ein Vergleich mit der *Kunst der Fuge* – wenn überhaupt auf etwas – darauf schließen, daß in Partitur geschriebene verzierte Kontrapunktwerke nur für Manual gedacht waren. Offensichtlich war es möglich, kontrapunktische Werke auf der Orgel oder dem Cembalo zu spielen. Die entscheidende Frage dabei ist, ob es einen Beleg dafür gibt, daß die Baßlinie in eine Pedalstimme verwandelt werden durfte. Die „Hinzufügung" des Pedals (und vermutlich des 16'-Klangs) zur Baßlinie von BWV 1079, V entstellt die Eigenart des ursprünglich auf sechs gleich wichtige Linien verteilten Kontrapunkts. Darüber hinaus mußte Agricola die Baßlinie zugunsten des Pedals vereinfachen, indem er bestimmte Achtel usw. wegließ:

Durch diesen Vorgang wurde in diesem speziellen Zwischenspiel des Ricercars die Freiheit der Linienführung geschwächt.

---

[1] siehe Heinz Lohmann in der Ausgabe Breitkopf & Härtel Nr. 6584

BWV Anh. 46

Trio c-Moll

Kein Autograph; Abschrift in BB 12011 (Johann Ludwig Krebs), P 833 (zweite Hälfte 18. Jahrhundert, stützt sich auf BB 12011).

Überschrift von Johann Ludwig Krebs *Trio a 2 Clav: e Ped: di J. T. K.*

Obwohl der Satz in P 833 Johann Sebastian Bach und von jüngeren Autoren Johann Ludwig Krebs[1] zugeschrieben wird, scheint der Titel in BB 12011 überzeugend auf Johann Tobias Krebs hinzuweisen[2]. Die angenommene Ähnlichkeit mit dem Thema von BWV 585,I führt zu keinem Schluß hinsichtlich der Autorschaft, wie die Geschichte von BWV 585 deutlich bestätigt. Wenngleich in BWV Anh. 46 triosonatenartige Elemente enthalten sind, die an Sätze aus den „Sechs Sonaten" BWV 525–530 erinnern – dominantische Beantwortung einer Melodielinie in der Tonika, Motiv-Imitation, verkürzte Reprise –, sind andere Merkmale eher den verschiedenen Gruppen von Bach-Schülern zuzuschreiben, insbesondere das Schmerzliche der Melodik und das merkwürdige Vermeiden starker Kadenzen.

BWV [deest]

Fantasie c-Moll

Autograph: Andreas-Bach-Buch (ca. 1706? 1706–1709/10?)

Tabulatur; Überschrift *Fantasia ex C dis adagio.*

Daß diese Tabulatur von Bachs Hand geschrieben ist, wurde in jüngster Zeit nachgewiesen[1]. Daß die Komposition selbst von Bach stammt, ist jedoch weniger sicher nachweisbar, obwohl in einer Ausgabe des Werks von 1925 vermutet wurde, daß der anonyme Komponist der Quelle *einer der ganze großen Meister* sei (womit vielleicht Buxtehude gemeint war)[2]. Keller dachte, daß der chromatische Kontrapunkt des Werks der Canzona BWV 588 nahe genug stehe, um darauf zu verweisen, daß es sich um ein Werk aus Bachs Weimarer Zeit handeln könnte[3]. Ob es als Orgelstück anzusehen ist, hängt davon ab, wie Bachs frühe Kompositionen für Tasteninstrumente,

---

[1] Hermann Keller, *Die Orgelwerke Bachs*, S. 58
[2] Karl Tittel, *J. L. Krebs: Ausgewählte Orgelwerke*, Bd. I, Köln 1962

[1] Hans-Joachim Schulze, *Studien zur Bach-Überlieferung im 18. Jahrhundert*, Leipzig und Dresden 1984, S. 49f.; Dietrich Kilian, *Zu einem Bachschen Tabulaturautograph*, in: *Bachiana et alia musicologica: Festschrift Alfred Dürr*, hg. von Wolfgang Rehm, Kassel 1983, S. 161–67
[2] *Anonymi der Norddeutschen Schule: 6 Präludien und Fugen*, hg. von Max Seiffert, Organum IV/10, Lippstadt [1925]
[3] Hermann Keller, *Die Orgelwerke Bachs*, S. 71

besonders diejenigen kontrapunktischen Charakters, gegenwärtig verstanden werden: in Tabulatur ist auch das im Andreas-Bach-Buch unmittelbar vorausgehende Stück notiert, das c-Moll-Präludium BWV 921 (in Johann Christoph Bachs Handschrift). Die strenge Drei- bis Vierstimmigkeit des einen bildet eine Ergänzung zum *harpeggiando* und der freieren Vielfalt der (Cembalo-)Textur des anderen, und die Frage muß offen bleiben, ob es sich um zwei zusammengehörende Stücke handelte oder nicht (vgl. die *Fantasia und Imitation* BWV 563 im selben Buch). Ob die Fantasie letztlich ein Orgelstück ist oder nicht, es bliebe nach der Pedal-Linie zu fragen: ihr Einsatz als kontrapunktische Stimme könnte Pedal nahelegen (im Fall früher, wandlungsfähiger Werke)[4], doch das ganze Stück ist wie andere vergleichbare Werke (BWV 563, 588 usw.) auch nur manualiter spielbar.

Die Kriterien, die zum Erkennen der Authentizität und (noch mehr) der Chronologie früher Bach-Werke herangezogen werden, sind noch keineswegs sicher, aber es gibt keinen Zweifel daran, daß die Fantasie in weiten Teilen mit stilistischen Einzelheiten (einschließlich der Vergleiche mit Böhm), die oben in den Bemerkungen zu BWV 563 festgestellt worden sind, übereinstimmt. Der melodische Charakter in den Takten 20–22 zum Beispiel steht demjenigen der Sonate D-Dur BWV 963,I (in P 804) nahe, so wie die imitierende Stelle bei T. 37ff. an BWV 563 erinnert. Der nicht ganz vollständig imitierende Kontrapunkt (siehe T. 1ff., 11ff., 44ff.) ist ungewöhnlich und auf den ersten Blick nicht ganz zulänglich und beherrscht, aber im Verhältnis zu BWV 563 oder dem Choral BWV 724 (Tabulatur im Andreas-Bach-Buch) ebenso wie zum g-Moll-Präludium BWV 535a und der Passacaglia BWV 582 steuert die Fantasie eine deutlich eigene Art des Kontrapunkts bei und hilft, die Übersicht über die kontrapunktischen Vorstellungen zu vervollständigen. Selbst die von Keller bemerkten chromatischen Elemente bieten einen interessanten Unterschied zu denjenigen in der Canzona BWV 588, wo die chromatische Linie (ein reguläres Fugenthema) aus einer konventionellen chromatisch ausgefüllten Quarte besteht. Dennoch hatte der Komponist noch viel über die Phrasenbildung und die Plazierung von Ganzschlüssen zu lernen, die hier ziemlich willkürlich wirkt (T. 17–18, 21–22, 25–26, 31, 35–36, dann zwei unterbrochene Kadenzen in T. 43 und 52).

---

[4] so bei Kilian, a.a.O., S. 167

Glossar

Acciaccatura: *ein köstliches und bewunderungswürdiges Geheimnis*[1], das den Clavierspieler in die Lage versetzt, Akkorde durch das Hinzufügen von (kurzen) harmoniefremden Tönen anzureichern. Siehe auch BWV 572.

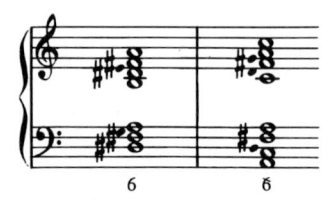

Francesco Gasparini, *L'armonico pratico al cimbalo* (Venedig 1708)

Affekt: ein insbesondere von heutigen Autoren verwendeter Ausdruck, um in verschiedenen Repertorien vom Frühbarock bis zum empfindsamen Stil Carl Philipp Emanuel Bachs und seiner Zeitgenossen die „Gesamtstimmung" einer Komposition bzw. ihren Charakter, der im Hörer bestimmte Gemütsbewegungen auslöst, zu bezeichnen. Das Wort „Affekt" war vermutlich eine Eindeutschung von *affetto*, einem Ausdruck, der oft von den Anhängern der *seconda prattica*, dem neuen expressiven Kompositionsstil in Italien um 1600 nach der Ära des kontrapunktischen Madrigals, benutzt wurde. In der jüngeren Literatur wird dem Affektbegriff in den Werken barocker Komponisten und Theoretiker nachgegangen, speziell im Hinblick auf solche eine „Stimmung" schaffenden musikalischen Faktoren wie Tonarten und bestimmte *figurae* (siehe unten)[2]. 1746 gebrauchte Johann Gotthilf Ziegler das Wort in Verbindung mit Johann Sebastian Bach, als er berichtete, Bach hätte ihn gelehrt, Choräle (Kirchenlieder oder Orgelchoräle?) *nicht nur so oben hin, sondern nach dem Affect der Wortte* zu spielen[3]. Siehe auch BWV 534.

alla breve: strenggenommen ein Ausdruck aus der spätmittelalterlichen Mensuralnotation zur Bezeichnung von Kompositionen, in denen die Taktzeit (*tactus*) die Brevis und nicht (wie üblich) die Semibrevis ist – später 2/2 statt 4/4, d. h. ein schneller Zweiertakt. Spätestens jedoch ab 1700 bezeichnete der Ausdruck in der Praxis einen bestimmten vokalen oder instrumentalen Kompositionsstil, der sich durch einen lebhaften Halbe-Schlag, bestimmte rhythmische Elemente (Achtel-Daktylen, Kontrasubjekte in Vierteln usw.) und besondere Details der Melodik auszeichnete und dessen Elemente sich (zumindest theoretisch) letztlich aus dem Kontrapunkt des ausgehenden 16. Jahrhunderts herleiteten, den Johann Joseph Fux in seinem *Gradus ad Parnassum*[4] verherrlicht hatte. Siehe auch BWV 589.

alla stretta: siehe Engführung

Anapäst: siehe *figura corta*

---

[1] Francesco Geminiani, *A Treatise of Good Taste*, London 1749, S. 4 (*a delicate and admirable secret*)
[2] Rolf Dammann, *Der Musikbegriff im deutschen Barock*, Köln 1967, besonders Kapitel 2 und 4
[3] *Bach-Dokumente*, Bd. II, S. 423
[4] Wien 1725

Glossar

Appoggiatura: ein klangfremder Ton, der sich an den nächsten Ton (ab- oder aufwärts) „lehnt". Obwohl seit etwa 1675 Theoretiker, die sich mit den Verzierungen beschäftigten, den melodischen Attributen dieses Mittels – Natur und Zweck, Notation und Interpretation – eine breite Aufmerksamkeit widmeten, wird seine harmonische Bedeutung, besonders als Zeichen einer musikalischen Weiterentwicklung, nicht oft aufgezeigt. Die französisierten melodischen Appoggiaturen von BWV 562,I führen bereits zu vier- und fünfstimmigen Harmonien, die der Dreiklangsharmonik von Buxtehude und Bruhns weit voraus sind, wogegen die akkordischen Appoggiaturen von BWV 546,I und 552,I (einfache Effekte, die wie „Vorhaltswiederholungen" aussehen) ein sehr wichtiges Merkmal der Hauptthemen bilden. Bei Harmonien wie in BWV 562,I ist wohl der Ausdruck „Appoggiatur-Klang" angemessen im Unterschied zu dem noch bedeutsameren „Klang mit betonter Durchgangsnote", der für so viele Vorspiele des *Orgelbüchleins* (z. B. BWV 600) typisch ist.

Akkordbrechung: ein Ausdruck zur Bezeichnung von Figuren wie im folgenden Beispiel

im Unterschied zu arpeggierten oder zeitlich „gespreizten" Akkorden (d. h. solchen, vor denen eine senkrechte Wellenlinie steht). Viele Theoretiker[5] bezeichneten all diese Erscheinungsformen von Akkorden als *arpeggio*.

Basso continuo: siehe *Continuo*

brisé: ein (vermutlich moderner) Terminus mit mehreren Bedeutungen: eine abgesetzte („gebrochene") Bogentechnik des Violinspiels im 18. Jahrhundert (*détaché*); eine Verzierung (Doppelschlag); insbesondere aber eine im 17. Jahrhundert verbreitete Art, auf dem Cembalo oder der Orgel Akkorde zu „brechen" in Nachahmung der weichen Arpeggierung der Lautenisten und Gitarristen in improvisierten Vorspielen oder in Suitensätzen. Als Beispiel siehe BWV 599. An den Kadenzstellen der einzelnen Abschnitte z. B. von BWV 538,I wird dieses Mittel ebenfalls, aber in sehr konventioneller Weise, benutzt (und trägt des weiteren zu dem ohnehin „antikisierenden" Beigeschmack dieser Toccata bei).

Brustwerk (*Bw*): die kleine Windlade (mit eigenem Manual), die kompakt im Gehäuse über den Tasten und unter dem Hauptwerk „in der Brust" der Orgel sitzt. Allerdings hat Johann Gottfried Walther darauf hingewiesen[6], daß diese Lade auch über dem Werk plaziert sein konnte, d. h. als das andernorts so genannte Oberpositiv. Obwohl das Brustwerk auch ein oder zwei durchdringende Soloregister haben konnte, war es doch, wenn überhaupt vorhanden, immer das kleinste Werk einer zwei-, drei- oder viermanualigen Orgel, wo es oft dem Continuo-Spiel diente.

---

[5] z. B. Johann David Heinichen, *Der Generalbass in der Composition*, Dresden 1728; Johann Mattheson, *Grosse General-Bass-Schule*, Hamburg 1731

[6] *Musicalisches Lexicon*, Leipzig 1732, Stichwort *Brust*

Glossar

cantus firmus: eine vorgegebene Melodie, die durch Hinzukomponieren neuer Stimmen zur Basis eines Kontrapunktsatzes wird. Obgleich sowohl in der Orgel- als auch in der Vokalmusik Bachs normalerweise eine klare Trennung zwischen Stükken besteht, die auf einem Cantus firmus basieren oder die einen solchen enthalten, und Stücken, für die das nicht zutrifft, ist in einigen Fugen der *Kunst der Fuge* das Thema so augmentiert, daß es an einen Cantus firmus erinnert.

caput: siehe Themenkopf

Continuo oder *Basso continuo*: Baßlinie eines Ensemblestücks, figuriert oder nicht, die erfordert, daß der Clavierspieler sie bei der Ausführung harmonisieren soll. Diese Baßlinie ist durch bestimmte Einzelheiten charakterisiert: z.B. wird sie ein einfaches Baß-Fundament zu den von anderen Instrumenten gespielten Linien einschließen oder sogar nur daraus bestehen; in den meisten Fällen wird sie so gut wie keine Imitationen enthalten, auch wenn sie noch so lebhaft ist. In Stücken für Orgel solo kann man meist zwischen einer thematischen Pedal-Linie und einer „Continuo-Linie" unterscheiden. In ein und derselben Werkgruppe (z. B. BWV 645 und 647) oder sogar innerhalb desselben Satzes (z. B. BWV 769,V) kann die Pedal-Linie abwechselnd „orgelmäßig" und „continuomäßig" sein, besonders in so außergewöhnlichen, späten Stücken.

Daktylus: siehe *figura corta*

durezza: ein Ausdruck, mit dem italienische Komponisten[7] Tastenmusik bezeichneten, zu deren Prinzip es gehörte, Dissonanzen einzubeziehen, z. B. Sekunden und Nonen enthaltende Vorhalte:

Capriccio di durezza (Girolamo Frescobaldi, *Capricci*, 1626)

Der Stil fand im ausgehenden 17. Jahrhundert besonders unter deutschen Komponisten, die mit Frescobaldis Vermächtnis vertraut waren, eine weite Verbreitung. Ob ein Stück dem *durezza*-Stil zuzurechnen ist oder nicht, ergibt sich oft nur aus einem graduellen Unterschied. Aber in den meisten Fällen ist es klar, ob z. B. Buxtehude oder Pachelbel den Stil bewußt übernimmt. Siehe auch BWV 555.

Engführung: Imitation *alla stretta* oder enge Imitation. Im modernen Gebrauch bezieht sich „Engführung" auf mehrere Techniken, die miteinander verwandt sind und von denen manche einen Höhepunkt bilden: eine unvollständige Imitation ein und desselben Themas (z. B. BWV 543,II), einen Pseudo-Kanon (z. B. verändertes Thema in der Engführung am Ende von BWV 541,II) oder eine enge oder kanoni-

---

[7] z. B. Giovanni Maria Trabaci, *Ricercate* [...] *Toccate di durezze e ligature* [...], Neapel 1603

sche Imitation entweder des Themas oder des Zwischenspiel-Materials (z. B. BWV 538,II). Am Ende von BWV 769,V signalisiert *alla stretta* eine Kombination von vier Themen und mindestens drei Ableitungen.

en ravalement: ein Terminus aus dem 18. Jahrhundert, der in der modernen Ausdrucksweise die Unterschreitung des Orgelumfangs unter C bezeichnet, gewöhnlich für das Zungenregister einer klassischen französischen Orgel (z. B. bis Kontra-F in St. Quentin, 1697). *Clavecin à grand ravalement* ist ein Ausdruck des 18. Jahrhunderts für ein Cembalo mit fünf Oktaven (Kontra-F bis f''') im Unterschied zum älteren Umfang C-c''' oder C-d'''. *Ravalement* tauchte als Ausdruck vermutlich zuerst in Orgel-Kontrakten oder anderen Dokumenten auf. Es ist nicht immer klar, ob hier eine „vollständige Baßoktave" (z. B. mit Cis, Dis usw.) gemeint war oder „weitere Töne unter C" (Kontra-H, Kontra-A usw.). Siehe auch BWV 572.

en taille: ein Ausdruck, der sagen will, daß ein Solo oder eine Melodielinie „in der Tenorstimme" liegt. In der klassischen französischen Orgelmusik werden die höchst charakteristischen Tenor-Soli der linken Hand mit einem Terz- oder Krummhorn-Register gespielt[8]. Einige typische französische *en taille*-Figurationen (Skalen, Verzierungen, lebhafte Läufe in der Kadenz usw.) finden sich in BWV 663.

figura: eine „Figur" oder kurze Notengruppe nach einem der Modelle, die von Theoretikern wie Wolfgang Caspar Printz[9] und Johann Gottfried Walther[10] als solche erkannt und aufgelistet wurden und die offenkundig die Basis vieler Werke Bachs bilden; siehe auch *figura corta* und *suspirans*. Selbst eine so bekannte Figur wie das achttönige Modell im folgenden Beispiel

Jan Pieterszoon Sweelinck, *Fantasia chromatica*

– verwoben in so viele Satztypen von Bach (siehe BWV 537, II; 546, II), daß sie fast als Signum gilt –, hatte im 17. Jahrhundert einen eigenen Namen: *minuta*.

figura corta: eine der wichtigsten Figuren, die z. B. in Walthers *Lexicon*[11] nach zwei Formen unterschieden wird – ♫♪ und ♪♫ – d. h. Daktylus und Anapäst. Im *Orgelbüchlein* werden diese Figuren sehr abwechslungsreich eingesetzt: Anapäst auf der Taktzeit (BWV 610), Daktylus auf der Taktzeit (BWV 616) und ein mehrdeutiger Rhythmus, der daktylisch aussieht, aber eine andere Phrasierung zu verlangen scheint: ♫|♪ ♫♪ ♫♪ (BWV 629). Schon allein die Anordnung der von Bach in seinen Orgelwerken systematisch verwendeten Figuren kann darauf hindeuten, daß sie auch nach einer systematisch variierten Ausführung verlangen.

---

[8] Nicolas Lebègue, 1676
[9] *Phrynidis Mytilenaei oder des satyrischen Componisten anderer Theil*, Leipzig und Dresden, 2. Ausgabe 1696
[10] *Praecepta der musikalischen Composition* [1708], hg. von Peter Benary, Leipzig 1955
[11] Leipzig 1732

Glossar

Fußwechsel: damit ist eine (um 1750 altmodische) Pedaltechnik gemeint, in der sich in charakteristischen Figurationen die Füße abwechseln; siehe z. B. BWV 531,I. In solchen „frühen" Stücken deutet das Wechselspiel der Füße auf zwei wichtige Faktoren hin: 1. bei dieser Spielweise sind nur die Zehen oder Fußspitzen beteiligt, nicht aber die Ferse; 2. Baßlinien, die offensichtlich nicht auf diese Weise zu spielen sind, mögen vom Komponisten ursprünglich durchaus nicht als Pedalstimmen geplant gewesen sein (z. B. BWV 531,II, T. 36 im Vergleich zu T. 23), unabhängig davon, wie spätere Kopisten oder Herausgeber sie verstanden haben.

galant: ein Ausdruck, der ins 18. Jahrhundert gehört (siehe eine Bemerkung zu den Trios S. 30), aber heutzutage – augenscheinlich in spezifischerem Sinne als damals – auf die leichte, elegante Musik um die Mitte des 18. Jahrhunderts angewendet wird und eine Hinwendung zu neuen öffentlichen Aufführungsmöglichkeiten außerhalb des kirchlichen Rahmens widerspiegelt, für den selbst noch Carl Philipp Emanuel Bach weiterhin Kompositionen im *alla-breve*-Stil und anderen älteren Stilarten schrieb.

grand jeu: eine typisch französische Orgelregistrierung, spätestens seit dem frühen 17. Jahrhundert bekannt, bestehend aus dem Zungenplenum mit Kornett, Prästant 4', Terz und anderen Registern, die (als die Praxis zur Regel geworden war) im *plein jeu*, das aus dem Prinzipalchor einschließlich der Mixturen bestand, nicht verwendet wurden. Während sich die Theoretiker von Mersenne (ca. 1625) bis Bedos de Celles (ca. 1775) selten in der Beschreibung des *grand jeu* oder des *plein jeu* einig waren oder darin, was dazugehörte, stimmten sie im allgemeinen darin überein, welcher Art Musik diese Registrierung diente bzw. welche Stücke dafür geschrieben waren: Fugen und andere kontrapunktische Kompositionen für das *grand jeu*, dichte homophone Werke (gewöhnlich mit einem gewissen Ausmaß an *durezze e ligature*) für das *plein jeu*, ob nun der großen Orgel oder des Positivs (*petit plein jeu*). Siehe auch BWV 532.

Hauptwerk (*Hw*): die Hauptlade und das Hauptmanual der Orgel im Unterschied zum Rückpositiv usw. Obwohl der Ausdruck im frühen 17. Jahrhundert bekannt war, wurde noch in vielen (musikalischen, theoretischen, archivarischen) deutschen Quellen aus dem 18. Jahrhundert „Oberwerk" zur Bezeichnung dieses Manuals benutzt, so auch in BWV 720 und in den anderen Registrieranweisungen Bachs und/oder seiner Kopisten. Spätestens seit Praetorius (1619) bezog sich „Oberwerk" auf das Hauptmanual, das (anders als das Rückpositiv) oberhalb des Spielers angebracht war. Indessen behielten frühere niederländische Orgelbauer und einige Nachfolger in den Hansestädten den Ausdruck „Oberwerk" zur Unterscheidung eines zweiten Hauptwerks bei, das über dem eigentlichen Hauptwerk angebracht war, damit eine zu tiefe Lade vermieden wurde. In der norddeutschen Orgelmusik wurde das Oberwerk als Echomanual zum Rückpositiv verwendet und nicht umgekehrt, vermutlich weil es weiter von den Zuhörern im Kirchenschiff entfernt war. Um ca. 1710 setzte in Mitteldeutschland bei Orgelbauern wie Gottfried Silbermann ein Bedeutungswandel ein, wobei mit „Oberwerk" immer mehr ein untergeordnetes (aber oben sitzendes) Manual gemeint war, das das veraltete Rückpositiv ersetzte.

Hexachord: eine Skala von sechs diatonischen Tönen, gewöhnlich mit Halbton zwischen dem mittleren Paar (c-d-e-f-g-a). Im 18. Jahrhundert gehörte das Hexachord theoretisch und praktisch nicht mehr zu den handwerklichen Mitteln. Aber Clavierspieler, die noch nicht gelernt hatten, in Oktavintervallen bzw. -identitäten zu üben und zu denken, bemerkten wahrscheinlich eher die Anspielung auf das Hexachord, z.B. im Anfangstakt von BWV 769.

inversus: Terminus zur Bezeichnung einer Melodielinie oder Figur, deren ursprüngliche („richtige", *rectus*) Intervalle in der Umkehrung erscheinen und eine neue Linie erzeugen, die steigt, wo die *rectus*-Linie fällt und fällt, wo die *rectus*-Linie steigt.

motorisches Thema: ein Ausdruck, den manche Autoren des 20. Jahrhunderts auf solche langen oder ziemlich langen Fugenthemen des 17. Jahrhunderts anwenden, die aus lebhaften Sechzehntelfiguren (Tonwiederholungen, gebrochenen Akkorden, Motivwiederholungen, Arpeggierungen usw.) gebaut sind. Die Themen von BWV 532,II und 575 haben solche von Pausen unterbrochenen motorischen Elemente. Wenngleich motorische Figuren charakteristische Fugenthemen hervorbringen, die – vielleicht von Matthias Weckmann eingeführt[12] – mit den norddeutschen Organisten assoziiert werden, sind diese auch für italienische Cembalo-Toccaten der gleichen Zeit typisch.

neapolitanische Sexte: ein nachträglich geprägter Terminus zur Bezeichnung einer Kadenzfortschreitung,

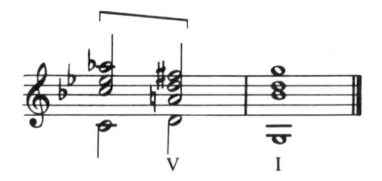

die mit neapolitanischen Komponisten seit mindestens ca. 1675 in Verbindung gebracht wird und sich von „französischen" und anderen Sexten unterscheidet. Obwohl sie ihren Ursprung vermutlich in chromatischen Passagen hatte, die die traditionelleren Harmonien des *passus duriusculus* zugunsten eines besonderen Effekts oder einer Stimmung in Textkompositionen weiterentwickelte, verwendete Bach sie in seiner früheren Claviermusik aus einer Gewohnheit, die er sich vielleicht von Georg Böhm angeeignet hatte. Siehe BWV 564,II.

notes inégales: eine „ungleiche" Spielweise gleich notierter Achtel (oder Sechzehntel in einem Satz in mäßigem Tempo), die als Artikulations- oder Spielmethode im späten 16. Jahrhundert aufkam und mit der höchst kodifizierten Praxis der klassischen französischen Komponisten seit Lully verbunden ist. Das Ausmaß, in dem einzelne Sätze von Bach in dieser Weise behandelt werden „sollten", ist umstritten. Es ist jedoch immerhin wahrscheinlich, daß *notes inégales* eher aus der Spielweise – oder sogar der Spielmethode – des betreffenden Instruments entstanden als aus einem Bedürfnis nach schwankendem Rhythmus.

---

[12] Willi Apel, *Geschichte der Orgel- und Klaviermusik bis 1700*, Kassel 1967, S. 599

Glossar

Oberwerk (*Ow*): siehe Hauptwerk

Orgelpunkt-Toccata: ein moderner Ausdruck zur Bezeichnung derjenigen Orgeltoccaten, die insbesondere mit mittel- und süddeutschen Komponisten in Verbindung stehen (und die vermutlich letztlich auf dem Typus der *toccata sopra i pedali* basieren, die in Frescobaldis *Secondo Libro di Toccate*, Rom 1637, vorkommt). In diesen Toccaten spielen die Hände ein Motivgewebe über einer Reihe von Orgelpunkten, die ihrerseits häufig einem deutlichen und bis zu einem gewissen Grad normierten harmonischen Modell folgen (Tonika – Dominante – Subdominante – Tonika usw.). Frescobalis eigene Orgelpunkte folgen einander gewöhnlich nicht in einer so direkten diatonischen Anordnung.

Ostinato: eine hartnäckige, „obstinate" Phrase, gewöhnlich – wenn auch nicht notwendig – im Baß, die beharrlich im ganzen betreffenden Stück wiederkehrt. Typische Phrasen siehe in BWV 582 (T. 153 ff., Manualstimmen). Der Ausdruck wird häufig auch zur Bezeichnung einer Komposition über eine solche Phrase benutzt. Der „harmonische Ostinato" bezeichnet einen Akkord oder eine Gruppe von Harmonien, die in der gleichen Weise wiederholt oder immer wieder eingeführt werden. Wenn die Gruppe auf einer anderen Stufe der Tonleiter wiederholt würde (z. B. die vorletzte Passage in BWV 544, II), ergäbe sich die Wirkung einer Sequenz, allerdings eher harmonisch als melodisch.

Paraphrasierungstechnik: ein moderner Ausdruck, der sich auf die verzierte Behandlung eines Themas oder eines Cantus firmus bezieht, woraus eine neue Melodielinie hervorgeht, in der – zumindest auf dem Papier – das ursprüngliche Thema zu erkennen ist. Während Beispiele von Böhm und Buxtehude dazu tendieren, die Töne des Originalthemas auf den Haupttaktzeiten zu belassen – d. h. das Thema ist noch wiedererkennbar, weil seine Töne nicht versprengt, sondern nur durch Verzierungen getrennt sind –, werden in den Beispielen von Bach in der *Clavierübung* III und andernorts künstliche Verfeinerungen unterschiedlichen Ausmaßes angebracht. Siehe BWV 675–677, 681–682.

passaggio: Passagenwerk oder Figurationen für wechselnde Hände (gewöhnlich in Sechzehnteln), womit ein Vorspiel beginnt und die Tonart befestigt wird. Siehe BWV 535a und das ähnliche Material am Ende des Chorals BWV 739.

passus duriusculus: ein „etwas harter Gang" oder, als musikalisches Wortspiel, ein „Passus teils in Dur" und teils in Moll. Ein Terminus, den einige Musiker des 17. Jahrhunderts (Christoph Bernhard) aus der Rhetorik übernommen haben als Etikett für bestimmte musikalisch-technische Mittel einschließlich der absteigenden Chromatik:

(Beispiele siehe auch in BWV 131a, 537, II, 588, 614.)

Daß der *passus duriusculus* häufig mit Dorisch auf D oder d-Moll – verwandt dem *tonus primus*, der von den mittelalterlichen Modi überlebt hat – assoziiert wird, spiegelt vielleicht das traditionelle Element des *passus duriusculus* im 17. und 18. Jahrhundert wieder.

per giusti intervalli: strenggenommen ein Ausdruck, der nur auf einen Umkehrungskanon angewendet wird, der „durch genaue Intervalle" zustandekommt, d. h. einen Kanon, bei dem sich die Umkehrungsform in ganz genau denselben Intervallen bewegt wie die Grundform, nur in umgekehrter Richtung (steigt z. B. die Grundform eine kleine Terz, fällt die Umkehrung eine kleine Terz, nicht eine kleine oder große Terz je nachdem, wie es harmonisch gerade paßt). Es gibt Beispiele dafür in Bachs späten Werken (BWV 769, V, T. 1–27, *Musikalisches Opfer* BWV 1079, IX), aber in freieren Sätzen ist die kanonische oder imitierende Umkehrung gewöhnlich nicht genau (z. B. BWV 547, II, T. 34–38: anscheinend hat die annähernde Umkehrungsform dieses Themas seine chromatische Verwandlung im späteren Verlauf der Fuge angeregt).

Permutationsfuge: eine moderne Bezeichnung für eine Fuge, bei der alle am Ende der Exposition beteiligten Stimmen bei allen folgenden Themeneinsätzen in verschiedenen Kombinationen mit vertauschtem Kontrapunkt wiedererscheinen müssen. In einer vierstimmigen Fuge ist es so, als ob es drei Kontrasubjekte gäbe, die allesamt deutlich zu unterscheiden sind und als Baßlinie fungieren können, wenn die Permutation das verlangt. Siehe auch BWV 131a, 582, II und 596, II.

Perpetuum mobile: ein Ausdruck aus dem 19. Jahrhundert, der ein Musikstück mit ununterbrochener Bewegung in lebhaftem Tempo (z. B. ununterbrochenen Sechzehnteln im *Allegro* oder *Presto*) kennzeichnet. Analog dazu wird der Ausdruck auf einen ausgeprägten Typ des Fugenthemas angewendet, der von den Komponisten des ausgehenden 17. Jahrhunderts zur Norm erhoben wurde (siehe „motorisches Thema"). Offensichtlich eignet sich die pausenlose Bewegung gut für Cembalo-Fugen. Siehe BWV 855, II und 944, II.

phrygische Kadenz: ein moderner Terminus für diejenige Kadenz, in der der Baß einen Halbton fällt in Analogie zur Kirchentonart auf E (phrygisch):

Während diese Art der Kadenz um 1700 zur italienischen Formel für den Halbschluß vor einem lebhaften Satz in der Kammersonate und anderswo (siehe auch BWV 537, I) geworden war, hat sie, wenn sie in Sätzen der *Clavierübung* III erscheint, einen stärker schließenden und „modalen" Charakter.

plein jeu: siehe *grand jeu*

Positiv (*Pos*): das Manual oder Werk einer Orgel, das den kleineren, transportierbaren Orgeln oder „Kammer"-Orgeln ähnelt (und vielleicht daher kommt). Streng genommen trifft die Bezeichnung auf jedes kleinere Manual der Orgel zu (Brustpositiv, Rückpositiv, Echo-/Unter-/Seitenpositiv), und es ist nicht anzunehmen, daß Kopisten, die Orgelstücke mit Registrieranweisungen versahen, mit *Pos* das

Rückpositiv meinten, das nur bei wenigen neuen Orgeln in Mitteldeutschland nach 1700 zu finden war. Ganz allgemein bezeichnet der Ausdruck ein untergeordnetes Manual.

Quintenzirkelsequenz: eine verbreitete Sequenz, die im Lauf des 17. Jahrhunderts allmählich zur Norm wurde und auf einer Harmoniefolge basiert, die im Verhältnis Dominante–Tonika oder Tonika–Dominante steht:

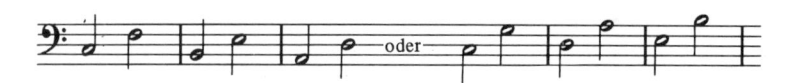

Von beiden Möglichkeiten ist die fallende Sequenz (bei der jedes Akkordpaar aus Dominante–Tonika besteht, nicht umgekehrt) stärker verbreitet.

rectus: siehe *inversus*

Rückpositiv (*Rp*): die kleine Orgel, die im Rücken des Organisten angebracht ist, gewöhnlich außen vor der Balustrade der Empore, von wo sie direkter, unmittelbarer und schärfer zur versammelten Gemeinde spricht als das Hauptwerk oder das Oberwerk. Seit dem frühen 18. Jahrhundert verzichteten wichtige deutsche Orgelbauer wie Silbermann auf das Rückpositiv und übertrugen seine Funktion für Solo und Continuo und als farbiges und kontrastierendes Manual auf das Oberwerk.

signum congruentiae: „Zeichen der Übereinstimmung", ein kleines graphisches Zeichen, das sich zunächst in den einzelnen Vokalstimmen bestimmter spätmittelalterlicher Quellen findet und einen Punkt der Übereinstimmung anzeigt, an dem sich in diesem Moment die verschiedenen Stimmen treffen (z. B. antwortet eine andere Stimme kanonisch oder setzt aus). In Erweiterung dessen ist das *signum congruentiae* ein Zeichen, das den Ausführenden warnt: „Hier geschieht etwas Besonderes".

Spielthema: moderne Bezeichnung für das „spielerische Thema", das eine der erkennbaren Familien von Fugenthemen ausmacht, die am Ende des 17. Jahrhunderts in gewissem Umfang zur Norm geworden waren, besonders bei den Norddeutschen. Fugenthemen wie die von BWV 575, 577 und 578 enthalten Elemente des Spielthemas (gebrochene Akkorde, lebhafte Rhythmik, lange Ausdehnung).

suspirans: eine der landläufigsten aller *figurae*, die mit einer Pause oder einem „Seufzer" beginnt:

Obwohl die Termini und ihre Abgrenzungen bei Theoretikern wie Printz und Walther nicht immer klar sind, scheint es, daß die *suspirans* und die *figura corta* (siehe ebenda) beide eine ihnen eigene Form haben, die sich prinzipiell von der *tirata*, dem *circolo*, *tremolo*, *groppo* und der *messanza* unterscheidet:

tirata   *circolo*   *tremolo*   *groppo*   *messanza*

Tetrachord (diatonisch und chromatisch): siehe *passus duriusculus*

Themenkopf: ein Begriff, der für ein Anfangsmotiv eines Themas geprägt wurde, das besonders auffallend oder zumindest vom übrigen Thema deutlich abgesetzt ist. In der spätitalienischen Musiktheorie[13] wurden die lebhaften Teile eines Fugenthemas *andamento* genannt im Unterschied zum *attacco* (einem Nebenmotiv, das sich imitieren ließ). In manchen Fällen scheint *soggetto* (Subjekt) den „Themenkopf" oder das *tema* im Unterschied zum lebhaften Themen-„Schwanz" zu bezeichnen.

vertauschbarer Kontrapunkt: ein Kontrapunkt, der so komponiert ist, daß jede Stimme die höhere oder tiefere bzw. in Stücken mit mehr als zwei Stimmen die höchste oder tiefste sein kann. Eine derartige Vertauschung der Stimmen wird erreicht, indem die eine oder andere Stimme von Fall zu Fall eine Oktave (oder zwei) höher oder tiefer transponiert wird.

---

[13] Giovanni Battista Martini, *Esemplare o Saggio fondamentale pratico*, Bologna 1774/75

Zeittafel

Kursive Zitate sind dem Nekrolog oder anderen in den *Bach-Dokumenten* I-III enthaltenen zeitgenössischen Dokumenten entnommen.

1685–1700	1. Eisenach. Bach lernte möglicherweise von Johann Christoph Bach (Vetter des Vaters), Organist an der Georgenkirche, das Orgelspiel. 2. Ohrdruf. Wurde vielleicht von seinem Bruder Johann Christoph Bach (einem Pachelbel-Schüler) unterrichtet.
März 1700	Lüneburg. Chorsänger an der Michaeliskirche; möglicherweise Orgelstunden dort oder an der Nikolai- oder Johanniskirche (wo Georg Böhm Organist war). Während seines Aufenthaltes dort soll er *zuweilen* nach Hamburg gereist sein, um Reincken zu hören.
ca. 1700	Lernte am Hof in Celle (Kapelle des Herzogs von Braunschweig-Lüneburg) vielleicht den *Französischen Geschmack* kennen.
1702–03	Bewarb sich auf den Organistenposten an der Jakobikirche, Sangerhausen.
1703	Wenige Monate in Weimar. Kann dort italienische Streichermusik studiert haben. Erhielt den Auftrag, die Orgel in der Neuen Kirche in Arnstadt zu erproben (Bonifatiuskirche, Orgel von Johann Friedrich Wender).
9. August 1703– 29. Juni 1707	Organist an der Bonifatiuskirche, Arnstadt. Gerügt wegen langer Zwischenspiele bei den Chorälen und wegen kühner und chromatischer Harmonisierungen. Zeigte in Arnstadt *die ersten Früchte seines Fleisses in der Kunst des Orgelspielens und der Komposition.*
1705–06	Reise im Winter, um Dietrich Buxtehude zu hören; wohnte vermutlich bestimmten Aufführungen von „Abendmusiken" bei (Dezember 1705).
1707–25. Juni 1708	Organist an Divi Blasii, Mühlhausen (Orgel von J. F. Wender, neuer Vertrag 15. Juni 1707); nahm möglicherweise die Orgel ab (Reformationstag 1709?).
Juli 1708– Dezember 1717	Organist am Weimarer Hof, eine Stellung, die es Bach ermöglichte, *wohlbestallte Kirchen Music* aufzuführen. *Hier hat er auch die meisten seiner Orgelstücke gesetzt.*
13. Dezember 1713	Annahme der Wahl zum Organisten an der Liebfrauenkirche, Halle.
2. März 1714	In Weimar zum Konzertmeister ernannt.
1. Mai 1716	Zusammen mit Johann Kuhnau und Christian Friedrich Rolle Gutachten über die neue, noch erhaltene Orgel der Liebfrauenkirche, Halle (von Christoph Cuncius)

August 1717	Auf der Besoldungsliste des Fürsten Leopold von Anhalt-Köthen; Erlaubnis zum Verlassen Weimars am 2. Dezember 1717.
September (?) 1717	Besuch in Dresden; Wettstreit im Improvisieren mit Louis Marchand wird abgesagt.
1717–23	Kapellmeister am Hof in Köthen.
17. Dezember 1717	Gutachten über die umgebaute Orgel der Paulinerkirche, Leipzig.
Oktober–November 1720	Spielte in der Hamburger Katharinenkirche Jan Adams Reincken vor; verläßt Hamburg am 23. November 1720 nach einer erfolglosen Kandidatur für den Organistenposten an der Jakobikirche (Orgel von Arp Schnitger, noch erhalten).
1. Juni 1723	Eingewiesen in das *Cantorat-Amt* an der Thomaskirche in Leipzig.
2. November 1723	Einweihung einer kleinen neuen Orgel in Strömthal (von Zacharias Hildebrandt, noch erhalten).
25. Juni 1724	Neue Orgel der Johanniskirche in Gera (von Johann Georg Finke) *von dem berühmten Cantor und Capellmeister Bach […] examiniret, approbiret und eingeweihet.*
September 1725	Spielt die Orgel der Sophienkirche, Dresden (von Gottfried Silbermann).
14. September 1731	Spielt die Orgel der Sophienkirche in Dresden, wo der älteste Sohn (Wilhelm Friedemann Bach) 1733 zum Organisten bestellt wird.
September 1732	Prüft die umgebaute Orgel der Martinskirche in Kassel (von Hans Scherer d. J., umgebaut von Nicolaus Becker).
1. Dezember 1736	Spielt zwei Stunden lang die große neue Orgel in der Frauenkirche, Dresden, in *Gegenwarth […] Baron von Kayserlings, und vieler Procerum […]*.
Michaelis 1739	*Clavierübung* III vom Komponisten veröffentlicht.
1739	Besucht die große neue Orgel der Altenburger Schloßkapelle (von Gottfried Heinrich Trost, noch erhalten).
26. September 1746	Prüft mit Gottfried Silbermann die große neue Orgel der Wenzelskirche in Naumburg (von Zacharias Hildebrandt, noch erhalten).
1746 oder später	*Sechs Choräle* bei Johann Georg Schübler veröffentlicht (Zella).
ca. 1748	*Einige canonische Veränderungen über „Vom Himmel hoch…"* bei Balthasar Schmid veröffentlicht (Nürnberg).
28. Juli 1750	Stirbt in Leipzig, *von allen wahren Kennern der Music sehr bedauert.*
1751	*Kunst der Fuge* veröffentlicht.

Personenregister

Biographische Einzelheiten zu Komponisten, Organisten, Kopisten, Orgelbauern, Verlegern und Autoren vor 1900 folgen den Angaben in *MGG*, *Bach-Dokumente* I-III, *NBA* usw. sowie *Brockhaus Riemann Musiklexikon* (1979, Ergänzungsband 1995). Die Bezeichnung „Autor" (bzw. „Herausgeber") verweist auf einen Autor des 20. Jahrhunderts.

Adler, Guido (1855–1941), Autor: 233
Adlung, Jacob (1699–1762), Organist an der Predigerkirche Erfurt ab 1728: 20
Agricola, Johann Friedrich (1720–1774), Schüler J. S. Bachs, Hofkomponist in Berlin ab 1751: 17, 151, 194, 212, 251, 361, 368–370, 375, 411
Albinoni, Tomaso (1671–1750), Komponist in Venedig: 85, 100, 126, 297, 298, 299, 311
Albrecht, Christoph, Autor: 398
Albrecht, Timothy E., Autor: 269
d'Andrieu s. Dandrieu
d'Anglebert, Jean Henri (1628–1691), Komponist in Paris: 294
Anna Amalia, Prinzessin von Preußen (1723–1787), Schwester Friedrichs II., Schülerin Johann Philipp Kirnbergers: 17
Anton, Karl, Autor: 338
Apel, Willi, Autor: 280, 419

Bach, August Wilhelm (1796–1869), als Nachfolger Carl Friedrich Zelters Direktor des Kirchenmusikinstituts Berlin (keine Verwandtschaft mit J. S. Bach): 204
Bach, Anna Magdalena (1701–1760), zweite Ehefrau J. S. Bachs (1721): 17, 52, 60, 67, 108, 125, 180, 195, 295, 349
Bach, Carl Philipp Emanuel (1714–1788), zweiter Sohn J. S. Bachs, 1738 am Hof des preußischen Kronprinzen, 1740 Kammercembalist Friedrichs II., 1767 Nachfolger Georg Philipp Telemanns als Musikdirektor und Kantor in Hamburg: 17, 21, 30, 144, 158, 191, 212, 228, 230, 302, 316, 333, 335, 342, 395, 396, 414, 418
Bach, Johann Andreas (1713–1779), fünfter Sohn von Johann Christoph Bach in Ohrdruf (1671–1721, s. dort), Organist in Ohrdruf: 10, 161, 256–258, 261f., 278, 285, 291, 296, 299, 301, 307–309, 316–319, 321, 323, 326, 412f.
Bach, Johann Bernhard (1676–1749), Enkel von J. S. Bachs Großonkel Johann Bach (1604–1673), Organist in Erfurt, Magdeburg und ab 1703 in Eisenach, möglicher Hauptkopist des Andreas-Bach-Buches: 361
Bach, Johann Christian (1735–1782), jüngster Sohn J. S. Bachs, ab 1756 Kapellmeister in Mailand, Studium bei Padre Martini in Bologna, ab 1762 in London: 97
Bach, Johann Christoph (1642–1703), Cousin von J. S. Bachs Vater, Organist an der Georgskirche Eisenach ab 1665: 315, 424
Bach, Johann Christoph (1671–1721), älterer Bruder J. S. Bachs und dessen Vormund ab 1695, Schüler von Johann Pachelbel, Organist in Ohrdruf ab 1690: 140, 218, 316, 340, 413, 424
Bach, Johann Christoph Georg (1747–1814), Sohn von Johann Andreas Bach in Ohrdruf (1713–1779, s. dort), Organist in Ohrdruf: 239
Bach, Johann Elias (1705–1755), Enkel von Georg Christoph Bach (1642–1697, Onkel J. S. Bachs), 1737

Theologiestudent in Leipzig und bis 1742 Sekretär J. S. Bachs, Kantor in Schweinfurt ab 1743: 316, 398

Bach, Wilhelm Friedemann (1710–1784), ältester Sohn J. S. Bachs, Organist an der Sophienkirche Dresden ab 1733 und an der Liebfrauenkirche Halle ab 1746, lebte ab 1774 in Berlin: 17, 19–21, 31, 38, 45f., 52, 144, 240, 250, 274, 311, 342, 375f., 386f., 394, 397, 425

Becker, Johannes (1726–1804), Hoforganist in Kassel ab 1759: 194, 204

Becker, Nicolaus, Orgelbauer in Mühlhausen (2. Hälfte 18. Jahrh.): 425

Bédos de Celles, Dom François (1709–1779), französischer Orgelbauer und Theoretiker: 418

Beechey, Gwilym, Autor: 162, 168, 239, 240

Beethoven, Ludwig van (1770–1827): 208

Benary, Peter, Autor: 102, 417

Bernhard, Christoph (1627–1692), „Schüler" von Heinrich Schütz, Hofkapellmeister in Dresden ab 1681: 420

Bertoldo, Sper'in Dio (Sperindio) (gest. 1570), Komponist und Organist in Padua: 236

Besseler, Heinrich, Autor: 104, 140, 355

Biber (von Bibern), Heinrich Ignaz Franz (1644–1704), mährisch-österreichischer Komponist: 272

Birk, Reinhold, Autor: 400

Birnbaum, Johann Abraham (1702–1748), Dozent für Rhetorik in Leipzig ab 1721: 119

Blume, Friedrich, Autor: 14, 116, 258, 311

Böhm, Georg (1661–1733), Organist an der Johanniskirche Lüneburg ab 1698: 74f., 77, 215f., 233, 250, 258, 261, 263, 266, 268f., 273f., 283, 306, 318, 321, 357, 413, 419f., 424

Borsch, Johann Stephan (um 1744–1804), Organist in Hamburg ab spätestens 1778: 151

Boyvin, Jacques (um 1653–1706), Organist in Rouen ab 1674: 22

Braun, Hartmut, Autor: 311f., 314

Brossard, Sébastien de (1655–1730), Organist in Paris, Strasbourg und Meaux: 322, 397

Bruggaier, Eduard, Autor: 216, 230, 395

Bruhns, Nikolaus (1665–1697), Schüler von Dietrich Buxtehude (1681), Organist am Dom in Husum ab 1689: 75f., 78–80, 82, 88, 117, 137, 146, 147, 160, 209, 216, 220f., 225, 264f., 267, 269, 271f., 274, 277–279, 283, 291, 299, 303, 307, 309, 313f., 359, 415

Buchmayer, Richard, Autor: 320, 323

Bull, John (um 1562–1628), englischer Komponist und Organist in Hereford, Oxford, London sowie Brüssel und Antwerpen: 228

Bullivant, Roger, Autor: 76, 94, 121, 124, 235, 246, 268, 309, 312

Burguéte, André, Autor: 126

Burney, Charles (1726–1814), englischer Musikforscher, Organist und Komponist: 354

Butler, Gregory C., Autor: 236

Butt, John, Autor: 21

Buttstedt, Johann Heinrich (1666–1727), Schüler von Dietrich Buxtehude, Organist an mehreren Erfurter Kirchen ab 1684: 167, 260, 266, 310

Buxtehude, Dietrich (1637–1707), Nachfolger Franz Tunders als Organist an der Marienkirche Lübeck (1668): 15, 21, 54, 74–84, 87–90, 98, 103, 105, 110, 117, 137, 146f., 158, 160, 162f., 171, 199, 211, 213, 216f., 220–225, 228, 233f., 236, 247, 250f., 260f., 264–268, 271, 273f., 277–281, 285, 287, 289, 291, 299, 302–304, 306–308, 313f., 318f., 321–324, 326–328, 332, 341, 343, 349, 359, 412, 415f., 420, 424

Caldara, Antonio (um 1670–1736), Komponist in Venedig, Vizekapellmeister am Wiener Hof ab 1716: 297

Chailley, Jacques, Autor: 230, 235, 237, 400
Chambonnière, Jacques Champion de (zw. 1601/1611–1672), französischer Cembalist und Komponist: 350
Chaumont, Lambert (gest. 1712), Geistlicher in Huy (Belgien): 320, 321
Clauss, Gustav Moritz (1796–1871), Kopist: 176
Clérambault, Louis-Nicolas (1676–1749), Organist in Paris: 22, 26, 255
Coleridge, Samuel Taylor (1875–1912), englischer Komponist: 154
Cooke, Benjamin, sen. (1734–1793), Schüler von Johann Christoph Pepusch, Chordirigent (ab 1757) und Organist (ab 1762) an Westminster Abbey in London: 183, 185, 407
Cooke, Benjamin, jun. (1761–1772), Sohn von B. Cooke sen.: 183
Corelli, Arcangelo (1653–1713): 54, 81, 132, 156, 162, 240f., 247, 287f., 297–299, 304, 311–314, 343–345, 349, 362, 365
Couperin, François (1668–1733): 108, 229, 265, 288, 290, 339
Cuncius, Christoph (1676–1722), Orgelbauer in Halberstadt: 424

Dadelsen, Georg von, Autor, Editionsleiter der NBA: 17, 101, 252, 258, 284, 295, 387, 396, 397
Dalton, James, Autor: 142
Dammann, Rolf, Autor: 414
Dandrieu (d'Andrieu), Jean François (1682–1738), Komponist in Paris: 320, 401
David, Hans Theodor, Autor: 327, 334, 398
David, Werner, Autor: 79
Derr, Elwood, Autor: 69, 357
Dietrich, Fritz, Autor: 79, 126, 155, 240f., 246–248, 260, 286, 289
Doles, Johann Friedrich (1715–1797), Kantor an der Thomaskirche Leipzig ab 1755: 78

Dowland, John (1563–1626), englischer Komponist: 342
Dröbs, Johann Andreas (1784–1825), Schüler von Johann Christian Kittel, Musiklehrer in Leipzig ab 1808: 14, 78, 91, 115, 133, 151, 161, 169, 176, 204, 223, 267, 301, 311,
Dufourcq, Norbert, Autor: 25
Dürr, Alfred, Autor und Herausgeber der NBA: 144, 148, 335, 340, 387

Eck, C. L. Panthaleon van, Autor: 400
Ehricht, Klaus, Autor: 398
Einstein, Alfred, Autor: 30, 38
Eller, Rudolf, Autor: 167, 358, 396, 378, 388
Emery, Walter, Autor und Herausgeber: 10, 17f., 22f., 31, 37, 46, 50–52, 55, 60f., 68, 101, 144f., 148, 152f., 167, 169, 177, 183f., 215, 239–241, 244, 247f., 259, 276f., 298, 333, 407
Eppstein, Hans, Autor: 18, 24, 26, 31, 42, 46, 48, 50, 52, 58, 61, 66, 405, 407

Falck, Martin, Autor: 20
Fasch, Johann Friedrich (1688–1758), Schüler von Johann Kuhnau, Kapellmeister in Zerbst ab 1722: 336f.
Fétis, François Joseph (1784–1871), belgischer Musikforscher: 78, 143, 219, 259, 282, 287, 296, 301
Finke, Johann Georg, Orgelbauer in Saalfeld (1. Hälfte 18. Jahrh.): 425
Fischer, Johann Caspar Ferdinand (um 1665–1746), Hofkapellmeister des Markgrafen von Baden ab 1692: 105, 117, 137, 179, 195, 216, 240, 242, 245, 248, 257, 282, 292, 305, 345, 352
Fischer, Michael Gotthard (1773–1829), Schüler von Johann Christian Kittel, Anstellungen in Erfurt: 80, 115f., 167, 176, 275
Flor, Christian (1626–1697), Organist in Lüneburg ab 1652: 341
Fock, Gustav, Autor: 153

Forkel, Johann Nikolaus (1749–1818), Musikforscher, Universitätsmusikdirektor in Göttingen ab 1779: 19, 21, 115, 133, 143, 182, 194, 204, 229, 239, 317, 320, 334, 336, 354–360, 398, 400

Frescobaldi, Girolamo (1583–1643), Organist an der Peterskirche Rom ab 1608: 98, 225, 233, 265, 271, 278, 280f., 341–344, 348, 416, 420

Frischmuth, Leonhard (gest. 1764), Schüler Johann Peter Kellners, Kopist oder Eigentümer von Autographen: 396

Froberger, Johann Jacob (1616–1667), Sohn des aus Halle gebürtigen Stuttgarter Hofkapellmeisters Basilius Froberger, Schüler von Girolamo Frescobaldi, Hoforganist in Wien: 233, 237, 280f., 343f., 351

Frotscher, Gotthold, Autor: 78, 85, 88, 188, 207, 223f., 232, 239f., 244f., 250, 263, 268, 282–284, 287, 291, 298, 310, 322, 341, 345, 347

Fux, Johann Joseph (1660–1741), 1698 Hofkompositeur und ab 1715 erster Hofkapellmeister in Wien: 234f., 400, 414

Gasparini, Francesco (1668–1727), Schüler von Arcangelo Corelli, Anstellungen in Venedig und Rom: 295, 414

Gebhardi, Johann Nikolaus (1781–1813), Kopist: 361

Geck, Martin, Autor: 274, 277, 283

Geiringer, Karl, Autor: 125, 131, 328f.

Geißler, Carl, Herausgeber: 336

Geminiani, Francesco (1680?–1762), Schüler von Arcangelo Corelli, Violinvirtuose und Lehrer in London: 414

Georg Wilhelm, Herzog von Braunschweig-Lüneburg (1624–1705): 424

Gerber, Ernst Ludwig (1746–1819), Sohn von Heinrich Nicolaus Gerber, Lexikograph, Hoforganist in Sondershausen ab 1775: 20, 45, 394

Gerber, Heinrich Nicolaus (1705–1775), Schüler J. S. Bachs, Student an der Leipziger Universität ab 1724, Hoforganist in Sondershausen ab 1731: 20, 29, 337, 340, 394

Gerlach, Carl Gotthilf (1704–1761), Thomasschüler (ab 1716) und Student (ab 1727) in Leipzig, Organist an der Neuen Kirche Leipzig (ab 1729): 74

Gleichauf, Franz Xaver (1808–1856), Musiklehrer in Frankfurt/Main: 250

Goldberg, Johann Gottlieb (1727–1756), deutscher Cembalist und Komponist: 288

Gorke, Manfred (1897–1956, Sammlung): 31, 127, 252, 349

Grace, Harvey, Autor: 10, 116, 231, 308, 317, 358, 360

Grasnick, Friedrich August (um 1798–1877), Berliner Kopist: 74, 78, 86, 151, 161, 169, 185, 194, 219, 223, 239, 251, 267, 276, 302, 341

Griepenkerl, Friedrich Conrad (1782–1849), Schüler von Johann Nikolaus Forkel, Herausgeber: 21, 74, 78f., 86, 107, 109, 152, 185, 219, 229, 252, 269, 296, 302, 316f., 336, 339, 347, 387

Grigny, Nicolas de (1672–1702), Organist an der Kathedrale in Reims ab 1695: 22, 110, 126f., 253–255, 258, 289, 293, 397

Guhr, Karl Wilhelm Ferdinand (1787–1848), Kapellmeister in Frankfurt/Main ab 1821: 107f., 296, 316f.

Guilmant, Félix Alexandre (1837–1911), Organist an Ste-Trinité in Paris ab 1871: 319

Gwinner, Volker, Autor: 259, 270

Hammerschlag, János, Autor: 156

Händel, Georg Friedrich (1685–1759): 19, 21, 31, 55, 81, 137f., 148, 236, 304, 313, 330, 343, 348, 365,

Hauser, Franz (1794–1870), Sänger, Direktor des Münchner Konserva-

toriums ab 1846, Sammler von Quellen für BG: 104, 214, 218f., 259, 304, 309, 317
Haydn, Joseph (1732–1809): 31, 230, 238
Heder, Samuel Gottlieb (geb. 1713), Kopist: 259
Heinichen, Johann David (1683–1729), Thomasschüler unter Johann Schelle und Johann Kuhnau, Hofkapellmeister in Dresden ab 1717: 295, 351, 415
Heller, Karl, Autor: 353
Hering, Hans, Autor: 162
Herz, Gerhard, Autor: 144
Heydorn, Peter (17. Jahrh.), Schüler von Jan Adams Reincken (?), Anstellungen in oder im Umkreis von Hamburg (?): 167, 173, 297
Hildebrandt, Zacharias (1688–1729), Orgelbauer in Dresden: 425
Hill, Robert S., Autor: 297, 318
Hoffmann-Erbrecht, Lothar, Autor: 263
Homilius, Gottfried August (1714–1785), Schüler J. S. Bachs, Organist, Kantor und Musikdirektor in Dresden ab 1742: 219
Horn, Karl Friedrich (1762–1830), sächsischer Komponist, in London ab 1782, früher Herausgeber von Werken J. S. Bachs: 18
Humphreys, David, Autor: 91
Hurlebusch, Conrad Friedrich (1696–1765), Komponist und Organist an der Alten Kirche in Amsterdam (ab 1743): 236

Johann Ernst, Prinz von Sachsen-Weimar (1696–1715): 354–357, 361, 363, 365–367, 369, 383f., 386

Kast, Paul, Autor: 239
Kaufmann, Georg Friedrich (1679–1735), Schüler von Johann Heinrich Buttstedt, Hoforganist in Merseburg: 148
Keller, Hermann, Autor: 14, 40, 46f., 74f., 79, 81, 85, 91, 103f., 113, 116, 125, 134, 148, 152, 162, 169, 188f., 196, 200, 207, 209, 222f., 226, 235, 240, 250, 254, 256, 259, 262f., 265, 270, 276, 278, 280–283, 286, 288, 302, 304, 313, 315, 328, 330, 333, 336f., 352, 362, 394f., 398, 405, 412f.
Kellner, Johann Peter (1705–1772), Schüler J. S. Bachs (?), Anstellungen in Gräfenroda ab 1727: 60, 87, 97, 101, 104, 115, 125, 133, 143, 145, 151, 167, 169, 176, 185, 194, 204f., 218f., 250f., 256, 259, 275, 284f., 287f., 290, 293, 309, 346, 353, 361, 376, 383f., 409
Kerll, Johann Caspar (1627–1693), Schüler von Giacomo Carissimi und Girolamo Frescobaldi, Anstellungen in Wien und München: 137, 163, 227, 271, 323, 344, 348
Keyserlingk, Hermann Carl Reichsgraf von (1696–1764), russischer Gesandter in Dresden ab 1733: 425
Kilian, Dietrich, Autor und Herausgeber der NBA: 17f., 21, 86, 101, 125f., 131, 144f., 178, 183, 205, 252, 254, 256, 285, 301, 316, 318, 407, 412
Kinsky, Georg (1882–1951), Autor: 19, 21, 317
Kirnberger, Johann Philipp (1721–1783), Schüler von J. S. Bach und Johann Peter Kellner, Kompositionslehrer und Kapellmeister der Prinzessin Anna Amalia von Preußen ab 1758: 9, 31, 38, 46, 52, 60, 67, 122, 143, 198, 212, 275, 288, 351
Kittel, Johann Christian (1732–1809), Schüler J. S. Bachs, Organist an verschiedenen Erfurter Kirchen ab 1756: 9, 14, 86, 91, 97f., 109, 115f., 133f., 143, 151, 169, 176, 185, 194, 204, 214, 218, 239, 250f., 267, 275, 282, 284, 288, 308f., 316, 340
Klein, C.A. (18./19. Jahrh.), Kopist: 17
Klein, Hans-Günter, Autor: 197, 226, 263, 377
Kloppers, Jacobus, Autor: 81, 109,

118f., 143, 154, 177, 187–189, 198, 207, 231, 340, 361
Klotz, Hans, Autor und Herausgeber der NBA: 19, 79, 82, 84, 91, 93, 221, 240, 290, 307, 318, 329, 339, 389
Kobayashi, Yoshitake, Autor: 218, 259, 282, 309, 317
Kollmann, August Friedrich Christoph (1756–1829), Organist in Lüneburg, dann in London an der deutschen Kapelle in St. James ab 1782: 19, 31, 334
Körner, Gotthilf Wilhelm (1809–1865), Verleger in Erfurt: 335f., 338
Kraft, Günther, Autor: 355
Krause, Peter, Autor: 97, 143, 338
Kräuter, Philipp David (1690–1741), Kantor in Augsburg ab 1713: 356
Krebs, Johann Ludwig (1713–1780), Sohn von Johann Tobias Krebs, Schüler J. S. Bachs, Organist an der Schloßkirche Altenburg ab 1756: 20, 28f., 45, 109, 133, 137, 208, 240, 243, 258, 260, 282, 284, 308, 336, 337, 342, 412
Krebs, Johann Tobias (1690–1762), Vater von Johann Ludwig Krebs, Schüler von Johann Gottfried Walther und J. S. Bach in Weimar, Organist in Buttstädt ab 1721: 20, 31, 60, 109, 133, 151, 185, 240, 275f., 316, 337, 412
Krey, Johannes, Autor: 104, 141, 143, 263, 270, 309
Krieger, Johann (1652–1735), Musikdirektor und Organist in Zittau ab 1681: 15, 236, 321
Krüger, Elke, Autorin: 103
Krummacher, Friedhelm, Autor: 277
Kuhnau, Johann (1660–1722), Vorgänger J. S. Bachs als Thomaskantor in Leipzig (1684 Organist an der Thomaskirche, 1701 Universitätsmusikdirektor und Thomaskantor): 80, 157, 287f., 323, 424
Kühnel, Ambrosius (um 1770–1813), Verleger, Gründer des Bureau de Musique (ab 1814 C. F. Peters) in Leipzig mit Franz Anton Hoffmeister: 31, 52, 60, 333

Lalande, Michel-Richard de (1657–1726), Komponist und Organist an verschiedenen Kirchen in Paris, ab 1683 am Pariser Hof: 26
Leaver, Robin, Autor: 399
Lebègue, Nicolas Antoine (1631–1702), Hoforganist in Paris ab 1678: 22, 417
Leclair, Jean-Marie (1697–1764), französischer Violinist und Komponist: 214
Legrenzi, Giovanni (1626–1690), Komponist in Venedig: 56, 102, 290, 296–298, 300f., 311, 317, 322
Leopold, Fürst von Anhalt-Köthen (1694–1728): 425
Locatelli, Pietro (1695–1764), Schüler von Arcangelo Corelli, Violinist und Komponist, ab spätestens 1729 in Amsterdam: 336, 349, 352
Löffler, Hans, Autor: 240, 243
Lohmann, Heinz, Autor und Herausgeber: 86, 236, 251, 411
Lotti, Antonio (1666–1740), Schüler von Giovanni Legrenzi, Komponist in Venedig, 1717–19 am Hof in Dresden: 148, 297
Lübeck, Vincent (1654 od. 1656–1740), Organist in Stade und (ab 1702) an der Nicolaikirche Hamburg: 75, 77, 80, 88, 117, 224, 227, 261, 277, 299, 306, 307, 396
Lully, Jean-Baptiste (1632–1687), Komponist aus Florenz, Komponist am Hof Ludwigs XIV. ab 1653: 26, 323, 419
Luther, Martin (1483–1546): 270, 399

Macque, Giovanni de (1550–1614), Komponist flämischer Herkunft, tätig in Rom und Neapel: 236
Maichelbeck, Franz Anton (1702–1750), Komponist in Freiburg/Breisgau: 148, 241

Marais, Marin (1656–1728), Komponist und Gambist in Paris: 352

Marchand, Louis (1669–1732), Organist in Nevers, Auxerre und Paris (1708–14 Hoforganist), traf 1717 in Dresden mit J. S. Bach zusammen: 213f., 425

Martini, Giovanni Battista (Giambattista) (1706–1784), Franziskanerpater und Kapellmeister in Bologna, Musiktheoretiker und Komponist: 423

Marx, Adolf Bernhard (1795–1866), Musiktheoretiker und Komponist, Professor (ab 1830) und Musikdirektor (ab 1832) an der Berliner Universität: 125, 151

Mattheson, Johann (1681–1764), Musiktheoretiker, Organist und Komponist, Musikdirektor an St. Michaelis in Hamburg ab 1718: 15, 21, 93, 98, 112f., 118, 126, 153, 158, 160f., 169, 317, 322, 328, 351, 397, 415

May, Ernest D., Autor: 144, 205, 376

Meißner, Christian Gottlob (1707–1760), Kopist: 317

Mempell, Johann Nikolaus (1713–1747), Schüler von Johann Peter Kellner (?), Kantor in Apolda: 46, 78, 80, 204, 219, 223f., 311, 336, 338, 383, 405

Mendel, Arthur, Autor: 327, 334, 398

Mendelssohn Bartholdy, Felix (1809–1847): 74, 86, 136, 229, 317

Mersenne, Marin (1588–1648), Pater vom Orden der Minimen, Gelehrter in Paris: 418

Mey, Wolffgang Nicolaus (18. Jahrh.), Kopist, Eigentümer von P 804 (nach Johann Peter Kellner?): 74, 256, 296

Meyer, Ulrich, Autor: 187, 224

Michel (2. Hälfte 18. Jahrh.), Sänger und Kopist für Carl Philipp Emanuel Bach in Hamburg: 86, 214, 219

Möller, Johann Gottfried (1774–1833), Schüler von Johann Christian Kittel, mutmaßlicher Eigentümer der Möllerschen Handschrift (BB 40644): 74f., 77f., 80, 101, 103, 215, 218f., 258, 264, 272, 297, 306, 313, 318, 340

Moscheles, Ignaz (1794–1870), Schüler von Johann Georg Albrechtsberger und Antonio Salieri, Lehrer von Felix Mendelssohn Bartholdy: 61, 176

Mozart, Wolfgang Amadeus (1756–1791): 20, 30, 38f., 46, 352

Muffat, Georg (1653–1704), österreichischer Komponist französischer Herkunft, Schüler von Arcangelo Corelli und Bernardo Pasquini, Anstellungen in Salzburg und Passau: 245, 284, 323, 347

Muffat, Gottlieb (1690–1770), Sohn von Georg Muffat, Schüler von Johann Joseph Fux, Anstellungen in Wien (1741 Hoforganist): 209, 234, 345

Musch, Hans, Autor: 217

Müthel, Johann Gottfried (1728–1788), Schüler J. S. Bachs, Anstellungen in Schwerin und Riga: 46

Nägeli, Hans Georg (1773–1836), Musikpädagoge und Verleger in Zürich: 18

Naumann, Ernst (1832–1910), Herausgeber der BG: 250, 257, 300, 336, 347, 368

Neumann, Werner, Autor und Herausgeber der NBA: 13, 54

Niedt, Friedrich Erhard (1674–1708), Musiktheoretiker und Komponist, Schüler von Johann Nikolaus Bach aus Eisenach, Organist an der Nikolaikirche in Kopenhagen: 328

Oley, Johann Christoph (1738–1789), Schüler J. S. Bachs (?), Organist in Aschersleben ab 1762: 17, 31, 38, 46, 52, 60, 67, 97, 151, 251, 288, 343

Oppel, Reinhard, Autor: 162, 212, 240, 248, 335

Pachelbel, Johann (1653–1706), Schüler von Johann Caspar Kerll (?), Orga-

nist in Eisenach, Erfurt, Stuttgart, Gotha und Nürnberg: 76, 79f., 83, 85, 98, 117, 137, 140, 162f., 218, 241f., 245, 251, 257, 270, 283f., 286, 306, 318, 321–324, 326f., 348, 416, 424
Pachelbel, Wilhelm Hieronymus (1686–1764), Sohn von Johann Pachelbel, Anstellungen in Nürnberg ab 1706: 15, 74, 78
Palestrina, Giovanni Pierluigi da (um 1525–1594): 128, 238
Palschau, Johann Gottfried Wilhelm (1741–1813), Pianist, Schüler von Johann Gottfried Müthel: 115
Pauly, Hans-Jacob, Autor: 110, 199, 278, 306
Penzel, Christian Friedrich (1737–1801), Thomasschüler (ab 1751) und Student (ab 1756) in Leipzig, Organist in Merseburg ab 1765: 9, 194
Pepusch, John Christopher (Johann Christoph) (1667–1752), Komponist deutscher Herkunft in London ab 1700: 185
Pergolesi, Giovanni Battista (1710–1736): 148
Pirro, André (1869–1943), Autor: 116, 319, 341
Plantinga, Leon B., Autor: 302
Poelchau, Georg (1773–1836), Musiklehrer in Hamburg ab 1799, Mitglied (1814) und Bibliothekar (1833) der Singakademie Berlin: 17
Pölitz, Karl Heinrich Ludwig (1772–1838), Eigentümer von Autographen, übergeben an die Stadtbibliothek Leipzig: 316
Praetorius, Ernst (1880–1946), Autor: 361f., 366
Praetorius, Michael (1571 od. 1572–1621): 418
Preller, Johann Gottlieb (1727–1786), Schüler von Johann Tobias Krebs (?), Kantor in Dortmund ab 1753: 90, 97, 115, 143, 284, 296, 338, 340, 394
Printz, Wolfgang Caspar (1641–1717), Kantor (ab 1665) und Hofkapellmeister (ab 1676) in Sorau: 102, 417, 422
Purcell, Henry (1659–1695): 321

Quantz, Johann Joachim (1697–1773), Schüler von Jan Dismas Zelenka und Johann Joseph Fux, Anstellungen als Oboist und Flötist am Dresdner (ab 1718) und am Berliner Hof (ab 1741): 71, 354

Radulescu, Michael, Autor: 320f., 329
Raison, André (gest. 1719), Organist in Paris ab 1666: 116, 255, 308, 311, 317, 320–322, 397
Reichardt, Carl August (1802–1859), Organist an der Schloßkirche Altenburg: 333
Reincken (Reinken), Jan Adams (1623–1722), Schüler von Heinrich Scheidemann und sein Nachfolger als Organist an der Katharinenkirche Hamburg ab 1663: 21, 83, 85, 137, 152f., 158, 167, 257, 260f., 264, 266, 283, 291, 297, 309, 311, 318, 424f.
Riedel, Friedrich Wilhelm, Autor: 21, 319
Rinck, Johann Christian Heinrich (1770–1846), Schüler von Johann Christian Kittel und Johann Nikolaus Forkel, Stadtorganist in Darmstadt ab 1805: 31, 361
Ringk, Johannes (1717–1778), Schüler von Johann Peter Kellner: 78, 82, 86, 143, 223, 267f., 274, 383
Ritter, August Gottfried (1811–1885), Organist in Erfurt und ab 1847 in Magdeburg: 335
Robinson, John (1682–1762), Schüler von John Blow, Organist an Westminster Abbey in London ab 1727: 185
Rolle, Christian Friedrich (1681–1751), Organist in Quedlinburg ab 1709, Kantor an der Johanniskirche Magdeburg ab 1721: 424
Ross, John M., Autor: 400

Rust, Wilhelm (1822–1892), Herausgeber der BG: 104, 107, 125, 133, 143, 252, 268, 276f., 305, 316
Ryom, Peter, Autor: 376, 378–380

Sander, C. G. (19. Jahrh.), Kopist: 250, 368
Scarlatti, Domenico (1685–1757): 175, 348f.
Scheibe, Johann Adolph (1708–1776), Schüler J. S. Bachs (?), Student an der Universität Leipzig (1725), Anstellungen in Hamburg (1736), Glückstadt und Kopenhagen: 118f.
Scheidemann, Heinrich (um 1596–1663), Schüler von Jan Pieterszoon Sweelinck, als Nachfolger seines Vaters Organist an der Katharinenkirche Hamburg ab spätestens 1629: 280, 341
Scheidt, Samuel (1587–1654), Schüler von Jan Pieterszoon Sweelinck, Organist und Kapellmeister, dann (ab 1628) Director musices in Halle: 270
Schelble, Johann Nepomuk (1789–1837), Direktor der Cäcilienvereins in Frankfurt/Main: 104, 250, 304, 351f.
Scherer, Hans, d. J., Orgelbauer in Hamburg (um 1590–1631): 425
Schering, Arnold, Autor: 354f., 368
Schmelzer, Johann Heinrich (Schmelzer von Ehrenruef) (um 1623–1680), Violinist und Kapellmeister (1671 bzw. 1679) an der Wiener Hofkapelle: 321
Schmid (Schmidt), Balthasar (1705–1749), Organist und Verleger in Nürnberg: 425
Schmidt, Johann (1674–1746), Lehrer Johann Peter Kellners in Zella: 322
Schmieder, Wolfgang: 183, 396
Schmitz, Hans-Peter, Autor: 71
Schneider, Max (1875–1967), Autor: 263, 387, 394
Schnitger, Arp (1648–1719), Orgelbauer in Hamburg: 153, 425
Scholes, Percy, Herausgeber: 354

Scholz, Leonhard (1720–1798), Organist in Nürnberg: 74, 78, 86, 107f., 115, 219, 288, 296, 302, 308f., 316, 346
Schöneich, Friedrich, Autor: 74, 79, 85, 87, 217, 223, 226, 285, 297, 312
Schrammek, Winfried, Autor: 25, 32, 37, 40, 43, 49, 254, 293
Schreyer, Johannes, Autor: 211
Schubart, Christian Friedrich Daniel (1739–1791), Dichter, Organist und Musiklehrer: 169
Schubert, Franz Peter (1797–1828): 157
Schübler, Johann Georg (um 1720–nach 1753), Notenstecher in Zella: 425
Schubring, Julius (1806–1889), Geistlicher und Autographensammler, Librettist von Felix Mendelssohn Bartholdys „Elias": 74, 78, 86, 97, 115, 133, 143, 151, 218, 267
Schulze, Hans-Joachim, Autor: 13, 71, 81, 126f., 144, 167, 176, 252, 285, 336–338, 349, 353, 355f., 361, 376, 384, 387, 395, 412
Schumann, Robert (1810–1856): 165, 208, 229, 256, 302, 327
Schütz, Heinrich (1585–1672): 31
Schweitzer, Albert (1875–1965), Autor: 317
Schwencke, Christian Friedrich Gottlieb (1767–1822), Musikdirektor der fünf Hauptkirchen in Hamburg: 78, 80, 151, 169, 275, 336, 340
Seiffert, Max (1868–1948), Autor: 14, 226, 338, 358, 412
Siedentopf, Henning, Autor: 201
Siegele, Ulrich, Autor: 53, 129, 338f., 405, 407
Silbermann, Gottfried (1683–1753), Orgelbauer in Freiberg (Sachsen): 254f., 293, 418, 422, 425
Simon, Johann Caspar (um 1705–nach 1750), Organist, Musikdirektor und Lehrer in Nördlingen ab 1731: 241
Soler, Antonio Komponist, Organist und Kapellmeister bei Madrid: 245

Sorge, Georg Andreas (1703–1778), Komponist und Musiktheoretiker (Akustiker), ab 1721 Organist in Lobenstein: 351
Souchay, Marc-André, Autor: 239, 401
Speth, Johann (1664–nach 1719), Organist in Augsburg ab 1692: 286, 289
Spitta, Philipp (1841–1894), Autor: 14, 17, 46, 74, 78f., 82, 84–87, 91, 95, 100, 104, 106, 109, 111f., 115, 125, 134, 144f., 147f., 151–153, 158, 162f., 169, 177, 185, 191, 205, 216, 220, 223–225, 230, 239, 247, 250, 252, 257, 260, 262f., 265, 268, 276, 278, 282–285, 287, 291, 295f., 298, 302, 305–307, 309, 311f., 327, 334, 336, 343, 346f., 351, 356, 373, 377
Stauffer, George B., Autor: 75, 87, 110, 120, 151, 155, 174, 252, 351
Steffani, H. A. (18./19. Jahrh.), Kopist (Signatur in P 1096): 46
Steglich, Rudolf, Autor: 400
Strungk (Strunck), Nicolaus Adam (1640–1700), Anstellungen in Hamburg und Dresden (Hofkapellmeister ab 1693), Operndirektor in Leipzig: 233, 237, 341
Suppig, Friedrich (18. Jahrh.), Organist in der Nähe von Dresden (um 1722): 351
Swale, David, Autor: 297
Sweelinck, Jan Pieterszoon (1562–1621): 226, 228, 244, 342, 417

Taesler, Martin, Autor: 347
Tagliavini, Luigi Ferdinando, Autor: 354, 376, 379
Telemann, Georg Philipp (1681–1767), Student an der Leipziger Universität ab 1701, Gründer eines Collegium musicum (1702) sowie Organist und Musikdirektor an der Neuen Kirche in Leipzig (ab 1704), Musikdirektor in Hamburg ab 1721: 20, 26–28, 30, 212, 240, 338, 361, 383
Tessmer, Manfred, Autor: 229

Thieme, Carl August (1721–1795), Konrektor der Thomasschule Leipzig: 395
Titon du Tillet, Evrard (1677–1762), Dichter in Paris: 352
Tittel, Karl, Autor: 240, 337, 412
Trabaci, Giovanni Maria (um 1575–1647), Organist in Neapel: 416
Trost, Heinrich Gottfried (1673–1759), Orgelbauer in Altenburg: 425
Trumpff, Gustav Adolf, Autor: 230, 235
Türk, Daniel Gottlob (1750–1813), Schüler von Gottfried August Homilius, Kantor, Musikdirektor und Organist in Halle ab 1774: 21

Vetter, Daniel (1658–1721), Organist an der Nikolaikirche Leipzig ab 1679: 310
Vivaldi, Antonio (1678–1741): 69, 117, 130f., 137, 145–148, 156, 162, 186, 188, 197, 209, 231, 239, 263, 311, 353–362, 364, 366, 368–371, 373–382, 384, 386–394
Vogelsänger, Siegfried, Autor: 321, 329–331
Vogler, Johann Caspar (1696–1763), Schüler J. S. Bachs, Anstellungen in Weimar (dort auch Bürgermeister 1735 bzw. 1737): 46, 86f., 176f., 308, 353
Voigt, Woldemar, Autor: 135
Vopelius, Gottfried (1635–1715), Kantor an der Nikolaikirche Leipzig ab 1675: 399

Wagener, Guido Richard (1822–1896), Sammler: 252
Waldersee, Paul Graf (1831–1906), Autor: 376
Walther, Johann Gottfried (1684–1748), Komponist, Musiktheoretiker und Lexikograph, Schüler J. S. Bachs, in Weimar Stadtorganist und Musiklehrer am Hof ab 1707: 60, 64, 87, 90, 102, 110, 115f., 141, 144, 176f., 205,

223, 236, 258, 264, 272, 274, 284, 287f., 297, 301, 320, 322, 354f., 358–362, 364, 367, 387, 397, 415, 417, 422
Wechmar, Johann Anton Gottfried (1727–1799), Kopist: 46, 60, 133, 169, 194, 204, 251
Weckmann, Matthias (1621–1674), Schüler von Heinrich Schütz, Organist am Dresdner Hof (ab 1641) und an der Jacobikirche Hamburg (ab 1655): 233, 309, 419
Weigand, Johann Georg (19. Jahrh.), Kopist in Erfurt: 169, 204, 296
Weinberger, Gerhard, Herausgeber: 20
Wender, Johann Friedrich (1655–1729), Orgelbauer in Mühlhausen: 424
Werckmeister, Andreas (1645–1706), Musiktheoretiker und Organist in Elbingerode, Quedlinburg und Halberstadt, Lehrer von Johann Gottfried Walther: 351
Werner, Anton (1865–1955), Kopist in Wien: 14
Wesley, Samuel (1766–1837), Organist in London, früher Herausgeber von Werken J. S. Bachs: 18, 20
Westphal, Johann Christian (1773–1828), Sohn von Johann Christoph Westphal, Kopist: 86, 115, 143, 145, 336, 386

Westphal, Johann Christoph (1727–1799), Verleger in Hamburg: 125, 333, 361
Weyrauch, Johann Christian (1694–1771), Jurist und Lautenist: 126
Widor, Charles-Marie (1844–1937), Organist an St-Sulpice in Paris ab 1870, Herausgeber von Werken J. S. Bachs: 87, 281
Williams, Peter, Autor: 91, 138, 294, 360
Witt, Christian Friedrich (1660–1716), Direktor der Hofkapelle in Altenburg: 291, 323
Wolff, Christoph, Autor und Herausgeber der NBA: 234, 236, 292, 321, 327, 329f., 341
Wustmann, Rudolf, Autor: 233

Zachow (Zachau), Friedrich Wilhelm (1663–1712), Organist an der Liebfrauenkirche Halle ab 1684: 233, 306
Zehner, Jean-Claude, Autor: 357
Ziegler, Johann Gotthilf (1688–1747), Schüler J. S. Bachs, Anstellungen in Halle ab 1718: 414
Zietz, Hermann, Autor: 109, 134
Zipoli, Domenico (1688–1726), Organist in Rom ab 1696: 348f.

Werkregister

Das Register enthält alle Erwähnungen der Werke, aufgeführt nach der Nummer des *Bach-Werke-Verzeichnisses*; Kursive bei den Orgelwerken verweisen auf den jeweiligen Hauptabschnitt.

4:	22, 81, 89, 103, 221, 267	525:	21, 23, 25f., 29, *31–38*, 42, 49, 63, 65, 68, 70–72, 334f., 410
8:	110	526:	20–23, 25, *38–45*, 46–48, 53, 61, 64–67, 69, 71, 212, 295, 334, 410
12:	321		
21:	144, 147f., 336		
27:	110	527:	20f., 24f., 28, 31, *46–52*, 53, 59f., 65, 68, 70, 333, 340
31:	358, 365		
35:	59	528:	22–24, 34, *52–60*, 61, 65, 71, 145, 298, 335
47:	188		
61:	288	529:	23–25, 39, 47, *60–67*, 69–73, 177f., 335, 410
65:	79, 198		
71:	83, 89, 267	530:	21, 25, 30, 39, 47, 53, 65f., *67–73*, 221, 357, 406, 408, 410
76:	52–55		
77:	148f., 151		
104:	349	531:	*74–78*, 89, 100, 215–217, 220–222, 224f., 228, 272, 310, 318, 418
106:	89, 103		
110:	397		
131:	14–16, 89, 103, 267, 319	532:	76, *78–85*, 86, 89, 92, 121, 147f., 220, 222f., 243, 264–267, 280, 303, 314, 332, 341, 418f.
131a:	*14–16*, 342, 420f.		
140:	397		
144:	236		
146:	270, 389f.	532a:	84, *85f.*, 220
152:	104, 107	533:	*86–89*, 90, 98, 100–102, 147, 156, 215, 220, 243, 266
166:	335		
196:	264, 355	533a:	86, *90*, 264
202:	274	534:	*91–97*, 100, 105, 109f., 140, 158, 188, 220, 253, 332, 414
226:	137		
232:	96, 169	535:	*97–100*, 101f., 105, 107, 147f., 164, 220, 244, 269, 305, 316, 332, 360
244:	169		
245:	154		
248:	292, 294, 349		
519:	335	535a:	97–100, *101–103*, 215, 268, 299, 413
520:	367		
522:	399	536:	98, *104–107*, 108, 149, 220, 334, 348
525–530:	11f., *17–31*, 34, 42, 44, 50, 54, 62, 68, 70–72, 317, 333f., 336–339, 355, 357, 372, 405f., 408, 410, 412	536a:	104f., *107f.*
		537:	42, 91, *109–115*, 140, 186, 190, 193, 204, 211–213, 254, 310, 317, 332, 417, 420f.

Werkregister

538:	10f., 96, *115–124*, 139f., 143, 150, 158, 162, 170, 182, 187f., 196, 202, 205, 218, 221, 237, 247, 254, 341, 344, 348, 364, 384f., 415, 417		*228–238*, 290, 316, 357, 398, 400, 415
539:	112, *125–133*, 166, 218, 271f., 275	553–560:	10, *239–241*, 242, 251
		553:	240, *241f.*, 245, 248
		554:	239f., *242f.*, 245
540:	91, 93, 113f., 116, 120, *133–143*, 152, 162, 166, 186, 190, 193f., 205, 229, 317, 339, 345	555:	239, *243f.*, 245, 248, 416
		556:	241, *244f.*, 248f.
		557:	*245f.*
		558:	239, *246f.*
		559:	162, 241, *247f.*
		560:	240, *248f.*
541:	52, 58, 105, *143–151*, 173, 176f., 184, 199, 205, 220–222, 280, 332, 416	561:	10, 226, *250f.*, 268
		562:	96, 112, 116, 138, 161, 186, *251–256*, 258, 365, 415
542:	81, 116, *151–161*, 170, 173, 175, 182, 187, 215, 231, 273, 332–334, 345, 380	563:	10, *256–258*, 259, 285, 318f., 413
		564:	56, 75, 82, 162, 166f., 221, 225, *259–267*, 276, 278, 290f., 299, 357, 380, 392, 396, 419
543:	88, 137, 156, *161–167*, 168, 186, 219, 247f., 250, 272, 416		
543a:	161–163, *167f.*		
544:	135, 160, *169–176*, 181, 189, 194, 199, 205, 208, 213, 229, 231, 420	565:	10, 76, 115, 215, 218, 222, 224, 250, 260, 264, *267–275*, 310, 332
545:	60, 140, 144f., *176–182*, 183–185, 193, 195, 199, 208, 231, 237, 260, 408	566:	10, 150, 164, 215, 224, 230, 267, *275–281*, 290, 357
		567:	*282*
545a:	177–179, *182f.*, 184f., 195	568:	75f., *282f.*
545b:	177–179, *183–185*, 407–409	569:	273, 283, *284f.*
546:	44, 91, 93, 111–114, 135, 139f., 155, 169f., *185–194*, 199, 205, 208, 211–214, 229, 231, 251–253, 358, 415, 417	570:	258, *285f.*, 318
		571:	10, 220, 284, 286, *287f.*
		572:	10, 82, 92, 260, 279, *288–295*, 296, 345f., 380, 391, 411, 414, 417
547:	78, 124, 149, 166, 172, 175, 185, *194–204*, 205, 208, 211, 256, 267, 296, 421	573:	180, 195, *295f.*, 349
		574:	56, 102, 114, 290, *296–299*, 300f., 314, 317f., 322
548:	91, 113, 115, 135, 169f., 172, 186, 199, *204–214*, 229, 252, 402	574a:	297, *300*, 301
		574b:	102, 296f., 299f., *301*, 310
549:	75, 89, 99, 199, *214–218*, 219–222, 268, 303	575:	99, 217f., 266, *302*, 303, 419, 422
549a:	74f., 78, 163, 214–217, *218f.*, 262, 269, 310	576:	*304f.*
		577:	222, *305–308*, 314, 422
550:	83, 89, 149, *219–223*, 241	578:	99, 107, 164, *308–310*, 314, 318, 422
551:	10, 78, 220, *223–228*, 267f.		
552:	98, 114f., 121, 135, 139, 152, 170, 174, 192, 205, 207,	579:	226, 297f., 310, *311–314*
		580:	315

438

581:	316	634:	255
582:	10, 15, 56, 100, 115, 147f., 151, 232, 256f., 264, 272, 281, 311, *316–332*, 413, 420f.	635:	51
		638:	325
		640:	326
583:	*333–335*, 336	643:	165
584:	*335f.*	644:	325
585:	*336f.*, 405, 412	645–650:	411, 425
586:	30, *338f.*, 405	645:	416
587:	9, 49, 133, 338, *339f.*	646:	193
588:	10, 233, *340–343*, 412f., 420	647:	416
589:	299, 315, 341, *343–346*, 414	651–667:	17, 356
590:	244, 296, *346–351*	651:	31, 105
591:	10, 283, *351f.*	651a:	105
592–596:	*353–361*, 394	653:	335
592:	47, 353, 355, 357f., *361–367*, 368f., 372, 374, 383f., 391	653b:	221, 365
		654:	365
592a:	353, 358, *367f.*, 383f.	656:	147f.
593:	130, 146, 186, 208, 353f., 358–360, 362, 364f., *368–375*, 376–378, 382–384, 389, 391	661:	113f., 193, 335
		663:	417
		664:	30
594:	23, 156, 251, 353, 355, 359f., 368, *375–383*, 394	664a:	22, 335
		669–689:	10f., 175, 181, 201, 212, 231, 355, *397–400*, 402, 420f., 425
595:	118, 353, 375, *383–386*		
596:	10, 114, 148, 209, 331, 336, 353f., 360, 369, 377, *386–394*, 421	669:	228, 234, 236
		670:	236
		674:	400
597:	*394*	675:	420
598:	75, *395f.*	676:	30, 420
599–644:	33, 51, 65, 107, 138, 150, 157, 181, 194, 197, 203, 324, 330, 332, 415, 417	677:	114, 200, 420
		678:	41, 256, 365, 400
		679:	331, 398f.
		680:	64, 270, 331
599:	415	681:	399, 420
600:	415	682:	365, 400, 420
601:	325	683:	399
608:	349	685:	399
610:	417	686:	400
614:	209, 420	687:	399
615:	195	688:	37
616:	417	689:	174f., 399
619:	255	694:	193
624:	51	714:	258
625:	138, 342	718:	241
628:	204	720:	418
629:	417	724:	318, 413
630:	325	728:	295f.
633:	255		

Werkregister

733:	140, 193	846–869:	11, 46, 59, 121, 123, 152, 214, 300, 332
735:	267		
735a:	241	848:	137
739:	53, 163f., 219, 362, 387, 420	849:	217
768:	97, 365	850:	305
769:	17, 185, 194f., 199, 204, 411, 416f., 419, 421, 425	852:	188, 216
		853:	293
770:	147	855:	209, 421
772–786:	33, 398, 403	859:	134
772:	195	862:	141
773:	195	865:	141, 257, 332
774:	195	867:	313, 344
775:	195	869:	160, 173, 175, 352
776:	401	870–893:	46, 65, 80, 121, 183, 214, 246, 300
777:	171		
784:	136	870:	179f.
786:	403	871:	199
787–801:	33, 35, 71, 403	874:	202
788:	258	878:	140, 236
790:	*396*	879:	159
793:	35	883:	234f., 300
798:	33, 403	886:	125, 194
802–805:	10f., *397–400*	887:	300
802:	231, 398, *401*	891:	213
803:	212, 398, *402*, 403	892:	200
804:	398, *402*, 403	898:	352
805:	398, *403*	902:	245, 286
806–811:	137	903:	136, 352
807:	188	904:	127, 257
808:	114, 205, 212	906:	212
809:	188	910–915:	224
810:	212	910:	318
811:	196	911:	273, 278
812:	295	912:	80, 278
813:	295, 350	913:	241, 278
814:	295	914:	88, 93, 297, 302f.
815:	36, 295	915:	278
816:	172, 295, 350	916:	145, 241, 262
820:	316, 319	921:	413
825:	99	944:	125, 161, 248, 258, 310, 318, 421
827:	64, 350		
828:	230	946:	285
829:	262, 285	948:	250
830:	36f., 114, 171, 209, 398	949:	250
831:	210, 212, 230	950:	250
841:	295	951:	85, 125f., 290, 297–299

951a:	85, 100, 125, 283, 297	1028:	36, 53f., 71
953:	271	1029:	177f., 184, *407–409*
954:	85, 311	1030–1032:	24, 26, 39, 48
963:	80, 82, 257, 413	1030:	23f., 40
964:	275	1032:	31
965:	261, 264, 311	1039:	405f., *409f.*
966:	137, 261, 311	1042:	277, 366
971:	47, 68, 114, 142, 290, 400	1044:	25, 46, 50
972–982:	353, 361	1046–1051:	34, 189
972–987:	353, 356	1048:	34, 222, 244, 350, 358
972:	145	1049:	25, 69, 358
973:	69	1050:	99, 150, 168f., 212, 378
981:	353	1051:	36, 389
982:	361	1052–1059:	353
984:	383–386	1052:	69, 166, 270, 273, 372
987:	361	1054:	277
988:	321, 344, 358	1060:	72
989:	318	1061:	188, 383
991:	295f.	1063:	25, 40, 47, 71, 133, 270, 365
992:	99f., 103, 298, 314	1064:	40, 288, 383
996:	87, 98, 102	1065:	361
997:	212	1068:	212, 264
998:	212, 358	1079:	192, 212, 214, 292, 294, *411*, 421
1000:	131	1080:	30, 46, 123, 234f., 411, 416, 425
1001–1006:	270	1090–1120:	285
1001:	125, 128, 131, 133, 155, 271, 275	1091:	285
1003:	92, 126, 275	1093:	285
1004:	321	1116:	285
1005:	126, 155, 212, 214, 271	Anh. 46:	336, *412*
1006:	275, 396	Anh. 70:	316
1007:	395	Anh. 77:	315
1009:	347	Anh. 177:	125
1014–1019:	18, 24, 26, 39, 48	Anh. 180:	250
1015:	53	Anh. 181:	208
1016:	24, 73, 109, 114, 349	Anh. 182:	323
1017:	36, 42, 71	Anh. 183:	108
1018:	350	Anh. 205:	285
1019:	53f.	*Fantasie*	
1027–1029:	24, 26, 39, 48	*c-Moll:*	412
1027:	24, 27, 349, 405f., 409f.		
1027a:	24, 27, 336, *405f.*, 408f.